U0143216

国家社科基金
后期资助项目

海国宪志
全球化时代的比较宪法

Constitutions Across Oceans
Comparative Constitutional Law in the Era of Globalization

刘 晗 著

北京大学出版社
PEKING UNIVERSITY PRESS

图书在版编目（CIP）数据

海国宪志：全球化时代的比较宪法/刘晗著. —北京：北京大学出版社，2024.1
国家社科基金后期资助项目
ISBN 978-7-301-34327-2

Ⅰ．①海…　Ⅱ．①刘…　Ⅲ．①宪法—比较法学—研究　Ⅳ．①D911.01

中国国家版本馆 CIP 数据核字（2023）第 186293 号

书　　　名	海国宪志：全球化时代的比较宪法	
	HAIGUO XIANZHI：QUANQIUHUA SHIDAI DE BIJIAO XIANFA	
著作责任者	刘　晗　著	
责 任 编 辑	王　晶	
标 准 书 号	ISBN 978-7-301-34327-2	
出 版 发 行	北京大学出版社	
地　　　址	北京市海淀区成府路 205 号　100871	
网　　　址	http://www.pup.cn	
新 浪 微 博	@北京大学出版社　　@北大出版社法律图书	
电 子 邮 箱	编辑部 law@pup.cn　总编室 zpup@pup.cn	
电　　　话	邮购部 010-62752015　发行部 010-62750672	
	编辑部 010-62752027	
印 刷 者	北京鑫海金澳胶印有限公司	
经 销 者	新华书店	
	730 毫米×1020 毫米　16 开本　25.5 印张　457 千字	
	2024 年 1 月第 1 版　2024 年 1 月第 1 次印刷	
定　　　价	76.00 元	

国家社科基金后期资助项目
出版说明

后期资助项目是国家社科基金设立的一类重要项目，旨在鼓励广大社科研究者潜心治学，支持基础研究多出优秀成果。它是经过严格评审，从接近完成的科研成果中遴选立项的。为扩大后期资助项目的影响，更好地推动学术发展，促进成果转化，全国哲学社会科学工作办公室按照"统一设计、统一标识、统一版式、形成系列"的总体要求，组织出版国家社科基金后期资助项目成果。

全国哲学社会科学工作办公室

目　　录

第一编　宪法基本理论

第二编 权力机构:理念与实践

第三编　基本权利前沿问题

导论　全球化时代的比较宪法

　　每当我描述一个城市，我就是在说威尼斯。

　　　　　　　　　　　　　　　　　　　　　——马可波罗①

　　2008 年，一份判决书轰动了土耳其。在著名的"头巾案"中，土耳其宪法法院判决，议会通过的一项宪法修正案违宪。之前，土耳其高校禁止女生佩戴头巾入校。议会则通过宪法修正案，规定公民接受高等教育的权利不应被剥夺，以此推翻了头巾禁令。而土耳其宪法法院判定，该修正案违反了《土耳其宪法》中的世俗国家原则(第二条)和共和原则(第一条)，且这两条是宪法规定不可修改的"天条"。②一位美国比较宪法学家看到判决之后，提出了一个颇有意思的问题：如果美国修宪宣布美国是基督教国家，是否违宪?③

　　土耳其的案例是全球化时代宪法运作的一个缩影。从中，我们可以看到的是，如今拥有违宪审查权的法院，竟然可以管修宪的事情——在传统宪法理论和社会认知中，修宪是纯粹的政治问题，超越司法的管辖权限。④从中，我们可以看到的是，宪法的抽象价值和一国本土文化之间的复杂关系：推动修宪的力量主张宗教权利；宪法法院的法官则坚守世俗价值。从中，我们可以看到的是，一个外国的案例可以让另一个国家的学者重新理解自己国家的宪法：至今，美国宪法理论和实践中都不承认司法审查在修宪过程中的作用，更遑论宣布一项宪法修正案违宪。从中，我们无法直接看到、但值得注意的是，土耳其宪法法院依据的看似奇特的宪法教义——"违宪的宪法修正案"(unconstitutional constitutional amendment)——实际上源于大陆法系的德国，

---

① Quoted from Italo Calvino, *Invisible Cities*, Houghton Mifflin Harcourt, 1972, p. 86.

② Decision E. 2008/16, K. 2008/116, 5 June 2008, Resmi Gazete [Official Gazette], 22 October 2008, No. 27032(Turkish Constitutional Court).

③ Gary Jeffrey Jacobsohn, "If an Amendment Were Adopted Declaring the United States a Christian Nation, Would It Be Constitutional? Well... Let's Look at Turkey", (2009) 103 *Schmooze "Tickets" Paper* 5, http://digitalcommons. law. umaryland. edu/schmooze_papers/103, last visited Feb. 22,2023.

④ 土耳其宪法法院的根本理由是：议会必须受到宪法限制。然而，法院没有考虑自身是否受到宪法限制。参见 Abdurrahman Saygili, "What Is Behind the Headscarf Ruling of the Turkish Constitutional Court?",11 *Turkish studies* 127, pp. 138-139(2010).

并在普通法系的印度发扬光大，继而传到了世界其他国家。

土耳其的例子提示我们，我们脑海中熟悉的外国宪法已经变了模样。我们需要重新"开眼看世界"。毫无疑问，从启蒙运动、美国建国和法国大革命以来，成文宪法已经成为现代化的核心标志物之一：宪法条款与原则可为个人和组织表达主张、争取利益提供话语和价值支持；宪法的规则可为权威机构决策提供制度安排的框架与指引；宪法的宏大语词也引发了无穷的道德、政治和社会争议。而这一切，都随着二战以后、特别是冷战结束以来全球化的日益深化和日益复杂化，而变得更加激烈。我们需要在新的时代，在新的语境中，以更宽广的视野和更深入的比较，勾画一幅整全的宪法知识新图景。

一、为什么"比较宪法"？

由于现代意义上的"宪法"概念和制度对中国来说是舶来品，比较宪法曾经是中国法治建设的重要参考资源，也是中国宪法学重要的方法来源。直至今日，有关外国宪法的知识和印象，也构成了学者、法律人和公众讨论公共问题的重要依据。尤其在宪法理论和实践发展的某些阶段，当代中国法律学人乃至实务工作者对宪法的理解，取决于对某个或某些国家宪法的认识。人们常常是用别人的镜子在映照自己，甚至有些时候"生活在别处"。

近年来，强调以中国宪法文本和实践为基础、建构中国宪法学理论体系的呼声越来越高。在新的背景下，一个颇为自然的问题是：比较宪法研究是否仍然重要？本书认为，答案是肯定的。在全球化日益深化的当代，我们对于比较宪法的知识需求前所未有地全面而深入，比较宪法的价值只增不减。

首先，一般意义上的宪法理论的建构，必须基于比较宪法的知识资源。比较、分析、总结各国宪法的具体发展情况，辨析宪法制度在不同国家的不同体现，本身就是探索宪法一般规律和共通逻辑的必要步骤。特别是在全球化时代，各国经济文化政治交往日益短兵相接，甚至相互之间的冲突日益剑拔弩张，对于其他国家宪法的好奇心与知识需求不断增大。因此，比较宪法可以满足人们了解国外宪法的知识需求。

其次，中国宪法基础理论的建构，离不开比较宪法的知识资源和方法论参考。实际上，近年来中国宪法教义学的发展，本身受到了比较宪法资源的支撑：21世纪初时是以美国宪法和宪法学为主，近年来德国宪法和宪法学影响逐渐增大。即便是在强调本土性和自主性的当代，宪法学研究者也会发现，恰恰只有在与他者进行比较的过程中，自我的特性才能够呈现出来。毕竟，"我们只能通过比较来感知。通过将一个希腊雕塑同埃及或者亚细亚的雕塑相比较,而不是熟知一百件希腊雕塑,希腊人的天才能够得到更好的理解"。① 尤其是对于作为舶来品的宪法概念和宪法理论来说,我们只有不断深入他者,才能不断加深自我理解。② 真正的主体性必须在与他者的互动中予以建立。③

再次,中国在不断融入世界,更在不断影响世界。随着中国与外国的经济社会文化接触日益增多,无论是政府部门还是商业机构,对于各国政治体制和宪法制度的知识需求都随之增大。④例如,应对"贸易摩擦"时,法律斗争成为重要的"战场"之一,无论是华为还是 TikTok 在美国法院的诉讼,都涉及美国宪法问题。在对外政策的制定和实施过程中,对于其他国家宪法体制及其变化发展的准确、及时而深入理解是题中应有之义。在对外传播和应对国际舆论的过程中,理解种种话语背后深层次的宪法理念和原理也是必需的步骤。

最后,对于国内法治建设,比较宪法虽然未必能够直接为中国宪法发展提供借鉴,但其对于具体法律问题的研究和相关规则的制定仍然具有参考意义。例如,网络法的研究者都知道,中国起草制定《个人信息保护法》时,欧盟的《通用数据保护条例》(GDPR)是极为重要的参考。但较少有人知道的是,GDPR 中规定的诸多数据权利,实际上衍生于欧陆宪法(特别是德国宪法)中的人格尊严概念,而这种概念又源自历史上欧洲王室和贵族的观念与实践。⑤

总而言之,对各国宪法现象进行比较研究既具有思想学术价值,也具有

---

① "La Peinture de Galanis", in François de Saint-Cheron (ed.), *L'Esthétique de Malraux*, SEDES, 1922, p. 93.

② 菲律宾国父黎萨(Jose Rizal)的小说《不许犯我》开头讲述一个故事:一位混血儿在欧洲生活多年以后回到马尼拉,在车上看外面的植物园时,发现现实场景只有通过与脑海中的欧洲花园景象进行比较,才能被自己体会到——安德森将其称为"比较的幽灵"。〔美〕本尼迪克特·安德森:《比较的幽灵:民族主义、东南亚与世界》,甘会斌译,译林出版社 2012 年版,第 3 页。

③ 正如翟国强教授所言:"近代以来,域外宪法学说一直是中国宪法学重要的理论渊源。中国宪法学要面对中国问题,但不应排斥其他国家的学术研究成果,而是要在比较、对照、批判、吸收、升华的基础上,使其更加符合当代中国宪法制度和实践的发展需要。宪法学研究既要立足中国实际,也要开门搞研究,对国外宪法学的理论观点和学术成果,应大胆吸收借鉴,但不能简单充当西方理论的'搬运工',而要有分析、有鉴别,适用的就拿来用,不适用的就不要生搬硬套。域外宪法理论也不限于一种形态,其观点主张也各有差别、百家争鸣。大胆吸收借鉴应是博采众长,而不能把一种理论观点和学术成果当成'唯一真理',更不能用某一种宪法理论来裁剪中国宪法制度和实践。如果用简单套用某一种国外宪法理论来格式化中国的宪法,就容易滑入机械论的泥坑而严重脱离中国实际,在政治上是十分危险的。"翟国强:《宪法学研究的"中国问题意识"》,载《中国社会科学报》2021 年 8 月 31 日。

④ Ran Hirschl, *Comparative Matters*, Cambridge University Press, 2014, pp. 148-149.

⑤ 叶开儒:《数据跨境流动规制中的"长臂管辖"——对欧盟 GDPR 的原旨主义考察》,载《法学评论》2020 年第 1 期。

社会政治意义。从根本而言，宪法本身既是学术研究的对象，也是社会论争的舞台。两者之间的张力构成了这门学问最为引人入胜之处，同时也是让这门学问难以秉持科学态度的难点所在。而要保持比较宪法之于法学教育、法学研究和法治实践的相关性和重要性，比较宪法的目标需要重新定位，内容需要全面更新，方法需要实质迭代。

二、为什么"全球化时代"？

这似乎不构成一个问题。我们生活在全球化的时代，而且全球化正在日益深化：各国经济交往不断深入，国际经济贸易体系已经建立运行；针对全球共同问题（金融规制、气候变化、打击恐怖主义等）的治理体系不断发展；全球信息网络不断加深各国之间的信息交流和文化碰撞。事实上，全球化的进程不仅改变了世界的经济格局，也在推动各国法律秩序的变革。尤其是晚近二三十年来，法律的全球化已经不仅限于私法领域，也扩展到了公法领域，大大改变了宪法的传统面貌。宪法实践已经变化，认知也须随之迭代。

在传统的理解中，宪法是一个国家领土主权范围内的根本法、基本法，也是一国政治实践、文化传统和历史背景的最高法律体现。因而，传统的宪法现象一般以特定民族国家为基本单位。①而在经典的现代宪法制度体系中，占据主流的是议会至上的权力结构——无论是英国的"议会主权"体制，还是法国的国民大会体系，包括受到两个国家影响的（前）殖民地地区，都是如此。

全球化大大挑战了以上两个前提，不但逐渐消解民族国家内外之间的严格边界，也逐步突破了传统的主流政体模式，已经初步形成了一种以司法为中心的、跨国性的新立宪体制。

第一，宪法的正当性基础开始出现脱离民族国家主权的趋势。全球化信息、资源和权力超越边界而流动，领土疆界不再构成宪法边界。一方面，宪法体系的原动力开始从传统的国家主权向上发生位移。例如，欧盟法律体系的发展已经开始走向最终的宪法化进程（以 2009 年《里斯本公约》为核心标志），极大地挑战了只有民族国家才能制定宪法的传统观念。此外，国际贸易法也通过国际或区域组织的机制建设，呈现出宪法化特征。比如，WTO 及其相关协议被认为已经构建了一套全球经济宪法体系：对于契约自由、私有财产的权利保护，争端解决机构的建立，尤其是上诉机构的出现和运行。

---

① 之前，宪法被认为与国情、历史和文化紧密相关，很难借鉴。宪法作为一国法律体系的"根"，相比"枝"和"叶"而言，更难移植和嫁接。

另一方面,二战之后世界范围内的诸次制宪浪潮,使得各国逐渐确立了现代成文宪法(特别是包含权利法案),在较大范围内呈现了宪法趋同现象:从后法西斯国家制定自由主义宪法到去殖民化国家制定社会主义或自由主义宪法,再到1970—1980年代"第三波民主化"和苏联东欧解体之后各国制定新宪法,"成文宪法—权利法案"的新体制成为世界性潮流。一些传统上的不成文宪法国家也开始基本权利成文化的实践。加拿大、新西兰、以色列是较为鲜明的例子。甚至英国也在欧盟的压力下于1998年通过了《人权法案》。

第二,宪制机构体系开始突破议会中心主义,司法权力呈现出全球性的扩张趋势。长久以来,议会至上乃是现代立宪民主制的核心。在19世纪乃至20世纪上半叶的大部分时间内,欧洲主要国家较为怀疑成文宪法和司法审查在控制民主政治方面的正当性和可能性。例如,作为现代立宪之母,英国不但长期缺少成文宪法,甚至没有机构上独立的法院(最高司法机构是议会上院),更没有宪法性的司法审查体制。美国虽然号称"三权分立",但20世纪初以威尔逊为代表的主流学说则认为美国实际上是国会体制。① 这种时代思潮也影响到了我国:对于当时的中国精英而言,立宪的关键在于制定成文宪法和建立民选议会,而非设立违宪审查体制保护公民权利。

二战结束以来、特别是冷战结束之后,一种"新立宪主义"(new constitutionalism)模式开始挑战了传统模式。② "新立宪主义"强调成文宪法、权利法案和司法审查"三位一体"的体制,特别重视以司法权力(体现为最高法院或宪法法院)依据宪法审查立法机关和行政机关的行为,以此限制民主政治和代议机关,保护公民权利。二战以后,除社会主义国家外,各国普遍在战后制定成文宪法,并且几乎都规定了内容类似的权利法案(通常包含平等权利、各种自由权利、社会经济权利等)和体制相近的违宪审查制度(区分只是美国模式和德国模式)。在实践中,司法权力开始在全球范围内大力扩张。③ 在大多数国家和地区制定包含权利法案的成文宪法之后,司法审查机构的影响力日益突出。④甚至连英国也在2009年建立最高法院,并尝试一种与议会体制兼容的"弱司法审查"体制。更为引人注目的是,很多国家的

---

① Woodrow Wilson, *Congressional Government*: *A Study in American Politics*, Mifflin and Company, 1885.

② Ran Hirschl, Towards Juristocracy: *The Origins and Consequences of the New Constitutionalism*, Harvard University Press, 2004.

③ C. Neal Tate & Torbjörn Vallinder(eds.), *The Global Expansion of Judicial Power*, New York University Press, 1995.

④ Ran Hirschl, "The Rise of Comparative Constitutional Law: Thoughts on Substance and Method", 2 *Indian Journal of Constitutional Law* 1, p. 16 (2008).

宪法法院甚至超越了权利保护,直接介入极为政治化的纠纷中去:议会与政府关系、联邦制、选举争议、国家安全和外交事务,甚至政体变化和政权更迭问题。在观念上,议会至上的原则开始衰落。西方世界经历了由议会至上到宪法至上的转变。而宪法至上很快变成司法至上:宪法适用需要宪法解释,法院由于专业优势逐步宣称并确立自身的权威释宪者地位。在议会至上受到怀疑后,法院成为宪法与人权的守护者。

第三,以上两个趋势相结合,形成了一股更为值得注意的趋势:宪法全球化突破了传统宪法解释的司法主权前提。一方面,国际性的司法机构开始通过宪法化的国际法文件从事司法审查活动。例如,欧盟法院从 1960 年代开始通过一系列判例将欧共体的条约解释为具有宪法效力,创造了成员国公民可以直接诉诸的新法律秩序,带动了欧洲范围内的宪法整合。欧洲人权法院也通过判例将《欧洲人权公约》确立为欧洲在人权领域的"宪法性文件",并将自己塑造为权威的解释者和执行者,甚至要为世界其他地区作出示范。

另一方面,很多高等法院对于国际法和外国法的引用和参考已经蔚然成风,引用外国判例构成了将本国宪法通过司法解释而与时俱进、与国际接轨的手段,甚至一些后发国家的法律明确要求法院参考比较法和国际法。特别是在基本权利解释问题上,法官们不断从国际同僚那里吸取经验。[1] 各国宪法判决书也逐渐趋向较长篇幅的法律论证、附议和异议判词的铺排、个人风格的法律意见。很明显的是,各国宪法法院或高等法院的法官在撰写判词时,开始和国际同行对话,不仅面向本国政治家和民众。与此同时,各国宪法法院和最高法院之间的法官外交越来越多。这种司法审查的国际化和宪法理念与技术的国际借用已经非常普遍[2],反倒使得司法审查的起源地美国变得边缘化。

实际上,作为经济全球化中的重要国家,中国 21 世纪以来的宪法发展也部分受到宪法全球化潮流的影响。从国家机构体系层面而言,21 世纪以来中国法律界和法学界围绕宪法的可诉性的热潮,放在宪法全球化背景下进行

---

[1]　个人宪法权利保护是司法全球化的重要内容,世界上几乎每周都有高等法院作出的涉及公民基本权利(如正当程序权利、隐私权、平等权、言论自由、宗教自由等)的重大判决。当代的时间观是朝前看:宪法是社会改革手段,通过宪法诉讼实现变革。普通公民通过宪法来表达诉求和争取利益;法官通过法律解释更新宪法内容。人们不断将新的观念投射到旧的宪法语词之中(如歧视同性恋者构成"性别歧视"),法官则解释抽象宪法语词,使宪法与时俱进。特别是道德文化权利(性别、性取向、堕胎等)日益热门。宪法已经进入人类最亲密的领域:我是什么样的人? 该如何生活? 如何处理个人、他人和社会之间的关系? 主张此类权利的种种社会行动也呈现出跨国联动的特征。旧的权利呈现新的面貌;新的权利诉诸旧的语词。

[2]　Günter Frankenberg, "Constitutional Transfer: The IKEA Theory Revisited", 8 *International Journal of Constitutional Law* 563, pp. 563-579 (2010).

理解,会变得更为清晰。从公民基本权利层面而言,2004 年中国修宪时加入"国家尊重和保护人权"也可以在全球化背景下得到更为深入的理解。而近年来,很多新兴权利运动也在中国社会产生回响。例如,2015 年美国同性婚姻案宣判一年之后,湖南一对同性恋人起诉婚姻登记机关,主张平等婚姻权。①

当然,正如经济全球化带来了经济贸易的普遍性与民族国家的特殊性之间的冲突一样,宪法全球化也带来了宪法原则的普遍性与宪法文化的本土性之间的张力。毫无疑问,"新立宪主义"带有较强的普世主义观念,与多元文化主义和国家主权必然产生冲突。而其世界主义、自由主义甚至新自由主义倾向②,也遭到了很多国家内部实践中的抵制,甚至司法审查的全球化引发了反多数难题的国际化。在一些国家,秉承国际主义精神的高等法院与本国民主过程产生冲突。特别是近年来,随着全球化的深入发展,民粹主义不断兴起,进一步加深了这种张力。③毫无疑问,全球化的日益深化发展,将会进一步激化宪法的求同趋势和存异现象。我们因此亟须在新的时代,通过更为全面的比较,重新理解世界范围内的宪法趋势和各种宪法现象。

三、如何"比较宪法"?

作为比较法的子学科,比较宪法一方面承袭了比较法的基本方法论,但另一方面也并非直接套用比较法的基本认知框架。就后一点而言,在比较宪法领域,比较法研究中最为基本的区分技术——大陆法系和英美法系——并不当然适用。例如细致的比较研究会展示,美国宪法与法国宪法更为相似,如都采取共和制、成文宪法与某种形式的总统制;而虽然同属英美法系,美国宪法与英国宪法的差别甚大:相比美国的共和制、成文宪法和三权分立,英国采取的是君主立宪制、不成文宪法与威斯敏斯特议会制。要而言之,与比较私法不同,在比较宪法中,法系的区分居于较为相对次要的地位。

然而,就前一点而言,比较法研究基本路径中的功能主义和文化主义之

---

① (2016)湘 0102 行初 3 号;(2016)湘 01 行终 452 号:孙文麟、胡明亮不服长沙市芙蓉区民政局婚姻登记行政行为行政诉讼一案。

② Wen-Chen Chang et al, *Constitutionalism in Asia*: *Cases and Materials*, Hart Publishing, 2014, p. 69; Günter Frankenberg, *Comparative Constitutional Studies*: *Between Magic and Deceit*, Edward Elgar Publishing, 2018, p. 195 ("Social movements prepared the menu. Enlightened philosophers set the table. Constitutions fixed the table manners. Then politicians sat down for dinner. And later, the ideologues of the nineteenth and twentieth centuries did the dishes.").

③ 有意思的是,即便是反全球化运动,也呈现出全球化的特征:国与国之间出现了保守主义和民粹主义的跨界联动。

分在比较宪法中体现得更为明显。功能主义路径认为,比较法的意义在于解决本国法律问题时可以参考他国法律或国际法。具体做法是将其他国家的法律规则从其语境中抽离,总结为公式或教义进行借鉴。①因此,功能主义带有普遍主义和科学主义的态度:从各国宪法中总结共同法(*jus commune*),或将某个国家的宪法上升到普遍原则,因此多采取趋同论的态度和立场。简而言之,比较的目的是借鉴,借鉴的目的是改良。②而文化主义路径则认为,比较研究应将具体制度放在长时段的历史传统和特定文化背景中进行理解,对各国宪法现象进行人类学式的"深描"(thick description)。因此,比较的核心在于理解他者,而非借鉴他国。在文化主义者看来,法律是民族历史文化的产物和体现,无法轻易移植。③ 因此,文化主义强调各国宪法的差异而非趋同。

从历史角度而言,比较法随着 19 世纪国际贸易的发展经历了范式转型。之前,主流范式受到孟德斯鸠影响,法学家倾向于将法律看作是特定民族历史、文化和地理环境的产物④,而非普世的科学原理在各个国家的具体实验。⑤然而,随着国际贸易的发展,法学家开始试图发现各国私法之间的共同性。⑥

---

① Konrad Zweigert & Hein Kotz, *Introduction to Comparative Law*, translated by Tony Weir, 3rd ed. , Oxford University Press, 1998, p. 34.

② 正如法学家耶林(Rudolph Jhering)所说:"对于外国法律制度的继受与民族性无关,而是与用途和需要有关。当他可以从本国获得相当或者更好的东西之时,没有人愿意从远处获取一件东西,但是只有愚人才会仅仅因为奎宁不长在自家后花园里而拒绝之。" Quoted from Konrad Zweigert & Kurt Siehr, "Jhering's Influence on the Development of Comparative Legal Method", 19 *American Journal of Comparative Law* 215, pp. 215-231 (1971). 茨威格特和科茨也认为:"比较法提供了法律国际化并且最终成为一门科学的不二法门。在自然科学和医学中,诸多发现和观点在国际范围内交流……但是法学领域的立场却令人吃惊地大相径庭。……比较法已经开始终结此种狭隘性。如同所有科学学科一样,比较法的首要目标是获取知识。" Ibid. , p. 15.

③ 〔美〕玛丽·A. 格伦顿等:《比较法律传统》,米健、贺卫方、高鸿钧译,中国政法大学出版社1993 年版, 第7—8 页("首先,必须记住法律是特定民族的历史、文化、社会的价值和一般观念的集中体现。任何两个国家的法律制度都不可能完全一样,法律是一种文化的表现形式,如果不经过某种本土化的过程,它绝不可能轻易地从一种文化移植到另外一种文化。……第二,追求学术的目的……要力求摆脱你对你所研究的法律制度的感情因素。……第三,发展研究外国法律制度的方法。……没有任何一种法律制度是绝对低劣的,或低劣到一无可取的程度。……没有任何法律制度是完美无缺的,以致无须借鉴其他法律制度的新思想。……最后……比较法律传统……的目的并不在于贬低或赞美任何法律制度。比较法学家并不从事法律传统和法律制度的优劣顺序的安排。我们作为比较法学家的使命是了解特定的国家何以会有那样的法律……")。

④ Mark Tushnet, *Advanced Introduction to Comparative Constitutional Law*, Edward Elgar Publishing, 2014, p. 2.

⑤ 德国的历史法学也如此看待法律,因此是赫尔德和费希特的民族主义哲学在法律研究中的应用。

⑥ Mark Tushnet, *Advanced Introduction to Comparative Constitutional Law*, Edward Elgar Publishing, 2014, p. 2. ("As trade globalized, however, legal actors in one nation necessarily had to learn about and deal with the laws of the nations with which they were transacting.").

毕竟,与经济活动密切相关的私法制度,相对容易做到抽离文化传统背景的比较借鉴,甚至推进规则体系的统一化,如合同法就是如此。相对而言,公法则与民族主权相关,与特定国家的历史文化密切关联,较难做到抽离语境地比较、借鉴和移植。因此,趋同论的范式对于宪法研究的影响相对较小。① 在法学论述中,宪法仍"被理解为民族主权一种根本而决定性的方面"②。换言之,宪法生长于特定民族的特定土壤之中,而不是普遍原理在具体国家的运用。③

然而,在战后开始的全球化时代,比较私法和比较宪法的主流方法转变方向恰恰相反。一方面,比较私法领域已经开始文化主义转型。随着经济全球化和市场经济在世界范围内的铺开,再加上各国随着贸易的增长而带来的社会文化碰撞越来越多、越来越深,更多的研究者意识到,私法不能简单地从其发生和运作语境中被抽离出来,采取纯粹法律技术(法条主义和教义中心主义)的分析方式,否则即会陷入特定意识形态的主宰局面,如只重视财产权保护、契约自由和跨国资本流动等新自由主义观念的笼罩,忽视了私法问题蕴含的社会问题和公共维度。因此,比较私法开始了语境主义和文化主义的转型。④

另一方面,比较宪法学则在二战以后,特别是在冷战之后,走向普遍主义的方法论⑤,试图发现诸多宪法体系的共同功能,如权力分立和权利保护。⑥ 在这种视野之下,每个国家的宪法体系都可根据普遍原则加以研究和改进。⑦ 特别是在冷战之后,以英语为主要学术语言和表述形式的比较宪法研究,开始逐渐突破国家和民族的文化特性,力图将自己塑造成为一门科学或者准科学的事业,希望像发现科学定理一样发现宪法原理,并运用到各国实践之中,特别是在制定新宪法和解释旧宪法的过程中,从其他国家的"先进"经验中总结出放诸四海而皆准的宪法原理和法律教义,并运用到某一个国家的宪法实践之中。

---

① Mark Tushnet, *Advanced Introduction to Comparative Constitutional Law*, Edward Elgar Publishing, 2014, p. 2. ("As trade globalized, however, legal actors in one nation necessarily had to learn about and deal with the laws of the nations with which they were transacting.").

② Ibid.

③ Ibid., pp. 3-4.

④ Franz Werro, "Comparative Studies in Private Law", *The Cambridge Companion to Comparative Law*, Cambridge University Press, 2012, pp. 117-144.

⑤ 科学主义和普遍主义的比较法范式由英国哲学家边沁奠定。Mark Tushnet, *Advanced Introduction to Comparative Constitutional Law*, Edward Elgar, 2018, p. 3.

⑥ Ibid., p. 3.

⑦ Norman Dorsen, et al. (eds.), *Comparative Constitutionalism: Cases and Materials*, West Group, 2003. pp. 10-44.

与此同时，比较宪法的关注焦点也从政体转向了司法，从制度转向法律。就学科而言，比较宪法逐渐与比较政治分家。在西方传统之中，比较宪法从古代到现代的主要方式都是比较政治制度：亚里士多德的《雅典政制》和孟德斯鸠的《论法的精神》是这方面的经典著作。[①] 19 世纪末英国宪法学家戴雪的《宪法律研究导论》从政治体制观察出发（议会制还是总统制、单一制还是联邦制等），来对勘英、美、法三国的宪制体系。[②] 同样是在 19 世纪末，美国比较宪法开创性著作的标题是"政治"，副标题是"比较宪法研究导论"，仍以比较政体研究为主。[③] 另一部重要的比较宪法学著作是美国政治学学科的创始人之一的作品，并且该作品明确指出："一部宪法的形成很少是根据既存的法律形式而进展。历史和革命的力量是该工作最为明显和重要的因素……这些很难用法学方法来处理。"[④]

而在 20 世纪大部分时间，甚至在二战以后，比较宪法的主流也是如此。比较宪法随着 20 世纪重大历史事件后的制宪浪潮（二战之后、去殖民化、第三波民主化和冷战之后）[⑤]而发展，因此其核心是宪法设计学（constitutional design）和宪法工程学（constitutional engineering）的兴起和发展。二战之后和冷战之后参与各国宪法制定的"宪法工程师"都是政治学家，如利普哈特[⑥]、萨托利[⑦]、埃尔斯特[⑧]等。其主要关注点是为一国设计适合该国国情、符合一般宪法理念的体制，促进社会经济的快速发展。在宪法设计学和宪法工程学的视野中，司法审查和宪法法院仅仅是问题之一，甚至不是主要问题。

司法中心主义的比较宪法学晚近以来才成为主流范式。与之相伴生的

---

① 〔古希腊〕亚里士多德：《雅典政制》，日知、力野译，商务印书馆 1959 年版；〔法〕孟德斯鸠：《论法的精神》，许明龙译，商务印书馆 2012 年版。

② Albert V. Dicey, *Introduction to the Study of the Law of the Constitution*, 8th ed., Liberty Fund Inc., 1982. 中译本将该书翻译成《英宪精义》或《宪法研究导论》。但从书名来看，戴雪指的是有关"宪制"（constitution）的"法律"（law），因此本书将其书名试译为《宪法律研究导论》。

③ William W. Crane & Bernard Moses, *Politics: An Introduction to the Study of Comparative Constitutional Law*, G. P. Putnam's Sons, 1884.

④ John W. Burgess, *Political Science and Comparative Constitutional Law: Government*, vol. 2. Boston &Ginn & Company, 1893. 该书对于晚清民国中国比较宪法学产生了重大影响。参见韩大元：《比较宪法概念在近代中国的演变》，载《比较法研究》2015 年第 5 期，第 73 页。

⑤ Mark Tushnet, *Advanced Introduction to Comparative Constitutional Law*, Cheltenham, Edward Elgar Publishing, 2014 p. 1.

⑥ Arend Lijphart, *Patterns of Democracy: Government Forms & Performance in Thirty-six Countries*, 2nd ed., Yale University Press, 2012.

⑦ Giovanni Sartori, *Comparative Constitutional Engineering*, 2nd ed., New York University Press, 1997.

⑧ Jon Elster, *Ulysses and Sirens*, Cambridge University Press, 1983.

是,当代比较宪法已经与比较政治分道扬镳的现象:比较政治一般来说多关注的是政府结构,虽然其中也包含对于司法和法院的分析——比较政治学家研究的"比较司法政治"(comparative judicial politics)问题;比较宪法学则更关注宪法文本的司法解释,尤其侧重于基本权利的适用和解释问题,特别是对不同法院同一话题判决的比较,分析可以相互援引借鉴之处。从学术表现来看,司法中心主义的比较宪法迅猛发展的主要标志,是大量以司法判例为分析基础的比较宪法刊物的创办、论文发表、学术专著和案例教材的出版。①许多国际法学刊物上的文章也开始有意识地讨论新比较宪法的范式问题,个中重点是比较司法审查和宪法权利的司法解释问题;其作者多是法学教授,而非政治学者。②

　　实际上,在几乎相同的时间段,中国比较宪法学的理解方式也在冷战后经历了重大变迁,在比较方法上逐渐由关注政体结构转向关注司法审查,在比较倾向上也徘徊在求同和存异之间。中国现代意义上的比较宪法学,肇始于晚清政治改革和立宪过程之中,带有极强的功能主义和政体中心主义思维特征。无论是鸦片战争之后魏源的《海国图志》中最早对于列国政治制度的大略描述,还是戊戌变法前后康有为的《俄彼得变政记》《日本变政考》和梁启超的《各国宪法异同论》,都是如此。民国时期,随着仿行西方共和代议政治的趋势,比较宪法研究盛极一时。其代表性著作,王世杰和钱端升的《比较宪法》一书,虽然并非以直接借鉴西方为目标,也是以政体比较分析为重。③20世纪80年代,比较宪法学在中国重新复兴,承接民国范式,也以政体

①　Sujit Choudhry (ed.), *The Migration of Constitutional Ideas*, Cambridge University Press, 2006; Tom Ginsburg, *Judicial Review in New Democracies: Constitutional Courts in Asian Cases*, Cambridge University Press, 2003; Vicki Jackson & Mark Tushnet, *Comparative Constitutional Law*, 2nd ed. , Foundation Press; Thomson/West, 2006; Norman Dorsen, et al. , *Comparative Constitutionalism: Cases and Materials*, Thomson/West, 2003.

②　See, e. g. , Sujit Choudhry, " Globalization in Search of Justification: Toward a Theory of Comparative Constitutional Interpretation", 74 *Indiana Law Review* 819 (1999); Mark Tushnet, "The Inevitable Globalization of Constitutional Law", 49 *Virginia Journal of International Law* 985 (2009); Vicki C. Jackson, " Constitutional Comparisons, Convergence, Resistance, Engagement", 119 *Harvard Law Review* 109 (2005); Anne-Marie Slughter, " A Global Community of Courts", 44 *Harvard International Law Journal* 191 (2003); Mark Tushnet, "The Possibilities of Comparative Constitutional Law", 108 *Yale Law Journal* 1225 (1999); David S. Law, "Globalization and the Future of Constitutional Rights", 102 *Northwestern University Law Review* 1277 (2008).

③　王世杰、钱端升:《比较宪法》,中国政法大学出版社2004年版。

比较为核心①,特别是比较社会主义宪法与资本主义宪法。②

21 世纪以来,随着宪法司法化思潮的兴起,中国比较宪法学的主流进入了新的阶段,开始逐渐走向司法中心主义的借鉴模式。大量出于借鉴态度的国别论述层出不穷,其中个别国家构成了研究的焦点——首先是美国,后来是德国。③而其方法论也逐渐呈现出极强的司法中心主义特征,主要关注美国最高法院和德国宪法法院。对于司法审查的具体制度和基本权利的具体问题的专题研究更是层出不穷、汗牛充栋。简而言之,20 世纪 80 年代提起美国宪法,中国法学界乃至知识界首先想到的是"三权分立";如今提到美国宪法,首先映入学者脑海的多半是美国最高法院和相关著名案例,并立即试图将其与德国宪法法院及其经典判例进行比较。

就总体发展状况而言,当代中国比较宪法学的认识框架、学术范式和考察视野仍然存在继续提升的空间。一方面,传统政体比较范式数十年来未能更新;另一方面,21 世纪以来宪法比较研究关注司法审查较多,对于宪法基本理论和前沿问题关注甚少,并且过于关注特定国家,对跨国和国际宪法发展趋势关注较少。④尤其值得注意的是,当代中国比较宪法研究在受到外国宪法发展趋势和当代国际比较宪法学影响的同时,甚少对于这些影响源的整全图景和内在理路进行全面而深入的考察,也甚少进行适度的反思。

---

① 龚祥瑞:《比较宪法与行政法》,法律出版社 2003 年版;沈宗灵:《比较宪法——对八国宪法的比较研究》,北京大学出版社 2002 年版;何华辉:《比较宪法学》,武汉大学出版社 1988 年版;张光博:《比较宪法纲要》,辽宁大学出版社 1990 年版;李步云:《宪法比较研究》,法律出版社 1998 年版;赵树民:《比较宪法学新论》,中国社会科学出版社 2000 年版;韩大元:《比较宪法学》,高等教育出版社 2003 年版。

② 例如罗豪才教授和吴撷英教授的《资本主义国家的宪法和政治制度》,概括英国、美国、法国、德国、意大利、日本等国的宪法发展之后,从公民基本权利、政党与政党制度、选举制度、议会制度、政府制度和司法制度等专题入手,对西方主要国家的宪法制度进行了深入介绍。参见罗豪才、吴撷英:《资本主义国家的宪法和政治制度》,北京大学出版社 1983 年版。

③ Han Liu, "Regime-Centered and Court-Centered Understandings: The Reception of American Constitutional Law in Contemporary China", 68 *The American Journal of Comparative Law* 95 (2020).

④ 韩大元教授在二十年前对于中国比较宪法研究基本状况的判断,至今来看仍不过时:"比较宪法学作为宪法学的一个分支,在学科的定位与具体功能方面还存在一些不尽如人意的地方,如就比较宪法学研究成果的数量看,严格意义上的比较宪法学著作并不多见……在研究方法上,通常采用个别问题或国别为主的研究,宏观的或以问题为中心的研究相对薄弱;比较宪法学研究中近年来虽强调了宪法文化多元化的问题,试图在比较过程中平等对待不同的宪法文化,但在具体的比较与研究过程中还是侧重于以西方宪政的经验作为分析的基础,对非西方国家宪法体制的研究缺乏必要的关注等。"参见韩大元:《当代比较宪法学基本问题探讨》,载《河南省政法管理干部学院学报》2003 年第 4 期,第 6 页。

四、本书内容与结构

本书试图为中国比较宪法的"文档"点击一次"刷新",为其"地图"点击一次"放大",为其"软件"启动一次"升级"。具体而言,本书试图超越国别宪法研究,通过回溯宪法理论的元问题,并根据全球范围内宪法发展趋势处理衍生性问题,拟实现三个目标:

就时间层面而言,本书旨在全景式地展现二战以来、特别是冷战以来,全球范围内宪法体制的最新发展态势,以及各国宪法的最新动态(特别是判例),以此更新比较宪法的知识体系,尤其侧重总结冷战结束以来全球化的宪法模式对传统主权国家为基础的宪法模式的更新和突破,并在客观陈述基础上进行批判性的评价。

就空间层面而言,本书努力克服"留学国别主义"的弊端,打开更大的学术视野,不仅进一步深入研究欧美西方国家的宪法发展,而且更加关注亚非拉等"第三世界国家"的问题,从而补全比较宪法的研究视域。此外,本书侧重于理解外国宪法的发展态势和内在原理,而非采取纯粹借鉴和参考的态度。因此,为了更好地实现这一效果,本书主要采用就国外宪法进行比较研究的方式,仅在必要的些许地方进行一定的中外比较。

就方法层面而言,本书结合功能主义和文化主义的视角,界定和考察晚近在国际学界盛行的"新比较宪法"范式,特别剖析其在宪法教义层面的跨国借鉴现象,洞悉其背后的全球主义冲动,指出其成就与限度。在分析具体问题时,本书力图将原则、制度与权利放到不同国家政治文化和历史传统中,不仅比较宪法文本和司法判词,更要解读语词背后的深层结构(宪法文化、政治惯例和社会意识)。

就行文结构而言,全书分为三个部分。第一部分"宪法基本理论"分为三章,力图构建当代成文宪法的认识框架,依次讨论宪法的概念与渊源、宪法制定和制宪权问题、宪法的修正和宪法变迁问题。第一章试图展现,当代国外宪法中对于宪法渊源的界定,不再局限于人民主权产物——成文宪法。法学家和法官通过"不成文宪法"的概念寻找符合全球普遍主义精神的宪法规范。第二章则从宪法制定的前沿问题出发,展现当代的制宪权不再简单地是人民实际参与并表示同意的过程,而是出现"强加的宪法"(imposed constitution),甚至民众参与越多,宪法通过越难。第三章处理修宪问题,试图展现当代的宪法实践中修宪遭遇的实质限制("不可修改性")和司法审查("宪法结构"),特别着重论述司法机关通过司法审查来介入传统上被认为是政治问题的修宪程序。

　　第二部分"权力机构：理念与实践"分为四章，旨在描述新比较宪法在政府权力结构领域的最新发展，尤其是横向分权制衡和纵向分权问题。第四章通过分析当代世界主要国家政府体制的最新发展，试图指出传统比较宪法将孟德斯鸠式的权力分立奉为宪法体制经典的做法在当代已经不切实际，新的发展趋势已经突破"三权分立"模式，走向了"新分权"，即一方面超越了"三"种权力，加入独立管制机构等新的权力分支，另一方面超越形式化的分权制衡，开始出现权力交织。第五章则重点处理纵向分权的问题，尤其是晚近以来主要国家整体走向地方分权的趋势，及违宪审查机构介入中央地方关系问题，并用司法技术来处理纠纷。第六章聚焦司法机关的宪法审查权，剖析其起源、发展和当代前沿问题，指出当前司法审查模式除了经典的美国和德国模式之外，出现了弱司法审查模式，而且司法审查处理问题的范围也不仅限于基本权利问题，而是涉足高度政治性的问题。第七章以行政权的历史发展，展现"9·11"事件以来热门的紧急状态权问题，指出长久以来通行的"新罗马"的宪法专政模式已经远远无法应对全球化时代的紧急状态问题。

　　第三部分"基本权利前沿问题"分为四章，选取当代基本权利宪法保护实践过程中极具代表性的问题，展现当代前沿趋势。四种权利体现了宪法权利的交叠，也体现了宪法的司法解释难题。第八章描述表达自由当代宪法实践的新发展，特别探讨在互联网新媒体时代表达自由的具体含义。第九章和第十章则描述两项涉及人身自由的争议性宪法问题（堕胎和性取向），凸显新型道德文化权利对宪法实践的挑战，尤其是宪法中没有明文列举的权利问题。第十一章处理社会经济权利，特别是司法审查能否处理积极权利的问题，展现在新自由主义背景下，宪法在文本中承认社会经济权利的同时，实际上得不到强有力的司法执行。

　　在结论部分，本书将对当代比较宪法的整体图景和中国比较宪法学的方法论进行总结和反思。

第一编

宪法基本理论

第一章　宪法概念与宪法渊源

有文实也,而后谓之。无文实也,则无谓也。

——《墨子·经说下》

制宪者须知今日制宪虽采成文主义,而不可尽背不文主义之精神也。

——李大钊[1]

导言:问题的提出

就讨论宪法问题而言,前提性的问题是:什么是宪法? 宪法规范由何种内容构成? 这些内容来自哪里? 于此,我们便触及了宪法渊源的问题。关于这个问题,通行答案似乎非常简单:在成文宪法国家,是宪法典;在不成文宪法国家,则是宪法性法律、司法先例/解释以及宪法惯例。然而,在中国宪法学教科书和通行论述中,即便在有宪法典的前提下,宪法渊源经常被认为包含宪法典之外的其他成分:宪法性法律(宪法相关法/宪法附属法)、宪法解释、宪法惯例、宪法判例、甚至国际条约等。[2]在通行论述之外,近年来学界也出现一种更为扩展性的界定:成文宪法典之外存在不成文的宪法规则体系,因而形成了"有宪法典的不成文宪法"命题,引发了对于中国问题的进一步思考。[3]如果我们将视野放宽就可以看到,此种论述也呼应了国际比较宪法学中的先锋理论:在宪法明文之外寻找"隐性宪法"(invisible constitution)、"《宪法》之外的宪法"(constitution outside of Constitution)或"不成文宪法"

---

[1]　李大钊:《李大钊全集》(第1卷),人民出版社2013年版,第208页。

[2]　此种界定和表述通常并不区分宪法实体内容的事实来源和规范渊源。若以宪法的法律适用作为基本视角,宪法渊源问题可以归结为以下问题:何种规范可以正当地被合宪性审查机构用于裁决宪法争议? 毫无疑问,"渊源"是一种法学概念;然而,"宪法"却不仅是法学概念。"宪法"可以代表一种实在的稳定的政治制度,也可以指涉一部法律文件,甚至可以代表以该法律文件为基础的法律教义体系。问题在于从法律角度怎么判断宪法范围。

[3]　有的论者,从描述的意义上,将党章等作为中国的不成文宪法进行对待。参见强世功:《中国宪法中的不成文宪法——理解中国宪法的新视角》,载《开放时代》2009年第12期。

（unwritten constitution）。①

本章试图在比较视野中，重新考察成文宪法体系中的"不成文宪法"问题。本章首先摹画比较宪法学中宪法概念和宪法渊源的基本图景，并将其归结为宪法在一国法律体系中的地位问题，继而总结出三种较为典型的处理模式。在此基础上，以美国宪法学为例，重点剖析成文宪法国家的不成文宪法问题。本章试图指出，从社会科学角度来讲，学者完全可以将"不成文宪法"予以证成，成为一国实在宪法（effective constitution）的一部分。但就宪法适用活动来说，只应承认《宪法》的"宪法"地位。如果的确需要将普通法律或者其他规范纳入宪法位阶，则需要哈特式的"承认规则"（rule of recognition）：立法权威通过特殊程序予以正式确认，而非贸然将成文宪法之外的因素纳入宪法规范的范畴之中，以免引起宪法与法律体系之间关系的系统性混乱。

一、前提性的问题：何为宪法？

在探究宪法渊源问题之前，必须探讨一个基础理论问题：当我们在谈论"宪法"的时候，我们究竟在说什么？在中文当中，论者常在多重意义上使用"宪法"一词，较难仔细区别。因而，一个简便的办法是考察其在西文当中的语义。如在英文中，"宪法"（constitution）一词至少可指涉三重意思，姑且通过三种用法来予以展现："宪法"（constitution）、《宪法》（Constitution）和"宪律"（constitutional law）。② "《宪法》"的界定完全按照形式主义标准，遵循内容中立原则，不管何种内容、起到何种功能，只要写入正式的宪法文本，即是宪法。虽然宪法典通常规定的是政府结构和基本权利，但也可以写"扫除文盲"③或者"禁止酒类的制造、销售或运输"④。

---

① See Thomas C. Grey, "Do We Have An Unwritten Constitution", 27 *Stanford Law Review* 703 (1975); Suzanna Sherry, "The Founders' Unwritten Constitution", 54 *The University of Chicago Law Review* 1127 (1987); Ernest A. Young, "The Constitution Outside the Constitution", 117 *Yale Law Journal* 408 (2007); Laurence Tribe, *The Invisible Constitution*, Oxford University Press, 2008; Akhil R. Amar, *America's Unwritten Constitution: The Precedents and Principles We Live By*, Basic Books, 2012; Rosalind Dixon & Adrienne Stone, *The Invisible Constitution in Comparative Perspective*, Cambridge University Press, 2018.

② 在通行的宪法教科书中，宪法的概念经常在其展现形态的意义上，被区分为"形式意义上的宪法"和"实质意义上的宪法"。参见林来梵：《宪法学讲义》（第 3 版），清华大学出版社 2018 年版，第 36—44 页。有人将其概括为"大写 C 宪法"还是"小写 c 宪法"。Stephen Gardbaum, The Place of Constitutional Law in the Legal System, in Michel Rosenfeld & András Sajó(eds.), *The Oxford Handbook of Comparative Constitutional Law*, Oxford University Press, 2012, p. 171.

③ 《中华人民共和国宪法》第 19 条第 3 款。

④ U. S. Constitution, The Seventeenth Amendment.

"宪法"则指一国实际运作的基本的、较为固定的政治制度。此种意义上的"宪法"需要进行内容辨析。如将"宪法"界定为政府结构和公民权利的基本法,"扫除文盲"或"禁酒令"或许不适合进入宪法。①而规定政府结构和公民权利的普通法律,或者涉及此类问题的稳定实践,则实际构成了"宪法"的一部分。

"宪律"的含义则较为狭窄,为有权解释宪法、且实际从事宪法解释的机关(在很多国家表现为最高法院或宪法法院),运用法律适用和法律解释的方法,在处理法律纠纷的过程中,通过司法实践,形成的法律教义体系。

在以上区分的基础上,我们可以通过考察前两种意义上的宪法概念,恰切地把握宪法渊源的实质。首先,在性质界定的意义上,对于宪法的理解可以存在两个极端。一是宪法作为一项整全的操作手册,事事都有明确规定。另一种是作为构画未来的蓝图,具体内容需要宪法文本之外的实践予以填充,例如普通立法、司法判例乃至于政治惯例。②这取决于宪法设计的理念能否成立,抑或宪法永远是一种实验。

其次,在宪法规则内容来源的意义上,可以重新理解所谓"成文宪法"和"不成文宪法"的区分。在最早深度分析上述一对概念的英国法学家詹姆斯·布莱斯那里,此种区分并不合理:"因为……成文宪法中必有不成文宪法的影子,而在不成文宪法中也有……视记录成文的惯例和先例为有约束力的,并将这些记录等同于正式制定的法律,而且不成文宪法中通常也包含一些成文的法律,虽然,这些法律源起于惯例。"③布莱斯进而将种种宪法区分为"柔性宪法"和"刚性宪法",或者"动态宪法"(moving)与"静态宪法"(stationary),或者"流动"(fluid)与"固态或结晶"(solid or crystallized)——液体可以直接通过加入新液体或者溶剂而混合,固体只能先摧毁、打散或者熔解,再加上新物进行重新萃取、组合和塑造。④前者更为古老,后者比较现代。

因而,成文宪法的起源也可以作两种不同的理解。其一,成文宪法是一

---

① See Stephen Gardbaum, "The Place of Constitutional Law in the Legal System", in Michel Rosenfeld & András Sajó(eds.), *The Oxford Handbook of Comparative Constitutional Law*, Oxford University Press, 2012.

② David A. Strauss, "Not Unwritten, After All?", 126 *Harvard Law Review* 1532, pp. 1534-1535 (2013); reviewing Akhil Reed Amar, *America's Unwritten Constitution: The Precedents and Principles We Live By*, Basic Books, 2015.

③ James Bryce, *Studies in History and Jurisprudence*, Oxford University Press, 1902, pp. 127-128.

④ Ibid. , pp. 131-132.

国政治权威在特定时刻对该国基本体制进行理性设计的正式文件。①其二，成文宪法不过是将之前久已沿用的立法或者习俗、价值和信念予以编纂。②人们既可以按照英国式的演进逻辑来理解《美国宪法》，也可以按照法国式的启蒙逻辑来理解它。再比如，欧盟法中的宪法性部分，即体现为没有《宪法》，但有"宪法"。③

因此，所谓"宪法渊源"问题的核心，在于宪法在一国法律体系中的地位，以及宪法和其他法律的关系问题。④例如，古罗马和现代英国都不在立宪权威和立法权威之间进行区分，在宪法性法律和普通法律之间也不做效力等级的划分。瑞士和法国则明确区分了立宪权威和立法权威，也在效力等级上区分成文宪法和普通法律。⑤

问题在于，现代成文宪法是否仍然逃脱不了古已有之的命运。显然，在实践当中，普通法律、习俗惯例和宪法解释通过附着于宪法之上，事实上获得了跟宪法的同等效力。布莱斯将其称为"刚性宪法主干上的柔性寄生虫"⑥。"有宪法典的不成文宪法"问题，最终落在了宪法和其他法律之间的关系问题。

---

① 对于潘恩来说，宪法代表了一种与过去的全盘断裂。转引自 Gary Jacobsohn & Miguel Schor, *Comparative Constitutional Theory*, Edward Elgar Publishing, 2018, p. 402.

② 但对于黑格尔来说，宪法意味着民族精神的演进。Georg Wilhelm Friedrich Hegel, *The Philosophy of Right*, T. M. Knox trans., Oxford University Press, 1967, pp. 286-287. ("A constitution is the work of centuries; it is the Idea, the consciousness of rationality so far as that consciousness is developed in a particular nation.")〔美〕拉塞尔·柯克：《美国秩序的根基》，张大军译，江苏凤凰文艺出版社 2018 年版，第 417 页。("任何政治国家的真正宪法并不仅仅是一纸文书，而是一套将一个国家不同地区、阶层和利益以某种公正的政治模式整合在一起的基本法和习俗。英国的宪法被认为是'不成文的'……某些重要且长久的特许令、成文法、习俗以及长期以来被认可的政治惯例构成一套实践和原则体系……与此类似，美利坚合众国也有一个基本的不成文宪法，成文的美国宪法是它的体现。这一成文宪法之所以能够存续下来并一直保有权威，是因为它与制宪会议在费城召开前就已存在（而且现在仍影响着美国人）的法律、惯例、习惯和普遍信念相一致。……这部宪法不是抽象或空想出来的文献，而是反映和体现了美国的政治现实。")

③ See Jeffrey Dunoff & Joel Trachtman(eds.), *Ruling the World? Constitutionalism, International Law and Global Government*, Cambridge University Press, 2009; Jan Klabbers, Anne Peters & Geir Ulfstein, *The Constitutionalization of International Law*, Oxford University Press, 2009.

④ 早在 20 世纪初，英国法学家和历史学家布莱斯即将此问题作为宪法分类和宪法概念的核心区分标准。James Bryce, *Studies in History and Jurisprudence*, Oxford University Press, 1902, p. 128.

⑤ Ibid., pp. 130-131.

⑥ Ibid., pp. 186-187.

二、宪法在法律体系中的位置：三种理想类型

(一) 政治宪法主义(英国路径)：宪法是普通法

对于宪法在法律体系中的地位问题，不成文宪法体系的回答是：宪法是普通立法中的政治法。换言之，重大政治、道德和社会问题都通过政治过程——而非通过法律途径——予以解决。例如，英国法律体系在功能意义上区分宪法性法律(constitutional laws)和普通法律，但不在法律效力等级上对两者作出划分。① 正如布莱斯所言："在曼彻斯特和利物浦之间修建铁路的法律、扩大户主选举权的法律和废除爱尔兰新教徒圣公会的法律，没有任何……级别上的区别。"②因此，在这种体系之下，无法/无须建立起美国式的司法审查制度。其原理在于，既然宪法性法律在法律效力等级中并不高于普通法律，因此也就无所谓依据前者审查后者，遑论宣布其无效。

究其实质，在不成文宪法国家，宪法渊源的问题不取决于法律专业的争论或者逻辑的推理，而取决于政治实践所达成的妥协与共识。例如，针对一项要求法院执行人权保护法的提议，英国宪法学家格里菲斯(John Griffith)认为，在英国不成文宪法体系下，一切都是合宪的(constitutional)：宪法"持续生长，每天都在改变，因为宪法不比发生的事情多，也不比发生的事情少。所发生的一切都是合宪的。如果什么都没发生，那也是合宪的"。③政治实践决定了什么构成宪法规则，因此决定了什么是合宪的，也决定了如何落实宪法。用洛克林的话说，这表达了一种传统观点："英国宪法是政治实践的集合，而非一部基本法。"④

英国宪法之所以不在效力等级上区分宪法和普通法，主要是因为其宪法"不成典"(uncodified)的特性。换言之，其并非"不成文"，而只是没有编纂到一部法典中。英国宪法同样表现为一些成文法，如《大宪章》(1215)、《权

---

① 因而，宪法性法律也本是源自英国法律体系中的概念。

② James Bryce, *Studies in History and Jurisprudence*, Oxford University Press, 1902, p. 131. 译文来自中译本，参见〔美〕詹姆斯·布莱斯：《历史与法理学研究》，褚蓥译，华东师范大学出版社 2019 年版。

③ J. A. G. Griffith, "The Political Constitution", 42 *Modern Law Review* 1, p. 19 (1979). (The constitution "lives on, changing from day to day for the constitution is no more and no less than what happens. Everything that happens is constitutional. And if nothing happened that would be constitutional also.")

④ Martin Loughlin, "Towards a Republican Revival", 26 *Oxford Journal of Legal Studies* 425, pp. 425, 434 (2006). ("expressing in aphoristic form the traditional view of the British constitution as an assemblage of practices rather than a set of fundamental laws.")

利法案》(1689)、《与苏格兰和爱尔兰合并法案》,等等。以色列同样如此:其宪法规范存在于诸部"基本法"(Basic Laws)之中:《议会》《国家总统》《政府》《军队》《耶路撒冷法》《司法》《人格尊严与自由》《民族国家》等。①

英国宪法背后的基本理念也不同于成文宪法模式。以美国和法国为代表的成文宪法体系,都基于启蒙思想的确信:通过立宪者的"政治科学"设计,将一国基本制度以明确的法典形式表述和公布,以此建立更好的政府形式及政府/公民关系。② 正如《联邦党人文集》开篇所说:"人类社会是否真正能够通过深思熟虑和自由选择来建立一个良好的政府,还是他们永远注定要靠机遇和强力来决定他们的政治组织。"③

英国传统则认为,基于启蒙理性的宪法设计,一则不可能,二则不必要。不可能,是因为人类理性有局限,无法预先设计所有基本政治制度。例如,英国作家阿瑟·杨(Arthur Young)早在1792年就认为,法国"就像用配方做布丁一样使用宪法"。④不必要,是因为可通过实践演进来逐步确立制度,并且让其随着时代变化发展而顺滑地改变,不受制于成文宪法的刚性修宪程序。

英国的宪法模式基于其议会主权原则,也即议会不受更高的法律约束。因而,所有的道德与社会争议可以通过政治过程,通过投票、磋商和决议来解决;对立法机关的限制也未必非靠法院,而是靠选民和政治力量之间的博弈。对于英国来说,像美国那样通过基本法将权利问题从民主过程中分离出来,不但无效,而且不当。立法机构只要保证充分代表性,就可以保护个人权利(包括少数人的权利),但同时承认在权利的实质内容上常有争议⑤,即可以约束自身。⑥民主机构能够在处理当下事务的同时考虑原则和权利。⑦且民主机构比司法部门更受民主影响,能够更好地尊重那些寻求权利救济的人的诉求。⑧而民主原则要求宪法问题应当由民主程序解决。对于实体权利的争

---

① 参见以色列议会官方网站对于诸基本法的列举:https://m. knesset. gov. il/en/activity/pages/basiclaws. aspx, last visited Feb. 22, 2023.

② David S. Law, "Constitutions", in Peter Cane & Herbert Kritzer(eds.), *The Oxford Handbook of Empirical Legal Research*, Washington U. School of Law Working Paper, 2010, pp. 376, 378.

③ 〔美〕汉密尔顿、杰伊、麦迪逊:《联邦党人文集》,程逢如、在汉、舒逊译,商务印书馆1995年版。

④ Charles Howard McIlwain, *Constitutionalism: Ancient and Modern*, Cornell University Press, 1947, pp. 3-4. ("new term which they adopted; and which they use as if a constitution was a pudding to be made by receipt. ")

⑤ Jeremy Waldron, "Core of the Case Against Judicial Review", 115 *Yale Law Journal* 1346, pp. 1346, 1353 (2006).

⑥ Ibid. , p. 1360.

⑦ Ibid. , pp. 1384-1385.

⑧ Ibid. , p. 1378.

议,民主机构可以通过多数决来解决。①民主机构只要能够约束自己、代表人民,作出的决定必然正当,因为当它作出一些可疑的立法时,人民必然会提出抗议。②

因此,英国真正没有付诸文字的"不成文宪法"——宪法惯例——才可以得到恰切理解。宪法惯例就是政治家心照不宣的行事准则。譬如一旦首相失去议会的信任,他/她必须辞职。由于宪法规范取决于政治过程,宪法惯例可以构成宪法渊源,因为宪法惯例也是政治博弈和实践的结果。

套用法理学术语来说,在不成文宪法体系中,确立宪法规范渊源的"承认规则"(哈特语)来自政治实践,而非法律的明文规定。诚如哈特所言:"如果有一个立法者不接受任何宪法上的约束,并且有权立法废除任何从其他来源产生的法律规则之法律地位,则在此法体系中势必有这样一条承认规则:该立法者所立之法乃法律效力的最高判准。根据宪法理论,这就是英国的情况。"③显然,立法过程并非纯粹的法律过程。即便在当代,仍然有英国宪法学者提出问题:"有可能存在成文宪法吗?"并且运用哈特的分析法学论证道:所有法律都基于承认规则,而承认规则不可能付诸文字、写入法条,只能存在于政府行为的日常实践和心智模式之中。④甚至一位美国法学家也认为,承认规则存在于社会实践,而非法律文本。⑤

(二) 法律宪法主义(美国路径):宪法是立法法

虽与英国同属普通法系,美国处理宪法和法律体系之间关系的路径却大相径庭。其将一部分重要的道德、政治、经济、法律、社会议题通过成文宪法予以规定,通过司法过程解决;普通问题留给政治过程。⑥其基本理念在于区分高级法(higher law)和一般法(ordinary law):宪法有别于普通立法。宪法的高级法性质,不但体现在制定机关(宪法由制宪会议制定;普通法律由国会制定),也体现在修改程序之中(修宪由国会和各州绝对多数提出和通过;

---

① Jeremy Waldron, "Core of the Case Against Judicial Review", 115 *Yale Law Journal* 1346, p. 1394 (2006).

② Ibid., pp. 1383-1386, 1390-1392.

③ 〔英〕哈特:《法律的概念》,许家馨、李冠宜译,法律出版社 2006 年版,第 166 页。

④ John Gardner, "Can There Be a Written Constitution?", Oxford Legal Studies Research Paper (2009), quoted from Mark Tushnet, "Constitution", in Michel Rosenfeld & András Sajó (eds.), *The Oxford Handbook of Comparative Constitutional Law*, Oxford University Press, 2012, p. 222.

⑤ Frederick Schauer, "Amending the Presuppositions of a Constitution", in Sanford Levinson (ed.), *Responding to Imperfection*: *The Theory and Practice of Constitutional Amendment*, Princeton University Press, 1995.

⑥ 当然,如何区分重要问题和普通问题仍然存在边界模糊的地带,是宪法解释的核心争议点。

修法则只需国会简单多数通过),甚至体现在规范的终极权威来源之中(人民本身订立宪法;人民代表制定法律)。

简而言之,美国模式之下的宪法更像一部立法法。成文宪法将部分问题抽离出政治过程,禁止或限制立法机关为之立法,并且辅以司法监督。其他问题则留给政治博弈,立法机关可通过相关法律。例如,除《美国宪法》第一条中规定的立法程序和明确列举的国会不得通过立法的事项,再加上《权利法案》和诸修正案中列举的基本权利,其他问题皆根据政治斗争和政治实践予以确定或者更改。《美国宪法》所列举的公民基本权利,其保障方式也遵循了"立法法"特性:联邦和各州立法机关立法时,不得通过有损基本权利的法律,否则将会接受司法审查。

显然,如何区分宪法和普通法律,构成了此种模式的核心问题。一种区分办法是按照问题的基本性与非基本性①,判别标准是看其修改难度②。这是一种程序性的处理办法,而并未深入到实质内容,因而无法对于宪法渊源问题提出令人满意的回答。第二种方式则是区分公法与私法。美国模式在作出法律效力等级区分(宪法与普通制定法)之后,在功能的意义上也作出区分:宪法关乎政府结构和基本权利,而非私人公民之间的关系。美国宪法教义上的"国家行为理论"(state action theory)即是此意。宪法的功能是为立法者提供操作手册和规范指引,而非直接对于公民发生效力:即便是《权利法案》也是在约束立法者的立法过程不得侵犯公民权利,而非公民可以援引用于对抗其他公民的法律依据——其采取的典型句式是:"国会不得立法限制言论自由"。③

然而,即便在公法规则体系内部,针对宪法规范的不同内容,也形成了一种区分:适合政治过程解决的问题(如三权分立和联邦制)和适合司法过程解决的问题(如基本权利)。④正因为如此,才会产生"政治问题教义"(the "political questions" doctrine):一些纯粹政治性的问题应该由政治过程来解

---

① "Constitution" in James A. H. Murray, et al. (eds.), *The Oxford English Dictionary*, 2nd edn, Vol. 3, 1989. ("it is assumed or specifically provided that the constitution is more fundamental than any particular law, and contains the principles with which all legislation must be in harmony.")

② 例如,大部分国家的修宪要求都比普通法律修改门槛高,一般采取绝对多数方才能够通过。

③ U. S. Constitution, First Amendment.

④ Herbert Wechsler, "The Political Safeguards of Federalism: The Role of the States in the Composition and Selection of the National Government", 54 *Columbia Law Review* 543 (1954); Larry D. Kramer, "Putting the Politics Back into the Political Safeguards of Federalism", 100 *Columbia Law Review* 215 (2000). 澳大利亚较为奇特,正好与美国相反:政府结构问题上采用法律宪法主义,基本权利问题上采用政治宪法主义。See Stephen Gardbaum, "The Place of Constitutional Law in the Legal System", in Michel Rosenfeld & András Sajó (eds.), *The Oxford Handbook of Comparative Constitutional Law*, Oxford University Press, 2012, p. 175.

决(如修宪和国会内部事务等),司法无权干预。

我们也可以用哈特的"承认规则"概念重新理解美国宪法。《美国宪法》是一种"承认规则":议案要成为正式法律,必须符合宪法对立法程序与实体的双重要求。正如哈特所言:"……即使是像美国那种没有'法律上不受限制的立法者'的体系中,仍然大可包含一条具有终极性的承认规则,提供一整套的效力判准,而其中有一个是最高判准。例如,当其国内正常的立法机构之立法权限,被不受该立法机构修正的宪法所节制,或者当宪法包含一些超出该机构立法权限的条款时,就是如此。"[1]更为困难的问题在于:何种规则能够成为宪法规则? 这种规则是否仅限于修宪条款? 这恰恰是美国宪法渊源问题的重心所在,笔者将在后文予以详细分析。

(三) 总体宪法主义(德国路径):宪法不仅仅是立法法

英美两种模式皆将宪法(或宪法性法律)界定为公法。[2]战后德国宪法模式则另辟蹊径,将宪法规范延伸和贯穿到了一切法律部门,包括私法体系。德国法学家昆姆(Mattias Kumm)称之为"整全宪法"(total constitution)[3]:所有道德、政治、经济、法律、社会等问题都通过宪法解决,而非留下政治过程解决的空间。因此,德国宪法学中没有美国宪法学中流行的"政治问题"(political questions)教义。

其具体的方式是,通过宪法法院对《德国基本法》中包罗万象的宪法权利的解释,将宪法应用于所有社会领域和社会关系。宪法在承认社会分化和功能区分的基础上,进行规范整合。[4]普通立法过程,即便涉及的是民事关系,也不具有独立于宪法的规范地位,而必须受到宪法全面规制。换言之,在德国模式之中,宪法不但最高,而且最全——宪法的"DNA"贯穿到所有部门

---

① 〔英〕哈特:《法律的概念》,许家馨、李冠宜译,法律出版社 2006 年版,第 166 页。

② Albert Venn Dicey, *Introduction to the Study of the Law of the Constitution*, Macmillan and Company, 1889, pp. 22-23("all rules which directly or indirectly affect the distribution or the exercise of the sovereign power in the state" and "all rules which define the members of the sovereign power, all rules which regulate the relation of such members to each other, or which determine the mode in which the sovereign power, or the members thereof, exercise their authority."); Thomas M. Cooley, *The General Principles of Constitutional Law in the United States of America*, Little Brown And Company, 1898, p. 22("the body of rules and maxims in accordance with which the powers of sovereignty are habitually exercised.").

③ 齐玉苓案实际上代表了一种在中国从事总体宪法可能性。参见宋春雨:《齐玉苓案宪法适用的法理思考》,载《人民法院报》2001 年 8 月 13 日,第 B01 版;蔡定剑:《中国宪法实施的私法化之路》,载《中国社会科学》2004 年第 2 期。

④ 值得注意的是,此种模式在经历过严重专制或者独裁的转型国家之中得到了青睐,例如南非、哥伦比亚和阿根廷等。其关注重点是美国宪法所相对缺失的社会经济权利及其司法保护。

法之中,具有所谓"第三人效力"。普通法律因而成为"应用型宪法"(applied constitutional law)。①

由此可见,德国模式背后的政治哲学在于,反思国家和公民社会的僵化区分。②在德国模式中,宪法既然体现了一个社会的最基本价值,必然应该对于所有社会成员、社会关系和社会领域一体适用,而非仅仅针对立法机关和政府机构。更进一步,随着现代社会的日益复杂,各领域交叉日益明显,政府行为不断侵入到私人领域,私人主体逐渐拥有"权力",对人权的侵犯不亚于政府,市场和社会中也存在压迫和宰制关系,必须加以宪法规制。因此,宪法和普通法律之间的区分也开始模糊。③甚至有论者指出,按照这种观点,还可以进一步区分"宪法性宪法"(constitutional constitution)和"普通型宪法"。④

在更大的视野中,我们可以发现,现代早期的成文宪法一般只处理政府结构问题(如原始的1787年《美国宪法》),而不涉及公民权利。一旦成文宪法纳入公民权利,且其类型和内容不断增殖,宪法会变成无所不包、至大无外的规范体系。违宪审查机构通过对宪法权利的解释,可以像德国模式一样,将所有的政治、社会、道德、经济乃至于意识形态争议都通过宪法和法律程序来解决。

三、司法判例、超级立法与宪法惯例

在上述理想类型中,美国和德国都将成文宪法作为宪法渊源。然而,与德国不同,美国宪法学产生了"有宪法典的不成文宪法"学说,值得特别予以关注。其核心问题仍然在于:如何确定宪法文本外的诸种规则具有规范效力,而不只是事实描述? 如何确认一些重大制定法具有基本法效力?⑤本节将带着这些问题,首先梳理美国"不成文宪法"学说的谱系,继而分析和评判其提出的实质内容。

---

① Stephen Gardbaum, "The Place of Constitutional Law in the Legal System", in Michel Rosenfeld & András Sajó (eds.), *The Oxford Handbook of Comparative Constitutional Law*, Oxford University Press, 2012, p. 175.

② Ibid., p. 178.

③ Mattias Kumm, "Who is Afraid of the Total Constitution? Constitutional Rights as Principles and the Constitutionalization of Private Law", 7 *German Law Journal* 341 (2006).

④ Stephen Gardbaum, "The Place of Constitutional Law in the Legal System", in Michel Rosenfeld & András Sajó (eds.), *The Oxford Handbook of Comparative Constitutional Law*, Oxford University Press, 2012, p. 172.

⑤ Mark Tushnet, "Constitution", in Michel Rosenfeld & András Sajó (eds.), *The Oxford Handbook of Comparative Constitutional Law*, Oxford University Press, 2012, pp. 223-224.

（一）美国的不成文宪法学说：谱系学分析

在美国，"不成文宪法"的学说由来已久。其根源在于，随着成文宪法年头日久，实践和文本之间的距离愈来愈大，迫使学术界必须予以解释处理。传统英国宪法学说和思维开始重新具有吸引力。

大体说来，美国的"不成文宪法"学说，可分为三个发展阶段。

第一阶段是 19 世纪末和 20 世纪初，以法学家蒂德曼（Christopher G. Tiedeman）为代表。①蒂德曼认为，即便有成文宪法，美国宪法的实体内容，仍然是民族精神和社会实践的演变发展造就的习惯、惯例、原则和价值。宪法不是源自理性设计的成文工程（project），而是社会演进造就的不成文系统（system）。②蒂德曼的知识体系具有德国背景。他曾在哥廷根大学访问，受教于鲁道夫·冯·耶林，也受到德国历史法学派的影响。③他认为，一国的根本法"不可能由任何政府或公众法令创造；它们必然根植于民族性格之中，并根据民族的发展而发展"。④宪法之所以有效，也在于其根植于民族特性和民族精神当中；理性设计的成文宪法必将与一国的民族精神和本土特性无法兼容。⑤

有意思的是，德国的历史法学派和英国的演进型宪法传统，在蒂德曼这里合二为一，共同构成了其阐释美国不成文宪法的法理学基础。对蒂德曼来说，即便美国有成文宪法，宪法内容仍然跟英国类似。⑥美国宪法不过是"英国宪法的自然顺序发展，仅仅在细节和新环境下的一些基本原则方面有所调整"。⑦它"像英国的不成文宪法一样灵活，也像其一样容易顺应公共舆论的变化"。⑧成文宪法"只包含了宪法最基本和最普遍的原则的声明，而真正的、活生生的宪法……宪法的血肉……都是不成文的；不是在宪法公约所颁布的

---

① Christopher Tiedeman, *The Unwritten Constitution of The United States：A Philosophical Inquiry into the Fundamentals of American Constitutional Law*, G. P. Putnam'S Sons, 1890.

② Paul W. Kahn, *Origins of Order：Project and System in the American Legal Imagination*, Yale University Press 2019, p. 200.

③ David Mayer, "The Jurisprudence of Christopher G. Tiedeman：A Study in the Failure of Laissez-Faire Constitutionalism", 55 *Missouri Law Review* 94, p. 103（1990）.

④ Christopher Tiedeman, *The Unwritten Constitution of The United States：A Philosophical Inquiry into the Fundamentals of American Constitutional Law*, G. P. Putnam'S Sons, 1890, p. 16.

⑤ Ibid. , pp. 18-19.

⑥ David Mayer, "The Jurisprudence of Christopher G. Tiedeman：A Study in the Failure of Laissez-Faire Constitutionalism", 55 *Missouri Law Review* 94（1990）.

⑦ Christopher Tiedeman, *The Unwritten Constitution of The United States：A Philosophical Inquiry into the Fundamentals of American Constitutional Law*, G. P. Putnam's Sons, 1890, p. 21. （The American constitutions "are but natural sequential developments of the British constitution, modified as to detail and as to a few fundamental principles of the new environment."）

⑧ Ibid. , p. 43. （"within the broad limitations of the written constitution, is just as flexible, and yields just as readily to the mutations of public opinion as the unwritten constitution of Great Britain."）

文书中，而是在法院的决定和立法机关的法令中……"①在蒂德曼看来，"英国和美国的宪法运作良好……不是因为它们固有和抽象的优点……而是因为它们完全符合各自国家的政治情绪，它们本身就是英美文明的自然产物。"②

蒂德曼虽然受到英国传统和德国法学影响，但正如保罗·卡恩教授所言，其"处理的是美国独有的问题"，即在有成文宪法典的前提下不成文宪法的地位问题③："无论不成文宪法的性质如何，它并不是简单地取代成文文本。它并没有将文本化为乌有。成文的法律和不成文的法律必须建立某种关系，并作为一个整体的各个方面加以解释。"④对蒂德曼来说，不成文宪法要么附着于成文条文的解释，要么是实际的做法和信条，甚至包括不见于文本、与制宪者意图存在紧张关系的实践。

具体而言，蒂德曼所说的"不成文宪法"的例证，包括总统选举制度、任期限制和紧急状态下的战争权，以及由法院通过判例确认的一系列基本权利。⑤值得强调的是，蒂德曼的"不成文宪法"展现出极强的自由放任主义倾向。他另一本广为法院引用的名著《论治安权力》，即是针对 19 世纪末美国联邦和各州政府在管理公共道德、公共福利和公共安全中广泛诉诸的宪法权力——治安权力（police power）。⑥蒂德曼认为，此种权力是民主多数针对市场中少数的专制；司法系统应当依据"不成文宪法"，主要是《美国宪法》第十四修正案中的正当程序条款中解释出来的"未经明确列举的权利"（unenumerated rights），保护少数人的经济自由权。因此，他不仅反对政府推进社会福利进程，甚至认为最高工时和最低工资立法、管制高利贷的法律、禁

① Christopher Tiedeman, *The Unwritten Constitution of The United States: A Philosophical Inquiry into the Fundamentals of American Constitutional Law*, G. P. Putnam's Sons, 1890, p. 42. The American Constitution "contains only a declaration of the fundamental and most general principles of constitutional law, while the real, living constitutional law... the flesh and blood of the Constitution, instead of its skeleton, is here, as well as elsewhere, unwritten; not to be found in the instrument promulgated by a constitutional convention, but in the decisions of the courts and acts of the legislature, which are published and enacted in the enforcement of the written Constitution. "

② Ibid. , pp. 19-20. "The English and American constitutions work well... not because of their inherent and abstract excellences... but because they are in complete correspondence with the political sentiment of the respective nations, and are themselves the natural products of Anglo-American civilization. "

③ Paul W. Kahn, *Origins of Order: Project and System in the American Legal Imagination*, Yale University Press 2019, p. 204.

④ Ibid. , p. 205.

⑤ Christopher Tiedeman, *The Unwritten Constitution of The United States: A Philosophical Inquiry into the Fundamentals of American Constitutional Law*, G. P. Putnam'S Sons, 1890, pp. 46-53.

⑥ Christopher Tiedeman, *A Treatise on the Limitations of Police Power in the United States Considered from both a Civil and Criminal Standpoint*, The F. H. Thomas Law Book Co. , 1886.

止赌博或者吸食毒品的法律乃至保护性关税法都违宪。①他因而成为所谓"洛克纳时代"②自由放任主义宪法理论的代言人。

随着进步主义运动的发展,直至罗斯福新政,联邦政府大规模管制经济,伴随着美国最高法院推翻臭名昭著的"洛克纳案",并开始逐渐限制契约自由和正当程序条款在经济领域的适用,蒂德曼的自由放任主义宪法理论,连同其"不成文宪法"学说,退出了历史舞台。

第二个阶段是 20 世纪 60 年代以后,以斯坦福大学法学院的格雷(Thomas Grey)教授为代表。该理论主要是为了总结和证成以"隐私权"为代表的"未经明确列举的"(unenumerated)基本权利,主要代表了自由派的宪法理念与解释倾向。从宪法教义学的角度而言,60 年代以来的"隐私权"解释,将不受政府干预的个人自由核心领域,从市场契约转到了个人身体。但问题依然存在:在没有宪法文本明确依据的情况下,如何证成此项权利?

在格雷发表论文的 20 世纪 70 年代,围绕不成文宪法问题的争论已经不像蒂德曼时代那样,是从法理学和社会学角度进行,而是直接围绕美国宪法解释学的争议展开。围绕美国宪法解释学的争论(解释主义和非解释主义、司法能动与司法节制、文本主义与非文本主义、原旨主义与活的宪法,等等),最终都会指向争议巨大的"罗伊案"。③在该案中,美国最高法院以 6∶3 的投票判定,宪法所隐含的隐私权足以覆盖女性的堕胎权。虽然隐私权并未被明确写入宪法,但可以从宪法第十四修正案的正当程序条款和第九修正案的保留权利条款中解读出来。

正是该案不基于宪法条文而作出的争议性判决,彻底激起了宪法解释学的辩论。在这个争论之中,格雷另辟蹊径。他在广为引用的《我们拥有一部不成文宪法吗?》一文中,将该问题概括为:"在审查法律是否合宪性时,我们的法官是否应该局限于确定这些法律是否与源自成文宪法的规范相冲突?或者,当这些原则的规范性内容不在我们的立国文件的四个角落里,它们是否也能实施自由和正义的原则?"④

---

① David Mayer, "The Jurisprudence of Christopher G. Tiedeman: A Study in the Failure of Laissez-Faire Constitutionalism", 55 *Missouri Law Review* 93, pp. 94, 99 (1990).

② *Lochner v. New York*, 198 U. S. 45 (1905). 该案以《美国宪法》第十四修正案中的正当程序条款为依据,推翻了纽约州规定面包房员工最高工作时间的法律。该案成为 19 世纪末到 20 世纪初美国自由放任主义时代的标志,因而整个时代也被称为"洛克纳时代"。而美国最高法院在此案中扩大性地解释正当程序条款,认为其包含了契约自由权利,也构成了一种为后世美国宪法学所批判的方法论。

③ *Roe et al. v. Wade, District Attorney of Dallas County*(以下简用 *Roe v. Wade*), 410 U. S. 113 (1973).

④ Thomas C. Grey, "Do We Have an Unwritten Constitution?", 27 *Stanford Law Review* 703, p. 703 (1975).

　　格雷认为,无论从建国时代立宪者秉承自然法观念,还是从后来历史上美国最高法院对于宪法条文的广泛解释,都可以得出一个结论:美国拥有一部可司法执行的不成文宪法(由习惯、实践以及相关的价值和理想构成);且它起到了补充成文宪法的作用,因而提出了"补充主义"(supplementalism)的不成文宪法理论。①格雷写道:"时至今日,对于法官和从业人员来说,谈论'不成文宪法'仍是一种陌生的、有些刺耳的声音。英国有不成文宪法;我们有一部成文的——大多数熟悉我们的做法的人都会这么说。我想说我们两者都有。"②

　　然而,在围绕宪法解释学的激烈的学术争论甚至政治斗争中,所谓"不成文宪法"理论则夹在保守派和(激进)自由派之间,显得极为尴尬。对保守派而言,"不成文宪法"理论意味着背离成文宪法,赋予法官超越宪法文本的非法裁判权。对激进自由派而言,罗伊案本身即可以在正当程序所保护的"自由"之中解释出来,甚至可以在宗教自由条款里面解释出来,根本无须诉诸宪法文本之外的"补充性"(supplemental)渊源。③

　　更大的争议在于,格雷本人也承认,自己是从自由派和民主党的角度来阐释"习惯、实践以及与之相关的价值和理想"。这就正应了保守派的批判:此种阐释为法官将自身的意识形态和价值观念引入宪法解释大开方便之门,从而使得主观意见、而非宪法的(相对)客观意涵,成为宪法裁判的依据。正如一位论者所言,格雷式的"不成文宪法"补充主义注定无成,因为与其在成文宪法之外确立补充性的、甚至替代性的法律权威渊源,尚不如将此种内容纳入对宪法文本的解释之中。④与其另立权威,不如诉诸既有权威。

　　美国"不成文宪法"学说发展的第三个阶段是在 21 世纪初。美国自由派宪法学家的前沿探索又一次开始诉诸不成文的概念,以哈佛大学法学院的却伯(Laurence Tribe)教授和耶鲁大学法学院的阿玛尔(Akhil R. Amar)教授为代表。两者的写作背景是,在自由派宪法学看来,以伦奎斯特法院为代表的保守派美国最高法院,已经开始运用本是自由派提出的隐含权利学说,来

---

① Thomas C. Grey, "Do We Have an Unwritten Constitution?", 27 *Stanford Law Review* 703, p. 703 (1975); Thomas C. Grey, "The Uses of an Unwritten Constitution", 64 *Chicago-Kent Law Review* 211, p. 211 (1988).

② Thomas C. Grey, "The Uses of an Unwritten Constitution", 64 *Chicago-Kent Law Review* 211, p. 216 (1988).

③ 典型的如德沃金。See Jed Rubenfeld, "The New Unwritten Constitution", 51 *Duke Law Journal* 289 (2001).

④ Michael S. Moore, "Do We Have an Unwritten Constitution?", 63 *Southern California Law Review* 107, p. 119 (1989). ("This conclusion is not based on some supposed analytic truth about what constitutions are-that they must be written texts. … My argument here is normative and particular in its application to our Constitution: it should be seen as the written document.")

作出具有保守倾向的判决,甚至披上宪法条文的外衣。①

却伯在《隐性宪法》一书中提出,美国宪法的实体内容无法仅仅通过阅读《美国宪法》而得以全面把握。许多无形的、隐形的、字里行间的、文本之外的因素同宪法文本一道,构成了美国宪法的实质内容。换言之,美国宪法(constitution)由看得见的部分和看不见的部分组成。一些根本规则并未出现在宪法文本之中,但却构成了美国宪法的关键支柱。例如,美国体制是"法治而非人治的政府",是由马歇尔大法官在"马伯里诉麦迪逊案"的判词所奠定;再如,美国宪法禁止一州脱离联邦的原则是由葛底斯堡战场的鲜血铸就,而非由羊皮纸上的墨水写成。②

然而,同格雷和许多自由派宪法学家一样,却伯的关注重点也在于以"罗伊案"为代表的隐私权教义。在他看来,虽然隐私权在宪法中无法直接找到依据,但却属于隐性宪法的一部分。③但他却认为,经济自由和契约自由不属于隐性宪法的一部分,即便《美国宪法》第1条第10款明确提到了契约自由。④换言之,他眼中的美国隐性宪法支持"罗伊案",但并不支持"洛克纳案"。此处,读者可以看出以却伯为代表的自由派宪法学家,在界定宪法文本之外的宪法规范内容时,展现出来的极强的政治倾向。⑤

与却伯类似,阿玛尔也试图超出宪法文本来理解美国宪法。比如,《美国宪法》第九修正案说宪法没有明确列举的权利归州或人民所有,那么这些权利是什么? 宪法没写,但实际上有。再如,美国宪法规定了总统的权力,但总统究竟应该如何当,却是由华盛顿作出表率的;宪法是个剧本,谁来当演员很重要。我们要去看诸位"演员"究竟如何塑造了总统这个"角色"的内涵。再如,不能将美国宪法只理解为文本,而要理解为政治行动。再如,美国宪法获得了美国文化认同的意义,就像英国女王一样,而这也是宪法没有写的。⑥

本着以上的精神,阿玛尔列举出了他心目中的 11 部"不成文宪法":"隐含的宪法"(implicit constitution,宪法的字里行间和文本背后的内容);"生活宪法"(lived constitution,美国人日常生活中造就和承认的宪法权利,如拥有宠物的权利);"沃伦式的宪法"("Warrented" constitution,著名自由派首席大

---

① Jed Rubenfeld, "The New Unwritten Constitution", 51 *Duke Law Journal* 289 (2001).

② Laurence H. Tribe, *The Invisible Constitution*, Oxford University Press, 2008, p. 28.

③ Ibid., pp. 161-162.

④ Ibid., pp. 169-170.

⑤ Eric J. Segall, "Lost in Space: Laurence Tribe's Invisible Constitution", 103 *Northwestern University Law Review Colloquy* 434, p. 443 (2009).

⑥ Akhil R. Amar, *America's Unwritten Constitution: The Precedents and Principles We Live By*, Basic Books, 2012, p. 288.

法官沃伦所造就的宪法遗产，例如米兰达规则）；"教义宪法"（doctrinal constitution，最高法院的判决和先例所造就的教义体系）；"象征性的宪法"（symbolic constitution，《美国宪法》作为公民宗教圣经的现象与地位）；"女性主义宪法"（feminist constitution，保护女性权利的制度）；"乔治式的宪法"（"Georgian" constitution，乔治·华盛顿奠定的涉及总统权力的规则传统）；"机构宪法"（institutional constitution，美国政府体系的实践造就的一系列规则）；"政党宪法"（partisan constitution，没有写入宪法的美国政党制度和实践）；"良心宪法"（"conscientious" constitution，法官可以依据道德良心弃置有效的法律）以及"未完成的宪法"（"unfinished" constitution，未来有待完善的制度）。阿玛尔认为这 11 部宪法具有和成文宪法同等的法律效力。①

　　阿玛尔和蒂德曼、格雷一样，试图强调英美宪法之间的连续性和类同性，在成文宪法之外确立不成文宪法。阿玛尔认为，美国宪法传统对于英国不成文传统并非全盘拒斥，而是部分地加以继承。②"在许多方面，简洁的文本总是超出其本身，邀请读者通过参考诸如司法意见、行政实践、立法法规和美国传统等文本之外的来源来填补其空白。因此，美国的成文宪法要求我们注意她的不成文宪法，而不成文宪法又以各种方式把我们引回到成文宪法。就像中国的阴阳符号一样，美国的成文宪法和不成文宪法是一个整体的两部分，每一部分都指向另一部分。"③

　　但与蒂德曼和格雷不同的是，阿玛尔又将不成文宪法载回到成文宪法。这可谓美国自由派宪法学的登峰造极之作：一种成文宪法和不成文宪法二合一的"宪法"。很多时候，阿玛尔发现了宪法文本之外的权利或规则，但通过对相关条文别出心裁地解释，为其寻找到了文本依据。例如，在讨论"隐含的宪法"和"女性主义宪法"时，阿玛尔特别谈到的例子是美国已经广泛承认的女性担任陪审团成员的权利。当然，他并没有通过解释第十四修正案中的平等保护条款来为之进行证成，因为阿玛尔注意到：第十四修正案所保护的主体是"人"（persons）而非"公民"；人们无法想象可以将投票权授予外国人。因此，他转而诉诸第十九修正案，即赋予女性平等投票权的条款。读者自然会问：第十九修正案规定的不是选举投票权吗？跟担任陪审团成员有什么关系？阿玛尔指出，投票权指的是所有投票事项的权利，既包括选举中的投票，

---

① Akhil R. Amar, *America's Unwritten Constitution: The Precedents and Principles We Live By*, Basic Books, 2012, p. 288.
② Ibid., pp. xii-xiii.
③ Ibid.

也包括陪审团中的投票。因此,第十九修正案因而蕴含了女性平等担任陪审团成员的权利。正如大卫·施特劳斯所言,"如果你认为宪法的唯一真正来源是成文的宪法——但你想接受像现在这样的美国宪法——那么阿玛尔会告诉你如何去做。"①

　　然而,阿玛尔这种列举式的展示,并不能代替规范上的证成。在这一点上,他远逊于蒂德曼。要害在于,阿玛尔的不成文宪法列举,同样存在主观化的问题:究竟依据什么标准来去判断哪些实践和解释具备宪法地位? 阿玛尔并没有提出自己的规范标准。正如戴维·施特劳斯指出的,阿玛尔的论述

　　　　掩盖了这样一个事实,即关于该文件及其历史意义的争论往往是关于理想的争论。关于理想的争论是可以的,但是它们应该公开进行。这些理想应该作为发言者自己的理想来捍卫,在历史中寻求支持。……你的观点影响了你对宪法的理解,这并不一定是件坏事。但要公开承认自己的观点,为其优点辩护,并解释你认为你可以在多大程度上把这个观点引入宪法。不要仅仅把这个观点归到制宪者的头上,根据宪法文本和历史中的种种段落——你无疑能够找到——支持你先前的承诺。②

　　进而言之,宪法本身就是为不同价值信仰的人提供公共权威,因而必须尽力避免将自身的价值观加诸宪法本身。自由派的不成文宪法学说偏颇之处即在于,一旦将宪法渊源扩大之后,宪法不但难以成为解决争议的规范依据,何为宪法反倒成为争议焦点。美国自由派不满宪法修正程序,因而寻找《宪法》之外的宪法。将美国宪法渊源限定在宪法文本,不是说不可以纳入其他东西:由于美国宪法本身包含着含混的道德话语,因而道德哲学的内容可以通过宪法解释纳入进去。正如索勒姆教授指出的,"美国不像英国那样有一部不成文的宪法……在美国,反对不成文宪法或无形宪法的人,并不对创造或阐明宪法规则的司法裁决的存在提出异议。从某种意义上说,美国显然有一部'不成文'宪法:宪法的全部内容并非都在宪法文本中明文规定。从另一种意义上说,美国并没有'不成文'的宪法,而是一个统一的成文宪

---

① David A. Strauss, "Not Unwritten, After All?", 126 *Harvard Law Review* 1532, p.1550 (2013); reviewing Akhil Reed Amar, *America's Unwritten Constitution: The Precedents and Principles We Live By*, Basic Books, 2015.

② Ibid., p.1563.

法……用'不成文宪法'或'看不见的宪法'的概念来界定问题，不仅没有阐明问题的利害关系，反而模糊了问题。"①

于此，我们可以对美国三代"不成文宪法"学说进行小结。首先，我们可以将其类比为基督教神学中对于何为"圣典"渊源的讨论。毫无疑问，基督教神学的公认权威文本是《圣经》。天主教廷认为，教皇和教会是上帝的代表，因此其敕令和教会形成的传统，与《圣经》地位相同。②新教则激烈反对，认为只有《圣经》具有圣典资格。由此看来，阿玛尔所谓的成文宪法和不成文宪法二分法，类似于神学之中的"同体并行"（consubstantial）。③而格雷自己也诉诸了法学和神学的类比，认为文本主义和补充主义之分，对应的是新教所坚持的"唯有经文"（sola scriptura）教义和天主教坚持的"经文加传统"（scriptura et traditio）教义之间的区别。④

其次，正如布莱斯指出的，不成文宪法体制与贵族制紧密联结。⑤就惯例和依据惯例制定的成文法而言，法学家、法官和政治家心知肚明、心照不宣；但普通人却如坠迷雾；成文宪法公示公信，为民众所可触及，因而具有根本的正当性。⑥在成文宪法国家，确立不成文宪法的地位，实际上是在民主国家确立贵族制。

在美国，自由派创造的"不成文宪法"学说，意味着大法官和法学家可以超越宪法文本，按照自己的意志解释（创造）宪法规则，用以保护少数人。这是现代版本的法律职业群体的"贵族制"。在蒂德曼的时代，斗争在于经济寡头和民主议会之间。不成文宪法学说可以让大公司找到宪法依据，对抗经济民主、劳工保护和社会福利的立法，对抗联邦政府和州政府的所谓"治安

---

① Lawrence B. Solum, "Originalism and The Invisible Constitution", in Rosalind Dixon & Adrienne Stone, *The Invisible Constitution in Comparative Perspective*, Cambridge University Press, 2018, p. 63.

② See Richard Posner, "How Many Constitutions Can Liberals Have, The New Republic" (19 October 2012), https://newrepublic.com/article/108755/how-many-constitutions-liberals, last visited Feb. 22, 2023.

③ Ibid.

④ Thomas C. Grey, "The Uses of an Unwritten Constitution", 64 *Chicago-Kent Law Review* 211, 222 (1988).

⑤ James Bryce, *Studies in History and Jurisprudence*, Oxford University Press, 1902, pp. 152-153. 中译本："柔性宪法天然就倾向于贵族型的政府结构。……为了保证柔性宪法的安全运行，需要大量的知识、技能和经验，而只有受教育阶层才拥有这些品质。现代国家的民众很少有人能认识到古代的惯例、形式或适用先例的价值。……在一些大的国家中，只有受过教育的人才了解这些有着悠久历史的复杂体系，才能按照它的规则，将它们的原则用到实践之中。而没有受过教育的人，则会喜欢一些简单的、直白的和直接的东西。那些奥秘的东西（arcana imperii）会使人心生怀疑，而怀疑一般都是有根据的，因为内行人总是会把对秘密的知识用于自己的私利。"

⑥ James Bryce, *Studies in History and Jurisprudence*, Oxford University Press, 1902, p. 135.

权力"。在格雷的时代,不成文宪法学说则可为社会先锋人士所用,来保护其反传统的个人生活方式,使其不受保守的民众及其代表,通过民主立法进行限制和打击。已故的斯卡利亚大法官,在 1996 年一起涉及同性权利的案件的异议判词中,曾经写过发人深省的一句话:"当最高法院在文化战争中站队时,它倾向于与骑士而不是农奴站在一起——更具体地说,是与圣殿骑士站在一起,反映了法院成员所属的法律人阶层的观点与价值。"①这句话足以引人深思。

(二) 所谓"不成文宪法"的具体渊源:结构分析

在当代美国自由派的宪法学说中,其所构想的"不成文宪法"渊源,大体来讲由以下三部分构成。

一是司法解释,也即联邦法院按照普通法技艺对于成文宪法进行的解释,形成的一整套宪法学教义体系(doctrinal system)。②由于美国成文宪法诞生于 18 世纪,也由于美国的修宪难度极大,在现实当中,美国最高法院的宪法解释,甚至比宪法修正案给美国宪法的发展带来更大的影响。美国最高法院实际上承担了使宪法与社会变迁相适应的功能。法院可以通过对于宪法条文的重新解释来回应和容纳新的社会需求、社会思潮和社会规范。比如,20 世纪美国宪法上很多重要的公民权利(特别是《权利法案》没有明确列举的权利),如隐私权、堕胎权、米兰达规则、同性婚姻权等,都是法院通过判例和司法解释确认的③,而非宪法本身的《权利法案》规定的,也没有通过其他宪法修正案予以明示。在这个意义上,美国最高法院甚至被看作是常在的制宪会议。④

然而,将美国最高法院的解释直接等同于宪法规范,仍然存在严重的问题。首先,由先例和解释所奠定的宪法规则,本身存在被以后的判例推翻的可能性。例如,1954 年的"布朗案"就推翻了 1896 年"普莱西案"中的"隔离

---

① *Romer v. Evans*, 517 U. S. 620, 652 (1996). (J. Scalia dissenting). ("When the Court takes sides in the culture wars, it tends to be with the knights rather than the villeins-and more specifically with the Templars, reflecting the views and values of the lawyer class from which the Court's Members are drawn.")

② David A. Strauss, "Common Law Constitutional Interpretation", 63 *University of Chicago Law Review* 877 (1996); Harry H. Wellington, "Common Law Rules and Constitutional Double Standards: Some Notes on Adjudication", 83 *Yale Law Journal* 221 (1973).

③ *Griswold v. Connecticut*, 381 U. S. 479 (1965); *Roe v. Wade*, 410 U. S. 113 (1973); *Miranda v. Arizona*, 384 U. S. 436 (1966); *Obergefell v. Hodges*, 576 U. S. 644 (2015).

④ Jeffery Shaman, *Constitutional Interpretation: Illusion and Reality*, Greenwood Publishing, 2001, p. 3.

但平等"的原则。① 再如,美国最高法院自从新政以来运用"贸易条款"解释出来的联邦政府近乎无限的经济管制权,也在 60 年之后伦奎斯特法院判决的"洛佩兹案"中告一段落。②因而,我们无法直接在法律效力上,将美国最高法院的宪法解释等同于宪法条文。

其次,司法判例也有可能被宪法修正案所废除。例如,《美国宪法》第十一修正案,就否决了美国最高法院第一起具有宪法意义的重大案件所确立的规则:州政府可以被外州公民在联邦法院起诉。③内战之后通过的《美国宪法》第十四修正案,则否决了之前判定黑人不是美国公民的先例。④而且,针对宪法修正案,美国最高法院并无反制的权力。甚至美国最高法院曾明确判定,针对修宪程序问题,司法机关无权管辖。⑤司法至上并未取代宪法至上,而仅仅意味着相对于联邦国会、总统以及各州当局来说,在宪法解释问题上具有优先性。

二是"超级制定法"。⑥美国国会通过的一些具有宪法意义的普通法律也具有宪法性地位,因而称为"超级制定法"(super-statutes)。⑦这类似于英国法律体系中的"宪法性法律"。例如,埃斯克里奇和费约翰认为,《美国宪法》是美国"实际运行宪法"(working constitution)的一部分,甚至不是主要部分。美国宪法(constitution)包含了大量国会制定法,即所谓"超级制定法",及其相关的司法判例:"平等宪法",不仅体现在《民权法案》,而且体现在《怀孕歧视法》和《家庭和医疗休假法》;"民主宪法",主要体现为《投票权法》;"市场宪法",即《谢尔曼法》及相关司法判例塑造的反垄断规则;"家庭宪法",即各州规范婚姻、性和财产的法律;"绿色宪法",以《濒危物种法》和《清洁水法》为例的环保法集合;"货币宪法",以《联邦储备法》和其他法规为例;"反同性恋宪法",以《婚姻保护法》为例;"国家安全宪法",以 9/11 之后通过的《爱国者法》为主体。

棘手的问题在于:如何认定制定法的宪法地位? 与英国宪法原理类似,

① *Plessy v. Ferguson*, 163 U. S. 537 (1896); *Brown v. Board of Education of Topeka*, 347 U. S. 483 (1954).

② *United States v. Alfonso D. Lopez*, Jr., 514 U. S. 549 (1995).

③ *Chisholm v. Georgia*, 2 U. S. (2 Dall.) 419 (1793).

④ *Dred Scott v. Sandford*, 60 U. S. (19 How.) 393 (1857).

⑤ *Coleman v. Miller*, 307 U. S. 433 (1939).

⑥ William N. Eskridge & John A. Ferejohn, "Super-Statutes", 50 *Duke Law Journal* 1215 (2001); Bruce Ackerman, "The Living Constitution", 120 *Harvard Law Review* 1738 (2007). Cass Sunstein, *The Second Bill of Rights: FDR's Unfinished Revolution and Why We Need It More Than Ever*, Basic Books, 2006.

⑦ William Eskridge & John Ferejohn, *A Republic of Statutes: The New American Constitution*, Yale University Press, 2010.

埃斯克里奇和费约翰同样诉诸政治实践:政治家或社会活动家提出一项动议,继而通过动员民众,发起社会运动,影响国会中的政治家,通过相关立法。随着时间的推移,该立法最终牢牢嵌入美国法律体系和美国社会之中,固定下来,因此获得了宪法性的地位。而且,政府官员极少改动或者试图改动此类制定法,否则将承担极为重大的政治风险。①

但正是在这个地方,所谓"超级制定法"的宪法地位变得极为可疑。人们终究很难有统一的共识,达成统一的标准,来判断究竟哪些普通立法足以获得宪法地位。正如一位美国宪法学家指出的:"召集一百名法律学者,询问他们是否有超级法规,投票结果几乎一致认为有。要求他们列出一个清单,分歧很快就会出现。"②这仍然取决于政治力量的对比和意识形态的格局。《1964年民权法案》在自由派那里自然属于"宪法性法律",但对于保守派则未必。从规范的意义而言,所谓"超级制定法"终究只是"法律",而非"宪法"。所谓"超级制定法"在事实上的稳定性和基础性,不能自然证成其在规范上的相对地位。

三是宪法惯例。其所指的是,政治过程和社会发展中生发出来的一些未付诸宪法条文修改、也未体现为宪法解释的实质规则、习惯和信条。显然,这仍然是以英国的概念来理解美国的宪法。例如,美国总统任期两届,自从美国建国以来就被认为是确定的惯例,但写进宪法文本则是在1951年。在这之前,尤其是罗斯福总统连任四届之前,每位总统都遵守这一点,但从没写进宪法。还有很多根本规则虽然并未写入美国宪法文本,但特别关键、稳固和持久。例如,文人治军原则(civilian control of the military)就是如此。③再如,州不得单方脱离联邦,也并非由宪法文本所规定,甚至也没有以国会立法的形式予以明确,甚至也没有通过司法判例予以宣示,而是由美国内战的最终结果所奠定。④

然而,宪法惯例作为宪法渊源的棘手之处在于,人们很难预测本已习以为常的惯例,会不会在未来被更改和打破。古希腊悲剧家索福克勒斯曾写道:"漫长而无穷无尽的时间将不可见的万物生出,也将可见的万物隐藏。"⑤

---

① Mark Tushnet, "Constitution", in Michel Rosenfeld & András Sajó (eds.), *The Oxford Handbook of Comparative Constitutional Law*, Oxford University Press, 2012, p. 224.

② Adrian Vermeule, Superstatutes, The New Republic, (26 October 2010), https://newrepublic.com/article/78604/superstatutes, last visited Feb. 22, 2023.

③ Samuel P. Huntington, *The Soldier and the State: The Theory and Politics of Civil-Military Relations*, Harvard University Press. 1957.

④ 其他宪法惯例参见 H. Jefferson Powell, *A Community Built on Words: The Constitution in History and Politics*, University of Chicago Press, 2002.

⑤ Sophocles, Ajax, Line 649, Brill, 1853. 此处译文为颜荻所译。

宪法惯例正是如此。例如,自从 18 世纪末建国直至 20 世纪初期,美国似乎确立了一个宪法惯例:美国总统不离开本土、不出国访问。然而,威尔逊总统使得美国强势介入国际问题,频繁出访,最终打破了这一惯例。这种打破惯例的行为不但没有遭到反对或者受到违例的惩罚,反倒确立了新的宪法惯例:从 20 世纪早期到今天,美国总统不出国,反倒会让人觉得极不正常。

再如,杰斐逊总统曾经认为,总统到国会发表演讲,类似于君主临朝听政,与共和观念不符,因而将自己对国家事务的意见,以书面形式提交国会,此后则沿为惯例。然而,同样是威尔逊总统打破了这一点,并形成了新惯例①,也即当代人们所熟悉的总统国情咨文(State of the Union Address)。

可见,惯例总是随着时间推移、时代变化和实践发展而不断更迭演进,而宪法规范的根本特征就在于预先固定制度、抵抗日后变化。打破惯例的人,会被认为不合适,但很难说不合法、不合宪。究其实质,宪法惯例根植于一国相对长久的政治实践。然而,成文宪法背后的基本理念在于,宪法制度的内容来自理性设计,其正当性来源于人民主权,而非政治实践。这就是宪法惯例作为宪法渊源在成文宪法国家之所以尴尬的根本原因所在。

四、"不成文宪法"学说的实践后果

虽然"不成文宪法"学说在美国宪法学中如火如荼,但在司法实践中却极少有用武之地。美国最高法院仅仅在零星案件中诉诸所谓"隐性"或不成文的宪法规则。②然而,由于美国宪法学说广泛而深入的国际影响力,我们可以观察其他国家的合宪性审查机构,将此类学说付诸实践之后所产生的复杂后果。

匈牙利宪法法院在 1990 年两起重大宪法案件中诉诸"隐性宪法"作出判决,引起了巨大的争议。一是"死刑案"。在该案中,匈牙利宪法法院宣布,立法机关设置死刑的法律违反宪法。二是"工会案"。在该案中,匈牙利宪法法院宣布,禁止工会未经雇员同意而代表雇员。在两起案件中,法院的

---

① Mark Tushnet, "Constitution", in Michel Rosenfeld & András Sajó (eds.), *The Oxford Handbook of Comparative Constitutional Law*, Oxford University Press, 2012, p. 229.

② Vicki C. Jackson, Cook v. Gralike: "Easy Cases and Structural Reasoning", 2001 *Supreme Court Review* 299, pp. 313-314 (2001). ("[statutes prohibiting] the use of government monies or resources for the purpose of supporting a particular candidate for election or reelection... may be thought of as a kind of 'invisible constitution,' reflecting, and supporting, constitutional values though not in their specific terms necessarily constitutionally required.")

推理都诉诸"隐性宪法":公民的"人格尊严"以及"西方法律价值标准"。①

事实上,当时的《匈牙利宪法》本身已经在第 54 条第 1 款明确规定了人格尊严权,但是匈牙利宪法法院却不以为意,宣称人格尊严是匈牙利基础性的宪法原则,无须诉诸宪法文本的明文规定。尤其是,时任宪法法院院长在"死刑案"的附议判词中明确提出,此种解释是在诉诸"超越现行《宪法》和未来诸部《宪法》"的"隐形宪法"(invisible constitution)。②在"工会案"中,宪法法院的判词则进一步提出,即便宪法条文明确列举的基本权利无一可用,"宪法法院在任何时候都可以依赖一般性的个人权利",也即人格尊严。③显然,其意思是,即便以后修宪删去了宪法文本中的相关条款,人格尊严的基本权利依然存在。

更为令人瞩目和引发争议的是,匈牙利宪法法院诉诸了"西方法律价值标准"作为裁判依据。"死刑案"的判词中,对于该标准进行了广泛的考察分析,包括欧洲范围内的各种人权公约和美国的死刑状况等。然而有趣的是,其所分析的西方法律规范中,只有一部分是禁止死刑的。但是,匈牙利宪法法院再一次不以为意。它援引了欧洲人权法院的判例法得出结论:死刑违背了西欧的价值观,是不人道和有辱人格的;而匈牙利当然应该顺应潮流,与欧洲"朝着同一个方向迈进"。④

类似的情况也发生在韩国。在 2004 年的"迁都案"中,韩国宪法法院依据"隐性宪法"和"习惯性"(customary)宪法学说,认为长期以来首尔都是韩国首都,这已构成了一种宪法规范,为全国人民和政治家所认同。因此,如若迁都,则必须通过全民公决才能获得批准,而非仅仅政府即可决策。⑤在韩国宪法学家金钟哲教授看来,此种解释方式问题重重:首先,韩国宪法法院在没有宪法文本明确依据的情况下介入了高度政治性的问题。其次,韩国宪法法

① Judgment of October 31, 1990 (The Death Penalty Case), Alkotmánybi-roság Határozatai [Constitutional Law Court], 1990/107 MK. 88 (Hung.), translated in Ethan Klingsberg, "Judicial Review and Hungary's Transition from Communism to Democracy: The Constitutional Court, the Continuity of Law, and the Redefinition of Property Rights", 1992 *BYU Law Review* 41, p. 79 (1992).

② Ibid.

③ Ibid.

④ Ethan Klingsberg, "Judicial Review and Hungary's Transition from Communism to Democracy: The Constitutional Court, the Continuity of Law, and the Redefinition of Property Rights", 1992 *BYU Law Review* 41, pp. 80-81 (1992).

⑤ *Case 2004 Hun-Ma 554*, KCCR: 16-2(B) KCCR 1, http://english. ccourt. go. kr/cckhome/eng/decisions/social/socialDetail. do, last visited Feb. 22, 2023.

院也没有明确提出并论证判断习惯性宪法规范的标准，容易失之主观。①同样，印度尼西亚宪法法院依据所谓宪法的基本价值"法治"（*Negara Hokum*），在没有宪法条文支持的情况下，在一系列案件中创设了一系列刑事正当程序权利，而此种"大词"很容易被意识形态因素影响，受到政治操控，甚至容易导致司法腐败。②

由此看来，"隐性宪法"以及"不成文宪法"学说，在有宪法典的国家中，"看起来很美"，听上去很有道理。但真正用起来，人们就会发现，或许其所带来的问题，比所解决的问题，要更多。

结　　语

围绕美国不成文宪法的讨论对我们的启发可能在于：从法律适用的角度，对于一个拥有成文宪法，并且被确立为宪法权威依据的国家来说，应该坚守成文宪法作为唯一宪法权威渊源的地位。在描述的意义上，我们可以用"不成文宪法"，来加深我们对于本国宪法根本体制的理解，从而超越宪法文本的字面意涵，采用更为社会科学的方式，把握一国的实效宪法；这同时让我们认识到，通过成文宪法来探究一国实际运作的根本制度，必然类似于管中窥豹；我们必须同时考察与之相关的普通法律、宪法解释乃至于实践惯例，甚至其立国的价值观与长期形成的社会文化。但从规范角度而言，则未必如此。事实描述和规范陈述必定相辅相成，然而不可混淆界限。

从法律技术的角度来讲，即便试图证成"不成文"的宪法渊源，也必须寻找到与成文宪法文本的连接点，而不能仅仅是因为其在社会长期沿用或者实践上便利有效。就专门化的宪法适用而言，或许需要谨慎对待"不成文宪法"，不宜将其直接作为处理和裁决宪法争议的规范依据。在这种意义上，在有成文宪法的国家，试图证成不成文宪法的宪法效力地位，则更类似于堂吉诃德与风车作战。我们可以赞叹其勇气，但也必须看到，这是注定无法成功的壮举。因为，这不仅仅是在改变宪法解释的技巧，更是触及成文宪法国家的政治哲学基础。

---

① Jongcheol Kim, "Is The Invisible Constitution Really Invisible? Some Reflections in the Context of Korean Constitutional Adjudication", in Rosalind Dixon & Adrienne Stone, *The Invisible Constitution in Comparative Perspective*, Cambridge University Press, 2018, pp. 320-342.

② Simon Butt, "The Indonesian Constitutional Court: Implying Rights from the 'Rule of Law'", in Rosalind Dixon & Adrienne Stone, *The Invisible Constitution in Comparative Perspective*, Cambridge University Press, 2018, pp. 343-375.

第二章　宪法制定与制宪权

要为人类制定法律，简直是需要神明。

——卢梭[1]

对于大部分现代国家而言，成文宪法都是一种"标配"。宪法制定预设了成文宪法的概念，成文宪法需要专门的制定程序。宪法制定意味着在特定时刻或时期，在没有成文宪法或者既有成文宪法被否弃的情况下，通过正式的程序起草和公布一部成文宪法。相反，不成文宪法国家一般来说不存在宪法制定的问题[2]，因其宪法形态存在于多部议会立法和长年形成的宪法惯例中，并非某时某刻集中被起草、讨论和通过。

宪法制定的理念源于启蒙思想，特别是现代共和革命传统。法国大革命和美国革命所推行的启蒙思想，让人们相信可以根据理性发现一般宪法原理，再结合一个国家或一个民族的具体情况，为其设计和构建出一部成文法典，让政府按照该法典规定的规则进行运作。美国宪法的设计者之一汉密尔顿（Alexander Hamilton）曾在《联邦党人文集》中提出一个著名的说法："人类社会是否真正能够通过深思熟虑和自由选择来建立一个良好的政府，还是他们永远注定要靠机遇和强力来决定他们的政治组织。"[3]这正代表了宪法制定概念背后的理念基础。在两次现代革命之前，即便是最早的现代立宪主义国家英国，其宪法理论并不认为一个国家的根本制度可以通过成文法典来确定。虽然现代英国也出现了霍布斯和洛克这样的社会契约论思想，但英国立宪未把启蒙思想直接运用到政治和宪法领域：英国政治传统仍然固着于自身不成文的"远古宪法"（Ancient Constitution），其背后的理念基础是：一个国家的根本法乃是自然演进的结果，而非人为设计的产物。[4]

---

① 〔法〕卢梭：《社会契约论》，何兆武译，商务印书馆 2005 年版，第 50 页。

② Tom Ginsburg, "Introduction", *Comparative Constitutional Design*, Cambridge University Press, 2012.

③ 参见〔美〕汉密尔顿、杰伊、麦迪逊：《联邦党人文集》，程逢如、在汉、舒逊译，商务印书馆 1995 年版，第 3 页。

④ J. G. A. Pocock, *The Ancient Constitution and the Feudal Law*: *A Study of English Historical Thought in the Seventeenth Century*: *A Reissue with a Retrospect*, Cambridge University Press, 1987.

然而,成文宪法的制定不只是宪法研究和起草的活动,而是发生在特定的时刻和非常状况之下、面临诸多现实难题的社会举动。可以说,宪法制定的诸多问题皆源于成文宪法制定"毕其功于一役"的特点。"一役",指的是宪法制定过程本身包含着复杂的政治争斗和社会纷争,而且必须在短时间内予以解决、形成共识,起草和通过一部成文宪法。"毕其功",指的是制宪者本身想为一个国家奠定未来、能够永久适用的根本法,最好以后不再需要重新制宪,而只需要按照宪法本身规定的程序修改宪法,就能够使得宪法适应未来的变化发展。简而言之,宪法制定面临着一个根本矛盾:在一时之下,为万世立法。种种问题、悖论和争议皆源于这个矛盾。

本章试图厘清宪法制定的基本目的与作用,梳理现代宪法制定的基本历史发展,处理宪法制定的核心问题——制宪权,以及宪法制定程序当中一些棘手而又有趣的问题。本章还将就 20 世纪末以来宪法制定的新趋势和新特点进行梳理总结。

一、宪法制定的概念与功能

何谓宪法制定? 与宪法修改不同,宪法制定则是全新的创制宪法或者取代现行宪法的行为。当代世界已经没有法国大革命或者美国革命之后那种完全在一张白纸上设计宪法蓝图的情境,因此几乎任何一个国家的宪法制定,总是要处理跟之前有效宪法(绝大多数情况下是成文宪法)的关系。就绝大部分情况而言,任何制宪其实都是替换。问题恰恰在于替换的过程以及新旧宪法的关系。①而实际上,世界上很少有宪法规定了自身的替换条款;即使有,也不能保证实际遵守,因为一旦到了需要替换宪法的时刻,掌握实际权力的政治力量也可能会突破既有的宪法规则行事。②因此,宪法制定是发生在前一部宪法和后一部宪法之间的起草和通过的过程。

---

① 当然,也并不是所有制宪活动最终都能够成功地制定宪法。例如,冰岛 2010 年"平底锅革命"之后,采用"众包"(crowdsourcing)制定宪法,但无果而终。Delia Popescu & Matthew Loveland, "Judging Deliberation: An Assessment of the Crowdsourced Icelandic Constitutional Project", 18 *Journal of Deliberative Democracy* 1 (2022).

② 埃尔斯特发现,无论是美国、法国还是德国的制宪活动,都在某种意义上突破了旧有机构对制宪会议作出的限制条件。美国制宪会议本来是要修改旧的《邦联条例》,结果"越权"制定了新宪法;本来需要州的议会来通过,结果是由各州的制宪会议批准;本来需要全体各州的一致同意才能生效,结果是九个州的同意宪法就生效了。法国也是如此,制宪会议决定无视其代表给其设定的程序以及国王的否决权,径直制定了新宪法。德国基本法的制定者同样抵制了盟军加诸的很多规定。这种现象被称为"宪法自创"(constitutional bootstrapping)。See Jon Elster, "Constitutional Bootstrapping in Philadelphia and Paris (Comparative Constitutionalism: Theoretical Perspectives on the Role of Constitutions in the Interplay Between Identity and Diversity)", 14 *Cardozo Law Review* 549 (1993).

　　大部分国家都曾经制定过正式宪法,很多国家甚至不止一次。一个非常自然的问题是,为什么要制定成文宪法? 成文宪法究竟具有什么作用? 毕竟,英国、以色列和新西兰迄今为止仍然没有成文宪法典,但仍然位居发达国家之列。

　　实际上,一旦成为必要,制定成文宪法对于一个国家来说具有两重的重要意义。一是功能性的:一部成文宪法可以固定共识、价值或者体制,可以勾画政府结构的基本蓝图(例如总统制或议会制或人民代表大会制),并确立政府权能的分立或分工结构,并以结构性和程序性的条款限制政府权力的运作,从而保障公民的基本权利不受政府的肆意侵犯。从时间维度而言,宪法制定者可以通过一部法典,为一个国家确定较为持久和较为根本的政治制度,使得宪法能够约束未来。①对于一些具有特定历史背景的国家,新宪法的制定也代表了与过去历史包袱的彻底决裂,象征着国家历史的重大转折点和重新开始——战后德国制定基本法和南非制宪废除种族隔离,即是最为典型的两个例子。在某些情况下,制定成文宪法还是一国结束严重暴力冲突之后,重建和平的标志性事件和实质性举措,例如废除种族隔离之后的南非和萨达姆政权被推翻之后的伊拉克。

　　成文宪法的另一个作用是符号性的。成文宪法乃是一个主权国家拥有独立主权的象征,如同国旗国徽国歌一样,是独立的民族国家的标配。一部新宪法可以象征一个新国家的建立(例如去殖民化之后独立的国家),或者表示一个新政府(政权)的确立(例如经历了革命或者政变之后建立的新政府)。②因此,对于现代世界而言,一个新国家或新政府建立之后的首要任务之一就是制定新宪法,并通过新宪法向世界展示新国家或者新政府的存在及其合法性。此种象征性所面向的受众实际上相当广泛:"从国内选民(他们的支持是确保政权稳定的必要条件),到外国投资者(他们希望确保自己的投资不会被没收),再到其他国家(他们的认可对获得外交承认和国家安全至关重要)"。③甚至在某些特殊的场景下,一部成文宪法还能够起到通过法律文件来在多民族国家中促进国家统合、在多元文化国家塑造统一的政治认

①　然而,近些年一些实证研究发现,多数国家宪法的寿命都非常短;世界各国宪法中较为持久的恰恰是例外,比如美国宪法。Tom Ginsburg, Zachary Elkins & James Melton, *The Endurance of National Constitutions*, Cambridge University Press, 2009.

②　Mark Tushnet, *Advanced Introduction to Comparative Constitutional Law*, Edward Elgar Publishing, 2014, p. 10.

③　David S Law and Mila Versteeg, "The Evolution and Ideology of Global Constitutionalism", 99 *California Law Review* 1172 (2011).

同和爱国主义的作用。①

　　除了宪法制定的成果——成文宪法——具有实际功能之外,宪法制定的过程本身也具有某种相对独立的作用。如果运行良好,制宪过程可以提高公民意识,增强公众参与,促进国家建设。②如果运行欠佳,制定宪法的过程也可以演变成为政治分裂和冲突斗争的导火索和角斗场③,而且还是在没有既定宪法规则约束之下的修罗场。在这种情况下,制宪过程的目标是通过成文宪法奠定新的秩序,然而制宪过程本身却处于成文宪法秩序的缺失之中。

二、宪法制定的正当性:制宪权

　　虽然都是制定法律,制宪与立法在性质上大有不同。从法律角度而言,立法活动有章可循:立法活动在宪法之下进行,行使的是受到宪法授权并接受宪法约束的立法权,具体立法机关的构成、组织和决策机制也已经预先确定。与立法不同的是,制宪是创制宪法的行为,在制宪之前要么没有宪法,要么之前的宪法已被废除,因此制宪活动本身常常无"章"可循,甚至常常发生在法律的真空之中。一系列的问题都会变得争议重重:谁拥有制定宪法的权力? 制定宪法的权力是一项法律权力吗? 抑或是一种事实上的权力? 制宪主体是否要遵从既有的宪法规则和国际法的约束?④ 如果不受法律约束,如何限制制宪权? 如果受到既有法律约束,为何要制定新宪法? 这些问题都是宪法制定的理论难题。

　　任何对于以上问题的系统性回答,都须回到现代宪法理论当中围绕宪法权力作出的一个重要区分:制宪权(constituent power, *pouvoir constituant*)与宪定权(constituted power, *pouvoir constitué*)。宪定权是宪法所创设的政府权力,包括立法权、行政权和司法权等,皆受到宪法和法律的约束。⑤制宪权则

①　Mark Tushnet, *Advanced Introduction to Comparative Constitutional Law*, Edward Elgar Publishing, 2014, pp. 10-11. 典型的例子是美国,参见刘晗:《合众为一:美国宪法的深层结构》,中国政法大学出版社 2018 年版。

②　Joanne Wallis, "Constitution making and state building", *Comparative Constitution Making : Research Handbook*, Edward Elgar Publishing, 2019.

③　David Landau, "Constitution-Making Gone Wrong", 64 *Alabama Law Review* 923 (2013).

④　Widner, Jennifer and Xenophon Contiades, "Constitution-writing Processes", in Mark Tushnet, Thomas Fleiner & Cheryl Saunders (eds.), *Routledge Handbook of Constitutional Law*, 2013.

⑤　从思想史角度而言,该区分得到了自由主义思想家和反自由主义思想家的双重阐发,成为一套经典理论。制宪权和宪定权的区分,肇始于法国大革命时期的理论家西耶斯(Emmanuel Sieyes)。其后,制宪权历经嬗变,尤其是受到法律实证主义的冲击,一度黯淡。直到 20 世纪初,德国著名法学家卡尔·施米特将制宪权理论进一步理论化和精致化,使之再度成为宪法理论中的重要概念。在其《宪法学说》中,施米特给出了制宪权的基本概念:"制宪权是一种政治意志,凭藉其权力或权威,制宪权主体能够对自身政治存在的类型和形式作出具体的总决断……一切其他的宪法法规的效力均来源于这种政治意志的决断。决断本身与以之为基础而形成的宪法法规有性质上的区别"。〔德〕卡尔·施米特:《宪法学说》,刘锋译,上海人民出版社 2005 年版,第 84—85 页。

是创设宪法和政府的权力,本身不受法律约束,不可分割,也不可能被其所产生的宪法规范所穷尽。制宪权和宪定权的区分,使得制宪权的概念处在法律与政治、合法性与正当性之间,成为一种边缘性概念。①

(一) 经典制宪权模型及其问题

谁拥有制宪权? 传统学说认为,君主、贵族或人民都可以成为制宪权的主体。② 然而,就当代宪法理论而言,制宪权一般与民主概念牢牢绑定在一起③,因此产生了较为通行的人民制宪权理论:只有人民才是制宪权的主体。在人民制宪权理论中,作为集体的人民是创制宪法的唯一正当性源泉,而人民本身并不受到宪法的约束。宪法只约束它的创造物(政府权力),而不约束它的创造者(人民主权)。

人民制宪权与现代民主革命密不可分。无论是法国大革命还是美国革命之后的制宪活动,都是在推翻旧秩序之后,在法律真空当中创造全新的宪法宇宙。制宪行动首先要解构业已存在的宪法(无论是成文的还是不成文的),以及这部宪法所代表和支撑的政权及其政治体制。革命性的制宪活动因此成为现代宪法创制的经典模型:人民创造宪法;宪法创建政府。正如美国革命的思想先驱潘恩所言:"一国的宪法并非政府的行为,而是人民创建政府的行为。"④

"集体意志"则凸显了制宪权的原动力和正当性基础——人民主权、人民意志、"公意"(general will)、国家意志或者民族意志(Volkgeist)。这种倾向以卢梭、西耶斯和施米特为代表⑤,强调的是超越党派、超越团体和超越个体的抽象而统一的意志。如同上帝创造世界一样,集体意志创造了宪法秩序,并居于宪法秩序之上和之外,随时有可能打破已有的宪法秩序,创造新的宪法秩序。

即便将制宪权主体限定为人民,问题也并没有得到解决,毋宁说问题更多。其中,最为根本的问题就是:人民又是谁? 显然,在现代政治和宪法语汇之中,人民并非公民的算数加总,而是抽象的集合性概念。这一点与前现代

---

① Andrew Arato, "Forms of Constitution Making and Theories of Democracy", 17 *Cardozo Law Review* 191 (1995).

② 〔德〕卡尔·施米特:《宪法学说》,刘锋译,上海人民出版社 2016 年版。

③ Antonio Negri, *Insurgencies: Constituent Power and the Modern State*, University of Minnesota Press, 1999, p. 1.

④ Thomas Paine, *Rights of Man*, Dover Publications, 1999, p. 79.

⑤ 参见〔法〕卢梭:《社会契约论》,何兆武译,商务印书馆 2003 年版;〔法〕西耶斯:《论特权 第三等级是什么?》,冯棠译,商务印书馆 1990 年版;〔德〕卡尔·施密特:《宪法学说》,刘锋译,上海人民出版社 2005 年版。

社会判若云泥。如在西方古代社会，"人民"常常指涉的是与君主和贵族相区别的平民，是具体的阶层概念；而现代意义上的人民概念则是超越阶级和阶层的平等个体集合起来的总体概念，是整个政治体的抽象化和拟人化。①因此，在解构旧宪法秩序之后，首要的问题并不是人民创制何种宪法、如何创制，而是要确定人民的存在形态和人民的覆盖范围——毕竟，在某些情况下，一国制宪之时，人民要么尚未形成，要么难以定义，要么难以具体行使权力。

　　首先来看人民尚未形成的情况。在一国制宪之前尚不存在统一的人民的时候，真实的情况并不是人民创制宪法，而是宪法创建人民。美利坚合众国就是如此：无论其第一部宪法是《邦联条例》(1777)还是《联邦宪法》(1787)，当时都并不存在统一的美利坚人民。《联邦宪法》的序言以"我们美利坚合众国人民"开头，将制宪权主体归之于人民。然而，在宪法创建之前，美国人民并没有预先存在，反倒是要由宪法进行统合。马来西亚联邦也是如此：1957年，正是通过制定宪法，马来西亚才将原先英国控制的马来诸邦(Malay states)统合到一起。欧盟在一体化的过程中制，也沿用了此种逻辑。欧盟宪法的精神导师哈贝马斯认为，即便没有统一的欧洲人民，也可以先行制定欧盟宪法，以此塑造一套法律框架，促进欧洲内部各国人民的相互融合，最终塑造统一的欧洲人民。②

　　再来看人民难以定义的问题。正是人民概念的抽象性和拟人化，导致了实践当中的一系列困难。著名法学家詹宁斯曾有名言："直到某人决定谁是人民之前，人民无法作出决定。"③人民如果不是一种政治修辞中的抽象物，就必须在现实当中以整序和结构化的方式出现，才能够真正成为制定宪法的主体。在历史实践当中，人民要么是通过民族来理解，要么是通过阶级来理解。前者将人民进一步定义为具有相对稳定的领土、相对同质化的文化、共同的语言、共同的历史记忆的跨世代集合体(如法兰西民族)④，但这种界定方式立即会在多民族国家，尤其是民族冲突较为严重的国家，陷入困境。后者将人民界定为"第三等级"或无产阶级，从而塑造人民与阶级敌人的对立，但仍然存在如何界定和谁来界定阶级划分的问题。

---

① John McCormick, "People and Elites in Republican Constitutions, Traditional and Modern", in Martin Loughlin & Neil Walker(eds.), *The Paradox of Constitutionalism: Constituent Power and Constitutional Form*, Oxford University Press, 2008.

② Habermas, "Why Europe needs a Constitution", *The Shape of the New Europe*, Cambridge University Press, 2006.

③ Ivor Jennings, *The Approach to Self-Government*, Cambridge University Press, 1956, p. 55. ("The people cannot decide until somebody decides who are the people.")

④ 法国人权和公民权宣言因而将制宪权确定为民族制宪权。参见陈端洪：《制宪权与根本法》，中国法制出版社2010年版。

即便人民已经存在、范围相对清晰,人民如何行使权力,仍然构成了一个问题。正是在这个地方,人民制宪权理论凸显了现代立宪主义的一个悖论。①一方面,政府权力来自人民授权,方才能够具有终极的政治正当性。制宪权的行使必然预设了相对统一和稳定的人民的存在。但另一方面,人民本身却不像君主那样看得见摸得着。② 人民被法国保守主义政治理论家梅斯特尔称为"无法行使主权的主权者"(a sovereign that cannot exercise sovereignty)。③在现实当中,人民主权只能通过政府机构和法律程序来行使,而这就与人民创建政府的前提相悖。④

即便一国制宪之时,已经存在相对统一的人民,谁能够代表人民,何种组织和团体能够以人民的名义制宪,仍然存在争议。现代宪法对此问题的简单解决办法是代表制:人民通过机构化的程序产生代表,一般来说是选举产生

---

① Martin Loughlin & Neil Walker, *The Paradox of Constitutionalism*: *Constituent Power and Constitutional Form*, Oxford University Press, 2008.

② Ulrich Preuss, "Constitutional Powermaking of the New Polity: Some Deliberations on the Relations between Constituent Power and the Constitution", in Michael Rosenfeld (ed.), *Constitutionalism*, *Identity*, *Difference and Legitimacy*: *Theoretical Perspectives*, Duke University Press, 1994.

③ Quoted from Martin Loughlin & Neil Walker, *The Paradox of Constitutionalism*: *Constituent Power and Constitutional Form*, Oxford University Press, 2008, p. 1.

④ 而且,人民主权也可以成为破坏已经建立和运转的政府体系和宪法形式的力量,至少是修辞性的力量(如会有人重新诉诸人民主权来呼吁否定现行宪法体制)。制宪权是宪法体制的创造者,但也会成为宪法体制的破坏者。制宪权的行使是否在宪法制定之后就被耗尽?经典制宪权理论的回答是否定的。如何处理两者之间的内在张力? 当代理论中主要有四种回答。第一种理论可以称之为"法律吸纳论":制宪权在制宪时刻耗尽,随后被确定下来的宪定权所吸纳,不再居于宪法秩序之外而干涉或改变宪法形式。这一理论基于自由主义社会契约论,强调法治原则。其代表人物是罗尔斯。John Rawls, *Justice as Fairness*: *A Restatement*, Harvard University Press, 2001, p. 46 ("我们称为'制宪权'的东西,它同'普通权力'相对应,是非常适合于体现在政治制度中的,例如,体现在选举权和承担公职的权利中,体现在所谓的权利法案中,以及体现在修正宪法的程序中。" "What we may call 'constituent power', as opposed to 'ordinary power,' is to be suitably institutionalized in the form of a regime; in the right to vote and to hold office, and in so-called bills of rights, as well as in the procedures for amending the constitution, for example.")。第二种理论可以称之为"并存论":法律化的宪定权和政府形式与非法律化的、持续存在的人民主权处于并行的状态。其代表人物是哈贝马斯。Jürgen Habermas, *Between Facts and Norms*, The MIT Press, 1996. 第三种理论可以称为"激进潜能理论":制宪权既不可能被宪法规范秩序所吸纳,也不可能与其并行不悖;制宪权永远处于一种潜在的革命状态中,潜伏于宪定权的周围,具有根本否定和颠覆既定的宪法和法律规范体系的可能性。这种理论的代表人物是以《帝国》(Empire)一书闻名世界的意大利左派理论家奈格里(Anthony Negri)。Antonio Negri, *Insurgencies Constituent Power and the Modern State*, University of Minnesota Press, 1999。第四种理论可以称之为"无解论":制宪权不可能被法律吸纳,也不可能与之并存,也不可能从理论上与既定的宪法体系相隔离开而潜伏;制宪权是宪法体系的一种不可消解和不可化约的附属物,永远刺激和挑战宪定权的具体形式。这种理论的代表人物是德国哲学家本雅明和意大利哲学家阿甘本。Walter Benjamin, "Critique on Violence", *Reflections*: *Essays*, *Aphorisms*, *Autobiographic Writings*, Schocken Books, 1978, pp. 277-300; Giorgio Agamben, *State of Exception*, The University of Chicago Press, 2005; Giorgio Agamben, *The Coming Community*, Univeristy of Minnesota Press, 1993。

的制宪会议(少数情况下也通过普通立法机关进行制宪)，从而行使制宪权。但这种办法带来的问题一点也不比解决的问题要少。这等于将制宪权主体限定在宪权的范围内活动：只有依靠民主程序产生的主体才能够代表人民。然而，总是有民主程序之外的政治力量宣称自己代表人民。有学者指出，"人民"的概念使得法秩序出现了"虚空"(empty space)。①在"虚空"之内，诸多主体相互争斗，每一方都在宣称自己才代表真正的人民。"人民"很多时候是现代政治和宪法中的一个"占位符"。人民制宪权概念带来的根本难题是：政治正当性须以人民的名义获得；然而究竟谁代表人民，却是现代民主政治最不确定的问题，极易引发社会纷争。②

正是由于以上原因，制宪权更多是宪法正当性的规范基础，而并非现实制宪活动中的真正主体。

(二) 全球化对经典制宪权的挑战

"人民创造宪法"的经典制宪模型，以美国 1787 年宪法制定和法国大革命之后的宪法制定为代表，具有"无中生有"和"一蹴而就"两个特征。"无中生有"强调制宪权的革命性：宪法制定过程居于现有宪法秩序之外，塑造了法律秩序的断裂。制宪权凌驾于宪定权，既可以建构宪定权，也可以解构宪定权，且无须遵循其所制定的宪法中所规定的程序和规则。③因此，一般而言是通过特殊的制宪会议或者超越普通国家机关的国民大会来实现，而非普通立法机关，如国会或者议会。

制宪权是否是一种法律权力？经典制宪权理论的回答是否定的。经典制宪权理论将制宪活动设想为前宪法和超宪法的政治活动，是一种从法律规范真空中创制法律规范的"无中生有"(ex nihilo)的过程④，类似于基督教想象中的上帝从虚空中创造世界——"要有光，于是就有了光"。因此，法律和法院无法控制宪法制定的过程。由于处于法律真空之中，制宪是一种事实行

---

① Claude Lefort, "The Permanence of the Theological-Political?", in his *Democracy and Political Theory*, David Macey trans., Polity Press, 1988, p. 226.

② 当代世界各国社会运动的发展和抗争政治的普遍化乃是上述难题的集中体现。

③ 当代的很多理论家实际上仍然延续了此种理论。Bruce Ackerman, *Revolutionary Constitutions: Charismatic Leadership and the Rule of Law*, Harvard University Press, 2019; Mark Tushnet, "Peasants with Pitchforks, and Toilers with Twitter: Constitutional Revolutions and the Constituent Power", 13 *International Journal of Constitutional Law* 639 (2015);陈端洪：《制宪权与根本法》，中国法制出版社 2010 年版。

④ Klein & Sajo, "Constitution-Making: Process and Substance", in Michel Rosenfeld & András Sajó(eds.), *The Oxford Handbook of Comparative Constitutional Law*, Oxford University Press, 2012, p. 421.

为,没有规范基础。① 制宪活动虽然本身受到约束,但并非受到既有法律的约束。②对于制宪者的约束更多地来自道德原则和实际条件,而非法律规范。从法律上来讲,任何立宪的开端都是违反先前的宪法规范的。

"一蹴而就"表示制宪过程往往是在短时间内完成的根本法设计,强调某种"制宪时刻"(constitution-making moment),例如 1787 年《美国宪法》就是各州代表在四个月内讨论起草完成,随即在两年之后由各州批准通过。如果时间拖得过长,则很难在人们的印象中形成"制定"的感觉,而更多像是一种自然的演进过程。

"国内中心"表示,制宪行为是一国的主权行为,不受国际法规制,不受国际力量干预。经典制宪权理论预设国家法为法律的全部渊源,国际法并非一个国家宪法正当性的依据,国际因素的介入则有侵犯国家主权之嫌。因此,经典制宪权模式以"主权"(人民主权)为核心。

冷战结束以来,随着世界范围内制宪浪潮再度兴起,制宪权问题也获得了重新的关注和讨论。从东欧到俄罗斯,从非洲到美洲,从亚洲到欧洲,多种多样的制宪活动不断涌现,每一次制宪活动都凸显了经典制宪权理论的内在困境。特别是,由于全球化进程对于传统民族国家主权提出了重大挑战,制宪权的理论与实践也随之发生变化,催生了一种"后主权"(post-sovereign)制宪权理论③,冲击了以民族国家内部人民主权为核心的经典制宪模型。此种理论不再将想象力固着在"费城时刻"或法国大革命,很多非西方国家的实践已经逐渐显示出了这种趋势。④"无中生有"和"一蹴而就"的特征同时受到了全球化后主权制宪的冲击。

① 事实的规范力理论(the normative force of the factual, Die Lehre von der Normativen Kraft des Faktischen)由德国著名法学家耶林内克提出,并在当代法律理论中重新得到发掘。See Nicoletta Bersier Ladavac, Christoph Bezemek, and Frederick Schauer(eds.), *The Normative Force of the Factual: Legal Philosophy Between Is and Ought*, Springer, 2019.该理论认为,即便是事实行为,也足以产生规范效力。但该理论可以用来解释社会习惯如何具有规范效力,但却很难用以证成革命之后的制宪主体的合法性问题。参见王锴:《德国宪法变迁理论的演进》,载《环球法律评论》2015年第3期。

② 然而,这并不意味着制宪行为不受约束,而只是说不受实定法的约束。埃尔斯特指出,限制分为两种。一是上游(upstream),即在制宪会议开始工作之前所受到的限制。制宪会议是某些机构或者个人召集的,必须遵守之前机构所确定的任务和运行规则,特别是制定宪法程序和宪法大体内容。二是下游(downstream),即宪法草案需要经由批准过程方能生效。在18世纪末的美国立宪中,联邦宪法由各州进行批准;在18世纪末的法国,国王对于宪法有否决权;在战后的德国,盟军对于新宪法具有同意权。Jon Elster, "Forces and Mechanisms in the Constitution-Making Process", 45 *Duke Law Journal* 364(1995).

③ Andrew Arato, *Post-Sovereign Constitution-Making: Learning and Legitimacy*, Oxford University Press, 2016.

④ David E. Landau and Hanna Lerner, *Comparative Constitution Making*, Edward Elgar Publishing, 2019, pp.3-4.

  首先,当代理论和实践都显示,宪法制定既可以在现行宪法秩序外部进行(革命性的),也可以在内部进行(转型性的)。换言之,它既可以采取与现有宪法秩序完全决裂的方式进行,也可以是运用现有宪法本身规定的修改或者替换规则来进行。在传统的"无中生有"模式之外,出现了在既有的宪法制度下进行的宪法更替(constitutional replacement)。前者是在革命推翻旧宪法的情况下完全重新创造;后者则是在不完全革命的情况下通过宪法的全面修改,来完成对于先前宪法主体内容和中心思想的替换①,也即并非完全推翻先前宪法,而是沿用其基本结构,从而为制宪活动提供规范基础。② 对于转型性的制宪活动,宪法的正当性则来自法治——之前宪法所规定的程序和限制。③

  与之相对应的,宪法制定的程序既可以采用属于制宪权的专门制宪机构(如制宪会议)来进行,也可以采用属于宪定权的普通立法机关按照宪法规定的程序进行。一个鲜明的例子是匈牙利。该国2012年新宪法显然是对既有宪法的大规模替换,但它是由议会起草和表决的,并且使用了与宪法修改程序一样的三分之二绝对多数原则。④之所以采取这种模式,是因为"无中生有"的模式往往结果不佳:以人民的名义行使的制宪权可能被滥用,使得宪法制定过程变成一种掌权者强行推行意志的过程,容易导致权力集中。这一点在晚近拉丁美洲国家制定宪法的过程中体现得特别明显。⑤所谓"宪法时刻"常常成为政治力量排除反对派的理由,而非全民参与审议的宪法制定。

  现实当中,一些国家制定新宪法时,宁可保留旧宪法的基本结构,并且按照该宪法所规定的修改程序,通过宪法全面修改的方式在事实上完成新宪法的制定。例如,匈牙利制定新宪法没有废除旧的社会主义宪法,而是沿用其中的修宪条款,陆续修改原有宪法的内容,最终全部替换。这样就是完全按照法律程序,制定了一部新宪法。再如,德国统一之后,也没有正式制定新的宪法,仅仅是将1949年本来作为临时宪法的《德国基本法》适用到统一之后

---

① 例如,1989年之后匈牙利的"宪法制定"即是在1949年宪法规定的修宪程序下,不断替换原先社会主义宪法中的条款和内容。

② 当然,必须强调的是,也经常出现既有宪法规定了替代机制,然而制宪权却冲破这些限制。实践中,经常出现一种情况:制宪行为本来诉诸既有宪法规定的程序和规则,然而在制宪过程之中却予以突破。1787年《美国宪法》的制定过程正是如此。《德国基本法》也是如此。

③ 当然,还有占领性的制宪活动,如战后的前法西斯国家,乃至于21世纪初的伊拉克和阿富汗。

④ 更为激进的例子是拉丁美洲的多米尼加共和国,该国宪法在每一次修改的时候,都算作重新制定宪法,因此都会正式公布新宪法,导致观察者很难计算,该国究竟制定了多少次宪法。See David Landau, "Constitution-Making Gone Wrong", 64 *Alabama Law Review* 923 (2013).

⑤ Ibid; Partlett, "The Dangers of Popular Constitution-Making", 38 *Brooklyn Journal of International Law* 1 (2011).

的德国。①这都是为了弥合制宪过程中新旧宪法之间的规范断裂,填补制宪行为所存在的法律真空,塑造法律效力的延续性。

填补制宪权规范真空的方式也不限于国内宪法,也可以诉诸国际法。例如,利比亚在 2011 年经历政治变化之后,即成立了国家过渡委员会(National Transitional Council)作为临时政府统治全国,该委员会颁布《宪法宣言》(Constitutional Declaration)作为过渡宪法,并主导制定新宪法。值得注意的是,利比亚国家过渡委员会的合法性更多是来自国际法的承认,即联合国安理会的决议。

其次,与经典的宪法制定模式不同,在当今世界,制宪过程既可以是一蹴而就的,也可以是循序渐进的。②相对于经典的革命性模式而言,制宪活动出现了"转型性"(transitional)模式,著名社会学家安德鲁·阿雷托(Andrew Arato)将其总结出一种"两阶段"制宪模式:过渡宪法和正式宪法。③转型性模式以 1990 年代南非废除种族隔离之后的制宪活动为代表,后来为其他一些国家效仿。其具体程序是:首先,政治精英先通过"圆桌会议"达成初步共识,制定临时或者过渡宪法(interim Constitution),规定制定正式和永久宪法的程序与规则;其次,按照临时宪法或过渡宪法规定的程序和规则,制定正式宪法。④甚至在某些情况下,过渡宪法中还会设立一所宪法法院,来审查和确保正式宪法的内容与精神不违背过渡宪法。

最后,集体意志的观念受到全球化的双重挑战。一种是全球化(globalization),另一种则是全球化的附带趋势——在地化(glocalization)。全球化进程挑战了传统的国家主权观念,从而导致了两方面的趋势。一方面,国家内部的各种群体开始不断地挑战一之内统一人民的概念。地方民族主义的盛行、各种分离主义运动的热潮乃至多元文化主义的流行都在挑战国家层面的人民制宪权。⑤ 在一个国家内部,我们所听到的不再仅仅是"加

---

① 但新的《德国基本法》序言明确宣称自己行使了一次制宪权。
② 传统宪法学说中对于成文宪法和不成文宪法的区分,在此存在边界模糊的可能性。也有一些案例挑战了宪法制定的经典概念,即发生在规定的时间或宪法时刻。例如,在以色列,宪法的制定是通过议会制定的一个又一个基本法来进行,是逐步迭代和渐进的过程,特别是在国家存在重大分裂和冲突的情况下,这种模式具有一定的优势。Hanna Lerner, *Making Constitutions in Deeply Divided Societies*, Cambridge University Press, 2011.
③ Andrew Arato, *The Adventures of the Constituent Power: Beyond Revolutions?*, Cambridge University Press, 2017.
④ 中华民国制宪过程实际上采取了类似的方法,即国民党和北洋集团先达成初步共识,制定临时约法,然后选举出临时参议院,制定正式宪法。
⑤ Stephen Tierney, "'We the Peoples': Constituent Power and Constitutionalism in Plurinational States", in Martin Loughlin & Neil Walker (eds.), *The Paradox of Constitutionalism: Constituent Power and Constitutional Form*, Oxford University Press, 2008.

拿大人民"或"西班牙人民"，而是"魁北克人民"或"加泰罗尼亚人民"；国家内部的族群或者群体不断地诉诸全民公决来确认自己的独立性，并且试图制定符合自身民族文化观念的根本法。另一方面，跨国政治体的发展带来了超主权制宪权问题。欧盟的宪法化进程就是典型的例子。按传统制宪权理论，欧盟体制如果真的要实现宪法化，必须首先存在"欧洲人民"，并以其名义制定"欧盟宪法"，否则便无任何正当性依据。然而，众所周知，在设计欧盟宪法的时候，并不存在统一的欧洲人民，各个加盟国的人民也并未打散为个人，签订欧洲范围内的社会契约，融合为统一的欧洲人民。①这必然会与德国或者法国的"人民"概念发生冲突。②按照经典的政治理论，仅仅是宪法或者法律本身无法完成欧洲人民的建构；人民的建构是一个社会历史演进的过程。③

欧盟之外，在民族国家的制宪过程中，超越传统制宪权理论的国内中心主义的趋势也日益明显，而开始突出一国制宪的国际维度，也即宪法制定的国际化趋势。④ 近年来，国际宪法顾问和国际非政府组织不断为世界各国和各地区的宪法制定进程提供咨询。⑤ 联合国等国际机构也直接参与宪法制定，例如波黑的宪法制定本身就是联合国主导的国际协议《代顿协议》(Dayton Accords)规定的项目之一。甚至有些时候，国际因素的介入并非一国主动选择的结果，而是外部强加的。伊拉克、苏丹和东帝汶就是如此，而且历史上并不乏先例，如二战后的德国和日本。当然，必须指出的是，这仅仅是少数情况，取决于一国的具体政治形势和国际介入程度，同样也会带来国际介入制定的宪法能否满足国内政治正当性的挑战。即便如此，跨国借鉴也已经成为一种通行做法，甚至还有国际力量专门提供指导，有些时候甚至是强

---

① Dieter Grimm, "Does Europe Need a Constitution?", 1 *European Law Journal* 282 (1995).

② Neil Walker, "Post-Constituent Constitutionalism? The Case of the European Union", in Martin Loughlin & Neil Walker (eds.), *The Paradox of Constitutionalism: Constituent Power and Constitutional Form*, Oxford University Press, 2008.

③ Dieter Grimm, "Does Europe Need a Constitution?", 1 *European Law Journal* 282 (1995).

④ Philip Dann and Zaid Al-Ali, "The Internationalized Pouvior Constituant-Constitution Making under External Influence in Iraq, Sudan and East-Timor", 10 *Max Planck Yearbook of United Nations Law* 423 (2006); Noah Feldman, "Imposed Constitutionalism", 37 *Connecticut Law Review* 857 (2004-2005); Ulrich Preuss, "Perspectives on Post-Conflict Constitutionalism: Reflections on Regime Change Through External Constitutionalization", 51 *New York Law School Law Review* 467 (2006/2007); Andrew Arato, *Constitution Making Under Occupation*, Columbia University Press, 2009.

⑤ Tom Ginsburg, "Constitutional Advice and Transnational Legal Order", 2 *UC Irvine Journal of International, Transnational, and Comparative Law* 5 (2017).

迫性的,比如威尼斯委员会(the Venice Commission)。①总而言之,随着全球化对于国家主权的冲击,受限主权下的宪法制定情况已经越来越多,而且展现出了与经典制宪模式不同的诸多特征。

三、宪法制定的历史实践

从18世纪末的费城到21世纪初的布鲁塞尔,宪法制定一直是现代社会重要的政治活动。虽然当代世界绝大部分国家都有自己的成文宪法,但成文宪法作为民族国家的标配却是较为晚近的趋势。1945年以前,从世界范围内来讲,成文宪法并非主流。在1787年美国制定成文宪法后,大概有三次制宪浪潮。其一,与美国宪法制定相伴随的是法国和波兰的宪法制定,在当时的世界范围内仅仅是少数国家;其二,1848年革命后欧洲各国掀起了一场自由共和主义的宪法制定浪潮,然而很快因为传统势力的复辟,而陷入低潮;其三,第一次世界大战后,东欧地区的一些民族因为传统帝国的解体而成立新的国家,并制定了新的宪法(如波兰与捷克斯洛伐克等),战败的德国则通过了著名的《魏玛宪法》(1919)。但同样,这些拥有成文宪法的国家在世界范围内也并非多数。

(一) 战后制宪的五次浪潮

1945年以后,制定成文宪法的趋势开始席卷各个区域,逐渐扩展到全球,并且确立了当代多国宪法通行的模式。战后世界范围内的制宪活动可以大致分为五次浪潮。

第一次制定浪潮是在后法西斯国家,特别是德国、意大利和日本发生。以德国为例。在纳粹政府被摧毁之后,新败的德国被分为四个占领区,由西方大国和苏联分别占领。美国、英国和法国的占领区很快合并为联邦德国,成为一个民主立宪联邦国家;苏联占领区称为民主德国,成为一个社会主义国家。在宪法起草之前,德国的地方政府普遍拒绝加入宪法起草过程,认为

---

① Tom Ginsburg, "Constitutional Advice and Transnational Legal Order", 2 *UC Irvine Journal of International, Transnational & Comparative Law* 5 (2017); Maartje de Visser, "A Critical Assessment of the Role of the Venice Commission in Processes of Domestic Constitutional Reform", 63 *American Journal of Comparative Law* 701 (2015); Paul Craig, "Transnational Constitution-Making: The Contribution of the Venice Commission on Law and Democracy", 2 *UC Irvine Journal of International, Transnational & Comparative Law* 57 (2017). Wiktor Osiatynski, "Paradoxes of Constitutional Borrowing", 1 *International Journal of Constitutional Law* 244 (2004), p. 256.

德国仍处于占领和分裂中，无法制定一部持久的宪法；只有等到主权恢复之后才能够以全德国人民的名义制定宪法。① 在西方大国的监督和促进之下，联邦德国成立了一个由民主选举的各邦代表组成的制宪会议；英国、法国和美国试图让德国民主派人士建立联邦制并采用司法审查体制。②该宪法之所以被称为"基本法"，是因为原本制宪者将其看作一部临时宪法，适用于德国统一前；德国统一和恢复完整主权之后再制定正式宪法。③

《德国基本法》有如下几个特点：其一，该宪法首先确立了一个极为强势的权利法案，居于第一条的就是对人格尊严的保障，并且《德国基本法》规定该条款不可更改。其二，该宪法创造了一个强大的宪法法院，用于执行权利法案。该宪法法院参照凯尔森模式而定，随后即成为宪法的守护者，其模式和判决也很快成为其他国家效仿和学习的对象。④其三，该宪法确立了议会制和联邦制，被看作是西方大国为了防止德国军国主义势力复兴的宪法设计举措。⑤

但需要注意的是，今天德国人乃至外国人对于《基本法》的印象并非当时德国人的普遍心态。首先，《德国基本法》的起草基本是由少数专家完成，

---

① See John Golay, *The Founding of the Federal Republic of Germany*, University of Chicago Press, 1958, pp. 14-17.

② General Lucious D. Clay, *Decision in Germany Garden City*, Doubleday, 1950.

③ 最初的 1949 年《德国基本法》序言如此写道："意识到其对于上帝和人类的责任，受到保持其民族政治统一和作为一个统一欧洲的平等成员服务于世界和平的意志的激发，德国各邦人民……依据其制宪权，通过此部《德意志联邦共和国基本法》，以给与转型时期的政治生活以新的秩序。他们也代表那些未被允许参与的德国人行事。全体德国人仍然被号召起来，以自由自决的方式完成德国的统一和自由。" Carl J. Friedrich, "Rebuilding the German Constitution II", 43 *The American Political Science Review*, 705(1949). (quoting Grundgesetz Für Die Bundesrepublik Deutschland [Grundgesetz] [Gg] [Basic Law], May 23, 1949, BGBl. I at pmbl. (Ger.)). 此处中文译文为笔者从英文试译。在德国统一之后，《德国基本法》的序言修改如下："我德意志人民，认识到对上帝与人类所负之责任，愿以联合欧洲中一平等分子之地位贡献世界和平，兹本制宪权力制定此基本法。我巴登—符腾堡(Baden-Wurttemberg)、巴伐利亚(Bayer)、柏林(Berlin)、布兰登堡(Brandenburg)、不莱梅(Bremen)、汉堡(Hamburg)、黑森(Essen)、梅克伦堡—前波莫瑞(Mecklenburg-Vorpommern)、下萨克森(Niedersachsen)、北莱茵—威斯伐伦(Nordrhein-Westfalen)、莱茵兰—伐尔兹(Rheinland-Pfalz)、萨尔兰(Sarrland)、萨克森(Sachsen)、萨克森—安哈特(Sachsen-Anhalt)、什勒斯维希—霍尔斯坦(Schleswig-Holstein)及图林根(Thueringen)各邦之德意志人民依自由决定完成德国之统一与自由。因此，本基本法适用于全体德意志人民。" See Bundesministerium der Justiz und für Verbraucherschutz: https://www.gesetze-im-internet.de/gg/BJNR000010949.html, last visited Feb. 22, 2023.

④ Ralf Rogowski & Thomas Gawron (eds.), *Constitutional Courts in Comparison: The U. S. Supreme Court and the German Federal Constitutional Court*, New York & Berghahn Books, 2002.

⑤ Steven G. Calabresi, "The Virtues of Presidential Government: Why Professor Ackerman is Wrong to Prefer the German to the U. S. Constitution", 18 *Constitutional Commentary* 51 (2001).

并经三分之二以上的邦的代表通过,而没有采用全民公决方式。①其次,在起草过程中,最受关注的问题并非以"人格尊严"为代表的自由主义基本权利,而是联邦和地方的关系;引起公众兴趣的主要是父母教育子女的权利,特别是将子女送入宗教学校接受教育的问题。②而后来德国宪法的基本精神,包括人格尊严条款成为德国宪法的核心内容,乃至《德国基本法》本身被确立为持久宪法的历史进展,很大程度上归功于《德国基本法》确立的联邦宪法法院的努力。③但无论如何,《德国基本法》最终确立了德国政治新的开始:纳粹秩序永不再来;人权保障是宪法天条。

意大利在纳粹政府被摧毁之后,同样在其 1946 年宪法中确立了议会制和宪法法院主导的司法审查体制,宪法法院在战后的意大利也扮演了稳定新秩序的重要功能。④ 日本二战之后的制宪亦是在盟军占领下进行的。日本的制宪活动由盟军太平洋总司令麦克阿瑟将军(General Douglas MacArthur)主导。⑤ 在制宪过程中,日本代表仅拿出一个明治宪法的修订版,而麦克阿瑟将军手下仅仅用了八天时间就拿出了一个全新草案,推行代议民主制的宪法体制,并在第九条中禁止日本保持常备军,仅保留自卫队。⑥新宪法最终在 1947 年通过,一直沿用至今。

实际上,法国也是在这个浪潮中制定了新的宪法,也即在推翻了之前的法西斯傀儡政权之后重新设计宪法,于 1958 年制定了第五共和国宪法。第三共和国宪法在 1940 年被纳粹德国的侵略和占领摧毁,法国也变成一个法西斯傀儡国。二战之后,虽然戴高乐将军基于第三共和国议会制的软弱无能,主张总统制,但法国通过的新宪法仍然是议会制,称为第四共和国;戴高乐将军因而引退。1958 年春天,在经历了阿尔及利亚危机之后,第四共和国倒台。戴高乐重新成为领导人,最终推动法国第五共和国宪法的诞生,建立了半总统制的宪法体制。值得注意的是,第五共和国宪法建立了宪法委员会(Conseil Constitutionnel)。虽然宪法委员会的原初功能是保持总统与议会之

---

① Akhil R. Amar, *America's Unwritten Constitution: The Precedents and Principles We Live By*, Basic Books, 2012, p. 18.

② Ibid., pp. 44-92; Peter Merkl, *The Origin of the West German Republic*, Oxford University Press, 1963, p. 140.

③ 见后文。"吕特(Luth)案"是德国的"马布里(Marbury)案"。基于纳粹的历史伤痛,将人权保护作为德国新秩序的核心价值和宗旨,而不再执着于德国本身的主权恢复问题。

④ Mary L. Volcansek, *Constitutional Politics in Italy the Constitutional Court*, Macmillan Press, 2000.

⑤ Walter F. Murphy & Joseph Tanenhaus, *Comparative Constitutional Law: Cases and Commentaries*, St. Martin's Press, 1977, p. 37.

⑥ Ibid.; Kyoko Inoue, *MacArthur's Japanese Constitution: A Linguistic and Cultural Study of Its Making*, University of Chicago Press, 1991.

间的平衡，但很快演变为一个宪法法院，行使违宪审查权，执行权利法案，审判宪法案件。

二战后第二次宪法制定浪潮发生在去殖民化运动之中。战后，随着老牌的欧洲列强元气大伤，民族解放运动和去殖民化进程如火如荼。新独立国家的首要任务之一就是制定宪法，将新的政治秩序制度化。该制宪潮流的先行者和主要代表是 1948 年的印度和巴基斯坦。两国都采用了强议会、弱总统的民主体制，并且赋予最高法院以违宪审查权。去殖民化后的制宪过程到 1960 年代走向了顶峰。很多新独立国家的宪法完全按照前宗主国的模式创建。比如，《科特迪瓦宪法》(1960)基本参照法国第五共和国宪法(1958)，加纳和尼日利亚则仿效了英国的"威斯敏斯特模式"(the Westminster Model)。虽然并非美国的殖民地，但《利比里亚宪法》基本上照抄了《美国宪法》。而且，非洲各国的新宪法基本都建立起某种形式的司法审查制度。①

第三次制宪浪潮发生在所谓"第三波民主化"之后。在欧洲，西班牙、葡萄牙和希腊于 1974 年至 1978 年之间相继推翻独裁统治，制定民主宪法，并确立了凯尔森式的宪法法院。②拉丁美洲诸国也在 1980 年代相继推翻独裁政府，开始制定民主宪法，并逐渐建立起司法审查制度。③第三波民主化之后的制宪浪潮也波及一些亚洲国家，其中比较鲜明的例子是韩国：韩国在 1979 年推翻朴正熙(Park Chung-Hee)将军的军人独裁政府之后，于 1987 年制定了新的民主宪法，限制总统权力(比如规定总统任期一届五年、限制紧急状态权力等)，并创立了一个较为有力而活跃的宪法法院。④

第四次浪潮发生在后冷战时代。这一时期的制宪主流是苏联和东欧地

---

① Ibrahim Gambri, "Constitutionalism in Africa", in Kenneth W. Thompson (ed.), *The US Constitution and Constitutionalism in Africa*, vol. 5, University Press of America, 1990, pp. 27-53.

② Andrea Bonime-Blanc, *Spain's Transition to Democracy: The Politics of Constitution-making*, Westview Press, 1987; Robert A. Goldwin & Art Kaufman, *Constitution Makers on Constitution Making: The Experience of Eight Nations*, American Enterprise Institute for Public Policy Research, 1988.

③ Samuel P. Huntington, *The Third Wave: Democratization in the Late Twentieth Century*, University of Oklahoma Press, 1991; Keith S. Rosenn, "Judicial Review in Brazil: Developments under the 1988 Constitution", 7 *Southwestern Journal of Law and Trade in the Americas* 291 (2000).

④ Gavin Healy, "Judicial Activism in the New Constitutional Court of Korea", 14 *Columbia Journal of Asian Law* 213 (2000).

区诸国,也包括蒙古。从匈牙利①到保加利亚②,从俄罗斯③到捷克斯洛伐克(1993 年分裂为捷克和斯洛伐克两国)④,从波兰⑤乃至蒙古⑥,一系列的国家在告别社会主义制度之后,开始制定新的宪法,实行西方式的政治制度,同时也建立宪法法院来从事违宪审查活动。⑦后冷战时代另外一个值得强调的制宪事件发生在南非。在结束了长期的白人专制和种族隔离之后,南非于1990 年代初期开始制定新宪法,首先在 1993 年制定了临时宪法,确立了宪法法院及其违宪审查权;随后在 1996 年最终通过了南非的现行宪法,确立了人格尊严、平等、自由、反对种族主义等原则,宪法法院则在新宪法中继续存在。⑧

第五次浪潮发生在 2010 年代左右,主要原因有:激进社会变革⑨和国家建设⑩。其代表性浪潮是"阿拉伯之春"之后中东和北非各个国家的制宪

① Andrew Arato & Zoltan Miklosi, "Constitution Making and Transitional Politics in Hungary", in Laura E. Miller & Louis Aucoin, *Framing the State in Times of Transition: Case Studies in Constitution Making*, United States Institute of Peace Press, 2010, pp. 350-390.

② Albert Melone, *Creating Plarliamentary Government: The Transition to Democracy in Bulgaria*, Ohio State University Press, 1998.

③ Gorden B. Smith & Robert Ahdieh, *Russia's Constitutional Revolution: Legal Consciousness and the Transition to Democracy, 1985-1996*, Penn State University Press, 2010; Dwight Semler, "Focus: Crisis in Russia-The End of the First Russian Republic", 2 *East European Construction Review* 107 (1993); Robert Sharlet, "Russia's Second Constitutional Court: Politics, Law and Stability", in Bonnell Victoria E. & George W. Breslauer(eds.), *Russia in the New Century: Stability or Disorder*, Westview Press, 2001, pp. 59-77.

④ Jiří Přibáň, *Dissidents of Law: On the 1989 Velvet Revolutions, Legitimations, Fictions of Legality and Contemporary Version of the Social Contract*, Aldershot, Hampshire, England & Burlington, Ashgate/Dartmouth, 2002.

⑤ Mark F. Brzezinski & Leszek Garlicki, "Judicial Review in Post-Communist Poland: The Emergence of a Rechtsstaat", 31 *Stanford Journal of International Law* 13 (1995).

⑥ Tom Ginsburg & Gombosuren Ganzorig, "When Courts and Politics Collide: Mongolia's Constitutional Crisis", 14 *Columbia Journal of Asian Law* 309 (2000).

⑦ Sólyom, László & Georg Brunner (eds.), *Constitutional Judiciary in a New Democracy: The Hungarian Constitutional Court*, University of Michigan Press, 2000; Jon Ester, *Institutional Design in Post-communist Societies*, Cambridge University Press, 1998; Jon Elster, *Roundtable Talks and the Breakdown of Communism*, University of Chicago Press, 1996; Bruce Ackerman, *The Future of Liberal Revolution*, Yale University Press, 1992; Herman Schwartz, *The Struggle for Constitutional Justice in Post-communist Europe*, The University of Chicago Press, 2000.

⑧ Hassen Ebrahim, *The Soul of a Nation: Constitution-making in South Africa*, Oxford University Press, 1998.

⑨ Rainer Grote and Tilmann J. Röder (eds.), *Constitutionalism, Human Rights, and Islam after the Arab Spring*, Oxford University Press, 2016.

⑩ Laurel E Miller and Louis Aucoin (eds.), *Framing the State in Times of Transition: Case Studies in Constitution Making*, United States Institute of Peace, 2010.

活动①，也包括撒哈拉以南的非洲②以及一些亚洲国家③。最近，泰国和尼泊尔分别在 2016 年和 2015 年通过了新宪法④，斯里兰卡和缅甸目前正处于宪法制定过程的阵痛中。⑤在太平洋区域，许多国家也开始了建立宪法的活动。⑥

值得说明的是，制宪活动之所以呈现出浪潮的态势，是因为引发制宪活动的事件具有相互影响和促发的作用。社会学家和比较宪法学家埃尔斯特将其总结为两种作用模式。一是认知模型（cognitive model）作用。一国的制宪影响和促进其他国家相应的机制。比如，1848 年法国革命激发了德国革命；再如，苏联和南斯拉夫的解体与制宪构成了捷克斯洛伐克分裂并各自制宪的样板。二是信仰提升（upgrading of beliefs）作用。比如 1989 年东欧剧变之后，苏联不干涉波兰新政权，其他国家也就增强了对新体制的信心，加快了自己转向西式体制迈进的步伐。⑦

（二）世纪末的特殊支流

在以上概述的五次制宪浪潮之外，还有一些值得注意的现象。首先是超越民族国家的跨国制宪活动。欧盟一体化进程的宪法化是典型的例子。⑧统一欧洲的想法早在 1946 年就由丘吉尔在瑞士苏黎世的演讲中提出："我们必

---

① 例如，埃及 2011 年通过了过渡宪法，2012 年则通过正式宪法，2013 年随即被废止，而 2014 年又通过了新宪法。利比亚 2011 年通过了过渡宪法，沿用至今。摩洛哥 2011 年通过新宪法（以下简用"国家+年"的形式表述）；叙利亚 2012；突尼斯 2014；也门 2015。

② 几内亚 2020；苏丹 2019 过渡宪法；乍得 2018；科摩罗 2018；科特迪瓦 2016；中非共和国 2015；刚果 2015；津巴布韦 2013；索马里 2012；安哥拉、肯尼亚、马达加斯加、尼日尔 2010。

③ 尼泊尔 2016（2006 过渡宪法，2016 正式宪法）；泰国 2007，2014 过渡，2017 正式宪法；缅甸 2008；不丹 2008。

④ Khemthong Tonsakulrungruang, "Thailand: The State of Liberal Democracy", 16 *International Journal of Constitutional Law* 643 (2018); Abrak Saati, "Participatory Constitution-building in Nepal: A Comparison of the 2008-2012 and the 2013-2015 Process", 10 *Journal of Politics & Law* 29 (2017).

⑤ Dinesha Samararatne, "Public Consultation in Constitution Making——The Sri Lankan Experiment", *IACL-IADC Blog* (6 June 2018), https://blog-iacl-aidc. org/blog/2018/6/5/public- consultation-in-constitution-making-the-sri-lankan-experiment, last visited Feb. 22, 2023; Nyi Nyi Kyaw, "Myanmar's Constitutional Reform Process: A Pragmatic Prioritization of Process over Substantive Reform?", *Constitutionnet* (15 June 2018) http://constitutionnet. org/news/myanmars-constitutional-reform-process-pragmatic-prioritization-process-over-substantive, last visited Feb. 22, 2023.

⑥ 包括斐济、马绍尔群岛、新喀里多尼亚、所罗门群岛、汤加和图瓦卢。See Anna Dziedzic and Cheryl Saunders, "Constitution-Building in the Pacific in 2015", in Sumit Bisarya (ed.), *Annual Review of Constitution-Building Processes*, 2015 (International IDEA 2016), p. 31.

⑦ Jon Elster, "Forces and Mechanisms in the Constitution-Making Process", 45 *Duke Law Journal* 364, p. 372 (1995).

⑧ J. H. H. Weiler, "The Transformation of Europe", 100 *Yale Law Journal* 2403 (1991).

须建立一个欧罗巴合众国(United States of Europe)。"①随后经历了几次融合过程②,最终欧盟开始试图制定一部宪法性文件以进一步统一欧洲。2009年12月,《里斯本条约》生效。该条约的一大特色是将一些政策领域的欧盟决策机制由全体统一改成了有限制的多数决。该条约同时承认了包括部长会议(Council of Ministers)和欧洲议会的两院制的欧盟立法机关。此外,更为重要的是,该条约创建了具有法律约束力的欧盟人权法案——《欧盟基本权利宪章》(The Charter of Fundamental Rights of the European Union)。《里斯本条约》亦创设了永久的欧盟理事会主席。基本上看,欧盟已经越来越像一个国家了。虽然欧盟宪法化进程和《里斯本条约》本身受到了一些成员国的保留甚至抵制③,但是欧盟通过法律方式完成区域整合,并最终走向宪法融合的趋势,仍然是成文宪法全球化极为重要的一个例证。

其次是传统的不成文宪法国家开始制定成文的权利法案或宪法性文件。原先继承英国传统、没有成文宪法和违宪审查制度的国家和地区也开始顺流而动。传统的英国模式奉行议会主权原则,因而并不在宪法性法律和普通法律之间作出明确区分。但是,20世纪末期,在大英帝国的一些前殖民地国家和地区,包括加拿大、澳大利亚、新西兰和以色列,明确区分宪法性法律和普通法律的做法已经开始普遍推行,宪法成文化(尤其是权利法案)及高等法院对于基本权利保护的日益关注,造就了这些国家宪法体制和具体运作的新局面。1982年,加拿大通过了《权利和自由宪章》(Charter of Rights and Freedoms),首次将宪法权利成文化,推动了一场宪法革命,改变了整个政治局势。④最终,加拿大形成了《加拿大宪法法案》(Constitutional Act of 1982)。加拿大最高法院随即开始依据《权利和自由宪章》发展出一种"弱司法审查"

①　Quoted in Ian Ward, *A Critical Introduction to European Law*, Cambridge University Press, 2009, p. 7.

②　1950年,欧洲六国(法国、联邦德国、意大利、比利时、卢森堡与荷兰)建立了"欧洲煤钢共同体"(European Coal and Steel Community)。七年后,"欧洲煤钢共同体"通过《罗马公约》,建立了六国间的统一市场,并更名为"欧洲经济共同体"(European Economic Community,简称欧共体)。1973年,英国、爱尔兰、丹麦加入欧共体;1981年,希腊加入;1986年,西班牙和葡萄牙加入。1985年,大多数成员国以及一些非成员国缔结《申根协议》(Schengen Agreement),互相开放边界。1993年,《马斯特里赫特条约》(Maastricht Treaty)将"欧洲经济共同体"重新命名为"欧盟"(European Union),并最终在2002年让绝大部分成员国采纳欧元为统一货币。1995年,奥地利、芬兰和瑞典加入欧盟。之后,东欧国家波兰、匈牙利、捷克、斯洛伐克、爱沙尼亚、拉脱维亚、立陶宛、斯洛文尼亚、罗马尼亚、保加利亚、克罗地亚十一国以及地中海的塞浦路斯和马耳他,均加入欧盟。

③　比如德国、法国和捷克。

④　Reiner Knopff & F. L. Morton, *Charter Politics*, Nelson, 1992.

（weak-from judicial review）模式。①

　　加拿大的《权利和自由宪章》深深地影响了新西兰和以色列等受到英国影响的国家随后权利法案的制定。②新西兰 1990 年制定了《权利法案》赋予法院有限的司法审查权。③ 以色列曾是英国的托管地，长期受到英国的影响，没有成文宪法。虽然没有一部权利法案，但以色列自建国以来，连续通过了一系列以议会立法形式出现的"基本法"（Basic Laws）。④ 1992 年，以色列经历了一次不大不小的宪法革命：1992 年 3 月，以色列议会（Knesset）通过两部基本法：《人的尊严与自由基本法》（Basic Law：Human Dignity and Liberty）和《职业自由基本法》（Basic Law：Freedom of Occupation），而在此之前，以色列一直都没有正式的权利法案。⑤ 随后，以色列最高法院在一系列判例里非常积极能动地确立了其基于基本人权审查议会立法的权力。⑥之后，在著名的巴拉克（Aharon Barak）大法官领导下，以色列最高法院成为世界上最为能动的司法审查机构之一。⑦

四、宪法制定的程序问题

（一）制宪启动环境

　　虽然看似在进行理性设计，制宪活动却总是发生在紧迫时刻。根据以上对于世界制宪历史的爬梳，我们可以发现一个基本现象：制宪活动总是与国家重大危机相伴随。制宪因此也存在悖论。制宪本应深思熟虑，但所处环境

① Stephen Gardbaum, *The New Commonwealth Constitutionalism: Theory and Practice*, Cambridge University Press, 2013, pp. 97-128; Mark Tushnet, "Weak Form Judicial Review and 'Core' Civil Liberties", 41 *Harvard Civil Right-Civil Liberties Law Review* 1 (2006).

② Sujit Choudhry, "Globalization in Search of Justification: Toward a Theory of Comparative Constitutional Interpretation", 74 *Indiana Law Journal* 819, pp. 821-822 (1999).

③ New Zealand Bill of Rights Act; Janet L. Hiebert, "Parliamentary Bills of Rights: An Alternative Model?", 69 *The Modern Law Review* 28 (2006).

④ 九部基本法分别是：议会（1958）、以色列国土（1960）、总统（1964）、政府（1968）、经济制度（1975）、军队（1976）、首都耶路撒冷（1980）、司法机关（1984）、审计总长（1988）。See David Kretzmer, "The New Basic Laws on Human Rights: A Mini-Revolution in Israeli Constitutional Law", 26 *Israel Law Review* 238 (1992).

⑤ Ran Hirschl, "Israel's Constitutional Revolution: The Legal Interpretation of Entrenched Civil Liberties in an Emerging Neo-Liberal Economic Order", 46 *American Journal of Comparative Law* 427 (1998).

⑥ HCJ 98/69, *A. Bergman v. Minister of Finance and State Comptroller* (1969) (I) 23 P. D. 693.

⑦ Eli M Salzberger, "Judicial Activism in Israel", *Judicial Activism in Common Law Supreme Courts*, Brice Dickson(ed.), Oxford University Press, 2007.

总是惊心动魄;本应深谋远虑,但却必须只争朝夕;本应遵循规律,但却总是伴随偶然。制宪活动总是发生在对于理性商讨极为不利的背景下,很少能真正从理性出发、在充裕的时间中进行思考和设计。

民国时期著名法学家王宠惠先生曾说:"宪法者,不祥之物也。牺牲无数之生命,抛弃无量之财产,有鏖战数载而仅乃得之者,有屡战屡得而复失之者,有屡争屡败迄今仍未得之者。史乘所载,不罕其事。然则此寥寥数十条之宪法,其得之也,必先以杀人流血于前;其失之也,亦必继以杀人流血于后。谓之不祥,谁曰不宜。"①当代政治学家埃尔斯特也作出了类似的观察,即宪法制定总是伴随着动荡、危机、革命或者战争:(1)经济危机。美国1787年之所以要制定宪法,很大程度上是因为美国政府的债务危机。(2)政治革命。比如德国1848年宪法。(3)政体崩溃。比如1970年代的南欧和1989年之后的东欧。(4)军事失败。比如一战之后的德国,二战之后的德国、意大利和日本。(5)建立新国家。如冷战之后捷克斯洛伐克解体为两个国家,以及很多1945年之后新成立的亚非拉国家。②

由此可见,制定新宪法基本发生在政治危机期间或之后,伴随着建立共和国、建立新的国家、建立民主政权和重新整合国家等重大转变,而且构成了其中的重要组成部分;人们也期待能够通过新宪法消解危机和化解冲突。③制宪之所以预设了危机,是因为制定新宪法的前提是废除旧宪法。一部宪法不会自行解体,除非内部或者外部危机逼近,否则作出重大宪法改变的公共意志不大可能出现。④因此,构建新宪法(re-constituting)必先要否定旧宪法(de-constituting)。无论如何无效或者已被破坏,旧宪法本身代表和体现了一种政治秩序。如果未有战争、革命、动荡等事件的发生,旧有政治秩序很难被撼动,不会自行解体,新的制宪活动也就无从谈起。

正是因为制宪往往发生在较为紧迫和动荡的时期,制宪常常无法完成一蹴而就的效果,造成了延迟决断的问题。这就特别像计算机程序开发的过程中,程序员写作的临时版本,很多时候最终成为正式版本。美国制定1787年宪法时,对于奴隶制的规定即是典型的例子。东欧制宪和南非制宪都容纳了

---

① 王宠惠:《宪法平议》,载《王宠惠法学文集》,法律出版社2008年版,第53—60页。

② Jon Elster, "Forces and Mechanisms in the Constitution-Making Process", 45 *Duke Law Journal* 364(1995). 埃尔斯特是挪威著名社会政治理论家,在社会科学哲学和理性选择理论领域作出过重要的贡献。他同时还是分析马克思主义(analytical Marxism)的重要人物,以及新古典主义经济学和公共选择理论的批判者。

③ Gabriel L. Negretto, "Constitution-Making in Comparative Perspective", 16 *International Journal of Constitutional Law* 254 (2018).

④ Jon Elster, "Forces and Mechanisms in the Constitution-Making Process", 45 *Duke Law Journal* 364, p. 394 (1995).

制宪时期当权者的反对派。这在增强了制宪主体包容性的同时，也带来了一个副作用：一些重大问题无法达成共识，因而只能延迟决断。宪法法院的重要性应运而生——例如南非制宪之时即想规定死刑，但无法通过，只好创设宪法法院，而且相信宪法法院肯定会废除死刑，后来果不其然。①

（二）制宪机构：制宪会议还是立法机关

对于一个国家而言，负责宪法制定的具体机构可以有两种选择：专门的制宪会议或普通的立法机构。美国 1787 年费城制宪会议构成了前者的经典样板，因而受到了传统制宪理论的支持。在传统理论看来，之所以设立特别的机构制定宪法，理由在于特殊机构可以超越政治利益和政治派别，更适合对国家根本法和根本利益进行超然和长远视野的审议，也容易集中注意力，不被其他任务分心。②但是，近来的实践则显示，在一些国家（特别是在拉丁美洲国家），专门的制宪会议更有可能被利益集团挟持，反倒失去了其本应有的公共性，甚至成为政治力量滥用权力的工具。

一个更为棘手的问题是制宪会议的附带权力问题。遵循权力分立的原则，一般来说普通的立法机关只负责立法，具体执行和适用则要靠行政机关和司法机关。然而，权力分立和职能分工在制宪会议的实践当中可能会被抹消掉。例如，在一些拉丁美洲国家，制宪会议除了起草宪法外，还执行其他附属性的任务，包括但不限于部分或全部立法权，甚至暂停法院的司法审查权乃至于暂停国会运作③，背后的理由仍然是现代制宪权理论：制宪机构的权威高于普通政治机构的权威。如果制宪机构的附属性权力不受限制，结果有些时候会不那么美妙。例如，2017 年以来，委内瑞拉制宪会议大部分时间不是集中在宪法起草，而是进行立法和政府重组，目的是巩固马杜罗（Maduro）政权的力量，压制其政治对手。④

---

① Mark Tushnet, *Advanced Introduction to Comparative Constitutional Law*, Edward Elgar Publishing, 2014, pp. 17-19.

② Jon Elster, "Forces and Mechanisms"; Jon Elster, "Legislatures as Constituent Assemblies", in Richard W. Bauman and Tsvi Kahana (eds.), *The Least Examined Branch: The Role of Legislatures in the Constitutional State*, Cambridge University Press, 2006, p. 181.

③ Joel Colon Rios, "Constitution-Making and Constituent Power", in Rosalind Dixon and Tom Ginsburg(eds.), *Comparative Constitutional Law in Latin America*, Edward Elgar, 2017, p. 57.

④ José Ignacio Hernández G., "Symposium on 'Venezuela's 2017 (Authoritarian) National Constituent Assembly'—Pursuing Constitutional Authoritarianism", *International Journal of Constitutional Law Blog* (1 September 2017), http://www. iconnectblog. com/2017/09/ symposium-on-venezuelas-2017-authoritarian-national-constituent-assemblyjose-ignacio-hernandez-g/, last visited Feb. 22, 2023.

制宪会议的决策机制同样有时候会与通常观念相反。最终决策的形成不是简单汇总,而是受到政治因素的影响。投票规则、讨论公开与否等程序设计都会对最后的结果产生影响。如通过投票进行决策容易陷入循环;"封闭讨论"虽可使人们理性地决策,不受自身代表立场的影响,但难免会有贿选、利益交换和威胁。政策偏好的改变有可能是讨论的结果,也有可能是误传的结果。由于宪法总是在"非常"时期制定,一些政治外的因素——外国势力、军事力量、恐怖主义等也会影响最后决策的形成。

(三) 公众参与程度

长久以来,制宪活动大都是精英主导的。现代宪法虽然是为人民制定的,但制宪活动中人民的参与一般来说却非常有限。毋宁说,宪法制定常常是一种少数人从事的政治活动。美国的立宪者曾经到古代历史当中为自己的制宪行为寻找先例:"古代史记载的凡是政府是经过商讨统一而建立的每件事例中,组织政府的任务并不是托付给一大批人,而是由智慧突出的、公认正直的某些公民完成的。"①卢梭则不无感慨地说道:"为了发现能适合于各个民族的最好的社会规则,就需要一种能够洞察人类的全部感情而又不受任何感情所支配的最高的智慧;它与我们人性没有任何关系,但又能认识人性的深处;它自身的幸福虽与我们无关,然而它又很愿意关怀我们的幸福;最后,在时世的推移里,它照顾到长远的光荣,能在这个世纪里工作,而在下个世纪里享受。要为人类制定法律,简直是需要神明。……立法者在一切方面都是国家中的一个非凡人物。"②而卢梭本人似乎就自认是这样的立法者:他亲自为波兰和科西嘉制定了宪法。③

制宪活动的精英化也使得制宪者的偏见、利益和激情会影响到宪法制定的过程和最终的结果。④正如孟德斯鸠所言,立宪者很难不受到自身偏见的

---

① 〔美〕汉密尔顿、杰伊、麦迪逊:《联邦党人文集》,程逢如、在汉、舒逊译,商务印书馆1995年版,第三十八篇,第212页。

② 参见〔法〕卢梭:《社会契约论》,何兆武译,商务印书馆2003年版,第49—51页。

③ See Jean-Jacques Rousseau, *Constitutional Project for Corsica*, Kessinger Publishing, 2004.

④ 制宪者具有自身的动机,但同时也要对一般人进行动机上的假定。一方面,制宪者本人具有或多或少可敬的动机;另一方面,制宪者对于人性的假定又很低劣,对宪法所要约束的人的假设,用英国哲学家休谟的话来说,"每个人都被假定为混蛋"(every man must be supposed a knave)。Jon Elster, "Forces and Mechanisms in the Constitution-Making Process", 45 *Duke Law Journal* 364, p. 376 (1995).

影响。①而且，在很多时候，立宪精英也会进行种种利益考量。

首先是个人利益。比如查尔斯·比尔德（Charles Beard）著名的研究发现，1787年美国制宪者之所以要制定新的宪法，乃是因为他们自己的经济利益，因为这些人都在独立战争中向当时的美国联邦政府提供过贷款，为了防止联邦政府分崩离析，无法征税来还债，他们于是通过制定宪法增强联邦政府的权力。②东欧制宪过程中，罗马尼亚和保加利亚的新宪法的有些条款，乃是出于某些前政府官员试图逃脱刑事审判的动机。③

其次是群体利益。比如，在美国制宪会议当中，在奴隶制问题上所达成的妥协（比如著名的"五分之三条款"④）就是南北各州利益的平衡。1978年西班牙制宪过程中，具有强势总统候选人的政党希望新宪法内总统权力相对较大，而其他政党则希望缩小总统权力。

最后是机构利益。有些国家承担制宪功能的政府机构，会在新宪法内加强自己的角色。比如，在1921年波兰制宪和1946年法国制宪过程中，承担制宪功能的议会，试图扩大议会权力而缩小行政权力。很多东欧国家在1989年之后的制宪也是如此：议会制宪的时候会扩大议会的权力；一院制的议会会在宪法里写一院制，两院制的议会会写两院制；总统主导的宪法制定会加强总统的权力；承担制宪功能的议会试图加强其修改宪法的权力，等等。⑤

以上种种偏见和利益考量，会使得制宪活动违背其本来应该承担的使命。制宪者必须在清醒的情况下为日后可能不清醒的人们订立根本规则⑥，

---

① 在《论法的精神》第六卷第二十九章中，孟德斯鸠专辟题为"立法者"（现代意义上的立宪者）的一节，其中写道："亚里士多德有时企图满足他对柏拉图的嫉妒，有时企图满足他对亚历山大的情感。柏拉图对雅典人民的暴虐感到愤慨。马基雅弗里的脑子里充满了他的偶像瓦连提尼诺斯公爵。托马斯·莫尔谈论他所阅读的东西，多于他所思索的东西；他要各国都按希腊城市那种简单的形式治理。哈林顿只看见他的'英格兰共和国'；同时，有一大群著作家，只要看不见王冠，就认为到处都是纷乱。法律总是要遇到立法者的感情和成见的。有时候法律走过了关，而只染上了感情和成见的色彩；有时候就停留下来，和感情、成见混合在一起。"〔法〕孟德斯鸠：《论法的精神》（下册），张雁深译，商务印书馆1995年版，第302—303页。

② Charles A. Beard, *An Economic Interpretation of the Constitution of the United States*, Macmillan Company, 1941.

③ Jon Elster, "Forces and Mechanisms in the Constitution-Making Process", 45 *Duke Law Journal* 364, p. 377 (1995).

④ Constitution of the United States, Article 1.

⑤ Jon Elster, "Forces and Mechanisms in the Constitution-Making Process", 45 *Duke Law Journal* 364, pp. 380-381 (1995).

⑥ 先定约束的问题，See Jon Elster, *Ulysses and the Sirens*, Ch. II, Cambridge University Press, 1979; Stephen Holmes, "Precommitment and the Paradox of Democracy", in *Constitutionalism and Democracy*, Jon Elster & Rune Slagstad(eds.), Cambridge University Press, 1988.

"宪法是彼得清醒的时候加之于喝醉的彼得的锁链"。[1] 但制宪活动多是在危急情况下开展,制宪者本身是否清醒成为一个问题。比如,保加利亚新宪法本应规定保护少数穆斯林的权利条款,但结果却是制宪会议利用自身的权利规定了很多违反基本人权的条款。美国的制宪会议的保密性恰恰使得制宪者不受其所代表的各州民众的影响和威胁,从而能够较为清醒、冷静和理性地设计宪法。

在当代的制宪理论和实践中,一种最强烈的呼声就是改变传统的精英主导模式,增强广泛的公众参与度。最为典型的例子就是冰岛 2012 年的制宪活动,采取了"众包"(crowdsourcing)模式,几乎是全民参与制宪。当代宪法制定研究与实践当中,已经形成一种大致的全球共识,即增强宪法制定过程的公众参与。[2] (人民)制宪权的概念再度复兴,也具有此种意涵。[3]

直觉或许会让人认为,宪法制定过程民主参与程度越高,制定出来的宪法的认受性就越强。参与可以表现为给宪法草案提出意见建议,也可以表现为参与最终的投票通过,甚至全民公投。[4]

然而,事实往往是反直觉的。首先,民众参与往往缺席,或者仅仅具有形式意义。征求意见环节可能演变为一种形式,甚至制宪机构可以筛选各类意见建议,只保留支持宪法草案的意见。全民公投也可以在投票规则上进行操作,使其结果偏向制宪者的立场。

其次,民众参与程度高,表明民众对于宪法的热情较高,而且会产生较高的期待,因此恰恰会导致人们对于制定出来的宪法不满意。反过来,一些民众参与度比较低,甚至是被强迫制定的宪法,反倒认同感比较高,或是因为其

---

[1] Jon Elster, "Forces and Mechanisms in the Constitution-Making Process", 45 *Duke Law Journal* 364, p. 383 (1995).

[2] Vivien Hart, *Democratic Constitution-Making*, United States Institute of Peace, 2003, p. 31; Thomas M Frank and Arun K Thiruvengadam, "Norms of International Law Relating to the Constitution-Making Process" in Miller, Laurel E. (ed.), *Framing the State in Times of Transition: Case Studies in Constitution-Making*, US Institute of Peace Press, 2010; John Morison, "Citizen Participation: A Critical Look at the Democratic Adequacy of Government Consultations", 37 *Oxford Journal of Legal Studies* 636, p. 637 (2017); Arak Saati, "Participatory Constitution-Making as a Transnational Legal Norm: Why Does It 'Stick' in Some Contexts and Not in Others?", 2 U. C. *Irvine Journal of International, Transnational & Comparative Law* 113 (2017).

[3] See e. g., Martin Loughlin and Neil Walker (eds.), *The Paradox of Constitutionalism: Constituent Power and Constitutional Form*, OUP, 2008; Martin Loughlin, "The Concept of Constituent Power", 13 *European Journal of Political Theory* 218 (2014).

[4] Abrak Saati, *The Participation Myth: Outcomes of Participatory Constitution Building Processes on Democracy*, Umea, 2015.

可以减少冲突,或是因为其可以促进社会富足。①

最后,如果有民众广泛的参与,特别是之前政权的成员、党派和旧秩序的支持者,恰恰容易导致制宪并不具有创制意义。过度的妥协会导致制宪过程只是改换了宪法形式,内容大体一如既往、萧规曹随。究其原因,就在于新宪法的通过必须获得这些组织和个人的同意。在某些经历过严重暴力冲突的国家,宪法制定过程中公众参与程度越深,反倒会导致更大的分裂和斗争,特别是在一些伊斯兰国家如印度尼西亚和阿拉伯世界。② 相较而言,在现代经典的制宪模式中,排除反对派是必要条件之一。1787 年制宪会议排除了北美殖民地在独立革命之中仍然忠于英王的反独立者(loyalists);美国内战之后制定重建修正案(事实上是重新制定了一部宪法),是在排除南方叛乱各州代表的基础上进行的;二战之后制定德国基本法,也没有前纳粹政府的人员参与。

(四) 司法介入问题

在传统的制宪理论与实践之中,宪法制定通常发生在旧宪法和新宪法的交替之际,处于宪法规范的"真空状态"。而司法机关则是依据既有规范裁决纠纷的裁判者,在规范并不存在的情况下,没有参与的角色和权力,因为司法审查存在无法可依的状态。然而,晚近的宪法理论和宪法实践却显示,在转型性的制宪过程中,法院已经开始介入,甚至人们也期待整个制宪过程能够受到法治原则的规制,从而保证基本的公平竞争,甚至发挥保护反对派参与权的作用。例如,在南非废除种族隔离体制、制定新宪法的过程中,过渡宪法中设置的宪法法院,负责检查正式宪法的最后文本是否符合临时宪法规定的原则,帮助各方达成的协议的可信度,增加了最终宪法的正当性。在这种情况下,法院通过司法审查来限制制宪权的行使。

必须注意的是,司法机关的介入带来的效果,也不是只有光明的一面。某些情况下,法院的介入反而让政治斗争更加激化、甚至极化,反过来破坏司法机关本身的中立性和正当性。在某些特定情况下,司法机关也可能会为某

① Klein & Sajo, "Constitution-Making: Process and Substance", in Michel Rosenfeld & András Sajó(eds.), *The Oxford Handbook of Comparative Constitutional Law*, Oxford University Press, 2012, p. 424.

② Donald L. Horowitz, *Constitutional Change and Democracy in Indonesia*, Cambridge University Press, 2013; Nathan J. Brown, "Islam and Constitutionalism in the Arab World: The Puzzling Course of Islamic Inflation" in Aslı Ü. Bâli and Hanna Lerner(eds.), *Constitution Writing, Religion and Democracy*, Cambridge University Press, 2017, pp. 289-316.

个制宪主导力量背书,从而助力其在政治斗争当中争取更多筹码。① 例如,2012 年,埃及在政治变革之后的宪法制定过程中,宪法法院几次干预,试图压制占主导地位的政治力量,但结果却是让人们清晰地认识到,宪法法院无非是军方和旧政权的支持者。最终,代表新势力的穆尔西总统发布总统令,要求司法机关不得通过司法审查干预宪法制定,从而将法院逐出制宪过程。②

结　语

全球化时代的制宪理论和实践已经开始试图规制原本超越法律的制宪行为,试图将其纳入法治的轨道之中,无论是否成功,此种趋势都值得注意。以特朗普为代表的民粹主义也在世界范围内重新兴起,这对于宪法制定的影响效果如何,我们也需拭目以待。制宪发生在主权破碎之时,处于忙乱之中。正常的法律程序因此变得较为紧张。宪法的制定者本应是"我们人民"。然而现实当中,冷战以来的实践往往不是"我们"制定宪法,也不是"人民"制定宪法。制宪主体或是"他们"——外部力量强加一部宪法;或是"精英"——无论是选举出来的制宪会议代表,还是间或介入进来的司法机关。

---

① 这一点,在很多拉丁美洲国家非常明显。
② David E. Landau and Hanna Lerner, *Comparative Constitution Making*, Edward Elgar Publishing, 2019, p. 13.

第三章 宪法修正与宪法变迁

> 一切都必须改变，才能保持一切不变。
>
> ——朱塞佩·迪·兰佩杜萨①

1895 年，英国宪法学家戴雪（Albert V. Dicey）曾说："显而易见的事实是，解释宪法如何修改的思想家必然会触及宪法的一个核心问题。"②一百多年后，戴雪的论断依然有效。虽然绝大多数国家的成文宪法都规定了修宪的基本程序，但这并未能解决有关宪法修正的重大理论和实践争议。一系列问题随着成文宪法的实践铺展开来：为什么成文宪法要规定宪法修改制度？宪法修正是仅仅按照宪法原始精神和基本结构进行修补，还是对宪法进行部分或整体的改变？宪法修正案是否有可能违反宪法？谁有权判断一个宪法修正案是否违反宪法？宪法修正问题是否应该进入司法审查程序？人民可否突破宪法中对于修宪程序的规定来修改宪法？政治实践和历史发展会不会使得一国宪法溢出其《宪法》？等等。此组问题构成了当代修宪理论的基本探索范围。③

本章首先从比较的角度④，研究当代宪法中的修宪程序规则及其作用，继而研究晚近以来较为热门的"违宪的宪法修正案"及与之密切相关的司法审查问题，展现司法机关如何介入传统被认为是政治问题的宪法修改问题。继而，本章考察宪法变迁的理论与实践。本章试图展示两方面的趋势：一方面，晚近以来，宪法修正权逐渐受到宪法本身的实体限制，而且司法审查开始

---

① "Everything must change so that everything can remain the same." Giuseppe di Lampedusa, The Leopard, (1958). https://www.theguardian.com/commentisfree/2020/nov/30/biden-america-is-back-team-insiders-repeat-mistakes-us-trump, last visited Feb. 22, 2023.

② A. V. Dicey, "Constitutional Revision", 11 *Law Quarterly Review* 387, p. 388 (1895), "the plain truth is that a thinker who explains how constitutions are amended inevitably touches upon one of the central points of constitutional law".

③ 这也是修宪问题吸引了宪法理论乃至于宪政经济学和公共选择研究的兴趣所在。See Donald J. Boudreaux and A. C. Pritchard, "Rewriting the Constitution: An Economic Analysis of the Constitutional Amendment Process", 62 *Fordham Law Review* 111 (1993); Francesco Giovannoni, "Amendment Rules in Constitutions", 115 *Public Choice* 37, p. 37 (2003).

④ 本章所研究的范围，仅限各国宪法，而不包括联邦制国家中的州或者邦的宪法。

大规模介入;另一方面,宪法的变迁却不断突破法律和司法的限制,从而在社会层面实现了宪法意义的改变。在法律不断限制修宪过程的同时,修宪也在绕开法律体系而发生。

一、修宪制度的意义与作用

一部成文宪法为何要规定修宪制度? 正如埃德蒙·伯克(Edmund Burke)所言:"一个没有某种变革手段的国家,也就没有保持它的手段。"①对于宪法来说也是如此。任何正式的成文宪法,至少在制定出来的时候,都希望自己能够天长地久。在当代比较宪法学语汇中,相对于临时宪法或者过渡宪法(interim constitution),正式宪法也被称为"永久宪法"(permanent constitution)。当然,此处的"永久"并非在表达一种事实描述,而是表达一种规范预期:这部宪法会沿用很长时间,直到下一部宪法取而代之(但最好不要这样);而在预期之中,下一部宪法的出现,也不是在明天或明年,而是在很久以后。宪法因而是一种时间性的事物:制定于过去,适用于现在,控制着未来。②宪法的修改和变化是宪法作为时间性的事物所带来的必然现象;修宪的制度也是宪法在过去和未来之间寻求平衡的必要制度。

为了维护成文宪法的长久适用,现代宪法理念对一部成文宪法提出了稳定性和灵活性的双重要求:既要防止随意变动,又要主动适应变动。③ 一方面,宪法需要向后看,不能太过容易修改。宪法需要在某个时刻将一国的基本制度确定下来,防止后来政府部门背离或随意改动,才能够限制权力、保护权利。埃尔斯特(Jon Elster)将此称为"对未来选择作出先定约束",并用神话中尤利西斯的故事加以阐释。④ 英雄尤利西斯自知意志薄弱,在驾船接近塞壬女妖栖居的海岸时,知道自己可能经不住她们迷人歌喉的诱惑,便要求同伴将他绑在桅杆上,并蜡封其耳朵。尤利西斯的举动淋漓尽致地表达了宪法的要义:后代要受到前代的约束。⑤从最为理想的角度讲,一部不可更改的宪法,能够最大程度达到先定约束的要求。比如,洛克(John Locke)在为美洲卡罗来纳殖民地制定的《基本宪法》(Fundamental Constitution)中,就规定

①　Edmund Burke, *Reflections on the Revolution in France*, Kessinger Publishing, 2004, 16.

②　本章所谓的"宪法",如无特别说明,指的是成文宪法。

③　Robert B. McKay, "Stability and Change in Constitutional Law", 17 *Vand. Law Review* 203, pp. 1963-1964 (1963).

④　Jon Elster, *Ulysses and the Sirens*, Cambridge University Press, 1979.

⑤　〔古希腊〕荷马:《奥德赛》,陈中梅译,北京燕山出版社1999年版,第198页。

该宪法"将永远是卡罗来纳政府的神圣和不可改变的形式和规则"（"shall be and remain the sacred and unalterable form and rule of government of Carolina forever"）。①

现代社会显然很难接受完全不可更改的宪法，但也无法接受可以随意修改的宪法。因此，修宪规则必须限制修宪的频率，保证宪法足够稳定，维持整个社会的稳定预期。如果一部宪法允许频繁改变，即会破坏宪法秩序的稳定性，使得人民因为短期的心血来潮和利益冲动而背弃原初的基本价值和基本制度。正因为如此，绝大多数成文宪法的修宪程序都与普通立法程序有所区分：修宪程序一般采取绝对多数通过的方式，后者则只需要简单多数。

另一方面，宪法也需要活在当下，并面向未来。这一点又可以分述为以下两点。

首先，作为人造之物，宪法不可能毫无缺陷，必须给后代留足查缺补漏的空间和渠道。而且，宪法制定时刻的某些规定即便无缺无漏，也可能随着时间推移而变得百孔千疮。宪法需要不断适应政治社会经济的发展，为应对未来变化留出空间。如果一部宪法不能如此，就会成为历史陈迹，无法在当代和未来具有实际效力；如果一部宪法太难修改，就可能在实际生活中被遗弃不用，成为一纸具文，反倒无法贯彻实施。不留出应变之道的宪法会因为无法适应变化而被革命或者政变等暴力方式所推翻。事实上，灵活的宪法很可能会持续一段时间。修宪制度因而可以提供一种和平的、法律化的社会变革方式，成为"民族的安全阀"（the safety-valve to a nation）。②

其次，修正程序也可以增强宪法的民主正当性，使得后代能够参与到宪法制度的建构当中，而不必只受到历史上的"死亡之手"（dead hands）的统治。美国宪法学家沃尔特·德林杰（Walter Dellinger）也曾说过："一部被早已作古的人们所采纳的、不可修改的宪法，很难被视作反映了被统治者的同意。"③修宪制度则可使在世之人及其后人的意见与诉求通过合法的渠道纳

---

① David Armitage, "John Locke, Carolina, and the Two Treatises of Government", 32 *Political Theory* 602（2004）.

② George Washington Williams, "What, If Any, Limitations Are There upon the Power to Amend the Constitution of the United States?", 62 *American Law Review* 529, pp. 530-536（1928）.

③ Walter Dellinger, "The Legitimacy of Constitutional Change: Rethinking the Amendment Process", 97 *Harvard Law Review* 386, p. 387（1983）.（An unamendable constitution, adopted by a generation long since dead, could hardly be viewed as a manifestation of the consent of the governed.）

入宪法之中,使得宪法在代际传承的同时,得以更新迭代。①

正因为要同时实现稳定性和灵活性的双重目标,在宪法文本中规定修宪程序也成为一种通行做法。②当代世界绝大多数国家的成文宪法都规定了正式的修宪程序,但对于稳定性和灵活性的侧重有所不同,具体的效果也因为国情有所差异。

一些国家的宪法呈现出了极强的刚性特征。《美国宪法》是典型的例子。作为世界立宪史上第一部明确规定修宪程序的宪法,美国为世界宪法的发展乃至于政治理论作出了原创性贡献③,也为后续绝大部分成文宪法所仿效。《美国宪法》第 5 条规定:

> 举凡两院议员各以三分之二的多数认为必要时,国会应提出对本宪法的修正案;或者,当现有诸州三分之二的州议会提出请求时,国会应

---

① 当然,只有成文宪法存在上述稳定性和灵活性的矛盾。经典宪法学常将各国宪法按照修改的难易程度,区分为刚性宪法(成文宪法)和柔性宪法(不成文宪法)。按照这种区分,围绕修宪的种种制度和理论难题并不存在柔性宪法之中。不成文宪法国家不存在宪法修改的问题。英国宪法并不特别区分宪法性法律和普通立法。英国宪法是以议会立法的形式进行的,因而宪法修改可以通过新的议会立法的方式实现。正如宪法理论家施米特在《宪法学说》中所言:"英国被看成是无'形式意义上的宪法'的国家的主要实例,因为在那里,重要的组织章程(例如涉及上议院与下议院的关系的有关规定)与相比之下无足轻重的其他法律(例如涉及牙医执业的有关法律)之间不存在任何区分。一切法律都毫无分别地经由议会决议通过,结果宪法与这类牙医条例在形式上没有什么区别。"〔德〕卡尔·施密特:《宪法学说》,刘锋译,上海人民出版社 2005 年版,第 21 页。赫尔穆特·韦伯认为:"由于议会至上的基本原则,在英国,宪法性法律和普通法律(不属于宪法的法律)之间不存在有意义的区分。如果前者在任何时间并且不受实质限制或形式阻碍就可以被修改或废除,那么,议会就不会被宪法约束,宪法却要服从于议会的各项决定。'宪法'一词在英国所指的意思与其他国家大不相同。或者换句话说:从欧洲大陆或北美的视角看来,英国宪法只包含一项规则;该规则就是议会至上。"Helmut Weber, "Who Guards the Constitution", *Centre for British Studies*, Humboldt University, *Working Paper Series*, 1999. 在英国,议会什么都可以做,什么都可以改。从宪法角度来讲,一届议会唯一不能做的事情就是约束下一届议会(这类似于基督教神学里著名的"全能悖论"(omnipotence paradox),"如果上帝是全能的,为何他不能创造一个自己搬不动的石头?")。C. Wade Savage, "The Paradox of the Stone", 76 *Philosophical Review* 74 (1967). 有的英国学者甚至认为,英国人民每日的生活都是在延续宪法的创制和修改:"英国宪法永远存续,因为宪法不多不少,正好就是每天发生的事情。发生的每件事情都是宪法的。即便什么也没发生,那也是宪法的。"J. A. G. Griffith, "The Political Constitution", 42 *Modern Law Review* 1 (1979).

② 这也是著名法理学家哈特所谓的"变更规则"(rule of change),属于法律规则之中的二阶规则。H. L. A. Hart, *The Concept of Law*, Clarendon Press, 1961, pp. 93-94. 参见〔英〕哈特:《法律的概念》,许家馨、李冠宜译,法律出版社 2006 年版,第 75—78 页。

③ See John A. Jameson, *The Constitutional Convention*, C. Scribner and Company, 1867, p. 484 ("The idea of the people thus restricting themselves in making changes in their Constitutions is original...").

召集修宪大会，以上两种修正案，如经诸州四分之三的州议会或四分之三的州修宪大会批准时，即成为本宪法之一部分而发生全部效力，至于采用哪一种批准方式，则由国会议决⋯⋯

由此可见，《美国宪法》所规定的修宪程序分为两个部分：提出修正案和批准修正案。前者需要国会或州议会的绝对多数，后者也需要各州的绝对多数。正因为以上近乎严苛的规定，再加上美国长久以来两党制的特征，《美国宪法》已经成为世界上著名的难以修改的宪法。①

比美国宪法更难修改的，是二战之后的《日本宪法》(1946)。作为美国占领之下制定的宪法，该宪法旨在限制日本后续的政治发展，阻止军国主义东山再起。除了著名的"和平条款"(该宪法第9条)之外，这一精神也体现在了修宪条款之中。该宪法第96条规定："本宪法的修订，必须经各议院全体议员三分之二以上赞成，由国会创议，向国民提出，并得其承认。此种承认，必须在特别国民投票或国会规定的选举时进行投票，必须获得半数以上赞成。"由于国民投票获得多数支持在实践中非常困难，自从1946年实施以来，《日本宪法》从无任何一条修正案通过。2013年上任的首相安倍晋三，试图改变日本宪法的和平主义精神，而其首要工作就是修改日本宪法的修宪条款，使得宪法修改程序变得更为容易，否则宪法的整体修改无从谈起。可想而知，结果是不成功的。

一些国家的宪法则侧重于某些问题的绝对稳定性，在一般修宪程序限制之后，规定了不可通过正式修宪程序更改的条款。《法国宪法》(1958)规定：其一，在有损于领土完整的情况下，宪法修改程序不得开始或进行；其二，共和政体不得修改；其三，总统不可在紧急状态下运用宪法第16条赋予的紧急状态权力修宪。

同样，《德国基本法》在规定较为严格的修宪程序的同时，也规定了类似的不可修改条款。该宪法规定，修正案须由联邦参议院(代表各州)和联邦议院(代表人民)各自议员的三分之二同意方能通过。更进一步，某些条款被规定为不可修改的"永久条款"，包括联邦制结构、人格尊严和民主条款

① Donald S. Lutz, "Toward a Theory of Constitutional Amendment", 88 *American Political Science Review* 355 (1994).

（第79条第3款）。①虽然相比《美国宪法》而言，《德国基本法》相对来说较为容易修改，截至2023年已经修改了66次，但《德国基本法》却对于修宪的实质内容作出了明确限制。②

　　然而，并非所有的成文宪法本身都是刚性宪法。《印度宪法》（1949）或许是世界上最容易修改的宪法。而且制宪者的原始意图就是如此：尼赫鲁曾经在制宪会议上说道，"尽管我们希望这部宪法坚固而且其结构能够持久，但世上没有万古长存的宪法。应赋予宪法一定的柔性。持久不变的宪法会阻碍民族的成长，一个朝气蓬勃的民族的成长。在任何情况下，我们都不能效仿其他一些大国的宪法，它们由于太过刚性而难以适应变动着的环境。我们正处于变幻莫测的时代，今天的做法明天或许不再适用。"③根据《印度宪法》规定，有些条款可以通过普通议会立法修改（如最高法院的法官数目），有些条款可以在总统或者各邦的要求下由议会三分之二以上多数通过（大多数条款），有些条款则需要在上述程序之下，同时由半数以上的邦通过（比如总统选举方式等）。④自从1950年生效以来到2020年，《印度宪法》已经被

①　《德国基本法》第79条：（1）修改基本法时须通过一项法律并明文规定修改或补充基本法的条款。签订以和平、准备和平或废除占领法规定的秩序为内容的国际条约时，或签订有益联邦共和国国防的国际条约时，为明确基本法条款不与此类条约的缔结和生效相抵触，对基本法条文予以上述限制补充即可。（2）修改基本法的法律须取得联邦议院三分之二议员的同意和联邦参议院三分之二表决票数的批准后才能通过。（3）对本基本法的修改不得影响联邦由各州组成的事实，不得影响各州参与立法及第1条和第20条所规定的原则。

　　《德国基本法》第1条规定：

　　一、人之尊严不可侵犯，尊重及保护此项尊严为所有国家机关之义务。
　　二、因此，德意志人民承认不可侵犯与不可让与之人权，为一切人类社会以及世界和平与正义之基础。
　　三、下列基本权利拘束立法、行政及司法而为直接有效之权利。

　　《德国基本法》第20条规定：

　　一、德意志联邦共和国（Bundesrepublik Deutschland）为民主、社会之联邦国家。
　　二、所有国家权力来自人民。国家权力，由人民以选举及公民投票，并由彼此分立之立法、行政及司法机关行使之。
　　三、立法权应受宪法之限制，行政权与司法权应受立法权与法律之限制。
　　四、凡从事排除上述秩序者，如别无其他救济方法，任何德国人皆有权反抗之。

②　《巴西宪法》第60条规定了类似条款："第四款：旨在达到以下目的的修正案提案不予考虑：其一，废除联邦制；其二，废除定期的直接、普遍、无记名的选举制度；其三，废除政府分权；其四，废除个人的权利与保障。"

③　转引自杜强强：《修宪权之"基本架构限制"——印度最高法院关于宪法修改限制的理论与实践》，载《法商研究》2006年第3期，第152页。

④　《印度宪法》第368条规定："第一款：无论本宪法做何规定，议会可以行使宪法赋予它的权力，按本条规定，通过增补、变更、撤销等方式修改本宪法的任何条款。第二款：在议会两院中之任何一院提出议案都可以作为修正宪法过程的起点。该议案在议会各院审议时，如有议员总数的三分之二多数出席并参加表决，并获得议员总数半数以上投票通过，即应送总统。总统同意后，宪法即应根据该议案进行修正……第四款：任何法院不得依据任何理由对1976年第四十二次修宪令第五十五节实施前后根据本条规定对本宪法（包括第三篇的各条款）进行的任何修正，提出质疑。第五款：宪法赋予议会的根据本条规定通过增补、变更和撤销等方式修正宪法的权力不受任何限制。"

修改了一百零四次之多,成为有成文宪法之下柔性宪法的典型代表。

必须补充说明的是,在某些特定情况下,修宪过程也可以重塑一国根本体制,因此使得修宪和制宪之间的区分变得模糊,使得修宪产生了与制宪大致相同的法律和社会效果。① 美国内战之后制定的重建修正案——第十三、十四和十五修正案——是最为典型的例子。这些修正案不但废除了奴隶制、赋予黑人以公民权,而且大大扩充了联邦政府的权力,改变了美国联邦制的基本结构,甚至为以后联邦法院保护公民个人权利免受各州政府侵犯提供了宪法依据。

二、修宪的法律限制:宪法与司法

1948 年,以发现不完备性定理而闻名于世的奥地利数学家哥德尔(Kurt Gödel)申请入籍成为美国公民。在准备考试的时候,哥德尔研读了《美国宪法》,并且发现了一个重大的"漏洞"。根据《美国宪法》第 5 条的规定,美国国会和各州完全可以通过宪法修正案,将美国变为纳粹政体,而哥德尔自己正是纳粹政体之下的逃亡者。他在参加面试时候,正想针对此漏洞展开长篇大论,陪同他的朋友爱因斯坦十分震惊和担忧,幸而考官及时打断了哥德尔,才使得他顺利入籍。②

哥德尔看起来是在钻牛角尖,但却提出了一系列重要而有趣的宪法学问题:一条宪法修正案如果完全满足了宪法规定的程序要求,是否即可以成为宪法文本的一部分? 除了宪法规定的程序限制之外,修宪的实体内容是否受到法律和司法的限制? 简而言之,宪法修正案是否存在违宪的可能?

粗看起来,"宪法修正案违宪"的说法,显得非常荒谬。③毕竟,经过了宪法规定的修宪程序,宪法修正案本身即具有宪法本身同样的效力,不可能存在违宪的问题。然而,细究起来,问题却并不如此简单。

在中文当中,修宪经常被表述为宪法修改(又分为部分修改和全面修改)或者宪法修正(如"宪法修正案")。对应的英文"amending"和

---

① Rosalind Dixon, "Constitutional Amendment Rules: A Comparative Perspective", in Tom Ginsburg & Rosalind Dixon (eds.), *Comparative Constitutional Law*, Edward Elgar, 2011, p. 97.

② Enrique Guerra Pujol, "Gödel's Loophole", 41 *Capital University Law Review* 637, p. 637 (2013).

③ Mark Tushnet, *Advanced Introduction to Comparative Constitutional Law*, Edward Elgar Publishing, 2014, p. 29.

"amendment"则都基于"amend"一词。而"amend"一词来自拉丁文"*emendere*",意味修补。在这个意义上,修宪的原始意思是"宪法修补":按照宪法的基本精神查缺补漏,而并不包含改变原有宪法内容的意思;后者属于"宪法变革"。①前者是填补漏洞,后者是改弦更张。前者是保守性举动,后者则是创新性行为。宪法修补意味着发展与生长,而宪法变革意味着变革与迭代。②根据此区分,宪法修补只存在程序限制,而宪法变革则未必。

晚近以来,很多国家的宪法体制已经出现了对于修宪的实体内容限制。这种限制可以大致区分为两种,一是宪法条文中明确规定的明示限制,另一种则是宪法实践中出现的默示限制。两种限制都与司法机关的合宪性审查问题紧密缠绕在一起。

(一) 明示的宪法修改界限与司法审查

哥德尔所为之担忧的《美国宪法》,并非没有对于修宪作出实质限制。《美国宪法》禁止国会在1808年之前废除非洲奴隶贸易,并禁止在未经一州同意的情况下剥夺该州在参议院的平等代表权(事实上,没有任何一个州会同意)。③与之类似,1791年《法国宪法》也在序言中规定永久废除那些侵害个人自由和平等权利的制度,实际上意味着修宪不得恢复此类制度。

然而,从世界宪法史角度而言,此类制度的大面积普及和流行,却是较为晚近的事情。据统计,1789年到1944年中制定的306部宪法中,只有52部

---

① Walter F. Murphy, "Merlin's Memory: The Past and Future Imperfect of the Once and Future Polity", in Sanford Levinson (ed.), *Responding to Imperfection: The Theory and Practice of Constitutional Amendment*, Princeton University Press, 1995, p. 177. ("amend 这个词,来自于拉丁词 emendere,意思是纠正或者改良,而不是重新构建,不是用一个崭新的系统替代旧有的、或是摒弃它的基本原则。因此,那些将会改变政治组织形式或者带来实质的变化一定不是'修补'(amendments),而是变革(transformation)"。)

② 美国《加州宪法》严格区分宪法"修补"(amending)和"修改"(revision)。参见《加州宪法》第18条:"修补与修改宪法"(Amending and Revising the Constitution)。The Constitution of California, art. XVIII, § 2 ("若要动议召开会议修改宪法,该动议需经过唱名表决载入议会议事录,并通过三分之二的参议院及众议院议员同意,方可全体表决是否召开会议。") ("The Legislature by roll call vote entered in the journal, two-thirds of the membership of each house concurring, may submit at a general election the question whether to call a convention to revise the Constitution. "); The Constitution of California, art. XVIII, § 4("一项被提出的宪法修补或变革会被送至投票者,如果多数投票者同意,则该宪法修补或变革在投票后一天开始生效,另有安排的除外。") ("A proposed amendment or revision shall be submitted to the electors and if approved by a majority of votes thereon takes effect the day after the election unless the measure provides otherwise. ")。《奥地利宪法》规定,部分修改只需要议会半数以上议员出席、三分之二以上投票通过,但全面修改则需要全民公投。Aharon Barak, "Unconstitutional Constitutional Amendments", 44 *Israel Law Review* 321, p. 327 (2011).

③ 《美国宪法》第1条第9款。

宪法规定了不可更改的条款,比例为 17%;1945 年到 1988 年制定的 287 部宪法中,有 79 部规定了不可更改的条款,比例上升到 27%;1989 年到 2015 年颁布的 149 部宪法中,已有 81 部宪法包含了不可修改的条款,比例超过了一半(54%)。①显然,二战之后,尤其是冷战以来,宪法明文限制修宪内容的做法已经开始成为趋势。

在数量增加的同时,此类条款的篇幅和内容也随之增长。据统计,二战以前,一项不可修正条款的平均字数为 29.4 字,战后则增加到了 39.5 字;原因在于:之前此类条款主要涉及国家原则和政府结构,之后则增加了基本权利的相关内容。二战之前,只有 3 部宪法明确限制了修改权利,战后则是近 30%的不可修改的条款提到了基本权利——最著名的例子是《德国基本法》(1949)第 79 条第 3 款的"永久条款",规定人格尊严、联邦制、基本制度价值(民主和社会国)不可修改。②

德国"永久条款"的背后有着深厚的宪法思想基础。早在魏玛时期,施米特就认为,应该区分绝对意义的宪法和相对意义的宪法。前者是制宪权对于一国根本政治性质和基本规则的决断;后者是对不涉及国家性质和根本规则的具体问题的规定(前者可以称为"宪法",后者称为"宪法律")。宪法修改属于宪法所规定的宪定权,因而仅可触及相对意义的宪法条款,而不能触及绝对意义的宪法条款(那属于制宪权),否则就不是宪法修改,而是重新制宪:

> 如果"修改宪法"的权力是根据宪法法规授予的,这就意味着,个别或若干宪法法规可以用另一些宪法法规来取代,但前提条件是,宪法作为一个整体,其统一性和连续性得到了维持。因此,修宪权只是一种在保持宪法的条件下,按照宪法律规定的程序作出变更、补充、增删的权力,而不是一种制定新宪法的权力。它也不能变更、扩展修宪权自身的根据,或者用别的根据来取代这个根据……③

要而言之,在施米特看来,宪法修改行使的不是制宪权,而是宪定权。虽

---

① Claude Klein, "On the Eternal Constitution: Contrasting Kelsen and Schmitt" in Dan Diner and Michael Stolleis (eds.), *Hans Kelsen and Carl Schmitt: A Juxtaposition*, Bleicher, 1999, p. 61. Quoted from Yaniv Roznai, *Unconstitutional Constitutional Amendments: The Limits of Amending Power*, Oxford University Press, 2017, pp. 20-21.

② 以上内容参见 Yaniv Roznai, *Unconstitutional Constitutional Amendments: The Limits of Amending Power*, Oxford University Press, 2017, p. 21.

③ 〔德〕卡尔·施米特:《宪法学说》,刘锋译,上海人民出版社 2005 年版,第 116 页。

然施米特并未参与《德国基本法》的制定,但他的学说深刻影响了战后德国宪法学说对于基本法修宪条款(第 79 条第 3 款)的解释。[1]

德国模式进而影响了世界其他国家,造就了多国宪法就重要内容设置不可更改条款。按照雅尼夫·罗兹奈的观察,不可更改的内容一般分为以下几类:(1) 国体或政体:如超过一百部宪法规定共和政体不可更改,另外还有一些国家规定君主制不得修改;(2) 政府结构:如联邦制、参议院各州的平等代表权、单一制结构、两院制、地方自治等;(3) 国家基本原则:如伊斯兰国家规定国教条款不可更改,有些国家则规定世俗制不可更改,社会主义宪法则规定社会主义不可更改等;(4) 基本权利:如人格尊严、自由平等、出版自由等;(5) 国家统一和领土完整;(6) 特殊主体的特殊权益:如酋长或者首领的地位,税制以及涉及民族问题的规定。[2]

然而,徒法不足以自行。一个很自然的问题是:这些不可更改的条款如何执行? 是否应该由司法机关执行,特别是在宪法条文并未明文授权的情况下?[3] 在挪威、法国和美国等传统立宪国家[4]之中,通行的理论共识和实践做法是:即便宪法条文明确规定了不可修改条款,也不意味着司法机关可以审查宪法修正案的合宪性。此类条款毋宁应该通过政治过程来进行限制,而非司法过程予以限制。例如,1814 年《挪威宪法》第 112 条明确规定,宪法修正案不可抵触宪法所体现的原则。[5]然而,在挪威宪法体制之中,此条文仅仅授权议会在讨论、起草和批准修正案的时候要考虑合宪性问题,并不意味着司法机关可以插手或置喙修宪过程。实践当中,虽然《挪威宪法》已经修改了二百多次,且经历过一次重大改革,挪威最高法院迄今为止也从未裁决过任何涉及宪法修正案的合宪性问题。[6]

法国也是如此。虽然法国是在宪法中规定不可更改条款的先驱之一,而且在现行宪法(1958)也作了相应规定:"共和政体不应成为任何修正案的目

---

[1] Monika Polzin, "Constitutional Identity, Unconstitutional Amendments and the Idea of Constituent Power: The Development of the Doctrine of Constitutional Identity in German Constitutional Law", 14 *International Journal of Constitutional Law* 411, pp. 424-425 (2016).

[2] Yaniv Roznai, *Unconstitutional Constitutional Amendments: The Limits of Amendment Powers*, Oxford University Press, 2017.

[3] 有些国家的宪法明文授权司法机关对宪法修正案的违宪审查权,例如《突尼斯宪法》(2014)第 144 条、《罗马尼亚宪法》(1991)第 146 条(a)款、《乌克兰宪法》(1991)第 157 和158 条、《吉尔吉斯斯坦宪法》(2011 年修正案)第 97 条第 6 款、《摩尔多瓦宪法》(1994)第135 条 C 款、《安哥拉宪法》(2010)第 227(c)条和 235—237 条。See Ibid. , pp. 197-198.

[4] 这些国家的成文宪法传统开始于 18 世纪末和 19 世纪初。

[5] 引用《挪威宪法》条文。

[6] Yaniv Roznai, *Unconstitutional Constitutional Amendments: The Limits of Amendment Powers*, Oxford University Press, 2017, pp. 206-207.

标"。① 然而,主流宪法学说认为,此事不可纳入司法裁决范围。②虽然法国宪法学说遵循制宪权和宪定权的经典区分,但却将制宪权进一步区分为"原初制宪权"(*pouvoir constituant originaire*)和"衍生制宪权"(*pouvoir constituant dérivée*);修宪权属于衍生制宪权,仍然不是宪定权。③因此主流的看法认为:衍生制宪权与原初制宪权性质相同,仅仅受到宪法规定的程序限制,而没有实体限制;即便是宪法规定了不可修改条款,该条款可以通过宪法修正案予以修改。④因而,该条款仅具有宣示性作用,不能由违宪审查机关——法国宪法委员会——纳入裁决范围。法国宪法委员会也在 2003 年的一个判决之中,明确否认了其对于宪法修正案的违宪审查权,理由是:宪法委员会对普通立法的合宪性审查权源自制宪权(人民)的授权,不能反过来审查和否决制宪权所作出的决定。⑤

美国也是如此。上文已经提及,《美国宪法》(1787)曾经规定了两个不可更改的条款,分别涉及 1808 年之前的奴隶贸易和各州在参议院的永久平等代表权。然而,以后美国历次修宪从未触及这两个问题;在多次修宪过程中,美国最高法院也从未涉足。20 世纪初期,事情开始有些变化。当时,学者威廉·马伯里(William Marbury)在《哈佛法律评论》中撰文强调修宪权的法律限度,并呼吁司法审查。⑥随后,美国最高法院针对第十八和第十九修正案进行了司法审查,虽然没有宣布两条修正案违宪,但至少开始处理此类问题。⑦但是最终,美国最高法院通过判例明确表示:宪法修正问题属于"政治

---

① 《法国宪法》第 89 条第 5 款。

② Yaniv Roznai, *Unconstitutional Constitutional Amendments: The Limits of Amendment Powers*, Oxford University Press, 2017, pp. 207-208.

③ Monika Polzin, "Constitutional Identity, Unconstitutional Amendments and the Idea of Constituent Power: The Development of the Doctrine of Constitutional Identity in German Constitutional Law", 14 *International Journal of Constitutional Law* 411, p. 434 (2016).

④ George Vedel, *Schengen et Maastricht* [Schengen and Maastricht], 8 *Revue Française de Droit Administratif* (French: French Review of Administrative Law) 173, p. 179 (1992). Quoted from Id.

⑤ Constitutional Council Decision 2003-469DC, Mar. 26, 2003, ¶ 2 (Fr.).

⑥ William L. Marbury, "The Limitation Upon the Amending Power", 33 *Harvard Law Review* 223 (1919-1920).

⑦ Gary Jeffrey Jacobsohn, "An Unconstitutional Constitution?: A Comparative Perspective", 4 *International Journal of Constitutional Law* 460, pp. 465-470 (2006); *National Prohibition Cases*, 253 U. S. 350 (1920). 原来《美国宪法》明文规定禁止酒精饮品,法院在此案中限制了国会和各州议会的权力,他们不得通过法案来限制此条宪法条款的实施。*Leser et al. v. Garnett et al*, 258 U. S. 130 (1922). 加内特(Garnett)申请成为投票者被莱瑟(Leser)告上马里兰州法院,原因是《美国宪法》第十九修正案(赋予女性选举权)并没有被马里兰批准。法院驳回了莱瑟的诉求。这两个案子都确立了联邦的修宪权,其不得被国会或者各州议会所限制。

问题"(political questions),属于政治机关的宪法权力,不在司法管辖范围之中。①即便罗尔斯这样的著名哲学家曾经提出建议②,美国最高法院也不为所动。

可以说,奠基于18世纪末和19世纪初的宪法传统,基本否定法院审查宪法修正案的权利,即便宪法条文中明确规定了修宪的实体限制。然而,20世纪以来,新的趋势开始兴起。一种名为"违宪的宪法修正案"(unconstitutional constitutional amendments)的新潮学说和实践开始逐渐发展起来。③

新趋势的代表性国家是战后的德国。④ 如上所述,《德国基本法》第79条第3款规定了一系列对于修宪的实体限制,包括人格尊严、联邦制、基本制度价值(民主和社会国)。⑤ 随后,德国宪法法院强有力地通过司法审查动用和执行了这一条款。

德国宪法法院首次解释该条款的重大案件,是1951年著名的"西南重组案"。⑥在该案判决中,德国宪法法院宣布,联邦政府试图重组西南三州的法案,违反联邦宪法的民主原则和联邦制原则,因而无效。德国宪法法院认为:

> 一项宪法条款不能被考虑为独立的段落,或受到孤立解释。宪法具有内在统一性,任何部分都与其他部分相联系。作为一个整体,宪法反映了某种控制个别条款的首要原则。第七十九条第三款表明了这一点。所以,并不能因为宪法某些条款是宪法的一部分就一定有效。某些宪法原则是如此根本,并表达了超越宪法的法律原理,以致它们也约束宪法的缔造者,其他次级宪法条款,可能因抵触这些原则而无效。对宪

---

① *Coleman v. Miller*, 307 U. S. 433 (1939).

② John Rawls, *Political Liberalism*, Columbia University Press, 1993, pp. 238-239. 罗尔斯认为,如果一条提议的宪法修正案违反了之前的宪法传统,法院即可将其宣布为无效,因为那将意味着"宪法崩溃"(constitutional breakdown)或者"本义而言的革命"(revolution in the proper sense),而非"有效的宪法修正案"(valid amendment of the constitution)。

③ Gary Jacobsohn, *Constitutional Identity*, Harvard University Press, 2010, chapter 2. 雅各布森试图提醒:一些宪法修正案具有违反宪法、破坏宪法同一性(identity)的可能性。

④ 此处所谓"德国"指二战之后的联邦德国以及统一之后的德意志联邦共和国。

⑤ 在之前,无论是1871年的《帝国宪法》还是1919年的《魏玛共和宪法》都未作出类似规定;前者甚至没有规定专门的修宪机构,因为该宪法并非基于人民主权原则,普通立法机关即可修宪,只是要遵循稍微不同的程序启动机制。Monika Polzin, "Constitutional Identity, Unconstitutional Amendments and the Idea of Constituent Power: The Development of the Doctrine of Constitutional Identity in German Constitutional Law", 14 *International Journal of Constitutional Law* 411, p. 414 (2016).

⑥ The Southwest Case, W. Ger. , I BVerfGE 14 (1951).

法条款的解释必须符合这项规则。①

当然，"西南重组案"并不涉及宪法修正案，而只涉及普通议会立法。然而，秉承该案的宪法精神，德国宪法法院随即开始明确确认其针对宪法修正案的司法审查权。在1970年的"通讯隐私案"中，一条宪法修正案允许基于国家安全理由侵犯通讯隐私，德国宪法法院依据《基本法》第79条第3款对其进行了合宪性审查；虽然最终该修正案的合宪性得到了维护，但德国宪法法院针对宪法修正案的审查权却首次得到了肯定。②在2004年的"电子窃听案"中，德国宪法法院认为，一条允许政府在公民家中进行窃听的宪法修正案，并不侵犯人格尊严，因此符合第79条第3款的规定。③同样，该案虽未宣布修正案违宪，但再一次确认了该法院的违宪审查权。

德国的榜样激励了其他国家。在这些国家里，最高法院或者宪法法院倾向于肯定自身对于宪法修正案的违宪审查权，甚至在判例中宣布一些宪法修正案违宪。④在宪法修正案进行司法审查的问题上，比较宪法中的国际主流趋势开始偏向于德国模式，而不是美国模式。

以巴西为例。《巴西宪法》虽然明确规定了修宪的实体限制（第60条第4段）⑤，但并未规定与之相关的司法审查权。然而，巴西最高法院却通过判例确认了自己拥有此项权力。与德国宪法学的逻辑相同，巴西最高法院的依据就是本国宪法的"永久条款"（*cláusulas pétreas*）⑥，并引申到了制宪权和制定权的区分：宪法修正案并非创制性的宪法规范，必须接受合宪性审查；修宪权只是派生的、制度化的制宪权，受原初制宪权约束；而原初制宪权已经规定了不可更改的永久条款，修宪权就不可修改此类条款；如果修宪权违反了永

---

①　Walter F. Murphy & Joseph Tanenhaus, *Comparative Constitutional Law: Cases and Commentaries*, St. Martin's Press, 1977, p. 209.

②　Privacy of Communications Case (Klass Case), 30 BverfGE 1 (1970). ("《基本法》第79条第3款（修宪条款）的目的在于防止通过修正案的形式废除既存宪法秩序的根基，防止滥用宪法以至于让一种极权制度合法化。当然《基本法》的修改并不是被完全禁止的，只要它满足了自身的连贯性和一致性。然而宪法/基本法的修改不能阻碍立法者通过修正案的方式从内在完善那些最基本的立宪原则。")值得注意的是，该案当中，异议意见认为该修正案的确侵犯了人格尊严、分权和法治原则因而应为无效。Donald P. Kommers, "German Constitutionalism: A Prolegomenon", 40 *Emory Law Journal* 837, p. 852 (1991).

③　109 BVerfGE 279 (2004).

④　*Ssemogerere et al. v. Attorney General*, Constitutional Appeal No. 1 of 2002 (2004) (Uganda); See Gary Jeffrey Jacobsohn, "An Unconstitutional Constitution?: A Comparative Perspective", 4 *International Journal of Constitutional Law* 460 (2006).

⑤　联邦制，直接、秘密、普遍和定期的选举，三权分立和个人权利保护。

⑥　Conrado Hubner Mendes, "Judicial Review of Constitutional Amendments in the Brazilian Supreme Court", 17 *Florida Journal of International Law 449*, pp. 449, 455 (2005).

久条款,就必须接受司法控制和审查。①据此,1993 年,巴西最高法院在一起涉及私有财产权的案件中,宣布一条限制私有财产权的宪法修正案违宪而无效。②

土耳其是一个更为复杂的例子。二战之后,土耳其制定了 3 部宪法,都规定了不可更改的条款,对于修宪权进行限制。③但直到 1971 年修宪之前,《土耳其宪法》从未规定法院有权审查宪法修正案的合宪性。但土耳其宪法法院却将宪法在此问题上的空白,直接解释为对于自身的许可。1970 年,土耳其宪法法院介入了一次修宪过程。1961 年《土耳其宪法》规定,被判犯有某些罪行的人不能当选为议员,除非得到赦免。然而,1969 年,一项宪法修正案试图删去有关赦免的条款。在修正案正式通过之前,土耳其宪法法院宣布该修正案不合宪;而且宣称即便该修正案按照法定程序最终得以通过,由于其内容违宪,也应无效。1971 年,土耳其修宪,正式承认宪法法院有权审查宪法修正案的合宪性,但仅限于程序问题。然而,在 1975 年到 1977 年之间,土耳其宪法法院又在一系列案件中判定,违反宪法原则的修正案根本不应在程序上被提出,仍然对于宪法修正案的内容进行了审查。④可以说,土耳其宪法法院实际上"解构"了修宪问题上程序和实体之间的区分。

1982 年,土耳其制定了新宪法,进一步限制了宪法法院针对修正案的违宪审查权,将其限制在纯粹形式问题上,如是否获得足够的多数提出和通过、是否允许公开辩论等。然而,土耳其宪法法院却又突破了新宪法的规定,对于宪法修正案的实体内容进行审查。在此后的二十多年,土耳其宪法法院则有所改变,遵循了这一规定,在三起案件中拒绝对宪法修正案进行实质审查,并承认其无此权限。

然而,在 2008 年震荡全国的"头巾案"中,土耳其宪法法院又一次开始突破宪法规定。当时,土耳其的高校禁止女生佩戴头巾入校。一项宪法修正案规定,公民接受高等教育的权利不应被剥夺,除非有法律明文限制。土耳其宪法法院则判定,该修正案违宪,因为其与《土耳其宪法》规定的世俗国家原则(第 2 条)和共和原则(第 1 条)相抵触,且这两条乃是宪法明文规定的不可修改条款。至于是否超越宪法授权的问题,土耳其宪法法院的回答是:

---

① ADIMC 466/91 DF; Celso De Melio, J. ADIMC 981-8/600/93 PR(Neri da Silveira, J.).

② ADIN 939-7 DF.

③ 1945 年《土耳其宪法》第 102 条(规定共和制政体不可修改)、1961 年《土耳其宪法》第 9 条(共和制国家形式不可修改)、1982 年《土耳其宪法》第 4 条(共和制、世俗制、社会国、法治、尊重人权、阿塔图尔克民族主义、领土和民族统一、官方语言为土耳其语、国旗、国歌、首都等不可修改)。Yaniv Roznai, *Unconstitutional Constitutional Amendments: The Limits of Amendment Powers*, Oxford University Press, 2017, p. 272.

④ Yaniv Roznai, *Unconstitutional Constitutional Amendments: The Limits of Amendment Powers*, Oxford University Press, 2017, p. 200.

对于宪法修正案的程序性审查，依然包含了禁止违反宪法实质内容的修正案得以启动的程序。①土耳其宪法法院再一次解构了程序和实体的区分。土耳其宪法法院的根本理由是：议会乃是宪定权的一部分，因此必须受到制宪权的限制（制宪权在宪法中明确规定了修宪权的限制）。然而，这一点招致了本国和外国论者的批评：毕竟，法院也是宪定权的一部分，也需要受到宪法本身和制宪权的限制。②

如果超越法学的视界，我们可以看到，以上国家的司法审查机关体现出了浓重的新自由主义色彩。在巴西，"违宪的宪法修正案"教义被用于保护私有财产权③；在土耳其，被用于维护世俗化。此处，我们还可以补充捷克的例子：捷克宪法法院同样曾经否决宪法修正案，而且理由是为了防止像之前的时代那样，将宪法束之高阁。④在这些国家，法院基本上站在新自由主义立场上，依据宪法的"永久条款"，否决政治机关试图通过的宪法修正案。

（二）司法能动主义与修宪的默示界限

即便宪法条文当中并未明文规定不可更改的条款，一些国家的宪法实践已经发展出来修宪的默示界限教义。⑤这种教义在学说上虽然由来已久，可以追溯到美国建国初期和 19 世纪末 20 世纪初的诸多讨论，以及 20 世纪上

---

① Turkish Constitutional Court, Decision E. 2008/16, K. 2008/116, 5 June 2008, Resmi Gazete [Official Gazette], 22 October 2008, No. 27032. 美国宪法学家雅各布森（Gary Jeffrey Jacobsohn）在看到土耳其法院的判决之后，提出了一个颇有意思的问题：如果美国修宪，宣布美国是个基督教国家，是否违宪？ Gary Jeffrey Jacobsohn, "If an Amendment Were Adopted Declaring the United States a Christian Nation, Would It Be Constitutional? Well... Let's Look at Turkey", 103 *Schmooze* "*Tickets*" *Paper* 5 (2009), http://digitalcommons. law. umaryland. edu/schmooze_papers/103, last visited Feb. 22, 2023.

② Yaniv Roznai, *Unconstitutional Constitutional Amendments: The Limits of Amending Power*, Oxford University Press, 2017, p. 201；土耳其学者的批评参见 Abdurrahman Saygili, "What Is Behind the Headscarf Ruling of the Turkish Constitutional Court?", 11(2) *Turkish Studies* 127, pp. 132, 138-139 (2010).

③ Conrado Hubner Mendes, "Judicial Review of Constitutional Amendments in the Brazilian Supreme Court", 17 *Florida Journal of International Law* 449, pp. 449, 456 (2005).

④ Yaniv Roznai, *Unconstitutional Constitutional Amendments: The Limits of Amendment Powers*, Oxford University Press, 2017, 206.

⑤ 必须说明的是，默示限制指的是宪法文本当中没有依据，但仍然诉诸的是宪法本身所隐含的（或者法院认为是隐含的）基本原则和基本结构。那么，修宪是否受到宪法之外的规范限制，例如自然法和国际法？虽然近来全球化的宪法理论已经开始如此主张，但还没有进入各国的法律实践。有关自然法，受英国体制影响的爱尔兰同样承认议会基于人民主权修改宪法的完全权力，而且此种权力不受法律限制，不受司法审查限制，即便一个宪法修正案可能违反自然法或者存在废弃整部宪法的可能性，如 1922 宪法的安全修正案。*State (Ryan) v. Lennon*, [1935] IR 197 (H. Ct.) (Ir.); Gary Jeffrey Jacobsohn, "An Unconstitutional Constitution?: A Comparative Perspective", 4 *International Journal of Constitutional Law* 460, pp. 465-470 (2006). 即便有些国家宪法明文规定，宪法修改必须符合国际法的相关规定（例如《瑞士宪法》第 193 条第 4 款和第 194 条第 2 款），但这本身也属于宪法的明文规定。关于此问题的详细讨论，参见 Ibid. , Chapter III.

半叶的德国理论,但真正付诸实践的却是印度,并且影响了后来很多国家的宪法实践。

就其条文而言,《印度宪法》从未规定任何条款不可通过修宪程序修改。而且,印度法律和司法系统长期以来受到英国议会主权传统影响,不但否定强势的司法审查,而且对于干涉议会通过宪法修正案的过程极为慎重。在建国初期,印度最高法院对于此问题采取司法节制的态度,尊重议会的修宪权行使,理由是宪法修正案并非普通法律,而是行使制宪权的结果,因而不属于违宪审查的范围。[1]继而,印度最高法院承认了议会的无限修宪权,认为宪法修正案不可能侵犯公民的基本权利,尤其是在土地改革涉及的财产权问题上。[2]

然而,随后事情发生了变化。20世纪60年代和70年代,随着当时的印度总理英迪拉·甘地(Indira Gandhi)掀起的大规模修宪活动,印度最高法院开始积极地行使违宪审查权予以阻挠,并在此过程当中发展出了"基本结构教义":修宪权不仅受到宪法文本规定的程序限制,而且也受到宪法精神和基本结构隐含的实质限制。

在1967年的一起案件之中,印度最高法院改变之前尊让议会的态度,推翻了之前的判决,宣布宪法修正案是议会通过的法律,与普通法律的效力无异,因而必须接受违宪审查,以防止其侵犯宪法基本权利。[3]值得注意的是,该案的判决只是在议会通过修正案之前宣示了宪法原则,要求议会在通过宪法修正案的时候考虑合宪性问题,而并未真正宣判修正案违宪。[4]

随即,该案的判决引起了重大争议。英迪拉·甘地所领导的印度国大党主导的议会于1971年通过了第24条和第25条修正案。前者规定议会可以修改和废除宪法中的任何条款,包括基本权利条款;后者则授权政府进行土地改革。第24条修正案本质上是试图推翻印度最高法院之前的判决,将印度最高法院排除出修宪过程。

然而,这个修正案也受到了合宪性挑战。在"克萨万南达·巴拉蒂诉喀拉拉拉邦案(*Kesavananda Bharati v. State of Kerala*,以下简称 *Kesavananda*

---

[1]　*Shankari Prasad Deo v. Union of India*, AIR 1951 SC 458 (India).

[2]　*Sajjan Singh v. State of Rajasthan*, 1965 AIR 845, 1965 SCR (1) 933 (1964) (India).

[3]　*Golaknath v. State of Punjab*, 1967 AIR 1643, 1967 SCR (2) 762 (India).

[4]　值得注意的是,在这个案件的审理和判决当中,宪法学说的跨国传播起到了重要作用。1965年,德国法学教授 Dietrich Conrad 访问印度并发表学术演讲,题目就是《修宪权的隐含性限制》(Implied Limitations of the Amending Power)。一位名叫 M. K. Nambyar 的律师注意到了 Conrad 教授的观点,并找来了他的演讲稿,随即询问 Conrad 教授是否同意将其用于即将听审的 Golaknath 案,因为 Nambyar 即是原告的代理律师。Conrad 教授欣然应允,随即,Nambyar 律师就在法庭上以该演讲的主要观点进行了陈述,并影响到了印度最高法院的大法官们。See Yaniv Roznai, *Unconstitutional Constitutional Amendments: The Limits of Amendment Powers*, Oxford University Press, 2017, pp. 43-44.

案)”的 800 页判词中，印度最高法院的多数意见认为，议会的修宪权虽然未有宪法明文限制，但具有隐含限制。虽然该案并未直接推翻上述两条宪法修正案，但却明确了一个原则：宪法修正案绝不可破坏宪法的“基本结构”，由此发明了后来著名的“基本结构教义”(the basic structure doctrine)。①判决宣布后，怒火中烧的英迪拉·甘地开始“报复”最高法院。当时，首席大法官Sikri 退休。按照惯例，总理应任命现任法官中最资深者。但英迪拉·甘地一反常态，任命了 Kesavananda 案少数派中最资深的法官雷(Ray)。

但这并没有让印度最高法院改变态度。1975 年，印度 Allahabad 邦高等法院判定，英迪拉·甘地 1971 年当选总理因为舞弊而无效，并禁止她 6 年内参加大选。英迪拉·甘地随即上诉到印度最高法院。但在最高法院宣判之前，英迪拉·甘地开始通过政治手段解决问题：在她的影响之下，印度总统宣布全国进入紧急状态，并推动议会通过了第 38 和 39 条修正案：前者规定，总统宣布紧急状态及在紧急状态期间通过的任何法律不受司法审查；后者修改了甘地被判有罪的法律，并禁止法院审判任何有关总统、副总统、议会议长和总理的选举问题，即便问题已经进入审理过程。印度最高法院虽然并未宣布甘地当选的结果无效，但却一致判定第 39 条修正案违反了印度宪法的“基本结构”，包括公平的民主选举、平等原则和权力分立等。②

法院的判决又遭到了议会的反击。1976 年，印度议会颁布了世界宪法史上最长的宪法修正案，长达 59 章。其中第 55 章规定，宪法修正案不受任何法院质疑，议会的制宪权和修宪权不受任何限制。然而，1980 年，印度最高法院大法官在一起案件中全体一致判决，该条款破坏了宪法的基本结构，超出了议会的修宪权限，因而无效。③

从此以后，“基本结构原则”牢牢地嵌入到印度的宪法原则之中。虽然没有官方明确列举，但基本结构的原则一般被认为包括：宪法至上、法治、权力分立、司法审查、人格尊严、国家统一、公正选举、联邦制和世俗主义，等等。正如有论者观察到的，“至少在 20 世纪 80 年代以后，‘基本架构限制’理论就已经成为印度宪法的一个确定命题”。④

印度最高法院发明的“基本结构教义”后来传到了其他国家，特别是亚

---

① *Kesavananda Bharati v. State of Kerala*, 1973 AIR 1973 SC 1461 (India).

② *Indira Nehru Gandhi v. Raj Narain*, AIR 1975 SC 2299(India).

③ *Minerva Mills Ltd. v. Union of India*, AIR 1980 SC 1789(India).

④ 杜强强：《修宪权之“基本架构限制”——印度最高法院关于宪法修改限制的理论与实践》，载《法商研究》2006 年第 3 期，第 157 页。

非拉国家。①首先是一些亚洲国家,特别是印度的邻国。② 1989 年,孟加拉国最高法院在 *Anwar Hossain Chowdhury v. Bangladesh* 一案中,直接引用印度最高法院的 *Kesavananda* 案,宣布一项调整最高法院司法审查管辖权的宪法修正案无效③,并在后续一系列案件中不断使用"基本结构教义"。④巴基斯坦最高法院也沿用了印度最高法院的逻辑,发展出了"宪法的显著特征"(salient features of the Constitution)教义,虽然并不像印度最高法院那样积极能动地宣布宪法修正案违宪。⑤

其次是一些非洲国家。例如,2004 年,肯尼亚高等法院(High Court)在一起案件中判定,修宪权不得用于全面修改和替换既有宪法,而必须保持既有宪法的基本形态与特征,其背后的理论正来自印度的"基本结构教义"。⑥南非宪法法院和坦桑尼亚高等法院也有类似的实践。⑦

最后是拉丁美洲国家。2003 年,哥伦比亚宪法法院在该国未规定任何不可修改条款的前提下,宣布修宪权不得用于全面替换既有宪法,从而明确区分了宪法修改和宪法替换(constitutional substitution)。⑧2013 年,哥伦比亚宪法法院在一起案件中,宣判扩大军事法院管辖权的修正案违宪。⑨ 2005年,秘鲁宪法法院在一系列案件中宣布,违反基本法律原则(*principios juridicos*)和基本民主价值(*valores democraticos basicos*)的宪法修正案可被该法院宣布为违宪,因而无效。⑩ 2008 年,在中美洲,伯利兹最高法院则在一起案件中宣判,该国宪法第六条修正案宣布石油和矿产等自然资源不受私有财产权保护,因而违反了宪法的"基本结构",包括权力分立原则、法治原则和

---

① Gary Jeffrey Jacobsohn, "An Unconstitutional Constitution?: A Comparative Perspective", 4 *International Journal of Constitutional Law* 460, pp. 470-476 (2006).

② Yaniv Roznai, *Unconstitutional Constitutional Amendments: The Limits of Amendment Powers*, Oxford University Press, 2017, pp. 47-48.

③ 41 DLR 1989 App. Div. 165.

④ *Alam Ara Huq v. Government of Bangladesh*, 42 DLR (1990) 98; *Fazle Rabbi v. Election Commission*, 44 DLR (1992) 14; *Dr. Ahmed Hossain v. Bangladesh*, 44 DLR (AD) (1992) 109, 110; *Mashihur Rahman v. Bangladesh*, 1997 BLD 55; *Siddique Ahmed v. Bangladesh* (2011) 63 DLR (HCD) 84; *Siddique Ahmed v. Government of Bangladesh and Others*, (2013) 65 DLR (AD) 8 (15 May 2011).

⑤ Yaniv Roznai, *Unconstitutional Constitutional Amendments: The Limits of Amendment Powers*, Oxford University Press, 2017, pp. 49-52.

⑥ *Njoya & Others v. Attorney General & Others*, [2004] LLR 4788 (HCK); Ibid., p. 59.

⑦ Ibid., pp. 59-64.

⑧ Carlos Bernal, "Unconstitutional Constitutional Amendments in the Case Study of Colombia: An Analysis of the Justification and Meaning of the Constitutional Replacement Doctrine", 11 *International Journal of Constitutional Law* 339 (2013).

⑨ 林娜编译:《哥伦比亚判决扩大军事法院管辖权的宪法修正案违宪》,载《法制资讯》2013 年第 11 期。

⑩ Yaniv Roznai, *Unconstitutional Constitutional Amendments: The Limits of Amendment Powers*, Oxford University Press, 2017, p. 67.

私有财产保护。①

必须说明的是,由于缺少宪法的明文授权,"基本结构教义"在两个根本问题上都存在重大争议:一是究竟该国宪法是否设有"永久条款";二是最高法院或宪法法院是否有资格涉足此事。即便是在宪法明文规定"永久条款"的国家,司法审查权的正当性也存有争议,更何况宪法没有明文规定的情况。正如有论者所言:"缺乏明确的不可修正性规定破坏了司法审查修正案的合法性。仅从《宪法》不包含任何限制这一事实就可以推断,修正案的权力的目的是非常广泛的。事实上,斯里兰卡、马来西亚和新加坡等地的法院普遍拒绝接受司法强制执行的隐含不可修正性的概念。……面对因不可修正性而产生的沉默,法院关于有限修正权的决定可能只能来自司法能动主义或大胆。"②可见,"基本结构教义"的根本乃在于司法能动主义在宪法领域的运用。在宪法修正案问题上,并不是"宪法的基本结构"授权了司法审查,而是司法审查创造了"宪法的基本结构"。

三、宪法变迁:超越正式程序的"修宪"

上述内容仍然限定在纯粹合法性的视角。更为困难的问题在于,宪法的变化是否仅仅局限于正式的宪法修正案?宪法意涵的变化是否仅限于宪法文本的变化?在实践当中,宪法随着时间推移而发生的改变,未必只是通过正式的修宪程序而发生,也未必体现在宪法文本的改变。宪法的变化完全可以发生在宪法之外。本节将以宪法变迁(constitutional change)的理论与实践为主,特别是以美国和德国为例,对此问题进行简要但不失深度的分析。

(一) 美国的宪法变迁理论

提到超越宪法修正案的宪法变迁,或许宪法学家会立即想到司法机关的宪法解释。的确,美国最高法院对宪法的解释,很大程度上起到了让宪法适应时代变化发展的作用。③美国最高法院在某些重大案例中的宪法解释,甚

---

① *Barry M Bowen v. Attorney General of Belize* (Claim No. 445 of 2008), BZ 2009 SC 2; Yaniv Roznai, *Unconstitutional Constitutional Amendments: The Limits of Amendment Powers*, Oxford University Press, 2017, pp. 68-69.

② Yaniv Roznai, *Unconstitutional Constitutional Amendments: The Limits of Amendment Powers*, Oxford University Press, 2017, p. 209.

③ 参见刘晗:《宪法修正案与"法外修宪":美国宪政变迁研究》,载《清华法治论衡》第 18 辑 (2013),第 203—205 页。

至比正式的宪法修正案,给美国宪法的发展带来更大的影响。①例如,1787 年的制宪者很难想象同性婚姻;然而,2015 年美国最高法院的判决则将其肯定为一项宪法权利。②

必须注意的是,法院的宪法解释仍然属于美国宪法通过法律的方式变化发展的途径。无非是说,宪法的法律变迁可以分为正式的宪法修正案和法院的宪法解释。更具有争议性的问题是,有学者提出,美国立法机关通过的一些重大法律(如 1964 年《民权法案》),实际上也具有宪法性效力,因而称之为"超级立法"(super-statute)。③但这仍然是在合法性的范畴之中。

然而,宪法变迁却不限于法律的方式,也可以通过政治过程发生,既没有体现为宪法条文的更改,也没有体现为宪法解释的变化,甚至不受司法过程的规制和干涉。制宪权通过非正式的手段改变了宪法,使得宪制(constitution)溢出了《宪法》(Consitution)。例如,威廷顿教授曾列举出八十多项未曾通过宪法修正案和司法解释体现出来的重大美国立宪制度变迁的例子,其中包括内阁制度、美联储的地位、领土扩张等。④一些世人所熟知的美国制度,如司法审查和两党制,也从未写入美国宪法。英国宪法学家戴雪曾将美国人民称为"沉睡的君主"(a monarch who slumbers and sleeps)。⑤美国人民只是在制宪一刻登上政治舞台,之后则隐退。随后的政治生活都由宪法来规制。按照这种理解,宪法当然也决定修改程序。但美国立宪变迁的经历表明,美国人民并未在宪法制定之后沉睡;美国人民甚至超越宪法文本不断演进自己的政治生活,不断通过宪法修正程序之外的方式修改宪法。

针对此现象,20 世纪末以来,美国宪法学中一股引人注目的潮流,即是宪法变迁理论。该理论强调实质变迁的重要性,并突出人民的制宪权。传统的理论认为,宪法变迁只能通过宪法修正案的方式:弗兰克福特(Felix Frankfurter)大法官说过,"除非通过修正程序,没有任何新的东西能够被放

---

① David A. Strauss, "The Irrelevance of Constitutional Amendments", 114 *Harvard Law Review* 1457 (2000); Frederic R. Coudert, "Judicial Constitutional Amendment", 13 *Yale Law Journal* 331 (1904); Sanford Levinson, "How Many Times Has the United States Constitution Been Amended? (A) <26; (B) 26; (C) 27; (D) >27: Accounting for Constitutional Change", in Sanford Levinson (ed.), *Responding to Imperfection: The Theory and Practice of Constitutional Amendment*, Princeton University Press, 1995, pp. 13, 33.

② *Obergefell v. Hodges*, 576 U. S. 644 (2015).

③ 有很多学者认为国会的重要立法实际上也起到了宪法决策的作用。See William Eskridge & John Ferejohn, *A Republic of Statutes: The New American Constitution*, Yale University Press, 2010.

④ Keith Whittington, *Constitutional Construction: Divided Powers and Constitutional Meaning*, Harvard University Press, 2001, p. 12.

⑤ Andrew Arato, "Carl Schmitt and the Revival of the Doctrine of the Constituent Power in the United States", 21 *Cardozo Law Review* 1739, p. 1740 (2000).

进《宪法》。除非通过相同的程序，没有任何老的东西能够被剔除出《宪法》"。①但在宪法变迁理论看来，此种理论过于精英主义，没有看到人民通过其他方式改变宪法意涵的现象。②

当代美国宪法变迁理论的代表人物是布鲁斯·阿克曼教授。在他看来，无论是宪法条文（包括修正案）还是司法解释都源于人民主权。宪法条文规定的修宪程序并不能排除人民绕开它而修宪的权力："旧制度的革命性改革并不尊重既定的修改规范"。③

阿克曼著名的"二元民主"（dualist democracy）理论的核心正在于此。"二元民主"理论区分"常规政治"（normal politics）和"宪法政治"（constitutional politics）：前者是政府机构在日常情况下进行的立法和修宪活动，遵循宪法和法律的既定程序和基本原则；后者是人民本身直接在政治当中出场，突破法律程序的限制，从事"高级立法"（higher law-making）。在"宪法时刻"（constitutional moments），"我们人民"（We the People）被召唤起来，批准重要的立宪变迁，即便并未形成宪法修正案。④在建国、重建、新政和民权运动⑤等"宪法时刻"中，美国人民以公共公民（public citizens）身份出场，突破《宪法》第五条的限制，作出重大宪法决定，其法律效力与宪法修正案相当。

为什么说这些决定都是超越实定宪法的？阿克曼观察到，几次"宪法时刻"所作出的决定，都存在合法性瑕疵：（1）建国时期，制宪会议违反《邦联条例》的规定，重新制定宪法；（2）内战后的重建过程中，虽然根本性变革（废除奴隶制、平等公民权和黑人投票权）以十三、十四、十五修正案的方式体现出来，但三个修正案是在排除南方各州国会代表的前提下通过的，不符合宪法规定的国会结构和决策程序；（3）新政时期，罗斯福各项重大政策从根本上改变了美国宪法体制，却未通过任何宪法修正案；（4）民权运动从法律上废除了种族隔离和种族歧视，但也未通过宪法修正案，仅由国会通过 1964 年《民权法案》完成"第二次重建"（the Second Reconstruction）。四次"宪法时刻"所完成的立宪变迁虽然不合法（illegal），但并非不正当（illegitimate）；其正当性是由人民主权的出场赋予的，因而超越了"法律形式主义的吹毛求

---

① *Ullman v. United States*, 350 U. S. 422, 428（1956）.

② Bruce Ackerman, "Transformative Appointment", 101 *Harvard Law Review* 1164, p. 1182（1988）.

③ Bruce Ackerman, *We the People：Transformations*, Harvard University Press, 1998, p. 12. 在此基础上，阿克曼提出了一项关于修宪程序的建议：总统在第二任期结束前提出宪法修正案。如果经国会三分之二多数通过，那么该修正案将列在之后两届总统选举的投票选项上。如果此后每届选举中该修正案都获得五分之三多数通过，那么该修正案就正式被批准了。

④ Bruce Ackerman, *We the People：Foundations*, Harvard University Press, 1990; Bruce Ackerman, *We the People：Transformations*, Harvard University Press, 1998.

⑤ Bruce Ackerman, *We the People：Civil Rights Revolution*, Harvard University Press, 2014.

疵"(legalistic nitpicking)。①根据该理论,阿克曼教授甚至认为,很多不处在宪法时刻的立宪变迁亦无须通过宪法修正案,也可成为美国宪法秩序的一部分。② 宪法修正案只是美国宪法变迁的法律途径,而非所有途径。③

　　要而言之,以阿克曼为代表的当代美国宪法变迁理论,强调人民主权高于法律程序;人民可以超越修宪程序的方式修改宪法。④《美国宪法》是人民限制政府的法律,人民主权本身不受到宪法限制。很显然,如果套用欧陆宪法理论,阿克曼的理论可以解读为:在美国,修宪权属于制宪权的一部分,因而可以超越宪定权的范围;宪法条文规定的修宪权属于"衍生制宪权",受到宪法约束,而人民的修宪权则属于制宪权,不受宪法本身所约束。于此,美国的宪法变迁理论体现了极强的民粹主义(populist)特性。即便是在特朗普时代,在民粹主义广受质疑的时代,阿克曼本人也并未放弃自己的核心理论主张——大众民主的广泛动员,才是宪法发展的原动力。⑤

(二) 德国的宪法变迁理论

　　与冷战之后盛行的美国宪法变迁理论相比,德国的宪法变迁理论起源更早,但却在二战以后急剧衰落。在德国宪法学说中,"宪法变迁"(Verfassungswandel)被界定为"政治现实故意逃逸宪法规范"。⑥此学说在二战之前的德国甚为流行,产生了与美国当代宪法变迁学说类似的论述,以及对于现实的解释力。

　　德国宪法变迁学说的概念最初产生于《德意志帝国宪法》(1871)之下的政治社会发展。原初的帝国宪法试图建立一个国家联合体,中央政府的权力较为有限。然而,19世纪末,随着首相制度的出现、联邦税收的大幅增长和

---

① Bruce Ackerman, " Higher Lawmaking?", in Sanford Levinson (ed.), *Responding to Imperfection*: *The Theory and Practice of Constitutional Amendment*, Princeton University Press, 1995, p. 63.

② 比如美国总统对外缔结条约的权力开始超过参议院。See Bruce Ackerman & Dave Golove, "Is NAFTA Constitutional?", 108 *Harvard Law Review* 799 (1995).

③ 此处,可以补充阿克曼教授的同事阿玛尔(Akhil R. Amar)教授的观点:《美国宪法》第5条规定的修宪程序不是排他性的,而只是规定了政府修改宪法的唯一途径,防止政府违背人民意志更改宪法。然而,该条款并不限制人民本身修改宪法的权力,因为该权力并非《美国宪法》所赋予,而是由《独立宣言》所确立。Akhil Amar, "Philadelphia Revisited: Amending the Constitution Outside Article V", 55 *University of Chicago Law Review* 1043 (1988).; Akhil Amar, "Of Sovereignty and Federalism", 96 *Yale Law Journal* 1425 (1987); Akhil Amar, "The Consent of the Governed: Constitutional Amendment outside Article V", 94 *Columbia Law Review* 457 (1994).

④ Bruce Ackerman, " Higher Lawmaking?", in *Sanford Levinson* (ed.), *Responding to Imperfection*: *The Theory and Practice of Constitutional Amendment*, Princeton University Press, 1995, p. 14.

⑤ Bruce Ackerman, *Revolutionary Constitutions*, Havard University Press, 2019.

⑥ 王锴:《德国宪法变迁理论的演进》,载《环球法律评论》2015年第3期,第113页。

帝国法院对于宪法问题的介入,使得权力较大的联邦行政、财政和司法系统建立起来,从而超越了原初宪法的框架。为了解释和证成此种转变,宪法学家拉班德(Paul Laband)在 1895 年提出,基于一国的现实环境变化,宪法的意涵可以在宪法的形式未发生变化的情况下而发生改变。耶林内克则基于当时德国的工业化转型以及在此基础上大众民主和人民代表的兴起,提出宪法变迁有别于正式的宪法修改,可以通过事实变化而发生,包括议会通过立法解释宪法、革命和政变、宪法惯例、某些政府权力的长期不行使乃至习惯法;其中最重要的宪法变迁就是直接民主制度(如公投)改变了之前的代议制民主。①总而言之,宪法修正案完全可以发生在正式宪法修正案之外。②

　　然而,二战之后,情况发生了根本改变。随着德国经历了翻天覆地的政治变动,《德国基本法》所塑造的宪法秩序,与帝国宪法和魏玛宪法迥异。在宪法的正式修改制度层面,《德国基本法》明确规定了修宪的特殊程序,使得之前通过宪法性法律修改宪法的情况变得无效。在宪法的实施层面,司法机关开始对于政治部门进行合宪性控制,从而否定了之前宪法毁坏作为宪法变迁的方式。③

　　与此同时,宪法学说也发生了重大变化。规范主义开始取代之前的国家理论,成为主流。在新的学说之中,宪法规范的变化只能通过法院的宪法解释,而不能仅仅基于政治事实的变化。在这个重大的理论范式转型之下,之前的宪法变迁学说也受到了否定和抛弃。例如,宪法学家黑塞(Konrad Hesse)在 1973 年提出,必须通过宪法的"理性化、稳定化和限制权力功能"为宪法变迁设置界限,从而限制将事实变化直接等同于宪法变迁的做法。④ 宪法学者、德国宪法法院法官伯肯弗尔德(Ernst-Wolfgang Böckenförde)在 1993 年提出,在具备违宪审查和宪法裁判制度之后,政治现实的变化必须接受规范的评价,必须通过一定的程序,通过联邦宪法法院的宪法解释才能成为正式的宪法规范。⑤ 于是,正如王锴教授所总结的那样:"经过黑塞和伯肯弗尔德两人的努力,早期认为政治事态的变化会直接引起宪法变迁的思想遭到摒弃,目前德国主流的做法是通过宪法解释来进行宪法变迁。"⑥

　　可见,战后德国的宪法变迁学说与美国学说不同,已经否定了超越正式宪法修正案和司法解释的"法外"变迁。这种对比也反映了两国宪法的基本

---

① 王锴:《德国宪法变迁理论的演进》,载《环球法律评论》2015 年第 3 期,第 113—114 页。
② Georg Jellinek, "Constitutional Amendment and Constitutional Transformation", in Jacobson and Schlink(eds.), Weimar—A Jurisprudence of Crisis, University of California Press, 2002, p. 54.
③ 王锴:《德国宪法变迁理论的演进》,载《环球法律评论》2015 年第 3 期,第 117 页。
④ 同上注,第 115 页。
⑤ 同上注,第 116 页。
⑥ 同上注,第 117 页。

精神的不同：美国保持了人民制宪权的完整力量，而德国则出于限制主权概念的前提和反民粹主义的根本倾向，将宪法变迁限定在正式的法律途径之内。在持有德国视角的论者看来，阿克曼式的美国宪法变迁观念，一方面无法提供宪法变迁的规范判断标准；另一方面也使得宪法变迁变得随意，使得人民的多变意志威胁宪法的至上原则。①反过来，阿克曼式的美国宪法变迁观念则会认为，德国模式限制了人民不断创制宪法的根本权力，否定了人民作为宪法规范（特别是权利）的源泉地位。②在阿克曼看来，德国宪法法院可以宣布宪法修正案违宪的做法，在美国语境当中将会是"荒谬的"，虽然在德国语境中是"绝对正确的"。③

结　语

以美国和德国的进一步对比，或许是结束本章的恰切方式——毕竟，二战之后围绕宪法修改问题的发展趋势，越来越开始走向德国模式。无论是"永久条款"还是"基本结构教义"都具有鲜明的德国元素。

美国宪法与德国宪法的一大不同在于：前者一直坚持人民主权原则和完整的主权制宪权；后者则由于反思纳粹历史的原因倾向于怀疑民主原则，而将人民制宪权限制在基本人权和联邦制等原则的范围内。④麦迪逊曾言："人民才是权力的源泉，只有诉诸人民，才能克服所有困难。人民可以按照他们愿意的办法更改宪法。"⑤美国内战之前，国会曾提出一个宪法修正提案，试图规定不得通过宪法修正案授权国会废除或干涉各州的内部体制（包括奴隶制），但该提案在内战后很快就被人忘记。⑥美国最高法院的著名大法官霍

---

① 王锴：《德国宪法变迁理论的演进》，载《环球法律评论》2015 年第 3 期，第 125 页。

② Bruce Ackerman, *We the People*: *Foundations*, Harvard University Press, 1990, p. 15.

③ Ibid.

④ Antonio Negri, *Insurgencies*: *Constituent Power and the Modern State*, Maurizia Boscagli trans., University of Minnesota Press, 1999.

⑤ James Madison, *Notes of Debates in the Federal Convention of 1787*, W. Norton, 1987, p. 564. (The people were in fact, the fountain of all power, and by resorting to them, all difficulties were got over. They could alter constitutions as they pleased.)

⑥ 在林肯就任美国总统 2 天之前，国会通过了一项修宪提案。该提案由议员柯文（Corwin）提出，因而被称为"柯文修宪案"。该提案规定，不得以修案的方式授权或者给予国会废除或者干预各州包括奴隶制度在内的各种制度。这项提案当时得到了俄亥俄州和马里兰州这两个州的批准。The Corwin Amendment Act, 36th. Cong., 2d. sess. 1263 (1861). （"不得制定任何宪法修正案授权或赋予国会权力废除或干预各州内制度，包括根据该州法律规定的关于用于劳动或服务的人的制度。"）（"No amendment shall be made to the Constitution which will authorize or give to Congress the power to abolish or interfere, within any State, with the domestic institutions thereof, including that of persons held to labor or service by the laws of said State."）Mark Brandon, *Free in the World*: *American Slavery and Constitutional Failure*, Princeton University Press, 1998; A. Christopher Bryant, "Stopping Time: The Pro-Slavery and 'Irrevocable' Thirteenth Amendment", 26 *Harvard Journal of Law & Public Policy* 501 (2003).

姆斯的名言——"如果我的同胞想下地狱，我也会帮助他们"——就是美国宪法坚持完整的人民主权原则的最好体现。[1] 在美国宪法之中，并不存在"违宪的宪法修正案"，也没有宪法的"基本结构"教义。

宪法修正问题体现出来的人民主权与宪法之间的潜在冲突是现代立宪的内在逻辑。制宪权和宪定权的区分在宪法修改的问题上，依然具有强大的解释力，也是各国宪法法院或最高法院不断诉诸的概念工具和认知图示。美国主流理论将修宪权理解为制宪权，因而不受实质内容限制，不受司法审查干涉；德国则将修宪权严格理解为宪定权，因而必须接受实质内容限制，必须接受违宪审查。

与美国相比，以德国和印度为代表的新兴宪法体制则从根本上挑战了完整的人民主权原则。法院作为宪法的守护者，不断以宪法的名义遏制修宪，更遑论超越宪法程序的宪法变迁。人民主权已经逐渐被司法主权（judicial sovereignty）所取代。[2]法院正在通过司法解释发展和改变宪法，并同时限制议会、总统乃至人民本身修改宪法的权力。二战之后兴起的"违宪的宪法修正案"学说实质上反映了一国主权受限的境况。而具有完整主权的美国[3]，则予以拒绝。我们必须进入各国修宪问题的深层逻辑，才能够更好地对比和理解不同国家的不同选择。

---

[1] Oliver Wendell Holmes, *Holmes-Laski Letters: The Correspondence of Mr. Justice Holmes and Harold Laski, 1916-1935 I*, Mark Wolfe De Howe (ed.), Harvard University Press, 1953, p. 249.

[2] Pratap Bhanu Mehta, "India's Unlikely Democracy: The Rise of Judicial Sovereignty", 18 *Journal of Democracy* 70 (2007).

[3] Paul W. Kahn, *Political Theology: Four New Chapters on the Concept of Sovereignty*, Columbia University Press, 2011.

第二编

权力机构:理念与实践

第四章　横向分权:观念谱系、政体形态与前沿问题

> 虽然《宪法》更好地分散权力以保障自由,但它也考虑到,实践终将把分散的权力整合成为一个可行的政府。它要求各分支独立而相依、自治而互惠。
>
> ——杰克逊大法官①

分配公共权力、确立政府结构是现代宪法的核心任务之一。权力分立事关政府如何决策,特别是终局决策如何作出。② 现代宪法的基本理念一般将政府权力区分为立法、行政和司法,核心问题是如何处理执行权与立法权的关系。正是在这个问题上,权力分立的概念具有极大的含混性甚至歧义性,进而导致运用此概念的观察者难以辨析实践中的种种样态,也导致运用此概念的论者在讨论问题时产生相互误解。本章首先梳理权力分立的起源和基本理念,继而探讨抽象的权力分立理念如何体现在具体的政体模式之中(尤其是总统制和议会制之争)。本章最后试图指出,当代西方各国政府层面三权交织的现象非常明显,而且一些独立管制机构的出现也超越了传统的"三权分立"模式。

一、观念谱系:从混合政体到权力分立

权力分立是一种政府组织的观念。追溯该观念的历史演变,对于深入理解此观念具有重要意义。正如任何宪法学的基本理念都有其独特的谱系一样,权力分立自从其诞生起,也在历史当中不断被重新阐述。要而言之,我们可以将其意涵的演变,归结为从阶层分权(混合政体)、到功能区分(各司其

---

① *Youngstown Co. v. Sawyer*, 343 US 579（1952）, 635（per Jackson J.）. ("While the Constitution diffuses power the better to secure liberty, it also contemplates that practice will integrate the dispersed powers into a workable government. It enjoins upon its branches separateness but interdependence, autonomy but reciprocity.")

② 此外,权力分立也可以用于指称政府权力在中央和地方层面的分配,特别是在联邦制国家。此问题将在第六章进行处理。

职）、再到机构鼎立（相互制衡）的发展变化过程。

（一）阶层意义的分权：古今混合政体学说

虽然早在古希腊，亚里士多德就区分了一个城邦的立法、行政和司法现象，但这只是在功能意义上的区分，而非在机构意义上的区分。①换言之，亚里士多德仅仅看到了有着三种权力，但未必是严格进行区分和分离，更不是在"权力"的意义上进行区隔。

对亚里士多德来说，具备某种"分权制衡"意味的是其"混合政体"学说，即一个城邦的政体需要融合君主制（一人统治）、贵族制（少数人统治）和民主制（多数人统治），构建吸取三者优点而避免各自缺陷的复合结构。"混合政体"的观念，代表了西方古代以社会阶层为基础的权力观念。一个政治体内部首先区分出国王、贵族和平民，每一个阶层如果占据绝对的统治地位都会形成一种政体类型：国王统治，即君主制；贵族统治，即贵族制；平民统治，即民主制。每一种政体又有优良和恶劣的两种变体。君主制的优点是便于外交和在战争中吸取能量，并打击内部利益集团；其缺陷是，当国王滥用权力时，易于堕为僭主制。②贵族制的优点是能够让有德性和智慧的人进行统治；其缺陷在于易于堕落为基于个人利益的腐败寡头制。③民主制的优点是能够促进自由，并将公众意见纳入政治运作；其缺点在于容易导致暴民政治和多数人的僭政。④每个政体都有优点，也有缺陷。没有一种理念上完美的政体，也没有一种政体在实践中是完美的。因此，最好的政体即是将各种因素混合起来、相互制衡的政体。

此后，混合政体一直以来都是西方政治哲学中的良好政体，无论是古代的波利比乌斯和西塞罗、中世纪的阿奎那，还是现代的马基雅维里和卢梭，都抱有此种观念。到了 17 世纪，混合政体已经成为人们心目当中良好政体的象征。最早采取议会政治和立宪体制的英国，也喜欢将自己的政体称为混合政体：国王、贵族院和平民院各自代表英国社会的三个阶层，集合一人之治、少数人之治和多数人之治三种要素。⑤

总而言之，对于混合政体的理念来说，立法、行政和司法的区分并不具备本质意义。重要的是何种社会力量掌握实质的政治权力，而非是否按照职能分权的模式行使权力。

---

① Aristotle, *Politics*, Benjamin Jowett trans., Batoche Books, 1999, Book IV, Chapter 14.

② Ibid., pp. 1286a8-20, 1286a33-35, 1289a38-b5, 1279b4-8.

③ Ibid., pp. 1286b3-19, 1289a38-b5.

④ Ibid., pp. 1286b3-7, 1295a25-1296b11, 1289a26-b10, 1293b21-1294b40.

⑤ M. J. C. Vile, *Constitutionalism and the Separation of Powers*, Liberty Fund, 1998, p. 38.

（二）职能意义的分权:洛克与孟德斯鸠

从 17 世纪开始,传统混合政体的观念逐渐让位于现代权力分立的观念。最早的现代权力分立理论出现在英国。在英国内战中,议会派和国王派之间的斗争,催生了现代宪法思想中最早关于政治权力的概念区分,其要义在于确立议会掌握立法权的根本原则,用以对抗容易滥用权力的国王。① 在议会派与保皇派的斗争中,政治理论是极为重要的观念武器。议会派试图摧毁或减弱君主的权力,从而将君主的全权转化为议会的全权。然而,后来议会全权也引发了不满。更为激进的平等派(Levellers)、特别是克伦威尔的拥趸开始批判议会的无限权力,试图从议会全权中区分出独立的行政权。②

在光荣革命的大背景下,约翰·洛克最早开始进一步区分出三种权力:立法权(legislative power)、执行权(executive power)和对外权(federative power)。该思想明确按照职能进行权力区分:立法权负责设立一般法律和规则;执行权负责执行法律;对外权则不受规范约束,取决于时势变化和国家利益。③对于洛克来说,权力分立(特别是立法权和行政权的分立)的目标是实现均衡,而非只是限制政府权力。立法权所确立的是普遍和长久的规则,用以保护臣民的财产和自由;然而立法权又因为不可能频繁召开会议而不可能经常行使。相反,执行权却是常在的,因其需要确保法律长期有效施行,并处理随时发生的事件。为了维持政府体制平衡和国家安全,执行权在某些情况下须分享立法权,如通过召集或解散议会来影响立法权。在洛克看来,真正能够限制政府滥用权力的根本办法,乃是保留人民的革命权,而非单靠政府的权力分立。④

现代权力分立观念的奠基人孟德斯鸠,也是以英国为样本来提出其经典理论。其名著《论法的精神》提出了一般称之为"三权分立"的学说:

> 每一个国家有三种权力:(一) 立法权力;(二) 有关国际法事项的行政权力;(三) 有关民政法规事项的行政权力。依据第一种权力,国王或执政官制定临时的或永久的法律,并修正或废止已制定的法律。依据

---

① 〔德〕卡尔·施米特:《宪法学说》,刘锋译,上海人民出版社 2005 年版,第 193 页。

② W. B. Gwyn, *The Meaning of the Separation of Powers: An Analysis of the Doctrine From Its Origin to the Adoption of the United States Constitution*, Tulane University, 1965, p. 39.

③ 〔英〕约翰·洛克:《政府论》(下篇),叶启芳、瞿菊农译,商务印书馆 1964 年版,第 91—93 页。

④ 正如卡尔·施米特(Carl Schmitt)指出的:"自 16 世纪以来,对立力量的相互平衡一直支配着欧洲人的思想。这一观念在形形色色的关于平衡的学说中表现出来;外交上的平衡(先是意大利半岛五国之间的平衡,然后是欧洲各国之间的平衡);商业决算中的进出口平衡;沙夫茨伯里(Shaftesbury)道德哲学中利己主义与利他主义冲动的平衡;牛顿万有引力学说中引力与斥力的平衡。"参见〔德〕卡尔·施米特:《宪法学说》,刘锋译,上海人民出版社 2005 年版,第 194 页。

第二种权力，他们媾和或宣战，派遣或接受使节，维护公共安全，抵御侵略。依据第三种权力，他们惩罚犯罪或裁决私人讼争。我们将称后者为司法权力。①

一般认为，孟德斯鸠与洛克分权学说的不同在于，孟德斯鸠将司法权纳入了考量范围，洛克仅仅区分立法权、行政权和外事权。然而，细究起来，孟德斯鸠的核心区分仍然是在立法和行政之间作出的；司法权具有行政权的性质，如惩罚犯罪实际上是内政权或治安权。孟德斯鸠甚至说："司法权在某种意义上可以说是不存在的"。换言之，司法权并非严格意义上的政治权力，特别是职业法官更是如此（在英国，发现事实是陪审团的任务，法官仅仅是适用法律，因而更像是执行法律，而不是裁决纠纷）。而且，司法权本身的权力在孟德斯鸠的时代较为微弱。②

孟德斯鸠进一步提出，权力的分立的目标是保护公民自由：

当立法权和行政权集中在同一个人或同一个机关之手，自由便不复存在了；因为人们将要害怕这个国王或议会制定暴虐的法律，并暴虐地执行这些法律。如果司法权不同立法权和行政权分立，自由也就不存在了。如果司法权同立法权合而为一，则将对公民的生命和自由施行专断的权力，因为法官就是立者。如果司法权同行政权合而为一，法官便将握有压迫者的力量。如果同一个人或是由重要人物、贵族或平民组成的同一个机关行使这三种权力，即制定法律权、执行公共决议权和裁判私人犯罪或争讼权，则一切便都完了。③

值得注意的是，孟德斯鸠关于"三权分立"的经典论述，出自《论法的精神》第二卷第十一章第六节，而这一节的主题却是"英格兰政制"。孟德斯鸠将英国的体制当作了三权分立的样板。但是，按照美国著名法官霍姆斯（Oliver Holmes）的说法，孟德斯鸠所推崇的英国式的"三权分立"其实是其自己的想象；美国的制宪则将错就错，"跨大西洋而生，并被成见所误导，睿智的联邦宪法制定者，即便是极度用心，也没有看到首相就是英国宪法的主要行

---

① 〔法〕孟德斯鸠：《论法的精神》（上册），张雁深译，商务印书馆1961年版，第155页。
② 需要等到19世纪美国式的司法审查体制的兴起之后，司法权在政府体系中的地位才开始慢慢提升。
③ 〔法〕孟德斯鸠：《论法的精神》（上册），张雁深译，商务印书馆1961年版，第156页。

政机关,而主权者只是机器当中的一个齿轮"。①

更为值得注意的是,对于孟德斯鸠来说,关注点更多是在不同的权力不要集于一人之身,而不是防止集中在一个机构。毫无疑问,这一点是针对专制君主垄断立法、行政、司法三权而提出的。仅仅作出三权的职能区分,并不当然意味着三权的结构分立。一个政治体完全可以在明确区分三种职能的基础上,将三种职能集于一人之身。②因而,孟德斯鸠提出的要点是:(1) 明确区分立法、行政、司法三种职能;(2) 防止三权集于一人之身,因此需要分散在三个人或者多个人手中,或者多个机构之中。

然而这并不意味着,孟德斯鸠已经提出了今天俗称的"三权分立"或者"三权鼎立"思想。后者需要在上述两个条件的基础上再加上一个因素:立法、行政、司法三种职能权力地位相等、平起平坐。而这一点要等到美国共和宪法的设计者来提出。

(三) 权力意义的分权:联邦党人与美国宪制

美国的立宪者——特别是联邦党人——在延续孟德斯鸠思想的基础上,提出了三种政府权力之间相互制衡(checks and balances)的思想,以此限制联邦政府的权力,防止其滥用。洛克并非不重视对于政府权力的限制,但只是将政府权力的限制付诸革命的检验。③这一点是联邦党人无法接受的,因为那意味着必须在政府结构和宪法体系之外寻找制衡力量,必然会对政府的正当性产生冲击和震荡。因而,将联邦政府"分而治之"的策略就是在政府内部寻找限权途径的不二法门。④

---

① Oliver Wendell Holmes, *Collected Legal Papers*, Harcourt, Brace & Howe, 1920, pp. 250-263. 当代很多学者也对孟德斯鸠的三权分立学说提出了异议:孟德斯鸠想象的三权分立并不存于英国。See Laurence Claus, "Montesquieu's Mistakes and the True Meaning of Separation", 25 *Oxford Journal of Legal Studies* 419, pp. 419-451(2005).

② 例如《梵蒂冈宪法》第 1 条第 1 段规定:"教皇作为梵蒂冈国家元首拥有立法、行政和司法全权。"

③ 《联邦党人文集》第 47、48 篇。参见李猛:《革命政治——洛克的政治哲学与现代自然法的危机》,载吴飞主编:《洛克与自由社会》,上海三联书店 2012 年版。

④ 美国的立宪者也推崇权力分立的观念。在一定意义上,美国乃是将错就错地一马当先,开启了三权分立体制。并且,美国人在设计三权分立体制时也想着是模仿英国模式,无论是混合政体还是权力分立观念。如亚当斯(John Adams)就是英国混合政体的崇拜者。在他看来,美国的三权分立和两院制是民主化版本的混合政体。总统如同国王一样,代表一人之治。参议院和最高法院替代了贵族院、枢密院和星座法院(Court of Star Chamber),成为贵族制的代表。民选的众议院取代平民院作为人民的代表,掌握财政权力。参见 John Adams, "Thoughts on Government: Applicable to the Present State of the American Colonies", 1776, reprinted in Robert J. Taylor, et al. (eds.), *Papers of John Adams*, Harvard University Press, 1979, pp. 88-89.

　　1787 年《美国宪法》的政府结构设计体现了权力分立基础上的制衡理念。首先，联邦政府分为三个分支：立法权归属国会；行政权归属总统；司法权归属法院。三个分支机构彼此互不隶属，平起平坐。是为分立。其次是制衡，也即在分立的基础上进行职能交叉，保证任何一个部门都不可在其领域获得全权：总统对于国会的立法具有否决权，因此行政权可以制衡立法权①；在刑事案件中，总统还通过司法部对联邦法上的犯罪行为拥有起诉和不起诉的自由裁量权，总统本人也可以通过实施赦免的权力对司法机构进行控制。参议院具有弹劾总统的权力，也具有确认或否决总统提名的重要行政官员的权力，并且具有批准条约的权力，因此立法权可以制衡行政权②；参议院和众议院都有权惩罚议员，因而行使了某种司法权。最高法院和联邦法院系统被赋予某种行政权，比如颁发强制执行令（writ of mandamus）的权力（且通过1803 年的"马伯里诉麦迪逊案"，最高法院获得了审查国会立法是否违宪的权力，因而可以制衡立法权）。

　　在麦迪逊看来，三权分立和相互制衡的目标是用宪法来防止政府权力集中，让每一个政府分支在与其他分支博弈的过程中，实现对权力的限制和权利的保护——"以野心对抗野心"。③ 很显然，如果立法、行政、司法三权不是平起平坐，相互制衡便无法实现。正是在美国宪法体制当中，我们今天熟知的"三权分立"及其所代表的几层意涵才完全展现出来。麦迪逊认为，设计宪法的主要目的是防止权力集中导致暴政，因而仅仅在机构进行权力分立并不够，必须让三个权力机关相互制约。④ 具体的办法是：赋予掌管每个权力分支的官员以足够的宪法途径以及个人动机，从而可以保证该分支的权力不受其他分支侵袭，最终达到分权制衡的目的。⑤ 麦迪逊因而将希望寄托在掌控三个权力分支的个人意志之中，每一个权力分支机构的负责人都将该权力机构的利益和权力看得最重，甚至重过其个人利益或者其代表的其他组织或团体的利益。⑥

---

① Michael S. Paulsen, et al., *The Constitution of the United States*, 1st ed., Foundation Press, 2010, p. 197.

② Ibid.

③ 〔美〕汉密尔顿、杰伊、麦迪逊：《联邦党人文集》，程逢如、在汉、舒逊译，商务印书馆 1995 年版，第 264 页。麦迪逊否定了用人民的革命来纠正政府违宪行为的方法，参见第 50 篇。

④ 同上注，第 48 篇，第 252 页。

⑤ 〔美〕亚历山大·汉密尔顿等：《联邦党人文集》，程逢如等译，商务印书馆 1980 年版，第 51 篇，第 263—264 页。

⑥ Daryl J. Levinson & Richard H. Plides, "Separation of Parties, Not Powers", 119 *Harvard Law Review* 2317, pp. 2317-2318(2006).

二、概念辨析：分权与制衡

即便我们现在已经明确了分权的观念谱系，一些概念上的含混性仍然存在，需要予以拆解，否则无法进行进一步的探讨。

（一）分权的目的：限权还是赋能？

首要的问题是，到底为什么分权？毫无疑问，经典学说认为，分权的目的是限权，这已经广为人知，甚至一些违宪审查机构特别坚持这一点。例如，美国最高法院一直坚持权力分立教义，以此介入到立法和执行之间关系的问题与争议之中。布兰戴斯大法官曾说："权力分立教义在 1787 年制宪会议上被通过，并非为了提升效率，而是排除专断权力的行使。"[1]

然而，另一种少为人知的理论认为，分权本身可以通过分工提高效率，增强政府执行力量，因而具有某种为政府赋能的效果。[2]早在朝鲜战争时期，美国的杰克逊大法官已经指出了这一点："虽然宪法更好地分散权力以保障自由，但它也考虑到，实践将把分散的权力整合成一个可行的政府。它要求各分支独立而相互依赖，自治而互惠。"[3]简单来说，分权首先是分工，但在具体实践中还需要配合。否则，分权就是完全各自为战，无法协调合作，成为一套极为僵化的部门体制，让政府运作变得既无效率也无活力。权力分立之后，如何形成平衡机制，成为分权体制的关键所在。欧盟法院（European Court of Justice）发明了一种概念来表述此种理念——"机构平衡"（institutional balance），以此处理欧盟各个分支机构之间乃至于欧盟与各加盟国机构之间的宪制关系，例如通过司法判例明显增强了欧洲议会（European Parliament）这个原本较为弱势的机构的实际权力。[4]

---

[1] *Myers v. United States*, 272 U. S. 52, 293（1926）（Justice Brandeis, dissenting）.（"The doctrine of the separation of powers was adopted by the Convention of 1787, not to promote efficiency but to preclude the exercise of arbitrary power."）

[2] Christoph Möllers, *The Three Branches: A Comparative Model of Separation of Powers*, Oxford University Press, 2013, pp. 40-41.

[3] *Youngstown Sheet & Tube Co v. Sawyer*, 343 US 579（635）（Jackson, J., concurring）.（"While the Constitution diffuses power the better to secure liberty, it also contemplates that practice will integrate the dispersed powers into a workable government. It enjoins upon its branches separateness but interdependence, autonomy but reciprocity."）

[4] Christoph Möllers, *The Three Branches: A Comparative Model of Separation of Powers*, Oxford University Press, 2013, p. 47.

(二) 分权的意涵:分离还是制衡?

正如上文对于观念谱系的考察所揭示的,分权(separation of powers)和制衡(checks and balances)是两个不同的概念。纯粹意义上的分权并不必然意味着制衡,而仅仅意味着政府分支之间各司其职,不得干涉其他部门的职权范围:立法不得干涉行政,行政不得干涉立法,立法和行政都不得干涉司法,司法也不得干涉立法和行政。①如此,权力分立会造成三个分支之间的绝对独立:"立法、行政和司法成为国家活动中三个彼此分离的组织。一个职能范围内的任何机关和人员均不得同时属于另一个职能范围,因此,就存在着极端严格的不相容性。"②在这种模式之下,行政机关无权召集议会、无提出法案的权力、无制定行政法规和规章的权力(即授权立法)、对于议会立法和决议无否决权、没有赦免权等。③同样,立法机关的成员也无参选国家元首或行政长官的权利、议会对于行政长官和官员无弹劾权、议会无权对政府提出不信任案等。④司法机关也无权审查议会的立法,无权审判行政诉讼等。

在现实当中,没有任何一个国家会采取此种严格分离的模式。当代宪法理论中有人将制衡理解为,赋予权力分支以武器,相互攻防——自卫理论。⑤例如,立法机关的某些决定不受司法审查,或者国家元首在任职期内享有司法豁免。攻击的手段包括议会的弹劾权或者总统对于立法的否决权。"三权分立规定禁止某一机构行使某一特定权力,而该权力尚未被分配给该机构;禁止任何功能性的篡权行为。在许多宪法法院的判例法中,对这一禁令的裁决是一个核心角色。它构成了实际上最相关的权力分立概念。"⑥

正是在制衡的视野中,不同宪法体制对于三权关系的安排也显示出国别差异。在美国,司法机关对于立法和行政机关的制衡是三权分立的题中之义,无论是通过宪法意义上的司法审查,还是行政意义上的司法审查。在法国,由于旧制度中法院常作为专制帮凶而臭名昭著,共和宪法的首要任务

---

① M. J. C. Vile, *Constitutionalism and the Separation of Powers*, Liberty Fund, 1998, p. 14. 维尔将其称为"纯粹的分权理论"(pure theory of separation of powers)。
② 〔德〕卡尔·施米特:《宪法学说》,刘锋译,上海人民出版社 2005 年版,第 197 页。
③ 同上注,第 198—200 页。
④ 同上注,第 202—203 页。
⑤ Barber, N. W., "Self-Defence for Institutions",72 *Cambridge Law Journal* 558, p. 558(2013).
⑥ Christoph Möllers, *The Three Branches: A Comparative Model of Separation of Powers*, Oxford University Press,2013, p. 48.

是限制司法权。① 在后革命时代,法国立宪体制的一大任务是实现秩序的稳定和行政的效率,因而如何限制立法机关、确立稳定的行政权就是当务之急。因此,法国一方面将行政诉讼放到行政机关内部的特别行政法院处理,防止司法干预行政②;另一方面设立专门的宪法委员会,防止司法机关介入宪法问题,并通过违宪审查防止议会干涉总统权力。简而言之,在美国,权力分立重在相互制衡,限制行政权和立法权;法国体制则重在相互分离,限制司法权和立法权,保护行政权。③

(三)"权力"的意涵:职能还是权威?

虽然称为"权力分立",传统学说中"权力"的意思并不明确。"权力"本身可以至少表示两种意思:一是真正的政治权力(power),或者叫做权威(authority);二是政府职能或者功能(functions)。前者可以分立;后者可以分工。权威分大小(或位阶);功能分异同(或种类)。明晰此种区分,对于我们理解分权的概念具有决定性的意义。例如,奥地利法学家汉斯·凯尔森在论述美国宪制的时候,实际上将三个"权力"理解成了"职能":"立法职能——同一职能,而不是两个不同职能——也是分配给几个机关的,不过只给予了其中之一以'立法'机关的名义。"④而西方所谓"三权分立"则明显是在说,三个分支机构在各司其职的前提下,权威均等。例如,总统并非国会选举出来,也不对其负责,两者更类似于职权分工和相互制衡的关系。

某个政府分支的权威大小,取决于其正当性基础。在议会制之下,政府首脑是议会选举出来,而非人民直接选举,因而其权威低于议会,权力小于议会。而在总统制之下,总统和国会各自由人民选举产生,互不隶属,平起平坐。俗称的"三权分立"的真正含义即是,确保三个职能部门分开,并且权力大小一样,互不隶属。一方面,三种职能进行区分和分立;另一方面,三种职

① John Henry Merryman, "The French Deviation", 44 *American Journal of Comparative Law* 116, p. 116(1996). ("法国三权分立理论最强大的后果可能是贬低法官和司法职能。") ("The most powerful consequence of the French doctrine of separation of powers may have been to demean judges and the judicial function.")

② 有关法国设立行政法院背后的权力分立思想,参见〔英〕戴雪:《英宪精义》,雷宾南译,中国法制出版社 2001 年版,第 364—389 页。

③ 从传统上来说,孟德斯鸠的权力分立思想在英国及其前殖民地地区的影响不如其在美国和法国的影响那么大,因为这些国家和地区依然坚守英国传统的议会主权原则。参见 Jenny S. Martinez, "Horizontal Structuring", in Michel Rosenfeld & András Sajó(eds.), *The Oxford Handbook of Comparative Constitutional Law*, Oxford University Press, 2012, p. 552. 然而近年来,英国在政府体制上也开始越来越走向孟德斯鸠式的三权分立,如其在 2009 年 10 月 1 日设立了独立的最高法院,从而将最高上诉机构从英国议会的上议院中独立出来。

④ 〔奥〕汉斯·凯尔森:《法与国家的一般理论》,沈宗灵译,中国大百科全书出版社 1996 年版,第 303 页。

能机构权力大小相同。①

三、制度模式:总统制、议会制及其融合

区分了权威和职能之后,我们也可以从深层逻辑来理解,当代比较宪法和比较政治中对于政体类型的基本区分:总统制和议会制。长期以来,围绕权力分立的理论界定聚讼纷纭,人们也往往将分权思想等同于具体模式。质而言之,立法权与行政权之间的相互关系是分权体制的核心。例如,严格的权力分立("三权分立")常常被等同于总统制。②而议会制则被认为不存在严格意义上的分权,而是呈现出行政与立法权力合一的局面。③阿克曼教授曾经提出判别总统制和议会制的一个简便标准:一支政治力量经过几次选举才能够获得全部政治权力? 在议会制之下,只需通过一次即可;在总统制之下,需要通过数次:如在美国,需要总统大选和国会大选。④

从结构来讲,欧洲多国采取的议会制可理解为"职能分化,权力不等":议会掌握政治大权,行政机关由议会产生并对其负责;但两者具体职能可以分工,相互具有独立性。美国开创的总统制可以理解为"职能分化,权力相等":联邦政府不但区分立法、行政、司法三种职能,而且通过宪法确保其平起平坐,互不隶属。

欧美政体的分化具有深刻的历史逻辑。亨廷顿指出,欧洲政治现代化的过程遵循权力集中和职能分立的逻辑。⑤ 如在英国,议会主权取代君主主权,掌握"权力";具体政府职能则可细分为立法、行政和司法。最为根本的区分在于,欧洲议会制的前提是权力集中,职能分化。以前,君主独揽大权,

---

① 孟德斯鸠在《论法的精神》里说:"司法权几乎不存在",隐含的意思就是必须加强司法权才能够真正实现分权。就世界历史来看,权力分立的重点都是立法和行政的关系问题。司法到了 20 世纪后半叶才成为关注的对象,很大程度上是因为违宪审查制度的普及。所谓"第四分支"的问题很典型地地体现这一点,即凯尔森所说的"没有顶头上司的第四分支"(〔美〕理查德·J. 皮尔斯:《行政法》(第五版)(第一卷),苏苗罕译,中国人民大学出版社 2016 年版,第 62 页),也是在说在独立区分职能的基础上,保证其权力与其他三权相等。

② See, e. g., Fred W. Riggs, "Globalization, Ethnic Diversity, and Nationalism: The Challenge for Democracies",581 *The Annals of the American Academy of Political and Social Science* 35, pp. 35-42(2002). M. J. C. Vile, *Constitutionalism and the Separation of Powers*, Liberty Fund, 1998.

③ Calvin R. Massey, *American Constitutional Law: Powers and Liberties*, 2d ed., Aspen Publishers, 2005, p. 333; Walter Bagehot, *The English Constitution*, Little, Brown, and Company,1873, p. 76.

④ Bruce Ackerman, "The New Separation of Powers", 113 *Harvard Law Review* 643, pp. 643-648 (2000).

⑤ 〔美〕亨廷顿:《变革社会中的政治秩序》,李盛平、杨玉生等译,华夏出版社 1988 年版,第 107—111 页。

具体事务可以交由不同的人和不同的机构处理。后来,议会取代君主,成为最高权力机构,但基本的机构布局逻辑未变。美国则是因为天然地对中央权力不信任①,所以才在宪法中对于联邦政府"分而治之",采取三权平起平坐、相互制衡的体制。

本节将概述总统制和议会制的基本模型及当代的最新发展,并在此基础上考察当代宪法和政治理论中对于两者优劣的论述,最后概述立法和行政机关内部的分权问题。

(一)总统制:样板与模仿者

总统制的典型代表国家是美国。在美国,总统是国家元首、政府首脑、军队总司令、首席外交官,甚至是人民代言人。②在美式总统制下,立法机关和执行机关具有相互独立的民选正当性来源,由此决定了其相应特征:(1)政府首脑经由全国民选产生,不由立法机关选举产生;(2)政府首脑具有固定的任期,即便立法机关已经对其产生不信任,也可以继续任职,除非遭到弹劾;(3)国家元首与政府首脑由一人同时担任,因而此人享有外事与内政双重大权,直接对全体人民负责,而不对人民代表负责;(4)政府首脑具有自己独立的行政班子(内阁),内阁成员皆听命于他/她,不受立法机关控制,也不得兼任议员。

世界上仿行美式总统制的国家很多,但获得成功的案例极少。③美洲是最为典型的例子,除了加拿大、伯利兹和苏里南之外,其他19个国家都受美国影响而采用总统制。④中亚诸国如阿塞拜疆、哈萨克斯坦、吉尔吉斯斯坦、塔吉克斯坦、土库曼斯坦和乌兹别克斯坦也采用了总统制,也包括阿富汗战争之后美国主导制定宪法的阿富汗。在东南亚,菲律宾和印度尼西亚也效仿

---

① 其根源在于美国人民对于政府——特别是中央政府——近乎天然的不信任。在宪法制定的时候,联邦层面的政府权力会被严格划分为三个分支,并且之间存在相互制衡的机制。这不仅仅体现在1980年代里根的名言——政府不是解决方式,而是问题本身——也可以追溯到新政之前的整个历史时段。相较而言,无论是在英国还是加拿大,民众对于政府都有基本信任。Ronald J. Krotoszynski, Jr., "The Separation of Legislative and Executive Powers", in Tom Ginsburg & Rosalind Dixon(eds.), *Comparative Constitutional Law*, Edward Elgar Publishing, 2011, pp. 248-250.

② Clinton Rossiter, *The American Presidency*, *Harcourt*, Brace & World, Inc, 1960, p. 10.

③ 拉丁美洲诸国、菲律宾、一些东欧和原苏联国家、利比里亚和韩国等都是如此。Heinz Klug, "Model and Anti-Model: The United States Constitution and the Rise of World Constitutionalism", 2000 *Wisconsin Law Review* 599, pp. 599-600(2000).

④ 包括阿根廷、巴拿马、巴拉圭、巴西、秘鲁、玻利维亚、多米尼加共和国、厄瓜多尔、哥伦比亚、哥斯达黎加、洪都拉斯、墨西哥、尼加拉瓜、萨尔瓦多、乌拉圭、委内瑞拉、危地马拉等,除了一些加勒比地区的英国前殖民地国家。相对来说,欧洲国家极少采用总统制,只有白俄罗斯和塞浦路斯。

了总统制。①非洲中部和西部很多国家②也采取了总统制。此外,土耳其、马尔代夫、帕劳等国也如此。

然而,橘生淮北则为枳。③现实当中,总统制在其他国家的运行效果远不如其发源地。耶鲁大学已故著名政治学家胡安·林茨(Juan Linz)的研究显示,拉丁美洲采用总统制经常导致政治危机。这一点后来被学者总结为"林茨噩梦"(the Linzian Nightmare):一旦总统受到议会反对,就会动用军事力量或宪法程序外的公民投票将自己任命为元首,甚至解散议会,导致民主体制崩溃和独裁政体登场。林茨因此认为,总统制是美国最为危险的出口产品。④"林茨噩梦"周而复始,很长时间内不断困扰着拉丁美洲国家。有些学者也指出,拉丁美洲之所以会出现"林茨噩梦",很大程度上也是因为各国宪法具有结构性缺陷,经常赋予总统过大的权力,如法律提案权、对于议会立法的单项否决权(Line Term Veto)乃至于过大的紧急状态权,从而使得总统在和议会的力量对比中常常占据优势地位。⑤此外,总统制也容易导致政治僵局,要么是府院之争,要么是互相"甩锅"。⑥

(二) 议会制:无限与受限

在经典议会制模型下,行政机关的权力来自立法机关的授权,而非人民的直接授权。行政首长和整个内阁成员都对议会负责,如果不受议会信任,无论是个别阁员还是内阁整体都需要引咎辞职。因而,内阁的任期并不固定,而是完全取决于议会信任的周期。由此,国家元首和政府首脑由两人担任,比如英国国家元首是女王,仅仅具有象征性和礼仪性的权力;政府首脑是首相,掌握实际大权。

这就是经典的"威斯敏斯特模式"(the Westminster Model)。在此种模式中,立法权和行政权并非按照孟德斯鸠式的严格分离结构,而是采取"议会

---

① Keith S. Rosenn, "The Success of Constitutionalism in the United States and Its Failure in Latin America: An Explanation", 22 *University of Miami Inter-American Law Review* 1, pp. 1-40 (1990).

② 安哥拉、贝宁、布隆迪、乍得、科摩罗、冈比亚、加纳、肯尼亚、利比里亚、马拉维、尼日利亚、塞内加尔、塞舌尔、塞拉利昂、索马里、南苏丹、赞比亚、津巴布韦等国。

③ 唯一的例外是哥斯达黎加。

④ Juan J. Linz, "Presidential or Parliamentary Democracy: Does It Make Difference", in Juan J. Linz & Arturo Valenzuela (eds.), *The Failure of Presidential Democracy*, Johns Hopkins University Press, 1994, p. 3.

⑤ Scott Mainwaring, "Presidentialism in Latin America", 25 *Latin American Research Review* 157, pp. 157-179(1990).

⑥ Matthew S. Shugart and John M. Carey, *Presidents and Assemblies: Constitutional Design and Electoral Dynamics*, Cambridge University Press, 1992, pp. 32-43.

主权"(parliamentary sovereignty)原则。①行政机关(内阁)产生于议会、向议会负责,并且首相和内阁成员同时也兼任议员,因而出现了行政与立法融合的形态。在著名英国宪法学家白哲特(Walter Bagehot)看来:

> 英国宪制有效率的秘密可以被描述为行政权力与立法权力的紧密联合和几乎完全地融合。毫无疑问,根据所有著作中的传统理论,我们宪制的好处在于立法和行政权威的完全分立,但在事实上,其优点在于两者的异常接近。将它们联系在一起的环节是内阁。②

然而,必须说明的是,英国立法和行政在权威层面的融合,并不代表在职能层面也是如此。首相和议会之间在具体职能上呈现出分权和制衡的态势。首相有权解散议会,召集新一轮的选举。然而,首相不能随意改变议会制定的成文法,而只能通过议会正式立法的方式,因而其政策和决定受到议会的限制。

同时,值得注意的是,威斯敏斯特模式是一种无限议会制,是因为议会本身不受法律的约束,每一届议会作出的立法不得约束下一届议会。然而,议会制在20世纪后半叶发展出来一种变体,即所谓"受限议会制"(constrained parliamentarianism)。③与威斯敏斯特模式下的不成文宪法体制不同,受限议会制建立在成文宪法和权利法案的基础上,并设立宪法法院负责违宪审查,因而议会权力受到宪法明确限制。德国体制是典型的有限议会制。《德国基本法》(1949)创设了两个行政首长,即总统和总理。总统是名义上的国家元首,只承担象征性和礼仪性的功能;总理则是实际掌握行政大权的领导人,由议会下院选举产生。与威斯敏斯特模式不同,除非任命新总理,议会下院不得随意免除总理职务。这是对于议会权力的重大限制。

(三) 半总统制:法国与其他

总统制有一种变体,即半总统制,以法国为代表。④ 1789年大革命之后,法国经历了帝制和共和的多次更替,政治制度摇摆不定。1958年《法国宪法》(特别是1962年修正案)规定,法国总统由全民直接投票选举,与美式总

---

① 〔英〕戴雪:《英宪精义》,雷宾南译,中国法制出版社2001年版。
② 〔英〕沃尔特·白哲特:《英国宪制》,李国庆译,北京大学出版社2005年版,第7页。
③ 后者是阿克曼教授创造的术语。
④ 有学者也将半总统制的先驱追溯到德国魏玛共和国。Cindy Skach, "The 'Newest' Separation of Powers: Semipresidentialism", 5 *International Journal of Constitutional Law* 113, p. 113(2007).

统制类似。但立法机关(国民议会)又通过多数决同时选出总理,对立法机关负责,并组织行政机关,因此形成了双行政首长的格局。当总统所属的政党在议会中占据多数席位时,该体制与总统制没有区别;但当总统所属的政党在议会中不占据多数席位时,总统则与总理分享权力(一般来说是总统主外事,总理主内政),于是形成"半总统制"(semi-presidentialism)。①

后一种情况经常出现在总统选举和议会选举不同期的情况下。例如,1981 年,法国总统大选和议会选举同时进行,社会党都获得了胜利,同时掌握了总统和总理两个职位。按照当时的宪法规定,总统任期为 7 年,而国民议会任期则为 5 年。1986 年议会选举,右翼政党联盟获胜,而社会党的总统密特朗尚有两年任期,因此他必须任命右翼的希拉克担任总理,从而形成了双方共存(cohabitation)的局面。1993 年,密特朗在其第二个任期内,遇到相同的局面,于是又任命了右翼的巴拉迪尔担任总理。1995 年,希拉克接任密特朗当选总统。然而,两年之后,随着其所在的政党失去议会多数席位,他又必须任命社会党的若斯潘担任总理,直到 2002 年。

由此可见,半总统的最大特征在于,一旦出现总统和总理分属两党的情况,行政分支内部存在进一步分权制衡:直接选举的国家元首(总统)和间接选举的政府首脑(总理)。但值得注意的是,总统与总理的权限划分并不由宪法明确规定,也无明显的界分标准,往往取决于政治惯例和两者的实际关系。

冷战结束以来,半总统制已经开始影响其他国家,尤其是在经历了民主转型的东欧国家,甚至影响到了非洲和亚洲的一些国家,形成了"最新的"分权模式。②例如,2006 年,乌克兰总统尤先科任命了其在 2004 年总统大选中的竞争对手亚努科维奇为政府总理,因而形成了一种半总统制。

半总统制结合了总统制和议会制的特点,除了可以在行政分支内部形成一定制衡外,还具有保持政局稳定的作用。换言之,该机制为总统提供某种"挡箭牌",使得总统免受批评,因为可以将一些争议性的政策或者决定归咎于总理,从而让总统获得较为超然的地位和权威。这颇类似于传统政治体制中君主和宰相之间的关系。而且,在一国当局引发民众高度不满的情况下,由于总理没有任期,完全取决于议会信任而得以继续任职,可以通过议会罢免总理(而不必弹劾总统)的方式实现问责,由此使得总统通过固定任期来

①　Maurice Duverger, "A New Political System Model: Semi-Presidential Government", 8 *European Journal of Political Research* 65, pp. 65-87(1980).

②　Cindy Skach, "The 'Newest' Separation of Powers: Semipresidentialism", 5 *International Journal of Constitutional Law* 93, pp. 93-94 (2007).

保持政治稳定。当然,有一利必生一弊。半总统制的缺点也显而易见。由于采取双行政首长体制,一旦总统和总理配合不好,则会影响行政效率;而且,一旦出现问题,往往会产生问责主体不清的情况。

(四) 规范争议:总统制与议会制优劣论

在总统制和议会制相提并论之后,一个自然的问题就是:究竟是总统制更好,还是议会制更好? 在不同时代和不同语境当中,依据不同的标准,有不同的答案。

在 19 世纪末到 20 世纪初的世界主流宪法观念中,议会制是现代立宪制度的典型模式;无论是被誉为现代立宪典范的威斯敏斯特模式,还是《魏玛宪法》(1919)为代表的议会民主制模式,甚至连美国总统威尔逊也将美国政体描述为国会政体。①但也是在魏玛议会民主制之下,卡尔·施米特对议会制提出了著名的反思和批评。②施米特认为,议会制容易导致过度讨论,无法形成决断,特别是在内政外交事务紧迫的时期。且与英国不同,欧洲大陆的议会制国家一般搭配多党制,极易出现各党推诿、无法作出重大决策的情况,影响国家治理效率。而且,议会制之下的内阁一般任期较短、更迭频繁,不容易维持法律和政策的稳定性,影响社会经济的长期发展。与施米特一样,曾参与《魏玛宪法》制定的著名社会学家马克斯·韦伯也对议会制也颇有微词,转而支持总统制,认为总统才是德国资产阶级民主政治的核心力量。

冷战期间,由于美国的巨大影响力,总统制也成为很多新兴民主化国家的效仿对象,特别是 20 世纪下半叶所谓"第三波民主化"国家。冷战结束以后,很多国家开始制定新宪法,总统制与议会制的选择也成为比较政治学的热门问题。③比较宪法学界也有一场著名的辩论:美国宪法学家阿克曼(Bruce Ackerman)和卡拉布雷西(Steven Calabresi)围绕是否应该向外国"推销"美式总统制发生了争论,颇具代表性。

---

① Woodrow Wilson, *Congressional Government*: *A Study in American Politics*, Meridian Books, 1956.

② 〔德〕卡尔·施米特:《政治的浪漫派》,冯克利、刘锋译,上海人民出版社 2004 年版。

③ Matthew S. Shugart and John M. Carey, *Presidents and Assemblies*: *Constitutional Design and Electoral Dynamics*, Cambridge University Press, 1992, pp. 32-43. Scott Mainwaring, "Presidentialism, Multipartism, and Democracy", 26 *Comparative Political Studies* 198, pp. 198-228(1993).

阿克曼认为，总统制对于新兴民主国家而言弊大于利。[1]主要原因如下：

其一，总统制度之下行政机关和立法机关容易产生冲突，尤其是两党分别占据两个机关的时候，总统无法像议会制下的首相一样解散议会，议会也无法在总统任期届满之前通过不信任案，迫使总统卸任或改变意见，因而极为容易造成政局动荡。很多时候，总统会强行解散议会，最终民主崩溃——"林茨噩梦"。即便在冲突没有那么严重的情况下，也会产生国家治理的危机和僵局：总统和议会互相推诿，导致政府无法行事。

其二，总统制下，总统选举采取"赢者通吃"模式，败选政党无法在行政机关内占据地位，只能以在野党身份监督当局；而议会制国家多采取比例代表制，败选政党仍可按照所获选票的比例得到一定席位，对当局形成体制内的监督制衡。正是由于"赢者通吃"，总统制下每次总统大选都会伴随着激烈的斗争，每次换届都容易导致国家动荡。[2]

其三，总统一人当权，无论是在选举还是在施政中，个人魅力都起到极其重要的作用，容易引发个人崇拜，从而导致权力滥用。[3] 自电视等大众传媒发展以来，总统的个人魅力成为选举的焦点。在面对极富个人魅力的民粹煽动家时，选民很可能会丧失理性。[4] 选出来的总统也可能不对政党负责；相反，政党是总统候选人选举的工具。而议会制之下，问题不会如此严重：例如，曾深陷丑闻的克林顿如果在议会制国家，可能立刻就会被解职；但在总统制国家，国会甚至都没法成功地弹劾他。

卡拉布雷西则表达了自己对美国总统制的推崇，给出支持总统制的多种理由：总统制更能代表民众意志（popular will），而议会制下的首相或总理并非民众选出，而是精英选出；总统固定任期保证执政连贯性，且能够超越意识形态职称，更能解决具体问题；总统制下，行政长官更能掌控下级官员，且容易形成强有力的司法审查制度，更有利于保护人权；总统制和两党制、联邦制更相容。[5]

---

[1] Bruce Ackerman, "The New Separation of Powers", 113 *Harvard Law Review* 633, pp. 633-729 (2000); Steven G. Calabresi, "The Virtues of Presidential Government: Why Professor Ackerman Is Wrong to Prefer the German to the U. S. Constitution", 18 *Constitutional Commentary* 51, p. 52 (2001).

[2] 托克维尔将每一次总统大选都称为"紧急状态"。〔法〕托克维尔：《论美国的民主》，董果良译，商务印书馆1991年版，第150—151页。

[3] Dana D. Nelson, *Bad for Democracy: How the Presidency Undermines the Power of the People*, University of Minnesota Press, 2008.

[4] 或许特朗普当选美国总统以及之后的许多乱局是最好的例子。

[5] Steven G. Calabresi, "The Virtues of Presidential Government: Why Professor Ackerman Is Wrong to Prefer the German to the U. S. Constitution", 18 *Constitutional Commentary* 51, pp. 56-95 (2001).

卡拉布雷西特别指出,和议会制相比,总统制更容易塑造强大的军力,更容易让采用该体制的国家赢得战争。美国之所以在战后为德国、日本和意大利制宪时设计议会制,是因为要防止这些曾经的军国主义国家东山再起:

> 我们不希望德国、日本和意大利有强大的执行机构,因为我们不想让他们有能力参与到未来的战争中。我们有意把他们推向一个让他们在军事和外交事务方面保持羸弱的立宪结构,因为在 1945 年之后我们并不完全相信他们。一种让他们保持羸弱的机制就是议会制政府。相比总统制政府,议会制政府产生更不稳定的执行机构和内阁。①

在卡拉布雷西看来,总统制具有打赢战争所需的稳定性:二战期间英国曾经暂停议会选举,而美国从未如此。而且,除英国外,议会制国家从来不是世界军事外交大国。反过来说,为应对国家面临的非常紧迫的军事和外交问题,以色列 1990 年代以来也开始转向总统制。

(五) 立法与行政中的内部分权

实际上,分权不仅发生在立法和行政之间,也可能发生在立法和行政的内部。

1. 立法机关的内部分权:两院制问题

在立法机关的内部结构中,首要的问题是议院设计,即采取一院制(unicameralism)还是两院制(bicameralism)。一院制的支持者强调意志统一和决策效率。法国大革命时期的政治家和宪法学家西耶斯,曾对两院制提出了著名的质疑:如果两院意见一致,那么有一个院是多余的;如果两院意见不一致,那么有一个院的意见是错误的。两院制的支持者则主张,两院制能够实现立法机关内部的分权制衡,从而保证立法和决策的审慎性。在宪法设计者看来,两院制可以制衡民主,推进立法效率和质量,增强政权正当性。

在传统学说中,两院制的主要原理在于混合政体理论:贵族与平民分别具有代表机构。以英国为例。作为世界上最早实行议会政治的国家,英国议会肇始于中世纪,最早则可以追溯到盎格鲁—撒克逊时代的"伟党"(Witan,

---

① Steven G. Calabresi, "The Virtues of Presidential Government: Why Professor Ackerman Is Wrong to Prefer the German to the U. S. Constitution", 18 *Constitutional Commentary* 51, p. 91 (2001).

即贤明之人)会议。①从一开始,英国议会即区分为两院:贵族会议作为上议院定期召开,参加贵族会议的是高等贵族,均为国王封臣;骑士则作为低等贵族与各市镇代表组成平民院。②

在布莱克斯通看来,英国议会的最大优点是通过国王、上议院和下议院分置,集合三种因素——智慧、美德、力量。③"在立法机关里,平民制约着贵族,贵族也制约着平民,因为双方互相拥有否决对方决议的特权……"④议会中的贵族制因素能够使得"一个治理有序的国家必须对个人的地位等级和所享荣誉有明确的区分,这样才能激励他们这种虽然有时略显野心勃勃,但却值得推崇的为社会服务的热情,并促进个人与个人之间在这方面相互竞争"。⑤

虽然19世纪到20世纪的英国议会改革方向是平民化,大大削弱了贵族院的权力,然而正如白哲特所言:

> 贵族院的作用……在其尊荣的方面,是非常巨大的。……群众的想象力弱得令人难以置信;除非有看得见、摸得着的符号,否则它什么都看不到;而且,即使有了符号,还是有很多它看不到的东西。贵族是思想的符号。⑥

贵族院仍然起到了平衡民主的作用。"甚至在20世纪初,英国上院还不是一个清谈馆和养老院,它隶属于党派斗争并总与保守党站在一起;一旦自由党政府在推行政策时行车过速,它就傲然出面充当刹车角色。"⑦贵族院仍然具有一定的实际效用:"尽管有了理想的平民院贵族院就变得不必要、从而是有害的,但是在现实的平民院旁边,一个进行修正的、从容不迫的立法机关是极其有用的……"⑧由于平民院过于热切,需要那些不那么热切的人进行平衡。⑨"平民院的危险可能在于它会受到过于轻率的改革;贵族院的危险

---

① 〔英〕S.李德·布勒德:《英国宪政史谭》,陈世第译,中国政法大学出版社2003年版,第9页。
② 〔英〕威廉·布莱克斯通:《英国法释义》(第一卷),游云庭等译,上海人民出版社2006年版,第170页。
③ 同上注,第60页。
④ 同上注,第175—176页。
⑤ 同上注,第178页。
⑥ 同上注,第73页。
⑦ 闫照祥:《英国政治制度史》,人民出版社1999年版,第390页。
⑧ 同上注,第86页。
⑨ 同上注,第91页。

一定在于，它可能永远都不会被改革。"①两者必须相互制衡，方才能够在变革和保守之间寻求平衡。

在美国和德国，联邦制的结构决定了两院制的结构。一般来说，上院代表各州利益，与其人口、幅员、经济实力和政治力量无关，坚持平等代表权原则。众议院则以各州人口为基数选出。在考察美国制度时，托克维尔看到：

> 在起草联邦宪法时，曾面对着两种互相对立的利益，这两种利益产生了两种意见。一些人想把联邦建成一个各州保持独立的联盟……另一些人想把美洲各殖民地的全体居民联合成为一个单一的国家，给他们建立一个即使权力范围有限、但能在这个范围内作为国家的惟一单独代表而活动的政府。……最后，立法者采取了一种折中办法，将理论上不可调和的两种制度强行调和起来。州独立的原则在组建参议院方面取胜，而国家主权学说则在组建众议院方面占上风。②

抛开联邦制的因素，美式两院制的设计本身也体现了精英和平民因素的混合。参议院无论从议员人选乃至辩论质量来说，都更具精英色彩。选举方式上，众议院由人民提名选出，参议院由各州立法机构提名选出。任期上，众议员的任期两年，参议员则为六年。职权上，众议院只有立法权，所分享的司法权只限于对公职人员的弹劾。参议院不但负责立法工作，也审理众议院提起的政治犯罪案件。总统提出的法案和所作的任命，须经参议院的同意才能最后生效。③

美国两院制的设计与英国有类似之处：运用贵族德性抑制民主激情。在联邦党人看来，成立参议院的目的在于："一个共和国如果无此机构定将遇到种种不便之处。"④设立独立的参议院可以实现以下目标：

（1）增强代议机构的问责性。"共和国政权……仍然可能使行使行政权的人竟然忘记对于选民的责任，而不忠诚于选民的重托。……参

---

①　闫照祥：《英国政治制度史》，人民出版社 1999 年版，第 101 页。
②　同上注，第 131 页。白哲特也看到："一个联邦的参议院是一个上议院、代表各州的统一——它代表着一种在社会根基的感情——这种感情比复杂的政治更为久远，要比普通的政治情感强烈一千倍——即本地化的感情。……美国联邦的每一个州都觉得对参议院的不敬就是对自己的不敬。"〔英〕白哲特：《英国宪制》，李国庆译，北京大学出版社 2005 年版，第 89 页。
③　〔法〕托克维尔：《论美国的民主》，董果良译，商务印书馆 1991 年版，第 133—134 页。
④　〔美〕汉密尔顿、杰伊、麦迪逊：《联邦党人文集》，程逢如、在汉、舒逊译，商务印书馆 1995 年版，第 315 页。

议院,作为立法机关的第二分支,有别于其第一分支而又与之分享权力,一定会在一切情况下都能成为对于政权的一种值得赞赏的制约力量。"①

(2) 增强代议机构的审慎性,减少激情的左右和党派的操纵。"一切一院制而人数众多的议会,都容易为突发的强烈感情冲动所左右,或者受帮派头子所操纵,而通过过分的和有害的决议……"②

(3) 增强立法的专业性。参议院可以纠正众议院"对于立法的目的和原则缺乏适当的了解"这一状况。③

(4) 增强政府的稳定性,防止人事多变、政策多变、公务多变。"民意机构由于其成员不断更迭而产生的不稳定性,不论怎样加以限制,都以最强烈的方式表明,政权中设置某一稳定机构实在是必要的。"④

(5) 增强政府的荣誉感。"政府中如果没有一个精选而稳定的组成部分,其愚昧多变的政策会使外国失去其敬意……"⑤一个人多易变的机构不可能培育民族荣誉感。

(6) 让立法机关考虑长远利益。"这种责任本来起源于选举,但恰因选举过于频繁,却反而因之缺如。"⑥众议院议员任期太短,政策无法顾及施行后果。参议院可以纠正。

总而言之,"在共和政体中,立法权必然处于支配地位"。⑦ 在立法权内部设立两个议院,即是引入分权制衡的思想,防止立法滥权。参议院是国会中"精选而稳定的组成部分",以牵制更受大众控制和影响、多变的众议院。参议院扮演了民主时代的"元老院"或"贵族院"的角色——正如联邦党人所言,"只有公众的理智应该控制和管理政府,情感应该由政府控制和调节"。⑧

2. 行政分支的内部分权

行政部门的内部分权问题,也是在当代比较宪法中存有争议的问题。其

---

① 〔美〕汉密尔顿、杰伊、麦迪逊:《联邦党人文集》,程逢如、在汉、舒逊译,商务印书馆1995年版,第315页。
② 同上注,第316页。
③ 同上。
④ 同上注,第317页。
⑤ 同上注,第319页。
⑥ 同上注,第320页。
⑦ 同上注,第265页。
⑧ 同上注,第260页。

中较为重要的问题是:行政分支究竟应该完全听命于行政首长,抑或可以设立独立于行政首长的职位或者部门,以便形成行政分支内部的分权制衡? 此问题的答案在半总统制国家相对较为清晰:一旦出现国家元首和政府首脑分属不同政党的情况,两者之间即形成分权制衡,自不待言。① 然而,在纯粹总统制的国家,此问题则变得较为麻烦。如在美国,围绕总统能否完全控制整个行政系统的问题,一直存有争论。一种理论认为,总统作为整个行政分支的首长,对于所有下级官员具有控制权,可以根据其个人判断来任免下级官员。这被称为一元行政权理论(unitary executive theory)。

　　然而,实践当中却出现过独立于总统的官员或者机构的存在。在这个问题上,最为鲜明的例子是特别检察官(special persecutor)或独立检察官(independent counsel)制度,也即美国事实上的反腐败机构。在美国,检察权属于行政分支下设的司法部(Department of Justice)行使,最终听命于总统。然而,在一些特殊案件中,司法部部长涉及利益冲突的时候,便需要特殊的制度安排。美国自从19世纪下半叶就开始产生了特别检察官的实践,即由总统特别任命的检察官来调查腐败案件或官员违法行为。然而,该项制度一直没有法律的明确授权和承认。

　　在水门事件中,尼克松总统解雇了特别检察官阿奇博尔德·考克斯,引发了巨大的社会争议。水门事件以来,美国国会通过《政府伦理法》(Government Ethics Act, 1978),正式从法律层面设立特别检察官,并将其更名为"独立法律顾问"(independent counsel),独立调查政府官员的违法行为;而在之前,检察官完全隶属于总统。而且,特别检察官的任免权不受总统控制,只能由司法部部长依据正当理由(如因故不能履职)免除其职务。独立检察官在20世纪80年代的"伊朗门"事件中扮演了重要角色。但是,由于独立检察官是由国会立法设立,而且在程序上必须由位于华盛顿的联邦上诉法院任命,因而引发了合宪性的争议。1988年,美国最高法院在一起引人注目的案件中支持特别检察官设立的合宪性。②

　　但是,在1999年"白水事件"(the Whitewater)中,独立检察官斯塔尔在调查比尔·克林顿总统的性丑闻期间,被认为滥用职权,引发了巨大争议,美国国会拒绝更新《政府伦理法》中涉及独立检察官的规定,因而该制度失去法律依据,转而变成由司法部的内部规范进行授权和规制。2019年,随着特朗普"通俄门"事件爆发,美国国会再次任命独立检察官罗伯特·穆勒(Robert Mueller)调查特朗普,随即引发了新一轮的争议。

---

　　① 瑞士的联邦委员会(7人组成)则是行政分支内部分权制衡的一个特例。

　　② *Morrison*, *Independent Counsel v. Olson et al.*, 487 U. S. 654, 734 (1988).

受美国影响，韩国也设有独立检察官制度。2016 年，为了应对朴槿惠总统的闺蜜"干政门"丑闻，韩国国会通过《独立检察官法案》，授权独立检察官调查与该案相关的一切人员和部门。[1]特别检察官的调查，最终导致国会针对朴槿惠进行成功弹劾，使朴槿惠成为韩国历史上首位被弹劾的总统。

四、超越孟德斯鸠：新发展与新学说

现代宪法的基本理念一般将政府权力进行区分，分为立法、行政和司法。晚近以来各国宪法的最新发展趋势，已经使得政府权力结构超出孟德斯鸠的想象。三权交织的现象日益明显，政党政治的激化也使得分权日益形式化。

（一）超越"分立"与"三权"

以美国为例，原初的三权分立体制已经有了很大的改变。立法、行政和司法机关各自掌握了一些原初宪法没有赋予的权力。

第一，国会通过监督行政机关获得了一些执行权。很多国会专业委员会的执掌者已获得了内阁成员的实质权力，只不过在形式上必须遵守宪法中禁止国会议员担任行政职务的规定。[2]

第二，总统权力极度扩张，成为"帝王总统"（imperial presidency），尤其是在外交和战争领域，甚至成为"最危险的分支"（the most dangerous branch）。正如阿克曼所言："总统由 18 世纪的社会贤达转变为 19 世纪的政党巨头，再转变为 20 世纪的民众领袖，最后成为 21 世纪的煽动政治家，他们主张超宪法的权力，以控制威胁共和国的危机"。[3]而且，由于国会立法一般过于笼统，行政机关在具体执行时会出台各种细则，事实上掌握一定的立法权。[4]

第三，宪法法院已不再是凯尔森意义上的"消极的立法者"，而变成"积极的立法者"，即开始承担政策制定功能。比如，在 1973 年著名的"罗伊案"

---

① http://www.koreanlii.or.kr/w/index.php/Special_prosecutor, last visited Feb. 22,2023.

② U. S. Constitution, Art. I, § 6.

③ Bruce Ackerman, *The Decline and Fall of the American Republic*, Belknap Press of Harvard University Press, 2010.

④ Mark Tushnet, *Advanced Introduction to Comparative Constitutional Law*, Edward Elgar Publishing, 2014, p. 95.

当中,最高法院提出了一个关于堕胎的"三阶段"论,即在怀孕 9 个月的三个阶段中,州和公民之间对待堕胎具有不同的利益格局,因而被认为更像是在承担立法功能。①美国法官波斯纳(Richard A. Posner)将美国最高法院称为"政治性的法院"(political court)。②

20 世纪以来,随着行政国家(administrative state)的兴起,独立规制机构(independent regulatory agencies)出现,使得行政机构的单一性开始发生变化。一些独立规制机构甚至兼具规则制定、规则执行乃至纠纷解决功能,且在体制上不隶属任何一个政府分支机构,即所谓"第四权力分支"(the Fourth Branch)。③一些论者认为,应当重视文官体系的独立性,在理论上重构"三权"分立:政治部门(国会和政府)、法院和"行政机关"(职业官僚体系)。④此框架将传统的立法和行政分支合并为政治部门,而将相对中立化和专业化的官僚系统独立出来,以此形成新的制衡。

到了世纪之交,即便是"第四权力分支"的说法也已经无法概括新的发展趋势。于是,论者根据世界范围内的实践,辨认和总结出了"第五权力分支"(the Fifth Branch)⑤,典型的例子是中央银行、反腐机构和选举委员会⑥,甚至包括智库⑦。

(二) 政党政治与分权结构

发源于 18 世纪的经典分权体系,建立在没有现代政党和政党体制的前提下。孟德斯鸠的视野里从没有对于政党的思考;麦迪逊考虑到了政党,但殚精竭虑地通过制度设计避免政党和政党政治。⑧当现代政党出现、并且成为最为重要的政治力量之后,经典分权体系就变得问题重重,甚至显得非常形式化。

具体而言,即便一些国家存在两党制或多党制,实际政治格局也完全可

---

① *Roe v. Wade*, 410 U. S. 113, 178 (1973).

② Richard A. Posner, "Foreword: A Political Court", 119 *Harvard Law Review* 32, pp. 32-102 (2005).

③ Peter L. Strauss, "The Place of Agencies in Government: Separation of Powers and the Fourth Branch", 84 *Columbia Law Review* 573, p. 573 (1984).

④ Eoin Carolan, *The New Separation of Powers*, Oxford University Press, 2009, p. 128.

⑤ Sheila Jasanoff, *The Fifth Branch: Science Advisers as Policymakers*, Harvard University Press, 1990.

⑥ Martk Tushnet, *Advanced Introduction to Comparative Constitutional Law*, Edward Elgar Publishing, 2014, pp. 96-99.

⑦ 任晓:《第五种权力:论智库》,北京大学出版社 2015 年版。

⑧ Gerald Leonard, *The Invention of Party Politics*, University of North Carolina Press, 2002, pp. 18-50; Richard Hofstadter, *The Idea of a Party System: The Rise of Legitimate Opposition in the United States, 1780-1840*, University of California Press, 1969, p. 40.

能出现以下情况：一个政党通过选举同时掌控立法机关和行政机关，并进而通过任命法官来掌控司法机关，且政党内部的组织关系和意识形态都较为统一。在这种情况下，无论是孟德斯鸠的三权分立还是麦迪逊式的相互制衡都无法实现。①有论者认为，对于采用西方式选举民主和宪法政治的国家而言，当今宪法体制中最为重要的原则已经不是权力分立，而是政党分立（separation of parties）。②只有不同的（甚至相互对立的）政党分别掌握立法和执行两个分支，才能够实现分权制衡。③

　　正是因为政党政治的问题，很多国家都已经开始采取所谓"反对党入政府"（Government in Opposition）的体制：取得多数选民支持的政党要任命反对党的成员进入政府机关担任重要职位，以实现分权制衡的总体原则。④换言之，在西式分权体制下真正的权力分立现在多是在政党之间进行，尤其是在赢者和输家之间进行；传统的三权分立即便考虑到政党因素，也只是在胜选政党联盟内部进行分权，如总统属于执政联盟中的一党，而议会属于另一党。⑤"反对派入政府"改变了以前在野党只能通过批评的方式来监督当局的做法，转而采取"用决策来反对"（dissenting by deciding）。⑥举例而言，南非、英国和阿根廷等都用明文或惯例的方式确定，获得一定选票份额或议会席位的败选政党，可以指派人员进入内阁或政府，担任重要官员。⑦在德国，由于德国宪法法院法官的提名需要联邦议会两院各以三分之二多数通过，议会中少数党派获得了事实上提名法官的权力。⑧此模式旨在实现分权制衡的原初理念，而不固守先前用以实现此理念的制度模式。

---

① Fareed Zakaria, *The Future of Freedom：Illiberal Democracy at Home and Abroad*, W. W. Norton & Company, 2003, p. 17. 作者认为，现在世界上很多民主政府都通过再次当选或者其他方式巩固自己的权力，不受宪法限制，压制宪法权利。

② Daryl J. Levinson & Richard H. Plides, "Separation of Parties, Not Powers",119 *Harvard Law Review* 2312, pp. 2312-2386(2006).

③ 换言之，分权制衡的效果取决于政党政治格局。如果一个政党同时掌握国会和总统，那么就会形成议会制，也即威尔逊模式。如果两个政党分别掌握国会和总统，就会形成制衡局面，也即麦迪逊模式。从开国到20世纪50年代的长时间段内，绝大部分时间内美国的政府部门都呈现出统一化的样态。两党分别掌控国会和总统的情况较少，只在20世纪后半叶大规模出现。

④ David Fontana, "Government in Opposition",119 *Yale Law Journal* 548, pp. 548-624(2009).

⑤ Ibid., pp. 557-558.

⑥ Heather K. Gerken, "Dissenting by Deciding", 57 *Stanford Law Review*1745, pp. 1745-1806(2005).

⑦ David Fontana, "Government in Opposition",119 *Yale Law Journal* 566, pp. 566-567 (2009).

⑧ Ibid., p. 568.

结　语

阿克曼在《别了，孟德斯鸠》一文中指出："没有哪个领域的学术探索被单独一个思想家所主宰，遑论一位 18 世纪的思想家。不管他可能曾经多么伟大，孟德斯鸠对政党、民主政治、现代宪法设计、当代的官僚技术以及现代规制国家与众不同的抱负都没有一星半点的暗示。"[1]因此，"我们必须跟孟德斯鸠最后说一声再见……"[2]只有告别了孟德斯鸠，我们才能将当代比较宪法中的权力分立问题，看得更加真切明白。我们必须超越孟德斯鸠的想象与美国总统制的模式，才能够辨析实现权力分立原则的不同路径。

---

[1]　〔美〕布鲁斯·阿克曼：《别了，孟德斯鸠：新分权的理论与实践》，聂鑫译，中国政法大学出版社 2016 年版，第 136 页。

[2]　同上注，第 138 页。

第五章　纵向分权:全球化与身份政治的挑战

> 如果我们失去了宣告国会法案无效的权力,我并不认为合众国将寿终正寝。但如果我们不能对各州法律作出无效宣告,我确实认为联邦将危在旦夕。
>
> ——奥利弗·温德尔·霍姆斯[1]

现代宪法的任务之一是分配政府权力。这种分配不仅在横向层面展开,也在纵向层面展开。纵向分权是指一国的政府在中央和地方层面进行权力分配的原则与模式。虽然传统学说当中常常区分为单一制、联邦制和邦联制,但即便在单一制体系下,也存在中央—地方的分权问题。毕竟,对于任何一个稍具规模的国家而言,内部呈现出多层政府结构都是常见的现象。本章限于篇幅,仅选取在当代国际比较宪法学中关注较多的联邦制为主题,从理论和实践层面进行全面但不失重点的剖析。

在当代比较宪法学中,世纪之交常被论者称为"联邦主义的时代"。[2]自从 20 世纪末以来,超国家和国家间的联邦建构与地方自治的联邦分权一道,共同挑战传统民族国家的单一主权结构。民族国家的主权从上面受到挑战,即权力转移到超国家实体;从下面受到挑战,即中央权力下放给地方政府。具体而言,一方面,民族国家的中央政府不断向跨国或者超国家机构上交权力。比如,欧盟成员国将自身的很多权力,特别是经济规制方面的权力,移交给欧盟。北约和北美自由贸易联盟等超国家联盟也将很多国家的国防或经济权力部分收纳。另一方面,无论是单一制国家还是联邦制国家,都经历了中央向地方放权的过程,有些国家甚至面临地方独立运动的挑战。[3]作为经

---

[1] Oliver Wendell Holmes, *Collected Legal Papers*, Harcourt, Brace & Howe, 1920, pp. 295-296.

[2] Steven G. Calabresi & Lucy Bickford, "Federalism and Subsidiarity: Perspectives from Law", SSRN, posted on 1 Aug 2011, http://ssrn. com/abstract=1902971, last visited Feb. 22,2023.

[3] Sujit Choudhry & Nathan Hume, "Federalism, Devolution and Secession: From Classical to Post-Conflict Federalism", Tom Ginsburg & Rosalind Dixon(eds.), *Comparative Constitutional Law*, Edward Elgar, 2011, p. 358. 从概念上来讲,联邦制与放权(devolution)或者分权(decentralization)有区别。放权多用来形容英国在 1980 年代向地方转移权力的现象,如向苏格兰地区进行权力转移。分权则用来形容单一制国家向地方政府赋予自治权,如西班牙。两者与联邦制的重要区别在于:联邦制一般具有宪法基础;放权或者分权一般采取普通立法的形式。

典的单一制国家,法国在 1980 年代后开始向地方放权。1990 年代以来,英国不断向苏格兰、威尔士和北爱尔兰放权,如在苏格兰建立独立议会。① 西班牙在1980 年代左右的民主转型时,赋予加泰罗尼亚和巴斯克地区较大的自治权。与此同时,比利时则将权力下放给弗兰德斯和布鲁塞尔等民族地区。②

与此同时,以加泰罗尼亚、巴斯克、苏格兰和魁北克为代表的地方分离主义运动则体现了地方自治原则的激进版本。加拿大一方面加入北美自由贸易协定而将一部分权力交到国际机构,另一方面给予内部的魁北克地区更大的自治权。美国也在 20 世纪末一改之前联邦扩权的趋势,开始继续重新强调各州的自主权。自罗斯福新政以来,联邦政府通过社会保险和经济规制等方式使得自身的权力极度扩张;美国最高法院在这个过程中也通过运用宪法中的贸易条款(commerce clause)为国会管制各州事务提供了法律途径。但是,在 1995 年的洛佩兹案中,美国最高法院改变了将近六十年支持联邦政府扩权的传统,转而开始限制联邦的权力,重新寻求联邦与各州之间的权力平衡。③这是对各州放权的体现,由此引发了罗斯福新政以来关于联邦制最为活跃的讨论。④ 而到了 21 世纪,从小布什到特朗普,美国联邦和各州的权力格局不断地在反恐战争、金融危机、新冠疫情等事件的冲击下进行了更为复杂的调整:联邦政府在不断扩权的同时,也为各州政府提供了新的规制空间(如奥巴马当局的救市方案),有时联邦的政策也受到州政府的反对(如特朗普当局的防疫政策)。

由此可见,联邦制既是一种预先的宪法安排,也是一种持续的政治博弈。一国宪法对于联邦制的规定,无论多么细致,都无法涵盖后续涉及日常治理的中央地方分权问题。如何在政治、经济、文化、社会、宗教等领域呈现多元化的国家内部,实现中央和地方权力的动态平衡,是联邦制能否持续稳定进行的核心要务。

本章首先介绍联邦制的基本理论、原则,重点关注司法机关的宪法适用在联邦制下中央地方博弈之中的角色,特别是在两种较为极端的场景中:一

---

① 英国议会通过的 2016 年《苏格兰法》于 3 月获女王批准生效。它标志着在宪制安排方面,苏格兰议会和政府将成为永久性宪法机构,除非苏格兰人民通过公投否决这一规定;若没有得到苏格兰议会的同意,英国议会无权就下放给苏格兰议会的事务进行立法。

② 传统单一制的代表性国家中国,在 1980 年代也经历了地方放权运动,直到 1993 年分税制之后才重新走向中央权力的集中。直至今日,中国中央与地方事实上的分权依然存在。Gabriella Montinola, Yingyi Qian, and Barry R. Weingast, Federalism, "Chinese Style: The Political Basis for Economic Success in China", 48 *World Politics* 50, pp. 50-81(1995). 郑永年:《中国的"行为联邦制":中央—地方关系的变革与动力》,邱道隆译,东方出版社 2013 年版。

③ *United States v. Lopez*, 514 U. S. 549, 644 (1995).

④ Ibid.

种是较强的离心政治,也即一国内部的单方分离主义问题;另一种是较强的向心政治,也即超国家联盟的建构问题。

一、经典联邦制

(一) 思想起源与后世演变

对于联邦制的论说经常带有意识形态倾向。著名联邦制问题专家、美国学者威廉·莱克(William Riker)曾在名著《美国联邦制的发展》中坦言,其对于联邦制的态度伴随着意识形态的时代变化而变化:在20世纪50年代,罗斯福开创的新政自由主义意识形态如日中天,联邦权力不断扩张,国家主义正当其时,联邦制因而被视作"良好政府的障碍"(impediment to good government),因为要害在于运用中央政府保护个人的权利,而联邦制倾向于掩护侵犯个人权利的地方政府。到了20世纪80年代,随着里根主义的兴起,人们开始对于中央政府和国家主义产生了巨大怀疑,反国家主义的意识形态和主张限制中央政府权力的呼声开始流行起来,联邦制因此被视作"对利维坦的限制"(restraint on the leviathan)。[1]

在更大的视野中,世纪之交对于辅助性原则和联邦主义的讨论,触及的是政制与地理、集权与分权之间关系的老问题。[2]纵向分权的问题触及一个政治哲学层面由来已久的问题:政治权威应该将其正当性建立在何种层级之上——个人抑或团体? 对于此问题,政治思想史中存在两种相互对立的进路,一种是现代单一国家思想,另一种是现代联邦政体思想;在相关学说中,两者的争论一般被概括为单一主义(Unitarianism)和联邦主义(Federalism)之争。前者典型地体现在霍布斯1651年的名著《利维坦》之中,后者则以德

---

[1] William H. Riker, *The Development of American Federalism*, Kluwer Academic, 1987, pp. 12-13.

[2] Steven G. Calabresi & Lucy D. Bickford, "Federalism and Subsidiarity: Perspectives from Law", SSRN, posted on 1 Aug 2011, http://ssrn. com/abstract = 1902971, last visited Feb. 22, 2023, p. 4. 关于国家领土规模与政体之间关系的探讨, See Alberto Alesina & Enrico Spolaore, *The Size of Nations*, MIT Press, 2005。中国思想史上对纵向政治结构也有一场长久的争论:封建与郡县之辩。钱穆曾经如此总结郡县制的特征:"郡县政令受制于中央,郡县守令不世袭,视实际服务成绩为任免进退,此为郡县制与宗法封建性质绝不同之点。自此贵族特权阶级分割性之封建,渐变为官僚统治之政府。"钱穆:《国史大纲》,商务印书馆1994年版,第82页。郡县制后来成为制度主流(只有新朝建立之时方才分封),但封建制作为一种文化意识存留下来,为儒家士人心中经典想象,甚至一种情结。秦朝暴政源于郡县制;周代制度则沉郁优美。参见渠敬东:《中国传统社会的双轨治理体系》,载《社会》2016年第2期,第22页。

国哲学家阿尔特胡修斯(Althusias)1643 年的《政治论》(*Politica*)为代表。①

霍布斯强调国家主权单一制,即在主权与个人之间没有中间政治组织。霍布斯所设想的现代国家(利维坦)既没有横向分权,也没有纵向分权。主权是不可分割的(indivisible),且是不会犯错误的(infallible),更是不能抵抗的(irresistible)。与之相反,阿尔胡埃斯推崇联邦制②,认为所有的政治单位都应该是多元的,不应把政治权力集中在中央机构手里。国家是多元的政治组织通过各种方式松散地联合在一起的集合。政府权力应该在中心和边缘进行分享。

在霍布斯对于现代国家的想象中,自然状态中平等独立的个人通过缔结社会契约,一致同意将自卫的权利交给一个中立的、第三方主体(称为主权者),构建出单一的、不可分割和不可抵抗的国家主权。在利维坦之中,所有团体都不具备独立的政治权威,其权力来源于国家的授予。在个人与国家之间,并没有中间的政治团体获得个人的直接授权,因而并不存在纵向的分权结构。

在霍布斯看来,一切人类团体可以分为两类:正规(regular)团体和非正规(irregular)团体。前者是具有代表者的团体,如一个公司;后者则是偶尔聚在一起、没有代表机制的人群,如剧场里的观众群体。正规团体又分为两类:绝对独立(absolute and independent)团体和从属(subject)团体。前者只服从自己的代表者而不服从其他任何人或者团体,唯一符合此种标准的是国家;后者则从属于某一国家主权的管辖,不具有独立性。从属团体又分为两类:政治团体和私人团体。前者是根据国家主权命令或法律建立的组织,后者是私人臣民之间建立的团体。私人团体分为合法和非法两种:前者如家庭,后者如阴谋集团或者帮会。③

在以上的理论结构中,任何从属性的政治团体——包括地方政治团体——都绝对服从国家主权,其权力永远处于有限状态,由主权者规定其界限:"因为无限的权力就是绝对的主权。在每一个国家中,主权者都是全体臣民的绝对代表者。所以除开他准许的以外就没有其他人能成为任何部分的代表者。如果准许臣民的政治团体在一切意图和目的上具有一个绝对的代表者,就是放弃了国家对这一部分的统治并与和平与保卫相违背而分裂了统治权……"④

---

① See D. Livingston, "The Very Idea of Secession", 35 *Society* 38, p. 38(1998).

② 值得说明的是,阿尔特胡修斯所谓的"联邦"更接近于今天人们所说的"邦联"。

③ 〔英〕霍布斯:《利维坦》,黎思复、黎廷弼译,商务印书馆 1996 年版,第 174 页,第 183 页。

④ 同上注,第 174—175 页。

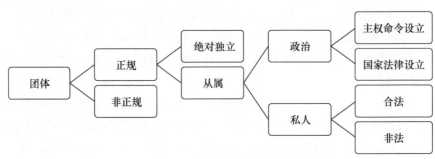

图 5.1 霍布斯的团体分类

与霍布斯不同,阿尔特胡修斯则认为政治秩序本质上是联邦性质的。阿尔特胡修斯常常被称为现代联邦制思想之父。阿尔特胡修斯的理论出自他为其所在的城市埃姆登(Emden)的自治权进行辩护,反对其路德教省领主和神圣罗马帝国皇帝。在阿尔特胡修斯看来,政治权威不仅仅存在于单一的国家主权之中,还存在于国家内部的各种多元团体和共同体之中。国家的权威并不直接来自个人的直接授权,而是来自个人已经组成的各种团体的同意。与霍布斯一样,阿尔特胡修斯同样从自然法的契约论出发来论证团体的权力:国家建立的个人缔约授权理念同样可以适用于次国家的团体。[1]在阿尔特胡修斯看来,契约是一切社会生活的法律基础。人们基于契约构成了五种依次向上的社会团体:家庭、行会、地方社区、省和国家。每一个高级团体都来源于低级团体基于契约的联合行为。

在阿尔特胡修斯看来,国家的政治权威基于各省以及各地方共同体之间的契约联合。因而,在国家诞生之后,原先的次级团体依然在法律上得以存在,并在个人与国家之间充当中介。各省乃至地方共同体因而具有自治权(保留其独特的生活方式)、反抗权(当中央权威施暴时)甚至脱离权(恢复联合契约之前的原初自由状态)。[2]正如继承阿尔特胡修斯精神的德国法学家基尔克(Otto von Gierke)所言:"这些团体享有的生活方式并非国家赋予它们:它是一种发自其自身的私生活。事实上,它们给而非接受:它们是更广的社会生活形式的源泉;而且当它们能够离开国家而生活的时候,国家不能离

---

[1] Otto vonGierke, *Natural Law and the Theory of Society*: *1500-1800*, Ernst Barker trans., Cambridge University Press, 1934, p. 70. 基尔克同时指出,在阿尔特胡修斯之前,加尔文宗思想家胡伯特·兰格特(Hubert Languet)曾经基于新教思想中的人民主权理论提出一个省可以抵抗暴虐的政治权威的理论,因为其违反了上帝与国家、统治者与人民之间的契约。荷兰在 1580 年从西班牙获得独立的反叛(the Dutch Revolt)以及瑞士和德国的实践为其理论提供了实例。

[2] Ibid., pp. 71-72.

开它们而生活。"①

霍布斯的主权国家论在欧陆绝对主义国家的进程中，扮演了重要的作用，例如著名的法国国王路易十四的"朕即国家"观念。虽然随着现代宪法的发展和立宪主义的兴起，绝对主义国家已经逐渐式微，但霍布斯思想中将国家权力越过中间组织直接建立在公民/臣民个体的因素却持续下来，发挥了长远的影响。而阿尔特胡修斯的联邦主义论，则在普鲁东乃至于欧盟的奠基人那里得到了传承，形成了著名的辅助性原则（subsidiarity）。

我们可以从 18 世纪末美国建国初期围绕联邦体制的讨论中发现上述两种思潮的影子。事实上，围绕 1787 年美国制宪会议的讨论，也标志着联邦思想朝向实践的发展。就历史而言，美国革命之后独立的 13 个前殖民地，于 1781 年缔结《邦联条例》（Articles of Confederation）建立了一个较为松散的邦联。而经过十几年的实践，邦联体制下的美国因为中央政府权力过于薄弱，导致整个国家的政治经济运作难以为继。于是，各州代表于 1787 年 5 月 25 日至 9 月 17 日召开会议，虽然初心是修改《邦联条例》，然而最终却制定了一部新的宪法。拟议中的宪法草案引发了各州广泛的争论，其中最为核心的问题即是国家的纵向结构问题。

其间，主张强化中央权力的联邦党人与主张各州主权和自治的反联邦党人的争论至关重要，意义深远。②反联邦主义者恐惧新宪法将会导致的中央集权，从而使得中央政府失去控制，损害各州人民的利益和自由。他们坚持孟德斯鸠的理论，认为共和制只有在小型政治共同体中才可以真正推行，一旦政治体规模变大，效果便会大打折扣。

以麦迪逊、汉密尔顿和杰伊为代表的联邦党人则支持联邦模式。③在联邦党人捍卫的联邦体系中，中央政府不被视为联盟中的成员单位，而且被视为直接代表公民。麦迪逊和汉密尔顿认为，在更大的共和政体中，激情的多数派造成暴政的风险降低了；在各州和联邦政府之间分权也会保护个人的权

---

① Otto von Gierke, *Natural Law and the Theory of Society*: *1500-1800*, Ernst Barker trans., Cambridge University Press, 1934, p. 70.

② 这场论辩甚至定义了今日人们熟知的"联邦"概念。"联邦"（Federation）一词最早的意思是今天的"邦联"（Confederation），即各个国家在不放弃自己的主权的基础上结成的松散的联盟。这种含义接近于上文提到的阿尔特胡修斯的概念。当代的联邦概念指的是中央与地方分权，且各自享有一定的权利。这种概念即起源于美国联邦党人的用法。《联邦党人文集》第 39 篇中指出，从邦联条款到美国宪法有一个转变：在宪法之下，"合众国"（the United States）这一国名没有改，但《美国宪法》既非单一制国家宪法，也非邦联宪法，而是两者的结合。宪法的邦联性体现在宪法是由各州特别会议，而不是由联邦的国会和议员来批准。宪法国家统一的特性体现在，众议院是由人民而不是由各州选出来的。因而，美国的联邦制介乎于邦联和单一制之间。

③ 《联邦党人文集》第 10 篇、第 45 篇。

利不被任何层面的当局侵犯。① 更为重要的是,必须建立强大的中央权力,而且中央权力必须基于和及于公民个人,方才能够解决共同防卫和州际贸易所需要的协调难题。②否则,事关公共利益的决策必将因为各自为政而陷入无休无止地拖延、磋商、甚至冲突。③

虽然最终美国选择了联邦党人所构想的联邦体制,而非反联邦党人希望的邦联体制,但维护中央权力和坚持州权自治的拉锯一直贯穿在美国宪法史之中。无论是美国内战前夕围绕"州权"(states' rights),还是20世纪末美国最高法院复兴了各州自主权的传统,都延续了建国初期圈定的争论主题。④

19世纪中叶以后,围绕中央地方分权的讨论则在资本主义全球发展的基础上呈现出新的面貌。为了解决资本主义所带来的政治经济不平等问题,法国无政府主义思想家普鲁东延续阿尔特胡修斯的传统,强烈主张联邦主义的解决方案。⑤普鲁东认为,面对日益集权化的资本主义政治经济体系,保持个人平等自由的最佳方式是诉诸自然形成的社区,例如家庭和行会。具体的方案是,家庭与行会可以通过协约的方式走向联合;主权国家只是负责协调各类经济社会组织的机构,不具有唯一的和最终的政治权威。

普鲁东反对法国大革命和工业革命塑造的中央集权模式,主张一种"联邦社会主义"(federal socialism)模式。其核心要点在于,农民和工人在彻底去中心化的社会组织形式中成为自治的生产者。普鲁东认为,现代资本主义中经济集权趋向必然导致政治集权。因此,必须在经济生产体系中建立纵向分权结构。他提出一种基于经济行业组织间多元化自治的政治组织形式:生产者协会和消费者协会的代表组成市议会或地方议会;市议会或地方议会选举区域议会的代表;区域议会选举国家议会的代表。国家议会的权力十分有限,只负责外交事务和经济规划。毕竟,前者必须采取统一行动;后者则是为生产者提供信息,以便安排生产。⑥

阿尔特胡修斯—普鲁东脉络的联邦主义思想在欧洲大陆发挥了更大的

---

① 《联邦党人文集》第10篇。

② 《联邦党人文集》第16篇。

③ 《联邦党人文集》第22篇。

④ 参见后文。

⑤ Pierre-Joseph Proudhon, *The Principle of Federation*, University of Toronto Press, 1973, p. 1863.

⑥ 在普鲁东针对集权化的资本主义提出联邦主义解决方案的同时代,英国思想家哈罗德·拉斯基基于相同的问题意识,但具体解决方案却诉诸了霍布斯主义传统。在拉斯看来,集权化资本主义造成的重大社会问题,需要集权化的应对措施,而非分权化的联邦结构。Harold Laski, "The Obsolesence of Federalism", in D. Karmis, W. Norman, *Theories of Federalism: A Reader*, Palgrave Macmillan,2005, pp. 193-198。

影响，尤其是在二战之后欧盟的建立过程中。1930 年代，一批被称为"整合性联邦主义"的知识分子继承普鲁东的思想，提出了欧洲联邦的解决方案，既反对资产阶级民族主义，也反对国际社会主义。①这种思想直接影响到了后来欧盟的建立：欧盟即是从经济共同体开始，并且在建立过程中，虽然以民族国家为主体，但也吸纳了经济组织乃至生产者协会的力量，例如各国工会。②欧盟的奠基人之一的法国社会主义者雅克·德洛尔（Jacques Delors），与整合性联邦主义学派过从甚密，其研究团队也从阿尔特胡修斯的思想中找到了辅助性原则的根基。③

在与整合性联邦主义平行的另一种欧盟联邦主义思想中，对于民族国家集权化的反思，也构成了欧盟建立的思想渊源之一。二战结束前夕，受到普鲁东的影响，欧盟的"国父"之一阿尔蒂埃罗·斯皮内利（Altiero Spinelli）与其狱友恩内斯托·罗西（Ernesto Rossi）在 1944 年发表的《文托泰内宣言》（Ventotene Manifesto）中呼吁建立一个欧洲联邦政府。他们谴责法西斯极权主义和中央集权国家，以及国家之间的冲突与战争。他们主张应该通过联邦结构对军事和经济力量有足够的控制，同时保证每个国家保留自主权，根据该国特点建立和发展政治生活。④

阿尔特胡修斯的理论被发展为欧盟法中的重要原则，也即辅助性原则（subsidiarity）。该词源自拉丁文"subsiduum"，意为古罗马军队中协助主力部队的辅助团。⑤罗马天主教廷将这一军事概念运用到政治社会领域，用以描述社会和国家中的中央/地方和中心/边缘关系。⑥1931 年，时任教皇庇古十一世（Pius XI）发表了《四十年通喻》（Quadragesimo anno），其中提出了辅

---

① See Lutz Roemheld, *Integral Federalism: Model for Europe—A Way Towards a Personal Group Society-Historical Development*, Philosophy, State, Economy, Society, Peter Lang, 1990.

② Thomas O. Hueglin and Alan Fenna, *Comparative Federalism: A Systematic Inquiry*, 2nd ed., University of Toronto Press, 2015, p. 97.

③ Ibid. 1985 年至 1995 年担任欧盟委员会主席，作为《马斯特里赫特条约》背后的主要推动者之一。

④ 同样，作为反思纳粹的重要政治思想家，汉娜·阿伦特将极权主义和工业化的大规模谋杀都归咎于主权民族国家模式的缺陷。她转而主张共和主义联邦模式，即成员国相互分权制衡。Hannah Arendt, "Thoughts on Politics and Revolution", in *Crises of the Republic*, Harcourt Brace, 1972, pp. 199-233.

⑤ Daniel Halberstam, "Federal Powers and the Principle of Subsidiarity", Vikram David Amar & Mark V. Tushnet (eds.), *Global Perspectives on Constitutional Law*, Oxford University Press, 2009, p. 34. ("The word itself is related to the idea of assistance, as in subsidy, and is derived from the Latin 'subsidium', which referred to auxiliary troops in the Roman military.")

⑥ Simeon Tsetim Iber, *The Principle of Subsidiarity in Catholic Social Thought: Implications for Social Justice and Civil Society in Nigeria*, New York, Bern, Frankfurt, Frankfurt am Main, Pieterlen and Bern, Switzerland, Dublin, Warsaw, Brussels, Vienna, Peter Lang, Duquesne University ProQuest Dissertations Publishing, 2004 ("The root meaning of subsidium: the troops stationed in reserve in the third line of battle (behind the Principes)").

助性原则："正像将个人本可发挥其主动性和勤劳完成的工作交给共同体是大错特错一样，大型上级团体对小型下属团体能完成的工作越俎代庖亦是一种不义，且同时是邪恶的和对正当秩序的侵扰。"①因此，上级政治组织不应涉足任何下级政府或者社会组织能够自行解决的问题；上级政治组织只有在最必要的情况下才有权发挥作用；任何上级组织都只起到辅助作用。教皇庇古十一世发表此论的时候，无论是社会主义国家（如苏联）、资本主义国家（如美国）还是国家社会主义政权（如纳粹德国）都走向了中央集权的道路。在此大趋势之下，教皇作出如此的宣誓，反对任何形式的国家权力过度集中的现象。教皇提出的辅助性原则，一方面是主张社会在处理问题的过程中相对于国家的自主性，另一方面则是旨在平衡中央与地方之间的关系。

　　第二个层面的辅助性原则成为战后欧盟和欧洲各国尊奉的一个原则：中央政府只有在地方政府无法自己进行治理的时候才能够介入并提供协助。②二战以后，欧洲开始了一体化进程。经过长期的发展，辅助性原则成为当今欧盟法的一项总体原则。③按照这一原则，欧盟政府只有在个人和国家力所不能及之时才能行动。④ 1985 年，欧洲各国签署《欧洲地方自治宪章》(The European Charter of Local Self-Government)也将辅助性原则作为首要原则。⑤欧盟在 1993 年的《马斯特里赫特条约》中引入了辅助性原则，作为分配欧盟和各成员国之间权力的一种原则：在非欧盟专属权限的领域，应依据辅助性原则，只有在成员国无力完成动议的行动目标，且欧盟层面能够更好完成时，才

①　*Quadragesimo anno*, para. 79. ("Just as it is gravely wrong to take from individuals what they can accomplish by their own initiative and industry and give it to the community, so also it is an injustice and at the same time a grave evil and disturbance of right order to assign to a greater and higher association what lesser and subordinate organizations can do.")

②　Daniel Halberstam, "Comparative Federalism and the Role of the Judiciary", in Gregory A. Caldeira, R. Daniel Kelemen & Keith E. Whittington(eds.), *The Oxford Handbook of Law and Politics*, Oxford University Press, 2008, p. 152. ("The central level of government should play a supporting role in governance, acting if and only if the constituent units of government cannot do so on their own.")

③　Mariya Pereginets, *The Application of the Principle of Subsidiarity in EU Law*, VDM Verlag, 2010.

④　《欧洲联盟条约》(即《马斯特里赫特条约》)第 5 条第 3 款规定：根据辅助性原则，在不属于其专属权限范围的领域，只有当成员国在中央一级或区域或地方一级不能充分实现拟议行动的目标时，欧盟才应采取行动，但是，由于拟议行动的规模或效果，可以更好地由欧盟来实现。

⑤　值得注意的是，辅助性原则不但是地方政府用于限制中央政府的一个理由，也可为中央介入地方事务提供一种正当性论证：只要中央政府有充足的理由表明某个事项地方无法解决，便具有介入的权力。

由布鲁塞尔采取行动。否则，事项就应交由成员国处理。①

（二）联邦制的理由

与单一制国家的权力下放（devolution）不同，联邦制具有相对的永久性。正如施米特指出的：

> 联邦是以自由协定为基础的永久联合体，它以各成员邦的政治自保为共同目标，并且从这一目标出发改变了各成员邦的总体政治状态。……对每个成员邦而言，加入联邦这一举动实际上相当于修改了自己的宪法。……联邦协议不同于可自由终止的、仅仅调节可预测的个别关系的协议……毋宁说，一个国家在加入联邦后被纳入一个总体政治系统中去。……联邦协议旨在确立一种永久制度，而不只是一种暂行规定。

因此，在很多国家或政治体中，联邦制会在宪法或宪法性法律文件中明文规定，从而固定下来：美国、德国和加拿大宪法即是如此；欧盟则是通过宪法性条约的形式予以确定。②

从历史角度而言，联邦制的形成分为由分而合和由合而分两种方式。③换言之，联邦结构可以自下而上形成，也可以自上而下形成。前者是由先前独立的国家联合而成，然而出于种种原因而无法形成单一制国家，因而创制联邦共和国。典型的例子是美国革命之后 13 个独立的"国家"（states）联合而成"合众国"（United States）。二战之后逐渐形成的欧盟也类似。后者是本来的单一制国家出于种种原因，如为调和内部区域矛盾或防止国家分裂，而下放权力至地方，从而形成联邦制。典型的例子是巴西。1822 年，巴西从

---

① Treaty on European Union, art. 5, Feb. 7, 1992, 31 I. L. M. 247. "Under the principle of subsidiarity, in areas which do not fall within its exclusive competence, the Union shall act only if and in so far as the objectives of the proposed action cannot be sufficiently achieved by the Member States, either at ［the］central level or at ［the］regional or ［the］local level, but can rather by reason of the scale or effects of the proposed action, be better achieved at ［the］Union level."

② Daniel Halberstam, "Comparative Federalism and the Role of the Judiciary", in Gregory A. Caldeira, R. Daniel Kelemen & Keith E. Whittington(eds.), *The Oxford Handbook of Law and Politics*, Oxford University Press, 2008, pp. 142-143. 一般来说，联邦制的二元结构由成文宪法确定下来，并且独立的高等法院居于二元政府之间解决纠纷。有些论者认为联邦制未必需要宪法化，而只要区分中央和地区政府，确认其各自在其领域内部具有最终决策权，即便不是经成文宪法固定下来，也可以视为联邦制。William H. Riker, *Federalism: Origin, Operation, Significance*, Little, Brown and Company, 1964, p. 11.

③ 王世杰、钱端升：《比较宪法》，商务印书馆 2009 年版，第 351 页。

葡萄牙获得独立，随即采取了君主立宪制的单一制国家形式。然而，独立之后，君主制遭到巴西各地方层出不穷的起义所挑战，很多是出于建立联邦制的呼求，特别是受到美国联邦制的影响。1889 年，一场军事政变推翻了君主立宪制、建立共和国之后，巴西最终在 1891 年共和国宪法中将国家形式改为联邦制，并持续至今。①

　　一个自然的问题是，为什么一个国家要采取联邦制？根据埃拉扎尔（Daniel Elazar）的经典定义，联邦制的原则是"自治加共治"（self-rule plus shared rule）。②因此，上述问题可以拆分为两个子问题：一是为何要联合在一起，实现"共治"？③二是为何又要保留地方的自主性，允许"自治"？④

　　对于第一个问题，首要原因是共同安全和防卫。⑤联合在一起可以共同抵御外敌入侵。经典的共和主义政治理论认为，共和国的地理范围必然较小，一旦国家范围扩大就必须采用君主制。⑥在美国建国以前，广土众民的国家通常为君主制，无论是西班牙帝国还是大英帝国；共和制仅仅存在于小型城邦国家，如雅典、威尼斯和佛罗伦萨。在孟德斯鸠看来，共和国过小则容易被外力摧毁，过大则容易亡于内部专制。而共和国联合在一起，就可以既保留共和国的优点（自由），同时又可以避免共和国的弱点（弱小）。⑦因此，"联邦共和国既由小共和国组成，在国内它便享有每个共和国良好政治的幸福；而在对外关系上，由于联合的力量，它又具有大君主国的优点。"⑧

　　联合的第二个理由是，可以促进内部市场统一，打破贸易壁垒，实现人员和资本的流动。举例来说，美国塑造联邦政府的时候有地缘政治的考量，也有共同经济利益的关注：如果美国的 13 个州不联合起来，就不能抵抗欧洲列

---

① Jacob Dolinger and Luís Roberto Barroso, "Federalism and Legal Unification in Brazil", in Daniel Halberstam and Mathias Reimann（eds.）, *Federalism and Legal Unification*, Springer Netherlands, 2014, p. 153.

② Daniel J. Elazar, *Exploring Federalism*, The University of Alabama Press, 1987, p. 12.

③ 有论者将合众为一的模式称为"走到一起的联邦制"（coming-together federalism）。Alfred Stepan, *Arguing Comparative Politics*, Oxford University Press, 2001, p. 320.

④ 〔德〕卡尔·施米特：《宪法学说》，刘锋译，上海人民出版社 2005 年版，第 387—388 页。（"联邦的宗旨是要在联邦的框架内维护每个成员邦的政治存在。……在联邦内部，政治存在意义上的政治现状无论如何必须得到保证。在正常情况下，这还包括对领土占有状态的保障。"）

⑤ Sujit Choudhry and Nathan Hume, "Federalism, Devolution and Secession: From Classical to Post-Conflict Federalism", *Comparative Constitutional Law*, Tom Ginsburg & Rosalind Dixon（eds.）, Edward Elgar, 2011, p. 359.

⑥ 孟德斯鸠在论述共和国时曾指出，共和国须是小国。〔法〕孟德斯鸠：《论法的精神》（上卷），许明龙译，商务印书馆 2012 年版，第 146 页。美国创制宪法之时的反联邦党人重述了孟德斯鸠的见解，认为民主制只有在小型政治共同体内才能够实行。

⑦ 同上注，第 130—131 页。

⑧ 同上注，第 131 页。

强的侵略。此外,联合起来有助于构建统一的内部市场,使国家内部的地区之间不再有关税等壁垒,防止各地区之间的恶性竞争的产生。①

联合的第三个理由是,促进公民个体自由的保护。其原理是,在大共和国里面,通过设立超越各个小型政治共同体的中央政府,公民自由可以更好地被保全。如果国家过小的话,国内政治就会被党派和派系所主宰。而在大的共和国联盟里,派系斗争会在大的政治环境里被冲淡,联邦政府可以保证公民中的少数不受多数的压制。②

硬币的另一面,是为何要保持地方单位的独立政治存在及其在政治经济事务上的自治权,也即维护"统一"(unity)却不"一统"(uniformity)?③对于这个问题,经典联邦主义的回答是:一般来说,民主政治只有在小国里效果才能得到保证。④如果一个共和国规模太大的话,民主政治的质量就会大打折扣,因为无法实现公民的广泛参与。因此,维护地方自治一般来说有如下好处:

一是可以提高民主质量。在小型政治体中,公民参与治理的程度较高,其选票的实际影响力也较大,人民的声音和意见会更好地表达出来。小的政治体更有共同体的感觉,会带来更好的共同命运感,能够塑造紧密的共同体文化,如果政治体很大就会产生成员相互之间的陌生感和疏离感。

二是可以提高治理效率。各地传统、文化和风俗不同,小型共同体的政府,会对其地方事务更加了解,更具有专业性,因而能够形成较为准确和切合当地实际的判断。双层的政府结构可以有效地相互分工、分配责任,发挥双层政府各自的比较优势,如中央政府比较善于处理国家安全问题,而文化、教育、环保等问题留给地方政府解决更好。

三是促进制度试验和竞争。赋予地方自治权不但可以保证各地制度能够适应本地条件和状况,同时能够促进政策(特别是经济政策)的实验,让各

---

① 在这个意义上,美国宪法学家阿玛尔(Akhil R. Amar)主张,欧洲在构建超国家联盟的时候必须汲取美国联邦制的经验,即在大陆范围内去军事化,促进贸易的发展,建立一个幅员辽阔的大共和国。Akhil Amar, "Some New World Lessons for the Old World", 58 *University of Chicago Law Review* 483, pp. 494-497 (1991).

② 〔美〕汉密尔顿、杰伊、麦迪逊:《联邦党人文集》,程逢如、在汉、舒逊译,商务印书馆 1995 年版,第 10 篇。

③ 戴雪观察到,美国立国之所以采取联邦制,是因为当时的民情:"民众在当时所有之感念,一方面渴望合一(union);一方面复厌闻统一(unity)。夫如是,联邦制乃有成功的希望。假使他们无合一的想法,列国自然不有联邦的基础。"〔英〕戴雪:《英宪精义》,雷宾南译,中国法制出版社 2001 年版,第 195 页。

④ 〔法〕卢梭:《社会契约论》,何兆武译,商务印书馆 2005 年版,第 83 页。

地成为制度的实验室，在相互竞争之中形成良好的规则。①

　　总而言之，幅员较大的国家总是面临着双重的任务：一方面要保证中央有足够的权威提供共同防卫和统一市场，但另一方面又要限制中央权力、维护地方的自治；一方面要防止过度集权导致地方权力过度缩减，另一方面又要防止离心的倾向过于严重；一方面必须有一个稳定有力的中央政府，另一方面也要有地方政府自治的权利。国家要足够小以保证民主与幸福，足够大以保证安全与自由。纵向分权是想结合大国和小国的优点，摒弃各自的缺点。通过综合自治与联合各自的优势，联邦制的原则可以总结为：中央政府只在地方政府无力处理问题的时候提供协助，在有关全国性的共同利益的问题上，中央政府协调各地方作出统一决策。

　　以上述及的各种理由，在全球化时代迎来了新的挑战，也即多元文化主义和族群矛盾的冲击。冷战结束以来，世界非但没有进入福山所畅想的"历史的终结"，反倒进入了亨廷顿所预言的"文明的冲突"。曾经在冷战中被压制和遮蔽的族群矛盾与纷争开始在国家内部凸现。中央地方分权问题已经不再是 20 世纪 80 年代权力如何下放的问题，而是如何维持国家基本和平和领土完整的问题，是如何应对族群矛盾所导致的社会撕裂（甚至国家分裂）、维护社会稳定和国家统一的问题。在一些国家中，族群和文化的差异已经被严重地政治化，极易导致政治分裂。② 国家内部的少数族群在民族主义背景下，会塑造自身特殊的叙事方式，将某片领土视为其祖国或者心理依恋之所在，诉说该片领土如何通过不正义的方式被其现在所居的国家吞并，并在此国家结构内受到剥削和压迫，进而想象自身重新恢复独立自主地位的方式和提出相应诉求——要么获得更大的自治权和更高的地位，要么最终成为独立国家。

　　为了应对族群文化问题，一些国家开始采取联邦制，由此形成了一种与传统联邦制不同的制度安排模式。以美国和澳大利亚为代表的传统联邦制

――――――

① *New State Ice Co. v. Liebmann*, 285 U. S. 262, 311 (1932) (Brandeis, J. dissenting). "To stay experimentation in things social and economic is a grave responsibility. Denial of the right to experiment may be fraught with serious consequences to the Nation. It is one of the happy incidents of the federal system that a single courageous State, may if its citizens choose, serve as a laboratory; and try novel social and economics experiments without risk to the rest of the country. "

② Sujit Choudhry & Nathan Hume, "Federalism, Devolution and Secession: From Classical to Post-Conflict Federalism", *Comparative Constitutional Law*, Tom Ginsburg & Rosalind Dixon(eds.), Edward Elgar, 2011, p. 363. "只要存在着同质性，联邦在法律和政治上就是可能的，一切个别的宪法条款都必须以实质同质性为先决条件；相反，如果缺乏同质性，'联邦'的约定就是一桩假买卖，这样的买卖毫无意义，只能让人感到迷惑。"〔德〕卡尔·施密特：《宪法学说》，刘锋译，上海人民出版社 2005 年版，第 397 页。

是一种"单一联邦制"（unitary federalism）：虽然各地方单位之间存在种种差异，但基本共享同一套语言、文化和价值观；且各地方单位的自治权秉承平等的原则，因而构成了对称联邦制。20世纪末期以来遍及世界范围的身份政治，则催生了一种"多元联邦制"（pluralist federalism），即依照语言、文化、民族、宗教界限进行划分的宪法分权结构，甚至出现了针对特定地区的自治权安排，由此也构成了不对称联邦制，以加拿大和比利时为典型例证。①单一联邦制旨在促进国家内部的文化整合，例如美国传统的"大熔炉"政策就是如此。多元联邦制则试图通过分权结构来保护少数族裔，从而避免冲突和分裂。联邦制因而成为预防和解决社会分裂的一种制度手段。②前者强调中央与地方政府之间的合作，并在各自负责领域内具有独立权力。③后者的目标稍低，强调基本秩序与和平共处的维持。与经典联邦制"走到一起"（coming together）的模式不同，这种模式是"维持合一"（holding together）。④因此，在全球化文化政治的背景下，联邦制被赋予了另一种价值层面的理由：维护文化多元性，调和族群间冲突。

　　然而，在现实当中，面对严重的内部族群冲突，联邦制的制度结构是否能够促进和平和稳定？此问题引发了比较宪法和比较政治领域的争论。⑤部分学者认为，联邦制能够抑制民族主义情绪，防止国家分裂，促进和平稳定。加拿大政治哲学家金里卡（Will Kimplicka）是该观点的代表人物。⑥金里卡认为，国家和民族未必需要一一对应，一个国家可以容纳多个民族或者族群。联邦制结构可以满足少数族裔的民族自决的呼声，赋予其更多的政治和经济

---

① Lidija R. B. Fleiner & Jean-Francois Gaudreault-DesBiens, "Federalism and Autonomy", in Mark Tushnet, Thomas Fleiner & Cheryl Saunders(eds.), *Routledge Handbook of Constitutional Law* , Routledgec,2013, p. 144.

② 联邦制可以区分为经典联邦制和后冲突联邦制(post-conflict federalism)。Sujit Choudhry & Nathan Hume, "Federalism, Devolution and Secession: From Classical to Post-Conflict Federalism", Tom Ginsburg & Rosalind Dixon(eds.), *Comparative Constitutional Law*, Edward Elgar, 2011, pp. 356-381.

③ K. C. Wheare, *Federal Government*, 4th ed. , London & Oxford University Press, 1963, pp. 4-5.

④ Alfred Stepan, "Federalism and Democracy: Beyond the US Model",10 *Journal of Democracy* 19, pp. 19-34 (1999).

⑤ Sujit Choudhry & Nathan Hume, "Federalism, Devolution and Secession: From Classical to Post-Conflict Federalism", Tom Ginsburg & Rosalind Dixon(eds.), *Comparative Constitutional Law* , Edward Elgar, 2011 p. 365. 很多国家采取一种划分内部边界的方法，使得少数民族在其行政区构成人口上的多数，甚至在宪法层面按照族群界限构建多民族的联邦制，如埃塞俄比亚、伊拉克、尼日利亚和苏丹。

⑥ Ibid. , pp. 365-366.

权力,使得该族群不再采取暴力方式谋求自治或者独立。①

　　另一种观点认为,联邦制非但不能抑制民族主义情绪,反倒会激发民族主义情绪。如对于苏联东欧民主转型的研究显示,联邦制结构会强化地区政治认同和民族情结,并为其主张和其政治认同提供政治和经济资源(如教育制度、本地语言和文化独特性)。因而,认同问题会取代政策问题,成为政治辩论和政治运作的焦点问题,"我们/他们"的分化和指涉进而转化为统一和独立的问题,直接触及国家统一的存在基础。更有甚者,联邦制的结构会赋予地区政府对中央立法或者政策的否决权,弱化中央政府的决策能力。②

　　在实践中,比利时的例子或许能让我们更加看清联邦制在调和文化政治冲突中发挥作用的限度。③ 自从 1830 年从荷兰独立建国以来,比利时一直采取单一制国家形式。然而,国家结构的单一制无法掩盖内部的族群冲突和分裂的文化认同:说荷兰语的弗拉芒人(约 60%)和说法语的瓦隆人(约 40%)一直处于分化状态。在 19 世纪,瓦隆人率先工业化,经济发达,而弗拉芒人仍然处于农业状态,因而瓦隆人占据了国家主导地位,甚至对于说荷兰语的人多有歧视。这引发了 19 世纪末期的弗拉芒人权利运动,特别是争取语言权利,最终促使比利时通过法律承认法语和荷兰语都是国家官方语言。到了 20 世纪 30 年代,比利时将两个不同的语言群体按照地理边界进行了划分,将国家分为弗拉芒大区和瓦隆大区,各自具有自己的官方语言,而首都布鲁塞尔则是双语区。

　　然而,从 20 世纪 60 年代开始,弗拉芒大区经济开始发展,逐渐超越了瓦隆大区。经济力量对比发生变化的同时,围绕国家纵向结构的改革进程也开始逐渐推动,主要的方向就是走向地方分权,加强对于少数群体的保护:在整个国家范围内,是保护法语群体(约占总人口 40%);在布鲁塞尔,则是保护荷兰语群体(约占该地区人口 20%)。

　　漫长的改革进程,最终在 20 世纪 90 年代体现在了宪法修改上。1994 年,比利时通过宪法修正案,正式将国家体制由单一制改为联邦制,并塑造了一套极为复杂的分权结构:全国分为 3 个共同体(法语、荷兰语和德语)和 3

　　① 　Arend Lijphart, *Democracy in Plural Societies: A Comparative Exploration*, Yale University Press, 1997; Rogers Brubaker, *Nationalism Reframed: Nationhood and the National Question in the New Europe*, England & Cambridge University Press, 1996.

　　② 　Sujit Choudhry & Nathan Hume, "Federalism, Devolution and Secession: From Classical to Post-Conflict Federalism", Tom Ginsburg & Rosalind Dixon(eds.), *Comparative Constitutional Law*, Edward Elgar, 2011, p. 367.

　　③ 　以下论述参考了 Alain-Laurent Verbeke, "Belgium: A Broken Marriage?", *in 28 Halberstam and Reimann, Federalism and Legal Unification* 121, pp. 121-125(2014).

个行政区(瓦隆大区、弗拉芒大区和布鲁塞尔首都区)。①共同体负责语言、文化和教育事务,地区则负责普通行政事务,例如经济规制、房地产、交通等。因此,这就会出现一个局面:如果在布鲁塞尔建立一所公共学校,其校舍建筑事务归属布鲁塞尔行政区政府管辖,然而其教育内容和教育语言则归属共同体政府管辖。例如,如果一所学校主要以法语教学,则该学校的行政管理权归属法语共同体政府。

然而,即便如此精细到繁复的设计,也并未平息比利时内部进一步的政治纷争。在联邦制推行之后,弗拉芒人仍然觉得自治程度不够,进而试图将联邦改造为邦联的运动,以获得更大的自治权。该运动遇到了瓦隆人的反对,从而造成了严重的政治社会分裂。由于弗拉芒大区的荷兰语政党和瓦隆大区的法语政党一直未能就政体改革达成共识,导致比利时在 2007 年至 2010 年联邦大选中,陷入了一场政治危机。这场危机如此严重,以至于比利时在 2010 年 6 月到 2011 年 12 月长达 541 天之内,未能形成正式组阁,形成政府。直至今日,围绕联邦制和邦联制的政治斗争仍未结束。

(三) 纠纷解决:政治过程与司法过程

与单一制相比,联邦制之下中央与地方、地方与地方之间的潜在冲突可以说是固有的问题。联邦制本质上要求在中央权力和地方权力之间取得某种平衡,因其既不是单一制,也不是邦联制。与此同时,联邦制意味着国家内部和平及去军事化。②这就要求中央与地方之间、各地方政治体之间一旦出现纠纷,必须按照和平的方式而不是战争手段来解决。③一个自然而然的问题就是:在联邦制体系中,中央司法机构能够多大程度上扮演裁判者的角色?

对于联邦成员之间的纠纷,一般来说通过中央政府予以解决,殆无争议。问题只在于是通过政治机关还是司法机关来具体解决,抑或两者相结合。在美国,两个州之间的纠纷可以诉至美国最高法院,并由该法院依照宪法和法

---

① 《比利时宪法》第 2 条、第 3 条、第 4 条、第 127 条。
② 〔德〕卡尔·施米特:《宪法学说》,刘锋译,上海人民出版社 2005 年版,第 388 页("联邦对外保护其成员邦免遭战争违宪及一切攻击,对内必然意味着长治久安")。Akhil Amar, "Some New World Lessons for the Old World", 58 *University of Chicago Law Review* 483, (1991)。(联邦宪法所构建的大共和国在内部根据宪法体制实现联合统一和去军事化,在外部则利用自然地理的优势构建战略天堑和地缘安全。)
③ 〔德〕卡尔·施米特:《宪法学说》,刘锋译,上海人民出版社 2005 年版,第 388 页。("在联邦内部,自救权被永久地放弃了。在联邦内部,在各成员邦之间,再也不能发生战争了。只要联邦存在着,在联邦内部,就只能由全联邦对一个成员邦行使联邦强制权。如果发生了战争,联邦就破裂了,其迄今为止的存在就被取消了。")

律予以审理。①而在俄罗斯，宪法规定的解决机制是依靠联邦总统，如果总统协调未能达成一致意见，则可以将纠纷提交至法院解决。②

　　然而，问题的真正难点在于，中央司法机关是否适合解决联邦与成员之间的纠纷。对此问题，宪法理论上存在两种对立的观点。一种观点认为，司法机关应该而且必然在联邦制纠纷解决中扮演重要的作用。从原理上来说，联邦制之下中央司法机关对于国家政治具有重大作用，因为联邦与各州、各州之间的纠纷需要一个中立的裁决者来进行解决③，因此无怪乎司法审查制度最早起源于一个联邦制国家——美国。④例如，戴雪认为，联邦主义必然意味着法律主义，司法机关必然在宪法联邦主义结构中扮演重要的角色。⑤在托克维尔看来，在美国的联邦体系下，州政府和联邦政府都按照人民主权原则通过选举产生，"不像行政等级制那样有隶属关系，无法通过命令服从，故由联邦司法机关裁决纠纷必不可少"。⑥托克维尔在《论美国的民主》里就观察到，美国司法权力之所以如此重要，是因为州和联邦都基于人民主权的原理而产生，两者之间并无行政和法律上的上下级关系，两者之间的冲突和纠纷无法通过行政命令来解决，因而必须寻求中立的、非民选的第三方来裁决。⑦

　　另一种观点则认为，法院事实上并不适合作为联邦制纠纷的裁决者。例如，施米特认为，司法途径不适宜解决联邦结构所产生的纠纷，原因在于此时

① 典型的案例参见：*Rhode Island v. Massachusetts*, 37 U. S. (12 Pet.) 657, 721 (1838)；*New Jersey v. New York*, 30 U. S. (5 Pet.) 284 (1931)；*Montana v. Wyoming*, 563 U. S., No. 137, Orig., slip op. (2011).

② 《俄罗斯宪法》第 85 条第 1 款。

③ 《联邦党人文集》第 39 篇。

④ Sujit Choudhry & Nathan Hume, "Federalism, Devolution and Secession: From Classical to Post-Conflict Federalism", Tom Ginsburg & Rosalind Dixon(eds.), *Comparative Constitutional Law*, Edward Elgar, 2011, p. 361. Steven G. Calabresi and Lucy D. Bickford, "Federalism and Subsidiarity: Perspectives from U. S. Constitutional Law", 215 *Northwestern University Law School Working Papers* 25, p. 25 (2011), http://scholarlycommons. law. northwestern. edu/facultyworkingpapers/215, last visited Feb. 22, 2023. ("Scholars have long recognized that judicial umpiring for federalism guarantees is centrally important to the global spread of judicial review. Constitutional Courts and Supreme Courts often begin as federalism umpires and later expand to protect individual rights, as happened in the United States. Historically, Canadian and Australian courts enforced their Commerce Clause analogues very vigorously, and the German Constitutional Court has done the same.")

⑤ A. V. Dicey, *An Introduction to the Study of the Law of the Constitution*, 8th ed., Liberty Fund Inc. 1982, p. 170. ("Federalism…means legalism—the predominance of the judiciary in the constitution—the prevalence of a spirit of legality among the people.") 然而，瑞士是个例外：作为历史最悠久的联邦制国家，同时由于其历史悠久的公民投票传统，瑞士宪法一直拒斥司法审查制度，遑论将联邦制问题付诸司法机关予以解决。在埃塞俄比亚，涉及联邦结构及族群冲突的问题都由议会上院解决。

⑥ 赵晓力：《司法过程与民主过程》，载《法学研究》2004 年第 4 期，第 121 页。

⑦ 〔法〕托克维尔：《论美国的民主》(上卷)，董果良译，商务印书馆 1991 年版，第 82 页。

没有有效而公认的法律规范供司法裁判所用，法院只能凭借自由裁量权来进行裁决；如果有的话，就不会导致真正的纠纷。一国宪法中有关联邦制的条文至多只能决定基本的原则和结构，具体适用过程中出现的具体问题很多时候无法通过抽象原则进行直接判断。既然规则不明，法院的主观解释无法保持中立性，因为它必然属于联邦或成员邦，永远都会是当事一方，从而无法做到公正审判。①后世很多宪法学者研究也发现，一般来说中央层面的法院都会支持中央政府，甚至法院本身变成一种推进全国政策一体化的力量。②毕竟，最高法院或者宪法法院的法官是由中央层面任命，薪水由中央政府提供。

就当代宪法实践而言，绝大多数的联邦国家中，中央司法机构都在联邦结构问题中扮演了一定的角色，虽然具体作用程度有所差异。而且，在国别案例中，中央司法机关是否积极能动地介入联邦结构问题，如果积极介入，是更偏向联邦政府还是地方政府，在不同的历史时期呈现出摇摆的态势，根本上取决于政治博弈格局，而中央司法机关也是其中的博弈者之一。

自二战之后一直到1995年，美国司法界和法学界主流意见认为，联邦制是通过政治方式来得到保障。自从罗斯福新政中被罗斯福总统打击之后，美国最高法院在涉及经济问题的案件中，基本采取退让态度，国会可以随心所欲地出台全国性的法律，从而减弱各州政府的自治范围。以政治方式而非司法方式维护联邦制的道理在于，只要各州已经在国会中充分地得到了代表，国会必然会捍卫联邦制的结构，无需司法的介入来保证联邦制的贯彻。③这

---

① 由此会出现两种情况：(一)法院听命于一方，丧失其中立性；(二)法院"凌驾于各方之上"，"这一法院自身便拥有主权。它已经不再是法院了，而是一种存在着的、因而就关心自身的自我保存的政治实力。"〔德〕卡尔·施密特：《宪法学说》，刘锋译，上海人民出版社2005年版，第391页。

② Martin Shapiro, *Courts: A Comparative Political Analysis*, University of Chicago Press, 1981, p. 55("constitutional review by the highest courts in federal systems has been a principal device of centralized policymaking. "); André Bzdera, "Comparative Analysis of Federal High Courts: A Political Theory of Judicial Review", 26. 1 *Canadian Journal of Political Science* 29, p. 29 (1993). ("There appear to be no exceptions to the centralist theory of the judicial function. ")

③ Herbert Wechsler, "The Political Safeguards of Federalism: The Role of the States in the Composition and Selection of the National Government", 54 *Columbia Law Review* 543, p. 543 (1954); Larry D. Kramer, "Putting the Politics Back into the Political Safeguards of Federalism", 100 *Columbia Law Review* 215, pp. 215-293(2000). 具体而言，联邦结构主要的保护机制是，如要通过联邦法律，必须国会两院和总统都予以确认；如果总统不批准，只有三分之二的众议院和参议院可以否决总统。由于两院议员皆由各州选出，且联邦立法的繁琐程序，使得联邦法律的通过必然受制于各州，因而较难通过。这也造成了美国两百多年历史上，一些重要的法律领域，特别是民商法和家庭法仍然以州法为主体。Steven G. Calabresi and Lucy D. Bickford, "Federalism and Subsidiarity: Perspectives from U. S. Constitutional Law", 215 *Northwestern University Law School Working Papers* 23, pp. 23, 24 (2011), http://scholarlycommons. law. northwestern. edu/facultyworkingpapers/215, last visited Feb. 22, 2023.

种观点在 1985 年的"加西亚案"中得到了美国最高法院的确认。①而且，联邦政府和州政府之间的权力划分问题是属于"政治问题"（political questions），不具备司法可裁决性（justiciability）。1995 年，联邦最高法院判决了洛佩兹案（*United States v. Lopez*），强势介入联邦制问题，从而改变了半个世纪的不介入传统。②2012 年涉及奥巴马医保法案的全国独立商业联合会诉塞贝柳斯案（*NFIB v. Sebulius*）则是最高法院近年来介入联邦与州的宪法权力的巅峰之作。③

印度最高法院在维护联邦制的结构的过程中扮演了很重要的角色。在 1994 年的一个著名案例中，印度最高法院处理了总统对于邦的统治权问题。《印度宪法》第 356 条规定，总统可以暂时中止一个邦的政府运作，并指派联邦官员对该邦进行治理；印度总统经常采取此种方式来加强控制那些被反对党占据的邦。印度最高法院认为，此问题涉及联邦制的结构能否得到保证，因而必须进行司法审查。法院继而认为，总统暂时中止一个邦政府的运作，只能在最极端的情况下才能采用，因而判决总统的行为违宪。④

司法路径则是最近二三十年以来比较流行的做法。与向地方放权伴随的是，各国都通过宪法法院或最高法院来处理联邦制问题，极大地挑战了传统做法。欧洲则在联邦制的司法审查实践上走得很远，无论是在欧盟层面还是在各加盟国层面。由于对于辅助性原则的强调，欧洲各国及欧盟在用政治方式保证联邦制结构方面远比美国要强，但仍不断地诉诸司法来解决联邦和地方层面的权力划分问题。⑤

德国宪法法院的奠基性案件"西南重组案"是典型例证。德国宪法法院从一开始就拒绝了只采取政治方式来维护联邦制的原则，而是强调用法律方式来保证联邦和各州之间的分权结构。⑥1949 年《德国基本法》确立了联邦体制。然而，盟军占领之下按照军事需要划分各州边界的境况，不符合德国历史传统。西南地区巴登和符腾堡两州被切割为巴登、符腾堡—巴登和符腾堡—霍亨索伦三州，后来顺应民众要求，三州谋求合并。联邦政府在各州达不成协议的情况下，制定两部重组法案：一部法案延长三州议会的任期，直到新州成立；另一部法案根据《德国基本法》第 118 条规定，确定州的新边界。

---

① 　*Garcia v. San Antonio Metropolitan Transit Authority*, 469 U. S. 528 (1985).
② 　*United States v. Lopez*, 514 U. S. 549 (1995). 另外参见 *Gregory v. Ashcroft*, 501 U. S. 452 (1991)；*New York v. United States*, 501 U. S. 452 (1991).
③ 　*NFIB v. Sebelius*, 132 S. Ct. 2566 (2012).
④ 　*S. R. Bommai v. Union of India*, 2. S. C. R. 644 (1994).
⑤ 　瑞士是个例外，因其具有诉诸全民公决来解决重大问题的传统。
⑥ 　Southwest State Case, 1 BVerfGE 14 (1951).

巴登州不服,上诉至德国联邦宪法法院。联邦宪法法院判定:第一重组法案违反民主原则和州主权因而无效。第二重组法案符合联邦制精神,因为基本法只是保证联邦和各州基本分权结构,对各邦的存在与边界并无特别规定和保护。①

加拿大《宪法法案》第 91 条规定,中央政府有权就"和平、秩序和良好政府"(Peace, Order, and Good Government)的事项进行立法,一般称为"POGG条款"。在实践中,核心问题并非中央政府对于实现一个特定的目标是否具有更大的优势,而是中央政府是否有权判断哪个目标必须实现。②加拿大最高法院在泽尔巴赫皇冠有限公司(Crown Zellerbach)一案中适用了该条款。③在该案中,加拿大议会通过了《海洋排污法案》(现在的《环境保护法案》),规定限制海洋污染的权力专属中央政府,因其涉及"和平、秩序和良好政府"的目标。比如,中央政府可以要求排污者申请许可证才能排污,即便其排污范围是在一个省的内部。加拿大最高法院判定此法案合宪。异议意见指出,问题并不在于省议会或省政府是否有能力处理此问题,因而在省没有能力处理的时候应该交由中央政府处理的原则。真正的难点在于,对于海洋污染是否已经造成了极为严重的社会损害,以及是否应该采取全国统一的标准予以判断。对此问题,显然法院并不具有充分资格进行判断。④问题的答案取决于中央与各省纷繁复杂的政治博弈,而非法律原则的直接推理。

加拿大相关案件提醒我们,要对辅助性原则作更为精细的区分。辅助性原则在一种意义上较为简单:当某个政治目标或者政策目标确定之后,通过辅助性原则来判断究竟是中央政府还是地方政府更适宜实现该目标。然而,在另一种意义上,辅助性原则的适用变得颇为复杂:在对于要达成何种政策目标存在争议的时候,应该让中央政府还是地方政府来判断目标何在。如在美国,同性婚姻是否合法化是联邦和州政府之间的争议问题。然而问题的根本,并不在于已经取得全国性的共识(如允许同性恋婚姻)后,判断究竟是联邦还是州的立法对于实现此目标更有效,而恰恰在于,应由联邦政府还是州政府来确定,是否应当将同性婚姻合法化。前者一般被称为工具性辅助原则

---

① Donald P. Kommers and Russell A. Miller, *The Constitutional Jurisprudence of the Federal Republic of Germany*, 3rd ed. , Duke University Press, 2012, pp. 81-85.

② Daniel Halberstam, "Comparative Federalism and the Role of the Judiciary", in Gregory A. Caldeira, R. Daniel Kelemen & Keith E. Whittington(eds.), *The Oxford Handbook of Law and Politics*, Oxford University Press, 2008, p. 154.

③ *R. v. Crown Zellerbach Canada Ltd*, 1 S. C. R. 401 (1988).

④ Daniel Halberstam, "Comparative Federalism and the Role of the Judiciary", in Gregory A. Caldeira, R. Daniel Kelemen & Keith E. Whittington(eds.), *The Oxford Handbook of Law and Politics*, Oxford University Press, 2008, p. 157.

（instrumental subsidiarity），后者则被称为实质性辅助原则（substantive subsidiarity）。①在前者语境下，司法机关处理联邦制问题的职能较为确定；但在后者情况中，答案则不那么肯定，因为取决于政治博弈的具体结果，而非司法机关依照抽象原则作出的判断。

要而言之，维护联邦制、解决纠纷需要结合司法和政治的两种路径。在日益司法化的今天，我们尤其不能忽视政治路径。毕竟，究其根本，联邦制的政治保证取决于中央政府和地方政府之间的实际权力对比：如果中央政府权力较大，地方政府的权力就会被相应压缩，从而逐渐体现为宪法、法律乃至于司法判决的变化；如果地方政府权力较大，那么中央政府就不得不通过宪法、法律乃至于中央司法机关的判决，在制度层面下放权力。②例如，印度虽然有着较长的司法审查实践，但也仅仅是在国大党丧失了对于全国政治的主导权之后，才在联邦制问题上扮演了更大的角色。③美国参议院的选举制度变革体现了政治格局对于联邦制结构的影响。在 1787 年《美国宪法》中，参议院议员由各州议会选举产生。1912 年第十七修正案则改为由各州人民直接选出。其中最为重要的原因在于，在第十七修正案通过之前，美国的联邦政治已经越来越居于全国政治的核心地位，大大改变了建国初期州层面的政治居于主要地位的格局。在实践当中，参议院议员不是由各州议员选出，而是各州选民投票给参议院议员的支持者。因此，第十七条宪法修正案将参议院议员选举制度改为人民直选。④在德国，宪法本来设计了两院制，联邦议会由人民直接选出，而联邦参议院则代表各州，本意是通过议会设计来维护联邦结构，特别是维护各州与联邦之间的平衡。然而，随着政局的变化，特别是强势的全国性政党以及联合政府的出现，联邦参议院已经逐渐演变为反对党的寓居之地。⑤

---

① Daniel Halberstam, "Comparative Federalism and the Role of the Judiciary", in Gregory A. Caldeira, R. Daniel Kelemen & Keith E. Whittington(eds.), *The Oxford Handbook of Law and Politics*, Oxford University Press, 2008, pp. 152-153; Daniel Halberstam, "Federalism: Theory, Policy, and Law", in M. Rosenfeld, A. Sajó(eds.), *The Oxford Handbook of Comparative Constitutional Law*, Oxford University Press, 2012, pp. 592-595.

② Daniel Halberstam, "Comparative Federalism and the Role of the Judiciary", in Gregory A. Caldeira, R. Daniel Kelemen & Keith E. Whittington(eds.), *The Oxford Handbook of Law and Politics*, Oxford University Press, 2008, pp. 146-147.

③ Rekha Saxena and Mahendra P. Singh, "The Role of the Federal Judiciary in Union-State Relations in India", in Jan Erk and Wilfried Swenden (eds.), *New Directions in Federalism Studies*, Routledge, 2010, pp. 50-67.

④ Daniel Halberstam, "Comparative Federalism and the Role of the Judiciary", in Gregory A. Caldeira, R. Daniel Kelemen & Keith E. Whittington(eds.), *The Oxford Handbook of Law and Politics*, Oxford University Press, 2008, p. 146.

⑤ Ibid.

二、离心：分离主义与司法审查

在全球化的时代，随着族群矛盾日益突出，分离主义成为世界的热点问题之一，常常伴随混乱和暴力。①当然，分离问题不局限于联邦制国家，单一制国家同样存在。然而，分离问题在联邦制更为突出，甚至是联邦制内在固有的问题。单一制国家一般宣称主权统一、地方政府的权力由中央赋予，地方自然没有脱离权。联邦制国家由于双层结构的存在，地方政治单元（州、省、邦等）已经享有宪法意义上的自治权，比单一制国家的政治单元更容易走向分离主义，因为分离看起来更像是合法的、至少是正当的替代选项，用以解决其与中央政府之间的矛盾。②

经典的共和主义理论针对维护联邦统一的解决方案是，让全部成员单位具有政治和文化的同质性。③其中，最重要的是民族文化和政治原则同质性（如君主制、贵族制或民主制）。④联邦必须由同种政治类型的国家组成，如都是共和国。正如孟德斯鸠所言，"君主国的精神是战争和扩张；共和国的精神是和平与宽厚。这两种政治，除非在强制的情形下，不能在同一个联邦共和国内并存。"⑤正因如此，联邦制宪法经常包含对于加盟主体同质性的规定。1787 年《美国宪法》第 4 条第 4 款规定各州必须是共和政体。1874 年《瑞士宪法》第 6 条规定，各州应遵循共和政体的原则。1871 年《德意志帝国宪法》虽然没有规定，但建立在一个事实基础上：各邦国都是君主制。1919

---

① D. Doyle, *Introduction to Secession as an International Phenomenon*, University of Georgia Press 2010, p. 1. ; R Premdas, "Secessionist Movements in Comparative Perspective", in Premdas, de Samarasinghe & Anderson (eds.), *Secessionist Movements in Comparative Perspective*, Continuum International Publishing Group Ltd,1990, pp. 12-13.

② 联邦制之下永远存在对于主权问题的决断："只要一个民族以政治的方式存在着，它就必然会自己对自己的政治存在问题作出决断，并且会自己承担由此而引起的一切责任；就连是否有一个存在问题的问题也只能由它自己来作出决断。""只要同时存在着多个独立的、以政治方式存在的实体，这种事关存在的冲突就随时可能发生，因此，主权——即最后的存在决断——问题就始终处于悬而未决的状态。"〔德〕卡尔·施密特：《宪法学说》，刘锋译，上海人民出版社 2005 年版，第 391 页。加拿大魁北克省的分离主义运动是最为典型的例子。魁北克人认为，加拿大宪法和法律没有充分保护当地居民使用法语的权利。因而，进一步争取纵向分权就是在获取更大的自治，还是脱离联邦之间展开。只要条件合适，就可以走向独立。

③ 〔德〕卡尔·施密特：《宪法学说》，刘锋译，上海人民出版社 2005 年版，第 394 页。

④ 同上注，第 395 页。（"无论如何，在一个联邦制国家中，对立的国家原则和政治信念不能同时并存。"）

⑤ 〔法〕孟德斯鸠：《论法的精神》（上卷），许明龙译，商务印书馆 2012 年版，第 132 页。

年《魏玛宪法》第 17 条规定,各邦都是议会立宪民主制。① 更不用说,苏联的加盟国都必须是社会主义国家。

经典的共和主义理论与其说提供了一种解决方案,不如说展示了问题的深层结构。一旦某个联邦内部存在重大的政治文化异质性因素,特别是在某个历史节点上内部各成员单位在某个重大问题上形成不可调和的分裂,分离主义的幽灵仍然会威胁整个政治体的存在本身。这种可能性也无法通过预先的宪法设计来予以解决。从理论上讲,既然成员单位是自愿加入联邦,也应该有权单方退出——类似于加入俱乐部的会员。现实当中,很多联邦制国家的宪法都排除了此种可能性。②然而,这也并不能遏制分离主义的热情,特别是在族裔冲突和认同政治日益激化的全球化时代。自 20 世纪 60 年代以来,随着族群矛盾和分离主义在很多单一制国家盛行,联邦制或准联邦制常被作为解决方案予以引入,即维持国家统一的条件下,为少数族裔或者部分地区提供自治权,从而促进和解。

在经典联邦制的国家中,分离问题典型地体现在美国,特别是 19 世纪中叶最后导致内战的南方分离主义运动。内战之前,虽然北方和南方各州都采取共和体制,但围绕奴隶制发生了重大分歧。而且,南方各州主张单方面脱离联邦的权利,以维护其根本的经济生产和生活方式。③例如,南方分离主义的主要理论家卡尔霍恩认为,各州具有主权,而联邦没有主权;各州议会具有否决联邦法律的权利,而且在州的独立性受到威胁的情况下,有权脱离联邦。而且,在 19 世纪的美国政治家们看来,联邦制隐含了脱离权:既然是自由加

---

① 《魏玛宪法》规定,各邦须有自由邦之宪法,其人民代表应以有德国国籍之人民,不分男女,依照比例选举之原则,用普遍、平等、直接、秘密选举方法选出之。各邦政府应得人民代表之信任。人民代表之选举章程得适用于地方团体选举。但各邦法律得以居住本地方一年以上为条件,以限制选举权。当代《阿联酋宪法》也规定,阿联酋是由 7 个贵族制酋长国(Emirates)组成的联邦制与君主制国家,只有阿拉伯国家才能够加入酋长国联盟。

② 正如《澳大利亚宪法》序言中明确指出的那样,联邦应该是"不可分解的"(indissoluble)。也有例外。其中一个国家是埃塞俄比亚,该国的宪法概述了为实现这一结局而制定的详细程序。这是该国为了应对层出不穷而旷日持久的族群矛盾,而采取的宪法安排。Ahmednasir M. Abdullahi, "Article 39 of the Ethiopian Constitution On Secession and Self-Determination: A Panacea to the Nationality Question in Africa?", 31 *Verfassung Und Recht in Übersee/Law and Politics in Africa, Asia and Latin America* 440, pp. 440-55(1998). 反倒是苏联宪法规定各加盟国可以退出。参见《苏联宪法》第 36 条。

③ 〔德〕卡尔·施密特:《宪法学说》,刘锋译,上海人民出版社 2005 年版,第 392—393 页。施密特敏锐地看到,"只要一项政治决断尚未抛弃真正的联盟平衡,这一矛盾就表现在联邦内部的一切根本性冲突中。因此,早在美国南北战争之前,人们就针对宪法讨论了这些真正的根本问题。当时,约翰·卡尔霍恩(John C. Calhoun)提出了一系列著名的论题……即便到了今天,这些论题对联邦宪法学概念仍有巨大的理论意义……尽管南方各州输掉了南北战争……但这种理论意义并不因此就彻底完结了……即便提出这些概念的人在政治上站在被打败的一方,它们仍有其科学价值。"

入，就可以自由退出。例如，1816 年，在思考新英格兰的分离主义运动时，杰斐逊写道："如果联邦中有任何一个州宣布它倾向于分离而非继续联合，我毫不犹豫地说，'让我们分开吧'。"①制宪者甚至没有在费城会议上讨论这个问题。②

然而，1860 年，林肯当选总统后，随着南卡罗来纳州、密西西比州、佛罗里达州、亚拉巴马州、佐治亚州、路易斯安那州和得克萨斯州等七个南部州脱离联邦，林肯断然采取军事手段阻止南方各州的"叛乱"，以铁血手段维护了联邦统一。正如美国宪法学家却伯所言："各州不能独立不是用墨水写在羊皮纸上的，而是用血写在土地上的。"③美国最高法院在整个内战期间，对于联邦统一与分裂的问题并没有实质性的角色。只是在内战结束后，美国最高法院才在得克萨斯诉怀特案（*Texas v. White*）④中明确否定美国宪法保护州单方退出的权利，同时捍卫联邦制的二元结构：美国是"由不可摧毁的州组成的一个不可摧毁的国家"（indestructible union composed of indestructible states）。换言之，美国既不能分裂，也不能变成单一制。

然而，随着人类历史进入 20 世纪末和 21 世纪初，世界范围内因为族群冲突而引发的分离主义运动不断增多，且在处理此类重大冲突的过程中，司法机关也开始扮演越来越大的作用，有时候明确站在中央立场反对地方分离举动⑤，有时候则居间进行调停，但无论如何不再像美国内战时期法院靠边站的状况。我们可以通过几个典型的案例来深入理解这一点。

（一）加拿大魁北克

在加拿大，魁北克省曾经是法国殖民地，人民大多数讲法语，与加拿大其他英语地区有所不同，因而引发了长期的有关语言、文化和教育问题的冲突。自从 1960 年爆发"寂静革命"以来，魁北克地区的身份认同意识开始逐渐增

---

① Letter from Thomas Jefferson to W. Crawford, (Jun. 20, 1816), in Albert Ellery Bergh(ed.), *The Writings of Thomas Jefferson* Vol. 15, 1905, p. 29 (ebook).

② Frank Donovan, *Mr. Madison's Constitution : The Story Behind The Constitutional Convention*, Dodd, Mead & Company, 1965, p. 123.

③ Laurence H. Tribe, *The Invisible Constitution*, Oxford University Press, 2008, p. 39.

④ *Texas v. White*, 74 U. S. (7 Wall.) 700 (1869).

⑤ 除了下文展示的案例之外，德国宪法法院也在 2016 年宣布，巴伐利亚州无权退出联邦，也无权举行独立公投。BverfG, Beschluss der 2, Kammer des Zweiten Senats vom 16 Dezember 2016-2 BvR 249/16, available at http://www/bverfg. de/e/rk20161216 _ 2bvr034916. html (Ger.), last visited Feb. 22, 2023; Adam Taylor, German Court Shuts Down Hopes for a Breakaway Bavaria, THE WASHINGTON POST (Jan. 4, 2017), https://www. washingtonpost. com/news/worldviews/wp/2017/01/04/a-german-court-has-shut-down-hopes- for-a-breakaway-bavaria/? utm_term＝. be06f12c6794, last visited Feb. 22, 2023.

强。1970 年代，魁北克人党成立，并逐渐掌握魁北克省议会，随即通过法案将法语定为该省官方语言。1980 年代，魁北克开始第一次进行独立公投，但最终没有成功。1995 年，魁北克第二次举行独立公投，结果反对独立的票数以 50.6% 险胜。这一结果促使加拿大中央政府开始从法理角度处理分离问题。1996 年，加拿大中央政府向加拿大最高法院提交三个问题：

1. 加拿大宪法是否允许魁北克单方脱离？
2. 国际法是否允许？
3. 如果加拿大宪法和国际法的结论不一致，应该以何者为先？

加拿大最高法院认为，根据加拿大宪法，任何一个省都没有单方脱离的权利。然而，如果某省绝大多数选民通过公投明确选择分离，加拿大中央政府和其他地区有义务与魁北克谈判。加拿大最高法院认为，民主原则并不意味着魁北克有权单方分离，因为这会侵犯到其他省份的民主权利；民主原则也不意味着魁北克可以推卸在联邦中承担的维护国家统一的责任。另一方面，加拿大联邦政府和其他省政府也不能拒绝魁北克民众运用民主权利和公投程序表达有关魁北克前途的意见。在魁北克人民清楚地表达有关分离决定的情况下，加拿大联邦政府和其他省政府应该与魁北克进行谈判，以协商解决问题。①

加拿大最高法院的意见代表了一种以和平磋商方式解决分离争议的方案，也代表了一种司法机关介入处理此类冲突的路径。可以说，这已经与美国 19 世纪通过内战解决问题有很大不同。

（二）西班牙加泰罗尼亚

在西班牙，加泰罗尼亚民族主义历史悠久，可以追溯到现代早期。进入 20 世纪，随着西班牙内战在 1930 年代末结束，伴随着佛朗哥独裁政权的兴起，中央集权日益加强，加泰罗尼亚地区的民族认同和民族情绪遭到压制。1975 年佛朗哥去世之后，随着独裁政权的崩溃，西班牙进入民主化时代。1978 年《西班牙宪法》改变了之前的中央集权模式，转而承认各地的文化差异，在宪法结构中赋予各地区以自治权，西班牙因而成为事实上的联邦制国

---

① 2009 年《里斯本条约》以来，欧盟条约(TEU)包含了新的第 50 条(1)款，明确规定了单方面脱离欧盟的权利："任何成员国都可以根据自己的宪法要求决定退出欧盟"。此外，欧盟似乎从加拿大最高法院的裁决中得到启发，在第 50 条第 2 款中规定："联盟应与该国谈判并缔结协议为其退出作出安排"。加拿大的裁决——以及欧盟的新规定——提醒我们，联邦制在很大程度上取决于政治磋商。美国的例子告诉我们，极端的情况下或许需要战争。宪法本身并无多少答案。

家,虽然西班牙官方从未接受这一称呼。每一个自治区都按照宪法授权制定了自治法,经过该地区公投通过之后,交由西班牙议会通过,最终由国王签字生效。同时,新的宪法体系设立了宪法法院来调节自治区与自治区之间的关系以及中央与地方关系。

起初,加泰罗尼亚依照宪法程序制定了《自治章程》,并未有独立的呼声和举动。进入21世纪之后,情况开始起了变化:加泰罗尼亚人口仅占全国人口的10%左右,经济收入却占全国20%,并且承担了20%的全国税收。而且,加泰罗尼亚政府的财政赤字也开始日益恶化,加之2008年全球金融危机影响,情况更加不乐观。加泰罗尼亚人普遍产生一种情绪,即如果能够脱离西班牙,甩掉税收包袱,情况定会有所好转,因而独立建国的冲动不断增强。

加泰罗尼亚地区自2006年开始就为自治区的独立开始了法律准备,直到其2017年正式实施公投。十多年间,为了防止加泰罗尼亚通过立法赋予其与西班牙分离行为的正当性,西班牙宪法法院多次宣布加泰罗尼亚试图独立建国的种种举措违宪,巩固和维护西班牙的国家统一。[①]

2006年,加泰罗尼亚自治区政府开始试图单方修改和增加《自治章程》的很多条款,扩大自治权,尤其是在《自治章程》序言中将加泰罗尼亚称为"民族"(nation)。《自治章程》经过西班牙议会的批准于2006年8月9日生效。西班牙人民党认为《自治章程》侵犯了西班牙宪法的最高地位和权威,因此向宪法法院提起了违宪审查。2010年3月,西班牙宪法法院作出了一份长达881页的判决,针对诉讼中涉及的违宪事项进行了判定,其中的核心要点是:在政治意义上,西班牙宪法只承认一个西班牙民族(nation);《自治章程》确定的"旗帜"等民族象征是合法的,但是不得用于违反宪法"西班牙国家统一不可分裂"的目的;自治地方的立法"需要依照宪法和本条例(《自治章程》)"进行,而不能限制中央政府通过立法行使职权,也不能更改自治地方与中央政府之间的财税关系。[②]总而言之,宪法法院整体否定了《自治章程》的效力。

然而,该判决随即激发了加泰罗尼亚人更大的反对。加泰罗尼亚自治议会于2013年1月通过"公投权利宣言书"——《加泰罗尼亚人民主权与自决权声明》。西班牙宪法法院随即作出违宪判决,否决了加泰罗尼亚要求以独立政治主体享有主权地位的主张。2014年1月,加泰罗尼亚自治区政府向

---

①　Tom Ginsburg and Mila Versteeg, "From Catalonia to California: Secession in Constitutional Law", 15 *Public Law and Legal Theory Paper Series* 39, pp. 39-42(2019).

②　Montserrat Guibernaum, "From Devolution to Secession: The Case of Catalonia", in Michel Seymour and Alain-G. Gagnon (eds.), *Multinational Federalism: Problems and Prospects*, Palgrave Macmillan, 2012, pp. 166-167.

西班牙宪法法院提交独立政治主体声明，但因单方面公投损害西班牙整体利益被裁定违宪无效。2014年9月加泰罗尼亚自治区议会通过《民意调查及公众参与法》，授权自治区政府组织具有法律效力的民意调查①，西班牙宪法法院应中央政府要求，中止了该法律的效力。2015年，加泰罗尼亚自治区政府出台了一项极具争议的动议，试图通过一系列法律来为独立后的加泰罗尼亚建立安全与税收体系，同时正式宣布加泰罗尼亚议会将不再受任何西班牙国家机关制约，包括宪法法院。西班牙宪法法院再次宣判其为违宪。

2017年，加泰罗尼亚议会正式批准公投方案，同时通过了《独立公投法》，规定公投只需要简单多数就可生效，且对投票率不作最低要求。② 西班牙政府很快作出反应，以公投及相关法律违宪为由向宪法法院提出诉讼。宪法法院随即受理并宣告公投违宪，要求停止与公投相关的一切活动。③

2017年10月，加泰罗尼亚自治区政府不顾西班牙宪法法院的判决，也不顾西班牙中央政府的反对，毅然启动了公投。最终，虽然只有不到50%的选民参与公投，但却压倒性地支持独立。2017年10月27日，加泰罗尼亚地区议会正式宣布独立。时任西班牙首相拉霍伊（Mariano Rajoy）随即依照《西班牙宪法》第155条的规定，开始对加泰罗尼亚自治区采取强制措施，解散当地议会。时任加泰罗尼亚自治区政府主席普吉德蒙（Carles Puidgemont）出逃比利时，很多独立运动人士被捕入狱。加泰罗尼亚独立运动就此告一段落。

（三）伊拉克库尔德自治区

库尔德人是中东第四大民族，人口仅次于阿拉伯人、土耳其人和波斯人，也被认为是世界上没有建立国家的民族中人口最多的。库尔德人主要分布在土耳其、叙利亚、伊拉克和伊朗。在伊拉克战争之后，随着萨达姆倒台，伊拉克制定新宪法，建立了联邦制和民主制，库尔德人是宪法制定过程中的重要参与者，在新宪法之下也建立了库尔德地区政府（Kurdish Regional Government），并拥有自己的民兵体系。

① 屠凯：《西方单一制多民族国家的未来：21世纪的英国和西班牙》，载《清华法学》2015年第4期，第150页。
② 该项法案因违宪于10月17日被宪法法院宣布无效，实际上该法案也明显与加泰罗尼亚自治章程相抵触，根据该章程，改变加泰罗尼亚地位的议案或法案需要议会三分之二多数通过方为有效。"Spain Just Declared Catalan Referendum Law Void", *The Independent*, 17 October 2017; "Catalan Independence Referendum", *The Daily Star*, 10 October 2017.
③ *Prime Minister v. Parliament of Catalonia*, STC No. 114/2017. Judgement of Constitutionality (Oct. 17, 2017), available at https://boe. es/boe/dias/2010/07/16/pdfs/BOE-A-2010-11409. pdf, last visited Feb. 22, 2023.

2005 年,库尔德地区内部一个非政府团体组织了一场咨询性的公投,98%的投票者支持库尔德独立。库尔德地区政府主席巴尔札尼(Masoud Barzani)表示支持这一公投结果,并宣称要开展官方组织的公投。9 月 15 日,地区议会批准了公投提议。2 天之后,伊拉克联邦最高法院下令,在对于公投的合宪性进行判决之前,暂停公投。但库尔德地区不以为意,仍然继续公投,最终以 90%的投票结果显示支持库尔德地区独立。随即,伊拉克政府对库尔德地区采取禁飞令,并于 10 月份采取军事行动占领库尔德地区首府基尔库克,其间造成一定伤亡。巴尔札尼也因此黯然辞职。

2005 年 11 月,伊拉克联邦最高法院对于公投的合宪性作出判决。判决认为,公投本身违反宪法规定因而无效。法院认为,根据《伊拉克宪法》第 93 条,其具有解决联邦政府与地区政府之间纠纷的权力。而且,单方独立公投违反了《伊拉克宪法》第 1 条关于伊拉克统一的规定。库尔德一方则援引国际法,认为库尔德地区人民拥有固有的民族自决权,且伊拉克中央政府未能履行自己尊重自治权的承诺,因而库尔德地区有权获得独立。库尔德地区政府在法律意见中将《伊拉克宪法》解读为独立实体之间的契约,因而一旦中央政府违反契约,地区就有权获得独立。而且,《伊拉克宪法》也并未禁止地区独立。①

如同美国内战前南方主张的理由一样,也如同美国内战中林肯总统采取的军事行动镇压独立运动一样,甚至也如同美国最高法院在军事行动成功之后宣布不存在宪法意义上的分离权一样,库尔德地区的独立运动最终走向了失败。在加拿大,宪法有关分离问题的沉默,被法院解读为中央和地方磋商的法律义务。在西班牙,宪法有关分离问题的沉默,被法院解读为中央可以合法反对地方独立。在伊拉克,宪法有关分离问题的沉默,也被解读为反对单方独立运动,只不过是在事后才作出判决。

三、向心:欧盟一体化与宪法化

当前世界的另一个潮流是国际联邦,其背后的思想来源于康德的永久和平论,即希望建成由共和国组成的、各国和平共处的世界联邦。② 这个理想是 19 世纪以来各个国际组织的梦想:既然国家可以联合成一个新的国家,为什么世界不能联合起来成为一个大的联邦呢? 康德的理念在欧盟得到了体现。

---

① 以上参见 Ginsburg and Versteeg, "From Catalonia to California: Secession in Constitutional Law", 70 *University of Alabama law review* 923, p.923(2019).

② 〔德〕康德:《永久和平论》,何兆武译,上海人民出版社 2005 年版。

自从罗马帝国解体以来，统一欧洲的想法由来已久。中世纪的所谓基督教共和国（republica Christiana）时期，教皇就宣称过对全欧洲的统治。空想社会主义者圣西门的欧洲社会改组理论（Re-organization of the European Society）基本上把现在欧盟的架构想象出来了。后来之所以统一未能成为现实，主要是因为两次世界大战对欧洲的摧残。

战后，欧洲各国最早通过 20 世纪 50 年代缔结的《巴黎条约》（Treaties of Paris）开始联合，建立了欧洲煤钢共同体（European Coal and Steel Community）。1957 年签署的《罗马条约》（Treaty of Rome）建立了欧洲经济共同体（European Economic Community），也即"欧共体"。随后经过一系列条约和一系列磋商，于 1993 年正式生效的《马斯特里赫特条约》（Treaty of Maastricht），完成了欧盟的基本结构的建立。

21 世纪，欧盟开始了宪法化的过程。2004 年《尼斯条约》一方面把欧盟决策机制由成员国一致同意改为多数决，另一方面引入了人权法案（Charter of Fundamental Rights），使欧盟条约看起来更像是一部国家宪法。然而，该宪法性条约在 2006 年遭遇了阻碍：法国和荷兰公投反对。2009 年，布鲁塞尔的精英们再次进行尝试。新缔结的《里斯本条约》保留了《尼斯条约》的主体内容，并进行了修改。在程序上，为推动新条约顺利通过，欧盟主张各国采用由议会批准而非全民公投的方式。然而，爱尔兰不接受由议会通过的方式，仍然要进行全民公投。2008 年 6 月，爱尔兰公投表示不通过。直到 2009 年，爱尔兰全民公投才终于通过该条约。欧盟的宪法性条约历经波折终于成型。

（一）欧盟法院与欧洲一体化进程

作为欧盟的机构之一，位于卢森堡的欧盟法院不断地在把条约宪法化。按照最初设想，欧盟法院的目标是监督条约能够在各成员国得以实施。然而，时至今日，它已经成为欧盟事实上的"宪法法院"，成为欧洲高级法的权威解释者和宪法性争议的裁决者。[1]更有甚者，欧盟法院在欧盟一体化的进程中扮演了重要的助推器作用，因而被描述为"欧洲的司法建构"。[2]在欧盟层面，欧盟法院在欧盟宪法化的过程中扮演了极为重要的角色。从 20 世纪 60 年代开始，欧盟法院在一系列的判决中，逐渐将条约解释为具有国家宪法效力的文件，创造了一种成员国公民个人可以直接诉诸的宪法秩序。欧盟法

---

[1] Thomas O. Hueglin and Alan Fenna, *Comparative Federalism: A Systematic Inquiry*, 2nd ed., University of Toronto Press, 2015, pp 332-333.

[2] Alex Stone Sweet, *The Judicial Construction of Europe*, Oxford University Press, 2004.

院超越了缔约国的原始意图，将欧盟条约界定为一体化融合进程。①

欧盟法院建构欧盟"宪法秩序"的进程，可以分为三个逻辑步骤。

其一，确立欧盟法的"直接效力"（direct effect）。在 1963 年范根德罗斯（*Van Gend & Loos*）案中，欧盟法院判定，欧共体条约的目标已经确定，该条约不仅仅是创设普通国家义务的国际协定，而是指向了各国的人民。其条约内容不仅影响各国政府，还影响各国人民。因而，一国公民可以依据欧共体条约所创设的权利在国内法院起诉，即便条约本身主要是针对加盟国。②总而言之，其创设了一种新的法律秩序：欧盟条约已经成为欧盟的宪法性文件。

其二，确立欧盟法优先效力的原则。在 1964 年科斯达诉国家电力局（*Costa v. ENEL*）案中，欧盟法院进一步宣布，在国内宪法和欧共体法律出现冲突的时候，后者应该占据主导地位。③在 1978 年的西门塔尔诉欧盟委员会一案中，欧盟法院认为："每个国家的法院都必须……完全适用共同体法……并必须相应地撤销国内法中可能与之相抵触的任何规定。"④

其三，排除成员国法院审查欧盟法的权力。在 1970 年的国际贸易公司诉谷物和饲料进口和储存中心（*Internationale Handelsgesellschaft*）一案中，欧盟法院判定，加盟国的宪法法院不能依据国内法来判断欧盟法律和规则的有效性，进而认为判定欧洲的指令是否与国内法相冲突的权限在欧盟手中，以此否决了各加盟国对欧盟法律进行司法审查的可能性。⑤在 1987 年另一起案件中，欧盟法院进一步表示，如果成员国法院可以审查欧盟法，那么整个共同体的法律秩序统一性就将受到威胁。⑥欧盟法院的态度与美国最高法院霍姆斯大法官的名言不谋而合："我不认为，如果我们失去了宣布国会立法无效的权力，美国就会走向终结。我认为，如果我们不能对各州的法律作出此类宣告，这个联盟就会岌岌可危。"⑦

---

① Miguel Poiares Maduro, *We the Court: the European Court of Justice and the European Economic Constitution: A Critical Reading of Article 30 of the EC Treaty*, Hart Publishing, 1998.

② *Van Gend en Loos v. Nederlandse Administratie der Belastingen*, Case 26/62, [1963]ECR 1. 该案允许一个荷兰私人进口商直接依据罗马公约中的欧共体统一市场条款挑战荷兰政府。

③ *Flaminio Costa v. E. N. E. L.*, Case 6/64, [1964]ECR 585. 确定了"直接效力"原则。该原则的讨论参见 George Bermann et al, *Cases and Materials on European Community Law*, West Pub. Co., 1993, pp. 166-203.

④ *Simmenthal v. Commission*, Cse92/78, [1978].

⑤ *Internationale Handelsgesellschaft mbH v. Einfuhr- und Vorratsstelle für Getreide und Futtermittel*, Case 11/70, [1970] ECR 1125.

⑥ *Foto-Frost v. Hauptzollamt Lübeck-Ost* (1987).

⑦ Oliver Wendell Holmes, *Collected Legal Papers*, Harcourt, Brace & Howe, 1920, pp. 295-296. ("I do not think the United States would come to an end if we lost our power to declare an Act of Congress void. I do think the Union would be imperiled if we could not make the declaration as to the laws of the several States.")

一个自然的问题是：为何成员国政府和法院愿意接受欧盟法院对于自身更高地位和欧盟法优先性的解释与建构？除了欧洲战后反思民族国家、反思暴力、尊重法律的传统之外，一个重要的原因在于，欧盟从一开始就是以共同市场和经济共同体为基础，在成员国之间实现货物和服务的自由流动与自由贸易。共同市场就要求共同规则，市场和谐则需要法律确定，法律确定则需要统一的机构保证。欧盟法院看似超乎法理常规的解释与建构，实际上大多数与贸易政策有关，因而得到了各国精英、特别是跨国经济利益集团的支持。①这也符合新自由主义的整体规划。

然而，成也萧何，败也萧何。到了 21 世纪初期，特别是 2008 年全球经济危机之后的欧债危机，剧情似乎有了反转。与欧元区产生重大危机同时，欧盟成员国的宪法法院或者最高法院开始挑战欧盟法的优先效力。标志性的案件是德国宪法法院针对《里斯本条约》的判决。鉴于德国在欧盟体系中的心脏地位，该判决可谓对于欧盟一体化和宪法化的重大打击，是成员国法院拒绝欧盟法优先地位第一案。德国联邦议院和联邦参议院 2008 年先后批准《里斯本条约》。在议会通过《里斯本条约》后，部分议员向德国宪法法院起诉，指控《里斯本条约》违背《德国基本法》，损害德国议员的权利。从法律依据上，德国宪法法院认为须将欧盟一体化举措置于《德国基本法》之下进行权衡。联邦宪法法院诉诸制宪权理论：德国主权属于人民；任何要更改《基本法》核心的宪法变迁必须得到德国人民批准，而不是人民代表认可。前者拥有高于《基本法》的原始权力。而统一的"欧洲人民"作为制宪权主体尚不存在②，欧盟存在严重的民主赤字，因为欧盟权力只是源自成员国的主权让渡。③

2020 年 5 月，德国宪法法院判决，欧盟法院在认可欧洲央行采取量化宽

---

① Lisa J. Conant, *Justice Contained: Law and Politics in the European Union*, Cornell University Press, 2002.

② 实际上，在 1990 年代初缔结《马斯特里赫特条约》之后，德国法学家和法官迪特·格林（Dieter Grimm）和德国哲学家尤尔根·哈贝马斯之间围绕"欧洲是否需要一部宪法"展开了一场著名的辩论。格林认为，欧洲缺乏集体认同感，宪法也不能带来充分民主。讨论欧盟需不需要一部宪法，首先要讨论什么是宪法。欧洲绝对主义国家的历史强调主权的重要性。宪法以国家为前提；国家以主权为前提。欧盟并没有宪法，因为欧洲没有统一主权。没有同质化的统一人民，就没有统一的制宪权主体，就不会有一部统一的宪法。哈贝马斯则认为，政治体构建并不需要统一的人民作为前提。如果已经有一个宪法框架，促进人们不断交流，便有助于构建统一认同。Dieter Grimm, "Does Europe Need a Constitution?", in Peter Gowan and Perry Anderson(eds.), *The Question of Europe*, Verso, 1997, p.252; Jürgen Habermas, in Ciaran Cronin and Pablo de Greiff(eds.), *The Inclusion of the Other: Studies in Political Theory*, MIT Press, 1998, pp.155-161.

③ BVerfGE 123, 267 Lisbon Decision [2009] 2 BvE 2/08 (Eng).

松措施时,部分违反《德国基本法》,且欧盟法院对这一措施的批准属于越权。① 随即,"欧盟委员会通过声明反击。不仅如此,欧盟法院罕见地就德国联邦宪法法院的判决发表了声明,声明强调为了保证欧盟法制统一,欧盟法院是有权审查欧盟机构的行为是否符合欧盟法的唯一法院。"②

实际上,不光德国如此。在 2009 年《里斯本条约》判决之前,意大利、西班牙、波兰、法国和捷克等国的宪法审查机构,皆已作出过肯认本国宪法基本原则、限制欧盟法在本国适用效力的判决;《里斯本条约》判决之后,英国、比利时等国的最高法院或宪法法院也开始依据本国法限制欧盟法的优先效力。③欧盟宪法化乃至于一体化进程已经受到各国宪法法院的重大限制和挑战。某种意义上,欧盟目前的境况已经颇类似于美国内战之前的局面:州法院常常依据本州宪法和法律否决或拒绝执行联邦立法(nullification)。后来,南方各州更是直接试图脱离联邦。类似的事情也发生在如今的欧盟,虽然目前只有一个国家——英国——这么做了。

(二) 英国脱欧

1973 年 1 月 1 日,英国成为当时的"欧洲经济共同体"成员,1993 年"欧洲经济共同体"更名为"欧洲共同体",2009 年再次更名为"欧洲联盟",英国即是其中一员。根据英国的 1972 年《欧共体法》,自 1973 年起欧盟法即成为英国国内法的一部分。

随着欧盟权力的日渐加强,部分英国人开始担心国家主权的丧失;2008 年金融危机、欧债危机、欧洲移民和难民危机、恐怖主义袭击等问题加剧了民众的疑欧情绪。随着脱欧的呼声越来越高,英国独立党的政治势力不断扩张。为了释放政治压力,在英国前首相卡梅伦及其内阁的操作下,英国议会通过了 2015 年《欧盟公民投票法》。2016 年 6 月 23 日,英国举行了关于英国是否脱离欧盟的公民投票,最终 51.9%的选民支持脱离欧盟。2017 年 3 月 16 日,英国女王伊丽莎白二世批准"脱欧"法案,授权时任首相特雷莎·梅正式启动程序。3 月 29 日,"脱欧"程序正式启动。2018 年 6 月 26 日,英国女王批准英国脱欧法案,允许英国退出欧盟。7 月 12 日,英国发布脱欧白皮书。11 月 25 日,欧盟除英国外的 27 国领导人一致通过英国"脱欧"协议草

---

① 石佳友:《德国违宪审查机制考验下的欧盟法优先效力原则——以德国宪法法院关于欧洲中央银行公共债券购买计划的最新判决为例》,载《欧洲研究》2020 年第 5 期,第 90—115 页。

② 翟晗:《欧洲一体化进程中成员国"宪法特质"教义及其历史制度意涵》,载《欧洲研究》2021 年第 3 期,第 139 页。

③ 同上注,第 144—145 页。

案。12 月 10 日,欧盟法院裁定,英国可单方面撤销"脱欧"决定。2020 年 1 月 30 日,欧盟正式批准英国脱欧。

若要理解英国脱欧程序,则有必要厘清欧盟与英国的法律关系。衔接欧盟法和英国国内法的主要是 1972 年《欧共体法》。该法第 2(1)节规定,所有欧盟条约上的权利和义务,自该法生效之日起不必经英国议会重复确认而直接成为英国国内法上的权利义务;进入英国国内法的欧盟法规范的效力优先于英国法。该法也取消了议会对后续欧盟法的确认程序,打破了英国要求国际法必须经过议会同意才能成为国内法的传统。英国脱欧之后,欧盟与英国的联系并非简单地废除 1972 年《欧共体法》就可以切断。

为了合法启动脱欧程序,英国也必须遵守条约。最为重要的便是《里斯本条约》第 50 条的相关规定:第一,任何成员国可以根据本国的宪制要求决定脱离欧盟;第二,成员国应将脱离欧盟的决定通知欧洲理事会;第三,脱欧国家和欧盟之间有两年时间协商成员国脱离欧盟之后的彼此关系,如果两年时间到期而无法继续协商,则该成员国自动脱离欧盟。

在举行 2016 年公民投票前,英国议会通过了《2015 年欧盟公民投票法》作为该次投票的法律依据。然而遗憾的是,该法并没有说明公民投票的法律后果及其是否会改变英国法律以及如何改变。此前关于苏格兰公投法律后果的争议最终是通过政治妥协解决的。对此,英国最高法院在米勒案中的判决①,阐明了英国公民投票的法律性质:除非相关授权制定法明确了其法律后果,否则公民投票无论其政治意义如何重大,均属咨询性质,不能改变英国法律。② 在英国最高法院的要求下,英国政府不得不将启动《里斯本条约》第 50 条所规定脱欧程序之事交由英国议会决定。

尽管英国已经踏上了脱欧的不归路,但仍有诸多努力试图通过法律逆转英国的脱欧进程。苏格兰法院提请欧盟法院对《里斯本条约》第 50 条脱欧程序进行审议,并确定该条款是否规定英国有两年时间完成脱欧谈判,且该

---

① 2016 年 10 月,英国首相特雷莎·梅曾宣布,英国将在 2017 年 3 月底之前启动《里斯本条约》第 50 条,正式开启"脱欧"程序。但英国一些议员对此提出质疑,认为政府启动"脱欧"需要先得到议会授权。此后,以吉娜·米勒为代表的公民诉讼人认为英国政府不经议会授权、自行触发欧盟脱欧条款即《里斯本条约》第 50 条、正式开启脱欧谈判不合法,并将英国政府告上法庭。2016 年 11 月 3 日,英国高等法院裁定,英国政府在正式启动"脱欧"程序前需经议会批准。2016 年 12 月 5 日,英国最高法院开庭审理"脱欧"程序案。2016 年 12 月初,英国最高法院以全体阵容审理这起"米勒与另一人对脱离欧盟事务国务大臣案",并同时答复了北爱尔兰总检察长、北爱尔兰上诉法院提出的两个司法解释案。在 2017 年 1 月 24 日,英国最高法院作出了终审裁决,裁定英国政府必须经过议会批准,才能启动"脱欧"程序。此前英国最高法院方面就曾表示,对于"脱欧"程序案作出裁决,并非推翻公投的结果,而是保证"脱欧"过程合法进行。

② [2017]UKSC5, p. 38.

条款是否允许单方面撤回"脱欧"意愿通知书，即是否需要欧洲理事会一致同意，才有可能允许成员国撤回"脱欧"意愿。2018 年 12 月 10 日，欧盟法院裁定，尽管成员国已向欧洲理事会递交"脱欧"申请，仍可以单方面撤回。只要欧盟与该成员国之间签订的"脱欧"协议尚未生效，或者尚未达成此类协议，成员国递交"脱欧"意向书的两年内或者过渡期内，都可以撤回请求。成员国须经由本国宪法规定的民主程序才能作出撤回，并以书面形式递交欧洲理事会。一旦递交撤回请求，"脱欧"程序即告终结，成员国在欧盟内的权利和地位一如既往。

欧盟法院的这一裁定为英国逆转脱欧进程撕开了法律的口子，这是欧盟巧妙地用法律解决政治问题并不断挽留英国的尝试。尽管欧盟为英国的回头提供了法律上的可能，但英国的政治实践已经使得这种可能湮灭了。时至今日，需要重新反思的是，欧盟通过法律促进一体化的进程是否成功，甚至欧盟一体化进程本身是否能够继续。

结　语

虽然联邦制经常被采用该制度的国家写入宪法，但就实际而言，联邦制的成败不仅取决于宪法制度的设计，更是取决于中央地方乃至于成员单位之间的政治博弈。欧盟目前陷入深重危机，危机源自债务危机之下形成的(债权)国与(债务)国之间的不平等关系。①而 2020 年开始的全球新冠肺炎疫情，则凸显了美国和巴西等联邦制国家应对疫情不力的问题。或许，人类社会又一次走向了反思联邦制的时代。

① Leone Niglia, "The New Transformation of Europe：Arcana Imperii", 68 *American Journal of Comparative Law* 151, pp. 151-185(2020).

第六章 司法审查权:起源、发展与争议

> 宪法不是最高法院说的那样。相反,它是人民通过其他分支所从事的宪法行为,最终允许最高法院说它是那样。

——罗尔斯①

任何一部成文宪法都存在实施问题,尤其是如何纠正和制裁违宪行为的问题。合宪性审查因而便成为一项重要的制度。在很多国家,成文宪法由某种类型的司法机关来执行,是为司法审查。值得注意的是,宪法的成文性质并不当然意味着授权司法机关从事违宪审查。例如,《荷兰宪法》即明确规定,任何条款不得由司法执行;《爱尔兰宪法》规定了一系列"公共政策指引原则"(directive principles of public policy),同时也规定了只能由立法机关执行,司法机关不得插手。②因此,当代比较宪法学的热门问题之一即是:宪法是否应该由司法机关来执行?司法审查构成了新立宪主义(new constitutionalism)的核心制度,③围绕司法审查的争议也构成了比较宪法学理论的核心争点。

本章将首先探察司法审查的历史起源与全球扩散的趋势,继而总结目前通行的集中模式,特别是新的发展趋势造就的新模式,进而处理比较宪法学上围绕司法审查正当性的争论,最后研究司法审查的前沿问题:司法审查的全球化和政治问题的司法化。本章力图通过法律、历史和政治的多重视野,揭示当代国际范围内司法审查全球化背后的深层动力机制。

---

① John Rawls, *Political Liberalism*, Columbia University Press, 1993, p. 237. ("The constitution is not what the Court says it is. Rather, it is what the people acting constitutionally through the other branches eventually allow the Court to say it is.")

② Mark Tushnet, "The Rise of Weak-Form Judicial Review", in Tom Ginsburg and Rosalind Dixon (eds.), *Comparative Constitutional Law*, Edward Elgar Publishing, 2011, p. 321.

③ Tamas Gyorfi, *Against the New Constitutionalism*, Edward Elgar Publishing, 2016.

一、司法审查的美国起源与全球扩散

(一) 美 国 起 源

稍微熟悉宪法知识的读者都知道,作为一种制度,司法审查起源于 19 世纪初的美国。1787 年《美国宪法》虽然规定了司法机关的独立地位,但法院是否有权依据《宪法》审查立法和行政行为,宪法文本本身并没有给出明确的答案。① 虽然司法审查体制可以在英国法和美洲殖民地时期的司法实践中找到先例②,但美国真正确立司法审查体制则要到 1803 年的"马伯里诉麦迪逊案"。③ 原告威廉·马伯里(William Marbury)被即将卸任的约翰·亚当斯

---

① Alexander Bickel, *The Least Dangerous Branch*, Yale University Press, 1986.

② 西方当代宪法学界有论者将司法审查的制度实践追溯到北美殖民地时期,特别是英国的公司法传统,即英国设立北美殖民地的公司敕令被殖民地政府用来检查殖民地立法是否符合上位法。See Mary S. Bilder, "The Corporate Origins of Judicial Review", 116 *Yale Law Journal* 535, pp. 535-554(2006). 一些学者将司法审查的起源追溯到英美法的"高级法"(higher law)思想,特别是英国柯克大法官在 Bonham's Case (8 Co. Rep. 107, 1610) 中提出的与理性相违背的议会立法无效。也有论者认为基督教文明中的高级法思想同样为司法审查奠定了文明背景;相比较而言,伊斯兰传统当中虽然有高级法思想,但没有人类立法的思想;中华文明虽然有人类立法的思想,但却没有约束世俗权力的高级法思想。See Tom Ginsburg, "Global Expansion of Constitutional Review", in Keith E. Whittington, R. Daniel Keleman & Gregory A. Caleira(eds.), *Oxford Handbook of Law and Politics*, Oxford University Press, 2008, pp. 82-83. 汤姆·金斯伯格认为,在中国儒家世界观中,皇帝被认为是整个政治世界和宇宙秩序的中心所在,因其授命于天,不受任何人间秩序和人为力量的制衡;虽说中国古代士大夫集团可以就皇帝的行为提出质疑,但并未形成稳定的机构和制度。See Tom Ginsburg, *Judicial Review in New Democracies: Constitutional Courts in Asian Cases*, Cambridge University Press, 2003, p. 12. 中国学者曾就此问题进行过辩诘,认为不能笼统地将中国古代政治制度归结为皇帝中央集权的专制。如钱穆认为,中国古代政治中形成了一种"士人政府",与皇权形成了分权制衡的结构。参见钱穆:《国史大纲》,商务印书馆 1996 年版,第 148—149 页。一些当代学者也认为中国古代的皇帝受到很多制度性的制约,特别是士大夫对于皇帝行为的审查,类似于用"高级法"来制约皇帝的"立法"。参见姚中秋:《儒家立宪论》,香港城市大学出版社 2016 年版。另参见苏力:《作为制度的皇帝》,载《法律和社会科学》2013 年第 12 卷,第 188 页。(苏力将中国古代皇帝区分为有为君主和守成君主两类,认为"守成君主也并非不任性,不专断,但总体而言,他们不等于,也成不了西方近代的专制君主。其中最重要的原因就是,中国一直是'超级'大国,并因此,自秦汉之后,常规政治都以是政治精英为基础的官僚政治。官僚政治完全可以糟糕,但不大可能,甚至就是没法专制。除极少数有为君主外,守成皇帝通常无论知识和能力都不足以独自有效决策和处理诸多军国大事,他必须依赖宰相和其他重臣,必须依赖整个官僚体制。也因此,他就一定会受到官僚政治的限制和官僚体制以各种方式的制衡。即便皇帝总是有最后的决策权,可以决定官员的荣辱甚至生死,但皇帝仍然受制于并遵循先皇制定的宪制常规,儒家教训,和天理人情,总会受制于官僚机构的消极抵抗,受制于甚至某些官僚的舍生取义(civil disobedience)甚或沽名钓誉,想想海瑞,想想'文死谏'。有意无意,守成皇帝妥协都是必须的,也是必然的,有时甚至只能不了了之。")

③ *Marbury v. Madison*, 5 U. S. 137, 177 (1803).

(John Adams)总统提名为华盛顿地区的治安法官,并在亚当斯执政的最后几天内得到了参议院的确认。但他的委任状因为总统换届混乱而未寄出,因此他要求新任国务卿詹姆斯·麦迪逊(James Madison)将委任状寄送给他。麦迪逊并未满足他的请求。马伯里因此向最高法院起诉,要求法院发出执行状(writ of mandamus),强制麦迪逊发送委任状。

主审该案的马歇尔大法官代表法院发表了意见,分为三个部分。三个部分依次回答了三个问题:(1) 马伯里是否对其所要求的委任状享有权利?(2) 如果他有这个权利,且此项权利受到侵犯,法律是否为其提供救济?(3) 如果法律确实为他提供了救济手段,这种救济手段是否指的是最高法院下达颁发委任状的执行状? 马歇尔大法官在第三部分提出了著名的司法审查权,即法院审查国会立法的权力。

马歇尔认为,马伯里诚然可以在法院寻求救济,但却不是在最高法院。虽然国会1801年《司法法案》第13条授予最高法院发出执行状的权力,但《宪法》只规定了最高法院受理上诉审的权力,发布强制令则属于初审权的范围。根据成文宪法基本原理,《宪法》是国家的根本法和最高法,与《宪法》相抵触的法律无效。因此,1801年《司法法案》第13条违宪,最高法院不能发出执行状。以马歇尔领衔的美国最高法院最终肯定了马伯里的权利,但并没有帮助他实现该权利,即它没有采取法律措施对该权利受到的损害提供救济。

由此,法院获得了审查国会立法是否合宪的权力。司法审查制度背后的根本逻辑有二:第一,宪法是法。换言之,宪法不仅是政治宣言,也是法律,可适用到具体争议,可由律师、法官解释和处理。第二,阐释宪法是法院的权力。法院负责法律问题,既然宪法是法律,宪法问题应由法院处理。然而,正如后文即将展示的,马歇尔阐释的司法审查逻辑,在司法实践和政治结构当中,会引发无穷的问题与争议。

(二) 全 球 扩 散

虽然马伯里案在美国确立了司法审查体制,但在1945年之前,整个世界范围内少有国家仿行司法审查体制。挪威是屈指可数的例子之一:与马伯里案类似,挪威最高法院在1866年韦德尔·雅里斯伯格(Wedel Jarlsberg)案中确立了司法审查体制。① 1943年,冰岛加入了当时成员不多的司法审查

---

① Judgment of 1 November 1866, reported in UfL VI (1866) 165 (Wedel Jarlsberg).

阵营。①

二战以前,在一些欧洲国家内部,移植美式司法审查的呼声不绝于耳,甚至在某些时候也付诸实践,但总体来说不甚成功。在法国,以狄骥为代表的一批著名公法学家呼吁法国法官学习美国的榜样,而且在个别案件之中,法国法院也曾经对法律进行违宪审查,但却从未宣布任何一部法律违宪;法国法官普遍认为其职责在于执行法律,而非考虑法律是否违宪。②德国法院虽然从 1925 年的一起案件开始也有过尝试,但法院也未能普遍地根据宪法审理具体案件。③意大利在战后曾短暂地采用过美式司法审查模式(1948—1956),却受到了法官们的强烈抵制,最终无疾而终。④

究其原因,在整个 19 世纪乃至 20 世纪上半叶的大部分时间里,欧洲主要国家(以及受其影响的世界其他国家)坚持议会至上原则,对司法审查体制表示了较大怀疑。例如,英国宪制中长期以来没有独立的最高法院,因其最高司法机构是上院,遑论由法院来审查议会的立法。⑤ 自从大革命以来,法国宪法体制遵循人民主权理论,将立法机关看作"公意"(general will)的代表,而公意是不会犯错误的;法国宪法体制不接受、甚至明确拒斥司法机关从事宪法审查的权力。⑥违宪审查只能由立法机关本身来进行,法院不能涉足。正如有论者总结的:"在美国,宪法是神圣不可侵犯的;在欧洲,'法律'——即立法——是神圣不可侵犯的。"⑦而且,正是由于议会至上的原则,宪法本身的最高效力也因此大打折扣。⑧

此外,欧洲司法系统的实际状况也阻碍了美式司法审查生根发芽。当时欧洲普通法院的法官多为职业法官,缺少政治和政策训练,因而无法胜任违宪审查的任务,毕竟违宪审查具有较强的政治性。⑨而且,欧洲普通法官没有

---

① Hon. Justice Carsten Smith, "Judicial Review of Parliamentary Legislation: Norway as a European Pioneer", 32 *Amicus Curiae*, issue 11, pp. 11-13(2000).

② 〔法〕路易·法沃勒:《欧洲的违宪审查》,载〔美〕路易斯·亨金、阿尔伯特·J. 罗森塔尔编:《宪政与权利:美国宪法的域外影响》,郑戈、赵晓力、强世功译,生活·读书·新知三联书店1996 年版,第 33—34 页。

③ 同上注,第 34—35 页。

④ 同上注,第 35 页。

⑤ 直到 2009 年,英国才建立体制上独立的最高法院,并开始采取某种司法审查体制。

⑥ 〔法〕卢梭:《社会契约论》,李平沤译,商务印书馆 2011 年版。

⑦ 〔法〕路易·法沃勒:《欧洲的违宪审查》,载〔美〕路易斯·亨金、阿尔伯特·J. 罗森塔尔编:《宪政与权利:美国宪法的域外影响》,郑戈、赵晓力、强世功译,生活·读书·新知三联书店1996 年版,第 36 页。

⑧ 同上注,第 37—38 页。

⑨ Mauro Cappelletti, *Judicial Review in the Contemporary World*, Bobbs-Merrill, p.45,1971.

美国联邦法官那样的终身任期,因而面临较大的政治压力。① 再者,欧洲国家的法院系统当时较为分散,缺少像美国最高法院居于顶端的一元体制,因而不利于司法审查的移植。

然而,正是在移植失败的过程中,欧洲国家走出了自己的道路。欧洲国家在美国模板的基础上,发明了自己的模式——凯尔森式的宪法法院模式。② 1920 年,根据凯尔森的建议,奥地利率先建立了宪法法院,直到 1938 年纳粹德国入侵奥地利时停止运行。同时,1920 年《捷克斯洛伐克宪法》也确立了凯尔森式的宪法法院,但该法院在实践当中极不活跃,从未宣布任何一部议会立法违宪,纳粹德国 1939 年占领捷克斯洛伐克之后,该违宪审查体制也宣告中止。③

即便是在美国,司法审查的道路也并非一帆风顺。1857 年,美国最高法院历史上第二次否决国会立法,就奴隶制问题作出判决④,随即引发了政治地震;随着美国内战的到来,美国最高法院的地位和权力也跌入谷底。20 世纪 30 年代,美国最高法院更是经历了一场重大政治危机。由于最高法院频繁宣布罗斯福新政立法违宪⑤,罗斯福总统在国会推动立法,拟重组最高法院——为每一名年龄超过 70 岁的大法官配一名年轻法官,结果将是大法官人数由 9 人变为 15 人。⑥迫于政治压力,美国最高法院在 1937 年“及时转向”(switch in time),转而支持新政立法。⑦此事成为美国宪法史上的一段公案⑧,导致美国最高法院的权威受到挑战;司法审查的正当性也颇受动摇。直到二战以后,美国最高法院才凭借著名的“布朗案”⑨东山再起,并逐渐获得国际声望。⑩

1945 年之后,随着多国制定新宪法,司法审查制度开始蓬勃发展,司法

---

① 〔法〕路易·法沃勒:《欧洲的违宪审查》,载〔美〕路易斯·亨金、阿尔伯特·J. 罗森塔尔编:《宪政与权利:美国宪法的域外影响》,郑戈、赵晓力、强世功译,生活·读书·新知三联书店 1996 年版,第 37 页。
② 该模式的具体特征参见后文分析。
③ M. Cappelletti, *Judicial Review in the Contemporary World*, The Bobbs-Merrill Co. , 1971.
④ *Dred Scott v. Sandford*, 60 U. S. (19 How.) 393 (1857).
⑤ See *Panama Refining Co. v. Ryan*, 293 U. S. 388 (1935); *Adkins v. Children's Hospital*, 261 U. S. 525 (1923); *Humphrey's Executor v. United States*, 295 U. S. 602 (1935); *Louisville Joint Stock Land Bank v. Radford*, 295 U. S. 555 (1935); *A. L. A. Schechter Poultry Corp. v. United States*, 295 U. S. 495 (1935).
⑥ The Judicial Procedures Reform Bill of 1937, see Michael E. Parrish, *The Hughes Court: Justices, Rulings, and Legacy*, ABC-CLIO, Inc. , 2002, p. 24.
⑦ *West Coast Hotel Co. v. Parrish*, 300 U. S. 379 (1937).
⑧ William Leuchtenburg, *The Supreme Court Reborn: The Constitutional Revolution in the Age of Roosevelt*, Oxford University Press, 1995.
⑨ *Brown v. Board of Education of Topeka*, 347 U. S. 483 (1954).
⑩ Mary L. Dudziak, "Brown as a Cold War Case", 91 *Journal of American History* 32(2004).

权力也呈现出全球扩张的趋势。①而在这个趋势当中,最为显著的特点是转型国家在制定新宪法的时候,大面积规定某种形式的司法审查制度。

首先是欧洲大陆国家。欧洲大陆各国否定了之前盛行的议会至上原则,普遍在新宪法中赋予法院审查议会立法的权力。20世纪40年代,奥地利、意大利和德国等国开始通过制定新宪法,确立了违宪审查体制,由专门的宪法法院行使违宪审查权。②依循凯尔森的宪法理论,1946年《奥地利宪法》创立了宪法法院体制。随后,德国和意大利等国开始仿效。甚至连原本非常拒斥违宪审查的法国,也开始确立宪法委员会的实质权力。在国际层面,欧共体(欧盟前身)所创立的欧洲法院(European Court of Justice)很快也变成了一所宪法法院,审查各国的法律是否违反了欧共体的基本规则,尤其是是否侵犯基本权利。③欧洲人权法院(European Court of Human Rights)的创立则是司法审查国际化的另一个重要标志。④1970年代以后,一些从威权体制中转型为民主体制的国家(如西班牙、葡萄牙和希腊)都采取了司法审查体制。

随即,司法审查制度开始扩展到世界其他地区。由美国主导制定的日本战后新宪法,设立了美式司法审查制度。战后的去殖民化运动造就了很多新兴国家,这些国家都采取了司法审查制度。⑤1980年代到1990年代,南非和拉丁美洲很多国家也在民主化之后开始引入司法审查体制。冷战之后,苏联和东欧很多国家在经历政体变化后,几乎无一例外地在新宪法里确立了司法审查制度,特别是宪法法院模式。甚至一些接受英国法律传统的国家也开始推行司法审查体制,例如加拿大(1982)、新西兰(1985)和以色列(1992—1995)。⑥

需要说明的是,宪法文本确立司法审查,并不意味着在实际政治体制中

---

① C. Neal Tate & Torbjörn Vallinder (eds.), *The Global Expansion of Judicial Power*, New York University Press, 1995.

② Carlo Guarneri & Patrizia Pederzoli, "From Democracy to Juristocracy? The Power of Judges: A Comparative Studies of Courts and Democracy", in *The Power of Judges: A Compara tive Study of Courts and Democreacy*, C. A. Thomas trans., Oxford University Press, 2002, p.135; Alec Stone Sweet, *Governing with Judges: Constitutional Politics in Europe*, Oxford University Press, 2000, p.31.

③ J. H. H. Weiler, "The Transformation of Europe", 100 *Yale Law Journal* 2403, p.2417(1991).

④ Jochen Frowein, Stephen Schulhofer & Martin Shapiro, "Protection of Fundamental Human Rights as a Vehicle of Integration", in Mauro Cappelletti, Monica Seccombe & Joseph Weiler (eds.), *Integration Through Law: Europe and the American Federal Experience*, Walter de Gruyter & Co., 1986.

⑤ Ran Hirschl, *Towards Juristocracy: The Origins and Consequences of the New Constitutionalism*, Havard University Press, 2004, p.7.

⑥ Ibid., p.8; Alec Stone Sweet, *Governing with Judges: Constitutional Politics in Europe*, Oxford University Press, 2000, p.31.

司法审查得以确立。违宪审查机构需要通过实践来落实其被宪法规范赋予的重大权力。一般来说，草创之初的违宪审查机构会采取相应的策略来行使其权力，并确立自身在政治体系和法律系统之中的地位。马克·图什内特（Mark Tushnet）教授总结了两种基本的策略。

第一种是"一蹴而就"（one and done）模式，即违宪审查机构在创始不久，即抓住一个极为重大的政治性案件来确立自己违宪审查的权威，以使反对党或者反对派不敢小觑，一锤定音。① 马伯里诉麦迪逊案是最为典型的例子，虽然美国最高法院在此后五十年之内未再启用这项权力。南非宪法法院也曾经在涉及总统赦免权的案件当中宣布曼德拉违宪，而曼德拉随即表示服从判决，从而在政治实效上确立了违宪审查制度。②一般来说，正如美国的例子所展示的，一锤定音之后的最高法院或者宪法法院需要谦让政治机构，避免其在愤恨之下进行政治报复。在确立自身的宪法权威之后，违宪审查机构在某种程度上需要退隐，否则引发的政治反冲可能会危及违宪审查机构，如俄罗斯宪法法院在1990年代即因为反对叶利钦而被解散。③

另一种策略可以称之为渐进模式，即违宪审查机构先从政治性不那么敏感的案件出发，不断积累其权威，使得政治机构逐渐适应违宪审查制度，从而最终稳步确立违宪审查制度。④大部分有效建立司法审查制度的最高法院或者宪法法院都采取此类道路。

（三）历 史 原 因

战后欧洲各国选择司法审查体制，特别是宪法法院体制，有其深刻的历史原因。首先，由于纳粹的历史创痛，大众民主的正当性在欧洲乃至世界各地遭到了怀疑，议会至上的原则开始衰落。由于纳粹政府是经民主程序上台，人们发现民主也可能危及个人自由，"多数人的暴政"值得警惕。西欧世界因此由议会至上向宪法至上转变。而宪法适用需要解释，因而法院凭专业优势逐步宣称自身在宪法解释领域的重要地位，宪法至上的观念很快变成司法至上（judicial supremacy）。

其次，随着二战结束，以往工业国家所盛行的技术专家统治

---

① Mark Tushnet, *Advanced Introduction to Comparative Constitutional Law*, Edward Elgar Publishing, 2014, p. 42.

② *President of the Republic of South Africa v. Hugo*, (CCT11/96) [1997] ZACC 4.

③ Mark Tushnet, *Advanced Introduction to Comparative Constitutional Law*, Edward Elgar Publishing, 2014, pp. 42-43.

④ Ibid. , p. 43.

(technocracy)不再流行,且各国人民普遍对政府产生了不信任。①一些重大政治事件也削弱了行政权的形象,典型例子是 1970 年代美国的"水门事件"(Watergate)。"总统是靠不住的",因此要由"大法官说了算"。②在行政管制国家受到怀疑之后,法院成为宪法与人权的守护者。

最后,与对政府不信任相伴随的是对于基本人权的重视和对于人权保护机制的强调。1945 年《普遍人权宣言》及随后制定的两个人权公约——《公民权利与政治权利公约》和《经济、社会与文化权利公约》——正是国际领域人权勃兴的体现。在世界各国内,制定拥有权利法案的成文宪法,成为各国议事日程上的重要事项。③

值得注意的是,虽然美国是司法审查制度的发源地,但并非战后新兴国家的启明星。反倒是德国模式成为很多转型国家和后发国家的榜样。其原因在于,这些国家在设计宪法的时候,将该国之前的威权体制比照德国战前政制,认为宪法法院和违宪审查是告别威权体制的不二法门。④无论是在1970 年代末民主转型的西班牙、葡萄牙、希腊,还是 1980 年代初推翻朴正熙独裁的韩国,抑或是转型之后的东欧各国和巴尔干地区⑤,乃至 1990 年代推翻种族隔离之后制宪的南非,都是如此。⑥

---

① Martin Shapiro, "Globalization of Law", 1 *Indiana Journal of Global Legal Studies 45*, pp. 45-47 (1993).

② 林达:《总统是靠不住的:近距离看美国之二》,生活·读书·新知三联书店 1998 年版;何帆:《大法官说了算:美国司法观察笔记》,法律出版社 2010 年版。

③ 凯尔森模式后来的发展未必完全遵循了凯尔森自己的思想。战后各国宪法法院都学习德国,以个人宪法权利为根基审查议会立法。然而,凯尔森本人则在 1920 年代便指出,虽然在宣布议会立法违宪的时候宪法法院承担了某种立法功能,但只是"消极立法者",而非像议会那样的"积极立法者"。而消极和积极的区分之前提是,宪法里不得有可供司法执行的个人权利。作为一个法律实证主义者,凯尔森认为宪法里的个人权利乃是自然法的一种体现,无法在司法过程当中获得确定的解释。如果宪法法院可以执行个人权利,必然赋予司法机关过大的自由裁量权,那么消极和积极的区分将不复存在,宪法法院将成为超级立法者。只是,凯尔森的劝告后来被各国实践"华丽"地无视了。See Alec Stone Sweet, "Constitutional Courts", in Michel Rosenfeld & András Sajó (eds.), *Oxford Handbook of Comparative Constitutional Law*, Oxford University Press, 2012, p. 819.

④ Alec Stone Sweet, "Constitutional Courts", in Michel Rosenfeld & András Sajó(eds.), *Oxford Handbook of Comparative Constitutional Law*, Oxford University Press, 2012, pp. 818-819.

⑤ Herman Schwartz, *The Struggle for Constitutional Justice in Post-Communist Europe*, University of Chicago Press, 2000, pp. 22-48. 实际上,在社会主义时代,南斯拉夫(1963 年)和波兰(1981年)就已经设立了宪法法院,司职违宪审查。See Constitutional Court of Republic of Serbia, The History of the Court from its Foundation, http://www. ustavni. sud. rs/page/view/en-GB/ 209-100009/the-history-of-the-court-from-its-foundation, last visited Feb. 22, 2023.

⑥ Tom Ginsburg, "The Global Spread of Constitutional Review", in Gregory A. Caldeira, R. Daniel Kelemen & Keith E. Whittington (eds.), *The Oxford Handbook of Law and Politics*, Oxford University Press, 2008, pp. 85-86. ("Germany's Constitutional Court is arguably the most influential court outside the US in terms of its institutional structure and jurisprudence.")

二、模式与类别

司法审查经常根据不同的标准被区分为不同的类别。第一类经典的划分是分散审查模式(以美国为代表)与集中审查模式(以德国为代表)；第二类则是强审查模式与弱审查模式(又称"Second Look"模式)。20 世纪晚期迄今的世界趋势是，分散模式和集中模式逐渐融合，弱司法审查逐渐兴起。

(一) 分散审查与集中审查

分散审查模式起源于美国，随后扩展到印度、澳大利亚、拉丁美洲多数国家、北欧国家(除了荷兰)以及日本。其基本原理是：成文宪法是一国的最高法；普通法院在判决案件和解决纠纷的时候，有义务遵照宪法，而非与宪法相冲突的议会立法；宪法代表人民的意志，高于立法机关或行政机关的意志。

分散审查模式有以下几个特点。第一，所有的法院都有权从事违宪审查，不仅仅是最高法院或者宪法法院，是为"分散审查"(dispersed review)之意；第二，必须有具体的案件或者争议(cases and controversies)才可以启动司法审查，法院无权对于立法进行抽象审查；第三，法院的审查为事后审查而非事前审查，即在法律通过之后方可对其进行审查，而不可在审议和通过过程之中介入；第四，从事违宪审查的法院同时也审理其他部门法案件，而非专门司职宪法案件。要而言之，在美国式的分散审查模式中，宪法审查被理解为普通法律程序的一部分，因而经常沿用普通法律中的原则和做法，特别是法律解释的技巧和方法。[①]因而，从事违宪审查的法官本身需要具有普通法律的训练和素质，并且将违宪审查当作一般的法律实践来处理，避免突出其政治性质。[②]在此种模式下，违宪审查会与法律职业主义和法律人共同体密不可分。

集中审查模式又称凯尔森模式，在二战之后成为欧洲司法审查的主流模式，也影响到了世界其他国家。德国、意大利、法国、西班牙、比利时、葡萄牙、卢森堡以及转型之后的东欧和拉丁美洲国家，乃至韩国和南非，都建立了这一模式的违宪审查制度。其主要原理是突出违宪审查的政治特性：宪法的主要功能在于分配政治权力、确立政府的基本架构，而对于个人权利的保护并

---

① Tom Ginsburg, "The Global Spread of Constitutional Review", in Gregory A. Caldeira, R. Daniel Kelemen & Keith E. Whittington (eds.), *The Oxford Handbook of Law and Politics*, Oxford University Press, 2008, p. 49.

② Ibid.

非重点;法官在解释和适用宪法的时候,其工作性质本质上是政治性的,而非司法性的,因为宪法性案件大多都是政治部门之间的纠纷,如议会和政府之争;因此专司此职的宪法法院须独立于普通法院,并且只有自己有权从事违宪审查,通过深层次的宪法理论来解决实际的冲突。①

集中审查模式的特点为:第一,违宪审查权集中于一个区别于普通法院的宪法法院,普通法院不得处理宪法问题,因为普通法官并无处理宪法问题的政治经验和政治敏感性②;第二,宪法法院不但可以进行具体审查,也可以从事抽象审查,即其不但可以在具体案件当中审查立法的合宪性,也可以在立法过程当中从事违宪审查;第三,宪法法院不但可以进行事后审查,而且可以进行事前审查;第四,违宪审查的发动者限于政府机关,而非普通公民。

晚近各国司法审查实践的发展,已经使得欧美之间的区分日趋消弭。根据其理想类型,美式司法审查以案例或争议为前提条件,但是现实中的公民或者利益团体可以通过制造诉讼来规避此要求,事实上已经实现了事前和抽象审查。③比如,在"雷诺诉美国公民自由联盟"一案中,在美国国会通过《传播净化法》(*Communication Dicency Act*)的当天,违宪审查的诉讼就已经打到了法院。④而凯尔森模式的宪法法院在各国实践之中,也已经在事实上确立了英美法之中的遵循先例原则,并且在判词写作风格上日趋英美化,即采取附议、异议模式等,而且日益介入公民权利问题。

一些国家的司法审查模式则呈现出了混合特征。如拉丁美洲一些国家19世纪仿效美国建立了分散审查模式,但随后又纳入集中审查因素:所有法院都可以在普通诉讼中从事违宪审查,但只有特定司法机构才能够宣布法律违宪,如玻利维亚、哥伦比亚、智利、厄瓜多尔、危地马拉和秘鲁等国设立了宪法院,而哥斯达黎加、萨尔瓦多、洪都拉斯、尼加拉瓜、巴拉圭和委内瑞拉在最高法院中设立了特别宪法法庭。⑤ 在欧洲,爱尔兰、希腊、塞浦路斯和爱沙尼亚也采取了混合模式。⑥例如,爱沙尼亚最高法院是该国宪法规定的违宪

---

① Tom Ginsburg, "The Global Spread of Constitutional Review", in Gregory A. Caldeira, R. Daniel Kelemen & Keith E. Whittington (eds.), *The Oxford Handbook of Law and Politics*, Oxford University Press, 2008, p. 49.

② Ibid., p. 50.

③ Tushnet, "Marbury v. Madison around the World", 71 *Tennessee Law Review* 255, p. 255. (2004)

④ *American Civil Liberty Union v. Reno*, 521 U. S. 844 (1997).

⑤ Victor F. Commella, *Constitutional Courts and Democratic Values: A European Perspective*, Yale University Press, 2009, p. 5.

⑥ Ibid., p. 4.

审查机构，而且各级法院皆可以从事违宪审查，貌似美国模式。然而，一方面，该法院创立了一个"宪法审查庭"（Constitutional Review Chamber），具有某种集中审查的意思；另一方面，该法院可以从事抽象审查，这又是德国模式的特点。①

实际上，两种模式也有共通之处。二者都要保护个人宪法权利免受政府侵犯（特别是立法机关），都要调节国家机构之间的关系（例如联邦政府和各州之间）。②更为重要的是，"不论是美式还是欧式，宪法审查都被赋予了重要而棘手的使命：用法律措辞处理政治问题。在美国和欧洲，这都有惹恼行政机关和立法机关的危险。在两样制度中，法院都遭到这样的批评，要么是太懦弱，要么是太'能动'，太大胆。"③

一个更大的趋同点在于个人权利的保护问题。④ 无论是二战之前美国司法审查的历史，还是凯尔森对于宪法法院的原初设计，司法审查的关注重点都是政府结构问题：在美国，主要是联邦和各州之间的权限划分；在凯尔森那里，则是立法和行政的关系。二战以后，对于个人权利的保护开始逐渐成为司法审查的"新增长点"。无论是美国最高法院著名的"布朗案"，还是德国宪法法院围绕"人格尊严"的解释，都是这一趋势的典型代表。而正是通过介入个人权利保护，司法机关在全球范围内的权力扩张进入了新一轮高潮。

当然，司法机关介入个人宪法权利问题，本身也引起了更高的社会关注。民众和舆论自然会对于法院的具体判决提出疑问。而在面对质疑、维护违宪审查机构威望的问题上，普通法院模式与专门法院模式具有较大区别：在普通法院模式下，由于法院既处理宪法诉讼，也审理普通法律诉讼，即便有人对于某个宪法权利案件的判决不满，也不敢轻易攻击法院，因为他/她还需要指望法院在其他普通案件之中秉公处理。如果最高法院被废除了，不但宪法案件无法处理，民商法案件也无法处理了。但专门法院模式之下，就不存在这个问题。攻击甚至废除宪法法院，也并不意味着整个司法系统会崩溃。⑤在

① Victor F. Commella, *Constitutional Courts and Democratic Values: A European Perspective*, Yale University Press, 2009, note 10.
② 〔法〕路易·法沃勒：《欧洲的违宪审查》，载〔美〕路易斯·亨金、阿尔伯特·J.罗森塔尔编：《宪政与权利：美国宪法的域外影响》，郑戈、赵晓力、强世功译，生活·读书·新知三联书店1996年版，第 32 页。
③ 同上注，第 33 页。
④ Mark Tushnet, *Advanced Introduction to Comparative Constitutional Law*, Edward Elgar Publishing, 2014, p. 50.
⑤ Martin M. Shapiro, "Judicial Power and Democracy", in Christine Landfried (ed.), *Judicial Power: How Constitutional Courts Affect Political Transformations*, Cambridge University Press, 2019, pp. 33-34.

普通法院模式下,攻击法院有关宪法权利的判决,就是攻击整个司法系统;在专门法院模式下,这仅仅是在攻击宪法法院。

在设计违宪审查体制的时候,有很多现实的因素需要考虑,如一国法律专业人才的数量。①如果人数较少,那么该国可能更倾向于采取美国式的司法审查。在拉脱维亚,出现过宪法法院法官在审查一部自己曾经作为议员时通过的法律的情况,甚至当时宪法法院的法官就是议会议长的夫人的情况,从而引发了关于宪法法院中立性和公正性的质疑。随后,拉脱维亚议会修改了建立宪法法院的法案,禁止一切对于宪法法院中立性和公正性的质疑,而宪法法院则支持该法案。②马伯里案也是如此。马歇尔大法官在审理马伯里诉麦迪逊案的时候,有意地回避了一个重要的事实,即他实际上是该案件的当事人——至少是证人——之一,因为他在担任最高法院首席大法官之前即是国务卿,负责发送马伯里的委任状。按照一般的法律原则,他本应回避。

(二) 强司法审查与弱司法审查

所谓"强"与"弱",指的是违宪审查机构针对立法机关而言的权力对比。强司法审查模式意味着,司法机关宣布议会立法违宪的判决,具有强制性和终局性;弱司法审查则是指,司法机关的违宪判决对于立法机关而言只具有建议性,而不具有强制性。

弱司法审查模式最近才被理论化,是 20 世纪末违宪审查制度回应所谓"反多数难题"(countermajoritarian difficulty)的新发展。③ 图什内特教授将美国模式和德国模式都称为"强司法审查"(strong-form judicial review),将几个保留议会至上的英联邦国家发展出的司法审查模式称为"弱司法审查"(weak-form judicial review)④,也有学者将以上模式总结为"新英联邦立宪主义"(New Commonwealth Constitutionalism),因为主要盛行于加拿大等英联邦国家。⑤这种模式的特点是:

---

① Mark Tushnet, *Advanced Introduction to Comparative Constitutional Law*, Edward Elgar Publishing, 2014, p. 252, n. 7.

② See Caroline Taube, *Constitutionalism in Estonia, Latvia and Lithuania: A Study in Comparative Constitutional Law*, Iustus Förlag, 2001, p. 141.

③ Mark Tushnet, *Advanced Introduction to Comparative Constitutional Law*, Edward Elgar Publishing, 2014, p. 57.

④ Mark Tushnet, "Alternative Forms of Judicial Review", 101 *Michigan Law Review* 2781, pp. 2781-2802 (2003).

⑤ Stephen Gardbaum, *The New Commonwealth Model of Constitutionalism: Theory and Practice*, Cambridge University Press, 2013.

　　强司法审查可以说存在于法院对于合宪性有着最终的决定权的地方，并且所有人与所有机构都必须遵守法院的决定，除非法院自己在其他的案件推翻了它的决定，或是在颁布的宪法修正案中改变了它先前的决定所基于的法律基础……当法院判定一部法律是违宪无效时，该决定能够随后被一个由特别多数、甚至仅仅是一般多数重申该法律有效的法案（不是宪法修正案）替代或推翻，则为弱司法审查。①

　　一般论述中提及的司法审查模式多是强司法审查，既包括集中式司法审查，也包括分散式司法审查。尽管美国和德国司法审查模式不同，但在议会和法院关系上，德法同美国一样承认司法审查对宪法解释的终局性。司法机关一旦宣布法律违宪，法律即宣告无效。立法机关无权通过立法或者决议否决司法审查的决定，除非通过宪法修正案。而在最强的司法审查模式中，违宪审查机构甚至可以审查和否决宪法修正案（如德国和印度）。②

　　在弱司法审查模式中，法院有权审查立法是否合宪，但司法审查权受到立法机关重大的限制。加拿大是弱司法审查模式的开创者和典型代表，其《权利与自由宪章》（*Canadian Charter of Rights and Freedom*, 1982）第 1 条规定：立法机关可以在"明确的，且在自由民主的社会中可以被证明为正当"的前提下，立法限制宪法权利；法院则有权审查法律是否真正达到宪章所设定的标准。然而，法院却不能终局性地宣布法律违宪：当且仅当一部法律涉及宪章第 2 条以及第 7—15 条所规定的基本权利时，国会和省立法机关有权援引宪章第 33 条规定的"但书条款"（notwithstanding clause）③作出声明："该部法律或者法律中的条款虽然违反了宪章所保护的权利或者自由，但依然具有效力"。该声明作出以后，相关法律或具体条款虽然违宪，却可以免除司法审查。

　　自 20 世纪 90 年代以来，英国、新西兰以及澳大利亚堪培拉地区也开始实践弱司法审查模式。新西兰在 90 年代初通过了一项《权利法案》，并在相关的另一法案中规定，法院在进行法律解释时应尽量使得立法与权利法案相一致。英国在 1998 年通过了《人权法案》（Human Rights Act），创立了司法审查制度：英国法院可以宣告一部立法违反《欧洲人权与自由公约》（该公约通

---

① Albert Chen & Miguel Maduro, "The Judiciary and Constitutional Review", in Mark Tushnet, Thomas Fleiner & Cheryl Saunders (eds.), *Routledge Handbook of Constitutional Law*, Routledge, 2013, pp. 102-103.

② 参见本书第二章。

③ Part I, Constitution Act, 1982, being Schedule B to the Canada Act 1982 (U. K.), 1982. Sec. 33, cl. 1: "Parliament or the legislature of a province may expressly declare in an Act of Parliament or of the legislature, as the case may be, that the Act or a provision thereof shall operate notwithstanding a provision included in section 2 or sections 7 to 15 of this Charter. "

过《人权法案》转化为国内法)。但这种宣告并不使该立法无效,如果内阁觉得有强有力的理由,在议会批准之后可以修改法律,使得该立法与《欧洲人权与自由公约》保持一致,但议会和政府并没有强制性的义务。澳大利亚首都地区在 2004 年通过了《人权法案》,也赋予了法院类似的权力。

三、理论与争论

毫无疑问,司法审查是当代比较宪法学的热门问题。除开历史起源外,司法审查为什么会在民主政治环境中发生? 它是否违反了民主原则? 其政治正当性如何证成? 本节将重点探讨这些问题。

(一) 事实问题:司法审查兴起的制度原因

或许很多人会将司法审查兴起的逻辑原因,归结于全球人权意识的提升及个体维权的需要。这固然没错,但并不全面。作为一项宪法制度乃至政治权力,司法审查也涉及政府机构之间的关系问题,无论是横向关系还是纵向关系。法院想要获取此项权力,仅有公民诉求远远不够,更需在政治博弈之中确立自身的地位。质而言之,司法审查权的确立意味着法院权力的扩张:就原始职能而言,法院依据立法(和行政)机关制定的规则裁决纠纷,且主要是私人纠纷(如民商事案件),虽然也包括个人与政府的纠纷(如依据刑法和刑事程序法裁决刑事案件)。司法审查权则意味着,法院可以依据宪法审查规则本身;这进一步意味着,法院实际参与了法律制定,分享了立法权。这必然涉及政治权力格局的重新调整和国家机构体系的重新构造。[1]

法国战后设立的宪法委员会,鲜明地体现了司法审查制度建设背后的政治动力学机制。戴高乐在 1958 年《法国宪法》中创立宪法委员会,并非为了设置加强个人宪法权利的保护,而是为了防止立法机关侵蚀行政机关的权力,保持权力分立的基本结构。直到 1971 年,法国宪法委员会才开始对自身进行重新定位,逐渐变得类似于通行的宪法法院模式,甚至推动对于个人权利的保护。

因此,对于司法审查的兴起原因,不仅要从法律逻辑进行考察,更需要从政治动力学机制进行把握。否则,就无法解释为何一些国家的宪法条文虽然规定了宪法法院,但现实中却形同虚设甚至被直接取消[2],也无法解释为何

---

[1] Sophie Boyron, "Constitutional Law", in John Bell, et al. (eds.), *Principles of French Law*, Oxford University Press, 2008, p. 156.

[2] 参见后文对于东欧地区冷战结束之后宪法法院的运作情况的介绍。

一些国家即便宪法条文并未明文授权，但法院却实际"攫取"了司法审查权。①

近来，一系列跨学科研究已经开始揭示司法审查兴起的制度原因。如一些研究发现，美式司法审查之所以兴起，恰恰是因为美国式政治体制的权力分散结构——包括纵向分权的联邦制和三权分立的联邦政府体制——导致需要一个中立第三方来裁决纠纷。

而一种更为有力的解释是 21 世纪以来比较宪法学和比较政治学领域较为流行的"政治保险"（political insurance）理论：一种特定的权力格局的转变，直接推动司法审查的出现，特别是在民主选举中失利的政治势力的退场布局，试图通过建立违宪审查机制来继续保持政治影响力，促成了司法审查体制的诞生。②司法审查之所以与民主化浪潮一起扩展，恰恰因为民主政体导致政治权力分散化、甚至碎片化，为司法审查的兴起提供了空间和机会。③也有论者将其称为"霸权维持"（hegemonic preservation）模式：作为撤退策略的一部分，即将失势的当政者创设司法审查制度，保留自己未来的影响力。④具体而言，即将失去执政权的政党或者政治势力，通过设置违宪审查机构，来保证其政策或者法律能够固定下来，以此抵抗新上台的政党（一般来说是反对党）或者政治势力（一般来说是反对派），防止新的当局通过民主程序对之进行改变或废弃。高等法院或者宪法法院，成为之前执政者保持其政治地位和影响力的重要机构，因为一般来说违宪审查机构的成员（如大法官）的任期，相比选举出来的政治官员来说都要更长。要而言之，对于各政治主体而言（不限于选举中的多数），司法审查提供了一种风险"对冲"的选项——通俗地讲，鸡蛋不能放在一个篮子里，给法院违宪审查权，就是多加了个"篮子"。例如，1990 年代，南非的上层白人在种族隔离即将终结的时候开始将希望转向非民选的司法审查权力；再如，巴勒斯坦的法塔赫组织在反对派哈马斯取得选举胜利、自己将失去议会多数席位的时候为巴勒斯坦创立了宪法法院。⑤

再以印度尼西亚宪法法院的创立为例，更详细地看一下其中的政治机制。2000 年左右，时任印尼总统瓦希德行事乖张多变，贪腐丑闻爆发，引发

---

① 美国是最为典型的例子。

② Ran Hirschl, "New Constitutionalism and the Judicialization of Pure Politics Worldwide", 75 *Fordham Law Review* 721, pp. 721-754(2006).

③ Tom Ginsburg, *Judicial Review in New Democracies: Constitutional Courts in Asian Cases*, Cambridge University Press, 2003.

④ Ran Hirschl, "The Judicialization of Mega-Politics and the Rise of Political Courts", 11 *Annual Review of Political Science* 93, p. 90(2008).

⑤ Ibid., pp. 93-118, 107-108(2008).

了全国震荡。2001 年 7 月,印尼人民协商会议——该国最高权力机构和立法机关——成功弹劾瓦希德总统;副总统梅加瓦蒂继任。兔死狐悲,梅加瓦蒂认识到了担任总统的政治风险。为了防止这一幕发生在自己身上,于是推动了她所在的政党通过修宪设立了印度尼西亚宪法法院,作为额外的制度保障来监督总统弹劾程序,防止自己受到未来不当的弹劾。2001 年 10 月,印尼多数政治精英接受了梅加瓦蒂的提议,之后陆续通过两条宪法修正案,正式设立宪法法院(甚至宪法法院首次出现在宪法中,是在涉及总统弹劾问题的第三修正案);印尼宪法法院于 2003 年开始运作。印尼宪法法院的首任首席大法官阿西迪切(Jimly Asshiddiqie)直言,若非 2001 年政治危机和总统弹劾案,印尼宪法法院不会诞生。①

　　以上理论也可以让我们重新理解司法审查起源的经典案件"马伯里案"。虽然常被认为是司法审查的先驱,该案却是个十足的政治大案,发生在总统大选轮替过程之中。1800 年美国大选中,亚当斯输给了杰斐逊,意味着联邦党(The Federalist Party)败给了民主共和党(The Democratic-Republican Party)。继而,以杰斐逊为首的民主共和党又赢得了国会大选,成为多数;联邦党人即将完全退出政治舞台。

　　失势的联邦党,开始将自己的势力转移到司法系统,将党人安插进各级法院,以继续保持力量。1801 年 1 月 20 日,即将卸任的亚当斯总统任命国务卿约翰·马歇尔为最高法院首席大法官。2 月 13 日,联邦党人掌控的"跛脚"(lameduck)国会通过《司法法案》(The Judiciary Act of 1801),创设十六个巡回法官职位,并将联邦党人任命到这些法院。2 月 27 日,国会通过《哥伦比亚特区组织法案》(The Organic Act for the District of Columbia),规定总统可任命数目不定的治安法官(justice of peace)。亚当斯司任命了四十五名联邦党人为治安法官,并经国会确认。马伯里正是被亚当斯任命的哥伦比亚特区治安法官,并在亚当斯离任前为参议院所确认。但亚当斯签署的委任状并未寄出。3 月 4 日,杰弗逊就职,之后就采取措施针对联邦党人,命令新任国务卿麦迪逊不得发出亚当斯任命法官的委任状。马伯里随即起诉至最高法院,要求法院发出执行状,强迫国务卿发出委任状。作为首席大法官,联邦党人马歇尔正是借助此案确立了审查国会立法的权力,从而在政治上为联邦党人保留了一条可以挑战新政府的体制途径,避免沦为彻底的在野党。在这个意义上,马伯里案恰恰是联邦党人政治撤退战略的一部分。

　　在政治保险理论的视野下,宪法权利成文化及其司法保护问题也可以得

---

　①　See Stefanus Hendrianto, *Law and Politics of Constitutional Courts: Indonesia and the Search for Judicial Heroes*, Routledge, 2018, pp. 41-45, 48-49.

到新的理解。是否将某种权利写入宪法，是否由司法机关提供较强的保护，背后也受到政治格局的影响，甚至是政治竞争的一种手段。①对于在选举过程中失势的党派或集团而言，宪法中明确规定的言论自由、结社自由乃至于选举权具有极强的意义，而通过宪法修正案或者议会立法扩大法院在这些问题上的管辖权和保护程度，有利于自身继续保持政治竞争力，至少可以防止反对派当政之后予以报复和反击。而通过宪法或法律途径加强对于人身自由、私有财产权和刑事正当程序权利的司法保护，则可以使失势的政治家免受个人层面的"反攻倒算"。在社会政策层面，左翼政治团体一般来说主张将社会经济权利写入宪法，甚至扩大法院在此问题上的违宪审查权，则可以使其获得平民的支持；右翼政治势力则希望通过法院加强财产权的保护，进而抑制左翼政治势力推行社会改革的宪法、法律和政策举动。

（二）规范问题：司法审查的正当性争论

正当性的问题在于，当宪法语言模糊之时，应该让政治过程还是司法审查来弥补所谓的"规范鸿沟"（normative gap）。②在欧洲大陆，法院在宪法解释当中的核心地位以及违宪审查权得到了普遍的承认。③然而，在美国，司法审查的正当性却一直是宪法理论的争议焦点。

让我们追本溯源首先看一下马歇尔在马伯里案中的论证。马歇尔的论证奠基于立宪政治的二分法，也即人民主权和成文宪法的划分，或者用欧陆的宪法学语言来说，制宪权和宪定权的划分。基于此划分，宪法的效力等级高于普通立法，因而一部违反宪法的法律无效；其理据在于宪法产生于美国人民"原初和最高的意志"（original and supreme will）④，而法律仅仅是宪法所授权的立法机关作出的决定。司法审查的正当性源于成文宪法的基本性质，即其作为人民原初决断对于后世政府的先定约束，也即制宪权对于宪法所规定的宪定权的根本限制：

> 　　一项与宪法相抵触的法案，能否成为本国的法律，是一个对合众国来说意义重大的问题；但幸运的是，其复杂性并不与其重要性相称。要

---

① Rosalind Dixon and Tom Ginsburg, "Constitutions as Political Insurance: Variants and Limits", in Erin Delaney and Rosalind Dixon (eds.), *Comparative Judicial Review*, Edward Elgar Publishing, 2018, pp. 44-46.

② Albert Chen & Miguel Maduro, in Mark Tushnet, Thomas Fleiner & Cheryl Saunders(eds.), *Routledge Handbook of Constitutional Law*, Routledge, 2013, p. 104.

③ Ibid.

④ *Marbury v. Madison*, 5 U. S. 137, 177 (1803).

判决此问题,似乎只需辨识出某些被认为确立已久的原则。

人民享有一项原始权利,为了他们未来的政府,确立在他们看来最有益于他们自身幸福的这些原则,这是整个美国的国家结构得以建立的基础。这种原始权利的行使的影响极为重大;它不能也不应频繁地反复行使。因此,这样确立起来的原则被视为根本原则。由于产生这些原则的权威是至高无上的,并且极少能被行使,这些原则被设定为永恒不变的。

这种原初的、至高无上的意志组织政府,并授予不同部门各自的权力。它可能就此停下;也可能进一步确立起各部门不得逾越的某种限制。①

因而,立法机关作为宪定权的一部分受到宪法约束,其所制定的法律如果违反宪法则应归之于无效:"宪法要么是一种上位的、至高无上的法律,不能被普通手段修改;要么与普通的立法机关制定的法案处于同一层次,并且和其他法律一样,立法机关想改就改。"②

问题在于,谁来判断法律违宪与否?马歇尔斩钉截铁地认为,决定何为法律是司法部门的职权范围。理由在于,立法是否违宪本质上是个法律问题,理应由司法机关来处理。而且,司法机关解决纠纷也必须要处理法律是否有效的问题:

如果一部法律与宪法相违背;如果这部法律和宪法都适用于一个具体案件,以至于法院不得不裁决,要么忽视宪法,认为该案合乎这部法律;要么忽视这部法律,认为该案合乎宪法;那么,法院必须决定,这些相冲突的规则当中的哪一个支配这个案件。这正是司法职责的本质。③

在理论论证之外,马歇尔从宪法文本当中也找出了司法审查的依据。《美国宪法》赋予了法院审理"宪法之下发生的所有案件"的权力④;法院在审理案件的时候不可能不执行宪法。马歇尔同时指出,宪法里有明确限制国会权力的条款,比如禁止施加出口税。他推断道,法院不可能对这些条款视而不见,而去执行那些违反宪法的法律。⑤同时,他观察到,《宪法》要求法官

---

① *Marbury v. Madison*, 5 U.S. 137, 176 (1803).
② *Marbury v. Madison*, 5 U.S. 137, 177 (1803).
③ *Marbury v. Madison*, 5 U.S. 137, 178 (1803).
④ Ibid.
⑤ *Marbury v. Madison*, 5 U.S. 137, 179 (1803).

宣誓支持《宪法》，这隐含一个意思：法官必须执行宪法。①最后，马歇尔援引了"最高法"条款（the Supremacy Clause），即宪法是美国领土上的最高法律，任何与之相违背的法律都属无效。②

但马歇尔的论证并非从未受到挑战。20世纪60年代，耶鲁大学法学院比克尔教授（Alexander Bickel）在其经典著作《最小危险部门：政治法庭上的最高法院》中认为，马歇尔对于司法审查的论证站不住脚：马歇尔的分析不仅带来了问题，而且带来了错误的问题。③真正的问题不是违宪的法律是否无效，而是谁来决定一部法律违宪与否。马歇尔并未真正处理这个问题，而只是假定司法机关可以判断法律违宪与否。马歇尔没有分析国会自身、总统乃至陪审团和人民自己是否有判断此问题的权力。④

比克尔继而对马歇尔论证司法审查正当性的理由进行了一一回应。首先，成文宪法的存在本身无法推导出司法审查。⑤虽然宪法并未让国会来执行约束立法的宪法条款，但法院也不能执行那些条款；司法权本身的问题在于法官并不受选举的约束。⑥其次，马歇尔的文本论证也有很大的问题：限制立法权力的条款并不能用来论证司法审查⑦；宣誓条款同样适用于行政和立法官员，并不专用于司法机关⑧；"最高法"条款只意味着联邦法高于州法，而非赋予法院违宪审查权。⑨

继而，比克尔提出了著名的"反多数难题"（The Counter-Majoritarian Difficulty）：当司法审查宣布民主立法机构的立法无效时，法院挫败了当前人民多数的行动。⑩宪法至上并不当然意味着司法至上。司法审查是民主社会里"异常的制度"。⑪

虽然比克尔反对马歇尔对于司法审查的论证，但他并不反对司法审查制度本身。他给出了自己的论证。比克尔认为，司法审查之所以是正当的，恰恰是因为其反多数的性质。一切政府活动都可以区分为两种：一种着眼于长远利益和价值；另一种着眼于当时当下的利益诉求。宪法代表了一个社会持久长远的价值，而民选代议机构会因自身对选民的责任和回应性，忽略长期

---

① *Marbury v. Madison*, 5 U.S. 137, 179（1803）.
② *Marbury v. Madison*, 5 U.S. 137, 180（1803）.
③ Alexander Bickel, *The Least Dangerous Branch*, 2nd ed., Yale University Press, 1986, p. 2.
④ Ibid., p. 3.
⑤ Ibid., pp. 3-4.
⑥ Ibid.
⑦ Ibid., pp. 6-7.
⑧ Ibid., pp. 7-8.
⑨ Ibid., pp. 8-12.
⑩ Ibid., pp. 16-17.
⑪ Ibid., p. 18.

利益的考量。此时,独立于选民的法院则由于其具有闲暇、训练和知识,可以按照原则行事,来维护长期利益,纠正当下人民多数的短视行为。[①]此外,法官由于处理的是具体而鲜活的实际案件,而非抽象的法案,因而能更好地理解和执行宪法。

此后,围绕司法审查正当性的辩论基本在比克尔所开辟的领域中发展。美国最高法院的司法审查权自从比克尔以来较少受到正当性的质疑:耶鲁大学法学院教授查尔斯·布莱克(Charles Black)对于司法审查质疑者的回应是:"两片阿司匹林,睡个好觉。"[②]并且,沿着比克尔所开创的路径,一些司法审查的支持者发明了新的理论来论证司法审查的正当性。

其中最著名的理论家是伊莱(John H. Ely)。伊莱认为,司法审查并非与民主制度相冲突。恰恰相反,司法审查通过弥补民主程序的缺陷,能够协助民主政治的良好运行,因为司法审查可以保护那些被民主多数所压制的少数人的权利,完善民主程序。[③]伊莱的理论奠基于美国最高法院新政时期一个案件判词中的脚注——著名的"脚注四"[④]:最高法院应当侧重于保护那些不为主流社会所容忍的少数人的利益(insular and discrete minorities)免受民主过程的侵害。在该脚注中,斯通(Harlan Fiske Stone)大法官表示这种合宪性推定并不必然适用于非经济性的立法。这个注释表明合宪性推定并非一成不变,而是存在三个例外情况,需要更积极和严格的司法审查。这三个例外包括:明显违反《权利法案》的立法、限制更多人参与政治进程的立法和歧视弱势群体、妨碍他们参与政治活动的立法。[⑤]

然而,自21世纪以来,司法审查的正当性重新受到了挑战。这很大程度上是因为近四十年来,美国最高法院日趋保守,不为宪法学界(以政治上的自由派居多)所喜欢。在很多学者眼里,美国最高法院成为了反动力量。因此,围绕反多数难题的辩论再度热门起来。对于司法审查最近的挑战(甚至攻击)在两个方面展开。

第一种挑战是历史批判。典型代表是曾任斯坦福大学法学院院长的拉里·克莱默(Larry Kramer)教授。克莱默认为,《美国宪法》的制定者并未想让宪法作为普通法律由司法执行;相反,宪法是根本法,应该由人民自己通过

---

① Alexander Bickel, *The Least Dangerous Branch*, 2nd ed., Yale University Press, 1986, pp. 24-26.

② Charles L. Black, Jr, *The Humane Imagination*, Ox Bow Press, 1986, p. 119.

③ John H. Ely, *Democracy and Distrust: A Theory of Judicial Review*, Harvard University Press, 1980.

④ "脚注四"出自"美国诉卡罗琳食品公司案"(*United States v. Carolene Products Co.*, *304 U. S. 144(1938)*)。

⑤ Ibid.

选举和立法过程来执行。①克莱默认为，"人民"对宪法制定者而言，并非一种抽象的存在，而是可以言说、可担责任的群体；宪法可以通过该群体得以解释和执行。②宪法制定者将选举作为执行宪法的首要机制，相信人民会将违宪的政客选下去。③除了选票之外，人民还有其他手段对违宪行为进行抵抗：人民可以行使言论自由权，通过请愿和传单抵抗违宪的立法；人民可以通过担任地方政府官员或者陪审员来否定违宪的行为；人民甚至可以通过街头集会的方式反抗政府对于宪法权利的侵犯。④相反，"将此责任交给法官则不可思议"。⑤然而，克莱默并非主张彻底废除司法审查制度。他认为，应当以民主程序为主要的宪法执行方式，而辅之以最高法院"最小模式的司法审查"（minimal model of judicial review）⑥，比如新政时期最高法院仅仅审查州立法行为以保护个人权利，而不触及联邦国会的权力，尤其是国会规制经济活动的权力。⑦相反，过度强势的司法审查——克莱默称之为"司法主权"（judicial sovereignty）——则在民主背景下不可接受。⑧

　　第二种对于最高法院的挑战更为激烈，认为司法审查制度应该根本废除，宪法问题应当通过政治过程解决。在某种意义上，这种观点复述了比克尔的反多数难题。但与比克尔不同的是，秉承此种观点的学者并非知难而进、为司法审查寻找坚实的存在理由，而是基于民主的理由根本否认司法审查的正当性。他们认同比克尔的诊断，但却不认同比克尔的药方。相反，他们要求剜肉疗毒：民主原则要求彻底否定司法机关执行宪法的权力。

　　沃德龙（Jeremy Waldron）教授是此种观点的典型代表。他的论述超越了美国的语境，从一般规范理论的角度分析司法审查是否有利于民主制度的问题，在某种意义上站在传统英国议会主权的角度反对美国式的司法审查。沃德龙认为，立法机构只要运行良好——保证充分的代表性，保护个人权利和少数人的权利，但同时承认在权利的实质内容上常有争议⑨——就可以约束自身的权力，而不必受司法部门的制约。⑩民主机构能够在处理当下事务

---

① Larry D. Kramer, *The People Themselves*: *Popular Constitutionalism and Judicial Review*, Oxford University Press, 2004, p. 26, pp. 48-50.

② Ibid. , pp. 11-12.

③ Ibid. , pp. 27, 50, 72-74.

④ Ibid. , pp. 27-29.

⑤ Ibid. , p. 12.

⑥ Ibid. , p. 166.

⑦ Ibid.

⑧ Ibid. , p. 163.

⑨ Jeremy Waldron, "Core of the Case Against Judicial Review", 115 *Yale Law Journal* 1346, p. 1353(2006).

⑩ Ibid. , p. 1360.

的同时考虑原则和权利。①同时，民主机构比司法部门更受民主影响，能够更好地尊重那些寻求权利救济的人的诉求。②此外，民主原则要求宪法问题应当由民主程序解决。对于实体权利的争议，民主机构可以通过多数决来解决，并且在这些问题上，民主原则要求人民不受之前自身决定的约束，即人民可以改变主意。③

而且，在沃德龙看来司法审查制度本身问题重重。其一，司法审查在保护个人权利方面并不比民主程序更好。民主机构只要能够约束自己、代表人民，它作出的决定必然是正当的，当它作出一些可疑的立法时，人民必然会提出抗议。司法审查制度使得人们分心于次要的法律专业问题（如遵循先例、法律文本和宪法解释技术），而无法直接进入实体问题的审议。其二，司法审查制度将决策权交给了一小部分非民选的法官，剥夺了人民通过代议程序实现政治决策的平等权利——更何况法官本身也要通过投票和多数决来决定判决结果。④

图什内特教授对司法审查的反对更为激烈，从其书名就可见一斑：《将宪法踹出法院》。⑤图什内特认为，《宪法》本身乃是自我执行的（self-enforcing），即设置了相应的机制保证政治过程能够实现宪法约束⑥，比如联邦制的结构通过联邦和州政府之间的政治博弈得以维持。⑦法官也是通过政治方式由民选的总统提名，并由民选的参议院确认，才得以就职；法官本身也跟从选举的局势，其权力和意识也受到法院之外的政治局势的影响。⑧民主社会无须再叠床架屋，通过司法审查制度来执行宪法，而是应该通过一套民粹主义（populist）的宪法制度，在立法机关中解决宪法问题。

对于司法审查的挑战和攻击也引起了支持者的回应。支持者或多或少地会回到比克尔的立场上，重申司法审查之于民主社会的正当作用。有学者从历史的角度捍卫司法审查：通过法院执行宪法乃是制宪会议的原意，是当

---

① Jeremy Waldron, "Core of the Case Against Judicial Review", 115 *Yale Law Journal* 1346, pp. 1384-1385.

② Ibid. , p. 1378.

③ Ibid. , p. 1394.

④ Ibid. , pp. 1383-1386, 1390-1392.

⑤ Mark Tushnet, *Taking the Constitution Away from the Courts*, Princeton University Press, 1999.

⑥ Ibid. , pp. 95-128.

⑦ Herbert Wechsler, "The Political Safeguards of Federalism: The Role of the States in the Composition and Selection of the National Government", 54 *Columbia Law Review* 543, pp. 543-560(1954).

⑧ Mark Tushnet, *Taking the Constitution Away from the Courts*, Princeton University Press, 1999. pp. 134-135, p. 152.

时各州和联邦的普遍实践。①有学者从理论的角度支持司法审查制度:《宪法》本身为后来的政策制定者设定了长期限制,旨在维护长期价值;司法审查则通过独立的法院对于政策制定者提供了某种外在约束。②有些学者虽然认同沃德龙教授的立场——立法机构在解决涉及宪法权利的争议问题时比司法机构做得更好——但他们同时强调,司法审查可以作为保证个人权利的第二个安全阀,与立法机构一道维护宪法;过度执行宪法总比废除司法审查制度导致宪法执行不力要好。③有学者在比克尔的基础上,从法院的诸种机构特性出发维护司法审查体制:(1) 法院专心于宪法权利保护,而立法机构则要处理更广泛的事务;(2) 司法过程是透明的,判词需要说明论证理由,而立法机关的决定在说理上较为欠缺;(3) 司法过程是个人化的,个人可以直接利用该程序而无须寻求其他人的支持;(4) 司法过程是强制性的,法院必须考虑呈递上来的权利诉求;(5) 司法部门遵循先例,权利一旦被确认就固定下来;以及(6) 司法过程是非多数性的(non-majoritarian),权利伸张者并不需要表明其权利受到了民主多数的支持。④

实际上,对于司法审查的反对也经常会与另一种宪法模式对堪:政治立宪主义(political constitutionalism)⑤。政治立宪主义在代议机构和宪法法院之间偏向前者,认为民主立法机关同样能够坚守立宪价值、保护个人权利,未必非得寻求司法审查。正如图什内特教授指出的,政治立宪主义带有很强的左翼色彩,其对于司法审查的批判乃是基于政治经济学的分析,即从事违宪

① Saikrishna Prakash & John Yoo, "The Origins of Judicial Review", 70 *University of Chicago Law Review* 3, pp. 927-981(2003).

② Erwin Chemerinsky, "In Defense of Judicial Review: A Reply to Professor Kramer", 92 *California Law Review* 4, pp. 1016, 1022(2004); Frederick Schauer, "Judicial Supremacy and the Modest Constitution", *92 California Law Review 4*, pp. 1054-1065(2004).

③ Richard Fallon, Jr., "The Core of an Uneasy Case for Judicial Review", 121 *Harvard Law Review* 7, p. 1699, pp. 1713-1715(2008).

④ Jonathan R. Siegel, "The Institutional Case for Judicial Review", 97 *Iowa Law Review* 4, pp. 1147-1200(2012).

⑤ Richard Bellamy, *Political Constitutionalism: A Republican Defence of the Constitutionality of Democracy*, Cambridge University Press, 2007. 司法审查被认为是宪法实施或者宪法执行的重要途径。当然,并非唯一的途径。宪法执行可以分为司法执行和政治执行两种。所谓政治执行或者政治立宪主义认为,宪法可以通过立法和行政机关来执行。如英国是典型的现代立宪国家,但一直以来既没有成文宪法也没有司法审查,靠的就是政治部门来执行宪法。当然,此处讲的英国限于英国本土。英国殖民地并非不存在成文宪法和司法审查体制,各殖民地一般都有成文的宪法,如1867年《加拿大宪法》。殖民地法院拥有审查殖民地立法是否符合该殖民地宪法的权力,但没有审查英国本土立法是否符合该宪法的权力。Albert Chen & Miguel Maduro, "The Judiciary and Constitutional Review", in Mark Tushnet, Thomas Fleiner & Cheryl Saunders(eds.), *Routledge Handbook of Constitutional Law*, Routledge, 2013, p. 98.

审查的法官群体更易于带有右翼倾向,反对社会再分配、强调保护私有财产权。①

另一个理由是,司法审查并非天然就倾向于推动社会进步、捍卫民权。虽然司法审查在某段历史时期曾经扮演进步主义的角色,但这很快被证明是一种虚妄的幻想:本来寄希望于司法机关来实现其在政治过程中无法实现的目标的左翼,发现司法机关也未必能够实现自己的目标。最为典型的例子是1954年的布朗案,虽然经常被推崇为司法审查实现社会正义的世界性标杆案件,但事实上该案并未真正推动实质的变化,而只是提供了"空洞的希望"(hollow hope)。②而且,1980年代之后,美国最高法院明显趋于保守化,在涉及种族平等、个人自由等问题上日益收紧。这就表明,司法审查机关完全可以右倾。

值得注意的是,美国围绕司法审查民主正当性的辩论,在转型国家当中并没有多少共鸣。在转型国家之中,宪法法院及其司法审查权的正当性很大程度上被当做理所当然:司法审查是民主体制不可缺少的部分;宪法法院是民主体制得以运行和持续的重要保障。③

四、前沿问题与挑战

(一) 司法审查的全球化

冷战结束以来,世界进入了一个司法全球化的时代。不仅世界多数国家都已经采取了某种模式的司法审查制度,在跨国层面,欧洲正义法院、欧洲人权法院乃至WTO和NAFTA(North American Free Trade Agreement)也采用了某种司法审查体制。

欧洲人权法院更是跨国司法全球化最为著名的例子。1950年,欧洲各国缔结了《欧洲人权公约》(需要说明的是,《欧洲人权公约》并非欧盟条约体系的一部分)。④《欧洲人权公约》确立了一个基本的权利列表,并创设了执行

---

① Mark Tushnet, *Advanced Introduction to Comparative Constitutional Law*, Edward Elgar Publishing, 2014, pp. 44-45.

② Gerald N. Rosenberg, *The Hollow Hope: Can Courts Bring About Social Change*, University of Chicago Press, 1991.

③ Samuel Issacharoff, "Comparative Constitutional Law as a Window on Democratic Institutions", in Erin Delaney and Rosalind Dixon (eds.), *Comparative Judicial Review*, Edward Elgar Publishing, 2018, p. 70.

④ Convention for the Protection of Human Rights and Fundamental Freedoms, Nov. 5, 1950, 213 U. N. T. S 222.

机制——欧洲人权法院(European Court of Human Rights)，各加盟国公民可以依据公约在国内法院提起诉讼。虽然该公约并非强制各国政府承认此项请愿权以及公约的强制管辖权，但在实践当中，签约国基本都接受了这些义务。如同欧洲正义法院一样，欧洲人权法院也通过诉讼判决将《欧洲人权公约》确立为"欧洲在人权领域的公共秩序的宪法性文件"，并将自己成功地塑造为权威的解释者和执行者。①欧洲人权法院的影响力已经超出欧洲，在全球范围内发挥其示范作用。虽然其判决对于其他国家地区的法院并没有任何强制性的权威，但却具备某种程度上的"有说服力的权威"(persuasive authority)。南非宪法法院在其具有里程碑意义的判定死刑违宪的案件中，引用了欧洲人权法院的判决。②津巴布韦同样在判定死刑违宪的多起案件判决中引用欧洲人权法院的判决。③泛美人权法院(Inter-American Court of Human Rights)以及联合国人权委员会也多依赖欧洲人权法院的推理和解释方法。④

在国家层面，各国违宪审查机构对国际法和外国法的引用和参考已经蔚然成风。一些国家甚至在宪法文本里明确规定国际法是国内宪法的一部分，法官因而必须将其作为判案依据。比如，《匈牙利宪法》将受到广泛承认的国际法原则确认为具有宪法效力的规范。⑤

实践当中，很多违宪审查机构通过引入他国案例来解释本国宪法。甚至很多国家的法律明确要求，法院在进行司法审查时要进行比较法和国际法的考量。比如，根据《南非宪法》的规定，南非宪法法院须在解释南非宪法的时候考虑国际法院的类似判决，并被允许参考外国法院的判例⑥；英国《人权案》(1998)要求不列颠地区的法院在解释和适用该法案的时候考虑欧洲人权法院的判决⑦；德国联邦宪法法院同样要求下级法院在解释《基本法》的时

---

① *Chrysostomos v. Turkey*, App. No. 15299/89, (1991) 12 HRLJ 113.

② *State v. Makwanyane*, 1995 (3) SA 391 (CC) (S. Afr.).

③ See *Ncube v. State*, 1988 (2) SA 702 (引用 *Tyrer v. United Kingdom*, 26 Eur. Ct. H. R. (ser. A) (1978)); *Juvenile v. State*, Judgment No. 64/89, Crim. App. No. 156/88 (Zimb. 1989) (引用 *Tyrer v. United Kingdom* 以及 *Campbell & Cosans v. United Kingdom*, 48 Eur. Ct. H. R. (ser. A) (1982)).

④ J. G. Merrills, *Development of International Law by the European Court of Human Rights*, 2nd ed., Manchester University Press, 1993, p. 18.

⑤ Art. 7, Sec. 1 ("The legal system of the Republic of Hungary accepts the generally recognized principles of international law, and shall harmonize the country's domestic law with the obligations assumed under international law.").

⑥ South African Constitution 1996 § Art. 39(1). 典型的宪法判例参见 *S. v. Makwanyane*, 1995 (3) SA 391 (CC) (S. Afr.)。

⑦ Human Rights Act, 1998, c. 42 § 2(1) (U.K.).

候参考欧洲人权法院的相关判例①;加拿大最高法院经常在宪法判决中参考外国法院的判例,尤其是经常长篇大论地讨论美国法②;印度最高法院也常有类似做法。③

个人的宪法权利保护是司法审查跨国移植的热门领域。世界上几乎每周都有高等法院作出涉及公民基本权利(如正当程序权利、隐私权、平等权、言论自由、宗教自由等)的重大判决。各国法官在解释宪法权利时相互援引判例的例子数不胜数;他/她们已经开始在司法判词中与国际同行"隔空"对话,而不仅仅向本国公民和政府机构说话。④如南非宪法法院在著名的死刑案件中,即引用了德国、加拿大、博茨瓦纳、中国香港、匈牙利、印度、牙买加、坦桑尼亚、美国、津巴布韦等国家或地区法院的相关判例。⑤长期以来被认为拒斥国际化的美国最高法院,也加入了此种趋势,虽然备受争议。在 2002 年的一起争议性案件中,斯蒂文斯大法官援引"世界共同体"(world community)普遍的做法,认为对于智障者适用死刑属于《美国宪法》第八修正案禁止的"残酷且异常"的刑罚。⑥ 2003 年的两个案件⑦涉及美国大学招生中的纠偏行动(affirmative action),金斯伯格大法官在两案都援引了外国法律(包括加拿大、欧盟和南非)或国际公约(《消除一切种族歧视的国际公约》)中的规定。⑧同年,美国最高法院裁定得克萨斯州同性恋鸡奸法案违宪的重大案件中⑨,肯尼迪大法官援引了欧洲人权法院(European Court of Human Rights)

---

① *Görgülü v. Germany*, 111 BVerfGE 307 (2004) (F. R. G.); Mattias Kumm, "Democratic Constitutionalism Encounters International Law: Terms of Engagement", in Sujit Choudhry (ed.), *The Migration of Constitutional Ideas*, Cambridge University Press, 2006, p. 281.

② See, e. g., *Hill v. Church of Scientology of Toronto*, [1995] 2 S. C. R. 1130, paras. 122-141 (Can.); *R. v. Keegstra*, [1990] 3 S. C. R. 697, 738, 743 (Can.); *R. v. Morgentaler*, [1988] 1 S. C. R. 30, 52-53(Can.).

③ See, e. g., *Bijoe Emmanuel v. State of Kerala*, (1986) 3 S. C. R. 518 (India)(讨论美国最高法院的判例 *Minersville School Dist. v. Gobitis*, 310 U. S. 586 (1940)); *Satpathy v. Dani*, A. I. R. 1978 S. C. 1025, 1036-1038 (India)(讨论由美国最高法院在 1960 年代确立的米兰达规则); *State of Uttar Pradesh v. Pradip Tandon*, A. I. R. 1975 S. C. 563 (India)(讨论美国宪法判例 *West Coast Hotel v. Parrish*, 300 U. S. 379 (1937)); *Rustom Cavasjee Cooper v. Union of India*, (1970) 3 S. C. R. 530, 592 (India)(讨论第五修正案中的"Taking Clause")。

④ Paul W. Kahn, "Comparative Constitutionalism in a New Key", 101 *Michigan Law Review* 8, p. 2679(2003).

⑤ *State v. Makwanyane*, 1995 (3) SA 391 (CC) (S. Afr.).

⑥ *Atkins v. Virginia*, 536 U. S. 304 (2002), p. 316 n. 21.

⑦ *Grutter v. Bollinger*, 539 U. S. 306 (2003); *Gratz v. Bollinger*, 539 U. S. 244 (2003).

⑧ *Grutter v. Bollinger*, 539 U. S. 244 (2003), pp. 342-344; *Gratz v. Bollinger*, 539 U. S. 244 (2003), pp. 502-516; (Ginsburg, J., concurring).

⑨ *Lawrence v. Texas*, 539 U. S. 558 (2003).

的一项类似判决,来反驳之前先例中认为禁止鸡奸的法案合宪的判决。① 2005年的"罗珀诉西蒙斯案"中,在认定"判处未成年人死刑"是否构成"残酷的刑罚"的问题上,肯尼迪大法官引用了世界"各文明国家"的法律及联合国《儿童权利公约》作为依据。②

(二) 政治问题的司法化

司法权力的全球扩张已经成为晚近三十年来的重要趋势,各国高等法院和宪法法院在政治体系和社会结构中的权力逐渐扩大。其中一个非常重要的趋势引人注目:各国司法机关逐渐超越个人权利保护这一传统领域,介入到社会政策和道德争议中,并积极能动地作出实质判决③,例如堕胎、同性婚姻、社会福利等问题。④更为值得注意的是,很多法院甚至直接介入高度政治化的纠纷中去。这一趋势在"宪法的司法化"⑤(judicialization of the Constitution)的基础上,开始推动"政治的司法化"(judicialization of politics),同时造成了"司法的政治化"(politicization of the judiciary)。

必须交代的是,在传统司法审查的学说和实践中,司法审查的对象范围存有种种限制,其中之一便是"政治问题"(political questions)教义:有些问题是纯粹政治性的,其本身不具备司法可裁决性(justiciability),应由选举过程或者民选立法机关和行政机关处理,法院必须放手。⑥例如,在美国,宪法修正案问题一直被认为是"政治问题",不受司法审查管辖。⑦

然而,当代各国的司法实践开始不断挑战这一传统教义。托克维尔在19世纪的名言——"在美国,几乎所有政治问题迟早都要变成司法问题"⑧——用来描述当代世界很多国家或许更为合适。以色列最高法院前大法官阿隆·巴拉克(Aharon Barak)的名言更能够用来表述当代很多法官的信念:"没有任何东西超越司法审查的范围;世界为法律所充满;任何事情、每

---

① *Lawrence v. Texas*, 539 U. S. 558 (2003), pp. 572-573.

② *Roper v. Simmons*, 543 U. S. 551 (2005).

③ Ran Hirschl, "The Judicialization of Mega-Politics and the Rise of Political Courts", 11 *Annual Review of Political Science* 93, p. 94.

④ 参见本书第三部分。

⑤ 王磊:《宪法的司法化》,中国政法大学出版社 2000 年版。

⑥ Mark Tushnet, "Law and Prudence in the Law of Justiciability: The Transformation and Disappearance of the Political Question Doctrine", 80 *North Carolina Law Review* 4, pp. 1203-1236(2002).

⑦ 参见本书第二章。

⑧ 〔法〕托克维尔:《论美国的民主》,董果良译,商务印书馆 1997 年版,第 310 页。

一件事情都可以由司法进行裁决。"①

　　法院介入的重大政治问题包括以下几方面。一是民主政治过程②,比如选区划分、竞选资金、选举争议、政党竞选资格等问题,甚至直接介入国家元首的选举与弹劾问题。典型的例子是美国最高法院在 2000 年宣判的著名的"布什诉戈尔"案,开创了由法院决定国家元首和政府首脑选举结果的先河。③彼时,小布什与戈尔在关键州佛罗里达州的选票极其接近,而其中一个关键的县的选票的有效性出现了争议,美国最高法院在判断这些选票的有效性的同时,相当于替美国人民决定谁才是最后的胜出者。此案在美国引发了极大的争议以及对美国最高法院的诘难:问题并不仅仅在于法院是否作出了公正合理的判决,而在于法院是否有权介入到这一政治纷争之中。然而,即便此案在美国饱受争议,但却无法阻挡其他国家最高法院或宪法法院纷纷仿效的热情:津巴布韦(2002 年)④、乌克兰(2004 年)⑤、意大利(2006 年)⑥、墨西哥(2006 年)⑦、甚至马达加斯加 (2006 年)⑧、特立尼达和多巴哥(2006年)⑨以及肯尼亚 (2013 年)⑩。近期最为典型的例子是,2020 年几内亚宪法法院确认孔戴连任总统。⑪

　　此外,一些国家的法院开始介入弹劾总统问题。⑫2004 年,韩国宪法法院否决了韩国国会针对卢武铉总统的弹劾——这是现代历史上一国的法院

---

① Quoted from Ran Hirschl, *Towards Juristocracy*: *The Origins and Consequences of the New Constitutionalism*, Harvard University Press, 2004, p. 169.

② Ran Hirschl, "New Constitutionalism and the Judicialization of Pure Politics Worldwide", 75 *Fordham Law Review* 721, pp. 729-730(2006).

③ *Bush v. Gore*, 531 U. S. 98 (2000).

④ See Legal Resources Found. , Justice in Zimbabwe (Report), http://www. swradioafrica. com/ Documents/RDC? report. html (last visited Feb. 22,2023).

⑤ See, e. g. , Decision of the Ukrainian Constitutional Court of Dec. 3, 2004.

⑥ "Italian Court Rules Prodi Election Winner", *The Guardian*, 19 April 2006, https://www. theguardian. com/world/2006/apr/19/italy, last visited Feb. 22,2023.

⑦ "Mexico Court Rejects Fraud Claim", *BBC NEWS*, 29 August 2006, http://news. bbc. co. uk/ 2/hi/americas/5293796. stm, last visited Feb. 22,2023.

⑧ "Madagascar Court Annuls Election", *BBC NEWS*, 17 April, 2002, http://news. bbc. co. uk/ 2/hi/africa/1935247. stm, last visited Feb. 22,2023.

⑨ *Bobb & Anor v. Manning* (Trin. & Tobago), [2006] UKPC 22 (25 April 2006).

⑩ "Kenya: Text of Supreme Court Decision Upholding Election Results", *AllAfrica*, 30 March, 2013, https://allafrica. com/stories/201303300415. html, last visited Feb. 22,2023.

⑪ http://www. xinhuanet. com/2020-11/07/c_1126711390. htm, last visited Feb. 22, 2023.

⑫ 在美国,总统弹劾的程序虽然具有司法性质,但《美国宪法》和政治实践一直将其交由国会处理。美国最高法院唯一的参与方式,是由首席大法官主持弹劾的审判程序。因而,总统弹劾被认为是一种政治审判,而非一般的司法审判。

首次介入总统弹劾问题。①与韩国的例子类似,马达加斯加宪法法院在 2015 年否决了议会的总统弹劾案,认为总统并未违宪,不应遭到弹劾。② 2017 年,韩国宪法法院又一次介入高度政治性的事件之中。该法院以 8∶0 的大法官投票结果宣判,时任总统朴槿惠诸多行为违反宪法规范,应被弹劾——朴槿惠因此成为世界历史上第一位被违宪审查机构弹劾的国家元首。③

二是国家安全、外交事务等重大政治问题。④很多国家的最高法院或宪法法院已经开始突破"政治问题"教义,直接处理国家安全、外交事务等问题。例如,在加拿大通过《权利和自由宪章》(1982) 之后,该国最高法院在一起案件当中宣布政治和外交问题同样可以由司法进行处理,继而处理加拿大政府允许美国在加拿大领土上进行巡航导弹试验的合宪性问题。⑤ 1998 年,加拿大最高法院又处理了魁北克省是否有权单方脱离加拿大的问题⑥;而在美国,单方脱离的问题最终是靠内战来解决的,美国最高法院只是在战后通过判例确认了战争的结果:州无权单方脱离联邦。⑦ 与加拿大最高法院类似,俄罗斯宪法法院处理了车臣共和国分离主义的问题,判定俄罗斯宪法反对单方面的分离举动,并认为叶利钦总统发布的镇压令属于总统的权限范围之内。⑧甚至是在长期并未确立真正的司法审查制度的国家,也有类似举动:2004 年,英国上议院(当时的英国最高司法机构)宣布英国的反恐紧急状态立法违反《欧洲人权公约》而无效。⑨

---

① Youngjae Lee, "Law, Politics, and Impeachment: The Impeachment of Roh Moo-hyun From a Comparative Constitutional Perspective", 53 *American Journal of Comparative Law* 2, p. 403 (2005).

② "Madagascar Constitutional Court Throws Out Impeachment", *BBC NEWS*, 13 June 2015, http://www.bbc.com/news/world-africa-33122020, last visited Feb. 22,2023.

③ 值得注意的是,韩国宪法法院将总统仅仅作为国家公务人员进行处理,而丝毫未顾及总统作为国家元首的特殊身份及其专属权力。在韩国宪法法院看来,韩国总统是国家公务员,"是全体国民的奉献者"。朴槿惠"为了实现崔顺实追求私利而滥用总统地位及职权的行为,并非公正地履行职务,违反了宪法、《国家公务员法》和《公职人员道德法》等法律。"水木然:《韩国宪法罢免朴槿惠判决书全文,以及她木槿花残的一生》,*ZAKER*,2017 年 3 月 7 日,http://www.myzaker.com/article/58c7ba2f1bc8e0ad740000e8/,最后访问时间:2023 年 2 月 23 日。

④ Ran Hirschl, "New Constitutionalism and the Judicialization of Pure Politics Worldwide", 75 *Fordham Law Review* 730, pp. 730-732(2006).

⑤ *Operation Dismantle v. The Queen*, [1985] 1 S. C. R. 441.

⑥ *Reference re Secession of Quebec*, [1998] 2 S. C. R. 217.

⑦ *Texas v. White*, 74 U. S. (7 Wall.) 700 (1869).

⑧ See "Russian Federation Constitutional Court's Ruling Regarding the Legality of President Boris Yeltsin's Degree to Send Troops To [Chechnya]", *Official Kremlin International News Broadcast*, 1995.

⑨ *A v. Secretary of State for the Home Department*, [2004] UKHL 56.

　　三是政体变化和政权更迭问题。①换言之，司法机关开始介入政变或重大政治改革的合宪性问题。最为典型的例子是南非。南非宪法法院在1996年宣布制宪机构起草的新宪法条文违反了1993年《临时宪法》——这是世界上第一次由一国的法院宣布"宪法违宪"。②更为激进的是太平洋岛国斐济。斐济上诉法院（the Fijian Court of Appeal）在2001年判定，被新近政变上台的政府废除的《斐济宪法》（1997）仍然有效——这是现代历史上第一次由一国的最高法院恢复宪法效力。③在政变问题上，最为著名的案例当数巴基斯坦的"穆沙拉夫案"：2000年5月，巴基斯坦最高法院宣判，出于避免国家走向混乱的"国家必要性"（state necessity）的理由，1999年穆沙拉夫领导的政变有效；但是，长期的军事政府将危害国家利益，因此穆沙拉夫必须在三年之内完成经济和政治改革，恢复民主制度和文人治国，并在三年期限到来之前的90天以前举行国会选举。④

　　政治的司法化问题需要全面地看待。一方面，政治的司法化似乎是政治活动法治化的体现，即试图将几乎一切政治问题都纳入司法的轨道进行解决，抹杀政治活动独立于法律管辖的自由空间。但从另一个方面而言，政治的司法化却是一国政治动荡的产物，很多时候会进一步加剧政局的动荡。一个国家的政治越是动乱，就越会出现由法院出面裁决重大政治事件的现象。⑤一国内部的政治权力越是分散和碎片化，司法机关就越具有扩张自己权力的可能性。⑥例如，布什诉戈尔案的背景是两党之争前所未有的白热化，以及总统候选人之间前所未有的势均力敌。在一些宗教问题较为严重的国家（如埃及、巴基斯坦、马来西亚和以色列等），政府所代表的精英团体希望

---

① Ran Hirschl, "New Constitutionalism and the Judicialization of Pure Politics Worldwide", 75 *Fordham Law Review 730*, pp. 732-734(2006).

② See Certification of the Amended Text of the Constitution of the Republic of South African 1997 (2) SA 97 (CC); Certification of the Constitution of the Republic of South Africa 1996 (4) SA 744 (CC). See also, Ran Hirschl, "New Constitutionalism and the Judicialization of Pure Politics Worldwide", 75 *Fordham Law Review 730*, p. 732 (2006).

③ See *Republic of Fiji Islands v. Prasad* [2001] 1 LRC 665 (HC), [2002] 2 LRC 743 (CA). See also George Williams, "Republic of Fiji v. Prasad", 2 *Melbourne Journal of International Law* 144, 2001; Hirschl, "New Constitutionalism and the Judicialization of Pure Politics Worldwide", 75 *Fordham Law Review 730*, p. 732(2006).

④ *Zafar Ali Shah v. Pervez Musharraf*, P. L. D. 2000 S. C. 869. See also, Hirschl, "New Constitutionalism and the Judicialization of Pure Politics Worldwide", 75 *Fordham Law Review 730*, pp. 733-734(2006).

⑤ Carlo Guarnieri & Patrizia Pederzoli, "From Democracy to Juristo Cracy?", C. A. Thomas trans., in Cheryl A. Thomas(ed.), *The Power of Judges: A Comparative Study of Courts and Democracy*, Oxford University Press, 2002, pp. 160-182.

⑥ Stefan Voigt & Eli M. Salzberger, "Choosing Not to Choose: When Politicians Choose to Delegate Powers", 55 *Kyklos* 2, pp. 294-295 (2002).

世俗化,但民众则已普遍宗教化。政府以及社会精英在推进社会世俗化的同时又不想失去民众的支持,因而就将世俗化的决策权交给了高等法院或者宪法法院。①

　　而且,法院的介入非但不能使政治局势趋于稳定与和谐,反而加剧了政局的动荡。最高法院或宪法法院的判决虽然在司法上具有终局性,但在政治上未必具有终局性。甚至有些时候,法院本身会因为介入政治问题(特别是政府权力结构和联邦制问题)而受到政治打击。最为知名的例子发生在俄罗斯。苏联解体之后,《俄罗斯宪法》确立了宪法法院,且该法院积极地介入诸多重大的政治问题(特别是站在议会一边对抗总统),甚至出现宪法法院法官经常在公开媒体上抨击总统的现象。1993年俄罗斯宪法危机之中,叶利钦总统签署一项法令,暂停俄罗斯宪法法院的权力运行。② 这导致了俄罗斯"第一宪法法院"的灭亡,以及该法院首席法官佐尔金(Valerii Zorkin)的辞职。俄罗斯后来重建宪法法院,史称"第二宪法法院"。③随即,新的宪法法院开始将注意力集中到个人权利案件,对政治问题采取避让态度。④类似地,1990年代初,以匈牙利宪法法院首任首席大法官为代表的司法能动主义法官宣称,法院可以依据宪法精神而非宪法文本来判案,因而第一个任期完成之后未得到续任;取而代之的是一批较为信奉法律形式主义的法官。⑤在哈萨克斯坦,宪法法院因其经常作出不利于当局的判决,被纳扎尔巴耶夫总统领导制定的1995年宪法废除,取而代之是法国式的宪法委员会。⑥在吉尔吉斯斯坦,当局在2010年暂停了宪法法院的运行,理由是其支持因为民众抗议而下台的前总统。⑦ 在新加坡,上诉法院曾经在一起案件中判定,异见人士被羁押之后的正当程序权利必须得到法律保护,引发了由人民行动党长期控制的政府的不满;继而人民行动党推动议会修宪,剥夺了法院针对此问题的

---

① Ran Hirschl, *Constitutional Theocracy*, Harvard University Press, 2010, pp. 103-161.

② Armen Mazmanyan, "Judicialization of Politics: The Post-Soviet Way", 13 *International Journal of Constitutional Law* 1, pp. 200-218, p. 206(2015).

③ Dwight Semler, "Focus: Crisis in Russia-The End of the First Russian Republic", 2 *East European Constitutional Review* 107, pp. 107-114 (1993); Robert Sharlet, "Russia's Second Constitutional Court: Politics, Law and Stability", in Vctoria Bonnell and George Breslauer, Boulder(eds.), *Russia in the New Century: Stability or Disorder*, Westview Press, 2001, pp. 59-77.

④ Lee Epstein, et al., "The Role of Constitutional Courts in the Establishment and Maintenance of Democratic Systems of Government", 35 *Law & Society Review* 117, p. 117(2001).

⑤ Kim Lane Schepple, "The New Hungarian Constitutional Court", 8 *Eastern Europearn Constitutional Review* 81, (1999).

⑥ Armen Mazmanyan, "Judicialization of Politics: The Post-Soviet Way", 13 *International Journal of Constitutional Law* 1, pp. 200-218, p. 206(2015).

⑦ Ibid.

司法审查权。①

　　泰国 2013—2014 年的宪法危机是最近发生的、也是最有代表性的案例。在 2006 年政变之后，泰国政治严重分裂。由人民民主改革委员会组织的抗议活动从 2013 年年末一直持续到 2014 年年中。2013 年 12 月，时任总理英拉宣布打算解散众议院并在 2014 年 2 月举行提前大选以平息政治危机。抗议者阻止了大选，宪法法院也判决选举无效。随后暴力冲突爆发，导致了很多抗议者的伤亡。英拉政府随后宣布首都进入紧急状态，但这一决定并没能缓解紧张局势。2014 年 5 月，宪法法院判决驱逐总理英拉。在此之后，政变爆发，导致泰国皇家军队的军事执政团当政。而泰国国内的政治紧张局势仍在继续。② 宪法法院的介入并没有解决泰国的立宪危机。政治动荡期间，泰国宪法法院并没有被视为超越政治派别的公正司法机关；相反，它被视为各个政治派别用来追求自己利益的工具。

结　　语

　　一项创立于 19 世纪初的宪法制度，在 20 世纪中叶和下半叶不断扩展到全世界，成为全球盛行的司法审查浪潮。司法权力随着司法审查制度的国际扩张而逐渐扩大，甚至开始对于高度政治性的问题进行审查和处理。由此，司法审查所引发的理论和实践问题，构成了 21 世纪比较宪法的热门前沿问题。司法权与民主之间的根本张力，以及理论和实践层面试图化解或缓和此种张力的努力，构成了当代比较宪法的核心内容。

　　从更大的意义上讲，司法审查的兴起是新自由主义全球秩序的一部分。其要害在于将决策权力从民主代议机构转移至独立决策者（法院是最典型的机构，还有各种独立规制机构）和跨国组织（如世界贸易组织、欧洲人权法院、国际货币基金组织和世界银行等）；宪法全球化反映的是全球新中产阶级的意识形态和价值偏好③，国际法官群体构成了"一个智慧与良心的精英共同体"。④宪法制度国际化和宪法文化本地化之间的张力，是比较司法审查研究与实践的要点。

①　Ran Hirschl, *Towards Juristocracy*: *The Origins and Consequences of the New Constitutionalism*, Havard University Press, 2004, pp. 93-118, pp. 110-111.

②　Tom Ginsburg, "Perverse Ruling from Thai Constitutional Court Extends Political Crisis", *I-Connect blog*, March 21, 2014, available at http://www. iconnectblog. com/2014/03/perverse-ruling-from-thai-constitutional-court-extends-political-crisis/, last visited Feb. 22,2023.

③　Robert H. Bork, *Coercing Virtues*: *Worldwide Rule of Judges*, The AEI Press, 2003.

④　Richard Posner, "A Political Court", 119 *Harvard Law Review* 1, pp. 32-102(2005).

第七章　紧急状态权:常规、例外及其区分

> 凡事有经必有权,有法必有化。一知其经,即变其权;一知其法,即功于化。
>
> ——石涛《画语录》①

> 在合理时代看似不合理的事情,在不合理的时代会看起来合理。
>
> ——拉斯韦尔②

一、问题的提出

即便是规划最为精细的社会,也会遭遇突发的重大危机。面临重大危机之时,政府是否有权突破宪法限制,行使临机专断之权? 这是现代法治国家面临的恒久难题。这些问题在 21 世纪再次成为热点。2001 年,"9·11"事件爆发。其后,随着世界各国大规模地运用特殊措施,改变分权结构、限制公民权利③,自由与安全之间的矛盾日益凸显④,宪法体制普遍面临悲剧性的选择:法治国家能否运用超越法治的途径保卫自己?⑤ 2020 年开始的全球新冠肺炎疫情以及各国的应对情况,则进一步凸显了该问题的重要性和争议性。

乍看起来,紧急状态权的问题事关具体的制度设计。秉承将权力运作纳入法治轨道的前提,现代法律体系需要考虑机构选择和适用程序问题:行政主导更好,还是立法主导更好? 紧急状态权的行使是否接受司法审查? 谁来决定是否出现了紧急状态? 谁来宣布紧急状态? 谁来行使紧急状态权? 谁

---

① (清)石涛:《石涛画语录》,俞剑华注译,江苏美术出版社 2007 年版,第 30 页。
② Harold D. Lasswell, *National Security and Individual Freedom*, Harvard University Press, 1955, p. 141. ("what seems unreasonable in reasonable times may look reasonable in unreasonable times.")
③ Giorgio Agamben, *State of Exception*, The University of Chicago Press, 2005.
④ 〔英〕弗里德利希·冯·哈耶克:《法律、立法与自由》,邓正来等译,中国大百科全书出版社 2000 年版,第 450—451 页。
⑤ Oren Gross & Fionnuala Ní Aoláin, *Law in Times of Crisis: Emergency Power in Theory and Practice*, Cambridge University Press, 2006, pp. 3-4.

来宣布结束紧急状态？谁来负责处理紧急状态引发的纠纷？谁来判断特殊举措究竟是否超越法定权限？比例原则是否得到坚持？等等。

实际上，在制度设计问题之上，仍有一些更为基本的理论问题需要探讨：是否应将紧急状态权写入宪法？现代分权制衡、保障人权的法治体系，是否足以应对紧急状态？抑或紧急状态触及了法治体系的阿喀琉斯之踵？从宪法学角度而言，紧急状态权也是触发政府权力结构的临时调整问题，因而成为理解政府结构的针眼。一方面，宪法必须保证执行权受到制约、不被滥用，保证公民权利不受侵犯，甚至在危急时刻也须坚守底线。另一方面，宪法也须保证政府具有充足能量和足够实力维护国家安全和核心利益、应对内外危机。[1]

因此，紧急状态凸显了执行权的暧昧性质。[2]根据现代宪法中权力分立的原则，执行权的职责是严格执行法律。用康德的话来说："'执行权'对应的是实践三段论中的小前提，也就是作为大前提的（体现主权者意志的）普遍法则的应用，这就是依法行事的命令。"[3]面临紧急状态时，执行权并非简单机械地执行法律，甚至不应该如此。执行权既不能成为专制者，也不能成为无能者；既要化解危机，又要防止滥权。[4]理论与实践的全部难题都源于此。

二、紧急状态权的政治—法律结构

紧急状态盘旋于宪法秩序的边界内外。宪法研究者和制度设计者可以在概念层面区分常规和例外的基础上，总结出两大类政治—法律教义：一元

---

① 宣告紧急状态往往会带来较为严重的法律后果：（1）限制公民权利，无论是通过明确列举可以限制的基本权利，还是明确列举不可限制的基本权利。（2）分权制衡体制在紧急状态来临时会进行一定调整，扩大政府权力，特别是委托给行政机关一定的立法权；在联邦制国家，宣告紧急状态可以扩大中央政府权力、削弱地方自治。See Oren Gross, "Constitutions and Emergency Regimes", in Tom Ginsburg & Rosalind Dixon (eds.), *Comparative Constitutional Law*, Edward Elgar Publishing, 2011, pp. 340-341.

② 用政治哲学家曼斯菲尔德的话来说："执行权的美妙之处，在于它既服从又不服从，既软弱又强大。它能够到达法律不及之处，从而弥补法律的不足，但它仍然服从法律。现代执行权的这种暧昧地位，使它的强大力量可以有益于共和国，但不会威胁到共和国。"〔美〕曼斯菲尔德：《驯化君主》，冯克利译，译林出版社 2005 年版，第 6—7 页。

③ 李秋零主编：《康德著作全集（第 6 卷）：纯然理性界限内的宗教·道德形而上学》，中国人民大学出版社 2007 年版，第 323—324 页。

④ 波斯纳法官用经济学的语言阐述了自由与安全的平衡问题："具体讲，自由与安全之间的平衡点应当是这样一个点，在这一点上，只要进一步限制公民自由，削减自由给社会造成的预期损害就要大于提高公共安全而给社会带来的预期收益；同样在这一点上，只要进一步扩大公民自由，削减安全而给社会造成的预期损害就要大于增加自由而给社会带来的预期收益。"参见〔美〕理查德·A.波斯纳：《法律、实用主义与民主》，凌斌、李国庆译，中国政法大学出版社 2005 年版，第 346 页。

论认为无论在常规还是在例外状态下,应对措施并无区别;二元论则承认,针对两者必须采取各自不同的应对方案。从法律角度而言,则可以将应对方案区分为两种:一种将紧急状态权置于宪法秩序内部,另一种则将其放在宪法秩序之外。①于是,经过两套标准的排列组合,我们可以得到紧急状态权的四种理想类型(参见下图)。

	法律体系内部	法律体系外部
一元论 (不区分常态与例外)	一切正常模式 (孔多塞)	绝对主义国家 (霍布斯)
二元论 (区分常态和例外)	宪法专政模式 (罗马、现代欧陆国家)	例外状态模式 (洛克、施米特)

图 7.1　紧急状态权的四种理论模型

(一) 一 元 论

1. 宪法绝对主义

此种模型主张以宪法秩序的内部手段应对危机,而且采用正常状态下通行的法律措施,不作任何特别处理。其原理在于,政府权力是宪法构建的结果,因而在任何时候都须受到宪法约束。紧急状态适用常态法治的路径,不仅是为了保证个体人权和基本自由,同时旨在维护政府权力的受限结构,防止政府部门借机扩权和滥权。在思想史上,莱布尼茨、孔多塞秉承此种态度②,也包括贡斯当③。

在实践当中,此类做法比较罕见。可供援引的经典案例是美国最高法院的戴维斯大法官(Justice Davis)在美国内战中一起案件中的论述。④当时,米利甘(Lambden P. Milligan)因有阴谋叛国举动而被林肯总统设立的军

---

① 在围绕紧急状态权的辩论中,可区分出两种基本路径:法治主义者(legalists)和超法治主义者(extra-legalist)。前者认为,应在法治框架内采取方式应对危机,无论是一如平常适用正常法律,还是在法律内部创设特殊通道。后者认为,必须用法律之外的方式来应对危机,否则要么会减弱国家抵御危机的能力,要么会玷污法律本身的纯洁性。Kim L. Scheppele, "Exceptions that Prove the Rule", in Jeffery Tullis (eds.), *The Limits of Constitutional Democracy*, Princeton University Press, pp. 128-129.

② Stefan Voigt, "Contracting for Catastrophe:Legitimizing Emergency Constitutions by Drawing on Social Contract Theory", *Res Publica* (June 16, 2021); J. Ferejohn and P. Pasquino, "The Law of the Exception:A Typology of Emergency Powers", 2 *International Journal of Constitutional Law* 2, pp. 210-239(2004).

③ 〔法〕邦雅曼·贡斯当:《古代人的自由与现代人的自由》,阎克文、刘满贵译,上海人民出版社 2005 年版,第 311 页。

④ *Ex Parte Milligan*, 71 U.S. (4 Wall.) 2 (1866).

事法院判处绞刑，但在当时并未执行；内战结束后，他获得释放，继而向美国最高法院起诉，认为在普通法院仍然运行的战时状态下，使用军事法院违反宪法。戴维斯大法官代表多数意见宣判，宪法在战争状态下与和平状态下一样有效："所有阶层的人，在所有时候，且在所有情况下"的宪法权利都应受保护。①他继而指出："有人坚称国家在战时的安全要求这种军事法的广泛主张应该被坚持。如果这是对的话，那么也可以说，一个牺牲了所有自由的核心原则而保存下来的国家根本不配自我保存。"②

此外，美国最高法院的休斯大法官在 1929—1933 年经济危机的背景下，在一起有关契约条款的案件中指出："非常状况并不创造或者扩大宪法权力，因为宪法就是在危机情况下制定的。"③在同年判决的另外一起涉及贸易条款的案件中，休斯大法官重申了这一观点："特殊条件不会创造或扩大宪法权力。宪法建立了一个在战争与和平中都权力适当的国家政府，但政府的这些权力是被严格限制在宪法授权范围内的。"④

当代的著名案例来自以色列最高法院。2005 年，以色列最高法院否决了以色列安全总局（General Security Service）依据刑法中的紧急避险条款对其针对恐怖分子的酷刑进行的辩护，认定安全总局侵犯人权。首席大法官巴拉克（Aharon Barak）在判词中写下了一段著名的话：

> 本判决以对以色列所处的困难现实的描述开始。我们也以重新考虑该残酷现实结束本判决。我们意识到本判决的确使得以色列面对该现实的时候变得更为简单。这是一个民主国家的命运——它不把所有的手段都看作可以接受的，并且其敌人所使用的手段并不总是可以为其所用。一个民主国家必须在有些时候把自己的手绑在后背上进行战斗。即便如此，一个民主国家仍然占据先手。法治与个人自由构成了其对于安全的理解的重要部分。最终，它们会为该国的精神赋予力量，这种力量能够使其克服困难。……我们意识到恐怖主义的残酷现实……本判决有可能会阻碍我们彻底地应对恐怖主义分子和恐怖主义，这使我们不安。但我们是法官。我们必须依据法律断案。这是我们自己为自己设

---

① *Ex Parte Milligan*, 71 U.S. (4 Wall.) 2 (1866), pp. 120-121.
② Ibid., p. 126.
③ *Home Building & Loan Assn. v. Blaisdell*, 290 U.S. 398 (1934).
④ *A. L. A. Schechter Poultry Corp. v. United States*, 295 U.S. 495, 528 (1935). ("Extraordinary conditions do not create or enlarge constitutional power. The Constitution established a national government with powers deemed to be adequate, as they have proved to be both in war and peace, but these powers of the national government are limited by the constitutional grants.")

定的标准。①

必须说明的是，宪法绝对主义虽然听起来颇为崇高，但在国家面临重大危机之时显得不甚现实，因而在实践当中很少为各国宪法及其实践所采用。

2. 国家绝对主义

此种模型同样不承认常规状态和例外状态具有本质区别。但与宪法绝对主义相反，它认为一切时刻都是例外状态。危机时时刻刻存在，因而需要政府时刻具备集中而绝对的权力，维护国家安全和总体利益。

此种观点以霍布斯的绝对主义国家理论为典型代表。②霍布斯本人生活在英国内战乃至于席卷整个欧洲的宗教战争之中，对于人类社会永恒的冲突和危机体验极深。在《利维坦》中，他设想了人人相互为敌、处于战争的自然状态(state of nature)。政府权力的诞生即是为了帮助人们摆脱自然状态，进入和平状态。

在霍布斯的理论中，自然状态不是一种历史阶段，自然状态和公民状态的关系也并非单线演进式的。而毋宁说，自然状态是和平状态的例外状况，随时都有可能发生。霍布斯说道："不论如何，我们从原先在一个和平政府之下生活的人们往往会在一次内战中堕落到什么样的生活方式这种活生生的事实中可以看出，在没有共同权力使人畏惧的地方，会存在什么样的生活方式。"③换言之，只要公共权力一有松动，人们不再慑服，社会立即陷入自然状态。自然状态穿插于公民状态之间。正如政治哲学家列奥·施特劳斯所言："自然状态在一个公民社会的解体和另外一个新的公民社会出现之间存在，而在野蛮人中间，这是常态。"④因此，政府必须随时保持绝对的集权状态，方才能够维护臣民的安全。

在法治体系逐渐遍及世界的时代，霍布斯构想的高度警觉和绝对集权的紧急状态权模型，在实践中几乎只有在长期宣布戒严或者紧急状态的军事独裁国家方才能够找到例证。

---

①　*Public Committee Against Torture in Israel v. the State of Israel*, HCJ 769/02 [Dec. 11, 2005].

②　〔英〕霍布斯《利维坦》，黎思复、黎廷弼译，商务印书馆1996年版。

③　同上注，第96页。

④　See Leo Strauss, "On the Basis of Hobbes's Political Philosophy", in *What is Political Philosophy*, Free Press of Glencoe, 1959, p. 191.

(二) 二 元 论

1. 例外状态论:洛克—施米特主义

此种观点认为,国家的正常状态和例外状态判若云泥,需要严格区别对待。在例外状态下,应当采取赋予行政长官超越宪法和法律限制的临机专断之权,以此应对危机、恢复秩序。[1]从历史起源上来讲,此种权力的基本原型是传统君主超越法律的"专权"(prerogative)[2]。

在政治法律思想史中,对此问题最经典的论述来自洛克。洛克在《政府论》中明言,国家必须遵循法治的原则,通过具有长期效力的法律来统治,而非通过短期的临时命令进行统治。因此,立法权是国家的最高权力,执行权则负责贯彻法律。然而,洛克同时深刻地指出:"在立法权和执行权分属不同人的场合,为着社会的福利,有几项事情应当交由握有行政权的人来裁处。"[3]其原因在于:第一,立法机构成员过多,并不经常集会,面对急迫事情时,行动较为迟缓;第二,突发情况本身就非立法所能提前预料和规定;第三,紧急状态下,僵硬而机械地执行法律,反而可能阻碍消除和化解危机,危及公共利益。[4]因此,应当给予执行权以相当范围的自由裁量权。这种权力在法律规定之外,甚至在必要时被允许违法,而其应遵循的原则就是自然法和政府的根本法——政治体全体成员的自我保全。[5]

到了 20 世纪,施米特的例外状态论则将洛克的思想推向极端。在 1920年的《政治的神学》中,施米特提出了著名的论断:"主权就是决断非常状态"。在例外状态中,主权者不受法律控制。更进一步,施米特认为,在例外状态下,主权者的归属也方才显现出来:谁有权决定是否存在紧急状态、谁有

---

① 在紧急状态之下,适格的应对者并非立法机关或司法机关,而是执行机关。David Dyzenhaus, "States of Emergency", in Michel Rosenfeld and András Sajó(eds.), *The Oxford Handbook of Comparative Constitutional Law*, Oxford University Press, 2012, p. 444.

② 布莱克斯通认为,"prerogative 这个词指的是国王依据其君王的尊位,可以凌驾于众人之上,并且超出普通法的日常规定的,某种特殊的优先权",参见〔英〕威廉·布莱克斯通:《英国法释义》,游云庭、缪苗译,上海人民出版社 2006 年版,第 267 页。本书采用李猛教授的译法,参见李猛:《自然社会:自然法与现代道德世界的形成》,生活·读书·新知三联书店 2015 年版,第 449 页。

③ 〔英〕洛克:《政府论》(下篇),叶启芳等译,商务印书馆 1964 年版,第 98—99 页。

④ 同上注,第 99 页。

⑤ 对于洛克来说,行政长官的专权在对外事领域表现得更为明显。对外权"远不能为早先固定的、经常有效的实定法所指导,所以有必要由掌握这种权力的人们凭他们的智慧和明智,为了公众福利来行使这种权力"。〔英〕洛克:《政府论》(下篇),叶启芳等译,商务印书馆 1964 年版,第 91 页。

权宣布紧急状态、谁有权采取措施应对紧急状态。①

施米特对例外状态的界定基于其主权理论:主权先于法律,是一个政治概念。政治的核心即是划分朋友和敌人;此种区分在突发紧急状态的关键时刻显露无余。在关键时刻,必须有政治力量作出事关生死的决定,且有能力果断行事。主权的最终决定对于维护政治统一体的长久存在以及维护一国之内的和平至关重要。这一点在紧急状态出现之时显得更为真切:主权者决定是否出现了紧急情况,以及如果确认是紧急情况,将要采取何种措施消除这种情况。在这样一种紧急状态下,主权者可以部分或者全部地暂时中止宪法来保护宪法以及作为政治统一体的国家:"非常状态的首要特征就是不受限制的权威,它意味着中止整个现有秩序。显然,在这种状态下,国家仍然存在,而法律则黯然隐退。"②宪法权利只有在公共秩序和安全得以维持的状态下才能得到完整保障;而在重大危机到来之时,宪法权利可能被中止。在施米特——乃至于洛克——看来,行政长官——而非议会或者法院——乃是最佳人选。

施米特之所以认为紧急状态权超乎宪法和法律之外,是因为突发情况无法在宪法中预料到:

> 人们无法预知一种紧急状态的确切细节,也无法说明在这种情况下会发生什么事情,尤其是在遇到极端紧急的情况并寻求如何消除这种情况时,更是如此。……宪法的指导作用顶多只能指出在这种情况下谁能采取行动。如果这种行为没有受到种种控制,或没有像在法治国家宪法中那样受到种种监督和平衡的制约,那么谁是统治者将不言而喻。统治者决定是否出现了极端的紧急情况,以及采取何种措施消除这种情况。他置身于正式生效的法律秩序之外,他绝不属于这种秩序,因为正是由他来决定是否完全搁置宪法。③

换言之,宪法无法预料突发紧急状况的具体情形,而且社会不可能通过法律论证和法律规定就消除现实生活中的例外状况。

---

①　"一般来说抽象的概念用不着争论,在主权的历史上尤其如此。值得争论的是如何去具体利用,就在涉及公共利益或国家利益以及公共安全和公共秩序的情况下,由谁来做出决定,非常状态并没有被纳入法律状态,它被描述为一种极为危险的状态,威胁到国家的存亡。"〔德〕卡尔·施米特:《政治的概念》,刘小枫编,刘宗坤等译,上海人民出版社 2004 年版,第5—6页。

②　同上注,第9页。

③　〔德〕卡尔·施米特:《政治的神学》,载〔德〕卡尔·施米特:《政治的概念》,刘小枫编,刘宗坤等译,上海人民出版社 2004 年版,第6页。

洛克——施米特主义的当代传人以意大利哲学家阿甘本和美国法官波斯纳为典型。在阿甘本看来，例外状态并非某种特殊的法律，而是对于整个法律秩序的悬置。①在例外状态中，执行权获得全权（*plenitude potestatis*）；分权制衡暂时中止，政治秩序回复到未对立法、执法和司法进行区分的状态。②阿甘本援引古罗马一种完全悬置法律的制度予以说明——"中止一般执法活动"（*institium*）。③在罗马法中，"这是一种只在重大情况下才采用的非常措施，比如：出现军事威胁，节日，服丧等；这种措施的适用需要由在罗马的并拥有治权的最高执法官发布告示，并事先听取元老院的意见。但是，它也可能由护民官依据其权力宣布……"④

同样，波斯纳也主张将紧急状态权放在法律之外。在波斯纳看来，宪法并非"自杀契约"，不能将政府的手绑死而导致国家危亡，因而应对紧急状态的措施可以超越宪法界限。⑤美国政府"像所有其他政府一样，拥有绝对的自卫权，这一权力由美国总统行使。而且，这一权力可以允许违反国家的基本法律，如果这一步骤是不可避免的话"。⑥

2. 宪法专政论：新罗马主义

此种论述在承认正常状态和非常状态区分的基础上，在宪法体制中设定特殊的紧急状态规则，授予特定机构或者官员以特殊权限来应对危机，并予以程序性和实体性的规制，尤其是在危机解决之后回到正常的法治状态。其要害在于，紧急状态须以完全合法的方式予以应对，但却不是正常的法律模式。从另一个角度来说，即便是应对紧急状态，也应在宪制框架内活动，而非

---

① Giorgio Agamben, *State of Exception*, The University of Chicago Press, 2005, p. 4.

② Ibid. , p. 6.

③ Ibid. , pp. 41-51.

④ 〔意〕朱塞佩·格罗索：《罗马法史》，黄风译，中国政法大学出版社 1994 年版，第 152 页。

⑤ 〔美〕理查德·A. 波斯纳：《法律、实用主义与民主》，凌斌、李国庆译，中国政法大学出版社 2005 年版，第 347—348 页。（"在对于国家安全的有益后果……超过对自由的消极影响的限度内，公民自由应当受到限制。在严重的全国性危机中，我们能够合乎情理地要求立法和司法官员……细心地权衡这两种后果，而不要把手指放到天平上，也别意欲用无关的理由来改变天平的平衡。"）

⑥ 同上注，第 350 页。波斯纳认为，行政官并非一定会夸大紧急状态来借机扩权。历史恰恰证明，官僚机构会低估危险，如美国内战前联邦政府对于局势的错误预判、珍珠港事件的教训、古巴导弹危机等。同本注，第 348—349 页。（"当一个国家突然受到意外伤害时，它可能产生过激反应，这一点不假——但是只有事后我们才能判断这个反应是正常还是过激。我们事后知道，拘禁西海岸的日裔美国人并没有缩短二战的进程。但这一点在当时是否清楚？如果不清楚的话，政府是否应当更倾向于谨慎行事，就像它事实上做的那样？法院后来禁止《进步》杂志刊登一篇包含有关氢弹涉及的机密信息的文章，这错了么？最高法院说，政府可以在战时'制止实际上阻碍征兵工作或公开部队出发日期或驻军数量和地点的行动'，这错了么？"）

在宪法之外——宪法即使在紧急状态下也不能被完全抛弃。①这一般被形象地称为"拨动开关"模式(toggle switch):当危机来临时,拨动开关,启动紧急状态;当危机结束时,再拨回开关,回到正常状态。

此种模型源于古代罗马公法的专政官(又译为"独裁官")制度。②按照罗马法,在危急时刻,罗马元老院(相当于立法机关)可让执政官(相当于行政机关)任命一名临时的专政官,任期最长可达六个月。专政官被授权可以悬置普通法律的实施,动用军事力量和其他非常举措力量应对外敌入侵和内部叛乱。专政官的职位完全是临时性的;危机状态结束,职位即告结束。例如,辛辛纳图斯(Cincinnatus)平时耕田种地,临危受命率领军民挽救国家,之后功成身退、解甲归田,成为罗马专政官的经典意象。

经过马基雅维利和卢梭的转化,罗马的专政官制度延续到了现代政治思想中,形成了一种新罗马模型。在马基雅维利看来,罗马帝国之所以取得丰功伟业,即是因为专政官制度的设立,使得罗马可以避免常规制度的延迟,来应对突发的内外危机。若非专政官制度,罗马要么会因为墨守成规而导致国家崩溃,要么会因为保卫国家而破坏法律。专政官制度可以在集中力量化解危机的同时,保证人们的守法习惯不被破坏。③卢梭则依据罗马的蓝本,为现代共和国设计了专政官制度:在正常法律无法预料到的情况出现时,在国家生死存亡之际,将公共权力暂时集中到一二人手中,并暂停正常法律的实施。然而,获得此种临时权力的官员只能中止立法权威的行使,而不能代行立法权威。等到危机结束之时,再回到正常的法律运作状态。④

到了 20 世纪,参照古罗马的先例,现代宪法学说中明确提出了"宪法专

---

① Bruce Ackerman, *Before the Next Attack: Civil Liberties in an Age of Terrorism*, Yale University Press, 2006.

② 〔意〕朱塞佩·格罗索:《罗马法史》,黄风译,中国政法大学出版社 1994 年版,第 160 页。("独裁官是在发生特殊危急情况时任命的,尤其是为了适应战争或制止动乱的需要。在独裁官身上,集体性消失了,'城内治权'和'军事治权'的区分消失了,城内治权所特有的那种对市民的保障中止了。护民官的否决权相对于独裁官丧失了效力。此外,独裁官不是由民众会议选举的,而是由执政官中的一者任命的。但是,这种为了应付紧急情况而设立的独裁官,其权力受到较严格的时间限制,独裁官在完成了特定的任务之后应当自动辞职,而且在任何情况下,在任命他的那位执政官任期满后或者在经过 6 个月之后,当然地停止行使权力。在独裁期间,执政官只能根据独裁官的统一或在其指导下采取行动;也就是说,执政官的权力实际上已经中止。") See also Clinton Rossiter, *Constitutional Dictatorship*, Transaction Publishers, 1948, pp. 10-21.

③ 〔意〕尼科洛·马基亚维利:《论李维》,冯克利译,上海人民出版社 2005 年版,第 135 页。

④ 〔法〕卢梭:《社会契约论》,李平沤译,商务印书馆 2011 版,第 159—160 页。值得注意的是,马克思也是借用了罗马公法中的专政官制度,构想出了"无产阶级专政"(Dictatorship of the Proletariat)的概念和模型,并深刻影响了社会主义国家的宪法体制。

政"(constitutional dictatorship)的学说。①套用施米特的术语,宪法专政乃是一种"委托专政"(commissarial dictatorship),而非"主权专政"(sovereign dictatorship)。前者类似于罗马模式:行政官在危急状态下被授予紧急状态权,采取非常措施维护宪法,但不能改变宪法,而只能恢复宪法。主权专政则是行政官在危机状态下整体悬置宪法,在应对危机的同时,全面改造宪法,塑造新的秩序。②显然,宪法专政或委托专政,即是罗马的专政官制度在现代宪法中的体现③,后来也成为欧陆国家宪法中紧急状态制度的原型,典型的例子是著名的德国《魏玛宪法》第 48 条第 2 款。④宪法专政也成为现代法治国家应对紧急状态较为通行的宪法模式。

三、紧急状态权的历史实践

(一) 美国:宪法专政与例外状态之间

1787 年《美国宪法》没有规定赋予政府官员紧急权力的条款。最相关的条款是悬置人身保护令条款,赋予国会中止人身保护令的权力,但条件是"在叛乱或入侵的情况下"⑤,而对于其他类型的重大危机和紧急状态并未提及,例如经济/金融危机、严重自然灾害、传染病疫情、环境危机等。另外与之相关的条款是战争权。据该宪法,宣战权属于国会,总统则享有军队总司令的权力。

宪法条文欠缺明确规定,使得紧急状态权的法律界定必须在政治和宪法实践中进行理解,包括司法先例、政治先例、国会立法、行政命令等。而其中最为重要的因素是总统权及其历史实践。由于建国一代非常熟悉罗马政治传统,而且独立战争的领袖和第一任总统华盛顿也被按照罗马专政官的形象

---

① Giorgio Agamben, *State of Exception*, The University of Chicago Press, 2005, pp. 8-9. 这种概念也在 21 世纪被法学家沿用并予以发展。See e. g. , Sanford Levinson & Jack M. Balkin, "Constitutional Dictatorship: Its Dangers and its Design", 94 *Minnisota Law Review*, p. 1789 (2010).

② Carl Schmitt, *Dictatorship: From the Origin of the Modern Concept of Sovereignty to Proletarian Class Struggle*, Michael Hoelzl and Graham Ward trans. , Boston & Polity, 2014.

③ 必须指出的是,现代紧急状态权与罗马专政官的权力有所区别。第一,在罗马公法中,专政官并不是执政官,而现代宪法中,一般来说专政官都是总统或者总理。第二,专政官并非选举产生,而是由执政官任命,现代专政官则拥有民主正当性。第三,古代专政官是依靠德性和才能临时举用,现代紧急状态权的行使者是具有民主正当性的执政者。现代宪法体系中,一般会将传统专政官的职能附着于行政长官的职位之中:平时是行政权,战时则为专政官。正是此种合二为一的特性,造成了紧急状态权的根本难题。

④ 参见后文。

⑤ 《美国宪法》第 1 条第 9 款第 2 项。

进行理解——如同辛辛那图斯一样,华盛顿也是在政治共同体面临战争危机之时,挺身而出率军应敌,事后解甲归田,深藏功与名。由此看来,《美国宪法》并未规定明确的紧急状态制度看起来殊不可解。然而,其背后的深层逻辑在于,在设计总统制的时候,制宪者已经将紧急状态权附着于行政分支之中,因此没有专门创设紧急状态的法律通道。既然已经创设了一个独立的、强有力的行政长官,即无须专门规定紧急状态权。

人们可以从美国宪法条文的规定中看到一定的端倪。执行机关的权力却很复杂,其所享有的宪法权力不仅是执行法律的权力,更像是历史堆积的产物,包括了众多不属于立法和司法的权力:任免行政官员的权力、执行法律的权力、统率军队的权力、赦免权等。①值得注意的是,与该《宪法》第1条明确列举国会所有的立法权限不同,该《宪法》第2条仅仅规定,执行权归于总统,因而隐含了所谓"固有执行权"(Inherent Executive Power)理论,即行政权不仅包含《宪法》第2条第1款和第3款规定的各种权力,也包含原本应属于执行权(君主)的各种权力,包括紧急状态下的临机专断之权。②

但正是由于这种设计,也为后来总统的紧急状态权实践留下了含混和争议的空间,即总统到底是扮演罗马式的专政官角色,还是享有某种洛克式的专权,于例外状态行使超越法律的权力。实践当中,美国总统常常在危机来临之际,在缺少宪法明确规定和国会明确授权的情况下临机专断、单方采取

---

① 《美国宪法》第2条。

② 汉密尔顿是固有执行权理论的代表。在论述美利坚合众国联邦的共同防御权力时,汉密尔顿指出,此权力"应该不受限制,因为不可能预测或规定国家发生紧急情况的范围和变化,以及符合需要的方法的相应范围和变化。威胁国家安全的情况很多,因此对保卫安全的权力从宪法上加以束缚,都是不明智的。"〔美〕汉密尔顿、杰伊、麦迪逊:《联邦党人文集》,程逢如、在汉、舒逊译,商务印书馆1995年版,第114页。1793年,围绕华盛顿总统是否有权单方与法国缔约议和,汉密尔顿与麦迪逊曾展开争论。"9-11"事件之后,美国宪法学界重演了汉密尔顿和麦迪逊当年的争论。一方主张洛克式的总统专权,如柳淳(John Yoo)。John Yoo, "Memorandum for Alberto R. Gonzales Re: Authority for Use of Military Force to Combat Terrorist Activities Within the United States", October 23, 2001, p. 12, http://www.usdoj. gov/olc/docs/memomilitaryforcecombatus10232001. pdf, last visited Feb. 22,2023. 类似的论述参见 Clement Fatovic, *Outside the Law: Emergency and Executive Power*, Hopkins University Press, 2009; Benjamin A. Kleinerman, *The Discretionary President: The Promise and Peril of Executive Power*, Lawrence, University Press of Kansas, 2009; Andrew & Rudalevige, "A Review of 'The Discretionary President: The Promise and Peril of Executive Power'", 37 *Congress & the Presidency* 3, pp. 328-330(2010). 另一方则认为,总统没有专权和固有权力,应该受到宪法和法律的限制。此种观点源自美国革命反对国王专权的基本精神,体现于《独立宣言》之中。宪法仅赋予总统执行法律和护卫宪法的权力,没有更多。宪法还将原先英国国王的专权明确授予国会(如宣战权和终止人身保护令),而非总统。参见〔美〕布鲁斯·阿克曼:《美利坚共和国的衰落》,田雷译,中国政法大学出版社2013年版;Peter Shane, *Madison's Nightmare: How Executive Power Threatens American Democracy*, The University of Chicago Press, 2009.

行动。套用罗马法的术语,美国总统集执政官和专政官于一身:平时是执政官;危机时是专政官。但与罗马体制不同,美国总统的专政官职位通常是自我任命,而非经过立法机关同意。随着联邦政府权力的不断扩大,特别是 20 世纪以来美国国际地位的不断上升乃至于成为世界霸权,总统在紧急状态下的自由裁量权已经扩大到了宪法制定者难以想象的程度。

实际上,即便在 20 世纪以前,美国总统面临重大危机临机专断的实践也屡见不鲜。林肯总统在内战中的举动是典型的例子,常为后世提及。①在内战期间,林肯总统违反宪法规定的程序,未经国会授权就向南方开战;违反宪法对于财产权的保护,通过总统令解放奴隶,未经正当程序剥夺了公民财产;未经司法程序终止人身保护令②,等等。正如很多论者指出的,在内战开战的 4 月 15 日到恢复国会的 7 月 4 日之间的十周内,林肯事实上是一个"专政官"(dictator)。③林肯本人也宣称他自己仅仅是暂时的专政者,而非创建新体制的主权者:他宣称自己的所作所为是为了拯救国家,而非改变宪法;他问道:"为了防止某一部法律被违反,难道要让其他法律都无法执行、政府本身分崩离析吗?"④但正如罗斯托所言:"不像【辛辛那图斯】,这位伟大的宪法专政者是自我任命的。"⑤林肯是在未经国会授权的情况下,自行采取涉嫌违宪的措施,直到 1861 年 7 月 4 日召开的国会确认了林肯总统的极端举措;美国最高法院在随后也确认了林肯总统的所作所为。⑥在国会和法院事后追认之前,林肯总统已经率先突破法律,应对内战。

林肯的先例也为后世总统所沿用。在大萧条之际,罗斯福总统同样采取了类似举措。1933 年,罗斯福总统就职典礼当天,银行挤兑成风,金融系统几近崩溃。罗斯福总统借助其强大的号召力和领导力,促使国会于 3 月 9 日

---

① William H. Rehnquist, *All the Laws but One: Civil Liberties in Wartime*, Vintage, 2007.

② 1861 年 4 月 27 日,林肯发布声明,授权美国军队在费城和华盛顿之间的任何军事区域的邻近地区中止人身保护令,防止巴尔的摩反叛者武力占领华盛顿和费城之前的铁路,因为这是北方军队前往首都的必经之地。随后,此项举措又扩大到了华盛顿和纽约之间。然而,宪法明确将中止人身保护令的权力授予了国会。毫无疑问,林肯的行为是违宪的。

③ Giorgio Agamben, *State of Exception*, The University of Chicago Press, 2005, p. 20; Clinton Rossiter, *Constitutional Dictatorship*, Transaction Publishers, 1948, p. 224.

④ Abraham Lincoln, "Message to Congress in Special Session" (July 4, 1861), reprinted in Paul Brest et al., *Processes of Constitutional Decisionmaking* 23 (5th ed. 2006), p. 278 ("are all the laws, but one, to go unexecuted, and the government itself go to pieces, lest that one be violated?").

⑤ 〔美〕罗斯托:《宪法专政:现代民主国家中的危机政府》,孟涛译,华夏出版社 2015 年版,第 243 页。

⑥ *The Prize Cases*, 67 U.S. 635 (1863). 美国最高法院认为,总统可以在其认定的紧急状态下,将叛乱发生地的所有居民视为交战人员,并享有随意处置的无限权力;宪法对于该地区公民的权利保护即告中止。

紧急集会,制定相关立法。而在国会召开之前,3 月 6 日,他即在未经国会授权的情况下,单方面宣布紧急状态,禁止金银出口和外汇交易,并强令银行放假。罗斯福总统的法律团队也为其找到了法律依据,即 1917 年《通敌贸易法》相关规定。然而,此规定当时已经公认是无效的法律。随即,罗斯福要求国会认可该举动。3 月 9 日,临时召集的国会按照罗斯福主导的草案,通过了《紧急银行法》,从而认可了罗斯福总统 3 月 6 日的举措。后来,在罗斯福百日新政期间,国会几乎成为总统颁布各项举措的橡皮图章,连续通过了12 部紧急性的法律,授予总统几乎无限的经济紧急状态权。罗斯福总统也在此期间极度扩张了联邦政府、特别是行政部门的权力。后来,这些法律的基本精神和架构也没有按照最初人们设想的那样,仅仅作为临时措施颁行,在危机结束之后即失效,而是转而变成了后世长期沿用的法律——美国从此进入了行政国家和福利国家时代。①而且,新政以来,国会通过立法不断委托总统以巨大的紧急状态权。②

如果说新政期间,罗斯福的诸多紧急举措仍在(强制)国会授权的情况下作出,二战期间罗斯福的自我授权和临机专断则更为引人注目,甚至有些时候明显超越了宪法和法律的界限。罗斯福总统曾两次宣布国家进入紧急状态(1939 年 9 月宣布有限紧急状态和 1941 年 5 月宣布无限紧急状态),却从未获得国会授权,甚至是在宪法明确将宣战权赋予国会的前提下。③ 1940年 9 月,罗斯福总统与英国开展驱逐舰换取军事基地的交易,用 50 艘驱逐舰交换英属北美地区的 8 个军用港口和机场 99 年的使用权,以此支持盟友参加二战,并事实上将美国带入战争。此举激起了极大的法律争议,权威学者认为违反了两部法律,甚至违反宪法相关规定,即处理美国财产的权力属于国会。④

更具有争议性的举动发生在珍珠港事件之后。1942 年,罗斯福在未经国会授权的情况下,签署第 9066 号行政命令,授予战争部长及其随时任命的司令官自由确定国内军事区域范围的自由裁量权,以及将敌特分子驱逐出去的权力。随即,时任战争部长即任命一名中将指挥西部防区;该中将宣布在美国西海岸建立两个军事区域,并将区域内多达十一万的日本人和七万日裔美国公民迁入集中营,完全剥夺了美国公民享有的宪法基本权利和特权。

---

① 〔美〕罗斯托:《宪法专政:现代民主国家中的危机政府》,孟涛译,华夏出版社 2015 年版,第276—286 页。

② Theodore J. Lowi, *The End of Liberalism: The Second Republic of The United States*, 40th Anniversary ed., 2009 (1979), p. xiv.

③ 〔美〕罗斯托:《宪法专政:现代民主国家中的危机政府》,孟涛译,华夏出版社 2015 年版,第289 页。

④ 同上注,第290 页。

此举遭到了一位日裔美国公民抗议,被诉至美国最高法院。在"是松诉美国"①一案中,美国最高法院确认了总统的紧急状态权力。布莱克大法官(Justice Hugo Black)认为,在特殊情况下,总统具有广泛的紧急状态权力来采取行动,保卫国家安全,因此其命令不违宪。②

事实上,这不是美国最高法院第一次支持罗斯福总统的专权行为。1936年,美国最高法院在美国诉柯蒂斯—赖特出口公司一案中确认了专属总统的外事权力③,颇类似于洛克式的行政专权。在萨瑟兰大法官看来,总统外事专权来自独立国家的主权,而非宪法规范的授予。因此,总统的外事权不受宪法限制。处理外交和战争事务的权力本来属于英国国王,经由美国独立革命转移到了美国总统身上。此项权力不受司法权和立法权控制,因为"在此种广阔的对外领域中,问题重大、复杂、微妙而多端,总统作为国家的代表,在该领域内具有听与说的权力。他根据参议院的建议和同意缔结条约,但是,由他自己谈判。参议院不能侵入其谈判的领域,整个国会亦无力侵入之"。④

1948年,美国法学家克林顿·罗斯托曾将美国的历史实践总结为宪法专政模型。⑤然而,在罗斯托发表宪法专政论之后,冷战全面开始,美国紧急状态权的实践在融合宪法专政和例外状态的同时,不断开辟了法外空间。随后,总统借助紧急状态权已经不断地超越宪法和法律的限制,走向了"帝王总统制"。⑥行政权在应对紧急状态的时候,已成为不受法律控制的事实。⑦

---

① *Korematsu v. United States*, 323 U. S. 214 (1944).
② 有时候,法院则不予承认。朝鲜战争中,杨斯顿公司诉索耶案改变了最高法院对于行政专权的支持。朝鲜战争中,美国国内钢铁厂工人罢工。杜鲁门总统担心装备供应不足,因此下令将钢铁厂收归国有。核心问题是:总统有没有征收钢铁厂的权力。第一,国会是否有明确的立法;第二,没有立法的情况下,总统是否有权征收。总统一旦具有这样的权力,就很可能会为自己创造紧急状态。美国最高法院最终否认了总统的征收权。在附议意见中,杰克逊大法官(Justice Jackson)认为,执行机关并非仅仅具有宪法明确授权的那些权力,但是执行权力的大小受到国会的影响和制衡。*Youngstown Sheet & Tube Co. v. Sawyer*, 343 U. S. 579 (1952).
③ *United States v. Curtiss-Wright Export Corporation*, 299 U. S. 304 (1936).
④ Ibid., p. 319. ("In this vast external realm, with its important, complicated, delicate and manifold problems, the President alone has the power to speak or listen as a representative of the nation. He makes treaties with the advice and consent of the Senate; but he alone negotiates. Into the field of negotiation, the Senate cannot intrude; and Congress itself is powerless to invade it.")
⑤ 〔美〕罗斯托:《宪法专政:现代民主国家中的危机政府》,孟涛译,华夏出版社2015年版,第243页。
⑥ Bruce Ackerman, *The Decline and Fall of the American Republic*, Harvard University Press, 2011.
⑦ Adrian Vermeule, "Our Schimittian Administrative Law", 122 *Harvard Law Review* 1095 (2008). 也有论者认为,美国一直是处在法律与牺牲之间的辩证法,主权随时显现在美国政治之中,超越法律而存在。Paul W. Kahn, *Political Theology: Four New Chapters on the Concept of Sovereignty*, Columbia University Press, 2013.

美国的执行权和行政法在面临紧急状态的时候是洛克式的①,甚至是施米特式的。②尼克松曾说:"当总统做某事的时候,那件事情就不是非法的。"③这句话是冷战时期美国"帝王总统制"的典型体现。

仅以冷战期间的美国总统为例。④罗斯福之后,杜鲁门总统未经国会授权(虽然得到了联合国授权),单方派兵参加朝鲜战争,是美国历史上首次未经国会许可而参加对外战争的情况。⑤杜鲁门还开创了美国遍布全球的常备军传统,创设了中央情报局这个不太受法律管控的秘密机构,甚至主张总统基于国家秘密的特权。⑥杜鲁门之后,无论是艾森豪威尔在朝鲜战争中试图动用核武器,还是肯尼迪应对古巴导弹危机,美国总统无一例外地通过单方行动,突破国会和法院的限制。⑦

---

① 在共和制下,总统继承了国王的专权,例如赦免权。洛克认为,如果一个人做了值得嘉奖的事情,行政长官应当有权减轻对他的处罚。政府的目的是保护所有人,只要赦免他不会危害到无辜的人,就应当给予宽恕。《美国宪法》中规定,总统具有赦免权的规定即符合洛克的说法:"一个人的一桩值得嘉奖和宽恕的行动,由于法律不加区分,反而可能受到法律的制裁,因此统治者在某些场合应当有权减轻法律的严峻性和赦免有些罪犯;因为政府的目的既然是尽可能地保护所有的人,只要能够证明无害于无辜者,即使有罪的人也可以得到饶恕。"〔英〕洛克:《政府论》(下篇),叶启芳等译,商务印书馆1964版,第99页。公民可否依据一般法律原则挑战赦免权的行使? 南非的曼德拉案提供了一个恰切的例子。1997年,曼德拉总统赦免了狱中有12岁以下孩子的妇女,却没有赦免成年男性。有人起诉至法院,认为曼德拉总统的举措构成了性别歧视,违反宪法中的平等原则。南非宪法法院判决,总统根据宪法具有赦免权;这种赦免权的范围完全取决于总统裁量;只释放幼儿的母亲并没有侵犯父亲们的权利,也没有限制他们的自由,因为他们被限制自由是因为他们被判有罪,而非总统行为。在南非宪法法院看来,赦免权是政治问题,总统赦免谁完全取决于自己的判断。*President of the Republic of South Africa v. Hugo*,〔1997〕ZACC 4.

② Adrian Vermeule, "Our Schimittian Administrative Law", 122 *Harvard Law Review* 1095 (2008). 类似的论述参见 Eric Posner and Adrian Vermeule, *Terror in the Balance: Security, Liberty and the Courts*, Oxford University Press, 2007.

③ David Frost's Interview with Nixon (May 19, 1977) ("When the president does it, that means that it is not illegal").

④ Sanford Levinson & Jack M. Balkin, "Constitutional Dictatorship: Its Dangers and its Design", 94 *Minnisota Law Review* 1789, pp. 1822-1826(2010).

⑤ *Youngstown Sheet & Tube Co. v. Sawyer*, 343 U. S. 579 (1952) (Justice Jackson dissenting).

⑥ Sanford Levinson & Jack M. Balkin, "Constitutional Dictatorship: Its Dangers and its Design", 94 *Minnisota Law Review* 1789, pp. 1822-1823(2010).

⑦ 在古巴导弹危机中,肯尼迪之所以没有将美苏冲突激化到全面战争,并非由于宪法或者法律限制,而是出于政治局势的审慎判断。在这一点上,其所享有的巨大裁量权比起对手赫鲁晓夫有过之而无不及——他们都是宪法学意义上的"专政者"。Sanford Levinson & Jack M. Balkin, "Constitutional Dictatorship: Its Dangers and its Design", 94 *Minnisota Law Review* 1789, p. 1820(2010). ("The fact that Kennedy stopped short of precipitating an all-out war was not because the Constitution forbade it, but due to judgments of prudence. But a prudent dictator is still a dictator. In fact, one could easily argue that Kennedy, the President of a constitutional democracy, had at least as much discretion as his counterpart in the Kremlin. After all, Nikita Khrushchev paid for his commendable caution with his job, which suggests a degree of accountability that made the Soviet leader significantly less of a full-scale dictator than most Americans assumed.")

　　由此看来,小布什总统在反恐战争期间的所作所为,并非背离美国传统,而恰恰是复兴了冷战传统,即频繁诉诸例外状态的主权行动来应对危局。① 如果说1991年苏联解体让美国人松了口气,似乎终于结束了长期的紧张状态,"9·11事件"则将人们从历史终结的美梦中惊醒,全美再次陷入恐慌和紧张。以《爱国者法案》(2001)为代表,国会在总统要求之下,通过一系列法律授予总统广泛的紧急状态权。② 小布什总统更是在反恐战争之中彻底取消了常规与例外、和平与战争的区分。③ 2001年9月13日美国总统布什发布总统令,授权执法机关对于那些涉嫌参与恐怖主义行为的非美国公民进行无限期羁押,并用特别设立的军事委员会(military commissions),而非法律体系中的军事法院进行审判。④ 这使得恐怖嫌疑人丧失了任何法律身份,无论是受《日内瓦公约》保护的战俘身份,还是受美国宪法和刑事程序法保护的罪犯身份,而仅仅是"被羁押者"(detainees)。⑤ 在阿甘本看来,这类似于被关进纳粹集中营的犹太人。⑥ 关塔那摩监狱以及其中发生的酷刑事件则创设了一个美国宪法之外的例外区域。

　　要而言之,国家主权的原则在美国一直强健有力,政府在应对内外危机的时候体现出极强的侵略性,总统常常不拘泥于法律程序而采取非常举措。于是,唯一能够限制行政长官的是其政治能力和实际后果。例如,肯尼迪总统在古巴导弹危机中的作为最终维护了美国的国家安全,因而无人质疑其法律上的缺陷,而是赞颂其当机立断,"又高又硬"。相反,即便总统守法,只要无力化解国家安全危机,则会遭到贬低,例如卡特总统在伊朗人质危机中的"软弱"表现即常常遭人诟病,以至于成为20世纪少有的未能连任的美国总统。小布什反恐战争展现了极强的政治能力,虽然常常由于突破法律限制而遭到批判,但其在2005年卡特里娜飓风灾害中的应对不力,才是其失去广泛支持的重要因素。

---

① Kim Lane Scheppele, "Law in a Time of Emergency: States of Exception and the Temptations of 9/11", 6 *Journal of Constitutional Law* 1001, p. 1021(2004).

② Sanford Levinson & Jack M. Balkin, "Constitutional Dictatorship: Its Dangers and its Design", 94 *Minnisota Law Review* 1789, p. 1820(2010). 为总统的紧急状态全权进行法律论证的典型表现参见 John Yoo 撰写、Jay Bybee 签署的臭名昭著的"酷刑备忘录"(the Torture Memo)。Memorandum from Jay Bybee, Assistant Attorney General, Office of Legal Counsel, to Alberto R. Gonzales, Counsel to the President, Re: Standards of Conduct for Interrogation under 18 U. S. C. §§ 2340-2340A (Aug. 1, 2002).

③ Giorgio Agamben, *State of Exception*, The University of Chicago Press, 2005, pp. 19-22.

④ Ibid. , p. 3.

⑤ Ibid.

⑥ Ibid. , p. 4.

值得注意的是,美国总统的紧急状态权看似罗马专政制度的现代版本①,但事实上有很大区别。第一,在罗马独裁统治时期,元老院宣布国家为紧急情况下,授权两位执政官选出一位独裁者——宣布紧急状态存在的机关和拥有紧急权力的人之间的分工。独裁者在有限时间内享有无限权力。尽管美国总统向国会请求紧急权力的模式看似相似,但有所不同。正如上文所述,美国总统常常自我授权,单方判断是否进入例外状态,并先斩后奏地采取紧急措施予以应对,因而成为施米特意义上的主权者。国会一般很难阻止,司法机关只在事后评判。②第二,紧急权力通常不是暂时的,而是通过国会授权法,成为法律的一部分,从而变成常态。总统更像是施米特意义上的例外状态下的主权者,只不过披上了国会立法授权的外衣。③第三,美国总统不仅仅是委托专政的承担者,而且变成主权专政的承担者,从而推动国家的重大制度变革。无论是罗斯福总统通过经济危机塑造了行政国家,还是小布什通过反恐战争创立了新型国家安全宪法,乃至于林肯通过内战全面重塑了美国联邦体制和宪法权利体系,都是如此。危机危机,危中有机。美国历史上著名的总统总是不失时机地利用危机塑造未来。

(二)欧洲:围困状态与宪法专政

在欧洲,成文法的传统和罗马公法的遗产,使得通过宪法和法律的方式规定紧急状态权成为长久的模式。在紧急状态问题上,法国的"围困状态"(state of siege)最为著名。

该制度最早在法国大革命期间通过议会法令的方式予以确定。1791 年7 月8 日,法国国民大会发布法令,区分了和平状态、战争状态和围困状态三种,分别赋予军事长官相应的紧急状态权。围困状态由立宪机关宣布,战争状态则由立法机关宣布。其背后的原理仍然要回到制宪权与宪定权的区分:悬置宪法的权力必须是制定宪法的权力,而非宪法规定的权力。其中,围困状态最为严重,所指的是国家面临重大军事攻击或者叛乱,相应采取的是军事统治,即军事长官获得全权。即便围困状态下的政府权力受到法律规制,但实际上是暂时悬置了整个法律秩序的正常运转。

1848 年革命之后,新的法国共和宪法第 106 条规定,应该通过法律来决定何时可以宣布戒严状态,但却将制度细节留给了普通法律予以规定。随

---

① 例如,即便是林肯和小布什,也都没有利用其紧急状态权取消美国的定期总统大选,终结美国基本的立宪民主制度。罗斯福连任了四届,但也都是通过选举,而非取消选举。

② Sanford Levinson & Jack M. Balkin, "Constitutional Dictatorship: Its Dangers and its Design", 94 *Minnisota Law Review* 1789, p. 1844(2010).

③ Ibid.

即,法国的围困状态法也进行了更新,规定只有议会有权宣布围困状态,并且区分军事围困状态和政治围困状态:前者之下,军事长官有权采取一切行动;后者之下,其权力受到限制,只有搜索住房、扣押嫌疑人、没收武器弹药、限制集会、结社、出版自由和人身自由以外的权力。然而,该法规定的紧急状态权却常常被滥用,因而在 1878 年的修正案中,议会宣布围困状态的法律进一步受到限制,仅限于国家面临"即刻危险"(imminent peril)的情况下,而且只能在一定时间范围和地域范围内进行,并且加强了对于公民权利的保护。即便如此,也未能实际上限制紧急状态权的频繁使用。1914 年,时任法国总统宣布的围困状态持续到了一战结束。[①]此后,议会不断授权给执行机关,特别是在第二次世界大战及经济危机期间。更为值得注意的是,法国大革命之后历经多次政治危机,制定的多部宪法都是在危机中诞生,也随着新的危机而被废弃,因而实际上很难起到将紧急状态法治化的实际效果。

最终,法国的宪法秩序以及紧急状态权在二战之后进入相对稳定和规则的状态。在戴高乐强势主导之下,按照其对于行政扩权的理解,1958 年《法国宪法》明确将紧急状态权赋予总统,并且放松了法律上的限制。《法国宪法》第 16 条被认为是现代宪法中对执行权的最广泛的紧急状态授权:"在共和制度、国家独立、领土完整或国际义务之履行,遭受严重且危急之威胁,致使宪法上公权力之正常运作受到阻碍时,共和国总统经正式咨询总理、国会两院议长及宪法委员会后,得采取应付此一情势之紧急措施。"[②]然而,在实践之中,法国也只在 1961 年应对阿尔及利亚危机时运用了宪法中的紧急状态条款,后来更多采取议会普通立法授权模式。[③]

值得注意的是,2008 年法国通过宪法修正案,在原先的紧急状态条款中

① Kim Scheppele, "Legal and Extralegal Emergencies", in Gregory A. Caldeira, R. Daniel Kelemen & Keith E. Whittington (eds.), *The Oxford Handbook of Law and Politics*, Oxford University Press, 2008. Daniel Kelemen & Keith E. Whittington (eds.), pp. 169-170; 孟涛:《紧急权力法及其理论的演变》,载《法学研究》2012 年第 1 期,第 110 页。

② Jenny Martinez, "Inherent Executive Power: A Comparative Perspective", 115 *Yale Law Journal* 9, pp. 2480-2511(2006).

③ Giorgio Agamben, *State of Exception*, The University of Chicago Press, 2005, pp. 12-14. 英国法中有戒严法(martial law)的制度:行政长官认为公共安全受到威胁的时候,具有固有权威宣布戒严状态。戒严法是由法律创设的"黑洞",是应对必然性而设立的对部分法律的暂时悬置。布莱克斯通认为这种必然性存在于两个领域:一种是国王应对外敌的专权(prerogative);另一种是国王应对内部危机、按照议会制定的戒严法行事的权力。Blackstone, *Commentaries on the Laws of England*, vol. 1, The University of Chicago Press, 1979, p. 400. 后来,英国议会主权原则确立之后,国王只能依据议会的戒严法来采取措施。一战期间,议会不断通过立法授权政府紧急状态权,如著名的《帝国国防法》(DORA, Defence of the Realm Act, 1914)及《紧急状态法》(Emergency Powers Act, 1920)。戒严法成为常态性的法律。Giorgio Agamben, *State of Exception*, The University of Chicago Press, 2005, pp. 18-19.

加入了新的段落，增加了宪法委员会对于紧急状态权的违宪审查权："在紧急状态行使权 30 天后，该事项可由国民大会主席、参议院主席、60 名国民大会成员或参议院成员或 60 名参议员提交到宪法委员会，以决定本条款第一项中规定的状况是否仍然适用。宪法委员会须尽快公开作出决定。根据职权，它在紧急状态权行使 60 天及以后的任何时刻都可以进行审查并按照同样的方式作出决定。"显然，这是在全球反恐战争期间，法国宪法对于紧急状态权的进一步限制。

相比于法国，德国可以说是现代国家中将紧急状态宪法化较早的国家。1919 年德国《魏玛宪法》第 48 条第 2 款是人类历史上最为著名的紧急状态权条款之一：

> 联邦大总统于德意志联邦内之公共安宁及秩序，视为有被扰乱或危害时，为恢复公共安宁及秩序起见，得取必要之处置，必要时更得使用兵力，以求达此目的。联邦大总统得临时将本法一百一十四【个人自由】，一百一十五【住宅权利】，一百一十七【通讯隐私】，一百一十八【表达自由】，一百二十三【集会自由】，一百二十四【结社自由】及一百五十三【私有财产】各条所规定之基本权利之全部或一部停止之。

显然，该宪法将宣布紧急状态权和采取应急措施的权力赋予了总统，包括动用军事力量和悬置部分公民自由的保护。而且，《魏玛宪法》第 25 条还赋予总统在特殊情况下解散议会的权力[1]，从而创设了真正的例外状态，即悬置宪法规定的政府结构：宪法授权执行权以解散议会或在议会闭会期间自行其是的权力。[2]

然而，《魏玛宪法》将紧急状态宪法化的做法，在实践当中却引发了严重的后果。整个魏玛宪法持续的 13 年间（1919—1932），为了应对严重的经济危机和外部威胁，德国当局依据《魏玛宪法》第 48 条宣布紧急状态超过 250次，于此期间监禁数千名左翼武装分子，并成立了有权作出死刑判决的特别法庭。在著名的国会纵火案中，希特勒说服时任总统兴登堡相信是德国共产党在颠覆秩序，于是兴登堡总统动用《魏玛宪法》第 48 条赋予的紧急状态权，发布总统令暂停了公民权利保护。最终，在希特勒掌权之后，在 1933 年 2 月

---

[1]　《魏玛宪法》第 25 条。

[2]　Kim Scheppele, "Legal and Extralegal Emergencies", in Gregory A. Caldeira, R. Daniel Kelemen & Keith E. Whittington (eds.), *The Oxford Handbook of Law and Politics*, Oxford University Press, 2008, pp. 175-176.

28 日公布《人民和国家保护法》,悬置了《魏玛宪法》中公民权利保护的所有条款,并且在纳粹倒台之前从未终止。从宪法角度来看,整个第三帝国二十年统治期间,德国都处于紧急状态之中。①在某种意义上,《魏玛宪法》的紧急状态权条款成为纳粹上台的法律途径。

二战之后,出于对纳粹再次降临的恐惧,德国新宪法对于紧急状态权抱有极大的抵制。②1949 年《德国基本法》基于对魏玛共和国期间政府滥用紧急状态权的反思,没有规定紧急状态权。而且,当时紧急状态权为当时占领西德的盟军所有,并非属于联邦德国政权。然而,1968 年席卷全欧洲的学生运动造成的混乱,促使德国通过了修正案,将紧急状态权写入《德国基本法》,并予以了极为严格的程序性限制。③更为重要的是,这些条款背后的理念是所谓"防卫型民主",这是历史上首次有宪法明确表示,紧急状态权的行使目的不仅是保证公共秩序和安全,而且是为了保卫自由民主——以非自由民主的方式维护自由民主。④

鉴于《魏玛宪法》中并未明确规定紧急状态的不同程度和类型,也未对不同情况下的紧急状态权予以法律限制,修改后的《德国基本法》规定了三种紧急状态——内部紧急状态(*Innerer Notstand*)、紧张状态(*Spannungsfall*)和防御状态(*Verteidigungsfall*)⑤——同时对于不同情况下的紧急状态权行使进行了法律限制。⑥ 内部紧急状态是突发情况危及联邦或一州的基本民主基本秩序的状态,原则上由各州应对,但当紧急状态涉及一州以上或一州无法应对时,联邦政府应介入。实施紧急状态措施的权力属于联邦议会,联邦政府须按照议会意志行事,不得剥夺公民基本权利,且其行为受司法审查。紧张状态即国家面临着军事攻击的明显危险状态。此种状况下,紧急状态的

---

① Giorgio Agamben, *State of Exception*, The University of Chicago Press, 2005, p. 15.

② Kim Lane Scheppele, "Law in a Time of Emergency: States of Exception and the Temptations of 9/11", 6 *Journal of Constitutional Law* 1001, p. 1021(2004). 在拉丁美洲,紧急状态权经常成为军事独裁上台的重要途径。See John M. Ackerman, "An Outbreak of Opportunism: Mexico's President Is Trying to Use the Swine Flu to Consolidate His Power", *SLATE*, Apr. 27, 2009, http://www.slate.com/id/2217017/. 103, last visited Feb. 22,2023.

③ Washington & Lee University GLJ Seminar Fall 2008, "40/68—Germany's 1968 and the Law", 10 *German Law Journal* 3, pp. 247-249(2009).

④ Giorgio Agamben, *State of Exception*, The University of Chicago Press, 2005, pp. 14-16. 卡尔·罗文斯坦(Karl Loewenstein)曾经提出"防卫型民主"(militant democracy)的概念:民主的敌人可能会利用民主宪法所保护的个人权利反对民主;自由民主的政体在面临敌人的时候必须摈弃权利保护的繁琐形式,运用非常手段保卫民主。Karl Loewenstein, "Militant Democracy and Fundamental Rights", 31 *American Political Science Review* 3, p. 417(1937).

⑤ 分别见于《德国基本法》第 91 条、第 80a 条、第 115a-115l 条。

⑥ See Oren Gross, "Constitutions and Emergency Regimes", in Tom Ginsburg & Rosalind Dixon (eds.), *Comparative Constitutional Law*, Edward Elgar Publishing, 2011, p. 338.

宣布需要联邦众议院三分之二多数通过,政府不可剥夺公民的基本权利,且联邦宪法法院可以对政府行为进行合宪性审查。①防御状态即国家遭受了即刻和现实的攻击,在此种情况下,宣布紧急状态需由联邦议会两院的三分之二多数通过;进入国防紧急状态后,联邦总理统管军队,应对紧急状态;联邦政府可暂时限制公民的基本权利,如言论自由和营业自由等。

德国模式后来成为各国效法的对象。例如,结束种族隔离之后的南非在宪法中细致规定了应对紧急状态的法律程序与实体要求。②而且,更多国家的宪法,为了防止导致魏玛宪法试验失败的错误重演,经常禁止在紧急状态期间对宪法的任何修改,或至少对政权性质及其核心宪法规范的任何改变或修改。③这就是将紧急状态权限制在施米特所谓的"委托专政"范围之内,从而阻止"主权专政"的出现。同样,很多国家的宪法也在反思《魏玛宪法》第25条,其规定不得在紧急情况下解散议会。④甚至有些宪法规定,在紧急状态期间,立法机关的任期可以延长。⑤

相较而言,与以德国为代表的其他国家不同,在历经二战、冷战和反恐战争的持续状态下,美国人从未真正地追问过紧急状态权的界限,反而赞誉那些临机专断、挽救国家的总统们。换句话说,施米特的例外状态论在二战以后的德国黯然隐退,却在世纪之交的美国炙手可热。不同国家的历史文化与路径依赖型塑了不同的紧急状态制度。⑥

四、限制紧急状态权:政治、宪法与法律

(一) 政治责任模式

对于洛克和施米特来说,行政专权超越法律限制,不意味着不受限制,而

---

① 但是实践当中,德国政府从未动用该条款。德国联邦政府在处理 1970 年代左翼激进组织"红军"(Red Army)问题时,转而以刑法中的必然性条款,来剥夺被羁押人与外界联系的权利。See David Dyzenhaus, "States of Emergency", in Michel Rosenfeld and András Sajó (eds.), *The Oxford Handbook of Comparative Constitutional Law*, Oxford University Press, 2012, p. 450.

② 《南非宪法》第 37 条和第 200—204 条。https://www. gov. za/documents/constitution-republic-south-africa-1996,最后访问时间:2023 年 2 月 22 日。

③ 典型的代表是《比利时宪法》第 196 条:"在战争时期或国会不能在联邦领土上自由集会时,不得提议或进行宪法修改。"此外也包括《法国宪法》第 89 条第 4 款等。

④ 典型的代表是《法国宪法》第 16 条和第 89 条;《葡萄牙宪法》第 289 条;《西班牙宪法》第 116 条第 5 款等。

⑤ 如《德国基本法》115 条 B 和希腊宪法第 53 条。

⑥ See Ugo Mattei, "Legal Systems in Distress: HIV Contaminated Blood Path Dependency and Legal Change", 1 *Global Jurist Advances* Art. 4 (2001).

是受到政治道德、共和德性和实际后果的限制。①

在洛克的理论中,君主滥用专权,民众诉诸上帝。在洛克的理论中,一个自然的问题是,如何限制超越法律的行政专权? 洛克的回答是,专权不对人民代表(立法机关)负责,而是直接对人民负责。其具体措施是"诉诸上天",也即诉诸人民革命。如果君主或行政长官在超越法律的情况下,妥善解决了问题,便受人民认可;反之,则没有法律途径可以限制之,唯一的制约就是人民可以通过革命推翻当局。②立法机关显然不能够限制专权,因为当具有专权的执行权与民选立法机构发生冲突时,政府体制内无法找到超然的裁判者——只有人民本身才能裁定专权之行使是否得当。③

现代宪法体制仍然没有摆脱早期自由主义者所推崇的共和德性:行政长官为公共利益服务的基本操守和卓越才干。在例外状态下,掌握执行权的政治家有责任以牺牲法律为代价来保卫国家的安全:为了保卫宪法,只能暂时悬置宪法;为了维护法治,必须超越法律。用马克斯·韦伯的话来说,这是一种"责任伦理",虽然有可能会牺牲"信念伦理"。④

对于紧急状态权的政治限制,在美国表现得最为明显。如上文所示,《美国宪法》对紧急状态权没有明确授权,也无明确限制;现实当中,虽然经常采取国会立法的方式来规制紧急状态权,但更多情况下无非是对总统事前行为的追认,或者预先的授权。在美国,总统滥用专权,受到公共舆论、民意

---

① Clement Fatovic, *Outside the Law: Emergency and Executive Power*, Johns Hopkins University Press, 2009.

② 专权具有神学背景,正如洛克使用了"上天"(heaven)一词。培根认为,国王专权并非来自法律,而是来自上帝;国王是上帝在世间的代理人,包含双重权力:一是常规权力,并委派日常官员——首相和部长——执行法律规定的日常权力;二是国王自己还保留的特殊权力,即以公共利益为理由,直接管理一些事务,这种权力超越法律限制,类似上帝突破自然规律一样行事。〔英〕洛克:《政府论》(下篇),叶启芳等译,商务印书馆1964年版,第103—104页。

③ Francis Bacon, "A View of the Differences in question betwixt the King's Bench and the Council in the Marches", in James Spedding, Longmans(eds.), *The Letters and Life of Francis Bacon*, Vol. III, Green & Co., 1861, pp.368-382. 参见〔英〕戴雪:《英宪精义》,雷宾南译,中国法制出版社2001年版,第390—391页。詹姆斯一世时期的首席法官托马斯·弗莱明(Thomas Fleming)的说法最为著名,"王权分为日常和非常两种,各有其法律和目标,前者旨在保护臣民个人的利益,通过司法以普通法律保护个人财产;后者则是为了全体人民的利益和幸福,超越一般法律和司法的限制——如果全体人民类似于身体,那么君主就好似这个身体的头部"。J. R. Tanner, *Constitutional Documents of the Reign of James I (1603-1625)*, Cambridge University Press, 1960, pp.340-341. 〔英〕戴雪:《英宪精义》,雷宾南译,中国法制出版社2001年版,第391页。戴雪认同培根对于国王专权的界定,认为特权超越日常法律,不受普通法院的约束:"审判员固然是狮子一样,但只是王殿下之狮子。……这个狮子不应被用以妨害主权权力。"

④ 〔德〕马克斯·韦伯:《学术与政治》,冯克利译,生活·读书·新知三联书店1998年版。

调查和选举的限制。这与罗马模式和欧洲的新罗马模式相当不同。① 波斯纳指出:

> 　　美国是一个法治国家,但它首先是一个国家。仅仅为了避免违反《宪法》就输掉南北战争,这种做法值得吗? 林肯说,为了拯救宪法,有时就必须违反它,这难道不对吗? 在战争年代,一个国家的领导人要表现得坚定,这对鼓舞士气难道不是至关重要的吗? 而撇开那些可能影响一心一意进行战争的法律细节,难道这种做法不是领导人们表现坚定意志的一种方式吗?②

　　在面临重大危机之时,敢于担当比遵宪守法更为重要。正如美国最高法院在一起涉及总统权力的案件中所言,公共舆论、甚至总统自己青史留名的追求,才是限制权力的最好方式。③正如美国著名的杰克逊大法官所言:"如果人民曾经让战争的指挥权落入不负责任和肆无忌惮的人手中,法院就不能行使同等的权力予以限制。对指挥国家武装力量的人的主要限制,须是他们对同代人的政治评判和历史的道德评判所承担的责任,过去如此,未来亦然。"④

(二) 宪法化模式

　　对于法律人或信奉法治的人来说,最直观的反应自然是将其写入宪法典,并通过立法和司法控制,予以明确授权和限制。宪法化既意味着授权,也意味着限制。授权与限权并存。

---

① J. Ferejohn and P. Pasquino, "The Law of the Exception: A Typology of Emergency Powers", 2 *International Journal of Constitutional Law* 2, pp. 210-239(2004). 值得注意的是,英国的议会主权体制恰恰并未采用洛克主义模型。在议会主权之下,只要首相掌控议会,就可以快速响应危机,通过议会制定临时法律来授权内阁临机专断,甚至可以克减公民权利保护,以此应对危机,因此颇为灵活。该体制无须欧洲大陆式的"专政官",或拥有"固有权力"的美式总统。对紧急状态权的限制也并非来自法律或者法院,而是来自政治过程。

② 〔美〕理查德·A. 波斯纳:《法律、实用主义与民主》,凌斌、李国庆译,中国政法大学出版社2005年版,第350页。

③ *Nixon v. Fitzgerald*, 457 U. S. 731 (1982).

④ *Korematsu v. United States*, 323 U. S. 214 (1944), p. 248. ("If the people ever let command of the war power fall into irresponsible and unscrupulous hands, the courts wield no power equal to its restraint. The chief restraint upon those who command the physical forces of the country, in the future as in the past, must be their responsibility to the political judgments of their contemporaries and to the moral judgments of history. ")

　　多数当代宪法都对紧急状态问题进行了规定,除了美国、日本和比利时。①一般都对紧急状态进行一定的区分,如荷兰宪法区分了战争状态和紧急状态。②在当代宪法中,宣布紧急状态一般属于执行权和立法权。《南非宪法》规定,立法权有权宣布紧急状态,以限制执行权。③同时规定,议会在宣布紧急状态时应遵照执行机关的要求或建议,实践中常出现执行机关先斩后奏的情况。④委托(Delegation):议会立法授予,而非宪法明确授予。⑤授权法(Enabling Act):在紧急状态下立法机关将部分立法权委托给执行权。⑥尊让(Deference):权力制衡机制在危机时刻暂时中止,议会和法院都不行使监督政府职能。⑦"9·11事件"后,虽然美国最高法院不再明显尊让执行机关,但对于被长期羁押的恐怖主义犯罪嫌疑人救济问题上依然如此:他们享有法律程序权,却不能获得人身自由。⑧一些宪法则直接将紧急状态宣布权授权给执行权,如拉丁美洲各国和原苏联东欧国家。其中一些国家要求需经过议会事先授权或事后批准,如葡萄牙、玻利维亚、巴西、哥斯达黎加、巴拿马等国。一些国家要求几位部长副署方能生效,如委内瑞拉、罗马尼亚和印度。有行政权较强的国家,宪法规定与议会咨询即可,如法国⑨;有些国家则要求得比较严格,如规定执行机关的紧急状态的延长需要议会绝对多数通过。⑩

　　司法审查一般较少涉及紧急状态宣布和应急措施,只有少数国家(如菲律宾和南非)的宪法规定了针对紧急状态权的司法审查;有些国家甚至明文禁止针对紧急状态权的司法审查,如马来西亚、泰国和爱尔兰。⑪实践当中,即使司法审查适用于紧急状态权,法院对政府应急措施也往往采取尊让态度,要么以程序性理由(如美国的"政治问题"学说)拒绝接受案件,要么在接

①　Oren Gross, "Constitutions and Emergency Regimes", in Tom Ginsburg & Rosalind Dixon (eds.), *Comparative Constitutional Law*, Edward Elgar Publishing, 2011, p. 336.

②　Ibid.

③　《南非宪法》第 37 条 1 款。

④　Oren Gross, "Constitutions and Emergency Regimes", in Tom Ginsburg & Rosalind Dixon (eds.), *Comparative Constitutional Law*, Edward Elgar Publishing, 2011, p. 339.

⑤　Ibid., p. 345.

⑥　Kim Scheppele, "Legal and Extralegal Emergencies", in Gregory A. Caldeira, R. Daniel Kelemen & Keith E. Whittington (eds.), *The Oxford Handbook of Law and Politics*, Oxford University Press, 2008, p. 174.

⑦　Ibid., pp. 176-177.

⑧　*Hamden v. Rumsfield* 548 U. S. 557 (2006); *Rasul v. Bush* 542 U. S. 466 (2004).

⑨　Oren Gross, "Constitutions and Emergency Regimes", in Tom Ginsburg & Rosalind Dixon (eds.), *Comparative Constitutional Law*, Edward Elgar Publishing, 2011, pp. 339-340.

⑩　《南非宪法》37 条 2 款 b 项。

⑪　Oren Gross, "Constitutions and Emergency Regimes", in Tom Ginsburg & Rosalind Dixon (eds.), *Comparative Constitutional Law*, Edward Elgar Publishing, 2011, p. 342.

受案件当中实体性地肯定政府立场。①立法机关往往同样采取尊重政府的态度。在危急状况下,行政首脑往往能够获得民众爱国情感支持,且有执行权保密、迅速和情报优势,是应对危急状态的支柱机构。在总统制国家当中,由于国会中党派分化严重(不似议会制国家的行政首脑必然是议会多数党领袖),只有总统能够超越党派、代表国家应对危机。②

　　基于两点理由,波斯纳反对将紧急状态权宪法化。其一,从历史经验来看,规定紧急状态条款不仅没有必要,且会诱使执行权不断诉诸该条款,将国家推向独裁:"在全国性紧急事件中,总统们已经做了他们认为必要的事情来保护我们的国家,而很少注意到法制/合法性(legality)。修改宪法以授权总统在紧急事件中暂时剥夺宪法明确保护的权利,这种做法可能很危险。"相反,德国《魏玛宪法》第48条专门授予总统在紧急状态下剥夺公民基本权利的条款,却"促成了【魏玛共和国的悲剧】命运"。两相对比表明:"承认行政部门事实上拥有在危难状况下暂时剥夺宪法保障的权力,与将这种权力法典化、从而引诱人们去把这种权力用足的做法相比,是更为审慎的做法。"③

　　其二,紧急状态无法事先预料,预先规定的紧急状态条款在现实危机来临时会成为鸡肋:

　　　　真正的紧急事件(只有在这种情况下才可以超越《宪法》和法律)几乎总是出乎人们意料;若是在意料之中,那么它可能就是可以防止的了。我们无法实现选择对出乎意料的危机的最佳反应。《宪法》规定紧急事件中的权力的条款或者会模糊得毫无用处,或者,如果规定得比较细致,在真正的全国性紧急事件中就会因为不适当而被置之一旁。④

(三) 立法主导模式

虽然各国都在宪法或者法律中规定了紧急状态权的行使条件和程序,但

① Oren Gross, "Constitutions and Emergency Regimes", in Tom Ginsburg & Rosalind Dixon (eds.), *Comparative Constitutional Law*, Edward Elgar Publishing, 2011, p. 342. See also Harold Koh, *The National Security Constitution: Sharing Power after the Iran-Contra Affair*, Yale University Press, 1990, pp. 134-149; John Hart Ely, *War and Responsibility: Constitutional Lessons of Vietnam and its Aftermath*, Princeton University Press, 1993, pp. 54-60.
② Oren Gross, "Constitutions and Emergency Regimes", in Tom Ginsburg & Rosalind Dixon (eds.), *Comparative Constitutional Law*, Edward Elgar Publishing, 2011, pp. 342-343.
③ 〔美〕理查德·A. 波斯纳:《法律、实用主义与民主》,凌斌、李国庆译,中国政法大学出版社2005年版,第355—356页。
④ 同上注,第356页。

在现实当中并未动用宪法条款来应对已经发生的紧急状态。①俄罗斯在车臣战争时亦并未宣布紧急状态。德国在"9-11"事件后没有运用宪法条款宣布紧急状态。而且，德国联邦宪法法院甚至宣布德国一系列反恐立法违宪。在2006年的"航空安全法案"判决中，2005年德国颁布的《航空安全法》中授权德国政府和军队可以击落被恐怖分子劫持的民用飞机的规定被宣布为不合宪，因其违反了《德国基本法》第2条第2款第1句中对于生命权的保护和第1条第1款对于人性尊严的严格保护。②正如上文所述，二战之后主要国家当中只有法国曾在1961年面临阿尔及利亚危机的时候正式宣布过宪法性的紧急状态。

个中原因有两种解释。其一，实践当中少有事件能够足以达到宪法中所规定的紧急状态，而且除美国外，很多国家对于魏玛共和国的失败经验，乃至于印度总理英迪拉·甘地（Indira Gandhi）在1970年代频繁动用紧急状态打击政敌的做法、拉丁美洲国家运用紧急状态维护独裁体制的经验，将紧急状态看成专制独裁的渠道，因而更为谨慎地予以使用。其二，随着技术的进步，现代国家应对危机的能力不断增强。一个世纪前需要动用正式紧急状态来予以应对的危机，现在可以通过较为通常的治理手段予以化解。③至于后一点，我们可以通过在新冠肺炎疫情期间，各国政府对于大数据、人脸识别、人工智能等技术的使用，来得到更为深刻的认识。当信息科技可以精准地分时段和分区域（甚至精确到个体）地判断和处理异常状况的时候，传统法律中对于紧急状态的法律区分技术显得较为陈旧不堪和粗枝大叶。

无论是否在成文宪法中规定紧急状态条款，实践当中很多国家会用普通议会立法的形式应对紧急状态，将紧急状态权授予行政机关，并规定一定时限④，且这些立法可以进行宪法审查：比如英国的《恐怖主义防卫法案》和美国的《爱国者法案》。20世纪之后，英国议会多以立法形式授权执行权采取

---

① Kim Scheppele，"Legal and Extralegal Emergencies"，in Gregory A. Caldeira，R. Daniel Kelemen & Keith E. Whittington（eds.），*The Oxford Handbook of Law and Politics*，Oxford University Press，2008，pp. 173-174.

② 参见张翔主编：《德国宪法案例选释》（第1辑），法律出版社2012年版，第237—263页。

③ J. Ferejohn and P. Pasquino，"The Law of the Exception：A Typology of Emergency Powers"，2 *International Journal of Constitutional Law* 2，pp. 215-216（2004）.

④ 除了时间限制外，还有一种是空间划分：分区（Partition）：针对一国某个地区采取紧急状态措施，而非全国境内。典型的例子是北爱尔兰危机当中，英国宣布紧急状态，但《紧急状态法》仅在北部适用。Kim Scheppele，"Legal and Extralegal Emergencies"，in Gregory A. Caldeira，R. Daniel Kelemen & Keith E. Whittington（eds.），*The Oxford Handbook of Law and Politics*，Oxford University Press，2008，pp. 177-178.

必要措施。①

　　相比宪法授权模式，立法授权模式具有防止紧急状态权滥用、维护分权制衡基本原则的优点。其原因在于，既然没有启动宪法中规定的正式紧急状态，从而悬置宪法的全面正常实施，正常的宪法秩序就仍然存续。因此，行政机关应对紧急状态的举措必须得到议会的授权，并且受到司法审查，特别是宪法权利的保护是否得以维持，紧急状态的措施是否符合比例原则等。②

　　但值得注意的是，从另一个角度而言，通过普通立法来规定紧急状态权力等于将紧急状态权力常态化，消除正常和非常的区分。③紧急状态在法权之外但又属于法权，形成拓扑结构。④对合法性的追求要么导致紧急状态权纳入法治轨道，要么仅仅是给紧急状态权披上法律外衣。⑤从这个角度来说，当代紧急状态权的实践已经逐步突破了传统正常状态与紧急状态的区分，而是例外变成常规，一种紧急措施变成了日常治理技术，使得建立在正常状态下的传统法治模式受到极大冲击。⑥对于全球化日益深入的世界而言，紧急状态越来越趋近于（1）在时间维度中有始无终，趋近于长期化和日常化，（2）在空间维度中体现出国际化和超国家化的特征，紧急状况遍布全球而且国与国之间相互联动。⑦

　　如在新冠肺炎疫情期间，法国除了动用宪法中的紧急状态条款，还通过议会颁布了一项特别法令，引入了一项新的紧急状态——"公共卫生紧急状态"（*état d'urgence sanitaire*）。根据该制度，法国总理可以通过法令超出常规法律，限制某些公民权利和自由，例如采取居家隔离和临时征用物资。而且，

---

① David Dyzenhaus, "States of Emergency", in Michel Rosenfeld and András Sajó (eds.), *The Oxford Handbook of Comparative Constitutional Law*, Oxford University Press, 2012, pp. 446-447.

② Tom Ginsburg & Mila Versteeg, "The Bound Executive: Emergency Powers during the Pandemic", *International Journal of Constitutional Law* 1, p. 11(2021).

③ Oren Gross & Fionnuala Ní Aoláin, *Law in Times of Crisis: Emergency Power in Theory and Practice*, Cambridge University Press, 2006, pp. 171-243.

④ 这种情况可以用拓扑学中的"克莱因瓶"（Kleinsche Flasche）来帮助理解。想象一个底部有洞的瓶子，延长它的颈部，并扭曲地进入瓶子内部直到与底部相连。一只飞虫试图从瓶子底部的洞里飞进瓶子，但是最终它又飞"出来"了。克莱因瓶没有内部和外部区别。Giorgio Agamben, *State of Exception*, The University of Chicago Press, 2005, p. 35.

⑤ David Dyzenhaus, "States of Emergency", in Michel Rosenfeld and András Sajó (eds.), *The Oxford Handbook of Comparative Constitutional Law*, Oxford University Press, 2012, pp. 451-452.

⑥ Günter Frankenberg, *Political Technology and the Erosion of the Rule of Law*, Edward Elgar Publishing, 2014.

⑦ Ugo Mattei, Guanghua Liu & Emanuele Ariano, "The Chinese Advantage in Emergency Law", 21 *Global Jurist* 1, p. 33(2021).

这项法令规定只有在公共卫生紧急状态超过 30 天之后,才需要议会授权。而在之前的法律中,公共卫生应急状态情况只要超过 12 天就需要议会正式授权,方可持续。①

结语:紧急状态的常态化与法治的隐忧

虽然宪法制度的发展趋势,是通过延续和创新罗马专政模式,进一步寻求对于行政机关紧急状态权的宪法和法律控制,然而实践的趋势却是紧急状态举措日益常规化和持久化。

在 2020 年新冠肺炎疫情之前,国际比较宪法学针对紧急状态权的主流态度,是防止紧急状态下行政扩权和越权。疫情则展现了硬币的另一面:政府应对不力同样值得重视。②正如人们所看到的,美国和巴西等国家的政府面对疫情时,未采取特殊举措来化解疫情。如何在限制执行权的同时,促使其履行责任(特别是法定责任不清楚的情况)、勇于作为,已经变成更为突出的问题。美国模式的问题在于,当总统欠缺共和德性之时,应对危机则会效果不力:特朗普当局应对新冠肺炎疫情是最为典型的例子。欧洲模式出于对紧急状态权根深蒂固的抵触和恐惧,也使得应对新冠危机捉襟见肘。

这就促使人们重新思考紧急状态与法治的关系问题。显然,在常态之下,法治能够降低交易成本、促进人际协作、提高社会效率。而在非常状态下,法治的诸多程序和实体限制则可能会束缚政府应对危机的效能。更进一步,我们必须意识到,例外状态并非干扰法治的外在因素,而是法治系统的内生变量。例外状态是法治的天生宿敌,却也是其孪生兄弟。③其道理在于,例外状态本身实际上是针对法治状态而言的:无规则,则无例外。法治预设和规定了常态,而现实世界充满了异常。康德意义上的人类自我立法,总会遭

① See Sébastien Platon, "From One State of Emergency to Another-Emergency Powers in France, Verfassungblog on Constitutional Matters", *VerfBlog*, April 9, 2020, available online at https:// verfassungsblog. de/from-one-state-of-emergency-to-another-emergency-powers-in-france/, last visited Feb. 22,2023.

② Kim Lane Scheppele and David Pozen, "Executive Overreach and Underreach in the Pandemic", in *Democracy in Times of Pandemic*, Miguel Poiares Maduro and Paul W. Kahn (eds.), Cambridge University Press, 2020, pp. 38-53; David E. Pozen and Kim Lane Scheppele, "Executive Underreach, in Pandemics and Otherwise", 4 *American Journal of International Law* 114, pp. 608-17(2020); Roberto Gargarella, "Democracy and Emergency in Latin America", in *Democracy in Times of Pandemic*, Miguel Poiares Maduro and Paul W. Kahn(eds.), Cambridge University Press, 2020, pp. 66-76.

③ Günter Frankenberg, *Political Technology and the Erosion of the Rule of Law*, Edward Elgar Publishing, 2014. p. 4.

遇马基雅维利式的偶然命运。早在古希腊，柏拉图就曾经认识到，并非人类自主立法，而是偶然性、灾难决定了法律。[1] 我们无法期望承平日久的条件下建立法治体系，而只能在接踵而至的危机之中不断积累法治经验。危机使得法治建设不易，但只有能够应对危机的法治，方才是真正的法治。

特别是在全球化的时代，各国之间的相互影响时时刻刻无处不在。一国的危机很快变成国际危机，恐怖主义如此，新冠肺炎疫情亦如此。这就使得我们无法简单地采用传统的"拨动开关模式"来应对纷繁复杂的新危机形态。反思"拨动开关模式"其实还有另一个理由。事实上，现实并非应对紧急状态然后回到常态。相反，突发情况会整体性地重塑法律系统。我们无法肯定，当开关再次拨回常态的时候，我们是否进入了新的常态。正如后现代哲学根本质疑了传统观念中众多的二元区分一样，后疫情时代的全球境况也进一步模糊了常规和例外的区分。紧急状态权的进一步发展就发生于这个大背景下。

---

① 参见〔古希腊〕柏拉图：《法律篇》，张智仁、何勤华译，上海人民出版社 2001 年版，第 113 页。（"……人类根本不曾立法。事变与灾难所发生的方式千变万化，它们才真正是通行于这个世界的立法者。政治制度的倾颓和律法的重新制定，如果不是迫于战争的压力的话，那就是迫于极度贫困的折磨。当我们连年遭瘟疫，恶劣的气候连绵不绝时，疾病也会迫使我们作出许多新发明。"）

第三编
基本权利前沿问题

第八章　表达自由:司法保护及其权利限制

我们通过大众媒体了解我们所生活的社会,甚至世界。

——尼古拉斯·卢曼①

没错,我们都认同这些权利,只要没人问为什么。

——雅克·马里旦②

　　表达自由是现代宪法中的一项普遍性的基本权利。③几乎每一个国家的成文宪法都在条文当中明确宣称保护表达自由。然而,宪法文本的一致性之下,是宪法解释和宪法适用的分殊性。

　　美国最早在成文宪法中规定表达自由权,其对表达自由的保护程度在各国宪法之中也是最高的。对比而言,虽然其他国家都会在权利法案中规定表达自由,但很少有国家会将其列为第一权利。美国《权利法案》第1条(宪法第一修正案)即规定了表达自由:"国会不得制定关于下列事项的法律:……剥夺言论自由或出版自由……"(Congress shall make no law…abridging the freedom of speech, or of the press)。表达自由在美国宪法文本中的位置反映了一个事实:在美国宪法权利的位阶中,表达自由处于首要地位。此外,第一修正案的用语之绝对(Make no law)也反映出宪法对表达自由的保护之"绝对",在语词之中并未对其进行明确的限制。

　　在其他国家,对表达自由的保护却并非如此严格,而是会在宪法文本中明确出于公共利益或者个人权利对表达自由的限制。比如,《德国基本法》第5条规定:

---

① Niklas Luhmann, *The Reality of the Mass Media*, Kathleen Ross translated, Stanford University Press, 2000, p. 1. ("We know what we know about our society and even the world in which we live through mass media.")

② Joshua Cohen, "Minimalism about Human Rights: The Most We Can Hope For?", 12 (2) *The Journal of Political Philosophy*190, p. 193 (2004). (Quoting Jacques Maritain: "Yes, we agree about the rights, but on condition that no one asks us why.")

③ 表达自由又称言论自由。一般来说,两者指的是同一个意思。大陆法国家法律教义中多用"表达自由",该词不仅涵盖言论,还包括表达性的象征或者行为。普通法国家沿用"言论自由",但在实践当中,法院也将其含义扩展到行为或者象征物中。

　　一、人人有以语言、文字及图画自由表示及传布其意见之权利，并有自一般公开之来源接受知识而不受阻碍之权利。出版自由及广播与电影之报道自由应保障之。检查制度不得设置。

　　二、此等权利，得依一般法律之规定、保护少年之法规及因个人名誉之权利，加以限制。

　　而且，在司法实践当中，表达自由也受到很大的限制。例如，鼓吹纳粹或者种族主义的言论并不受德国宪法的保护，因为在德国宪法之中，首要的基本权利并非表达自由，而是人格尊严；如果公民发表的言论侵犯了他人的人格尊严，德国宪法会毫不犹豫地偏向保护人格尊严，而倾向于限制公民个人的表达自由。这一点在欧洲范围内也形成了共识①，甚至南非也是如此。

　　如果说德国宪法和南非宪法将人格尊严列为最重要的基本权利的话，美国宪法则将表达自由放在了最基础和最重要的位置上。②而要理解为何产生如此差别，就需要理解宪法为何要保护表达自由，以及依据何种标准确定表达自由的覆盖范围，乃至于如何在不同的司法语境和社会背景下探索表达自由的意涵。

一、表达自由的价值

　　现代表达自由的兴起发生于对传统言论管制的突破之上。从历史角度而言，现代表达自由的观念最早起源于英国。在英国进行新教革命、天主教失去政治权力之后，英格兰政府依然出台有关出版管制（如书籍出版许可）的法案，并通过书籍出版之后追究责任的方式进一步限制言论发表。英国当时对于出版的管制代表了政府对于表达自由的两种限制方式。一是事前限制，即书籍在出版印刷之前必须获得王室或者政府的许可，否则属于违法。二是事后限制：如果一部书籍或者一种言论在发表之后对国家或个人产生侵害，那么当事人就须承担煽动和诽谤的责任，包括刑事责任和民事责任。从

---

① 比如，《欧洲人权公约》第 10 条规定："1. 人人享有表达自由的权利。此项权利应当包括持有主张的自由，以及在不受公共机构干预和不分国界的情况下，接受和传播信息和思想的自由。本条不得阻止各国对广播、电视、电影等企业规定许可证制度。2. 行使上述各项自由，因为负有义务和责任，必须接受法律所规定的和民主社会所必需的程式、条件、限制或者是惩罚的约束。这些约束是基于对国家安全、领土完整或者公共安全的利益，为了防止混乱或者犯罪，保护健康或者道德，为了保护他人的名誉或者权利，为了防止秘密收到的情报的泄漏，或者为了维护司法官员的权威与公正的因素的考虑。"

② Donald P. Kommers, *The Constitutional Jurisprudence of the Federal Republic of Germany*, Duke University Press, 1997, p. 32; *State v. Makwanyane*, 1995 (3) SA 391(CC) p. 451.

历史演变来看,事前限制后被废除,事后限制却一直存在。19 世纪末,戴雪在《英宪精义》中曾如此论述英国的表达自由:"议论的自由在英格兰实不过是一种权利,任何人得用之以书写或谈论公私事务,但以 12 个店主所组成之陪审团不至视作毁谤者为限制。"①

(一) 弥尔顿论出版自由

弥尔顿于 1644 年发表的《论出版自由》针对出版管制法案展开批评,是现代表达自由理论的先驱。他指出,出版管制法试图禁止诽谤和煽动言论的目的无法实现。在弥尔顿看来,此类法律将扼杀智慧增进、妨碍学术探究。

弥尔顿承认,对于出版的管制是教会和国家的一项重要职能,因为书籍对于社会具有极大的影响力。在弥尔顿看来,书籍是一种特殊的事物,对于书籍出版过于严格的管制将会减损书籍的社会价值:

> 书籍并不是绝对死的东西。它包藏着一种生命的潜力,和作者一样活跃。不仅如此,它还像一个宝瓶,把创作者活生生的智慧中最纯净的菁华保存起来。……它们是非常活跃的,而且繁殖力也是极强的,就像神话中的龙齿一样。当它们被撒在各处以后,就可能长出武士来。但是……如果不特别小心的话,误杀好人和误禁好书就会同样容易。杀人只是杀死了一个理性的动物,破坏了一个上帝的象;而禁止好书则是扼杀了理性本身,破坏了瞳仁中的上帝圣象。许多人的生命可能只是土地的一个负担;但一本好书则等于把杰出人物的宝贵心血熏制珍藏了起来,目的是为着未来的生命。不错,任何时代都不能使死者复生,但是这种损失并不太大。而各个时代的革命也往往不能使已失去的真理恢复,这却使整个的世界都将受到影响。因此我们就必须万分小心,看看自己对于公正人物富于生命力的事物是不是进行了什么迫害;看看自己是怎样把人们保存在书籍中的生命糟蹋了。……有时像这样就会犯下杀人罪,甚至杀死的还是一个殉道士;如果牵涉整个出版界的话,就会形成一场大屠杀。在这种屠杀中,杀死的还不止是尘凡的生命,而是伤及了精英或第五种要素——理智本身的生气。这是杀害了一个永生不死的圣者,而不是一个尘凡的生命。②

弥尔顿指出,西方古典时代的公共权威对于言论发表的限制较小:雅典

---

① 〔英〕戴雪:《英宪精义》,雷宾南译,中国法制出版社 2001 年版,第 284 页。
② 〔英〕弥尔顿:《论出版自由》,吴之椿译,商务印书馆 1958 年版,第 5—6 页。

政府只管制涉嫌渎神和诽谤的言论出版，而不禁止那些有碍社会风化的文字；罗马人承袭希腊传统，对于诗歌、文学和反对当权者的政治言论不加禁止；即便是后来兴起的基督教，一开始也没有对出版进行过于严格的限制。①

弥尔顿认为，书籍不能因为其内容而受到禁止，无论其内容是好还是坏：

> 只要心灵纯洁，知识是不可能使人腐化的，书籍当然也不可能使人腐化。书籍就像酒和肉一样，有些是好的，有些是坏的。……至于选择问题就随个人判断了。对坏的胃口来说，好肉也和坏肉一样有损害。最好的书在一个愚顽的人心中也并非不能用来作恶。……坏的书籍……对一个谨慎而明智的人来说，在很多方面都可以帮助他善于发现、驳斥、预防和解释。……一切看法，包括一切错误在内，不论是听到的、念到的还是校勘中发现的，对于迅速取得最真纯的知识说来，都有极大帮助。②

正如亚当夏娃如果不吃苹果就不知善恶一样，"没有对于恶的知识，我们又有什么智慧可作选择，有什么节制的规矩可以规范自己呢？"③书籍阅读应该兼收并蓄，才能有益于知识增长和知性发展。

对于弥尔顿主张的兼收并蓄的阅读方法，反对观点主要有三点。其一，此法可能会传播不健康的学说。弥尔顿反驳道，如果照此逻辑，一切学术和宗教争论都应该被禁止，甚至连《圣经》都应该予以禁止，因为这些争论和《圣经》一样，都包含了渎神和不雅的因素（因此，天主教甚至禁止教徒阅读没有注解的《圣经》）。④其二，人不应该将自己暴露于诱惑之中。其三，阅读错误或无用之书浪费时间。对于后两种观点，弥尔顿认为，对于心智成熟的人来说，书籍本身既不是诱惑也非无用，而是用于创造真理的材料。不能因为书本身具有坏的内容就禁止，而是应该让人们自己去粗取精。强制不能带来节制：书籍许可法并不能起到保证舆论纯净、风化健康的作用。

在弥尔顿看来，出版自由还涉及阶层差异问题。贵族有机会进入议会，通过公开演说言事，但平民却只能通过写作并出版书籍来表达意见。因而，出版自由是实现社会公平所必要的自由，否则表达就会变成一种特权。出版审查法令一旦废除，"便将更符合于真理、学术和祖国的利益……民间就会因此而受到鼓舞，认为当权者倾听舆论的劝告胜过以往其他政治家对于公开

---

① 〔英〕弥尔顿：《论出版自由》，吴之椿译，商务印书馆1958年版，第6—12页。
② 同上注，第15页。
③ 同上注，第16页。
④ 同上注，第17—18页。

谄媚的喜悦;这就不能不为你们宽厚和公平的政治增辉。"①弥尔顿对于出版自由的界定构成了后世理解表达自由及其限制的基本结构。

(二) 现代表达自由理论

现代社会否弃了教会对于真理的垄断,否定了君主对于政权的独占,转而信奉世俗化的人民主权学说。那么,在现代社会中,宪法为什么要保护表达自由? 这是理解表达自由的首要问题。表达自由理论对于阐释表达自由的实际意义具有重要作用。为什么保护表达自由,决定了何种言论应得到保护,应受到更多保护,哪些言论不应得到保护,哪些言论应该加以限制等具体法律问题,也对于我们理解不同国家言论自由保护路径具有重要启示。

现代国家中对于表达自由的论证可以分为以下三种:发现真理论、民主政治论和个体自主论。其中,前两种是工具主义的,即表达自由之所以受到重视和保护,是因为其促进了某种实质的社会目标。后一种是非工具性的,即表达自由本身即包含固有的内在价值。

1. 有助发现真理

在此种理论看来,宪法之所以要保护表达自由,是因为表达自由的行使能够帮助社会发现真理,能够促进社会进步和个人的道德与智力的发展。弥尔顿最早提出了此种观点。他曾经对英国议会里的贵族如此说道:"请相信吧,你们究竟高出平民多少,最大的证明就是你们以深谋远虑的精神,听取并服从来自任何方面的理智的声音……"②英国19世纪著名哲学家约翰·密尔(John S. Mill)在其《论自由》(On Liberty)一书中对表达自由进行的论证则更为系统。密尔所处的时代,政府不得管制言论这一信条已为英国社会接受,然而社会公众压制异端意见却仍然非常普遍。密尔针对此问题论证了表达自由之于真理发现的重要性:

> 迎合公众的意见来使用权力比违反公众的意见来使用它,是同样有害,或者是更加有害。假定全体人类建议执有一种意见,而仅仅一人执有相反的意见,这时,人类要使那一人沉默并不比那一人(假如他有权力的话)要使人类沉默较可算为正当。如果一个意见是除对所有者本人而外便无价值的个人所有物,如果在对它的享用上有所阻碍仅仅是一种对私人的损害,那么若问这损害所及是少数还是多数,就还有些区

---

① 〔英〕弥尔顿:《论出版自由》,吴之椿译,商务印书馆1958年版,第2—3页。
② 同上注,第4页。

别。但是迫使一个意见不能发表的特殊罪恶乃在它是对整个人类的掠夺，对后代和对现存的一代都是一样，对不同意于那个意见的人比对抱持那个意见的人甚至更甚。假如那意见是对的，那么他们是被剥夺了以错误换真理的机会；假如那意见是错的，那么他们是失掉了一个差不多同样大的利益，那就是从真理与错误冲突中产生出来的对于真理的更加清楚的认识和更加生动的印象。①

密尔继而分别讨论了言论之真理性的三种可能。其一，政府或者公众试图禁止的言论可能是正确的，然而压制者认为其为谬误。在此种情况下，压制者本身虽然宣称代表真理，但并非绝对正确，因为"他们没有权威去代替全体人类决定问题，并把每一个别人排除在判断资料之外。若因他们确信一个意见为谬误而拒绝倾听那个意见，这是假定他们的确定性与绝对的确定性是一回事。凡压默讨论，都是假定了不可能错误性"。②历史上，有很多自认为绝对正确的权威迫害了后来被证明为真理的言论：苏格拉底被雅典人民处死；耶稣被钉在了十字架上；基督教曾被罗马皇帝迫害。③

其二，假设公认意见具有正确性，而被压迫意见具有谬误性。密尔认为，此时表达自由也是必要的，因为很多意见的持有者本人并未对该意见的根据和论证有所了解，而是直接从公共权威那里接受了某种教条。在这种情况下，即便是谬误的意见，也可以促使人们更加深入地思考其所持有的意见，从辩论和讨论当中更加全面地认识正确的意见，否则其所持有的意见很容易堕为僵死的教条。④

其三，更为常见的情况是，公众意见与少数意见相互冲突，皆具有一定真理性。在这种情况下，密尔认为表达自由就更加重要了。因为，此时公众意见或者通行意见具有某种偏颇性，"应当珍视凡为通行意见所略去而本身却多少体现部分真理的一切意见，不论其真理当中可能交织着多少错误和混乱"。⑤密尔认为，卢梭的学说具有很多当时流行意见所缺少的真理性言论，"卢梭的一些似非而是的议论……像炸弹一般爆发在一大堆结构紧密的片面性意见之中……迫使其中分子在新的分子楔入之下重新组合出更好的形式，起到了有益的震撼作用……譬如说生活的简朴有着更高贵的价值，譬如

---

① 〔英〕密尔：《论自由》，许宝骙译，商务印书馆 2009 年版，第 19 页。
② 同上注，第 20 页。
③ 同上注，第 30 页。
④ 同上注，第 40—43 页。
⑤ 同上注，第 54 页。

说虚伪社会的罗网和伪善有着耗丧精力和败坏风气的恶果……"①此外,政党的例子更为鲜明:保守主义政党与进步主义政党都是政治生活之健康因素,两种政党的表达自由都必须得到保障,才能够使得其主张得以权衡,从而更有益于整个社会。②

总而言之,密尔将发现真理作为表达自由的最终目的和辩护理由:

> 在人类智力的现有状态下,只有通过意见分歧才能使真理的各个方面得到公平比赛的机会。如果发现有些人在什么问题上成为举世鲜明一致的例外,即使举世居于正确方面,那些少数异议者也总是可能有其值得一听的为自己辩说的东西,而假如他缄口不言,真理就会有所损失。③

在司法实践中,美国最高法院大法官霍姆斯在著名的 *Abrams v. United States* 案的异议判词(dissenting opinion)中将发现真理的表达自由理论概括为著名的"思想市场"理论:真理只有在"思想市场"(marketplace of ideas)中才能够被发现。④正如政府不应当限制市场经济一样,政府也不应当实行言论垄断。市场经济能够促进自由竞争,表达自由能够促进真理发现。霍姆斯认为,即便我们不完全相信真理能够在自由市场当中脱颖而出,我们也无法相信由政府来确定真理是什么就是正确的。即便民主的多数也有可能是错误的——宪法法院的作用即是保护少数人的表达自由,以对抗"多数人的暴政"(tyranny of the majority)。⑤

2. 促进民主政治

在此种理论看来,表达自由的重要价值在于服务于人民的自我统治,防止政府滥用权力,促进民主监督。表达自由的行使能够使政府获得正当性,只有当公民能够自由地挑战立法或者政策的时候,才有可能服从于法律和政策。⑥ 美国著名教育家和哲学家亚历山大·米克尔约翰(Alexander Mikeljohn)是此种理论的代表人物。他在《表达自由及其与自治的关系》

---

① 〔英〕密尔:《论自由》,许宝骙译,商务印书馆 2009 年版,第 54—55 页。
② 同上注,第 55—56 页。
③ 同上注,第 56 页。
④ *Abrams v. United States*, 250 U. S. 616, pp. 630-631 (1919).
⑤ *Whitney v. California*, 274 U. S. 357, pp. 375-378(1927).
⑥ Robert Post, "Racist Speech, Democracy, and the First Amendment", 32(2) *William and Mary Law Review* 267, pp. 279-290(Winter 1991).

(*Free Speech and Its Relation to Self-government*, 1948)中主张给予一切的政治性言论表达活动以绝对的自由权利。[①]他认为,民主政治是人民自我统治的形式,要求每个公民都可以自由地参与政治,而不应受到限制。任何意见,只要是事关公共问题的讨论,不管其观点正确与否,都应该获得表达的机会。

具体而言,投票是民主政治最为重要的活动。但只有当投票的公民对于政治信息的了解真实而完整的时候,民主自治才能够真正地开展。而要获得真实而完整的信息,充分的言论表达就是不可或缺的。如果表达自由不能得到充分的保证,那么政府的正当性就会大打折扣:

> ……在政治自治的方式中,最高利益并不在于言者之言,而在于听者之心。会议的最终目的是要投票作出明智的决定。因此,必须使投票者尽可能地明智。公共福利要求就某些问题做出决定的人必须理解这些问题。他们必须知道他们是就什么问题投票的。……只要时间允许,所有与问题有关的事实和利益都应当在会议上充分、公平地展示出来。……当一个自治共同体用投票方式来获得行动的明智时,它只能在公民的思想中获得。如果公民是不明智的,共同体就不可能采取明智的行动。这就是为什么促进思想的讨论自由不可削减的原因。……不应拒绝倾听任何政策建议。兼听则明,偏听则暗。……可以基于其他理由禁止一个公民说话,但是不应因为他的观点被认为是虚假的或危险的就禁止他说话。不应因为掌握权力的人认为某个建议是不明智的、不公平的、非美国式的,就不给予这个建议以法律保护。……当人们自我统治时,是他们,而不是其他人,必须判断何为不明智、不公正和危险的观点。……表达自由原则来源于自治方针的要求。它不是一个抽象的自然法则或理性法则。[②]

表达自由的民主自治理论,直接影响到了后来的司法实践,特别是美国对于批评政府官员的言论的保护。这一点将在后文予以展开。

3. 促进个体自主

在此种观点看来,表达自由自身具有内在的价值,而不仅仅是因为其是

[①] 〔美〕亚历山大·米克尔约翰:《表达自由的法律限度》,侯健译,贵州人民出版社 2003 年版。

[②] 同上注,第 18—19 页。

实现某种目标的手段。①表达自由本身是一个"正义的政治社会的基本……特征","政府将它的成年公民看成是富有责任心的道德主体。"②一方面,表达自由是公民作为"独立的个人的尊严",因而与人格尊严密切相关,限制表达自由则是表明政府未能将公民看作具有自由意志的人,无法对于政治或者道德问题进行独立的判断。另一方面,表达自由意味着个人可以通过思想和信念的表达进行自我实现和人格发展,因而任何关于道德、文化或者美学的表达,都与政治性言论具有同等重要的社会价值。③在此种理论看来,公开发表意见是人之为人的一种必要条件,即便此种意见与真理和民主无关,也因其能够维护个人的人格价值而具有受到宪法保护的价值。此种理论可以用一句话加以概括:"我说故我在。"④

在互联网时代,超越政治言论的自我表达更是成为公民言论发布的常态。表达自由本身即是一种民主文化的价值所在,是一种参与式的文化创造。⑤传统社会的技术基础使得文化创造成为精英的专属领域,普通人无法参与。在弥尔顿的时代,出版自由的前提是作者有能力写书,并且有能力付诸印刷。而百姓多不识字,遑论写书,因而他们没有能力享受表达自由。传统社会中最能够"享受"表达自由的就是知识分子和作家。在网络时代,每个人都是一个广播电台。互联网改变了人们说话的格局。每一个人都在进行文化创作和作品传播。耶鲁大学法学院巴尔金教授将网络时代人们的文化活动形象地称为"绕道而行"(routing around)和"就地取材"(glomming on):前者指网民可以不经广播、电视、报纸和书籍等传统媒体形式而直接发表创作内容;后者指网民可以将一切传统媒体发布的材料作为其创作的基础和起点,通过自由发挥来塑造新的作品,典型的形式为戏仿。互联网技术的出现极大地降低了复制和传播的成本,使得跨越文化区域和地理区域的传播变得可能,同时网民也获得了分类、组织和传播信息的渠道。⑥

在此背景下,表达自由的意义不仅仅在于发现真理和促进民主政治的运作,也在于保障一个民主的文化创造环境,让全体民众一起来探索文化意

①　C. Edwin Baker, *Human Liberty and Freedom of Speech*, Oxford University Press, 1989.

②　〔美〕罗纳德·德沃金:《自由的法:对美国宪法的道德解读》,刘丽君译,上海人民出版社 2013 年版,第 283 页。

③　同上注,第 283 页。

④　语出左亦鲁:《超越"街角发言者":表达权的中心与边缘》,社科文献出版社 2020 年版,第 230 页。

⑤　Jack M. Balkin, "Digital Speech and Democratic Culture: A Theory of Freedom of Expression for the Information Society", 79 *New York University Law Review* 1, pp. 1-58(April 2004).

⑥　Ibid., pp. 6-8.

义。①数字革命为本来受到传统传播渠道限制的人们提供了新的途径来参与文化的创作。②在巴尔金所谓的民主文化中，每个个体都拥有平等的机会参与到文化的构建当中，并在此过程中赋予自我以意义。③对于巴尔金来说，表达自由所保护的是人们自我抒发的权利，"即使是很轻松的非正式对话也会用一般性的话题和表达方式"。④

值得注意的是，无论是思想市场理论还是民主自治理论都认为，表达本身不同于人类其他活动和行为，因而需要法律加以特别保护。自主理论则消除了表达的特殊性，从而容易在实践之中失之过宽，以至于在某些问题上丧失实质性内容。

由此看来，无论是何种目标，表达自由总要服从于某种实质目标，否则会变成一个空壳，什么都可以往里装。在《论出版自由》中，弥尔顿根据表达自由的原则，提出了教派之间互相宽容的原则。然而，他非常明确地提出了一个例外，即天主教言论：

> 当然，我不是说要宽容教皇制和公开的迷信。它们既然要消灭一切宗教和世俗的主权，那么我们只要还想用慈悲和同情的方法来挽救懦弱的人和误入歧途的人，就必须把它们消灭掉。同样的道理，一切的法律如果还想成其为法律，就也决不能宽容那些反对信仰和破坏风俗习惯的、不虔敬的和罪恶的事情。⑤

此处不是弥尔顿的逻辑混乱或者虚伪。弥尔顿指出了保护表达自由的要害所在：表达自由总是服务于某种实质性目的，而不是为了表达自由本身。⑥如果目标本身过于宽泛，表达自由会与一般自由原则相混淆，丧失其特定价值。⑦

---

① Jack M. Balkin, "Digital Speech and Democratic Culture: A Theory of Freedom of Expression for the Information Society", 79 *New York University Law Review* 1, p. 3(April 2004).

② Ibid., p. 2.

③ Ibid., p. 3.

④ Ibid., p. 4.

⑤ 〔英〕弥尔顿：《论出版自由》，吴之椿译，商务印书馆1958年版，第48页。

⑥ Stanley Fish, *There is No Such Thing as Free Speech*, Oxford University Press, 1994, pp. 102-104.

⑦ Frederick Schauer, "The Second-Best First Amendment", 31 *William and Mary Law Review* 1, p. 91(Fall 1989).

二、表达自由保护的范围

表达自由的宪法保护预设了对于言论的界定。虽然经常被称为"言论自由"，但各国法律和法院对于言论的界定普遍超越了狭隘的"言论"和"表达"，进而包含了某种具有意义的符号体系，甚至具有社会含义的行为或者具有某种价值的行动。一般来说，除了语言文字之外，言论还包含一些可以表达意思的符号体系，如摩尔斯电码①，再如计算机代码（如苹果案件）②。艺术作品同样算作言论。③反过来，一些日常意义上被算作言论的语言、文字或者符号，未必构成表达自由权意义上的"言论"或者"表达"④，例如证券市场上的虚假陈述、股票中的内幕交易或者私人之间的合同条款等。因而，明确表达自由的保护范围是理解表达自由的重要逻辑步骤。

（一）言论与行为

表达自由界定的一个核心问题是言论/表达与行为的界分。言论不一定是通过语言文字表达的。然而，言论是否包括行为则需要进行具体的判断。在当代的表达自由法理学中，某些行为也会被当作言论，只要这些行为传达了某种思想或者意义，因而被称为"表达性行为"（expressive conduct）。

自从 20 世纪 60 年代以来，表达自由的保护范围一直处于扩展到表达性行为的状态。例如，在 1968 年的"烧征兵卡案"中，美国最高法院将抗议示威中烧征兵卡的行为界定为表达，因而受到宪法第一修正案的保护。⑤在一些案例中，甚至展示纳粹标记也被美国和新西兰法院看作言论而受到保护⑥，

---

① Adrienne Stone, "The Comparative Constitutional Law of Freedom of Expression", in Tom Ginsburg and Rosalind Dixon（eds.）, *Comparative Constitutional Law*, Cheltenham, Edward Elgar Publishing, 2011, p. 407; Frederick Schauer, *Free Speech: A Philosophical Enquiry*, Cambridge University Press, 1982, p. 96.

② 在 2016 年苹果公司与 FBI 围绕解密 iPhone 的斗争中，苹果公司主张，写作计算机代码是一种表达自由。"Apple FBI All Writs Govt Motion to Compel", *Electronic Frontier Foundation*, 19 February 2016, https://www. eff. org/document/apple-fbi-all-writs-govt-motion-compel, accessed 18 November 2019.

③ R. Kent Greenawalt, *Speech, Crime, and the Uses of Language*, Oxford University Press, 1989, p. 52.

④ Frederick Schauer, "The Boundaries of the First Amendment: A Preliminary Explanation of Constitutional Salience", 117 *Harvard Law Review* 1765, p. 1972（2004）.

⑤ *United States v. O'Brien*, 391 U. S. 367（1968）.

⑥ *Tinker v. Des Moines Independent Community School District*, 393 U. S. 503（1969）; *Zdrahal v. Wellington City Council*［1995］1 NZLR 700（New Zealand）.

裸舞也曾经被美国最高法院认定为具有表达性的行为,而受到表达自由保护。①在 1989 年的焚烧国旗案中,美国最高法院将焚烧国旗的行为也界定为一种表达,因而受到表达自由的保护。②加拿大最高法院甚至将表达自由理解为包括工会纠察行为③,澳大利亚高等法院将其理解为包括在游行时举着死鸭子抗议猎杀鸭子的行为④。在美国,表达自由保护范围甚至能够扩展到竞选资金,如在 2010 年的一起重大案件中,美国最高法院认定限制商业机构资助竞选的法案侵犯了宪法保护的表达自由权利,因而无效。⑤ 2018 年,该法院甚至将蛋糕店主拒绝为同性伴侣制作婚礼蛋糕的行为也算作言论。⑥

要而言之,对于当代表达自由的法律实践来说,真正有意义的区分并非言论与行为的区分,而是表达性行为与非表达性行为之间的区别。然而,即便如此,如何界分二者在理论和实践中同样较为棘手。毕竟,人类的所有行为和动作都可以算作传达信息的方式,例如吃饭、喝水、购物或者散步。如果将其都算作表达,那么表达自由的范围将会至大无外,与一般意义上的自由原则无法区分。⑦因而,一种通行的做法是依据保护表达自由的基本目标和实质理由来进行确定。⑧一般而言,小到殴打他人的行为和私人合同的条款,大到作伪证、恶性犯罪、恐怖主义和政治刺杀一般不会构成表达性行为,即便此类行为事实上明确传达——或者意图传达——某种政治理念或者社会主张。同样,如果是纯粹的经营行为,如开设店铺、销售物品,一般会被纳入营业自由之下进行处理,而非纳入表达自由。其道理在于,这些行为虽然能够传递信息,但无法促进发现真理、民主政治或个体自主等价值。

(二) 政治与其他

在当代表达自由法理中,一个重要的区分是对政治言论和非政治言论的界分。传统的表达自由法理多将受到宪法保护的言论限于政治言论,特别是一个人在大街上大声疾呼某种政治理念,这个意象是十分典型的政治言论。

---

① *Barnes v. Glen Theatre*, Inc., 501 U.S. 560 (1991).
② *Texas v. Johnson*, 491 U.S. 397 (1989); *Flag Desecration Case* (1990) 81 BVerfGE 278 (Germany); *Hopkinson v. Police* [2004] 3 NZLR704 (High Court of New Zealand); *The Queen v. Iti* [2007] NZCA 119 (New Zealand Court of Appeal)); *Percy v. DPP* [2002] Crim LR 835 (UK).
③ *RWDSU v. Dolphin Delivery Ltd.*, [1986] 2 SCR 573(Canada).
④ *Levy v. Victoria* (1997) 189 CLR 579(Austria High Court).
⑤ *Citizens United v. Federal Election Commission*, 558 U.S. 310 (2010).
⑥ *Masterpiece Cakeshop v. Colorado Civil Rights Commission*, 584 U.S._(2018).
⑦ Frederick Schauer, *Free Speech*: *A Philosophical Enquiry*, Cambridge University Press, 1982, pp. 92-94.
⑧ Frederick Schauer, "The Second-Best First Amendment", 31 *William and Mary Law Review* 1, p. 91(Fall 1989).

然而,当代的宪法学说和司法判例已经将其扩展到商业广告乃至文化言论。

例如,加拿大最高法院保护几乎一切言论:不仅仅是政治言论,还有有关社会文化商业的言论,可以说除了烟草和某些药品,其他的言论基本都受到保护。美国的传统是只保护政治言论,如诽谤、广告等非政治言论均不受保护,但现在也已经有所改变。在 20 世纪 40 年代,美国最高法院倾向于认为商业广告是一种价值极低的言论,因而保护程度较弱。但随着二战之后消费主义文化的兴起,商业与多元主义民主的关系越发紧密,美国最高法院也开始转变态度。[1] 1976 年,美国最高法院在一起重要案件中认为,民主政治涉及社会资源配置,其中最为重要的配置机制是市场,因而商业广告与民主政治有重要联系,因而受到言论自由的保护。[2]德国宪法法院也将表达自由的保护范围扩展到了商业广告乃至于色情作品,只要其能够促进公共舆论。[3]

同样,究竟将表达自由界定为仅针对政治性言论还是包括非政治性言论,本质上取决于一国基本的宪法价值所设定的表达自由保护的目标。如果一国按照米克尔约翰的理论,将表达自由与民主政治绑定在一起,因而其所试图保护的言论基本上是政治言论,即能够实现人民自我统治的言论。相反,如果一国信奉表达自由的个人自我实现理论,那么一切言论,只要有助于发展个人的人格、展现自我特性和实现自我价值,无论其是政治性的还是文学性的,只要无损于公共利益或者他人权利,都应该受到宪法保护。

(三) 色情与淫秽

20 世纪下半叶以来,随着西方世界逐渐开始了社会道德领域的自由化进程,色情规制问题也日益变成表达自由法律领域的热点问题。色情材料指包含性内容的书籍、文字、音频或影像资料。从司法实践的角度来讲,首先的问题是它们是否属于言论或者表达。

---

[1]　Stephen M. Feldman, "Free Speech and Free Press", in Mark A. Graber, and Sanford Levinson, *The Oxford Handbook of the U. S. Constitution*, Oxford University Press, 2015, p. 644.

[2]　"广告……无论如何都是在传播信息,关于谁在生产和销售产品,销售的原因和价格。只要我们希望拥有自由的商业经济,那么资源配置在很大程度上就要通过私人的经济决策。为了公共利益,我们希望这些决策总体而言是明智的。因此,商业信息的自由流动便不可少……既然这些信息对自由商业体制中的资源配置不可或缺,那么它们对于如何形成管理和改变这一体制的意见同样必不可少。因此,即使第一修正案的主要作用是启迪民主制下的公共决策,我们也不能说信息的自由流动无法服务这一目标。"*Virginia State Board of Pharmacy v. Virginia Citizens Consumer Council*, 425 U. S. 748 (1976). 译文转引自左亦鲁:《超越"街角发言者":表达权的中心与边缘》,社科文献出版社 2020 年版,第 34 页。

[3]　BverfGE 102, 347(2001); BverfGE 30, 337(1971); "Mutzenbacher Case", BVerfGE 83, 130 (1990). 在"The Mutzenbacher Decision"中,德国宪法法院认为小说 Josephine Mutzenbacher 是色情也是艺术,依据后者不应该将此小说列入"危害青少年名单"中。

　　一般来说，无论是在欧洲还是美国，法院都会区分"软色情"（softcore）和"硬色情"（hardcore），前者具有色情内容，但具有一定思想、文化或艺术价值，因而可以被纳入"言论"的范围之内。而"硬色情"则不具备任何思想或者艺术价值，因而不被算作"表达"。① 例如，美国法上具体区分了"色情"（pornography）和"淫秽"（obscenity）：后者纯粹是性内容，而不包含任何文学、艺术、政治或者科学价值。②对于前者，法律不能因为色情材料道德低下或者有伤风化就将其禁止，而必须证明其造成了实际社会损害（如提高性犯罪或性骚扰概率以及其他非法性行为的扩展），否则就侵犯了表达自由权。政府禁止的时候需要具有较强理由，特别是要证明色情材料会带来明确危害。

　　当然，涉及具体案件的具体判断并非像概念区分那样分明。美国最高法院发明了各种不同的标准来进行判断，各种标准之间也有差异。从 20 世纪70 年代以来，美国最高法院采取所谓"当前社区标准"（contemporary community standards）来判断一项作品是否构成淫秽。③在此种标准之下，司法机关在判断色情案件时，要看色情作品在具体环境的具体民情和社会风气之下，（1）是否专门诉诸或引起性欲，（2）是否显然有足以令人厌恶的性描写方式，并且（3）是否缺乏文艺、政治、科学以及社会价值，等等。然而，这个标准现在面临一些问题（比如前两者可能会冲突，激起性欲的描写可能并不令人生厌），造成陪审团内部认识的分裂，甚至有学者指出一个悖论：一个社区的色情愈猖狂，居民民情愈倾向于熟视无睹，从而标准游离不定。④正是因为标准的模糊性，美国最高法院大法官斯图尔特和布伦南甚至发明了所谓"看了就知道"（I know when I see it）的直觉主义方法，即法官要亲自去验看案件涉及的具体材料去判断其属于"色情"还是"淫秽"。⑤

---

① Eric Barendt, "Freedom of Expression", in Michel Rosenfeld & András Sajó(eds.), *The Oxford Handbook of Comparative Constitutional Law*, Oxford University Press, 2012, p. 906.

② *Miller v. California*, 413 U. S. 15 (1973).

③ Ibid.

④ Deborah L. Rhode, *Speaking of Sex: The Denial of Gender Inequality*, Harvard University Press, p. 131.

⑤ 斯图尔特法官曾经在判词之中说过一段非常著名的话："我不是在批评美国最高法院，它现在正承担着界定无法界定之事的任务。我的结论是……根据第一和第十四修正案，此领域的刑法在宪法上局限于硬色情。我今天不想继续努力界定这种材料……也许我从来没有成功地理解为什么要这样界定。但是我看了就知道，本案所涉之电影并不淫秽。" *Jacobellis v. Ohio*, 378 U. S. 184, 197 (1964) (Stewart concurring). ("I shall not today attempt further to define the kinds of material I understand to be embraced within that shorthand description ['hard-core pornography'], and perhaps I could never succeed in intelligibly doing so. But I know it when I see it, and the motion picture involved in this case is not that.")"此案开创了美国最高法院在地下室亲自观看令人不快的涉嫌淫秽的电影的传统，滑稽的是，大法官哈伦的法律助手要向这位近乎失明的大法官解释荧幕上是什么。"参见欧树军：《网络色情的法律规管》，载《网络法律评论》2007 年第 8 卷，第 55 页。

值得注意的是,在围绕色情问题的表达自由法学讨论中,女性主义已经越来越成为一股重要的理论力量。在女性主义看来,色情作品的危害不仅在于败坏社会风气或者增加性犯罪率,更重要的是其歧视女性、贬低女性、物化女性的意图和效果。①一些国家的法院已经开始引入女性主义考量进行相关案件裁判,如加拿大最高法院认为"硬色情"可以基于贬低女性而被禁止。在具有里程碑意义的 *R. v. Butler* 一案中,加拿大最高法院判定极端的色情材料如果涉嫌贬低女性,就不受到表达自由的保护。②然而美国最高法院却认为,政府应当在不同的观点之间保持中立,不能由政府来代表女性主义者的观点,因而不赞同以歧视女性为由禁止色情作品的发布、销售和传播。③

三、表达自由的保护程度:权利冲突与利益平衡

显然,无论表达自由的涵盖范围是宽是窄,其在行使的过程中总会带来与其他基本权利或社会利益的冲突,特别是一些不被主流社会所欢迎或者接受的言论是否应当受到保护的问题,更是触及权利冲突和利益平衡的问题。这也构成了当代表达自由司法保护的热点问题。

(一) 诽谤言论:自由与尊严

从历史的角度来讲,表达自由的观念和实践起源于英国。在传统英国普通法上,英国的表达自由,无论是在公共领域还是在个人生活中,都或多或少地受到诽谤法的掣肘,即便是符合事实的言论,也有可能因为侵犯别人的名誉而被法律认定为诽谤。④回头来看,弥尔顿所宣扬的表达自由只反对事前限制,而不反对事后责任。在其后很长的历史时段内,表达自由理论也遵从弥尔顿的态度,对公民的言论表达采取有限的保护,由此形成了传统英国法上的表达自由原则:政府虽然不能够禁止出版,但可以在其发表之后让其承

① 按照女性主义法学家麦金农的说法,无论怎么厘定表达自由的保护标准,将表达自由的范围扩展到色情作品都里是支持剥削、拐卖、诱骗、歧视、压迫女性的法律包装,事实上是在支持色情产业和男权主义。See Catharine A. MacKinnon, *Sexual Harassment of Working Women: A Case of Sex Discrimination*, Yale University Press, 1979; Catharine A. MacKinnon, *Feminism Unmodified: Discourse on Life and Law*, Harvard University Press, 1987, pp. 1-2&15; Catharine A. MacKinnon, *Only Words*, Harvard University Press, 1993. 冯象:《政法笔记》,江苏人民出版社 2004 年版,第 196 页。

② *R. v. Butler*, [1992] 1 S. C. R. 452 (Canada).

③ *Eric Barendt*, "Freedom of Expression", in Michel Rosenfeld & András Sajó(eds.), *The Oxford Handbook of Comparative Constitutional Law*, Oxford University Press, 2012, p. 906.

④ 〔英〕戴雪:《英宪精义》,雷宾南译,中国法制出版社 2001 年版,第 280—285 页。

担相应的责任,事实上仍然可以限制表达自由。而其限制的理由则主要是名誉权和诽谤法。美国开国时期的联邦党人,也正是沿用了英国的传统,在1798 年制定了著名的《煽动法》(The Sedition Act),将对于国会议员和总统有意的诽谤中伤入罪。①

在美国,此种传统直到一个半世纪之后才被改变。在 1964 年的"纽约时报案"中,美国最高法院宣判,公共言论(public speech)——比如批评政府官员的言论——即使事实不确,只要并非出于"实际恶意"(actual malice)或者对于真相"贸然不顾"(reckless disregard),也受到宪法第一修正案的保护,从而可以获得诽谤法上的豁免。②

"纽约时报案"是一个典型的"官告民"的官司。原告苏利文时任亚拉巴马州蒙哥马利市警察局长。1960 年,《纽约时报》刊登广告支持马丁·路德·金所领导的南方黑人民权运动,其中有六十多人联名谴责蒙哥马利市警察曾经运用暴力镇压黑人学生运动,并对马丁·路德·金采取威胁、袭击乃至逮捕等行为。虽然广告并非指名道姓,然而苏利文认为一般公众自然会认为是蒙哥马利警察局所做的行为,并将罪责归到局长身上。因而,苏利文根据亚拉巴马州法律的明确规定(官员针对批评其职务行为的言论,必须在请求对方收回言论的情况下方能够主张民事赔偿),要求《纽约时报》撤回广告。《纽约时报》拒绝撤回。苏利文因而提起民事诉讼,要求赔偿五十万美元。案件一直打到美国最高法院。

美国最高法院最终推翻了州法院的判决,认为《纽约时报》的表达自由应该受到保护。其理由在于,如果法律要求批评官员的言论必须建立在真实的事实基础之上,基于取证的困难和政府与个人之间的力量悬殊,人们就会噤若寒蝉,媒体也会不敢揭发官员的不当行为。由此,"纽约时报案"确立了一个标准:批评官员在表达自由的范围内几乎没有尺度限制。虽然看似美国最高法院确定了恶意标准,但想要探知发言者的确是恶意,或者明知真相,则是非常困难的。在具体的司法过程中,主张自己受到诽谤的官员必须举证证明诽谤人明明知道事实但故意诬陷才可以将其算作所谓的"贸然不顾",因而事实上就意味着很难控告成功。③这个案件的判决根本上颠覆了英国的传统,使得官员的名誉权面对表达自由时受到极大限制。④

后来,美国最高法院又将"纽约时报案"的适用范围扩大到了一般公众

---

① 〔美〕罗纳德·德沃金:《自由的法:对美国宪法的道德解读》,刘丽君译,上海人民出版社 2013 年版,第 278 页。

② *New York Times v. Sullivan*, 376 U. S. 254 (1964).

③ *St. Amant v. Thomson*, 390 U. S. 727 (1968).

④ *Time, Inc. v. Hill*, 385 U. S. 374 (1967);*Bartnicki v. Vopper*, 532 U. S. 514 (2001).

人物,而不仅仅是官员。如在 1988 年的"法威尔案"①中,全美知名的基督教福音派牧师、电视布道者法威尔,被一份杂志描述为与母亲从事乱伦行为,并且极尽讽刺挖苦之能事。法威尔随即起诉该杂志,主张精神损害赔偿。但案件上诉之后,美国最高法院却判定,即便杂志对于法威尔的描述非常过分、极具攻击性,而且带来了巨大情感伤害,杂志的言论自由仍然是首要需要保护的宪法权利,因而不应承担精神损害赔偿责任。

德国法对待言论自由与名誉权之间关系的态度与美国大相径庭。例如,就在美国法威尔案宣判的前一年,在著名的"政治讽刺案"中,一份杂志刊登漫画,将德国著名政治家、巴伐利亚州州长弗朗茨·约瑟夫·施特劳斯(Franz Joseph Strauss)描绘为一只正在从事性行为的猪。州长以侮辱罪的名义诉至法院,而该杂志则以《德国基本法》中保护的艺术自由作为理由,向德国宪法法院提起宪法诉愿。最终,德国宪法法院支持了州长。其理由是,在德国宪法价值体系和基本权利序列中,人格尊严居于首要地位。艺术自由的行使不能够损害一个人的人格尊严。本案中,杂志发表的漫画不但将州长描绘为动物,而且展现了个人的私密行为,因而贬低了州长的人格尊严。施特劳斯的州长身份和公共人物身份并不减损其人格尊严应受保护的程度,也并不减少其在诽谤法上应受保护的个人权利。②

要而言之,在诽谤类案件中,法院需要权衡的是表达自由与人格尊严(名誉权/隐私权)之间的关系。日益明显的是,其他国家的司法实践更偏向于德国模式的尊严至上模式,而非美国的自由至上模式。③甚至与美国同根同源的一些英语国家也是如此:英国及其他英联邦国家不采取如此严格态度。这些国家的高等法院倾向于平衡表达自由和名誉权/隐私权之间的冲突。加拿大和澳大利亚的反对,因为后两者受到德国的影响,认为保护名誉权和人格尊严同样重要,并不低于表达自由的宪法权利位阶。④如英国 2004

---

① Hustler Magazine, *Inc. v. Falwell*, 485 U.S. 46 (1988).

② Political Satire Case (1987), 75 BVerfGE 369. See Donald P. Kommers and Russell A. Miller, *The Constitutional Jurisprudence of the Federal Republic of Germany*, 3rd ed., Duke University Press, 2012, pp. 465-467.

③ Donald P. Kommers and Russell A. Miller, *The Constitutional Jurisprudence of the Federal Republic of Germany*, 3rd ed., Duke University Press, 2012, p. 468. 实际上,这也一定程度上解释了为何美国针对公众人物和明星的花边新闻和"狗仔队"如此发达,而在欧洲则不是如此。如在美国,Jennifer Lawrence 的裸照被媒体公开之后,她只能以著作权,而不是隐私权的名义提起诉讼,因为后一种理由可以轻易地以言论自由的名义被否定。而在欧洲,以"摩纳哥公主案"为代表的司法判例,确认了隐私权高于媒体的报道自由。"Princess Caroline of Monaco II Case" (1999), 101 BVerfGE 361.

④ *Hill v. Church of Scientology of Toronto*, [1995] 2 S.C.R. 1130, para. 122-126; *Theophanou v. Herald & Weekly Times Ltd.*, (1994) 182 C.L.R. 104; "Mephisto Case", 30 BverfGE 173 (1971) (F.R.G.); "Boll", 54 BVerfGE208 (1980) (F.R.G.).

年的"坎贝尔案"中,英国著名模特娜奥米·坎贝尔(Naomi Campbell)被一家报纸拍照,显示其从一所戒毒所走出来,随即引起公众对其涉嫌吸毒的猜测。该模特后否认其吸毒,认为报纸拍照行为,侵犯了她的隐私权,遂将官司打到上议院。上议院认为报纸应当承担赔偿责任,因为其侵犯了坎贝尔的隐私权。①加拿大最高法院在 *Grant v. Torstar* 一案中认为,基于公共利益的理由,诽谤法要让位于一方的表达自由,只要该方尽到了一定程度的查证义务(并不要求该方确保言论的正确性)。②这些国家的高等法院多采取比例原则和平衡方法,而不像美国那样严格保护表达自由。

(二) 煽动言论:自由与安全

煽动言论指的是公开发表的号召颠覆政府的言论。这种言论与国家安全之间存在紧张关系。在表达自由保护程度最高的美国,对于此类言论的保护也是晚近以来才得以发展。其开端是 1919 年的"申克案"。③申克作为美国社会主义党秘书长,公开反对美国加入第一次世界大战,也反对美国向普通公民征兵。他散发传单,告诫应征入伍的年轻人:征兵因构成了美国《宪法》第十三修正案禁止的强迫劳役而违宪。他号召人们抵制征兵法。申克因此被控违反《反间谍法》中入罪的图谋煽动军队的反抗情绪、阻碍征兵工作。申克认为《反间谍法》违反《美国宪法》第一修正案中所保护的表达自由,将案件上诉到美国最高法院。

美国最高法院九位大法官一致认为《反间谍法》并不违宪。著名的霍姆斯大法官在其意见中提出了著名的"明显的和现实的危险"(Clear and Present Danger)标准。他写道:

> 我们不否认,在和平年代的许多情况下,被告发表他在传单中发表的所有言论,都属于宪法权利保护的范围。不过,每种行为的性质都依赖于发生这种行为的各种环境因素。即便是对表达自由最严密的保护,也不会保护在剧场中不恰当地高喊着火了并引起恐慌的人。它也不会为那些发表可能引起煽动性暴力行为后果的言论而应受到禁止的人提供保护。无论如何,问题都是发表的言论是否出现在上述情况之下,是否具备会带来国会有权制止的、具有实质性危害的明显的和现实的危险的特征。这是一个接近与程度的问题。当一个国家处于交战状态时,许多可以在和平时期发表的言论都会成为阻碍国家采取行动的负面因素,

---

① *Campbell v. Mirror GrOxford University Press Newspapers Ltd* [2004] UKHL 22.

② *Grant v. Torstar Corp*, [2009] 3 S. C. R. 640, 2009 SCC 61.

③ *Schenck v. United States*, 249 U. S. 47 (1919).

它们不会存续像人们竭力争取的那么长的时间,也没有一个法院会认为它们应当受到宪法权利的保护。人们公认,如果能证实的确存在破坏征兵工作的障碍,有关言论将承担引起这种后果的责任。①

霍姆斯打比方说,对表达自由的保护就算再宽泛,也不能扩及那种在剧院里面大声叫喊“着火了”的言论,因为那将造成“明显而即刻的危险”。随后在另外三个类似的案件中,最高法院适用了此标准,判定煽动颠覆言论不受《美国宪法》第一修正案的保护。②二战时期,美国最高法院沿用这一立场,判定共产主义人士煽动颠覆美国政府的言论不受表达自由的保护。③

之后,美国最高法院一直对煽动颠覆言论保持限制的立场,直到1969年的“布兰登伯格诉俄亥俄州”案才有所改变。④在该案当中,3K党的一名地方领导人布兰登伯格鼓吹极端种族主义言论,反对黑人和犹太人,因而违反了俄亥俄州的《工团主义犯罪法》。美国最高法院判定,该法因违反了《美国宪法》第一修正案而无效,3K党领导人的言论受到表达自由的保护。最高法院放松了“明显而即刻的危险”的标准,认为必须区分“抽象的教义”和“教唆”,只有当后者直接煽动和制造非法行为的时候才不受表达自由的保护。该案的判决使得煽动颠覆事实上获得了表达自由近乎绝对的保护。

美国最高法院对于煽动颠覆的表达自由保护进而扩展到了表达性的行为(expressive conduct)。1989年著名的“焚烧国旗案”即是如此。⑤美国最高法院认为,焚烧国旗是一种表达性行为,受到第一修正案保护,因为只要行为包含某种表达性的意思,就可以算作言论受到保护,如戴黑色臂章抗议越战、静坐抗议种族隔离、身穿军装批评越战等。而要确定行为本身是否具有表达性的意思,取决于旁观者是否理解行为人的行为所传达的意思。约翰逊是在参加一起反对里根和共和党的政治游行当中焚烧国旗的,因而明确具有政治意图,从而属于表达性的行为。此外,焚烧国旗的行为并没有破坏州政府维护国家荣誉和安全的利益。焚烧行为并未引发实际的动乱,虽然引起了一些围观者的不满,但是并没有煽动起“即刻而明显的”暴力行动,因而不属于所谓的“挑衅言论”(fighting words)而被排除在表达自由的保护范围之外。

在其他国家,表达自由与国家荣誉之间的天平却倾斜到了另一边。例如,同样面对焚烧国旗的案件,德国宪法法院判定,《德国基本法》中的表达

①　*Schenck v. United States*, 249 U.S. 47 (1919).

②　*Frohwerk v. United States*, 249 U.S. 204 (1919); *Debs v. United States*, 249 U.S. 211 (1919); *Abrams v. United States*, 250 U.S. 616 (1919).

③　*Dannis v. United States*, 341 U.S. 494 (1951).

④　*Brandenburg v. Ohio*, 95 U.S. 444 (1969).

⑤　*Texas v. Johnson*, 491 U.S. 397 (1989).

自由条款不保护烧国旗的权利。①德国宪法法院认为，国旗是包含着国家目标的重要集合体，任何的轻蔑行为都会损害国家必要的权威。②

　　然而，进入 21 世纪，在全球反恐怖主义的大背景下，美国法对煽动言论的态度也趋向收紧。在 2010 年的 *Holder v. Humanitarian Law Report* 案中，美国最高法院开始限制布兰登勃格原则在涉及恐怖主义案件中的适用。Humanitarian Law Report 是一家美国非营利组织，试图通过募集捐款和法律援助的方式，支持一些外国武装组织，例如土耳其的库尔德工人党和斯里兰卡的泰米尔伊拉姆猛虎解放组织，并且促使其采取和平的方式解决冲突。美国政府将该组织列为"境外恐怖组织"，并且依据其掌握的材料显示，美国公民曾因其发动的数次恐怖行动遭到伤亡。美国政府认为，Humanitarian Law Report 为这些组织提供专家建议和协助服务违反了美国的《爱国者法案》。美国最高法院最终判定，Humanitarian Law Report 为恐怖组织提供建议和服务不受言论自由保护。③

　　2013 年的另一起案件中，一名埃及裔药剂师被控为恐怖分子非法协调物质资源，构成犯罪，因为他在互联网上散播和推崇圣战思想，并翻译了圣战文本发布在互联网上。药剂师的律师辩称，这只是通过言论表达反对伊拉克战争，因而应当受到言论自由的保护。然而，美国联邦第一巡回法院判定，当事人对于圣战文本的翻译本身即是对恐怖主义提供物质支持，否定了其言论自由抗辩。④美国最高法院随即也拒绝受理该案上诉。最终，这名药剂师被判处 17 年零 6 个月的监禁。

　　相同的趋势也不限于美国。2019 年，英国通过《反恐怖主义与边界安全法》，将涉及恐怖主义的言论表达列为犯罪，例如在网络上发布鼓励恐怖主义或者展示恐怖主义组织的陈述或者图片。⑤西班牙、法国、德国、澳大利亚等国，乃至于欧盟，都采取了类似的举措，将鼓吹恐怖主义的言论列为犯罪。⑥在反恐问题上，法律的天平似乎在偏向国家安全，而非表达自由。

---

① Ute Krüdewagen, "Political Symbols in Two Constitutional Orders: The Flag Desecration Decisions of The United States Supreme Court and The German Federal Constitutional Court", 19 *Arizona Journal of International and Comparative Law* 2, pp. 679-712(Summer 2002).

② *Flag Desecration Case*, 81 BVerfGE 278(1990).

③ *Holder v. Humanitarian Law Project*, 561 U. S. 1 (2010).

④ *United States v. Mehanna*, 735 F. 3d 32 (1st Cir. 2013).

⑤ UK Counter-Terrorism and Border Security Act 2019, Section 2 & 5.

⑥ Eliza Bechtold and Gavin Phillipson, "Glorifying Censorship? Anti-Terror Law, Speech, and Online Regulation", in Adrienne Stone and Frederick Schauer(eds.), *The Oxford Handbook of Freedom of Speech*, Oxford University Press, 2021, pp. 518-521.

(三) 仇恨言论:自由与平等

仇恨言论指的是针对特定种族、民族、文化、宗教、性别表示仇恨情绪和极端态度的文字、符号、图片或者影视作品等。典型的例子如针对犹太人的仇恨言论,比如"否认纳粹大屠杀"(denial of the Holocaust)的言论。其中涉及的核心问题是自由和平等之间的冲突,特别是表达自由与种族平等、民族平等、性别平等、性取向平等之间的冲突。

世界各国对于仇恨言论是否受到表达自由保护的态度有所不同。欧洲很多宪法法院和加拿大最高法院以及南非宪法法院对于仇恨言论(hate speech)——比如否认纳粹大屠杀,或者激起种族或宗教仇恨的言论——都采取非常限制性的态度。有些国家甚至通过刑法将仇恨言论入罪,并且即便有人提起违宪审查,也被宪法法院驳回,例如德国。①而在加拿大最高法院的 *R. v. Keegstra* 案中,一名中学教师不断地在课堂上发表反犹主义言论,并要求其学生写作业的时候采纳其观点,因而被判刑,该老师随即将案件上诉到最高法院。加拿大最高法院认为,加拿大《权利与自由宪章》中的表达自由并不保护足以煽动种族仇恨的言论。②南非宪法更是非常明确地将仇恨言论排除在表达自由的保护范围之外。③这些实践背后的理由是,表达自由必须让位于平等的价值和权利,这一点在有特定种族歧视历史经验的国家,表现得特别明显:经历过纳粹统治的德国就特别强调人格尊严的平等性,否认反犹太人的言论受到宪法保护;以色列由于是犹太人建立的国家,因而对于诸如"否认纳粹大屠杀"的言论也采取严格禁止的态度;经历过极其漫长的种族隔离的南非,同样严格禁止极端的种族仇恨言论,强调人格尊严。

但在美国,即使是仇恨言论也受到第一修正案的保护,只要其不会引发或导致"明显而即刻的危险"(clear and present danger),即社会动荡或秩序混乱。④实际上,在 20 世纪早期,美国最高法院对于仇恨言论秉持限制的态度。⑤随着 60 年代文化运动的兴起,美国社会开始逐渐撕裂,多元文化主义开始盛行,美国最高法院在这个背景下改变了之前的态度。如上文提到的布

---

① Holocaust Denial Case, 90 BVerfGE 241 (1994) (F. R. G.).

② *R. v. Keegstra*, [1990] 3 S. C. R. 697 (Canada).

③ South Africa Constitution, § 16 (2).

④ James Weinstein, "An Overview of American Free Speech Doctrine and its Application to Extreme Speech", in Hare and Weinstein (eds.), *Extreme Speech and Democracy*, Oxford University Press, 2009.

⑤ *Chaplinsky v. New Hampshire*, 315 U. S. 568 (1942) (判定宗教人士称呼官员"纳粹分子"的攻击性言论不受言论自由保护); *Beauharnais v. Illinois Beauharnais v. Illinois*, 343 U. S. 250 (1952) (判定号召白人抵制黑人蚕食白人利益、骚扰白人群体的传单属于诽谤,不受到宪法言论自由的保护)。

兰登伯格案中，美国最高法院判定，3K 党的种族主义言论受到宪法第一修正案保护。

冷战之后，随着多元文化主义进一步盛行，美国最高法院对于仇恨言论的保护程度进一步提高。在 1992 年 *R. A. V. v. City of St. Paul* 案中，一群白人青年在黑人家庭草坪上燃烧十字架，违反了当地城市禁止仇恨言论的法令，因而被捕。美国最高法院认为，不应当基于内容而禁止任何言论，因此认为焚烧十字架的行为受到第一修正案的保护。仇恨言论也是公共讨论和社会舆论的一部分，理应受到保护。如果政府可以通过法律禁止仇恨言论，那么政府就可以以此为理由进而禁止其他类似的言论（比如极端的意识形态言论），表达自由就会受到极大的限制。[1] 2003 年，美国最高法院判定，公开焚烧十字架受到言论自由保护，因而宣布将其入罪的法律违宪。[2] 2011 年，一座教堂在葬礼中打出攻击性标语，反对美国军队宽容同性恋人士，引发法律诉讼。美国最高法院判定，此种言论受到宪法第一修正案保护。[3] 2017 年，美国最高法院九名大法官一致判定，禁止带有种族贬低色彩的商标注册的《联邦商标法》[4]相关条款违反第一修正案。阿利托大法官在判词中写道："基于种族、民族、性别、宗教、年龄、残障、或任何类似理由的贬低性言论是可恨的；但是我们最值得夸耀的言论自由法理学却是：我们保护'那些我们憎恨的言论'的自由表达。"[5]

当然，欧洲和美国在仇恨言论问题上的法律分歧，有时候也会在具体案件中直接发生冲突。著名的法国政府诉雅虎案（2000）在此值得一提。[6]案件缘起于法国网民发现雅虎法国网站（yahoo. fr）拍卖纳粹纪念品，随即法国政府在巴黎法院起诉雅虎公司。雅虎公司辩称依据美国宪法，拍卖行为属于言论自由，而言论自由保护纳粹言论及其表达形式，因而不应受到政府和法律的限制。然而，巴黎法院认定，雅虎必须遵守法国法律，而法国法律中言论自由并不保护纳粹类的内容。[7]

---

① *R. A. V. v. City of St. Paul*, 505 U. S. 377 (1992).

② *Virginia v. Black*, 538 U. S. 343 (2003).

③ *Snyder v. Phelps*, 562 U. S. 443 (2011).

④ The Lanham (Trademark) Act, Pub. L. 79-489, 60 Stat. 427 (1946).

⑤ *Matal v. Tam*, 582 U. S. __ (2017). (Justice Alito: "Speech that demeans on the basis of race, ethnicity, gender, religion, age, disability, or any other similar ground is hateful; but the proudest boast of our free speech jurisprudence is that we protect the freedom to express 'the thought that we hate'.")

⑥ 参见政武：《巴黎法院对"雅虎案"裁定的法律思考》，载《互联网周刊》2001 年第 2 期。

⑦ 另外值得注意的是，雅虎认为互联网无法提供用户地理标识，巴黎法院则认为，过滤技术已经可以探知点击网站的用户身处何方，适用何地法律。

(四) 裁判方法:类型与平衡

事实上,以上论及的三个表达自由子领域中,美国和其他国家之间存在较大分歧。这种分歧不仅涉及表达自由权解释的具体内容,也牵涉司法审查中的宪法解释和裁判方法。稍微了解当今世界范围内司法审查实践的人都会知道,在涉及基本权利的宪法裁判中,欧洲和其他国家采取平衡和比例原则模式①,美国则常常被认为是比例原则国际热潮中的另类。②

而这种分野在表达自由权的宪法裁判中体现得最为鲜明。美国主流坚持一种所谓"绝对的"(categorical)或者"定义性"(definitional)表达自由裁判方法。③简言之,法院在处理具体案件时,主要任务是界定某项言论或者表达性行为是否构成宪法第一修正案中的"言论"。如果是,就加以保护,不存在与其他权利或者利益平衡的空间,因而成为一种"王牌"(right as trump)。如果不是,那就不加以保护,公权力可以加以禁止或者限制。例如,上文提及的仇恨言论,如焚烧十字架或者否认纳粹大屠杀,一旦被确认为落在表达自由的保护范围,那么无论公权力拥有多么强烈的理由或者正当化依据,也不可加以禁止或限制。正如美国最高法院布莱克大法官所言,"不得制定任何法律剥夺表达自由意思就是不得制定任何法律"。④

值得注意的是,在美国主流看来,任何试图将表达自由与其他权利或者利益进行平衡的方法,都意味着动摇了表达自由的宪法保护根基。例如,在

---

① See Robert Alexy, *A Theory of Constitutional Rights*, Julian Rivers trans., Oxford University Press, 2002; Aharon Barak, *Proportionality: Constitutional Rights and Their Limitations*, Cambridge University Press, 2012; Jacco Bomhoff, *Balancing Constitutional Rights: The Origins and Meanings of Postwar Legal Discourse*, Cambridge University Press, 2013; Moshe Cohen-Eliya and Iddo Porat, *Proportionality and Constitutional Culture*, Cambridge University Press, 2013; Vicki C Jackson and Mark Tushnet(eds.), *Proportionality: New Frontiers*, Cambridge University Press 2017.

② Moshe Cohen-Eliya & Iddo Porat, "The Hidden Foreign Law Debate in Heller: The Proportionality Approach in American Constitutional Law", 46 *San Diego Law Review* 367(2009).

③ 注意,此处的"绝对"并不意味着"无限"。"绝对"意味着,在权利所涵盖的范围之内,必能够产生相应的义务。"无限"则意味着其涵盖范围无边无界,任何事项都可以涵盖进来。See Gregoire C. N. Webber, *The Negotiable Constitution: On the Limitation of Rights*, Cambridge University Press, 2009, p. 142. ("Here, one recognizes that claiming a right to be absolute in force is not the same as claiming that the right is itself limitless or unlimited. ... According to the conception of specified rights, no right is absolute in the sense of being unlimited in scope, but all rights are absolute in the sense of being 'unconditionally obligatory' within their proper scope.")

④ *Smith v. California*, 361 U. S. 147, 157-158 (1959) ("no law abridging the freedom of speech means no law").

20世纪50和60年代,美国最高法院在判例中试着采用平衡方法的时候①,布莱克大法官提出了激烈的反对:平衡的方法是一种危险的教义,势必允许法官将应受保护的权利平衡掉了;"'国会不得制定任何法律……剥夺言论自由'被转译成'不过是对国会的告诫'"。②或者用另一位学者的话来说,是将第一修正案"雷鸣般的'你不得剥夺'变为一种颤颤巍巍的'如果必须剥夺那你就干,但尽力控制在合理范围内'"。③进而言之,平衡的方法必将带来寒蝉效应。

　　然而,在美国未能发展起来的平衡方法,却在欧洲和其他国家的违宪审查实践中蓬勃发展起来,甚至构成了一种跨国性的移植、借鉴和互相参考的司法潮流——比例原则(proportionality)。④简言之,违宪审查机构在处理基本权利案件时,不着重判断某个事项是否构成一种宪法权利或者属于某个宪法权利的覆盖范围,而是着重去审查一部涉案的法律的目标是否具有正当性、手段是否有适当性和必要性,以及目的和手段之间是否成比例(衡平性)。⑤

---

① *Dennis v. United States* (1951), 341 US 494 (1951), p. 508(Chief Justice Vinson: "Nothing is more certain in modern society than the principle that there are no absolutes. "); pp. 524-525 (Justice Frankerfurter Concurring: "The demands of free speech in a democratic society, as well as the interest in national security, are better served by candid and informed weighing of the competing interests. ").

② Ibid. , p. 580. 另外参见 *Barenblatt v. United States*, 360 US 109 (1959);*Konigsberg v. State Bar of California*, 366 US 36 (1961).

③ Laurent B Frantz, "The First Amendment in the Balance", 71 *Yale Law Journal* 1424, p. 1449 (1962).

④ Vicki C. Jackson & Mark Tushnet, "Introduction", in Vicki C. Jackson & Mark Tushnet (eds.), *Proportionality*:*New Frontiers*, *New Challenges*, Cambridge University Press 2017, p. 1; Alec Stone Sweet & Jud Mathews, " Proportionality Balancing and Global Constitutionalism", 47 *Columbia Journal of Transnational Law* 1, p. 73(2008).

⑤ 此为比例原则经典的四阶段说,以以色列最高法院大法官巴拉克为代表。See Aharon Barak, *Proportionality*,Cambridge University Press, 2012, pp. 245-370. 在违宪审查实践中,加拿大最高法院的 *R. v. Oakes* 案构成了经典的教义先例:(1) 正当性:法律的目标必须"与一个自由民主社会中迫切和实质的关切相关"(relate to concerns which are pressing and substantial in a free and democratic society);(2) 适当性:"采取的措施必须是……与客观事物有理性联系"(The measures adopted must be... rationally connected to the objective);(3) 必要性:"手段……应当'尽可能小地'损害讨论中的权利或自由"(The means... should impair "as little as possible" the right or freedom in question)【我的理解:必要性测试,就是检测法律采取的手段是不是最后的手段】;(4) 衡平性(Balancing, or 'proportionality stricto sensu')"在限制这项……权利或自由的措施的效果和被确认为具有'足够重要'的目标之间存在比例性"(There must be a proportionality between the effects of the measures which are responsible for limiting the... right or freedom, and the objective which has been identified as of "sufficient importance"). *R. v. Oakes* [1986] 1 SCR 103(Canada), 69-70. 此外,学界还总结出了不包括目的正当性的三阶段说(Robert Alexy, "Proportionality and Rationality", in Vicki C. Jackson & Mark Tushnet (eds.), *Proportionality*:*New Frontiers*, *New Chalenges*, Cambridge University Press, 2017, p. 14.)和增添具体识别受到侵害的宪法权利的五阶段说(Frank I. Michelman, "Proportionality Outside the Courts with Special Reference to Popular and Political Constitutionalism", in Vicki C. Jackson & Mark Tushnet (eds.), *Proportionality*: *New Frontiers*, *New Chalenges*, Cambridge University Press, 2017, p. 32.)。

回到表达自由权，来看一下具体如何操作。首先是目标正当性测试：为何一部法律采取限制表达自由的条款？一般来说，正当的理由包括：国家安全、公共安全、防止犯罪、保护健康、维护公共道德、保护他人名誉等。①但这些理由在具体案件中会显得过于宽泛，因而按照比例原则，必须进行更为情景化的解读，从而探测立法者的真正意图。

例如，加拿大最高法院曾经处理一起涉及烟草行业的案件。② 议会立法规定：（1）全面禁止烟草广告；（2）禁止在非烟草产品上使用烟草公司商标；（3）香烟包装盒必须标明有害健康的警告，但不得标记来自加拿大政府部门。违反其一即构成犯罪。最高法院多数大法官认为，政府提出的保护公共健康、防止疾病死亡的目标过于宽泛，其真正的目标乃是降低香烟消费量。而这一目标是正当的，因其与公共健康存在联系。

其次是适当性测试，也即手段必须与目标相关联。在上述加拿大案件中，多数大法官认为，规定（1）和（3）与降低香烟消费量有逻辑关联，因而通过测试。规定（2）与减少香烟消费量的目标之间，不存合理的逻辑关联性。政府一方未能提交足够的科学证据证明，减少烟草公司商标在社会上的显示度，能够影响人们的吸烟行为。因而，规定（2）未能通过适当性判断，从而侵犯表达自由而无效。

再次是必要性原则，也即采取尽可能少限制基本权利的手段，或者是否存在替代措施。继续以上述加拿大案件为例，多数大法官认为，虽然规定（1）和（3）跟目标之间存在关联性，但却没能以最小主义的方式来实现目标。政府未能提交足够的证据证明，全面禁止烟草广告就比部分禁止要更有效，而且不标记是政府在做健康警告比标记出来更有效。因而，两项规定都未通过必要性测试，因而无效。

最后是衡平性原则。在上述案件中，因为所涉及的法条均未通过前三条测试，因而不用进行第四项测试。最终加拿大最高法院宣判，该烟草广告管制法案的相关条款侵犯了表达自由而无效。

可以看出，在比例原则之下，首要的问题不是定义表达自由的涵盖范围，而是将其解释得较为宽泛，将其与其他价值和利益进行细致的平衡。与其说是划定边界，不如说是将两者的范围都设定为较为广泛，交会在具体案件中，于是法官可以结合具体案情进行衡量。这与美国式的绝对主义路径具有较大差别。究其原因，一方面是因为美国的表达自由条款的措辞本身没有包含限制，而加拿大、德国等国的宪法则在宪法条文中明确规定言论自由必须受

---

① European Convention of Human Rights, Article 10.

② *RJR-MacDonald Inc. v. Canada* [1995] 3 SCR 199.

到限制。①而另一方面的原因则更为根本。在美国，比例原则本身会因为存在法官立法的嫌疑，而遭遇"反多数难题"的质疑和担忧，破坏权力分立的基本结构，甚至破坏美国宪法秩序的人民主权根基。②而在欧洲和加拿大，"反多数难题"并不是争议性的问题。

四、互联网与平台时代的表达自由

传统的表达自由理论一般不将言论传播的媒介作为理论思考的重要组成部分。然而，媒介本身实际上居于表达自由保护的核心地位。毕竟，言论总是需要通过媒介发布和散播。表达自由不仅需要免除公权力不当干涉，同时也需要媒介的良性建构予以支撑。③即便是在最经典（过时）的"街角发言者"模式中，媒介依然存在：需要一个街角，才能让发言者公开说话，才能有听众能够听到。表达自由能否实现、实现到什么程度，取决于个人获取媒介的渠道与能力，也取决于针对媒介的法律规制和政府管理。

更有甚者，媒介在传播言论的同时，也能够限制言论。媒介所使用的底层技术很大程度上影响了表达自由的行使与限制。现代通信技术的逐步发展也逐步改变了言论的传播渠道：从印刷到广播，从广播到电视，从电视到互联网。每一次技术的进步都带来了新的媒介；每一种新的媒介都改变了言论发布和散播模式。相对于19世纪的报纸和图书，广播和电视是20世纪的新媒体。相比于20世纪的广播和电视，网络和平台是21世纪的新媒体。

在互联网的时代，必须强化对于媒介的思考，才能够深刻地理解表达自由所涉及的社会和法律问题。互联网的出现，大大扩展了人类发布言论的渠道。报纸行业蓬勃发展时期，报业巨头林立并形成垄断，个人的表达自由系于报社，后来则是广播电台和电视台。某种意义上，互联网开启了内容发布

---

① 例如《德国基本法》第5条；《加拿大权利与自由宪章》第2条。

② Paul W. Kahn, "Comparative Constitutionalism in a New Key", 101 *Michigan Law Review* 8, 2003, p. 2677; Paul W Kahn, "The Court, the Community and the Judicial Balance: The Jurisprudence of Justice Powell", 97 *Yale Law Journal* 1, pp. 1-60(1987).

③ Jack M. Balkin, "Digital Speech and Democratic Culture: A Theory of Freedom of Expression for the Information Society", 79 *New York University Law Review*. 1, pp. 52-55 (2004); Yochai Benkler, "Property, Commons, and the First Amendment: Towards a Core Common Infrastructure", p. 3 (White Paper for the First Amendment Program, Brennan Center for Justice at NYU Law School, New York, N. Y.) (2001), available at http://www. benkler. org/ WhitePaper. pdf, last visited Feb. 22, 2023.

和传播的"开源"时代。①网络和平台抹消了个人传播和大众传播的界限。发言者和接受者的关系拉平了:每个人都可以同时是传播者和接受者;每个人都有可能触及海量受众。无论是从业门槛还是内容标准,新闻业不再需要专业性。无论是发布渠道还是受众注意力,稀缺性不再是问题。由于媒介的跨国特性,内容控制变得更加困难。

互联网的基础技术架构促成了言论发布渠道的扩大趋势。作为基于分布式和包交换的通信系统,互联网通过技术协议将全球用户的物理设备联结成网,并相互传输内容(文字、语音、图片、视频、程序等),可以同时实现"一对一"快速通信(电邮和即时通信工具)和"一对多"广泛传播(万维网、BBS、聊天室、博客/微博、社交平台等)。在移动互联网时代,智能手机的兴起进一步扩大了互联网的社会覆盖范围和通信的遍在性和即时性。智能手机与社交平台相辅相成,大大促进了表达和传播,使得人们可以随时随地发表言论。同时,互联网的全球性也促进了表达和传播的国际化,形成了各国公共舆论的相互触染。一句话,互联网促进了信息交流传播,使得人们表达的渠道畅通程度前所未有。

然而,互联网也带来了新的问题。首先,互联网既扩大了表达的效果,也增加了表达的社会危害,扩大了不良言论的社会损害范围。伴随言论发布数量和速度不断提高的是,言论的危害也在逐渐增加。随着传统新闻行业伦理的缺失,"假新闻"②和极端言论不断增多,而且越发极端,"饭圈撕逼"等群体激化事件层出不穷,而且对于舆论的影响力越来越大。名誉权、隐私权和公共舆论秩序受到前所未有的挑战。

---

① 信息技术的转变体现为读者和媒体关系的变化。原来处于新闻制造和传播边缘的读者现在成了中坚力量,可以把身边事情记录下来传给他人,起到新闻收集和传播的作用;她/他可以随时通过网络搜索来检查报纸新闻是否真实,也可通过与目击者交流来确认。于是,公民新闻(citizen journalism)出现了。传统媒体原有优势在于地理条件限制造成的区域间信息匮乏,利用集团优势和专业技术从各地收集信息进行报道。当网络超越了地理界限之后,这种优势荡然无存。原来的读者基于技术条件,也成为新闻的收集和传播者。一些重大历史事件的记录者都是业余人士,比如"9·11"事件撞机的录像就是路人用家用摄像机拍摄的。然而,公民新闻现象的出现,也带来了两个重大问题。首先,传统新闻业的职业伦理和行业标准丧失,导致泥沙俱下、鱼龙混杂。参见刘晗:《参与式互联网与数字野蛮主义》,载《读书》2010 年第 2 期。其次,公众注意力稀缺和碎片化,因而出现信息茧房效应,使得平台处于引导和操控舆论的中心地位。Tim Wu, "Is the First Amendment Obsolete?", 117 *Michigan Law Review* 3, pp. 554-558(2018); Eli Pariser, *The Filter Bubble: How the New Personalized Web Is Changing What We Read and How We Think*, Penguin, 2011. 脸书和推特在 2016 年美国总统大选中扮演的角色是最为典型的例子。Sheera Frenkel and Katie Benner, "To Stir Discord in 2016, Russians Turned Most Often to Facebook", *New York Times*, 17 February 2018, https://www.nytimes.com/2018/02/17/technology/ indictment-russian-tech-facebook.html, last visited Feb. 22, 2023.

② 左亦鲁:《假新闻:是什么? 为什么? 怎么办?》,载《中外法学》2021 年第 2 期。

其次，互联网既促进了表达，也限制了表达。信息技术的发达，使得公权和公司的监控能力也在增强。[1]特别是，随着互联网的发展和市场格局的变化，超级平台出现了。随着海量信息充塞网络，单项言论的影响力逐渐下降。互联网巨头基于算法和人工智能对于言论发布和影响力的掌控力越来越强。曾经助力个人表达和信息传播的互联网，也开始成为限制表达自由的力量。

一言以蔽之，对于表达自由来说，互联网既带来了解放，也带来了危险，值得欢呼，也值得思考。我们需要思考互联网产业兴起的法律背景，同时也要思考互联网时代表达自由涉及的诸多新问题，及其对于传统表达自由理论与实践的冲击。

（一）互联网的护身符：第一修正案与 CDA230 条款

互联网起源于美国，随后应用于全球。互联网企业也起源于美国，随后影响全球。有关互联网和互联网企业的法律，也最早源于美国，显然也对全球范围有重大影响。实际上，美国互联网产业和企业之所以如此发达，乃至于成长为今天的超级平台，很大程度上是因为诉诸《美国宪法》第一修正案表达自由的法律保护，并且得到了法律和法院的承认。

20 世纪 90 年代，随着互联网从一种技术网络逐渐通过商业化而变成社会应用，政府开始规制互联网的进程就开始了。1996 年，美国国会通过了《传播净化法》(The Communications Decency Act，简称 CDA)，是美国政府首次通过立法规制互联网的行动，其中的要害是反对网络色情，例如该法的一些核心条款禁止用户通过互联网向未成年人传播淫秽信息或材料，否则传播者有可能承担刑事责任。[2]

CDA 立即引起了互联网社群和公民自由团体的反对。后世闻名的《网络空间独立宣言》即是在 CDA 背景下诞生的，是互联网先锋人士针对民族国家试图"入侵"网络空间而发布的。互联网先锋人士们秉承 60 年代美国新左派和反文化运动的反体制基因，认为此项规定将造成一种寒蝉效应，使得政府可以利用此条款控制和压制网络空间内的言论自由。在他们看来，互联网的本质在于追求创造自由、拓展知识传播；其治理应当是网络自治，而非基于暴力的政府

---

[1]　Shoshana Zuboff, *The Age of Surveillance Capitalism: The Fight for a Human Future at the New Frontier of Power*, Public Affairs, 2019.

[2]　47 U. S. C. §223(a)(1)(B)(ii) (1994, Supp. II), Section 223(d).

管制或者基于财产的商业控制。①政府的干涉必将危及网络空间的自主。

与此同时，他们也诉诸法律来捍卫网络空间，而美国最高法院选择支持互联网。在"雷诺案"中，美国最高法院判定：互联网的确构成了一种不同于物理世界的独立空间，其中言论自由受到最为严格的保护，《传播净化法案》违反《美国宪法》第一修正案中的言论自由条款因而无效。②斯蒂文斯大法官（Justice Stevens）撰写的法院意见认为，互联网不同于传统媒体，"构成了一种独一无二的媒介……不设在任何特定地理位置，而是世界任何地方连接到互联网的任何人都可以进入"③，构成一种"未受到……政府监督和规制的广阔的民主论坛"。④奥康纳大法官（Justice O'Connor）则在附议中指出，网络空间与物理空间不同，"因为其不过是电子路径的相互连接，网络空间使得发言者和收听者可以掩盖其身份。……既然用户可以在互联网上传递和接受信息而不披露其身份和年龄……现在不可能基于其身份而排除某些人接近特定的信息。"⑤正如"纽约时报案"护卫了传统新闻产业一样，"雷诺案"则为新兴互联网的发展保驾护航。互联网在与政府的博弈中，借助表达自由的法律武器，初战告捷。

回头来看，这场斗争结果的最终受益人与其说是网民，不如说是互联网企业。事实上，美国最高法院在雷诺案中没有宣布为无效的一个 CDA 条款，最终成为互联网发展剧情中的主角，即著名的"CDA230 条款"。CDA230 条款规定："交互式计算机服务的提供者或用户不得被视为另一信息内容提供者提供的任何信息的发布者或发言者。"⑥该条款为互联网服务提供者创造了特权，免除了互联网企业和平台有关用户发布信息的中间方责任。具体而言，如果 A 在 B

---

① "互联网的主权"这一观念的典型代表，是约翰·巴洛（John P. Barlow）1996 年在瑞士达沃斯论坛上发布的《网络空间独立宣言》（A Declaration of Independence of Cyberspace）。巴洛曾是流行歌词作者，也是电子边疆基金会（Electronic Frontier Foundation）的联合创始人之一，被称为"网络空间的杰弗逊"。巴洛模仿杰斐逊起草的《独立宣言》（1776）大声疾呼，网络空间不受政府统治，而应该独立自治："工业世界的政府们，你们这些令人生厌的铁血巨人们，我们来自网络空间——一个崭新的心灵家园。我代表未来，要求过去的你们别管我们。在我们这里，你们并不受欢迎。在我们聚集的地方，你们没有主权。……你们不了解我们，也不了解我们的世界。网络空间并不处于你们的领地之内。不要把它想成一个公共建设项目，认为你们可以建造它。你们不能！它是一个自然之举，于我们的集体的行动中成长。……你们不了解我们的文化和我们的伦理，或我们不成文的'法典'（编码），与你们的任何强制性法律相比，它们能够使得我们的社会更加有序。"约翰·P. 巴洛：《网络独立宣言》，李旭、李小武译，高鸿钧校，载《清华法治论衡》（第四辑），清华大学出版社 2004 年版，第 509 页。译文有所改动。

② *American Civil Liberty Union v. Reno*, 521 U.S. 844, at 851 (1997) (Stevens, J.). 以下简称雷诺案。

③ Ibid., at 851.

④ Ibid., at 868-869.

⑤ Ibid., at 889-890 (O'Connor concurring).

⑥ Communications Decency Act 47 USC § 230 (c) (1) (1996). ("No provider or user of an interactive computer service shall be treated as the publisher or speaker of any information provided by another information content provider.")

的个人主页下面留言,其言论涉嫌侵权或者犯罪,B不用承担连带责任;个人主页所在的网站C也不用为A或者B发布的言论承担责任;如果用户E和F通过搜索引擎G找到了A的主页文章或者B的留言链接,搜索引擎G也不用为A和B的言论承担责任。①正因为如此,CDA230条款使得互联网企业和平台(从早期的网站、聊天室、BBS、博客网站、搜索引擎,再到后来的电商平台和社交媒体平台)都可以避免因为面对海量侵权诉讼而止步不前,因而也成为网络表达自由迄今为止在美国法上最重要的法律支撑。也因为该条款在英文中长度为26个单词,也被称为"创造互联网的26个单词"。②毕竟,相较而言,在互联网出现之前,传统的媒介中间方(如出版社、书店、报亭等)并不享受此等特权。③

时至今日,互联网产业格局已经发生改变,掌握海量数据和先进算法的超级平台,已经取代了早期的网站成为主流媒介。显然,人类的生产生活已经日益开始被平台的算法所驱动,互联网巨头获得了巨大的资源调配权和舆论影响力,甚至可以运用算法来审查和淹没一些言论的发布,各国政府对于算法的规制也已经开始提上议事日程。④然而,商业巨头却诉诸表达自由来抵制规制,保护其核心生产工具:算法。其理由是,算法的应用和结果的呈现是在行使表达自由。例如,谷歌在搜索排名中将一个公司排在前面或者后面,即是谷歌在表达某种观点或者看法;对算法的规制即是侵犯其表达自由。而这种观点已经得到了美国法院的持续支持。⑤表达自由仍然是互联网企业抵制政府规制的武器。但这恰恰会构成一个悖论:对于平台算法进行言论自由保护,可能反过来威胁用户的言论自由。

(二) 接入权:数字鸿沟与网络中立性

先从互联网的基础设施说起。个人如果想要通过互联网进行表达,就需要接入互联网服务,而这些服务是由互联网基础服务公司提供,无论是宽带

---

① 唯一的例外是版权侵权问题。17 U.S.C. § 512(c)(1)(A)(iii) (2004).

② Jeff Kosseff, *The Twenty-Six Words That Created the Internet*, Cornell University Press, 2019.

③ See *Cantrell v. Forest City Publ'g Co.*, 419 U.S. 245, pp. 253-54 (1974).

④ 丁晓东:《论算法的法律规制》,载《中国社会科学》2020年第12期。

⑤ *Search King*, Inc. v. *Google Tech.*, Inc., No. 02-1457, 2003WL21464568 (W. D. Okla. May27, 2003);*Christopher Langdon v. Google Inc.*, et al. 2007 WL 530156, Civ. Act. No. 06-319—JJF (D. Del. February 20,2007); *Zhang v. Baidu*, 10 F. Supp. 3d 434, SDNY 2014. 相关讨论参见左亦鲁:《算法与言论》,载《环球法律评论》2018年第5期。数据目前尚且没有被算作言论对其进行法律保护。美国最高法院只是建议过,但没有明确予以确认。See *Sorrell v. IMS Health*, *Inc.*, 564 US 552, p. 570 (2011).

公司还是移动电话公司。虽然互联网的出现大大推进了个人公共表达的普及化（相比于广播电视报纸），但也并非所有人都可以平等接入互联网服务。

首先，国与国之间存在"数字鸿沟"。根据 2016 年国际电信联盟（ITU）发布的报告，即便是在发达国家也只有平均 70%的人口能够使用互联网，而在亚洲国家平均只有 40%，非洲国家甚至只有不到 7%。其次，即便在一个国家内部，由于经济条件、受教育程度、年龄、地区差异等方面的原因，不同阶层的人接入互联网服务的程度也有所差别。

其次，互联网在促进信息传播的同时，也导致了信息爆炸和"流量为王"，从而使得注意力成为网络时代最为稀缺的资源。简单来说，互联网时代一篇帖子的平均影响力，远远不及前互联网时代报纸杂志上的一篇文章。这就使得在互联网时代，单项言论的影响力被大大稀释；反过来说，发言者想要获得影响大众传播效果的成本变得越来越大。特别是在社交平台出现之后，言论的影响力取决于发言者自身的社会地位和名气（如"大 V"），甚至取决于其所投入的资源（如"买热搜"）和平台自身的操控（如"推送"）。

最后，即便能够顺利接入互联网服务的人群中，ISP（Internet Service Provider，互联网服务提供商）能否平等对待不同的使用者，则直接决定了个体表达自由的实现程度。显然，出于商业利益考虑，ISP 肯定希望能够获得针对不同群体设定不同的网费和网速。于此，为了普通网民表达自由的平等，最为鲜明的一种规制原则是网络中立性（net neutrality）。网络中立性要求通过法律和政策限制 ISP 的自由裁量权，使其针对不同的表达主体和表达内容一视同仁，不得歧视。[1]

世界范围内，智利是第一个立法确立网络中立性原则的国家。[2]欧盟也通过了类似的网络中立性规则。[3]加拿大则通过《电信法》修改，引入了网络中立性原则，即将 ISP 视为公共设施进行对待，从而要求其对于不同用户保持一视同仁。[4]而在最早提出网络中立性原则的美国，这个原则是否能够通

---

[1]　Dawn C Nunziato, "Virtual Freedom: Net Neutrality and Free Speech in the Internet Age", *Stanford Law Book*s 2009. 相反的观点认为，网络中立性将会破坏互联网传播的经济效率。See Christopher S Yoo, "Network Neutrality and the Economics of Congestion", 94 *Georgia Law Journal* 1847(2006). 相关辩论的总结，参见胡凌：《"网络中立"在美国》，载《网络法律评论》2009 年第 1 期。

[2]　Law No. 20, 453 (Biblioteca del Congreso Nacional de Chile, 26 August 2010), https://www.leychile. cl/Navegar? idNorma=1016570, last visited Feb. 22, 2023.

[3]　Regulation (EU) 2015/2020.

[4]　Telecommunications Act, SC 1993, c 38.

过法律确定下来，一直是民主党和共和党争夺的焦点之一。①奥巴马政府曾在 2015 年通过联邦法规予以确认；然而两年之后，特朗普政府废除了这些法规。更有意思的是，在很多人援引《美国宪法》第一修正案中的言论自由权为网络中立性辩护的时候，特朗普提名的美国最高法院大法官卡瓦诺（Brett Kavanaugh）却在巡回法院担任法官时明确表示，网络中立性原则违反宪法第一修正案，因为损害了 ISP 自由编辑内容渠道的权利。②

（三）平台权力与表达自由的三角结构

随着超级平台的出现，一开始秉承去中心化理念的互联网出现了中心化趋势。平台在实际运营过程中，尤其在其与用户、服务提供商乃至于利益相关者的关系中，开始进行了"私治理"（private governance），拥有了"私权力"（private power）。③具体到表达自由的问题，互联网平台在促进信息传播的同时，也在成为内容的实际审查者。④ 2019 年，一份提交到美国国会的法案草案中写道："有权规定新闻发布条款的实体也有权规定新闻的内容"。⑤美国报纸协会主席则说："脸书和谷歌是我们首要的规制者。"⑥更不用说，脸书和推特甚至可以封杀前任总统特朗普的社交平台账号。而脸书总裁扎克伯格自己也承认："在很多方面，脸书更像一个政府，而不是一个传统的公司。我们有这个庞大的社区，相比其他科技公司，我们更是在实际制定政策。"⑦

---

① See Gregory P. Magarian, "The Internet and Social Media", in Stone and Schauer(eds.), *The Oxford Handbook of Freedom of Speech*, Oxford University Press, 2021, pp. 355-356.

② *US Telecom Association v. Federal Communications Commission*, No. 15-1063 (DC Circuit, 1 May 2017)(Kavanaugh J., dissenting).

③ 平台权力具有法律基础，即其对信息基础设施的所有权，平台与用户之间的协议，甚至法律法规的授权。为实现有效监管，法律法规也常将执法权委托给平台行使，其在设置网络平台义务的同时，也常常将信息内容的监管权部分授予网络平台。毕竟，在处理信息内容发布问题上，平台具有明显的信息技术优势，能够更快速、敏捷和准确地作出反应。YouTube、脸书和推特之类的超级平台，已经在多年营业过程中，发展出了极为复杂而庞大的系统，负责审查用户发布的内容是否符合法律规定、网站条款、用户协议和内部规定，甚至负责裁判围绕内容发布所产生的纠纷。Jack M. Balkin, "Free Speech in the Algorithmic Society: Big Data, Private. Governance, and New School Speech Regulation", 51 *U. C. Davis Law Review* 1149(2018), p. 1183.

④ 实际上，也不仅仅是社交平台，其他掌控信息传播媒介的公司也有可能成为表达自由的威胁源。互联网的物理层（电脑硬件、网络线路等）、代码层（操作系统以及软件等）、内容层（经由互联网传输的文字、图片、音频、影像等），每一层都由互联网公司在运作。每一个公司都有可能对言论进行限制。

⑤ Journalism Competition and Preservation Act of 2018, H. R. 5190, 115th Cong. § 2 (2018).

⑥ Nitasha Tiku, "Publishers Could Get a New Weapon Against Facebook and Google", *WIRED* https://www. wired. com/story/bill-would-let- publishers-gang-up-versus-facebook-and-google, last visited Feb. 22, 2023.

⑦ David Kirkpatrick, *The Facebook Effect: The Inside Story of the Company That Is Connecting the World*, Simon & Schuster, 2010, p. 254.

因此,在平台时代思考表达自由问题时,人们必须从传统"公权力—私权利"二元结构,转向"公权力—私权力—私权利"的三角关系①,也即"政府—平台—发言者"的关系。诚如有论者已经指出的,在新的三角结构之中,政府在某些情况下不再仅仅是表达自由的威胁,而在很多情况下变成表达自由的保护者。②道理在于,当掌握媒介的大公司试图限制言论或者已经通过技术方式限制公民言论的时候,政府需要而且能够代表公民来限制大公司限制表达自由的举动,从而实现保护表达自由的目的。甚至有论者提议,政府因而需要改变传统的不干涉政策,积极地介入媒介规制,才能真正实现表达自由保护。毕竟,作为私有企业的超级平台,缺少政府相应的问责机制,但却能够影响舆论。③

然而,作为网络表达的基本场景,"政府—平台—发言者"三种主体之间的复杂互动关系远远不止这么简单。首先,平台可能会配合政府进行内容管理。互联网公司可以采取较为显性的手段控制内容发布(阻断或者删除),也可以采取较为隐性的方式(如通过算法过滤)。一国政府可以通过法律和行政措施要求互联网公司进行内容管理,而一旦互联网公司不愿与政府对抗,就会选择听从法律或者政府指令过滤或者删除某项信息。例如,2017年,德国议会通过了《网络执行法》(NetzDG),其中有条款要求社交平台在接到投诉之后24小时之内删除仇恨言论。④这种情况不仅仅发生在搜索引擎或者社交平台上,也发生在其他互联网公司,甚至是基础服务提供者。如在著名的维基解密事件中,在美国政府将泄密人判刑的同时域名服务供应商EveryDNS停止了维基解密的域名解析服务,亚马逊则切断了其云服务,苹果公司也将维基解密 APP 下架。⑤

其次,平台也会出于自身商业利益从事内容管理行为。平台的商业模式决定了必须不断保持和增加用户数量和关注度,以此实现更大的影响力,并因此获取更大的利润(如通过收取更高的广告费)。一旦平台上用户发布的某些内容让用户感到不安,影响到了平台的流量,平台即会开始通过内部规

---

① 左亦鲁:《超越"街角发言者":表达权的中心与边缘》,社科文献出版社 2020 年版,第189 页。

② Owen Fiss, *The Irony of Free Speech*, Harvard University Press, 1998;同上注,第 208 页。

③ 例如美国搜索引擎对于种族主义言论的容许, See Safiya Umoja Noble, *Algorithms of Oppression: How Search Engines Reinforce Racism*, New York University Press, 2018.

④ See Gesetz zur Verbesserung der Rechtsdurchsetzung in sozialen Netzwerken [Netzwerkdurchsetzungsgesetz—NetzDG] [Network Enforcement Act], Sept. 1, 2017, Bundesgesetzblatt, Teil I [BGBl I] at 3352 (Ger.).

⑤ Yochai Benkler, "A Free Irresponsible Press: Wikileaks and the Battle Over the Soul of the Networked Fourth Estate", 46 *Harvard Civil Rights-Civil Liberty Law Review* 311, 2011 pp. 313-314(2011).

则的改变来进行内容管理。推特公司在 2015 年平台规则的转变即是典型的例子。之前，推特公司对于其平台上的言论基本不做管理，听任用户自由发布传播，因而平台上存在大量的极端内容。这导致了大量用户出于不满而流失到了其他平台，例如脸书。于是，推特 2015 年的新规禁止基于种族、民族、宗教、性别、性取向、年龄等因素的网络暴力言论和带有仇恨性的色情内容。①

最后，私主体也会要求平台进行内容管理，而平台出于种种经济和社会考量也会予以响应。例如，知识产权组织构成一种限制表达自由的力量。②由于知识产权作为一种私权利，具有高度的正当性和合法性基础，其对于表达自由的限制也显得更加正当与合法。例如，在美国，虽然互联网平台作为中间媒介受到 CDA230 保护，然而有个例外：版权领域的"通知—删除"规则。③一旦版权所有人举报平台上有侵权内容，平台须删除相关内容。美国最高法院曾判定，第一修正案的言论保护范围不包括侵犯版权的内容发布与传播。④再如，用户出于保护个人隐私也会要求平台删除某些内容的发布和传播。⑤如欧盟法赋予用户被遗忘权之后，一旦用户发现搜索引擎上面显示

---

① Kate Klonick, "The New Governors: The People, Rules, and Processes Governing Online Speech", 131 *Harvard Law Review* 1598, pp. 1628-1629(2018).

② 一些知识产权组织也可以根据版权保护的理由来限制公民的表达自由。知识产权法最初目的乃是在创作者与使用者之间寻求平衡，获得最大的社会效益。但是拥有知识产权的公司一直都在使法律偏向自己。互联网带来的变化在于，剪贴技术已使文件复制成本微乎其微，P2P 方式使文件共享轻而易举。而这让版权组织如美国电影协会(MPAA)和美国唱片工业协会(RIAA)感到恐慌，它们提起了大量诉讼，力图扼杀 P2P。版权不仅仅是一项私人的消极权利，还是一项具有公共功能的积极权利。具体而言，版权是一种言论审查机制。版权所有者可以通过版权来限制他人阅读和使用具有版权的作品，因而能够起到限制知识传播和控制思想批评的作用。这一点随着版权法的不断扩张变得日益明显。正如一位美国法学家指出的："在很多方面，版权代表着私人言论审查，而非公共自由。版权曾经帮助自由作者和出版社摆脱对于皇室和教会恩惠的奴性依赖；如今它给予媒体巨头集团控制影像、声音和文字(它们是我们文化的基本语言)的控制权。版权曾经使得作者将其信息传播到广大的受众变得可能；如今它让百万个人在 MySpace 和 YouTube 上发布其根据受版权保护的作品创造的戏仿作品(remix)和信息聚合(mashup)变得非法。……版权曾经支持过托马斯·潘恩和查尔斯·狄更斯；如今它为公司、教会和作者等级扼杀批评的声音提供了工具。" Neil Netanel, *Copyright's Paradox*, Oxford University Press, 2008, vii；冯象：《政法笔记》，江苏人民出版社 2004 年版，第 209 页("传统上，西方宪法理论和立宪设计(例如美国)，是把政府官员推定为表达自由的大敌的，因为他们手中握有人民赋予的权力，是舆论监督的主要对象；并且假定，正确的思想能够在自由的意见表达和竞争中胜出，故政府不得钳制言论……但是，在'后现代'消费社会，有能力影响、干预、主导言论市场的强者，除了政府，还有无孔不入的传媒、出版、娱乐、色情等强势产业集团。这些商界巨子利用表达自由拓展市场谋取利润，在威胁、伤害、剥夺公民权益的同时，还经常压制后者抗议的声音。")

③ Digital Millennium Copyright Act 17 USC § 512 (2012). 澳大利亚也有类似规定：Copyright Amendment (Online Infringement) Act 2015 (Cth). 在加拿大，谷歌曾经因为拒绝在搜索结果中排除版权内容而承担赔偿责任。*Google Inc. v. Equustek Solutions Inc* [2017] 1 SCR 824.

④ *Eldred v. Ashcroft*, 537 U.S. 186 (2003). See also Neil Weinstock Netanel, "Locating Copyright within the First Amendment Skein", 54 *Stanford Law Review* 1(2001).

⑤ See Gregory P. Magarian, "The Internet and Social Media", in Stone and Schauer, *The Oxford Handbook of Freedom of Speech*, Oxford University Press, 2021, pp. 360-363.

的结果令自己感到不安或者尴尬，即向谷歌举报，要求平台删除某些内容。如果谷歌不服从，则可能会面临诉讼。因此，谷歌逐渐开始放弃自己坚持的美式言论自由理念，转而在欧洲范围内侧重保护个人隐私，以此规避平台责任。从某种意义上说，隐私保护本身即是一种禁言机制，具有阻止信息公开发布和传播的作用。

在全球互联网日益走向平台化的今天，对于表达自由的理解、解释和实施必须放在新的三角结构中予以考量。一些最为基本的问题必须重新思考和回答，并以此作为重新塑造表达自由相关法律机制的前提：谁在限制表达自由？谁在保护表达自由？如何限制？如何保护？在这个视野下，当今围绕互联网平台的种种法律实践，无论是平台反垄断，还是算法规制，抑或是数据治理，实际上都与表达自由的保护与限制，密切相关。可以想见，网络空间将继续作为表达自由法律保护的实验室而存在。

结　语

从弥尔顿时代的英国的议会辩论和书籍出版，到全球信息化时代的即时通信与社交平台，人类发布言论和传播信息的媒介与渠道已经发生了翻天覆地的变化。表达自由的原初思想，一如弥尔顿的《论出版自由》，诞生于信息稀缺、表达渠道有限的印刷时代。表达自由的司法实践，从美国1919年的申克案算起，也只有一个世纪的时间，诞生在报纸和传单时代。而到了互联网连接全球的时代，一方面人类的沟通渠道和能力突飞猛进，另一方面表达自由的理论、法律与实践也经历时代性的挑战。

2015年，一名叙利亚三岁儿童在地中海溺亡的照片，通过社交媒体传遍全球，引发了世界范围内的悲悯、叹息和愤怒。然而就在同一年，法国《查理周刊》因为数年来不断刊发涉及穆罕默德的漫画，并在网络大量传播，其巴黎总部遭遇恐怖袭击，数十人伤亡。一项言论可以引发全世界关注，是全球化的种种因素促成的：文化多元主义（跨国移民、族群认同、去世俗化和身份政治的激化）、信息技术发达（平台、算法和人工智能的发展）和国际资本运作（互联网公司的跨国运营）。这些力量既可以促进全球共情，也足以激化文明冲突。

然而，围绕穆罕默德漫画事件和种种类似事件的解读，也不仅仅是西方式表达自由与其他文明之间的冲突那么简单。实际上，表达自由在西方的实践之中，不仅仅是一项民主自由理念的象征物，同时也作为一种可以诉诸的宪法权利，被各种力量用于维护自身的立场、利益和发展：白人至上主义者言语攻击黑人群体、色情产业躲避政府规制、大型财团通过捐款影响政治、互联网企业免除其中间方责任。更不用说,美式言论自由教义已经成为互联网平台发展的法律保障,也反映了新自由主义在文化领域的核心观念:思想的自由市场理论背后深藏的是自由市场的思想。当然,这种理念在随着美国(互联网)企业走向全球之后,遭遇了其他国家基于民族文化传统乃至于独特表达观念的遏制,在法律上体现为基于人格尊严、隐私名誉、公共道德和公共安全对其进行的法律限制。

在更大的意义上,全球化一方面使得各国宪法普遍承认表达自由作为基本权利的地位,另一方面也使得表达自由的法律实践不断遭遇各国历史文化传统的多样性。各国言论自由的法律实践只有在抽象的层面上才可以说形成普遍共识①,在具体的法律适用中,这并不意味着每个国家对其的理解、解释和实施路径必须或者必然整齐划一。且不说不同文明之间有多少差异,即便是西方文明内部也存在不同路径,无论是在表达自由的基础理论(民主政治理论还是个体自主理论)、具体权利内容层面(如美欧对待仇恨言论的不同态度),还是在宪法裁判方法层面(如比例原则的使用范围,以及权利冲突之时的化解方法)。

2006 年,泰国政府宣布,如果谷歌公司不将其掌握的 YouTube 上面用户发布的丑化泰国国王的 20 份视频删除,就会在泰国封杀 YouTube,因为根据泰国法律,侮辱国王构成犯罪,最高刑期为 15 年监禁。谷歌的律师起初不能理解此项决定,因为他们认为这些视频只是"PS"了一下泰国国王,例如把脚放在头上。但等到谷歌的律师到了泰国解决这个纠纷的时候,被泰国国民对于国王的热爱和崇敬所震撼,因而感受到了泰国的言论自由标准与美国的差别:"如果我一个坐在加利福尼亚的美国律师对他们说,'不,我们不会删视频。你们必须接受。'那么,我是谁啊?"泰国一行之后,谷歌决定将视频在泰国范围内删除。②这个例子,或许是全球化时代表达自由的普遍化和民族国家文化的特殊性之间张力的最好体现。

---

① Dieter Grimm, "Freedom of Speech in a Globalized World", in Ivan Hare and James Weinstein eds, *Extreme Speech and Democracy*, Oxford University Press, 2009, p. 20.

② Kate Klonick, "The New Governors: The People, Rules, and Processes Governing Online Speech", 131 *Harvard Law Review 1598*, p. 1623(2018).

第九章　堕胎问题:权利交叠、价值平衡与跨国流变

> 女性应当赢回对她们身体的控制,与她们的身体重新融合……
>
> ——西蒙·德·波伏娃①
>
> 强奸的罪恶不能用堕胎的罪恶来解决。
>
> ——厄瓜多尔圣公会②

　　从美国到德国,从韩国到哥伦比亚,堕胎问题一直是很多国家的热点争议问题。堕胎问题不但牵涉社会的方方面面(政治、经济、文化、社会、宗教、国际关系等),包含深刻而激烈的价值冲突(性别平等、个人自由、传统道德、家庭价值等),更涉及复杂而多变的社会政策考量(公共卫生、社会福利、人口政策与生育制度等)。更不用说,由于触及个人和家庭生活最为私密的领域,堕胎问题牵动了所有人的关注。

　　堕胎问题也是法律理论和实践的焦点。从20世纪下半叶开始,世界范围内有关堕胎的法律逐渐从刑法转向公共卫生法,最终逐渐与宪法相融合。③今天,谈论堕胎问题,总少不了宪法权利的词汇、话语与理念。持有不同立场的人们,一方面诉诸一系列的宪法权利来支持堕胎自由化,同时也诉诸其他权利主张禁止或限制堕胎,无论是隐私权、平等权,还是人格尊严、生命权,甚至社会经济权利和宗教自由。相应地,各国司法机关——特别是最高法院或宪法法院——作为纠纷的裁判者,也介入围绕堕胎问题的政治、社会和文化斗争。④ 司法机关一方面通过海量的判决积累了海量的法学资源,

---

① Simone de Beauvoir, *Manifesto of the 343*, https://web. archive. org/web/20160611012314/ https://manifesto343. wordpress. com/, accessed on October 23, 2019.

② Martina Pantano, *Ecuador's Constitutional Court Decriminalizes Abortion in Cases of Rape*, June 25, 2021, https://globalriskinsights.com/2021/06/ecuadors-constitutional-court-decriminalizes-abortion-in-cases-of-rape/, last visited Feb. 22, 2023.

③ Rebecca J. Cook and Bernard M. Dickens, "Human Rights Dynamics of Abortion Law Reform", 25 *Human Rights Quarterly* 1 (2003), p. 7.

④ 本章仅就各国法院进行讨论,不对跨国司法机构和国际人权法层面的堕胎权问题进行专门处理。

另一方面也在某些时刻和某些国家激化了有关堕胎的政治社会文化斗争。

日益明显的是,围绕堕胎的宪法争议和宪法裁判不断走出欧美地区,扩及全世界:如果说北美和西欧国家在 20 世纪下半叶率先进行了堕胎宪法化的实践,亚非拉以及东欧国家则是在 21 世纪成为堕胎宪法化的实验室。[1]作为比较宪法领域的热点,堕胎问题深刻展现了宪法与社会的深刻互动,以及宪法裁判与价值冲突互相塑造的复杂过程。堕胎问题宪法化近半个世纪的实践,值得总结与思考。

一、堕胎权运动的兴起与法律化

直到 19 世纪末,世界各国基本都将堕胎视为不合法和不道德的行为。在 19 世纪经典的维多利亚道德规范中,堕胎是一种罪恶行为,必须通过法律予以禁止,甚至要通过刑罚予以惩戒和预防,为数不多的例外是允许为挽救怀孕妇女的生命而堕胎。在 19 世纪,西欧主要国家,包括英国、法国、意大利、西班牙和葡萄牙都是如此,而且还将这些法律推广到了其殖民地地区:如英国影响了美国、加拿大,乃至于马来西亚和巴基斯坦等亚洲地区和加勒比海和太平洋地区;欧洲大陆国家则影响了土耳其、日本以及拉丁美洲绝大部分国家,乃至于非洲。而在阿拉伯国家,由于宗教的原因,堕胎更是非法的。[2]

堕胎自由化的进程发生在 20 世纪。率先开始这一进程的并不是西方国家,而是东方阵营。苏俄于 1920 年即将堕胎去罪化,后来苏联时期沿用,并影响到了捷克斯洛伐克等东欧社会主义国家及中国和越南等国。而在西方世界,由于宗教和社会原因,堕胎自由化的进程一直未能开展,直到 20 世纪 60 年代才有所改变。西方主要国家在 20 世纪 60 年代到 80 年代的短短二十多年里,普遍废除了严格限制堕胎的法律,转而采取较为自由的立场。[3]

最开始,堕胎自由化的法律变革更多出于社会政策考量,而非规范价值

---

①　Rebecca J. Cook, Joanna N. Erdman and Bernard M. Dickens, Introduction, in Rebecca J. Cook, Joanna N. Erdman, and Bernard M. Dickens (eds.), *Abortion Law in Transnational Perspective: Cases and Controversies*, University of Pennsylvania Press, 2014. ("While the United States and Western Europe may have been the vanguard in abortion law reform in the latter half of the twentieth century, Central and South America are proving the laboratories of thought and innovation in the twenty-first century, as are particular countries in Africa and Asia. ")

②　Marge Berer, "Abortion Law and Policy Around the World", 19 *Health and Human Rights* 1, p. 14 (2017).

③　Mary A. Glendon, *Abortion and Divorce in Western Law*, Harvard University Press, 1997, p. 11. 最早通过议会立法将堕胎去罪的是英国 1967 年的《堕胎法案》。

因素。具体而言,医学发展、人口控制、公共卫生、生育政策(特别是优生政策)和阶级差异是推动堕胎自由化的主要因素。首先,医疗技术的进步使得堕胎不再像之前那样危险①,使得更多的女性可以在客观条件上选择堕胎。其次,二战之后世界人口因为和平的重新到来而大幅增长,人口压力已经成为各国政府需要应对的重要问题,生育控制因而成为很多国家政策的应有之义。②再次,由于特定药物的使用影响胎儿发育的现象,使得堕胎成为一种维护生育和人口质量的措施。例如,1960 年代开始一种名叫萨利多胺(Thalidomide)的抗妊娠反应药物,开始在欧洲和日本被女性大量使用③,随即出现了大量海豹肢症畸形胎儿。很多孕妇在恐惧之下,不得不去堕胎。在英国 1967 年放松堕胎管制后,赴英"堕胎旅游"开始流行。④最后是贫富差距问题。在很多西方国家将堕胎入罪时,只有较为富裕的女性才能够从取得合法营业执照且专业性较强的医生那里获得堕胎服务;较为贫穷的女性只能寻求非法且不安全的地下服务,从而引起了人们对于堕胎入罪的反思。⑤

当然,这些社会政策考量尚未触及道德理念,也没有构成宪法权利问题。然而,20 世纪 60 年代开始的学生运动、性解放运动、反文化运动改变了情况,极大挑战了传统的宗教信仰、社会道德和家庭观念。一方面,堕胎作为性自由的逻辑后果得到提倡:否认性行为的目的就是生育的传统观念。⑥堕胎因而代表了对传统和历史的反抗,对自由与反叛的追求,对性解放和性自由的追求。

另一方面,女性主义者视堕胎为争取平等公民权和社会地位的核心抓手,以及女性从传统家庭模式和社会压迫中解放出来的核心标志。⑦1970 年代,女性主义者开始推动堕胎权利运动。法国著名女性主义哲学家波伏娃曾在 1971 年写就一份女性堕胎权利宣言,并在同年四月的一次著名的女性主义运动中宣布,女性具有自由享受堕胎服务的权利,由此才可以摆脱社会强加给女性的沉重负担,摆脱强加的母亲身份所带来的枷锁,实现女性解放:

---

① Reva Siegel, "Constitutionalization of Abortion", in Michel Rosenfeld and András Sajó(eds.), *The Oxford Handbook of Comparative Constitutional Law*, Oxford University Press, 2012, p. 1061.

② Ibid.

③ Mary A. Glendon, *Abortion and Divorce in Western Law*, Harvard University Press, 1997, p. 12.

④ Ibid.

⑤ Dagmar Herzog, *Sexuality in Europe: A Twentieth-Century History*, Cambridge University Press, 2011, pp. 156, 159.

⑥ Edward Shils, "Some of the Modern Roots of Liberal Democracy", 12 *International Journal on World Peace* 3, pp. 27-28(1995).

⑦ 本章只讨论女性的堕胎权问题,不涉及跨性别人士的堕胎权问题。

　　在法国，每年有一百万女性会堕胎。为了保密，她们在危险的环境下进行堕胎；然而，在医生的控制下，这本是最简单的手术之一。我们让这些数以百万的女性沉默。我宣布，我不再是这些女性中的一员。我宣布，我曾经堕过胎。正如我们要求可以自由使用避孕措施一样，我们要求堕胎的自由。

　　要求自由堕胎不是女性摆脱艰难处境的终极目标。相反，这是必须具有的最基本权利；没有自由堕胎的权利，政治上的斗争根本无从谈起。女性应当赢回对她们身体的控制，与她们的身体重新融合，这一点至关重要并且必不可少。她们现在处于历史上一个特殊的地位：在现代社会却不能够对自己的身体进行不受约束的控制。到今天，只有奴隶才处于这种地位。①

在大洋彼岸，美国女性主义先锋贝蒂·弗里丹（Betty Friedan）在 1969 年全国女性组织（National Women Organization）第一届堕胎法大会上宣称：

　　在我们国家，女性的地位是被贬低了的，因为女性不能决定自己的社会地位和生活。女性没有被严肃地看作是"人"。所以，堕胎问题实则是另一种面貌的女权主义命题，社会应当听到并听进去女性的声音。

　　因此女性应该是这个问题的决定者。而对我而言，我们正在做的，就是实现一些对女性的平等对待至关重要却从未被定义为权利的权利，这些权利没有为全球任何一个仅仅由男人写作的宪法所承认。女性控制自己的生殖过程的权利必须被确立为不受国家否认或限制的、基本的、极为重要的人权。

　　只有当我们坚定地主张并要求控制我们自己的身体、自己的生殖过程时，我们女性才可能拥有真正的自由、平等、完全的尊严和人格。真正的性革命是女性从被动的、物化的到能够完全地自我决定、拥有完全的尊严的过程……②

因此，女性主义运动的一项重要任务，即是推动堕胎去罪化和自由化。然而，这一运动也激起了反对力量。基于维护公共道德、社会风俗和宗教信

---

① Simone de Beauvoir, Manifesto of the 343, at https://web. archive. org/web/20160611012314/https://manifesto343. wordpress. com/, accessed on October 23, 2019.

② Betty Friedan, "Abortion: A Woman's Civil Right", in Linda Greenhouse and Reva B. Siegel (eds.), *Before Roe v. Wade*, Kaplan Publishing, 2012, pp. 38-40.

仰,很多个人和组织开始被动员起来,抵制堕胎权利运动。其中组织动员力最强的是教会,如美国天主教会在 1967 年成立了全国性的组织,动员信众阻止堕胎法宽松化;德国天主教力量甚至将堕胎法改革视为纳粹行为,即得到法律允许的杀人。①

堕胎权利运动和反堕胎运动之间的角力与妥协,形成了 1970 年代欧美国家一系列新堕胎法,大致可以分为两种模式。②一是所谓"指征模式"(indications model):怀孕女性在符合特定指征的情况下,可以选择堕胎而不被法律禁止和惩罚,例如医学指征(经过医生认证,继续怀孕将会威胁孕妇生命和健康,或者胎儿发育严重不良)、司法指征(因强奸而怀孕)、伦理指征(因乱伦行为而怀孕)或社会指征(因经济状况而无法承担生育后果)。二是"分期模式"(periodic model)或"按需模式"(on-demand model):法律允许女性在怀孕早期(通常是前 12 周,也有法律延长至 18 周),可以自由选择堕胎。③

然而,议会立法并不是终局性的。作为政治斗争与妥协的结果,新的堕胎法还要经历司法考验。出于对新旧堕胎法的不满,无论是支持堕胎一方,还是反对堕胎一方,都开始诉诸宪法和法院来继续斗争。堕胎问题因此开始了宪法化的进程,各国最高法院或宪法法院介入了围绕堕胎问题的"文化战争"(the cultural war)。法庭成为议会之外的另一片战场。法官们也深深意识到,自己作为裁判者进入了一场价值冲突之中。正如美国最高法院布拉克曼大法官在著名的罗伊诉韦德案④判词中所言:

> 我们毫不犹豫地承认,我们意识到堕胎争议的敏感和情绪化的本质,意识到激烈的反对意见,甚至在医生之间,意识到这个问题所激发的深刻和似乎绝对的信念。一个人的哲学,一个人的经历,一个人对人类存在的原始边缘的暴露,一个人的宗教熏陶,一个人对生活、家庭及其价值观的态度,以及一个人建立和努力遵守的道德标准,都可能影响和影响一个人对堕胎的思考和结论。⑤

---

① Reva Siegel, "Constitutionalization of Abortion", in Michel Rosenfeld and András Sajó(eds.), *The Oxford Handbook of Comparative Constitutional Law*, Oxford University Press, 2012, pp. 1063-1064.

② Ibid. , p. 1064.

③ 两种模式也构成了以后其他国家,特别是非西方国家设计和改革自身堕胎法的原型。

④ *Roe v. Wade*, 410 U. S. 113 (1973). 下文简称为"罗伊案"。该案已在 2022 年被推翻,参见后文。

⑤ Ibid. , p. 116 (1973).

而正是美国的罗伊案,开启了世界范围内司法机关将堕胎问题宪法化的历史进程,直至今日。

二、宪法化的开端与原型:美国与德国

(一) 美国:罗伊案与凯西案

美国宪法学界有个著名的说法,将最高法院面临的案件分为两类:一类是堕胎案,另一类是其他案件。①这足以显示堕胎案在美国宪法中的特殊地位。而一切的原点,就是 1973 年美国最高法院宣判的重大案件:罗伊案。该案不仅对于美国司法具有重大影响,也对堕胎权利运动具有重大影响。

事实上,在罗伊案之前,堕胎在美国还不构成一个全国关注的社会政治问题。从 1960 年代开始,随着美国社会文化环境的逐渐改变和堕胎权利运动在各州的发展,各州议会已经逐渐开始立法或修法,促进堕胎自由化的进程。1967 年,科罗拉多率先开始开禁,允许因为强奸、乱伦或有健康风险堕胎。1970 年,夏威夷全面开禁。华盛顿地区 1971 年立法规定,为了保护妇女生命健康可以堕胎。到 1973 年罗伊案之前,堕胎已在 20 个州合法化。其他州或因堕胎还不成为社会问题,或因宗教力量反对(特别是天主教),仍未开禁。更为重要的是,当时民主党和共和党的精英对于堕胎运动都抱有一定程度的同情,因而下一步的问题是如何进行渐进改革。一切看起来都在朝着逐渐自由化的方向在进行。②这个时候,法院介入了。

1. 罗伊案

作为美国历史上最具争议性的宪法案件和世界知名的堕胎案件,罗伊案

---

① 〔美〕杰弗里·图宾:《九人:美国最高法院风云》,何帆译,上海三联书店 2010 年版,第 37 页。("最高法院面前有两类案子。堕胎案是一类——其他全属另一类。无论过去还是现在,堕胎问题都是最高法院的核心法律议题。它决定了大法官们的司法理念,也直接主导着提名与确认程序。对堕胎问题的不同态度,几乎成为划分民主党与共和党的重要标准。")

② Lucas Powe, *Supreme Court and American Elite*: *1789-2008*, Havard University Press, 2009, p. 279. ("At the time of *Roe*, abortion had barely scratched the surface as a political issue. At most the question of updating abortion regulation was six years old, and in Congress it was barely two. A few states, including California under its Republican governor Ronald Reagan, had liberalized their laws, and two states offered abortion on demand. In other states the older law remained in effect either because the issue still lacked salience or because the efforts to liberalize the laws had been unsuccessful owing to religious opposition, largely from the Catholic Church. Elites in both parties were sympathetic to the claims of a right to abortion, but there had been no real national debate on the issue. Roe preempted this fledgling debate before average Americans were aware it was going on. ")

事关得克萨斯州一部源自 19 世纪的法律,其中禁止堕胎并将其入罪,除非目的是保护女性生命。挑战这部法律的是一位化名为"罗伊"的单身怀孕女性,代表了女性主义运动的呼声。美国最高法院 9 位大法官在 1973 年以 5:4 的投票结果判定,《美国宪法》第十四修正案所隐含的隐私权,包括女性在与医生进行咨询之后决定是否中止怀孕的自由。然而,女性决定权只限于怀孕早期,在中期和后期则须与政府保护女性健康、胎儿生命和卫生标准等方面的利益相平衡。①

具体而言,法院的推理分为三个步骤。首先,宪法隐私权足以支撑女性决定是否堕胎的选择权。虽然隐私权并未被明确写入《美国宪法》,但可以从第十四修正案的正当程序条款和第九修正案的保留权利条款中被解释出来,并且相关判例已经发展出了诸如婚姻、生育和避孕等隐私权所涵盖的个人权利。隐私权的范围足以容纳女性的堕胎权利。其次,未出生胎儿并不构成宪法意义上的人(person),因而不构成生命权主体。无论是美国宪法文本,还是宪法制定者的意图,乃至当代宪法实践,都没将胎儿当作人进行对待。既然胎儿并不算人,生命权就不构成限制女性选择权的理由。此处不存在基本权利冲突。最后,女性隐私权并非绝对,政府也有正当利益和理由规制堕胎行为。政府有权保证孕妇健康,保持医学标准,保护潜在生命(虽然不是宪法承认的权利,但是政府具有的利益)。只要政府能证明具有"令人信服的州利益"(compelling state interest),即可采取相应措施规制堕胎。

因此,本着平衡女性隐私权和州利益的精神,美国最高法院提出分期式的宪法解决方案:(1) 在怀孕的前三个月,女性及其医生可独立决定是否堕胎,州无权干涉;(2) 在怀孕的中间三个月,州有权为了保证母亲的健康而对堕胎程序采取规制,如堕胎必须在具有合法执业资格的医生那里进行;(3) 在怀孕的最后三个月(胎动之后),州出于对于潜在生命的保护,有权对堕胎进行规制乃至禁止,除非是为了保护孕妇的生命与健康。

然而,美国最高法院内部也存在反对意见。伦奎斯特大法官在异议意见中认为,堕胎与第十四修正案保护的隐私权没有任何关系;堕胎并不是美国自由传统中的历史实践,第十四修正案的制定者完全不可能想到可扩及于此;第十四修正案仅仅禁止未经正当程序剥夺人的自由,并不是禁止剥夺人的自由本身;在决策权限上,多数大法官采取了平衡女性个人权利和州的正当利益的方式进行判决。这是一种法官造法的行为,而相关判断本应交由立法机关来处理。怀特大法官在异议判词中认为,法院判决完全没有宪法依

---

① Lucas Powe, *Supreme Court and American Elite*:*1789-2008*, Havard University Press, 2009, p. 279.

据；在实质理由上，法院简单地将女性个人便利凌驾于潜在生命权利之上，有失公允；在决策上，公民存在激烈辩论，法院不应通过司法途径介入，并试图终结辩论，而应留给立法机关和人民自己作出决定。

诚如怀特法官所言，罗伊案的司法平衡技术非但没有终结辩论，反而激化了矛盾。①即便是后来成为美国最高法院大法官的女性主义者金斯伯格（Ruth B. Ginsburg）也不认同法院的判决和推理：法院的步伐走得过快了②，完全超前于公共舆论的接受程度。法院发挥的作用颇类似于为堕胎自由化进程按下了重重的加速键，引发了强烈的后坐力。部分是由于罗伊案，美国政治中保守主义、"新右派"（New Right）和宗教右派开始强势兴起。其强大的社会动员效果，最终导致很多州出台了更严格的堕胎规制法。③这一趋势反过来倒逼女性主义者和堕胎权利支持者，通过更强烈的方式捍卫罗伊案。双方因此都变得更加激进，甚至导致了全国分裂，形成自由派与保守派、"红州"和"蓝州"的两极化状况，直至今日。

由此，美国堕胎问题的宪法化，加速了该问题的政治化。堕胎问题因此成为全美至今最具争议性的政治、法律和道德问题之一，成为总统大选和意识形态斗争的敏感话题。嗣后，几乎每一次总统大选都会辩论堕胎问题；几乎每一次最高法院大法官候选人都会在任命听证会被问及此事；几乎每一天双方都会有人到最高法院的门口对此事进行抗议。④ 各方阵营因为此案分为截然对立的两派：一派主张女性自由，口号为"支持选择"（pro-choice）；另一派主张保护生命，称为"支持生命"（pro-life）。支持堕胎权利一方珍视个人自由选择权，希望女性可以从传统道德和社会伦理当中解放出来，否认怀孕和生育是女性的义务。反对堕胎权利的人看重社会道德，希望保持基本伦理纽带，反对个人主义在家庭、婚姻和生育领域的盛行。由此，堕胎问题在美国不再只是公共政策问题，也不再只是宪法/法律问题，而变成了社会政治问题，变成了意识形态问题。

---

① Emily Bazelon, "Backlash Whiplash: Is Justice Ginsburg Right that Roe v. Wade Should Make the Court Cautious About Gay Marriage?", SLATE (May 14, 2013), http://www. slate. com/ articles/news_and_politics/jurisprudence/ 2013/05/justice_ginsburg_and_roe_v_wade_caution_ for_gay_marriage. html, last visited Apr. 15, 2014.

② Lincoln Caplan, "Ginsburg's *Roe v. Wade* Blind Spot", at http://takingnote. blogs. nytimes. com/2013/05/13/ginsburgs-roe-v-wade-blindspot/? _r=0, accessed on August 3, 2016. (*Roe v. Wade* "stopped the momentum that was on the side of change.")

③ Reva Siegel, "Constitutionalization of Abortion", in Michel Rosenfeld and András Sajó (eds.), *The Oxford Handbook of Comparative Constitutional Law*, Oxford University Press, 2012, p. 1061.

④ 笔者本人 2010 年访问华盛顿期间，就看到支持堕胎和反对堕胎的人士在美国最高法院门前同时抗议。

2. 凯西案

1980 年代到 1990 年代初,共和党一直占据总统位置,首先是里根,随后是老布什。因此,美国最高法院内部的意识形态格局也开始发生变化。1981年,曾经公开批评罗伊案的女性法官奥康纳,被里根任命为大法官。随后,肯尼迪大法官 1987 年也被里根任命,苏特大法官和托马斯大法官分别在 1990年和 1991 年被老布什任命。于是,很多人期待最高法院会推翻罗伊案。

1992 年的凯西案,让美国最高法院获得了重新考虑罗伊案的机会。①该案涉及 1982 年宾夕法尼亚州《堕胎控制法》(Abortion Control Act)。其中规定,女性在堕胎前需满足一定条件:(1) 医生需要对其进行明确告知并征得其同意;(2) 已婚女性应当告知其配偶;(3) 未成年女性应当获得父母或者监护人的同意;(4) 24 小时等待期;(5) 保持全程完整记录。被告依据罗伊案的先例,认为这些规定限制女性堕胎的自主决定权。

然而,凯西案的判决并没有推翻罗伊案。在同样是 5∶4 的判决结果中,美国最高法院判定,依据遵循先例原则,罗伊案的核心教义继续有效:胎动之前,女性有权选择是否终止怀孕。但是,法院进一步认为,罗伊案提出的三阶段标准过于僵化,转而采取"过分负担"(undue burden)为标准,来判断州的管制措施是否违宪。具体的做法是,衡量法律相关条款是否对在胎动之前的堕胎行为构成了实质障碍。②因此,凯西案对于罗伊案的态度是"抽象肯定,具体否定":肯定了罗伊案的总体精神(胎动之前妇女具有选择权,州政府不得不当干涉),但否定了罗伊案的具体标准。

值得注意的是,凯西案在罗伊案的基础上,进一步加强了对于女性自主权的肯认。凯西案的判决强调,政府对于女性堕胎的规制,只能采取柔性的方式(如要求女性参加专业咨询,全面告知有关堕胎的知识和风险),而不能采取硬性的方式(如对其施加惩罚)——"要害在于女性作出最终决定的权利"。③女性的自由、尊严和平等得到了明确强调:"她的苦难太过私密和个人化,州不可能……坚持自己对妇女角色的想象,无论这种想象在我们的历史和文化进程中占据多么主流的地位。女人的命运必须在很大程度上依她自己对其精神使命和社会地位的看法来塑造。"④

---

① *Planned Parenthood of Southeastern Pennsylvania v. Casey*, 505 U. S. 833(1992).

② Ibid. , p. 877.

③ Ibid. ("What is at stake is the woman's right to make the ultimate decision. ")

④ Ibid. , p. 851. ("Her suffering is too intimate and personal for the State to insist, without more, upon its own vision of the woman's role, however dominant that vision has been in the course of our history and our culture. The destiny of the woman must be shaped to a large extent on her own conception of her spiritual imperatives and her place in society. ")

在"不当负担"的判断标准之下，经过美国最高法院的检验，宾夕法尼亚州法律中的告知同意规则、父母同意规则、24 小时等待规则和记录保存规则都不违宪，但是通知配偶规则被判定为违宪。在美国最高法院看来，此种规定明显违背男女平等原则，给女性选择堕胎造成了"过分负担"。

从罗伊案到凯西案，美国最高法院发展出了一套有关堕胎问题的宪法模式和权利观念。首先，司法审查在处理堕胎争议中，占据重要的纠纷裁判者和规则制定者作用。宪法判例是创设宪法堕胎权的重要途径。[1]其次，女性的平等、尊严和自由权利得到确证，胎动之前的胎儿不被承认为生命权主体。[2]因此，美国模式不但成为堕胎宪法化的开端，也与德国模式并列，构成了他国参考的模板。

（二）德国：第一与第二堕胎案

德国的堕胎宪法化进程也由两个宪法大案塑造，其时间节点也几乎与美国同时：一是联邦德国宪法法院 1975 年的第一堕胎案；二是德国统一之后的 1993 年的第二堕胎案。两个案件也反映了德国宪法法院与美国最高法院之间的一场宪法教义的对话和宪法哲学的交锋。

1. 第一堕胎案

1974 年，德国议会通过了《堕胎改革法》，将堕胎去罪化。具体举措是改革刑法典，规定女性在怀孕开始 12 周内进行堕胎，可不再被作为犯罪而受到刑事处罚，只要堕胎前接受过专业医生的咨询和指导。此次堕胎法修改由左翼的社会民主党主导通过，遭到了右翼的基督教民主党议员乃至其掌控的各州的反对。后者在议会辩论未能阻止该法案通过之后，转而寻求宪法法院的支持，阻止新法案生效，因此将法案提交给宪法法院进行抽象审查。值得注意的是，与美国不同，在德国首次将堕胎问题提交违宪审查的，是反对堕胎的力量。

同样与美国不同的是，德国宪法法院于 1975 年第一堕胎案中，作出了不利于堕胎自由化的判决。[3]判决宣布联邦议会推动的堕胎法刑事改革精神，

---

[1] *City of Aklon v. Aklon Center for Reproductive Health*, 462 U. S. 416. (1983) ("basic principle that a woman has a fundamental right to make the highly personal choice whether or not to terminate her pregnancy.")

[2] Mary A. Glendon, *Abortion and Divorce in Western Law*, Harvard University Press, 1997, pp. 24-25.

[3] 显然，德国宪法法院的法官们知道罗伊案，而且异议判词中明确引用了罗伊案。See Donald P. Kommers, "The Value of Comparative Constitutional Law", 20 *German Law Journal* 4, p. 529 (2019).

也即在怀孕前期女性自决权优先于胎儿生命权的观念，"与《基本法》的价值秩序不相容"。①

德国宪法法院的法律推理也与美国最高法院大相径庭。法院认为，处理堕胎问题时，必须考虑德国特殊的历史文化传统，尤其是历史上的纳粹经历，促使战后的德国高度重视生命价值，因而外国的判例和法律不可随意借鉴。②战后的《德国基本法》构建了一个道德价值的整体结构，居于核心基础地位的是人格尊严。③ 人格尊严包含了主观和客观两个维度：主观维度可以用来主张个人的自主选择权；客观维度则特别强调对于生命的保护。

法院认为，女性的自决权和胎儿的生命权都源自人格尊严。④生命权作为人格尊严的基础居于基本权利序列的优先地位。更进一步，法院认为，生命权不仅属于已经出生的人，也属于尚未出生的人。具体而言，生命始于胚胎形成的两周之后，在那以后胎儿的生命权便高于女性的选择权。纳粹曾经采取"最后解决方案"清洗那些被认为不适合生存的人或者无价值的生命。如果国家允许堕胎，实际上就是重蹈了纳粹的覆辙。

然而，问题的关键是如何理解胎儿生命权的性质。如果这项基本权利仅仅具有消极意义，堕胎改革法就不会产生宪法上的问题，因为新的法律并不强制堕胎，只是宣布怀孕前期堕胎不再受到刑罚。⑤德国宪法法院认为，生命权不仅是一项消极权利，而且是一项积极权利。国家不仅具有消极的不作为义务，也有积极的作为义务。国家不仅要防止他人扼杀或侵害中的生命，而且应该主动采取措施保护和促进生命成长，保证其不但不受国家侵害（例如如果政府强制堕胎，那就是侵犯胎儿生命权），而且不受他人（包括孕育胎儿的女性）侵害。

因此，基础法律规范不仅意味着防止国家侵犯的主观权利，也包括一种客观的价值秩序。国家有义务主动地保护和支持胎儿的生命及其发育。国家保护生命的义务不仅在于国家不得干涉个人，还在于国家积极防止他人干涉胎儿发育。如果胎儿不是人，堕胎就属于女性隐私范畴；一旦胎儿是人，胎儿和母亲之间的关系就是社会关系。国家必须将堕胎看作违法行为，而不仅

---

① BVerfGE 39,1-Schwangerschaftsabbruch I (1975), 605.

② BVerfG 39, 1, 1975 (The First Abortion Case).

③ 《德国基本法》第 1 条第 1 款。

④ 《德国基本法》第 2 条第 2 款。

⑤ 1974 年，就在罗伊案一年以后，奥地利宪法法院就作了类似判决，认为刑法中将怀孕前三个月堕胎去罪化的规定符合奥地利宪法，因为其将生命权理解为一种消极权利：政府并没有侵犯胎儿的生命权；即便女性堕胎侵犯了胎儿生命权，也不是政府侵犯的。反过来，政府如果限制女性堕胎，那就是侵犯女性人格尊严，因而是违宪的。sterreichischer Verfassungsgerichtshof, VfSlg. 7400 (1974)(Austrian Constitutional Court).

是医学措施。

由于生命权的至高地位，法律可以采取最为强有力的手段予以积极保护，进而通过刑法的方式将堕胎入罪，即是符合宪法规定的措施，足以获得宪法法院的支持。立法机关必须采取相应的措施来保护胎儿，不能仅仅要求孕妇在堕胎之前接受咨询。这种措施不足以保护胎儿的人格尊严。立法机关必须要求政府增强女性接受怀孕作为一种社会义务的意识。①

当然，国家保护生命的义务也及于怀孕的女性。法律可以创设女性堕胎不计入犯罪的指征性例外，例如怀孕将会对女性生命和健康产生威胁。在这种情况下，女性的决定权即具有优先性，因而采取刑法禁止堕胎的举措即不适当。②然而，如果仅因女性不想继续怀孕或者躲避义务就选择堕胎，即背离了德国宪法秩序的基本精神。

德国宪法法院在此案中发表异议的法官也承认，罗伊案中怀孕第一阶段女性自由选择的规则，从德国宪法传统来看走得太远了。③但异议意见认为，法院应该将此问题留给民主政治过程，而不应将自身价值观念强加于民主程序之上；宪法法院没有能力告诉立法机关应该怎么做，才能够保护生命权。④

虽然判决结果迥异，罗伊案与德国第一堕胎案在某些方面却很类似。两国法院都有制定政策之嫌，都涉嫌侵犯了立法机关职权，将自身价值观念凌驾于民主程序和公共讨论之上。而且宣判之后，也都引发了堕胎问题的进一步激化。例如，宣判之后，激进女性主义者就用炸弹攻击了德国宪法法院位于卡尔斯鲁厄的大楼。⑤而主张保护生命权的人也认为，德国宪法法院不够讲原则，而要在胎儿生命和女性自由之间搞平衡。⑥

就宪法教义而言，德国宪法法院所确立的国家保护义务目标并无争议。然而，法庭内外却对手段产生了争议：是否非得采取刑法的方式？这个问题由谁来决定？很多人认为，手段是否过度，或者是否欠缺，应该交由议会自行判断。⑦部分是为了回应这些批评，德国宪法法院在第二堕胎案中对第一堕胎案的教义进行了微调。

---

① BVerfGE 39,1-Schwangerschaftsabbruch I (1975), p. 644.

② Ibid., pp. 647-649.

③ Mary A. Glendon, *Abortion and Divorce in Western Law*, Harvard University Press, 1997, p. 30.

④ Ibid., pp. 30-31.

⑤ Ibid., p. 31.

⑥ Ibid.

⑦ Dieter Grimm, *Constitutionalism: Past, Present, and Future*, Oxford University Press, 2016, pp. 176-177.

2. 第二堕胎案

两德统一之后,德国面临着调和联邦德国和民主德国两种不同的堕胎制度的问题,这一问题甚至拖延了统一的进程①,于是德国必须重新考虑堕胎法改革。② 1992 年,统一之后的德国议会通过了《怀孕与家庭协助法》(PFAA),允许女性在孕期的前 12 周内堕胎,但须由具有执业资格的医生进行手术,且手术前必须经过咨询、确认以及三天的等待期。此外,刑法当中也作出了修改,规定中止怀孕并非犯罪。然而,该法律的合宪性同样挑战,接受了德国宪法法院③的抽象审查。

在第二堕胎案中,德国宪法法院支持放宽对堕胎的限制。此次,德国宪法法院仍然坚持了人格尊严、保护胎儿生命权的基本精神,以及国家的保护义务等总体原则。然而,德国宪法法院不再认为,为了保护未出生的人的生命权就必然要将堕胎施加刑事处罚。就实现目标的手段而言,立法者可以选择不同的方式,具体标准由其判断,未必非得采用刑事处罚的方式。德国宪法法院认为,为了保护未出生的生命的价值,仍然坚持将堕胎视为违法和犯罪。然而,如果堕胎发生在怀孕前三个月,且国家已经采取措施对孕妇进行劝阻式咨询(dissuasive counseling),就可以不对堕胎行为施加刑事惩罚。具体而言,虽然刑法上堕胎仍然是犯罪,但只要女性接受了法律规定的咨询,即可获得许可证,以此获得刑法上的豁免。④

由此可见,德国宪法法院对于第一堕胎案的态度也是抽象肯定、具体否定。1993 年的第二堕胎案基本保留了 1975 年第一堕胎案的总体精神,只是对 12 周之前的堕胎不再施加刑罚。法院继续强调了对于胎儿生命权的保护,强调女性权利必须放在家庭和社会总体价值之下进行考虑,强调女性为国家生育下一代的义务。但与第一堕胎案不同的是,法院强调堕胎时医生劝阻性咨询的重要性,并要求由国家承担咨询费用。因此,劝说而非强制,构成了规制堕胎的新方式。而反对堕胎的群体(如宗教人士)则可以参加咨询环节,劝说女性放弃堕胎。这也在具体举措层面努力实现双方的平衡。

总而言之,美国和德国都在 1970 年代开始了堕胎问题宪法司法化的进

---

① Terri E. Owens, "The Abortion Question: Germany's Dilemma Delays Unification", 53 *Louisiana Law Review* 4, pp. 1315-1337(1993).

② Peter H. Merkl, *German Unification in the European Context*, Penn State University Press, 1993, pp. 176-180.

③ 本书中既指德国统一之前的联邦德国的联邦宪法法院,也指德国统一之后的联邦宪法法院。

④ 《德国刑法》第 218(a)款。英文译本参见 http://www.gesetze-im-internet.de/englisch_stgb/englisch_stgb.html#StGB_000P218, last visited Feb. 22, 2023.

程,并在 1990 年代延续了之前的判决精神,并进行了具体层面的调整。但在宪法教义和宪法哲学层面,两国差异甚大。德国宪法法院将堕胎理解为对正在形成的生命的侵害,美国最高法院则不认为胎儿可以享受生命权保护;德国宪法法院强调女性、胎儿和社会之间的密切关联,美国最高法院偏向女性个人自主权;德国将隐私权理解为个人发展其人格的积极权利,美国则将其理解为离群索居、免受干涉的消极权利;德国法强调个人权利的社会属性(如胎儿生命权之所以重要是因为其对共同体的价值,而不是胎儿的个人权利),美国则更强调个人权利的绝对性(无论是女性选择权,还是胎儿生命权,如果有的话)。①

三、堕胎问题政治化与宪法化的全球扩散

美国和德国的堕胎案判决,构成了后来世界其他国家和地区堕胎宪法化的先驱和模板。在某种意义上,两国的堕胎判决实际上既被法律人看作专业资源,也被社会人士当成了堕胎政治的符号。毕竟,宪法判决既具有高度的法律意义,也具有极强的符号意义。②

从全球范围的影响力来看,美国和德国被后来堕胎自由化人士和反自由化人士当作了指路明灯。由于美国的全球影响力和英语的世界普及性,罗伊案在全世界范围内传播开来,成为各国政治辩论、社会斗争、维权诉讼和司法判决中常常诉诸的符号和象征,无论在法律专业内外都产生了巨大影响力。罗伊案很快脱离了美国语境,在全球范围内被当成堕胎自由的符号、象征和标志,传播到其他国家。在很多国家的社会运动和政治斗争中,女性主义团体都诉诸美国堕胎案的符号主张维权。

德国的堕胎判决,则由于其对欧洲邻国和其他大陆法系国家的强大影响,且由于其宪法模式(凯尔森式的宪法法院)和宪法哲学(对于人格尊严的至高保护)对后独裁国家的吸引力,也在专业法律人群体中获得了广泛传播。主张限制堕胎、保护生命权的社会力量和法律人,则会援引德国先例支持自己的观点。尤其是对于各国法官和律师而言,德国的堕胎案则成为罗伊案的反面。经过简化和提炼之后,两个案件逐渐成为符号,为他国律师、社会

---

① Mary A. Glendon, *Abortion and Divorce in Western Law*, Harvard University Press, 1997, pp. 33-39.

② 例如,美国种族平等权领域著名的布朗案,其象征意义远远比实际意义更强。该案发生在冷战期间,是美国对于苏联指责其种族主义的一种回应,但对于黑人实际地位的改变影响没有那么大。Mary L. Dudziak, "Brown as a Cold War Case", 91 *Journal of American History* 1, June 1, 2004, p. 32.

人士、法官和政治家关注、借鉴、比较和参考。

(一) 堕胎政治的全球化

通过罗伊案的符号化,美国将堕胎辩论和堕胎政治输出到了世界其他地区。于是,堕胎已经在很多国家的政治和社会进程中被议题化了,美国围绕堕胎的"文化战争"开始出口到了国外。

从 20 世纪下半叶到现在,"支持选择"和"支持生命"的斗争已经开始在各国内部和国际场合展开。在西欧,西班牙社会党(左翼)和人民党(右翼)以及天主教力量长期不断拉锯。[1]而在德国,统一之前,在联邦德国内部存在基督教民主党和社会民主党的斗争、统一过程中联邦德国和民主德国的斗争,统一之后仍然继续种种斗争。1989 年东欧剧变之后,堕胎问题成为波兰等国的热门政治问题,涉及堕胎的法律与政策在女性主义者和天主教力量的斗争之间不断拉锯。

欧洲以外也是如此。在拉丁美洲国家,女性主义与天主教的斗争颇为激烈,甚至使得堕胎政治呈现出跨国联动特征。如拉丁美洲女性主义者近年来开展了"绿波运动"(Green Wave Movement),以推动堕胎自由化法律改革,一方面促成了 2020 年底阿根廷立法规定怀孕前 14 周堕胎合法化[2],也促进了智利 2020 年底开始围绕堕胎去罪化开展辩论[3],另一方面也遭到天主教力量的反对,以及其他国家采取更加严厉的法律与政策反对堕胎(如洪都拉斯)。在亚洲,堕胎权利运动遭受了传统文化的反对:在泰国,反对力量是僧侣和信仰佛教的大多数民众[4];在韩国,反对的力量则是基督教(包括天主教)和传统儒家文化;在以色列,是犹太教和其他保守主义力量。而在乌干达等非洲国家,美国输出的文化战争也已经让生育问题成为政治辩论和社会关注的焦点。[5]

颇为值得注意的是,围绕堕胎的"文化战争"之所以呈现国际化的趋势,

---

[1] http://www.europeanpublicaffairs. eu/spanish-abortion-law-in-the-political-pendulum/, last visited Feb. 22, 2023; https://womensenews. org/2015/02/spains-abortion-law-under-threat-despite-rescue/, last visited Feb. 22, 2023.

[2] https://www.bbc. com/news/world-latin-america-55475036, last visited Feb. 22, 2023.

[3] France 24, Argentina Legalises Abortion as Chile Begins Decriminalisation Debate, January 15, 2021, https://www. france24. com/en/americas/20210115-argentina-legalises-abortion-as-chile-begins-decriminalisation-debate, last visited Feb. 22, 2023.

[4] Nanchanok Wongsamuth, "Thai Monk Faces Online Backlash over Abortion Stance", Reuters, 2021, https://www. reuters. com/article/us-thailand-women-buddhism-trfn-idUSKBN29Y0P7, last visited Feb. 22, 2023.

[5] U. S. Exports Cultural War to Uganda, NPR, https://www. npr. org/templates/story/story. php? storyId=122572951, last visited Feb. 22, 2023.

不仅源于全球化信息传播（特别是互联网社交媒体平台的发展①）和国际交流的增强，也是因为美国的主动输出。②一方面，民主党和女性主义团体不断传播堕胎自由的观念，并支持其他国家的堕胎权利运动与法律改革。③另一方面，共和党和右翼政治力量则不断输出家庭价值等保守主义理念④，同时支持其他国家的保守力量反对堕胎。

美国两党之间的左右互搏，典型地体现为美国政府在生育领域的国际援助政策的来回变动。1973 年罗伊案判决之后，保守派议员立即推动国会修改《外国援助法》，确立了"全球封杀规则"（Global Gag Rule），禁止接受联邦政府资助的美国 NGO 在海外提供堕胎服务、堕胎咨询服务以及游说堕胎合法化行为；次年，联邦政府通过法规进一步规定，禁止美国国际开发署资助此类海外活动。⑤而克林顿于 1992 年执政之后，秉承自由派立场，暂停了全球封杀规则的实施。克林顿当局一方面通过美国国际开发署开展国际援助，资助国外计划生育组织；另一方面在国际场合不断地宣扬女性自主理念，如参加 1994 年在开罗举办的联合国人口与发展国际会议和 1995 年北京举行的世界妇女大会。⑥小布什执政后，联邦政府又开始恢复全球封杀规则，并且取消对于致力于推动生育健康和生育权利的联合国人口基金（UNFPA）的财政支持。⑦奥巴马就任总统之后，立即改变全球封杀规则，重新资助全球范围内的堕胎权利事业。⑧特朗普上台以后，不但重新恢复全球封杀规则，而且扩大

---

① https://www.economist.com/international/2021/06/12/social-media-are-turbocharging-the-export-of-americas-political-culture, last visited Feb. 22, 2023.

② James Gathii, "Exporting Culture Wars", 13 *UC Davis Journal of International Law and Policy* 1 (2006).

③ 美国的堕胎权利 NGO 开展了国际项目，推动各国维权运动，如总部位于纽约的"生育权利中心"（Center for Reproductive Rights），在肯尼亚等地设办事处，推动法律改革和宪法诉讼。https://reproductiverights.org, last visited Feb. 22, 2023.

④ https://berkleycenter.georgetown.edu/responses/exporting-culture-wars-and-reframing-human-rights-the-global-network-of-morally-conservative-homeschooling-advocates, last visited Feb. 22, 2023. https://brazilian.report/opinion/2020/09/08/how-the-us-culture-wars-were-exported-to-brazil/, last visited Feb. 22, 2023.

⑤ Foreign Assistance Act of 1961, Pub. L. No. 93-189 (1973); Family Planning and Population Assistance Activities, 48 C. F. R. § 752.7016(b)(iv)(2005).

⑥ Dixon, Rosalind, and Eric A. Posner, "The Limits of Constitutional Convergence", 11 *Chicago Journal of International Law* 2, p. 417(2011).

⑦ James Gathii, "Exporting Culture Wars", 13 *UC Davis Journal of International Law and Policy* 1, p. 72(2011). 美国主动的国际宣传和资金支持也是重要因素。民主党执政时期则宣传堕胎自由意识形态；共和党当政时期则宣传反堕胎意识形态。两党都会通过项目和经费予以支持。https://www.nbcnews.com/storyline/europes-abortion-fight/abortion-europe-how-one-american-exports-war-strategy-n559626, last visited Feb. 22, 2023.

⑧ Jeff Mason, Deborah Charles, Obama Lifts Restrictions on Abortion Funding, Reuters, Jan. 23, 2009, https://www.reuters.com/article/us-obama-abortion-idUSTRE50M3PQ20090123, last visited Aug. 14, 2021.

了其覆盖范围,创造了史上最强全球封杀规则。① 2021 年,拜登担任总统之后,则毫无悬念地废除了全球封杀规则。②美国政府对于国际堕胎权利运动的支持和反对态度,就在两党之间不断摇摆。

在美国保守派之外,国际堕胎权利运动遭遇的最大的有组织的跨国反对力量就是天主教会。1974 年,在罗伊案判决之后的一年,位于梵蒂冈的圣座立即发布宣言,反对堕胎。③而自从 1978 年约翰·保罗二世就任教皇以来,天主教会发展出了一套反对堕胎的法律教义,例如限制堕胎恰恰才是保护女性、生命自受精卵即开始等,以此反对堕胎自由化的立法和司法实践。④ 1990年代,天主教会进一步重申,堕胎在任何情况下都应禁止,如果有人堕胎或提供堕胎服务,会被自动开除教籍,以示惩戒。⑤

美国政府(民主党执政时期)和梵蒂冈之间的相互撕扯,影响了其他国家的堕胎宪法化进程。例如,在萨尔瓦多 1999 通过宪法修正案(从怀孕一开始即保护胎儿、禁止堕胎)的过程中,梵蒂冈起到了关键作用。再如,在奥巴马执政期间,美国政府花费数百万美元在巴西推动计划生育项目;梵蒂冈则要将巴西所有从事堕胎手术的医生开除教籍。⑥美国和梵蒂冈的相互撕扯,导致巴西的女性生育权运动一直处于拉锯状态。而在肯尼亚,天主教和伊斯兰教力量共同坚持反对堕胎自由化的立场,美国右派也在 2010 年修宪时对反堕胎运动予以实质支持。⑦

---

① Zara Ahmed, "The Unprecedented Expansion of the Global Gag Rule: Trampling Rights, Health and Free Speech", 23 *Guttmacher Policy Review*, pp. 13-18(2020). https://www.guttmacher.org/gpr/2020/04/unprecedented-expansion-global-gag-rule-trampling-rights-health-and-free-speech, last visited Feb. 22, 2023.

② Michael Safi, Liz Ford and Jessica Glenza, "Joe Biden Axes 'Global Gag Rule' But Health Groups Call On Him To Go Further", *The Guardian*, Jan. 28, 2021, https://www.theguardian.com/global-development/2021/jan/28/joe-biden-global-gag-rule-health-groups, last visited Feb. 22, 2023.

③ https://www.vatican.va/roman_curia/congregations/cfaith/documents/rc_con_cfaith_doc_19741118_declaration-abortion-en.html, last visited Feb. 22, 2023.

④ Julieta Lemaitre, "Catholic Constitutionalism on Sex, Women, and the Beginning of Life", in Rebecca J. Cook, Joanna N. Erdman, and Bernard M. Dickens(eds.), *Abortion Law in Transnational Perspective*, University of Pennsylvania Press, 2014, pp. 239-257. 值得注意的是,"保护女性"的教义在美国 2007 年的 *Gonzales v. Carhart* 案中起到了作用,该案维护了禁止部分分娩手术的法律的合宪性。Reva B. Siegel, "The Right's Reasons: Constitutional Conflict and the Spread of Woman-Protective Anti-Abortion Argument", 57 *Duke Law Journal* 6, pp. 1641-92(2015).

⑤ Dixon, Rosalind, and Eric A. Posner, "The Limits of Constitutional Convergence", 11 *Chicago Journal of International Law* 2, p. 417(2011).

⑥ Ibid.

⑦ Aili Mari Tripp, "Women's Movements and Constitution Making after Civil Unrest and Conflict in Africa: The Cases of Kenya and Somalia", 12 *Politics & Gender* 1, pp. 78-106(2016).

(二)堕胎宪法化的全球散播

堕胎问题在很多国家的政治化,也推动了堕胎问题的宪法化。人们都开始诉诸宪法和法院来继续开展斗争。毕竟,虽然堕胎在世界范围内逐渐自由化,但大部分国家并非将女性堕胎权上升到宪法层面(如未通过宪法修改或违宪审查)予以固定,只是通过普通议会立法甚至政府政策的形式获得阶段性妥协,结果很不稳定,易受到政局变化影响。①即便是有些国家司法机关确认了女性在某些情况下可以堕胎,也只是依据对于法律、而非宪法的解释。②而在堕胎依然非法的国家,很多规定也仅仅是在刑法层面,并未写入宪法,也没有经过宪法法院的确认。综合来看,无论是"支持选择"一方,还是"支持生命"一方,都感觉不安全。

因此,很多人诉诸了宪法和宪法法院。一些国家呈现出罗伊案的启动模式,即女性主义者诉至最高法院或宪法法院,要求审查禁止或者限制堕胎的法律;另一些国家则呈现出德国第一堕胎案的启动模式,即反堕胎人士起诉,要求审查堕胎自由化的法律。甚至,有些国家为了应对或预防宪法法院的判决,采取了修改宪法的方式,将堕胎权或者反堕胎原则写入宪法。③而最高法院或者宪法法院则在审案过程中不断参考外国判例,同时采用比例原则分析法来平衡种种相互冲突的价值和利益。

1. 堕胎宪法化的国际化

堕胎宪法化的国际化趋势发端于北美与欧洲。1970 年代,在跨越大西洋的女性主义运动背景下,欧美主要国家的最高司法机关在两年内连续处理 6 起宪法案件,形成了堕胎宪法化的国际联动:1973 年美国最高法院判决罗伊案,1974 年奥地利宪法法院随即作出堕胎案判决;1975 年,法国宪法委员会、意大利宪法法院、德国宪法法院和加拿大最高法院更是在同一年就堕胎

---

① Dixon, Rosalind, and Eric A. Posner, "The Limits of Constitutional Convergence", 11 *Chicago Journal of International Law* 2, 2011, p. 406.

② 例如,2012 年,阿根廷最高法院在一起标志性的案件中,澄清了刑法的相关规定,判决女性在因强奸而怀孕的情况下可以堕胎。Corte Suprema de Justicia de la Nación [National Supreme Court] March 13, 2012, F., A. L., Expediente Letra "F", No. 259, Libro XLVI, (Arg.). 相关分析参见 International Reproductive and Sexual Health Law Program, Faculty of Law, University of Toronto, Argentina: Abortion is legal for rape victims, *Reprohealthlaw Blog*, https://reprohealthlaw. wordpress. com/2012/03/20/argentina-abortion-is-legal-for-rape-victims/, last visited Feb. 22, 2023. 值得注意的是,该案件的原告是一家阿根廷本地维权组织,一名多伦多大学法学院的 SJD 学生 Mercedes Cavallo(阿根廷人)参与其中。

③ 参见后文。

案作出宪法判决，虽然结果有所差异。① 1985 年，西班牙宪法法院也判决了堕胎案。②

进入 21 世纪，堕胎宪法化的进程在世界其他地区颇为活跃。作为世界上堕胎难度最大的地区，进入新世纪的拉丁美洲国家开始了堕胎宪法化进程，虽然他们未必全都支持堕胎权利。③ 2006 年，哥伦比亚宪法法院判定，极端情况（如强奸、母亲生命受到严重威胁）下女性才能够主张堕胎权；对于自愿性行为导致的怀孕，立法机关有义务将堕胎入罪，因为自愿性行为即同意生育。④ 2020 年，哥伦比亚宪法法院判定，怀孕的前 16 周堕胎不受宪法保护，除非符合三种指征。⑤ 厄瓜多尔宪法法院在 2021 年将强奸情形下的堕胎合法化；然而是否拥有无条件的堕胎权仍在争论。⑥洪都拉斯 2021 年修宪全面禁止堕胎，理由是保护胎儿从怀孕一开始即享有的生命权。⑦ 此外，巴西（2008、2012、2016）⑧、智

---

① 除上文已经提及的美国和德国堕胎案（前者最为自由化，后者最为社会化），其他国家的判决处于两国判决之间：加拿大最高法院宣判，堕胎规制完全是立法机关的权限，法院不予干涉；意大利和法国的判决则承认堕胎规制主要是立法机关的权限，而且指征模式的立法与各自国家的宪法要求并不冲突；奥地利的判决则认为，分期模式的立法与宪法并不冲突。See John D. Gorby, "Introduction to the Translation of the Abortion Decision of the Federal Constitutional Court of the Federal Republic of Germany", 9 *The John Marshall Journal of Practice and Procedure* 3, pp. 558-562(1976).

② Tribunal Constitucional ［Constitutional Court］, S. T. C. 53/1985, 1985-49 BJC 515.

③ Reva Siegel, "Constitutionalization of Abortion", in Michel Rosenfeld and András Sajó(eds.), *The Oxford Handbook of Comparative Constitutional Law*, Oxford University Press, 2012, p. 1074.

④ "C-355/2006: Excerpts of the Constitutional Court's Ruling that Liberalized Abortion in Colombia" in VYB Editores, Women's Link Worldwide, 2007, available at https://www. womenslinkworldwide. org/en/files/1353/c355-2006-english-version. pdf, p. 13, last visited Feb. 22, 2023.

⑤ https://www. reuters. com/article/us-colombia-abortion-idUSKBN20Q050, last visited Feb. 22, 2023. ("Most countries in Latin America and the Caribbean apply similar restrictions to abortion as Colombia, while six countries in the region ban the procedure in all circumstances.")

⑥ 厄瓜多尔国内关于堕胎的严重分歧意味着，在短期内堕胎完全非罪化仍然很不乐观。因为，厄瓜多尔 80%的人口信奉天主教，现任总统也是"支持生命"派。厄瓜多尔宪法法院审理案件时，厄瓜多尔圣公会(Episcopal Conference of Ecuador)致函法官，反对将强奸案中的堕胎合法化："强奸的罪恶不能用堕胎的罪恶来解决"(crime of rape is not solved with the crime of abortion)。圣公会还表示，应该由国会决定此项议题。Martina Pantano, "Ecuador's Constitutional Court Decriminalizes Abortion in Cases of Rape", June 25, 2021, https:// globalriskinsights. com/2021/06/ecuadors-constitutional-court-decriminalizes-abortion-in-cases-of-rape/, last visited Feb. 22, 2023.

⑦ Tatiana Arias, "How Lawmakers Made It Nearly Impossible to Legalize Abortion in Honduras", January 31, 2021, https://edition. cnn. com/2021/01/31/americas/honduras-abortion-ban-ratified-intl/index. html, last visited Feb. 22, 2023.

⑧ Supremo Tribunal Federal ［Supreme Court］2008, Ação Direta de Inconstitucionalidade No. 3. 510; Supremo Tribunal Federal ［Supreme Court］April 12, 2012, ADPF 54/DF. Supremo Tribunal Federal ［Supreme Court］November 29, 2016 "Habeas Corpus" Ruling, No. 84. 025-6/RJ.

利(2001、2008、2017、2019)①、哥斯达黎加(2000、2004、2005)②等国宪法法院
或最高法院也都处理过堕胎案件。

近十年来，堕胎宪法化浪潮波及了亚洲、大洋洲和非洲。如尼泊尔最高
法院2009年宣判，女性堕胎权利必须得到立法机关尊重和落实。韩国宪法
法院和澳大利亚高等法院(该国最高司法机关)则在2019年同时处理了堕胎
案件，并且都表明了支持女性权利的立场。③泰国宪法法院也在2020年作出
了类似判决。④津巴布韦最高法院在2014年作出了堕胎案判决。⑤肯尼亚高
等法院则于2014年、2017年和2019年相继作出3起涉及堕胎问题的
判决。⑥

在众多国家的堕胎问题宪法化实践中，爱尔兰特别值得作为一个典型案
例，专门予以详细分析。在堕胎议题国际化的背景下，爱尔兰围绕堕胎问题
的宪法化，结合宪法修正案、宪法裁判、全民公投、甚至国际人权法诉讼等多
种决策形式，形成了复杂的互动关系。

爱尔兰是一个天主教氛围极其浓厚的国家。《爱尔兰宪法》(1937)基于
天主教基本宗教精神，在序言和条文当中明确规定了宪法所承载的道德和伦
理价值，并将上帝作为所有权威的最终根源确定下来。该宪法明确强调家庭

---

① Corte Suprema de Justicia [Supreme Court] August 30, 2001, Sentencia Rol 2186-2001;
Tribunal Constitucional [Constitutional Court] April 18, 2008, Sentencia Rol 740-07-CDS;
Tribunal Constitucional [Constitutional Court, 2017, STC Rol N° 3729(3751)-17 CPT; Tribunal
Constitucional [Constitutional Court, 2019, STC Rol N° 5572-18-CDS/5650-18-CDS.

② Corte Suprema de Justicia de Costa Rica, Sala Constitucional [Supreme Court of Justice of Costa
Rica, Constitutional Chamber] 2000, Sentencia No. 2000-02306. Corte Suprema de Justicia de
Costa Rica, Sala Constitucional [Supreme Court of Justice of Costa Rica, Constitutional
Chamber] 2004, Sentencia 442/2004. Corte Suprema de Justicia de Costa Rica, Sala
Constitucional [Supreme Court of Justice of Costa Rica, Constitutional Chamber] 2005, Exp: 01-
200114-0414-PE Sentencia 1267/2005.

③ Case on the Crime of Abortion [2017 Hun-Ba 127, April 11, 2019] (Korean Constitutional
Court); *Preston v. Avery*, [2019] HCA 11(High Court of Australia)(澳大利亚法律禁止在堕
胎诊所附近进行抗议或针对寻求堕胎的女性进行反堕胎宣传，反堕胎人士认为侵犯其政治
传播自由(freedom of political communication)的宪法权利。澳大利亚高等法院认为相关法
律并不违宪)。

④ Constitutional Court Ruling No. 4/2563 (2020) orders revision of Criminal Code section 301,
February 19, 2020 (2563).

⑤ *Mildred Mapingure v. Minister of Home Affairs and 2 Others* (2014), Judgment No. SC 22/14,
Civil Appeal No. SC 406/12 (Zimbabwe, Supreme Court).

⑥ East Africa Center for Law & Justice & 6 others (Interested Party) & Women's Link Worldwide
& 2 Others (Amicus Curiae) [2019] eKLR, Petrition No. 266 of 2015, Decision of June 11,
2019 (High Court of Kenya at Nairobi, Constitutional and Human Rights Division), Decision of
June 12, 2019; *Republic v. Jackson Namunya Tali* [2014] eKLR, High Court Criminal Case
No. 75 of 2009 (High Court of Kenya at Nairobi); *Republic v. Jackson Namunya Tali* [2017]
Criminal Appeal No. 173 of 2016.

价值,号召建立"审慎、正义和慈善"(prudence, justice and charity)的社会秩序,旨在塑造一个伦理共同体,强调公共利益和共同价值。① 1965 年的 Ryan 案中,爱尔兰最高法院宣布,宪法权利包含隐含权利,其源于国家的基督教和民主性质,其中最重要的是生命权。②在此背景下,堕胎在爱尔兰法律中一直被当作犯罪进行处理。

1967 年,英国通过堕胎法放松堕胎管制之后,爱尔兰女性赴英国堕胎的现象蔚然成风,因此整个爱尔兰的杀婴率开始下降。与此同时,堕胎权利运动和女性主义运动也开始在爱尔兰兴起,而这又引起了天主教等保守主义力量的反对。1973 年美国最高法院判决罗伊案之后,爱尔兰最高法院随即也作出反应。在 1973 年的 McGee 案中,爱尔兰最高法院判定,婚内隐私包含避孕的权利,但不包含堕胎权,因为生命权是一种自然权利,任何实定法都不可剥夺。1980 年 An Bord 案中,爱尔兰最高法院宣布,国家有义务保护每个公民的生命权,而生命权保护先于出生,是胎儿独立于父母的自然权利。③

然而,保守主义力量仍然担心,爱尔兰的司法机关会变卦,特别是效仿美国通过司法判决允许堕胎。因此他们成立了"支持生命修正案运动"(PLAC)这一联盟性的组织,开始进行政治游说,反对堕胎。在该组织的推动下,1983 年爱尔兰通过全民公投,通过了宪法第八修正案。该修正案明确规定,宪法保护未出生的生命,因此禁止堕胎,并且没有规定任何的例外。④

随即,这种极为严格的堕胎令在具体案件当中遭受了挑战。在 1992 年的 X 案中,一位 13 岁的少女因为被强奸而怀孕,因此寻求在英格兰堕胎。⑤爱尔兰检察机关随即开始按照刑法的规定追究其犯罪行为,案件最终上诉到了爱尔兰最高法院。爱尔兰最高法院则判定,孕妇在生命受到威胁的情况下可以堕胎,包括女性具有严重的自杀倾向这一情况。法院试图调和生命权和选择权,但此次更加偏向孕妇,因此判定女性可在生命受到实质威胁时在本

---

① Donald Kommers, "*Autonomy, Dignity and Abortion*", in Tom Dixon and Rosalind Ginsburg (eds.), *Comparative Constitutional Law*, Edward Elgar Publishing, 2011, p. 442.

② The Judgement of the Supreme Court of Ireland on the Ryan Case, available at http://www. bailii. org/ie/cases/IESC/1965/1. html, accessed on September 18, 2018.

③ Donald Kommers, "*Autonomy, Dignity and Abortion*", in Tom Dixon and Rosalind Ginsburg (eds.), *Comparative Constitutional Law*, Edward Elgar Publishing, 2011, p. 444.

④ Article 40, Section 3, Subsection 3 of Constitution of Ireland ("The State acknowledges the right to life of the unborn and, with due regard to the equal right to life of the mother, guarantees in its laws to respect, and, as far as practicable, by its laws to defend and vindicate that right."), available at http://www. irishstatutebook. ie/eli/1983/ca/8/schedule/enacted/en/html#sched-part2, accessed on August 4, 2016. 然而,该修正案没有规定生命何时开始。2009 年,爱尔兰最高法院在一起案件中处理了冷冻胚胎是否构成该修正案中的"未出生的生命"(unborn life)的问题。Roche -v- Roche & Ors [2009] IESC 82 (15 December 2009).

⑤ *A. G. v. X* [1992] IESC 1; [1992] 1 IR 1 (5th March, 1992).

国或外国堕胎。然而,判决作出之后,立即遭到"支持生命"一方的反对。"支持生命"一方开展了社会动员,最终于同年提出了第十二宪法修正案,试图排除自杀倾向作为堕胎的理由,但最终没有通过。

此外,第八修正案还激起了第二轮围绕堕胎问题的争夺:禁止女性去外国堕胎和向孕妇提供国外堕胎信息是否合宪。起初,爱尔兰最高法院认为,言论自由和迁徙自由受到人格尊严限制,个人自由应服从共同体价值。①因此,向孕妇提供国外堕胎信息,无异于帮助杀人,不受宪法保护。②然而,"支持选择"派于 1992 年诉诸了欧洲人权法院。欧洲人权法院判定,爱尔兰限制传播国外堕胎信息的禁令不合比例地限制了《欧洲人权公约》中言论自由条款。③判决作出后,爱尔兰议会随即通过了第十三和第十四修正案,分别保护自由出国和获取国外堕胎服务信息的权利。④ 1995 年,爱尔兰议会通过《怀孕服务法》,允许医生及其他咨询人告知女性外国堕胎服务的信息。⑤时任总统罗宾逊向爱尔兰最高法院提出审查《怀孕服务法》的合宪性。爱尔兰最高法院判定,该法律符合宪法规定,因而允许向女性提供外国堕胎服务的信息。⑥随后,1997 年,爱尔兰最高法院在"C"案中判定,有自杀倾向的孕妇可由健康委员会安排前往英国获取堕胎服务。然而,这种逐渐自由化的趋势,又遭遇了反弹。爱尔兰政府 1999 年开始开展了全民公投,试图将自杀排除出堕胎的合法理由之外,但再次失败。

2012 年,一名印度裔的牙医因为无法堕胎而死亡的事件,激起了全国范围内对于女性生殖健康的关注。为了回应社会舆论,2013 年,爱尔兰议会通过《保护孕期健康法》,其中创设了堕胎罪的例外,包括因怀孕将会对女性造成的生命危险以及自杀的倾向。最终,经过女性主义和"支持选择"力量的继续努力,爱尔兰在 2018 年 5 月通过全民公投,通过宪法第三十六修正案,废除了宪法第八修正案,并且规定堕胎规制将由议会通过法律进行。⑦爱尔兰议会则在同一年按照宪法修正案的规定,通过了《健康(堕胎规制)法案》,规定了分期模式和指征模式的结合规则:女性在怀孕的前 12 周可以选择堕胎;或如果怀孕对女性生命健康产生重大威胁、导致女性有自杀倾向、胎儿发

---

① Donald Kommers, "Autonomy, Dignity and Abortion", in Tom Dixon and Rosalind Ginsburg (eds.), *Comparative Constitutional Law*, Edward Elgar Publishing, 2011, p. 443.
② Ibid., p. 445.
③ Ibid., p. 443.
④ Ibid.
⑤ Ibid.
⑥ Ibid., pp. 444-445.
⑦ Thirty-Sixth Amendment of the Constitution Bill 2018 (Bill 29 of 2018).

育严重不良以至于有死亡风险等,也可以堕胎。[1]至此,爱尔兰堕胎自由化的进程最终得到了宪法和法律的支持。

2. 比较宪法作为符号与论据

在很多国家涉及堕胎的宪法判决中,比较法分析构成了法官判决案件的重要方法,甚至成为判词写作的规定内容。具体而言,美国和德国的判例被简化成教义,被移植到国外,成为其他国家法官审理堕胎案时的参考资料和撰写判决书时的说理工具。[2]

在光谱一端,法院援引罗伊案,将其视为堕胎自由化的标志。例如,南非最高法院在 1996 年堕胎案判决中,即援引罗伊案作为进步主义符号,主张女性自主平等的宪法权利。法院进一步认为,德国堕胎案判决(特别是第一堕胎案)坚持国家保护胎儿生命权的积极义务,违背了国际潮流。[3]

实际上,在该案中接受司法审查的南非《1996 年堕胎法》,本身就是以罗伊案的判决为蓝本来设计的:(1) 怀孕的前 12 周可以自由堕胎,并且由政府财政支持提供堕胎服务;(2) 从第 13 周到第 20 周,必须有一名执业医生证明,女性生理或心理健康受到严重伤害,或胎儿发育严重不正常,或者因强奸或乱伦而怀孕,或女性继续怀孕将会导致社会经济状况严重不佳;(3) 而在 20 周以后,如果有两名以上的执业医生证明女性将会因为怀孕生命受到伤害,或者将会导致胎儿严重畸形,或者将会对于胎儿产生严重伤害。[4]

而在法律受到合宪性挑战之后,南非最高法院大量引用罗伊案和凯西案作为判决依据,认为凯西案确认了罗伊案的本质,其中一项原则就是女性决定自己命运的宪法权利。但实际上,女性决定自己命运的权利并非充足的理由去推翻限制堕胎的法律。例如,宾夕法尼亚州法律中对于未成年少女堕胎设置父母同意规则,并不违反宪法。此外,南非最高法院把德国的判例法认为是国际共识的例外,但并没有明确指明是德国第一堕胎案还是第二堕胎案,或者两者兼而有之,而只是笼统地认为德国判例法要求严格保护胎儿生命权。南非宪法法院既没有看到凯西案对于罗伊案的改变,也没有认识到德

---

[1]　The Health (Regulation of Termination of Pregnancy) Act 2018 (Act No. 31 of 2018).

[2]　Rachel Rebouche, "A Functionalist Approach to Comparative Abortion Law", in Rebecca J. Cook, Joanna N. Erdman, and Bernard M. Dickens (eds.), *Abortion Law in Transnational Perspective*, University of Pennsylvania Press, 2014, pp. 98-118.

[3]　*Christian Lawyers' Association v. National Minister of Health* 2004 (4) All SA 31(SCA) at 35-36, 42-45 (South African Supreme Court of Appeals).

[4]　Choice on Termination of Pregnancy Act 92 of 1996 (South Africa).

国第二堕胎案对第一堕胎案的宪法教义改造。①

另一方面，法院援引德国第一堕胎案的判决，支持胎儿生命权。②例如，2010 年葡萄牙宪法法院宣判的堕胎案就是如此。③葡萄牙议会 2007 年通过了堕胎改革法，允许女性在怀孕的前 10 周堕胎，条件是必须接受无指向性的咨询（non-directive counseling）和经历三天等待期。④在该法律受到合宪性挑战之后，葡萄牙宪法法院判决该法律符合宪法规定。

在推理过程中，葡萄牙宪法法院大量使用了比较法论据。它将罗伊案作为女性无条件堕胎自由的先例加以拒绝⑤，转而大量讨论德国案例，特别是援引 1993 年德国判决，用以证明立法强制的咨询机制有利于保护潜在的生命而合宪。⑥具体而言，葡萄牙宪法法院认为，在美国的标准当中，女性是独立作出是否怀孕的决策者；而在葡萄牙，女性在决策的时候有国家予以帮助。但实际上，这种理解是错误的：在凯西案之后，美国法律实际上是允许各州通过法律限制堕胎的，因此并不是完全由女性独自决定。⑦在与美国标准保持距离之后，葡萄牙宪法法院诉诸了德国第二堕胎案的先例，认为咨询体制是预防性的——而不是惩罚性的——阻止堕胎、保护胎儿的方式。葡萄牙宪法法院认为，虽然葡萄牙法律中规定的是不带倾向性的咨询，但与德国的规定一样，也可以达到暗示劝阻女性堕胎的作用，因此符合保护胎儿的意图。⑧

①　Rachel Rebouché，"Comparative Pragmatism"，72 *Maryland Law Review* 1，pp. 111-113（2012）.

②　Rachel Rebouche，"A Functionalist Approach to Comparative Abortion Law"，in Rebecca J. Cook，Joanna N. Erdman，and Bernard M. Dickens（eds.），*Abortion Law in Transnational Perspective*，University of Pennsylvania Press，2014，pp. 98-118. （"Courts in countries as diverse as Portugal，South Africa，Mexico，and Colombia consistently refer to an emerging consensus on the liberalization，if not decriminalization，of abortion law. Each court has relied on comparative law to balance the rights of women with potential life and to position their decisions along a spectrum of legislative regimes on abortion. At one end of the spectrum，courts invoke the 1973 U. S. decision Roe v. Wade as the high-water mark of liberalization and abortion-on-request. At the other end，courts rely on the then West German Federal Constitutional Court 1975 decision to support protections for 'unborn life'."）

③　Diario da Republica vol. 60. Tribunal Constitucional［Constitutional Court］2010，Acórdão No. 75/2010，Portuguese Abortion Case 2010（2010）.

④　Lei No. 16/2007，de 10 de Abril de 2007，Diário Da República，1. a Série［D. R.］，75：2417 de 17. 04. 2007（Portugal）.

⑤　Diario da Republica vol. 60. Tribunal Constitucional［Constitutional Court］2010，Acórdão No. 75/2010，Portuguese Abortion Case 2010（2010），Section 11. 4. 1.

⑥　Ibid.，Sections 11. 4. 9，11. 9. 1.

⑦　Rachel Rebouché，"Comparative Pragmatism"，72 *Maryland Law Review* 1，pp. 111-113，p. 117（2012）.

⑧　Ibid. 值得注意的是，在异议判词中，Maria Lucia Amaral 同意多数大法官对于罗伊案和德国判决的总结概括，但是认为多数大法官太过看重比较法，而把葡萄牙的价值观扭曲了，以服务于借鉴外国法的路径。Ibid.，p. 118.

在遵循美国模式和德国模式之外,也有宪法法院走了中间路线。哥伦比亚宪法法院 2006 年的堕胎案就代表了一种从其他国家案例当中寻找共识的比较法方法,即在外国案例中找到堕胎最低标准的全球共识。法院把德国判例看作将堕胎犯罪化的典型,把美国当作按需堕胎的典型。哥伦比亚宪法法院自认为处于两者之间。在判词中,哥伦比亚宪法法院大量依赖比较法以及国际人权法的资源,意图在女性利益和未出生的胎儿利益之间寻求平衡。

具体而言,哥伦比亚宪法法院认为,女性的生育权利已经是广为承认的人权,这是性别平等和女性解放的必然要求。但是法院同时认为,将堕胎入罪也并不为国际人权法所禁止:如在拉丁美洲,阿根廷、玻利维亚和古巴仅仅允许在女性生命健康受到威胁或者在强奸而导致怀孕的情况下堕胎,而智利、哥斯达黎加、厄瓜多尔、萨尔瓦多、危地马拉和洪都拉斯则在任何情况下都禁止堕胎。①

但是,法院却不认为自己要参照拉丁美洲国家的做法,而是要跟从北美和西欧国家的案例,像西方法律一样平衡胎儿权利和女性权利。法院认为,西方的法官已经形成了共识:全面禁止堕胎是违宪的,因为这在某些情况下给女性造成无法容忍的负担。而其例证是美国、德国和西班牙的判例:"当各国宪法裁判机构审查有关终止妊娠法律的合宪性时,它们一致认为需要平衡各种利害关系:一方面是与宪法相关因此应受保护的胎儿生命,另一方面是孕妇的权利。尽管不同的裁判机构对于在特定案件中何种利益优先有所分歧,它们在肯定完全禁止堕胎是否违宪这一点上具有共同基础,因为在某些情况下,这将难以承受的负担强加给孕妇,侵犯了她的诸种宪法权利。"②

具体而言,哥伦比亚宪法法院将罗伊案看作美国最高法院处理堕胎问题最著名的案例,并把罗伊案的三阶段框架,看作平衡女性隐私权和州政府保护未出生者生命利益之间的具体做法:随着孕期的增加,政府保护未出生生命的利益越来越大,让政府有正当的理由限制堕胎。③ 法院虽然说罗伊案并非美国最高法院唯一讨论堕胎问题的案例,但却没有注意到罗伊案的三阶段框架,已经被凯西案替代。④

哥伦比亚宪法法院进一步援引德国第一堕胎案,确认宪法保护潜在生命

① Rachel Rebouché, "Comparative Pragmatism", 72 *Maryland Law Review* 1, pp. 106-107 (2012).

② Women's Link Worldwide, "C-355/2006. Excerpts of the Constitutional Court's Ruling that Liberalized Abortion in Colombia", Section 9, 2007, https://www. law. utoronto. ca/utfl_file/ count/documents/reprohealth/colombia-2006-excerpts-english-trans. pdf, last visited Feb. 22, 2023.

③ Rachel Rebouché, "Comparative Pragmatism", 72 *Maryland Law Review* 1, pp. 107-108.

④ Ibid. , p. 108.

的义务,将其作为承认胎儿生命独立价值的典范。但是,法院强调德国的判决并没有要求女性在特殊条件下必须继续怀孕。因此,堕胎在符合条件的情况下必须去罪化:医生证明女性生命健康受到威胁;胎儿发育不良;强奸、乱伦或人工授精导致怀孕;胎儿畸形、犯罪行为导致怀孕或女性生命健康受到严重威胁。法院也讨论了1993年德国的判决,虽然并没有描述判决的细节,但把这个判决当作一个标志,证明德国法已经承认了怀孕义务的不可预见性。①

显然,哥伦比亚宪法法院寻找到的宪法共识,只是一种较为稀薄的共识。而其依赖的案例,只是德国和美国1970年代的判决,而并没有着重分析后来两个国家各自的转变。②

尼泊尔最高法院在2009年的堕胎案则体现了德国模式和美国模式的融合。一方面推崇罗伊案确立的女性堕胎权,另一方面使用德国的基本权利国家保护义务学说,只是将其反过来用于保护女性堕胎权。③尼泊尔最高法院在判词中引用了罗伊案,并将其看作女性堕胎自由的典范,同时引用了南非最高法院、奥地利宪法法院乃至于欧洲人权法院的判决用以说明国际趋势。④

但必须注意的是,在比较法分析中,各国司法机关常常将美国和德国判例高度符号化和过度简化,从而使得形式化的教义脱离了语境。即便在美国内部,无论支持还是反对罗伊案,更多是因其判决结果(事关女性社会地位),而不是法律理由(事关隐私权)。⑤对于国际读者而言,由于语言、文化和法律背景不同,精确的理解变得更难。毕竟,除了专业宪法学家,很少有人会读完罗伊案65页的判词,更不用说凯西案170页的判词,遑论理解具体的推理过程、复杂的法律论证和法院的内部辩论,更遑论探知判决相关的司法先例和法学知识。即便非宪法专业的学者和法律人也是如此,遑论政治家、社会活动家和普通民众。即便是专业的宪法学家,也很少有人会完整读完德国第一堕胎案的判词(德文长达255自然段,英译本达到80页)⑥和第二堕胎

① Rachel Rebouché, "Comparative Pragmatism", 72 *Maryland Law Review* 1, p. 108.

② Ibid. , p. 100.

③ *Lakshmi Dhikta v. Goverment of Nepal*, Nepal Kanoon Patrika (Supreme Court of Nepal) Writ No. WO-0757 of year 2063 B.S. (2006 A.D.) (2009).

④ Constitutional Court Ruling No. 4/2563 (Constitutional Court of the Kingdom of Thailand, 2020), https://www. constitutionalcourt. or. th/occ_en/download/BE2562_2019/2020/20_04_Constitutional%20Court%20Ruling. pdf, last visited Feb. 22, 2023.

⑤ Naomi Cahan and Anne T. Goldstein, "Roe and Its Global Impact", 6 *University of Pennsylvania Journal of Constitutional Law* 4, p. 698 (2004).

⑥ BVerfGE, "West German Abortion Decision: A Contrast to Roe v. Wade", 9 *The John Marshall Journal of Practice and Procedure* 605, pp. 605-684(Spring 1976).

案的判词(德文长达 434 自然段,官方删节英译本超过 100 页)①。一般公众和社会舆论只能参考专门报道法律新闻的记者对于案件的通俗化转述。②更何况,判词也只是相关宪法教义的冰山一角:要理解罗伊案,必须理解美国的实体正当程序教义的兴衰。要理解德国堕胎案,必须理解人格尊严的相关教义。面对原始判词,绝大部分的知识分子都变成了"知道分子"。③

　　回到堕胎宪法化的发源地美国,争议却一直持续。④ 特朗普上台后,堕胎权利开始受到极大威胁。特朗普任期内成功任命的三位大法官卡瓦诺(Brett Kavanaugh)、戈萨奇(Neil Gorsuch)和巴雷特(Amy Conney Barret)是公认的保守派。2022 年 6 月 24 日,美国最高法院在"多布斯诉杰克逊女性健康组织案"⑤中以 6∶3 的大法官投票结果,推翻了近五十年前的罗伊案,从而否定了美国宪法保护女性堕胎权的司法先例,进而将规制(乃至禁止)堕胎的权力重新发回给各州立法机关。判决一出,立即引发了有关堕胎问题、女性权利乃至于女性社会地位的全球性讨论。正如罗伊案引发了世界范围内的堕胎权利运动(及对该运动的反对和抵制),推翻罗伊案也势必会引起国际社会中新一轮的堕胎权争议和法律变革。美国推翻罗伊案的判决会对世界产生何种影响和何种程度的影响,需要研究者和读者持续地以更为全球化的视野拭目以待。

---

① 2 BVerfG 90, Abortion II Case, paras. 1-434, German Constitutional Court (1993). https://www. bundesverfassungsgericht. de/SharedDocs/Entscheidungen/EN/1993/05/fs19930528 _ 2bvf000290en. html, last visited Feb. 22, 2023.

② Linda Greenhouse, "Telling the Court's Story: Justice and Journalism at the Supreme Court", 105 *Yale Law Journal* 1537, pp. 1537-1560(April 1996). Linda Greenhouse 是专职报道美国最高法院新闻的《纽约时报》记者,主要对案件和判决的摘要加以转述。作为一名记者,Greenhouse 因为报道美国最高法院获得了普利策奖,并在耶鲁大学法学院任教,足见其对于美国最高法院宪法判决普及化的作用。https://www. pulitzer. org/winners/linda-greenhouse, last visited Feb. 22, 2023. 以至于一本通行的美国最高法院普及读物即来自这位记者,Linda Greenhouse, *The Supreme Court: A Very Short Introduction*, Oxford University Press, 2012.

③ 这一点得到了左亦鲁教授的提示。

④ 医学与堕胎法:医学进步(如新的早期堕胎手术)引起了新的法律争议,也使以前的法律框架过时。例如,波兰宪法法院在 2020 年堕胎案判决中强调,现代医学技术的发展已经可以让医生成功地对子宫中的胎儿进行手术。因此胎儿发育不良的高度可能性,并不是限制生命权的充足理由。Judgment of the Polish Constitutional Tribunal of 22 October 2020, K1/20, III. 2. 2.

⑤ *Dobbs v. Jackson Women's Health Organization*, 597 U. S. _ (2022) 亦称密西西比案。Alison Durkee, "Supreme Court's New Case Could Threaten Roe v. Wade-Here Are the States With Abortion Protections If It's Overturned ", Forbes, 2021, https://www. forbes. com/sites/alisondurkee/2021/05/17/supreme-court-new-case-dobbs-v-jackson-could-threaten-roe-v-wade-here-are-the-states-with-abortion-protections-if-its-overturned/? sh = 57d029389caf; Greg Stohr, " Why the Supreme Court's Newest Abortion Case is a Big One", Bloomberg News, 2021, https://www. bloomberg. com/news/articles/2021-05-17/why-supreme-court-s-newest-abortion-case-is-a-big-one-quicktake.

3. 方法论移植:比例原则分析法的适用

由于有关堕胎问题的宪法裁决,总是面临相互冲突的原则、权利和利益,因而比例分析法常常被各国最高司法机关所采用,以平衡女性自由权/自决权和胎儿生命权利/利益。比例原则似乎提供了一套"公式",便于其他国家的同行法官使用。起源于德国的比例原则,可以把宪法权利转化为原则(而非规则),与其他宪法价值(也转化为原则)进行权衡,以达到优化方案。①

目前,比例原则分析法已经成为欧洲、拉丁美洲、亚洲等国家在处理涉及堕胎案件乃至于生殖权利案件的效仿对象。②甚至就连美国最高法院也使用类似于比例原则的分析方法,例如凯西案的判决将罗伊案的三阶段框架替换成了"过度负担"(Undue Burden)标准,有实无名地使用了平衡方法。③而且,凯西案的判决也承认,"过度负担"标准必须结合个案进行个别(ad hoc)处理。④此外,其他普通法系的国家也开始拥抱比例原则。如澳大利亚2019年涉及堕胎问题的判决中,高等法院法官明确表示:"结构化的比例分析提供了分析隐含自由的立法负担的合理理由的手段,并有助于鼓励对答案进行推理的透明度。它承认在一定程度上需要价值判断,但有助于减少价值判断的程度。它并没有试图掩盖什么是'合理的适当的和适当的',否则将是一种印象主义的或直觉的判断。"⑤

---

① Robert Alexy, *A Theory of Constitutional Rights*, Julian Rivers trans. Oxford University Press, 2002, p. 49.

② 也有国家沿用了美国绝对主义路径。例如哥斯达黎加最高法院宣布一项允许体外受精的法规违宪,理由是在手术中遗弃胚胎侵犯了从受孕起的生命权。Corte Suprema de Justicia de Costa Rica, Sala Constitucional [Constitutional Chamber of the Supreme Court of Costa Rica] 2000, Sentencia No. 2000-02306.

③ Jud Mathews and Alec Stone Sweet, "All Things in Proportion? American Rights Doctrine and the Problem of Balancing", 60 *Emory Law Journal* 797, pp. 853-854(2011); Vicki C. Jackson, "Constitutional Law in an Age of Proportionality", 124 *Yale Law Journal* 3094, p. 3105(2013). 甚至有学者认为,早在罗伊案,美国最高法院已经开始采用比例原则,Donald P. Kommers, "The Constitutional Law of Abortion in Germany: Should Americans Pay Attention?", 10 *The Journal of Contemporary Health Law and Policy* 1, p. 26(1994).

④ *Planned Parenthood of Southeastern Pennsylvania v. Casey*, 505 U. S. 833, 878 (1992). ("Even when jurists reason from shared premises, some disagreement is inevitable. That is to be expected in the application of any legal standard which must accommodate life's complexity. We do not expect it to be otherwise with respect to the undue burden standard.") (opinion of O'Connor, Kennedy & Souter, JJ.)

⑤ *Clubb v. Edwards* [2019] HCA 11, para. 74. ("A structured proportionality analysis provides the means by which rational justification for the legislative burden on the implied freedom may be analysed, and it serves to encourage transparency in reasoning to an answer. It recognises that to an extent a value judgment is required but serves to reduce the extent of it. It does not attempt to conceal what would otherwise be an impressionistic or intuitive judgment of what is 'reasonably appropriate and adapted'.")

而 2019 年韩国的堕胎判决,则是公式解题般地使用了比例原则分析法。①该案推翻了韩国宪法法院 2001 年的先例,认为堕胎禁令有保护胎儿生命的正当目的(通过正当性测试),将堕胎入罪也是正当手段(通过适当性测试)。然而,制定事前/事后的社会和制度措施防止意外怀孕从而降低堕胎率,是保护胎儿生命更有效的方法(未通过必要性测试)。将公共利益置于绝对优先地位,不成比例地侵犯了女性自决权(未通过狭义比例原则测试),因此该条款"与宪法不一致"(unconformable)。②

当然,比例原则分析的结果在不同宪法法院有所差异。斯洛伐克即代表了光谱的一端:2007 年,斯洛伐克宪法法院使用比例原则进行了分析,只是与德国相反,更倾向于保护女性的自决权,并且辅之以国家保护义务。具体来说,根据妇女的要求堕胎,不仅是一种宪法权利,而且政府有义务主动保护女性的堕胎权。③这使得斯洛伐克成为东欧地区法律上堕胎最为自由的国家。光谱另一端则是波兰。2020 年波兰宪法法院也运用比例原则分析法,却得出了与斯洛伐克宪法法院相反的结论。波兰宪法法院判定,出于优生目的(如胎儿发育不全)而采取的堕胎行为不受宪法保护,因而只有两种情况可以堕胎:对于女性生命健康产生重大威胁,强奸或乱伦导致的怀孕。④

四、当代堕胎法的类型与实践

(一) 堕胎法的三种模式

宪法化给堕胎法带来了改变。经历堕胎宪法化的国家,大致模式分为三

---

① Case on the Crime of Abortion [2017 Hun-Ba 127, April 11, 2019] (Korean Constitutional Court).

② Jeong-In Yun, "Recent Abortion Decision of Korean Constitutional Court", IACL-AIDC Blog, 2019, https://blog-iacl-aidc. org/2019-posts/2019/7/31/recent-abortion-decision-of-korean-constitutional-court, last visited Feb. 22, 2023; Dahee Chung and Andrew Wolman, "The Korean Constitutional Court Judgment on the Constitutionality of an Abortion Ban", Oxford Human Rights Hub, August 4, 2019, https://ohrh. law. ox. ac. uk/the-korean-constitutional-court-judgment-on-the-constitutionality-of-an-abortion-ban/, last visited Feb. 22, 2023. ("The Court's ruling very briefly mentions the regulation of abortion elsewhere in the world, including the UK and US, but does not engage in protracted comparative analysis. However, the reliance on proportionality follows a jurisprudential trend seen, for example, in Brazil, Colombia, and Portugal. Meanwhile, the emphasis on dignity and personal autonomy shows the more distant influence of US cases such as Planned Parenthood v. Casey. ")

③ Adriana Lamačková, "Women's Rights in the Abortion Decision of the Slovak Constitutional Court", in Rebecca J. Cook, Joanna N. Erdman, and Bernard M. Dickens(eds.), *Abortion Law in Transnational Perspective*, University of Pennsylvania Press, 2014), p. 56.

④ https://www. humanrightspulse. com/mastercontentblog/polish-constitutional-tribunal-abortion-judgment, last visited Feb. 22, 2023.

种,分别对应了不同的宪法哲学。①本章谨以怀孕早期是否允许自由堕胎为准,将各国法律规制体系分为三种韦伯意义上的理想类型。

1. 分期模式(Periodic Model)

该模式基本沿用美国制度,以罗伊案的判决为蓝本,从而确定具体的堕胎法规则。其基本精神是通过对堕胎规制的宪法化,保护女性独立自主权利,具体的办法是通过分期式立法。

例如,南非在《终止怀孕选择法案》(Choice on Termination of Pregnancy Act)中按照分期方式对堕胎进行许可,法案序言明言,这是对于人格尊严、平等、人身安全、反种族主义、反性别主义的肯认。而南非高等法院 2004 年的判决,则肯定了立法的合宪性,并指出不但宪法允许这么做,而且宪法要求这么做。墨西哥城也沿用这一模式,亦得到墨西哥最高法院认可。② 墨西哥城的立法规定,在怀孕的前 12 周,公民有选择子女数量的自由。且法律序言中规定,性自由和生育健康具有优先性,并且要保证所有人自由决定和行使此项权利的自由。而墨西哥最高法院同样确认了其合宪性。③此外,2018 年修宪之后的爱尔兰和 2009 年最高法院堕胎判决之后的尼泊尔也是如此。④

2. 指征模式(Indications Model)

指征模式沿袭了德国 1993 年第二堕胎案的精神,具体举措是在去罪化后设立堕胎限制,旨在保护胎儿生命权或生命利益的同时,也通过设置指征性的例外,保护女性健康,因而带有显著的父权主义特征。

例如,2018 年修宪之前的爱尔兰和当前的以色列就是这种模式的典型体现。哥伦比亚目前也是这种模式。⑤哥伦比亚宪法法院 2006 年的堕胎判决,承认强奸是一种堕胎罪的豁免理由,并且要求立法必须考虑孕妇的宪法

---

① 爱尔兰、德国和美国分别代表了整体共同体主义(integral communalism)、共同体自由主义(communal liberalism)和个体自由主义(individual liberalism),分别对应着父爱主义民主(fraternal democracy)、社会民主(social democracy)和自由民主(liberal democracy)。Donald Kommers, "Autonomy, Dignity and Abortion", in Tom Dixon and Rosalind Ginsburg(eds.), *Comparative Constitutional Law*, Edward Elgar Publishing, 2011, pp. 452-453.

② 墨西哥是联邦制国家,堕胎法的具体规定主要在州宪法之中。

③ Reva Siegel, "Constitutionalization of Abortion", in Michel Rosenfeld and András Sajó(eds.), *The Oxford Handbook of Comparative Constitutional Law*, Oxford University Press, 2012, pp. 1072-1073.

④ https://reproductiverights. org/sites/default/files/2020-01/Safe% 20Motherhood% 20and% 20Reproductive%20Health% 20Rights% 20Act% 20in% 20English. pdf, last visited Feb. 22, 2023.

⑤ 2021 年最新进展参见:https://blog. petrieflom. law. harvard. edu/2021/06/04/colombia-abortion-just-cause/, last visited Feb. 22, 2023.

权利,修改刑法时必须考虑妇女的尊严,以人道的方式对待她,而不是将其作为生育工具。任何情况下都禁止堕胎,剥夺了女性的基本权利,侵犯了人格尊严,仅仅把她当作胎儿的容器,宪法需要保护的权利和利益。但如果是自愿情况下发生性行为而怀孕,则不在此列,等于自愿放弃了完全独立自主的状态,因而宪法允许立法机关通过刑法禁止此类情况下的堕胎。①肯尼亚在2010年修宪和2019年宪法判决之后也是如此。2019年之前,肯尼亚法律全面禁止堕胎,并将其入罪。2010年,肯尼亚修宪增加了《宪法》第26条第4款,即女性健康例外。2019年肯尼亚最高法院的判决,则增加了强奸的例外。②

3. 劝告模式(Counseling Model)

此种模式中胎儿生命权和女性自主决定权都被纳入考量。德国的第二堕胎案开创了一个传统:在堕胎事实上去罪化的同时,允许法律规定女性堕胎前必须接受劝阻式咨询。欧洲各国多采取此种模式,以此平衡女性作为个人的自由和作为母亲的义务。③如匈牙利宪法法院1998年判决,国家仅仅要求女性签字就可以认定出于严重违纪的情况,没有尽到最低的保护胎儿义务。为了弥补漏洞,可以通过设立劝阻性的咨询程序,作为保护胎儿生命的办法,同时也尊重女性权利。④葡萄牙更进一步:只要经过等待期和无导向性的咨询,就已经尽到了保护胎儿的责任。咨询不是劝诫性质的,只是为女性作出堕胎决定提供必要的相关信息。但是,这种咨询模式只是宪法允许的,而不是宪法要求的。⑤西班牙也是如此,法律规定了怀孕14周之前可以堕胎,但必须经过3天等待期,且经过咨询。⑥

---

① Corte Constitucional (Constitutional Court), May 10, 2006, Sentencia C-355/2006, Gaceta de la Corte Constitucional (Colombia). 英文节选译本参见:https://www.womenslinkworldwide.org/en/files/1353/excerpts-from-the-constitutional-court-ruling-that-liberalized-abortion-in-colombia.pdf, 最后访问时间2022年7月28日。

② https://www.reuters.com/article/us-kenya-abortion-ruling-idUSKCN1TD2HG, last visited Feb. 22, 2023.

③ Reva Siegel, "Constitutionalization of Abortion", in Michel Rosenfeld and András Sajó(eds.), *The Oxford Handbook of Comparative Constitutional Law*, Oxford University Press, 2012, pp. 1076-1077.

④ Ibid., pp. 1075-1076.

⑤ Ibid., p. 1076.

⑥ 西班牙是在2010年宪法法院的判决之后推出了按需堕胎加咨询模式以及等待期。议会的2010年《组织法》第14条规定,在前十四周女性可以选择堕胎,只要符合第17条第2款和17条第4款里面规定的咨询程序,而且还有三天的等待期。Ley Orgánica 2/2010, de 3 De Marzo, de Salud Sexual y Reproductiva y de la Interrupción Voluntaria del Embarazo (Organic Law 2/2010 of March 3 on Sexual and Reproductive Health and Voluntary Termination of Pregnancy).

(二) 从法律到现实:宪法化的实践限度

法律是一项现实主义的事业。在考察全球范围内的堕胎宪法化时,不仅要看宪法化之后法律的规定,也得看具体的执行情况。即便是在堕胎通过宪法化之后变得更为自由的国家,女性获取堕胎服务的现实状况并不一定就得到改善。因此,这里存在鲁迅所谓的"娜拉出走以后"的问题。毕竟,堕胎不是目的,而只是手段。对于很多女性来说,其所服务的目标,在于让女性实现自主。①在分析和研究宪法判例和教义的同时,也得去看纸面上的法律和现实当中法律的差别,特别是去看在堕胎案判决之后,女性堕胎权是否得以落实,还是事实上被限制了。②在实践的意义上,即便是最高法院或者宪法法院的判决,以及按照判决精神通过的立法,也并不是终局性的。

先对比一下美国和德国。虽然从判决结果来看,在美国堕胎更加自由。但事实上,即使在胎动以前,女性在美国堕胎遇到了极大障碍。③首先是咨询问题。在美国,因为右翼反堕胎运动的长年运作,不但各州咨询中心较少,而且很多州都会通过法律,要求咨询中心必须告诉女性堕胎的生理和心理后果,有些州还要求咨询师必须告诉女性堕胎的负面效应:自杀倾向变大、绝育几率、抑郁症,甚至饮食不规律;有些法律甚至把堕胎跟乳腺癌联系在一起。这很大程度上限制了女性堕胎的选择。德国恰恰相反:不但有很多家咨询中心可供女性选择,而且咨询师会提供相对中立的意见,甚至鼓励和支持女性堕胎。④

其次是费用问题。在德国,80%的堕胎行为纳入社会医疗保障体系;在美国,60%的女性只能自掏腰包。为了限制罗伊案判决的具体适用,美国国会甚至通过相关法律中的"海德修正案"(Amendment Hyde),禁止联邦政府动用联邦财政补贴堕胎费用,除非直接威胁到孕妇生命或乱伦和强奸的情况下。换言之,堕胎权利虽然受到美国法律保护,但是没有像德国那样受到财政支持。⑤

---

① 用美国最高法院前首席大法官伯格的话来讲,罗伊案判词对潜在生命的关心只是浅薄的修辞。*Thornburgh v. American College of Obstetricians and Gynecologists*, 476 U. S. 747 (1986)(Burger dissenting).

② Rachel Rebouche, "A Functionalist Approach to Comparative Abortion Law", in Rebecca J. Cook, Joanna N. Erdman, and Bernard M. Dickens(eds.), *Abortion Law in Transnational, Perspective*, University of Pennsylvania Press, 2014, pp. 98-118.

③ Ibid.

④ Ibid.

⑤ Ibid.

　　而近年来,美国女性堕胎所遭遇的障碍越发增多。[①]根据社会学家约菲和法学家科恩的说法,美国女性寻求堕胎要经历一场"障碍赛"。[②]自由派在宪法和最高法院的胜利,使得保守派的政治反冲力量更大。这种政治反冲力量最终落在了州立法和联邦政策上,使得堕胎权利在现实中被保守派通过种种措施不断蚕食:打击或者限制堕胎服务机构。最终,美国最高法院在 2022年推翻了罗伊案。

　　即便在推翻罗伊案之前,自由派也是赢了面子,输了里子。例如,2019年,亚拉巴马州通过法律,规定提供堕胎服务的医生最高可以被判处终身监禁。据研究发现,亚拉巴马州 2014 年超过 90%的县没有任何医疗机构提供堕胎服务。[③]甚至据统计,美国目前是发达国家中孕产妇死亡率最高的国家。[④]种族歧视和阶层差异也触目惊心。法律并非决定女性能否堕胎的唯一因素,甚至不是主要因素。在禁止堕胎的国家里,富有的女性可以出国接受堕胎服务。在允许堕胎的国家里,贫穷的女性可能因为种种原因无法获得堕胎服务。

　　而反过来说,即便法律上对于堕胎有很大限制,但现实当中也会因为执法宽松而使得堕胎比较自由。例如,以色列法律中明确列举了堕胎受到的限制,并且还得经过法定的堕胎委员会(2 名执业医生和 1 名社会工作者)审批,但现实当中绝大部分(98%)申请都会得到批准。而且,以色列政府还投入了大量财力支持任何女性获得堕胎服务,使得以色列被认为是世界上堕胎

---

① https://zh. amnesty. org/content-type/more-resources/news/abortion-laws-in-the-us-10-things-you-need-to-know/, last visited Feb. 22, 2023.

② David S. Cohen and Carole Joffe, *Obstacle Course: The Everyday Struggle to Get an Abortion in America*, University of California Press, 2020.

③ https://www. guttmacher. org/fact-sheet/state-facts-about-abortion-alabama, last visited Feb. 22, 2023.
　　2011 年 1 月 1 日至 2019 年 7 月 1 日期间,各州颁布了 483 项新的堕胎限制,这些占自 *Roe v. Wade* 案以来数十年各州颁布的所有堕胎限制的近 40%。常见限制包括:对未成年人的父母通知或同意要求、公共资金限制、强制的劝阻性咨询、等待期等。2017 年,美国 89%的县没有提供堕胎服务的诊所。大约 38% 的育龄妇女居住在这些县。在亚拉巴马,以下堕胎限制自 2021 年 1 月 1 日起生效:患者必须接受国家指导的咨询,其中包括旨在阻止患者堕胎的信息,然后在提供手术前等待 48 小时。根据《平价医疗法案》,该州健康交流中心提供的健康计划只能涵盖在危及生命、强奸或乱伦情况下的堕胎。禁止使用远程医疗管理药物流产。在提供堕胎之前,未成年人的父母必须同意。只有在危及生命、强奸或乱伦的情况下,公共资金才可用于堕胎。患者在流产前必须接受超声波检查;提供者必须为患者提供查看图像的选项。

④ https://www. npr. org/2017/05/12/528098789/u-s-has-the-worst-rate-of-maternal-deaths-in-the-developed-world, last visited Feb. 22, 2023.

最自由的国家。①

在第三世界国家，纸面规则和现实状况之间的鸿沟更加明显。首先，执行难的问题困扰着堕胎法的落实。哥伦比亚宪法法院在 2006 年的一个判决里，要求政府发布指南，让医学专家和政府官员承担起法律义务；哥伦比亚的社保部也发布了指南。但现实当中，该指南因为哥伦比亚政府部门的执行力较弱，实际效果大打折扣。例如，2012 年一起案件中，未成年人按照法律规定可以堕胎，只是需要经历一系列审批手续，但是由于哥伦比亚政府部门长期拖延，被迫放弃堕胎。在尼泊尔，最高法院已经做到了能做的一切，不但宣布女性具有堕胎权，而且要求政府采取措施予以切实保护，判决作出十年后，实际情况仍然不乐观。

其次，即便政府真心试图执行法律，基础资源的严重匮乏仍然颇为掣肘。比如，肯尼亚在 2010 年修宪为禁止堕胎的规则提供了例外：紧急治疗或女性生命受到严重威胁。但在现实当中，黑诊所仍然是女性堕胎的主要发生地。②在南非通过堕胎自由化的法律之后，非法堕胎比例仍然很高。在哥伦比亚，即便政府已经允许在某些情形下女性可以选择堕胎，很多女性依然只能靠自己买药解决（特别是米索前列醇）。③

由此看来，对于堕胎尚不自由的国家，只是推动法律条文修改，或是宪法法院判决，对于女性来说仍是杯水车薪。④在法律改变之外，更应关注的是女性的实际需求：接受教育的机会、获得有关性和生殖方面基本知识的机会、足够的医疗保障和社会福利⑤、基本的社会治安（降低强奸犯罪率）。只关心法律修辞的女性权利运动，可能会使得女性权利从基本人权变成了消费者特权。⑥毕竟，堕胎权利能否实现，与女性的身份地位、识字率和堕胎权利密切

---

① Debra Kamin, "Israel's Abortion Law Now Among World's Most Liberal", Times of Israel, Jan. 6, 2014, https://www.timesofisrael.com/israels-abortion-law-now-among-worlds-most-liberal, last visited Feb. 22, 2023.

② https://reproductiverights.org/center-reproductive-rights-abortion-services-kenya/, last visited Feb. 22, 2023.

③ 在津巴布韦，堕胎只有在危及女性健康、胎儿发育高度的风险，及其他非法性交情况下才被允许。在马里，对于生命的保护写在宪法里，在民主刚果堕胎被全面禁止，要推动法律改革，就不仅是废除堕胎禁止法律，还要有配套措施。Naomi Cahan and Anne T. Goldstein, "Roe and Its Global Impact", 6 University of Pennsylvania Journal of Constitutional Law 695, pp. 704-705(April 2004).

④ Naomi Cahan and Anne T. Goldstein, "Roe and Its Global Impact", pp. 704-705.

⑤ 例如，在北欧一些国家，虽然法律允许女性在怀孕早期自由堕胎，但为不堕胎的女性提供经济协助和社会福利，间接地保护胎儿的生命利益。美国政府也没有实施相应的配套措施。Mary A. Glendon, Abortion and Divorce in Western Law, Harvard University Press, 1987, p. 24.

⑥ Naomi Cahan and Anne T. Goldstein, "Roe and Its Global Impact", p. 720; Rickie Solinger, Beggars and Choosers: How the Politics of Choice Shapes Adoption, Abortion, and Welfare in the United States, Hill and Wang, 2001, p. 223.

相关。即便仅从纸面上的法律角度来看，堕胎权也不仅包含女性自主权，更包含获得医保的权利，包含受教育的权利，包括这些权利如何通过政府和社会来落实。①堕胎权是一种复合权利。就提高女性社会地位、改善女性家庭处境和促进女性人格尊严而言，堕胎权不仅是消极权利，而带有积极成分：落实堕胎权需要政府和社会主动作为，为女性提供配套条件，包括经济发展、医疗条件、社会福利、舆论环境等。

要而言之，作为宪法权利的堕胎问题和作为社会政策的堕胎问题，并不是一回事。②要真正全面提高女性自主和平等地位，不能只执着于宪法权利、政治斗争和道德争论，而应转向公共卫生体系和社会福利体系建设。③毕竟，宪法判决并不一定就是现实中的法律，宪法司法化也不一定能带来权利的实际落实。最高法院或者宪法法院的判决也有可能遭遇阳奉阴违，甚至蓄意架空。在论证和争取堕胎的宪法权利和道德权利的同时，必须关注特定女性是否具有能力进行选择，应该去问到底女性是否通过非正式制度来实现堕胎权，或者国家以及社会通过非正式制度去规制管理，来限制甚至禁止堕胎。政治辩论和宪法论证的规范话语，在推进堕胎问题上引起广泛关注和讨论，也遮蔽了实质问题的研究与解决。即便纯粹作为法律问题，仅仅靠开禁也远远不够，而需要其他法律配合：宪法社会权利及落实社会权的社会法和社会政策体系。这既取决于权利，也取决于资源。因此颇为有趣的是，经历了宪法化的尖峰时刻之后，堕胎问题走到了轮回的开端——公共卫生和社会政策问题。④

结　语

宪法处于政治和法律的交界处。在堕胎问题上，女性主义与保守主义之间的斗争，影响着宪法进程的启动与发展；宪法化则塑造了双方斗争新的语言和方式。宪法裁判能够调解冲突，但也会激化冲突，甚至可能阻碍政治妥

---

① Naomi Cahan and Anne T. Goldstein, "Roe and Its Global Impact", 6 *University of Pennsylvania Journal of Constitutional Law* 695, p. 721(April 2004).

② Mary Ziegler, *Abortion and the Law in America*, Cambridge University Press, 2020. 实际上，在反堕胎人士内部，也存在策略分歧：一方主张通过宪法修正案，将胎儿生命权写入宪法，从而禁止堕胎，如同洪都拉斯的做法；另一方是实用主义者，主张通过具体的措施，增加女性获取堕胎服务的难度，减少家庭、社会和政府对其堕胎权行使的实际保障。

③ Naomi Cahan and Anne T. Goldstein, "Roe and Its Global Impact", 6 *University of Pennsylvania Journal of Constitutional Law* 695, p. 722(April 2004).

④ 罗伊案的教训在于，必须关注公共健康数据，而不仅是政治辩论。See Naomi Cahan and Anne T. Goldstein, "Roe and Its Global Impact", 6 *University of Pennsylvania Journal of Constitutional Law* 695, p. 702(April 2004).

协的达成。比例原则和平衡法能调和价值冲突,但未必带来政治社会上的平衡。①宪法审查可以推动法律改革,然而未必能够推动社会变革。法官们在逐渐与"国际接轨"、援引欧美判例、使用比例原则的时候,也有可能逐渐"不接地气",脱离了本国的宪法法律传统,忽视了判决的实际执行状况。更进一步,宪法化让堕胎问题可以纳入法律职业主义框架予以解决,但同时带来了"反多数难题":法院支不支持堕胎权是一回事,法院应不应该介入是另一回事。

如果说表达自由是不同国家/文明在抽象层面能够达成共识的权利(虽然具体理解存在分歧),堕胎权利则是在原则层面已经争议重重的"权利"(具体层面分歧更大)。对堕胎问题的比较宪法考察,或许可以启示我们:比较宪法研究和应用,不仅要比较条文和判例,甚至不只是抽取教义和方法,更要看其形成的语境、回应的社会呼声和价值争议,如何回应,如何执行,效果如何,等等。如是,比较宪法研究方能获得特定问题的整全图景和深层结构。

---

① 最近几年世界范围内堕胎运动及其反冲现象的频繁出现即是例证。

第十章 同性恋权利:宪法化、 国际化及其限度

> 婚姻的历史是一部既延续又变化的历史。即便仅限于异性关系,婚姻制度也随着时间的推移而演变。

> ——安东尼·肯尼迪①

> 最高法院宣布超过半数州的婚姻法无效,强制改变一个数百万年来形成人类社会基础的社会制度,一个卡拉哈里布须曼人、中国汉人、迦太基人、阿兹特克人通行的社会制度。我们到底把自己当成谁了?

> ——约翰·罗伯茨②

在当今世界,同性恋权利问题是最为热门的话题之一。性取向权利问题不仅引发了很多国家国内激烈的社会争议和政治斗争③,也影响了国际政治和国际关系④,甚至引起了世界格局的两极对立和国际分化。⑤

在比较宪法领域,同性恋权利问题也是晚近流行的"宪法全球化"话语中的焦点议题。就法律而言,21 世纪的前二十年可谓同性恋权利运动加速推进的尖峰时刻,无论是诉诸法律权利的话语和行动,还是立法和司法机关

---

① *Obergefell v. Hodges*, 576 U.S. 644 (2015) (Justice Kennedy, Opinion of the Court).

② *Obergefell v. Hodges*, 576 U.S. 644 (2015) (Justice Roberts Dissenting).

③ Currier, Ashley, *Politicizing Sex in Contemporary Africa*: *Homophobia in Malawi*, Cambridge University Press, 2019. Wilkinson, Cai, and Anthony J. Langlois. "Not Such an International Human Rights Norm? Local Resistance to Lesbian, Gay, Bisexual, and Transgender Rights", 13 *Journal of Human Rights* 249(2014).

④ Picq, Manuela, and Markus Thiel(eds.), *Sexualities in World Politics*: *How LGBTQ Claims Shape International Relations*, Routledge, 2015. LGBTQ(指性少数群体。L: Lesbian,女同性恋;G:Gay,男同性恋;B:Bisexual,双性恋;T:Transgender,跨性制者;Q:Queer,两性恋)权利走上联合国层面被确立为人权。如 2011 年希拉里·克林顿在联合国大会上的演讲;但南亚和东南亚地区没有将其作为人权标准。Anthony J. Langlois, "Making LGBT Rights into Human Rights", in Michael J. Bosia, Sandra M. McEvoy, and Momin Rahman(eds.), *The Oxford Handbook of Global LGBT and Sexual Diversity Politics*, Oxford University Press, 2020, pp. 74-88.

⑤ Altman, Dennis, and Jonathon Symons, *Queer Wars*: *The New Global Polarization over Gay Rights*; Polity, 2016; Amar, Paul, *The Security Archipelago*: *Human-Security States*, *Sexuality Politics*, *and the End of Neoliberalism*, Duke University Press, 2013.

应对该问题的举措。同性恋权利在欧美地区迅速经历了从刑法去罪化到民法承认婚姻权利的过程。在此种转变进程中，保护人权的宪法和负责解释宪法的法院扮演了重要的角色。各国宪法制度变革和司法机关的相关判决也呈现了国际联动的趋势。

与此同时，无论是在政府层面还是在社会层面，乃至于国际层面，反对同性恋权利的呼声和行动也日益开始诉诸宪法。两者的相互博弈可以从近年来两个联合国安理会常任理事国的宪法动态得以鲜明体现：2015 年，美国最高法院判定，同性婚姻在全美各州合法化；2020 年，俄罗斯通过宪法修正案，禁止同性婚姻。两个国家宪法层面的不同态度，代表了围绕同性恋的宪法框架的两个极端：一方面是晚近半个世纪以来同性恋权利运动的发展到达了巅峰，另一方面是基于传统文化道德对于此种趋势进行抵制的顶点。两种趋势之间的张力，构成了从比较宪法角度研究同性恋权利问题的认知起点。

一、同性恋权利的合法化与宪法化

毫无疑问，同性恋权利运动起源于西方。西方文明传统长期以来对于同性恋采取了较为严格的限制和敌视。"同性之间的性行为是'不自然的'的观念可以追溯到古代，而且到中世纪时，欧洲世界已经通过基督教教义和教会法正式确立了这一观点。它被吸收到许多现代欧洲国家的法律中，并通过殖民扩张以立法形式输出到世界上大部分地区。"①具体而言，西方传统文明将性行为与婚姻联系在一起，将婚姻与生育联系在一起。因此，法律一方面禁止婚外性行为（包括同性性行为、婚外性行为和卖淫行为），另一方面则将同性关系排除在婚姻制度之外。同性关系因为鸡奸法而被施加刑罚，更无法得到婚姻法的承认。

进入 20 世纪，西方世界也出现专门针对同性关系的法律和政策，甚至"恐同"思潮。此类法律和政策除了传统的宗教理由之外，还有较为世俗和实际的考量，也就是为了维护人口增长和维护核心家庭的结构模式。例如，美国 20 世纪兴起的恐同思潮，源于大萧条之后的人口危机，而且核心家庭模

---

① Mark Seymour, "From Sodomy Laws to Same-Sex Marriage: Historical Transformations", in From Sodomy Laws to Same-Sex Marriage (ed.), *Sean Brady and Mark Seymour*, Bloomsbury Academic, 2019, p. 1. 直到当代，一些承袭了英国法律传统的国家，仍然认为禁止同性性行为是为了打击违反自然秩序的人，而不是为了打击同性恋本身。如在 2019 年博茨瓦纳的 *Motshidiemang v. Attorney General* (MAHGB-000591-16 2019) 案中，博茨瓦纳政府主张刑罚将"违反自然法的性交"纳入犯罪条款合乎宪法，因为这些规定不是歧视性的，因为它们平等地适用于所有性取向的每个人，并强调仅仅作为同性恋不会被定罪，只是某些行为被视为违反自然秩序。

式需要得到维护,因此大量联邦法和州法开始专门针对同性恋,并将其从医学角度列为精神疾病,理由是其背离传统性别角色。甚至鼓励恐惧和憎恨同性恋。①

二战以后,传统上限制同性恋的法律,无论是行为主义的还是身份主义的,都在经历挑战。以1969年纽约"石墙暴动"为起点,同性恋平权运动从1970年代开始,致力于摆脱基于行为和基于身份的种种法律和社会限制,逐渐走进公共生活,并开始争取走进公共生活的权利。虽然1980年代出现的全球艾滋病危机给同性恋平权运动带来了挫败,但1990年代开始,同性恋权利运动又开始了新的浪潮,并且快速推动了欧洲、北美乃至其他地区的国家开始法律改革,完成了从去罪化到婚姻化的过程。

(一) 同性行为去罪化

对于将同性恋入罪的国家而言,同性恋运动的首要任务是将同性性行为去罪化。除了历史上从未将同性恋入罪的国家外②,其他国家的去罪化过程绝大部分是通过法律改革③,以议会立法或修法的方式废除刑法中的所谓"鸡奸罪"(sodomy),少数国家会将问题上升到宪法基本权利层面。而这主要发生在英国及其前殖民地国家和地区。④ 19世纪,英国基于维多利亚道德,将"鸡奸"行为入罪。历史上,著名作家奥斯卡·王尔德(Oscar Wilde)和计算机科学之父阿兰·图灵(Alan Turing)都曾经因为具有相关行为而被控有罪。而英国的做法,也随着殖民扩张移植到了北美、大洋洲、非洲、亚洲和加勒比海地区。

改变发生在1960年代。英国议会于1967年通过《性侵犯法》(Sexual Offense Act),将成年(21岁以上)男性之间在私密场合的性行为除罪。⑤其背后的基本理念是保护隐私。在阿兰·图灵等一批知名同性恋人士被按照刑法判罪之后,同性恋权利问题受到社会高度关注。英国政府成立专门委员会研究性犯罪问题,最终于1957年形成著名的《沃尔芬登报告》(Wofenden

---

① William Eskridge, Gaylaw, *Challenging the Apartheid of the Closet*, Harvard University Press, 1999, pp. 17-92.

② 例如越南、菲律宾等国。

③ 最早的实践是法国1791年修改刑法对同性性行为去罪化。欧洲少部分国家在19世纪已经去罪化,而其他国家都在20世纪,特别是60年代之后通过修改刑法,完成了去罪化。

④ 一般来说,宪法和普通立法的区分标准是:前者根深蒂固、不易修改,后者则不是。在具有成文宪法典的国家,这种区分较为明显。然而特定国家,特别是英国为代表的不成文宪法国家,并不坚持这种区分。因此,在英国,议会立法本身即是带有宪法性意义,特别是针对一些基本权利的立法。

⑤ https://www.legislation.gov.uk/ukpga/1967/60/pdfs/ukpga_19670060_en.pdf, last visited Feb. 22, 2023.

Report)。该报告认为,法律的功能在于维护公共秩序与风俗,而不是侵入公民私生活或者强制推行某种生活方式,因此成年人之间的同性恋行为不宜纳入刑法。①该报告引起了英国社会的广泛讨论,最终推动了 1967 年英格兰、苏格兰和威尔士法律中同性恋的去罪化,同时也影响到了加拿大。1969 年,加拿大议会通过了刑法修正法案(Criminal Law Amendment Act, 1968-1969),将成年男性同性性行为去罪化。②加拿大政府受到英国影响,理由也是为了保护个人隐私,正如推动该法案的时任司法部部长皮埃尔·特鲁多(Pierre Trudeau,后担任加拿大总理)所言:"在卧室里没有国家的位置⋯⋯成年人之间私下发生的事情与刑法无关。"③

如果说在英国和加拿大,去罪化的过程主要由精英主导,那么在大洋洲,自下而上的运动才是推动法律变革的主要原因。经过 1970 年代到 1980 年代同性恋权利运动,经历较为漫长的立法辩论之后,新西兰于 1986 年将同性恋去罪化。④在澳大利亚,1973 年前任总理约翰·戈登(John Gordon)在众议院发起动议,将同性性行为去罪化,并且获得通过。⑤但由于同性恋的合法性问题在澳大利亚属于州法范围,该动议并无法律效力。之后,从 1975 年开始,澳大利亚各州开始逐渐修改法律,最终在 1997 年各州皆将同性恋去罪化。⑥

值得注意的是,作为英国本土的一部分,北爱尔兰直到 1981 年才完成同性恋去罪化。其中,欧洲人权法院扮演了重要的推动角色。1967 年英国《性侵犯法》在通过之时,并未将法律效力扩及北爱尔兰,因此北爱尔兰一直沿用了 1885 年英国议会通过《刑法修正法案》(Criminal Law Amendment Act of 1885),将同性恋性行为在北爱尔兰地区列为犯罪。1981 年,欧洲人权法院

---

① https://www. parliament. uk/about/living-heritage/transformingsociety/private-lives/relationships/collections1/sexual-offences-act-1967/wolfenden-report-/, last visited Feb. 22, 2023.

② Criminal Law Amendment Act, 1968-69 (SC 1968-69, c 38) Bill C-150.

③ "[T]here's no place for the state in the bedrooms of the nation", "what's done in private between adults doesn't concern the Criminal Code". Trudeau's Omnibus Bill: Challenging Canadian Taboos (TV clip). Canada: CBC. 1967-12-21. https://www.cbc. ca/archives/entry/omnibus-bill-theres-no-place-for-the-state-in-the-bedrooms-of-the-nation, last visited Feb. 22, 2023.

④ Miriam Smith, "LGBTQ Politics in Anglo-American Democracies", in Michael J. Bosia, Sandra M. McEvoy, and Momin Rahman(eds.), *The Oxford Handbook of Global LGBT and Sexual Diversity Politics*, Oxford University Press, 2020, pp. 137-152.

⑤ "Dubbing Homosexuals as Criminals 'Unjust'", *The Canberra Times*. 19 October 1973, https://trove. nla. gov. au/newspaper/article/110752866, last visited Feb. 22, 2023.

⑥ "Timeline: Australian States Decriminalise Male Homosexuality", ABC News, Australian Broadcasting Corporation, 24 August 2015, retrieved 4 November 2016. https://www. abc. net. au/news/2015-08-24/timeline:-australian-states-decriminalise-male-homosexuality/6719702?nw=0, last visited Feb. 22, 2023.

在 *Dudgeon* 案中判定，该法中涉及同性性行为入罪的条款违反《欧洲人权公约》而无效。①欧洲人权法院认为，根据《欧洲人权公约》第 8 条规定，每个人对其私生活和家庭生活、通信享有权利，其他人必须尊重。②

在非洲，南非是首个通过宪法法院判决废除同性恋入罪立法的国家。英国殖民时期，曾经将"鸡奸法"引入南非，并且一直沿用。1998 年，南非宪法法院在一起著名案件中，依据 1997 年生效的《南非宪法》第 9 条第 3 款中的平等原则（其中包含反对基于性取向的歧视），并且援引欧洲人权法院和加拿大最高法院的相关判例，判定"鸡奸法"与南非宪法不一致，侵犯了同性恋的人格尊严和隐私权，因而无效。③南非于是完成了同性性行为去罪化的过程。

在美国，同性恋去罪化的过程更加曲折漫长，直到 21 世纪初才由美国最高法院通过宪法判决完全实现。作为联邦制国家，美国同性恋的合法性问题一直是州法范围内的事情。1962 年，伊利诺伊州率先修改州法，废除了之前通行于美国各州的"鸡奸罪"（sodomy）。到了 20 世纪 70 年代，美国已有 20 个左右的州废除了"鸡奸法"（sodomy law），但仍有 25 个州尚未做到，不少州甚至加强了对同性性行为的打击。很多人于是诉诸美国最高法院，希望能够通过其宪法判决，一举实现全国范围内的去罪化。然而，1986 年，美国最高法院在"鲍威尔斯诉哈德威克案"中，判定同性性行为并不能被解释为隐私权的一部分。虽然有关判例已将隐私权适用于包括堕胎在内的许多问题，但并没有扩展到同性恋性行为；以往判例并未表明，而且也不能从宪法中解释出来，两位成年人只要相互自愿就可以以任何方式进行性行为的基本权利（the right to sodomy）。④此后，同性恋去罪化的进程仍然在各州层面逐渐推动。到了 21 世纪初，绝大多数州要么已经废除"鸡奸法"，要么即便保留，也已经基本不再执行。在 2003 年的"劳伦斯诉得克萨斯案"中，美国最高法院

---

① *Dudgeon v. United Kingdom*（Application No. 7525/76, 1981）. 案件加速了全世界范围内同性恋权利合法化的运动。判决结果和判决理由被其他国家法院引用。该案使用了比例原则分析法，认为对于同性行为施加刑罚，超出了政府试图实现的社会风化目标。

② 两相结合，推动了欧洲范围内各国同性平行运动，如在欧洲压力之下，北爱尔兰、爱尔兰、塞浦路斯、罗马尼亚等国在 1980 年代开始将同性性行为去罪化。同时欧洲还推出世界第一个保护 LGBT 权利的国际条约——1997 年《阿姆斯特丹条约》。Phillip Ayoub and David Paternotte, "Europe and LGBT Rights", in Michael J. Bosia, Sandra M. McEvoy, and Momin Rahman(eds.), *The Oxford Handbook of Global LGBT and Sexual Diversity Politics*, Oxford University Press, 2020, 152-167.

③ *National Coalition for Gay and Lesbian Equality and Another v. Minister of Justice and Others*, [1998] ZACC 15, 1999 (1) SA 6 (CC), 1998 (12) BCLR 1517 (CC).

④ *Bowers v. Hardwick*, 478 U.S. 186 (1986), 在此案中，Hardwick 是佐治亚州居民，他在与别人合租的屋中与另一名男子发生性行为时被亚特兰大警察逮捕。

判定,得克萨斯州同性恋"鸡奸法案"违宪。①肯尼迪法官在多数意见中援引欧洲人权法院的判例,认为同性行为的权利属于隐私权的保护范畴②,将成年人在家中的合意的同性性行为界定为犯罪的法律违宪。③该案推翻了鲍威尔斯案的先例,最终将同性性行为在全美范围内去罪化。

　　近年来,英国前殖民地国家和地区成为同性恋去罪化的前沿地带,特别是通过宪法判决处理该问题的趋势日益明显。相关判例多数起到了去罪化的效果。例如,2016 年伯利兹最高法院判定,将同性恋入罪的法律违宪④;2018 年特立尼达和多巴哥一所法院判定,将男同性行为入罪违宪⑤;2018年,印度最高法院作出历史性判决,推翻殖民时期确立的、已经实施 157 年的同性性行为禁令,认为之前的法律违反平等权,是"非理性、恣意而且明显违宪的"(irrational, arbitrary and manifestly unconstitutional)⑥;2019 年,博茨瓦纳高等法院也作出类似判决,理由是侵犯人格尊严而违宪⑦。但另一方面,宪法判决也起到了维护现有刑法的作用,不利于去罪化进程。⑧例如,肯尼亚

①　*Lawrence v. Texas*, 539 U. S. 558 (2003).

②　*Dudgeon v. United Kingdom* (Application no. 7525/76, 1981).

③　在印度的一个案件中,政府的律师声称,印度的道德标准比欧洲高,所以不能直接援引欧洲的判例。该案的前诉判决中,德里高级法院判决禁止成年人之间自愿同性行为的法律违宪。(Government lawyers: "in the western societies the morality standards are not as high as in India".) See also Geetanjali Misra, "Decriminalising homosexuality in India", 17 *Reproductive Health Matters* 20, pp. 20-28(2009).

④　https://www. nbcnews. com/feature/nbc-out/belize-supreme-court-overturns-anti-gay-law-n627511, last visited Feb. 22, 2023. https://www. breakingbelizenews. com/2016/08/10/supreme-court-rules-section-53-unconstitutional/("Chief Justice Kenneth Benjamin today found that Section 53 of the Criminal Code which criminalizes consenting intercourse between adults of the same sex contravenes the right granted by the Constitution of Belize to no interference with a person's dignity and personal privacy, as well as equality and equal treatment of all persons before the law.")

⑤　https://www. nbcnews. com/feature/nbc-out/trinidad-tobago-set-decriminalize-homosexuality-n865511. TT 2018 HC 137, Jason Jones v. Attorney General of Trinidad and Tobago (2018), last visited Feb. 22, 2023. 判决书参见: http://webopac. ttlawcourts. org/LibraryJud/Judgments/HC/rampersad/2017/cv_17_00720DD12apr2018. pdf, last visited Feb. 22, 2023.

⑥　*Navtej Singh Johar & Ors. v. Union of India* (*Secretary Ministry of Law and Justice*), AIR 2018 SC 4321[Supreme Court of India]. 2009 年,德里高等法院曾在一个案件中判决禁止同性性行为的法律违宪(Naz Foundation v. Govt. of NCT of Delhi (2009)160 DLT 277),但被印度最高法院在 2013 年推翻(*Suresh Kumar Koushal and Another v. NAZ Foundation and Others*, Civil Appeal No. 10972, 2013)。2018 年的案子再次推翻了 2013 年的先例,才最终将同性恋性行为去罪化。

⑦　*Motshidiemang v. Attorney General*, MAHGB-000591-16(2019).

⑧　在某些国家,甚至还存在入罪范围扩大化的情况,而且恰恰是在同性恋群体试图通过诉讼去罪化的案例中。如平权人士曾经将官司打到博茨瓦纳上诉法院(Court of Appeal of Botswana),理由是该国刑法中将男性同性性行为入罪,违反了宪法中的平等原则,构成歧视。法院不但判定刑法相关条款并未违宪,而且"接受"了原告的论证,以反歧视的理由将女性同性性行为也入罪了。*Kanane v. The State*, 2003 (2) BLR 67 (CA).

高等法院在 2019 年判定，1897 年英国殖民者留下的将男性之间性行为入罪的立法，并不违宪。① 2020 年，新加坡高等法院作出了类似判决。②

时至今日，世界范围内去罪化的进程尚未完结。③ 据统计，截至 2021 年 5 月，全世界仍然有 69 个国家将同性恋入罪，其中近一半是非洲国家。④在非洲，除南非、塞舌尔、莱索托等国外，很多国家仍然没有将同性恋去罪化。在中东、北非和东南亚的伊斯兰教国家，同性性行为甚至可以被判处终身监禁或死刑。虽然拉丁美洲地区西班牙和葡萄牙的前殖民地都已经将同性恋去罪化，加勒比海的前英国殖民地国家却一直进程缓慢。⑤

值得注意的是，在同性恋权利的实现历史中，西方主导、非西方世界跟随的"西方化"叙事并不完全适用。⑥在同性性行为去罪化的历史中，虽然迄今为止尚未去罪化的国家都是非西方国家，但在"鸡奸法"的废除历史中西方却并非处在领先地位，甚至有时候是"鸡奸法""始作俑者"。如在 2003 年美国劳伦斯案宣判的时候，亚洲很多国家要么早已去罪化，要么从未入罪。⑦而在亚洲，恰恰是殖民者将"鸡奸法"移植了进来，后来前殖民地独立建国之后的一大任务是要在这些问题上"去殖民化"。⑧这一点在非洲和加勒比海地区更加明显，很多国家是最近才完成了涉及同性恋的法律的去殖民化过程。

---

① https://www.hrw.org/news/2019/05/24/kenya-court-upholds-archaic-anti-homosexuality-laws, last visited Feb. 22, 2023; https://www.reuters.com/article/us-kenya-lgbt-idUSKCN1SU1PR, last visited Feb. 22, 2023.

② https://www.bbc.com/news/world-asia-52098362, last visited Feb. 22, 2023.

③ 事实上，即便在同性性行为已经去罪化的国家，是否要为之前因为"鸡奸法"被判罪的人进行"平反"和恢复名誉，仍然是一个遗留问题。例如，英国政府直到 2013 年在接受请愿之后才赦免了阿兰·图灵。参见江晓原：《说说图灵的同性恋罪案》，载《新发现》2014 年第 11 期，第 104—106 页。澳大利亚各州在 2013~2015 年之间允许根据申请来消除犯罪记录，这场运动也影响到了加拿大。加拿大政府则对那些之前因为同性恋身份而被开除出军队的人表示了道歉，并且给予了相应的补偿。但是这场运动在美国并没有开展，虽然奥巴马当局允许为一些空军当中的人恢复名誉，但并未扩展到其他同性恋者。Miriam Smith, "LGBTQ Politics in Anglo-American Democracies", in Michael J. Bosia, Sandra M. McEvoy, and Momin Rahman(eds.), *The Oxford Handbook of Global LGBT and Sexual Diversity Politics*, Oxford University Press, 2020, pp. 137-152.

④ Reality Check Team, "Homosexuality: The Countries Where It Is Illegal to Be Gay", *BBC News*, 2021, https://www.bbc.com/news/world-43822234, last visited Feb. 22, 2023.

⑤ 虽然在非洲国家，由于法律执行不力，刑法上的罪名也没有落到实处，但仍然可以被警察作为敲诈勒索的工具，导致同性恋受到严重的人身财产威胁。

⑥ Holning Lau, "The Language of Westernization in Legal Commentary", 61 *American Journal of Comparative Law* 507(2013).

⑦ Holning Lau, "Grounding Conversations on Sexuality and Asian Law", 44 *U. C. Davis Law Review* 773, pp. 776-778 (2011).

⑧ See Douglas E. Sanders, "377 and the Unnatural Afterlife of British Colonialism in Asia", 4 *Asian Journal of Comparative Law* 1(2009).

（二）反就业歧视

在去罪化之后，同性恋运动的下一个逻辑步骤是实现社会各领域的反歧视。①　其中，就业平等权居于最为核心的位置。欧洲人权法院的Dudgeon案和英国1967年的《性侵犯法》虽然已将同性性行为去罪化，但同时也将同性恋行为纳入隐私保护范畴，即只有在私密场合，同性恋关系才受到法律保护。这种保护模式塑造了严格的公私区分，因此同性恋必须将其关系从公共视野中隐藏起来，从而固化了所谓"柜子"（closet）的概念。一旦同性恋公开身份，则将会遭遇社会层面的歧视甚至憎恨，特别是在就业领域。因此，同性恋权利运动的下一个逻辑环节，就是在就业领域反歧视。

截至2018年，世界范围内已经有11个国家将禁止基于性取向的歧视写入宪法。②其中，南非是世界首个将保护同性恋权利写入宪法的国家（《南非宪法》1996年颁布）。《南非宪法》第9条第3款规定："国家不得对任何人进行不公平的直接歧视或间接歧视。无论该歧视是基于种族、性别、怀孕状况、婚姻状况、族裔或社会出身、肤色、性取向、年龄、残疾、宗教、善恶观念、信仰、文化、语言、出生等任何一方面或几方面的理由。"而更多的国家是通过普通立法的形式予以确认。③在司法层面，一些跨国性的人权法院已将性取向歧视视为一种受到禁止的行为，如欧洲人权法院和美洲人权法院。④一些国家或者地区的法院也有过实践：虽然宪法里没有明确列举，但性取向权利受到宪法保护。⑤但也有国家的法院并不认可。⑥例如，美国最高法院从未将基于性取向的歧视作为平等保护教义中的专门一类进行处理，对此

---

① 这常常被称为SOGI问题（Sexual Orientation and Gender Identity）。Holning Lau, "Sexual Orientation and Gender Identity Discrimination", *Comparative Discrimination Law*, BRILL, 2018, p. 2.

② 分别是玻利维亚、厄瓜多尔、斐济、马耳他、墨西哥、尼泊尔、新西兰、葡萄牙、南非、瑞典和英国（通过宪法性法律），其中有5个国家将就业歧视写入宪法，即玻利维亚、厄瓜多尔、新西兰、葡萄牙和英国（通过宪法性法律）。Holning Lau, "Sexual Orientation and Gender Identity Discrimination", *Comparative Discrimination Law*, BRILL, 2018, pp. 15-16.

③ 截至2017年，已经有超过70个国家。Holning Lau, "Sexual Orientation and Gender Identity Discrimination", *Comparative Discrimination Law*, BRILL, 2018, p. 16.

④ See, *Karner v. Austria ECtHR*, No. 40016/98, 24 July 2003; *Atala-Riffo & Daughters v. Chile*, IACtHR (Judgment) 24 February 2012.

⑤ *Vriend v. Alberta*, [1998] 1 S. C. R. 493; *Secretary for Justice v. Yau Yuk Lung Zigo*, [2007] 10 HKCFAR 335; Judicial Yuan (JY) Interpretation No. 748 (2017).

⑥ 新加坡最高法院明确区分了性取向歧视（宪法并未提及）和性别歧视（宪法明确禁止）。*Lim Meng Suang v. Attorney-General* [2015] 1 SLR 26 (CA 2014).

问题的态度晦暗不明。①

相比而言,欧洲在同性恋就业反歧视领域取得了一定进展。在欧盟体系中,欧洲议会 1984 年发布报告,主张反对基于性取向就业歧视,认为其违反欧共体的支柱性原则:自由流动。1994 年,欧洲议会又发布了由荷兰绿党发言人、国际 LGBT 协会成员撰写的报告,主张像北欧国家一样给予同性恋伴侣平等的亲属身份及其他反歧视措施。②《欧洲联盟基本条约》第一部分第 10 条和第二部分第 19 条禁止基于性取向进行歧视,并由 1999 年的《阿姆斯特丹条约》执行。《欧洲联盟基本权利宪章》第 21 条声明:"任何基于任何原因的歧视……例如性取向,应当被禁止。"根据《阿姆斯特丹条约》相关条款,《建立一个广泛平等雇佣和就业框架的指引》于 2000 年生效,强制所有成员国三年内通过反就业歧视立法,且须包括保护公民免受到基于性倾向歧视的条款。但值得注意的是,其涵盖范围只包含就业领域(不因性倾向而被拒绝工作、被免职、被性骚扰的情况),不包括医疗、公共设施或社会福利的权利。③

自从 1970 年代到现在,英语世界的多个国家开始通过各种方式来推动同性恋的反歧视运动。在议会制国家,通过立法来禁止基于性取向的歧视,在英国,欧盟指令以及欧洲人权法院的判决,设定了政策的法律界限。英国工党政府通过了一系列的平等权立法,废除了撒切尔时代禁止学校支持同性恋的立法。加拿大 1982 年的《权利宪章》和最高法院的判决都确定基于性取向的歧视不能被法律所允许。新西兰 1970 年代成立人权委员会,在 1990 年和 1993 年相继通过《人权法案》,并且在 1999 年修订,开始全面禁止基于性取向的歧视。澳大利亚由于加入国际劳工组织,因此承诺要执行就业领域反歧视,并在 1986 年成立了人权和平等机会委员会。④ 2009 年,澳大利亚通过

---

① 与其他国家通过比例原则处理所有种类的歧视问题不同,美国宪法教义中的平等保护条款覆盖种类和范围被分为三个层次,按照不同的标准进行处理:(1)严格审查(strict scrutiny),主要针对种族歧视;(2)中间审查标准(intermediate scrutiny),主要针对性别歧视;(3)理性基础审查标准(rational basis review),针对其他歧视,例如年龄。Holning Lau & Hillary Li, "American Equal Protection and Global Convergence", 86 *Fordham Law Review* 1251, pp. 1266-1267, 2017. 而对于性取向问题而言,最高法院从未有过太多明确,很多学者总结出了"带有牙齿的理性基础审查标准"(rational basis review with bite),但从未得到美国最高法院正式承认。Holning Lau, "Sexual Orientation and Gender Identity Discrimination", *Comparative Discrimination Law*, BRILL, 2018, p. 19.

② Phillip Ayoub and David Paternotte, "Europe and LGBT Rights", in Michael J. Bosia, Sandra M. McEvoy, and Momin Rahman(eds.), *The Oxford Handbook of Global LGBT and Sexual Diversity Politics*, Oxford University Press, 2020, pp. 152-167.

③ "Anti-Discrimination Law", ILGA Europe, https://www.ilga-europe.org/what-we-do/our-advocacy-work/anti-discrimination-law, last visited Feb. 22, 2023.

④ Miriam Smith, "LGBTQ Politics in Anglo-American Democracies", in Michael J. Bosia, Sandra M. McEvoy, and Momin Rahman(eds.), *The Oxford Handbook of Global LGBT and Sexual Diversity Politics*, Oxford University Press, 2020, pp. 137-152.

《公平工作法》禁止基于性别和性取向的歧视。

在美国,联邦国会尚未就基于性取向的歧视通过任何法律。在州立法层面,22 个州和哥伦比亚特区已经制定法律禁止基于性取向的就业歧视。美国最高法院虽然通过宪法解释,明确禁止性取向歧视,但这种保护一则不涉及私人歧视问题,二则其在公共部门的适用范围尚不清楚。① 因而,真正要实现就业反歧视,还必须依赖《1964 年民权法案》第 7 条中的规定,但该条款中唯一跟性取向有微弱关联的只是性别歧视。然而,基于性取向的歧视是否算作性别歧视,一直争论不休。② 1994 年,一些 LGBT 组织试图让美国修改相关立法,全面禁止基于性取向的歧视,但并未成功。直到 2020 年,美国最高法院判定,就业歧视法保护同性恋和其他跨性别人士免受就业歧视。③

在基于性取向的反就业歧视问题中,一个特殊的问题是同性恋的参军权问题。这个问题在美国经历了颇为曲折的过程。1991 年,比尔·克林顿在

① Holning Lau, "Sexual Orientation and Gender Identity Discrimination", *Comparative Discrimination Law*, BRILL, 2018, p. 6.

② 在国际和各国的法律实践中,一种办法是将性取向歧视视为性别歧视的一个种类进行处理。例如,联合国人权委员会 1994 年的一起著名案件就是如此。澳大利亚的一名同性恋在联合国人权委员会挑战塔斯马尼亚州禁止同性恋性行为的刑法。人权委员会认为,这种法律侵犯了隐私权和反歧视原则。虽然《公民权利和政治权利国际公约》并未明确列举性取向歧视,但明确列举了"性别"(sex)歧视,其中就包含了"性取向"(sexual orientation)。*Toonen v. Australia*, UN Doc. CCPR/C/50/D/488/1992 (4 April 1994), para. 8. 6. 同样,在美国平等就业机会委员会(EEOC)2015 年处理的一起案件中,一名男同性恋在迈阿密国际机场找到一份临时工作,但未能获得永久职位。他认为是因为其主管不认可其性取向,于是投诉到 EEOC。EEOC 依据 1964 年《民权法案》中第 7 条中对于性别歧视的禁止,认为性别歧视包含了基于性取向的歧视,也即基于性取向的其实构成性别其实的一个种类。*Baldwin v. Foxx*, EEOC Appeal No. 0120133080, 2015 WL 4397641 (15 July 2015). 但值得注意的是,EEOC 的裁决对于美国法院并无拘束力,美国联邦巡回法院在这个问题上仍然存在严重分歧。一些巡回法院认可了 EEOC 的理由,*Zarda, v. Altitude Express*, 883 F. 3d 100 (2nd Cir. 2018) (en banc); *Hively v. Ivy Tech Community College of Indiana*, 853 F. 3d 339 (7th Cir. 2017) (en banc). 但另一些巡回法院则表示了反对,*Evans v. Georgia Regional Hospital*, 850 F. 3d 1248 (11th Cir.), cert. denied, 138 S. Ct. 557 (2017). 而英国和欧盟法院在一些判例中也拒绝将性取向歧视纳入性别歧视进行处理。*Macdonald v. Advocate General for Scotland*, SLT 1158 (UK, 2003); *Shirley P. Pearce v. Governing Body of Mayfield School*, 2001 WL 825287 (UK Ct. App., 31 July 2001); *Regina v. Secretary of State for Defence, ex parte Perkins*, 1 FLR 491 (UK, 1999); *Grant v. South-West Trains Ltd.*, All ER 193 (ECJ, 1998) (法院认为只要雇主在针对同性恋进行差别对待时,对于男同性恋和女同性恋平等对待,即不构成性别歧视); *Smith v. Gardner Merchant Ltd.*, IRLR 342 (UK, 1996); *Regina v. Ministry of Defence, ex parte Smith*, 4 All ER 427 (ECJ, 1995). 后两个案件的判决中,法院都认为,将性别歧视解释为包含性取向歧视,超出了立法的原初意图或原初意思。还有一种做法是采取类比的方法,将性取向歧视比照性别歧视(但不是算作性别歧视的一种)进行处理,例如印度德里高等法院。*Naz Foundation v. Government of NCT of Delhi*, W. P. (C) No. 7455/2001, 160 (2009) DLT 277, para. 104.

③ *Bostock v. Clayton County*, 590 U. S. _(2020); *R. G. & G. R. Harris Funeral Homes Inc. v. Equal Employment Opportunity Commission*, 590 U. S. _(2020).

竞选期间,曾承诺将允许军中同性恋公开性取向。然而,1992 年竞选成功之后,共和党掌握的国会坚决要把同性恋排除在军队之外。无奈之下,克林顿在 1993 年前往麦克奈尔堡军事基地发表演讲,提出折中方案,即著名的"不问不说"(Don't Ask, Don't Tell)原则:军人如被发现从事同性性行为,或表现出同性性行为的明显意图,将被驱逐出军队;但同性恋可在不公开身份或没有公开证据证明其为同性恋的条件下服役。①

1993 年,在克林顿当局与国会形成妥协之后,美国国会通过了禁止公开性倾向的同性恋在军中服役的法律。该法律具体规定,有任何以下情形之一的都会被勒令解除军职:其一,参与、试图参与或者要求他人参与同性性行为;其二,表明自己的同性恋身份;其三,与另一名相同生理性别者缔结或者试图缔结婚姻。②该法律的基本理念是:公开同性性取向或者明确体现同性性行为倾向有损军队凝聚力、战斗士气和作战效率。③ 在其后 17 年中,同性恋须掩饰其性取向才可留在美军中服役,且美国共有一千四百多名军人因违反或藐视这项政策而被开除。④民主党在国会数次挑战这项法律却一直无果,直到 2011 年奥巴马签署《废除"不问不说"议案》,方才有所突破。新法为总统、参谋长联席会议主席和国防部部长留出时间,规定必须在他们确定军队已经做好贯彻新法的准备 60 天后才可生效,但为允许同性恋参军扫清了法律障碍。

2000 年以前,英国军队亦严格禁止同性恋参军。任何军人被发现是同性恋都会立即被革职。英国国防部的理由是:同性恋行为会引起部分人的不满,造成同僚之间的关系两极化、使军中秩序受到严重的不良影响,影响士气和效率。1992 年起,因此项政策被革职的军人试图挑战此项政策;1995 年起,他们先后向法院和劳动仲裁庭(Employment Tribunal)提起诉讼,认为英国国防部的政策违反了《欧洲人权公约》,且构成了不合理解雇。英国法院虽承认国防部推行这项政策的理据缺乏说服力,但认为这项政策并没有违法,所以拒绝下令国防部撤销这项政策。⑤ 1996 年,多名因同性恋倾向及行

① Om Prakash, "The Efficacy of 'Don't Ask, Don't Tell'", 55 *Joint Force Quarterly* 88 (2009).
② See Kenji Yoshino, "Assimilationist Bias in Equal Protection: The Visibility Presumption and the Case of Don't Ask, Don't Tell.", 108 *Yale Law Journal* 485, pp. 538-539(1998).
③ "在武装部队中出现有同性恋倾向或意图的人将对士气、良好的秩序和纪律以及部队凝聚力的高标准造成无法接受的危险,而这些是军队作战能力的核心。"10 USC Sec. 654.
④ "'Don't Ask, Don't Tell' Costs $363M", USA Today, February 14, 2006, https://usatoday30.usatoday.com/news/washington/2006-02-14-dont-ask-report_x.htm, accessed on November 20, 2019.
⑤ See Richard Kamm, "European Court of Human Rights Overturns British Ban on Gays in the Military", 7 *Human Rights Brief*, p. 7(2000).

为被革职的军人先后向欧洲人权法院提起诉讼:英国海军以他们是同性恋为由解雇他们的行为,违反了《欧洲人权公约》之下"尊重个人私生活和家庭生活"的要求。而英国政府抗辩道:其一,国家有广泛的权力来基于国家安全来制定军事规章,法院应当尊重国家的判断;其二,同性恋参军将会产生士兵行为和情绪的双重不良反应,削弱军队的士气以及战斗力。

1998 年,欧洲人权法院判定英国海军败诉。欧洲人权法院反驳了英国政府的理由:首先,国家虽然有权依据国家安全的理由来订立军事纪律,但不能侵犯个人权利,也不能获得司法审查的豁免;其次,更重要的是,政府并未能提供充足的证据证明同性恋参军会挫伤军队士气,这仅是流行的偏见或者说刻板的印象。否定性的态度并不足以支持政府的措施,就像种族和肤色偏见一样。① 2000 年,英国同性恋从军禁令得到了解除;2004 年,英国皇家空军开始正式招收同性恋人士。截至 2009 年,有 25 个国家在各自的法案中明确了允许同性恋服役,其中包括欧盟全部现成员国和申请成员国(土耳其除外)。②

(三) 同性婚姻合法化

最终,同性恋权利运动的诉求指向了婚姻和家庭关系。实际上,争取同性婚姻的过程体现了同性恋权利运动的一种渐进主义策略。在很多国家,争取全国性的法律承认同性婚姻权的第一步,是获得某种准婚姻关系的法律承认。1989 年,丹麦成为第一个赋予同性伴侣民事结合身份的国家③,并且赋予同性配偶相当于婚姻关系的种种权利和福利,由此也创造了一种新的法律关系,形成了很多变体(civil union, civil partnership 或 unregistered partnership)。随后,很多欧洲国家开始仿效,如法国、德国、英国在 2004 年有了相同规定。然而,对于同性恋而言,民事结合只是一个阶段性成果,因其同时带来了"隔离但平等"(separate but equal)、"二等阶级"(second class)的担忧,即民事结合仍然在婚姻关系面前低人一等。于是,争取与异性恋者一样的正式婚姻身份就是下一步的任务。

从全球范围内来看,同性婚姻合法化的现象极为晚近,在 21 世纪才取得

---

① See *Lustig-Prean & Beckett v. United Kingdom* (2000) 29 EHRR 548, 7 BHRC 65, 29 EHRR 548, [1999] ECHR 71. *Smith and Grady v. United Kingdom* (1999), *Perkin & R v. United Kingdom* (2002); *Beck, Copp & Bazeley v. United Kingdom* (2002). 这些案件的判决判定,禁止同性恋和双性恋参军侵犯了《欧洲人权公约》第 8 条对于隐私权的保护。但是,东欧和南欧很多国家仍然禁止同性恋参军,如保加利亚、罗马尼亚、波兰、匈牙利、希腊、塞浦路斯等国。

② See in Palm Center Report, June 2009.

③ See the Registered Partnership Act, Denmark, 1989.

进展。2001 年,荷兰成为第一个同性婚姻合法化的国家。根据美国外交关系委员会(Council on Foreign Relations)统计,截至 2021 年 6 月 28 日,世界范围内已有 28 个联合国成员国的法律将同性婚姻合法化。①在这些国家中,大部分是通过立法而非通过修改宪法来完成同性婚姻合法化。值得注意的是,反倒是一些国家通过宪法修正案明确禁止同性婚姻,例如克罗地亚 2013 年以全民公决的方式通过宪法修正案,将婚姻制度限定在一男一女的结合,从而禁止了同性婚姻。②再如,俄罗斯 2020 年全民公决通过宪法修正案,规定婚姻仅限一男一女的结合。③

在部分国家中,法院的确参与了同性婚姻合法化的过程,但其实际效果和作用也并不一致:有些情况下,法院判决事实上促进了立法(如在加拿大和阿根廷);有些情况下,法院判决维护了立法(如在比利时和墨西哥);有些情况下,法院搁置了同性婚姻的立法(如在西班牙);有些情况下,法院只推动了替代性关系(如民事结合)的立法(巴西、哥伦比亚、匈牙利、德国、斯洛文尼亚;欧洲人权法院等);有些情况下,法院则拒绝承认同性婚姻(如意大利、委内瑞拉和哥斯达黎加)。④有些情况下,法院虽然认为禁止同性婚姻构成歧视,但同时认为法院也要尊重立法机关的判决(如新西兰)。⑤在有些情况下,国际性的司法机构起到了推动允许或者承认同性婚姻的作用:如英国

---

① 这些国家分别是:荷兰(2001)、比利时(2003)、加拿大(2005)、西班牙(2005)、挪威(2009)、瑞典(2009)、葡萄牙(2010)、阿根廷(2010)、冰岛(2010)、丹麦(2012)、法国(2013)、英国(2013)、巴西(2013)、乌拉圭(2013)、新西兰(2013)、美国(2015)、墨西哥(2015)、卢森堡(2015)、爱尔兰(2015)、哥伦比亚(2016)、南非(2016)、芬兰(2017)、澳大利亚(2017)、马耳他(2017)、德国(2017)、奥地利(2019)、厄瓜多尔(2019)和哥斯达黎加(2020)。https://www.cfr.org/backgrounder/marriage-equality-global-comparisons. 此外,一些国家内部的地区也将同性婚姻合法化:北爱尔兰(2019)、格陵兰(2015)等。https://www.pewforum.org/fact-sheet/gay-marriage-around-the-world/, last visited Feb. 22, 2023.

② Croatians Back Same-Sex Marriage Ban in Referendum, BBC, December 2, 2013, https://www.bbc.com/news/world-europe-25172778, https://www.cfr.org/backgrounder/marriage-equality-global-comparisons.

③ Russian Constitution Change Ends Hopes for Gay Marriage, July 13, 2020, https://www.nbcnews.com/feature/nbc-out/russian-constitution-change-ends-hopes-gay-marriage-n1233639, https://www.cfr.org/backgrounder/marriage-equality-global-comparisons.

④ Kenji Yoshino and Michael Kavey, "Immodest Claims and Modest Contributions: Sexual Orientation in Comparative Constitutional Law", in Michel Rosenfeld and András Sajó(eds.), *Oxford Handbook of Comparative Constitutional Law*, Oxford University Press, 2012, 1079-1098. 另外,在加拿大,三个省的同性伴侣起诉联邦政府(在加拿大联邦政府是对于婚姻法有管辖权),加拿大最高法院宣判同性婚姻是受到宪法支持,最终促使加拿大议会 2005 年通过法律承认同性婚姻。

⑤ Miriam Smith, "LGBTQ Politics in Anglo-American Democracies", in Michael J. Bosia, Sandra M. McEvoy, and Momin Rahman(eds.), *The Oxford Handbook of Global LGBT and Sexual Diversity Politics*, Oxford University Press, 2020, pp.137-152.

2013 年通过的《同性婚姻法》,受到了欧盟和欧洲人权法院的影响①;欧盟法院通过判例,要求所有成员国在移民程序中承认其他国家已经注册的同性婚姻关系。②

　　事实上,只有部分国家或地区通过司法机关的判决,宣布同性婚姻合法化,包括南非(2005)③、巴西(2013)④、美国(2015)⑤、墨西哥(2015)⑥、哥伦比亚(2016)⑦、奥地利(2017)⑧、哥斯达黎加(2018)⑨、厄瓜多尔(2019)⑩等。其中,美国和南非的司法化最为鲜明,值得稍加详述。

　　2005 年,南非宪法法院在一起历史性的判决中判定,南非婚姻法中将婚

① Miriam Smith, "LGBTQ Politics in Anglo-American Democracies", in Michael J. Bosia, Sandra M. McEvoy, and Momin Rahman(eds.), *The Oxford Handbook of Global LGBT and Sexual Diversity Politics*, Oxford University Press, 2020, pp. 137-152.

② https://www. hrc. org/resources/marriage-equality-around-the-world, https://www. cfr. org/backgrounder/marriage-equality-global-comparisons.

③ *Minister of Home Affairs and Another v. Fourie and Another*; *Lesbian and Gay Equality Project and Others v Minister of Home Affairs and Others*, [2005] ZACC 19.

④ Diego Werneck Arguelhes and Leandro Molhano Ribeiro, "Courts as the First and Only Legislative Chambers? The Brazilian Supreme Court and the Legalization of Same-Sex Marriage", 2 *Verfassung Und Recht in Übersee/Law and Politics in Africa, Asia and Latin America* 50, pp. 281-299(2017). Flavia Püschel, "Same-Sex Marriage in the Brazilian Supreme Court", 38 *Novos Estudos* 653(2019).

⑤ *Obergefell v. Hodges*, 576 U. S. 644 (2015).

⑥ https://www. coha. org/mexicos-supreme-court-tentatively-legalizes-same-sex-marriage/#_edn1. "Mexico top court finds same-sex mariage bans unconstitutional", https://www. cfr. org/backgrounder/marriage-equality-global-comparisons; http://jurist. org/paperchase/2015/06/mexico-top-court-finds-same-sex-marriage-bans-unconstitutional. php, accessed on October 23, 2019. 判决提出了一个"法理学命题",即所有州的法律都不得禁止同性婚姻,否则违宪。裁决后,各州按照最高法院判决开始修改法律,截至 2021 年,已经有 1 个区和 15 个州完成法律修改(全国 1 区 31 州)。

⑦ Sentencia SU214/16, Constitutional Court of Colombia, 2016.

⑧ Verfassungsgerichtshof G 258-259/2017-9. Christa Pail, "Austrian Constitutional Court Somewhere under the Rainbow: Marriage Equality and the Role of the Austrian Constitutional Court", 12 *ICL Journal* 225 (2018). VfGH 认为,尽管奥地利的婚姻和注册伴侣关系(registered partnership)的两个法律制度之间没有实质区别,但两个不同的法律机构名称不同,构成歧视。(VfGH G 258-259/2017-9, pp. 11,15.) 尽管两个法律制度都承认"两个平等的人之间的永久结合,以提供相互支持和关心",但他们受到不平等对待。拥有两种不同的法律制度,向公众表明同性关系不同于异性关系。(Ibid., pp. 10,16.) 对婚姻状况使用不同的名称,是对同性伴侣的歧视,即使在性取向无关情况下,也要公开自己的性取向,从而加剧了历史上对同性伴侣的歧视。(Ibid.)

⑨ Sentencia N° 113-2018, Costa Rica Supreme Court, 2018. https://www. imprentanacional. go. cr/pub-boletin/2018/11/bol_26_11_2018. pdf, last visited Feb. 22, 2023.

⑩ Sentencia No. 11-18-CN/19, Constitutional Court of Ecuador, http://doc. cortecostitucional. gob. ec: 8080/alfresco/d/d/workspace/SpacesStore/1bfa3cb4-82be-4b2e-8120-418fcaeb3b51/0011-18-cn-sen. pdf? guest=true, last visited Feb. 22, 2023. 依据平等权来判,虽然厄瓜多尔宪法规定婚姻是一男一女的结合,但这个条款必须结合平等保护和反歧视原则来看,因此承认同性婚姻。https://www. loc. gov/item/global-legal-monitor/2019-07-25/ecuador-constitutional-court-upholds-same-sex-marriage/, last visited Feb. 22, 2023.

姻仅限于异性之间的规定，违反了宪法中关于平等和禁止歧视的条款（第9条第3款），剥夺了同性伴侣享受异性伴侣可以享受的婚姻身份和各项权益，因而无效，并且为议会设定了1年的期限修改法律。① 最终，南非于2006年通过法律允许同性婚姻，也让南非成为世界上第五个将同性婚姻合法化的国家。

世纪之交，美国也开始了同性婚姻合法化的进程。1993年，夏威夷州最高法院在一起案件中宣判，禁止同性婚姻的州法违反州宪法中的平等保护条款，构成歧视②，但夏威夷州议会立即通过宪法修正案否决该项判决。1996年，部分是为了回应夏威夷州最高法院的判决，克林顿总统签署了《保护婚姻法》（DOMA），禁止联邦法律承认同性婚姻，且允许其他州的法律不承认同性婚姻的法律地位。21世纪之后，很多州都开始通过立法或者宪法修正案，禁止承认同性婚姻。

事情随后开始有了变化。2003年，马萨诸塞州最高法院在一起案件中判决，将婚姻限于异性之间的法律违反州宪法中的自由和平等条款③，从而使得该州成为美国境内首个承认同性婚姻的州和世界上第六个承认同性婚姻的辖区，也开启了州层面同性婚姻合法化的进程。2013年，美国最高法院曾在同一天内宣判了两起事关同性婚姻的案件：在其中一起案件中，法院判定《婚姻保护法》（DOMA）剥夺了《美国宪法》第五修正案所保护的人人平等的自由因而无效④，从而在联邦辖区内实现了同性婚姻合法化；在另一起案件中，美国最高法院以法律技术为由，事实上在加利福尼亚州将同性婚姻合法化。⑤最终，2015年6月，美国最高法院在"奥伯格菲尔案"中以5∶4的投票

---

① *Minister of Home Affairs and Another v. Fourie and Another*; *Lesbian and Gay Equality Project and Others v. Minister of Home Affairs and Others*, [2005] ZACC 19.

② *Baehr v. Lewin*, 852 P. 2d 44 (Haw. 1993).

③ *Goodridge v. Dept. of Public Health*, 798 N. E. 2d 941 (Mass. 2003).

④ *United States v. Windsor*, 570 U. S. 744 (2013). 纽约市女同性恋伊迪丝·温莎（Edith Windsor）和西娅·斯皮尔（Thea Spyer）度过了44年的共同生活；她们于2007年在加拿大登记结婚，纽约州也认可了这桩婚姻。斯皮尔去世之后，温莎被联邦税务局要求缴纳35万美元的遗产继承税。温莎认为自己应该享有已婚配偶的联邦遗产税豁免。最高法院以5比4判决温莎胜诉。

⑤ *Hollingsworth v. Perry*, 570 U. S. 693 (2013). 2008年5月，加州最高法院判定该州将婚姻限制为异性的法律违反州宪法而无效，在该州将同性婚姻合法化。当年11月，反对同性婚姻的选民提出禁止同性婚姻的加州宪法修正案——称为"8号提案"（Proposition 8）——并公投通过。随后，支持同性婚姻的人士在加州法院挑战该提案未果。继而，美国平等权利基金会（AFER）在地处加州的美国联邦地区法院挑战8号提案，将案件送到联邦司法系统进行处理。2010年6月，联邦地区法院判定8号提案违反了《美国宪法》第十四修正案中的正当程序和平等保护条款，因而无效。加州政府作为被告并未提出上诉；但该提案的支持者作为诉讼第三人自发将此案上诉。2012年7月，联邦第九巡回法院案件以2比1的判决裁定，8号提案违反联邦宪法，维持初审判决。案件最终上诉至美国最高法院。2013年6月，最高法院发布了5比4的判决，裁定上诉人（8号提案的支持者）缺少上诉资格，从而否决了联邦第九上诉法院的判决，使得联邦地区法院的原始判决成为该案的终审判决。

结果判定：《美国宪法》第十四修正案要求所有州的法律允许同性婚姻，并承认在其他州登记的同性婚姻。① 至此，同性婚姻在美国全境内实现了合法化。

总的来看，在已经实现同性婚姻合法化的国家中，道路有所差异。② 例如，欧洲是先承认非婚姻形式的结合（不仅包括同性恋，也包括异性恋），后再将同性婚姻合法化；美国则是一步到位，无论是在州层面还是联邦层面。不同的模式取决于司法审查的角色、法律改革中的议题设置和地方道德文化史的进程。

二、同性恋权利教义及其跨国移用

上文简要梳理了同性恋权利在全球部分范围内的实现过程，特别是通过诉诸宪法予以赋权的过程。本节将进一步聚焦在一些通过宪法法院判决来承认同性恋权利的国家中，宪法法院所依据的宪法基本权利类型和宪法解释中的比较法分析。上文中提到的三个重要问题中，就业反歧视依赖于平等权，自不待言。因此，本节将主要关注同性恋性行为去罪化和同性婚姻合法化的问题。

（一）基本权利教义

从理论上来讲，同性恋性行为的去罪化涉及多种基本权利。在实践当中，除了平等权和自由权（此处解释为人身自由，特别是隐私权）等传统权利之外，21世纪以来，一些最高法院或者宪法法院诉诸了其他基本权利：人格尊严、表达自由、甚至生命权。例如，美国2003年劳伦斯案的判决主要依据正当程序自由权，将其解释为隐私权，在部分环节提到了人格尊严。法院意见没有使用平等权（奥康纳大法官在附议意见中认为，此案应当依据平等保护来判）。而南非2005年的去罪化判决主要依据是平等权和人格尊严。近年来，几个宪法判例中，印度、伯利兹、特立尼达和多巴哥、博茨瓦纳等国的最高法院则诉诸更为广泛的基本权利类型，宣布"鸡奸法"违宪：隐私、尊严、平等、甚至表达自由。

以印度最高法院2019年的Johar案为例。印度最高法院大法官一致认

---

① *Obergefell v. Hodges*, 576 U. S. 644 (2015).

② Nancy D. Polikoff, "Recognizing Partners but Not Parents/ Recognizing Parents but Not Partners: Gay and Lesbian Family Law in Europe and the United States", 17 *New York Law School Journal of Human Rights* 711 (2000).

为,1860 年《印度刑法》第 377 条将"违反自然秩序的肉体性交"定为犯罪,侵犯了隐私权、言论自由、平等、人的尊严等宪法权利,因而无效。法院认为,性取向的自我认同是个人人格的固有部分,否认性取向将会侵犯人的尊严。①以同性恋和跨性别人士社区为少数群体为由否认他们的隐私权,也是违反宪法的行为。而第 377 条同时也是对言论自由的不合理限制,因为私下双方同意性交"不会以任何方式损害公共礼仪或道德"②,如果该条款继续有效,将造成寒蝉效应,使得同性恋者丧失了一种表达自我认同的方式。③此外,法院确认,"同性成年人之间自愿的亲密关系超出了国家的合法利益"和"鸡奸法"侵犯了宪法规定的平等权,重申成年人"选择他/她选择的生活伴侣"的权利是个人自由。④

就同性婚姻权而言,大部分国家的法院是以平等和反歧视的理由来予以证成,例如南非(2005)、巴西(2013)、墨西哥(2015)、哥伦比亚(2016)、奥地利(2017)、哥斯达黎加(2018)、厄瓜多尔(2019)。例如,奥地利宪法法院认为,尽管奥地利民法中适用于异性恋的婚姻关系和适用于同性恋的注册伴侣关系(registered partnership)在法律权益上没有实质区别,但两个不同的法律关系名称不同的基本安排,依然构成歧视。⑤道理在于,尽管两个法律制度都承认"两个平等的人之间的永久结合,以提供相互支持和关心",但同性的两个人相比异性的两个人会受到社会的不平等对待:奥地利法律关于两人的伴侣关系设有两种不同的法律制度,即向公众表明同性关系的待遇不同于异性关系。⑥因此,对婚姻状况使用不同的名称,是对同性伴侣的歧视,即使在性取向无关情况下,也要公开自己的性取向,从而加剧了历史上对同性伴侣的歧视。⑦

此外,亦有一种路径结合平等和自由两种基本权利,作为证成同性婚姻权利的依据。⑧美国的奥伯格菲尔案⑨最为典型,同时使用了第十四修正案所涉及的自由(正当程序)和平等保护两个方面进行。首先,第十四修正案的

---

①　*Navtej Singh Johar v. Union of India*, 2018 (10) SCALE 386, para. 253(i).

②　Ibid., para. 253(xvi).

③　Ibid., para. 83.

④　Ibid., para. 107s.

⑤　VfGH G 258-259/2017-9, pp. 11, 15.

⑥　Ibid., pp. 10,16.

⑦　Idid.

⑧　Cary Franklin, "Marrying Liberty and Equality: The New Jurisprudence of Gay Rights", 100 *Virginia Law Review* 817(2014).

⑨　*Obergefell v. Hodges*, 576 U.S. 644 (2015).

正当程序条款所保护的"自由"①包含个体之间的亲密行为。法院的判例法长久以来承认宪法保护结婚权：如洛武英案（*Loving v. Virginia*）判定禁止异族通婚违宪。虽然相关判例只承认异性之间的婚姻自由，然而劳伦斯案已经承认了同性伴侣的某种权利。如果婚姻权构成基本权利，同性伴侣即可以行使结婚的权利。其次，同性婚姻权受到平等保护条款的保护。正当程序条款和平等保护条款在深度的意义上相互关联：法院的诸多判例是依据社会观念变化，来审查之前习以为常的法律；法院也曾依据这个原则来审查与同性恋相关的法律。当前将婚姻限定为异性之间的法律是不平等的，因为同性伴侣无法获得异性伴侣可以享受的各种附着于婚姻关系之上的权利和利益，因此在社会当中处于劣势地位。

　　尤其值得注意的是，在涉及同性恋权利的判例中，很多法院常常将人格尊严这项基本权利作为判决理由进行适用。这种概念颇具伸缩性地嫁接社会运动和宪法规范，是因为平等权和自由权都会受到各国宪法传统和教义限制，无法直接解决问题。②

　　早在 2003 年美国的劳伦斯案之中，负责撰写法院意见的肯尼迪大法官，

---

① 美国最高法院介入了文化内战。*Lawrence v. Texas*，539 U. S. 558（2003）（Scalia dissenting）。同性婚姻案不过是最高法院适用正当程序条款来发展个人自由的一个波峰。之前，它已经通过一系列的案件，发展出隐私权。核心观念是，个人私密行为是一种基本权利，政府不应干涉。1965 年的 *Griswold v. Connecticut* 案中解读宪法条文隐含的权利，开启了隐私权之旅。当时，最高法院保护的是夫妻双方在卧室当中使用避孕措施的自由。后来，最高法院又将隐私权扩展到了未婚夫妇，也就是个人主体。随后，在 1973 年罗伊案，它将个人的隐私权扩展到了女性堕胎的权利。罗伊案之后，同性恋群体看到了曙光：既然隐私权包含女性堕胎的权利，那肯定要包含同性恋性行为的自由。但 1986 年 *Bowers v. Hardwick* 案否定了此种诉求，直到 2003 年 *Lawrence v. Texas* 案才开始改变态度，转而支持同性恋。从 2010 年代开始，一系列案件又将隐私权扩展到同性婚姻或者同性民事结合的权利。最终到了 2015 年，万涓细水、汇流成河，美国最高法院承认同性婚姻是一种宪法自由。

② Michèle Finck，"The Role of Human Dignity in Gay Rights Adjudication and Legislation：A Comparative Perspective"，14 *International Journal of Constitutional Law* 26，p. 47（2016）.（"Beyond its intuitive meaning, dignity does not possess a legal meaning common to more than one jurisdiction. Even within individual legal orders its legal meaning often remains obscure. As a result of its conceptual flexibility, dignity can bridge socio-cultural change and the law. Dignity's emergence as a transnational concept underscores the fact that modifications in the social and cultural perceptions of homosexuality are not merely local or national in nature but that they occur analogously and simultaneously. Its conceptual flexibility allows dignity to navigate between increasingly porous legal orders, not merely in the context of gay rights. In translating social change into legal change, human dignity has emerged globally as a foundational value upon which reinterpretations and creations of legal norms allowing for an expansion of gay rights rest. Courts and legislators have engaged in a transnational dialogue on this matter, which is reinforced by the fact that human, including gay, rights have become one of the yardsticks against which states are currently evaluated."）

就已经开始诉诸尊严概念。肯尼迪大法官认为,将同性恋的性行为入罪,限制了其作为自由人的"尊严"。① 这在当时引起了不小的震动,因为《美国宪法》之中并没有规定"尊严"这项基本权利。在美国的温莎案(*Windsor v. United State*)中,肯尼迪大法官故伎重施,11 次提及尊严一词,明显受到了欧洲人权法院和外国法的影响。肯尼迪认为,历史和宪法文本"干涉同性婚姻的平等尊严不仅仅是联邦制定法的偶然效果。它是其实质"。② 禁止给予婚姻待遇是对于同性恋尊严的贬低。创建两层婚姻制度贬低了同性伴侣"其他的州本来赋予其尊严的关系"。③随着社会的变化,人们已经可以想象同性恋试图获得与其他男性和女性一样的"地位"和"尊严"。④

与肯尼迪大法官类似,加拿大最高法院的大法官们在同性婚姻案中,认为将同性配偶排除出婚姻制度否定了他们的"平等的尊严与尊重"(equal dignity and respect)。⑤墨西哥最高法院的判决则认为,个人选择结婚对象的自由源自人格尊严。⑥南非宪法法院更是如此,因为《南非宪法》中明确规定了人格尊严,并被法院在同性婚姻案中高度依赖,以至于判决书中 48 次提及人格尊严。⑦南非宪法法院认为,禁止同性伴侣结婚的法律否定了同性恋者所享有的宪法保护的平等与尊严。⑧这种对于平等与尊严的否定,让法院联想到了南非独立之前的种族隔离制度(Apartheid),对于人格尊严的严重侵

---

① *Lawrence v. Texas*, 539 U. S. 558 (2003). "The liberty protected by the Constitution allows homosexual persons the right to choose to enter upon relationships in the confines of their homes and their own private lives and still retain their dignity as free persons." 560 ("Although the offense is but a minor misdemeanor, it remains a criminal offense with all that imports for the dignity of the persons charged, including notation of convictions on their records and on job application forms, and registration as sex offenders under state law."). 584 (O'Connor J.) ("the State cannot single out one identifiable class of citizens for punishment that does not apply to everyone else, with moral disapproval as the only asserted state interested for the law.")

② *United States v. Windsor*, 570 U. S. 744 (2013).

③ Ibid.

④ Ibid. ; *Lawrence v. Taxas*, 539 U. S. 558 (2003), at 572 (Kennedy J.).

⑤ In re Marriage Cases, 43 Cal. 4th 757 (2008). p. 9.

⑥ Acción de inconstitucionalidad 2/2010, Pleno de la Suprema Corte de Justicia de la Nación, Novena Epoca, 16 de agosto de 2010 (Mex.):

　　263... This Court [has affirmed] that, from human dignity, as a superior fundamental right, ... the free development of the personality is derived, that is, the rights of every person to choose, in a free and autonomous manner, how to live her life, which implies, among other expressions, the freedom to con- tract marriage or not to; have children and how many, as well as not to have them; to choose their personal appearance; as well as their free sexual option.

⑦ Michèle Finck, "The Role of Human Dignity in Gay Rights Adjudication and Legislation: A Comparative Perspective", 14 *International Journal of Constitutional Law* 26, p. 38(2016).

⑧ *Minister of Home Affairs v. Fourie* 2006 (1) SA 524 (CC) (S. Afr).

犯。① 2005 年,西班牙通过法律允许同性婚姻,随后被保守主义力量在宪法
法院提起违宪审查。西班牙宪法法院判决援引加拿大最高法院发明的"活
树"(living tree)理论②,认为宪法的含义随着社会的变化而发展,否则就失去
了相关性和正当性,因此根据当代情况和社会需求来看,婚姻平等和保护个
人尊严与人格发展要求必须承认同性婚姻。③

(二) 跨 国 移 用

上文提及的各国高等法院不但在推理过程中诉诸了类似的基本权利,而
且在宪法解释过程中呈现了鲜明的比较分析方法,特别是援引和参考其他法
域的判例。

试举几例。南非宪法法院的同性恋性行为去罪化的判决引用了欧洲人权
法院的判决④,开创了同性恋权利案件中使用外国法作为参考的先河。德国宪
法法院 2002 年维持了德国允许民事结合的法律,其中引用了欧洲其他国家的
法律,用以说明法律对于同性恋的态度不断变化。⑤ 西班牙宪法法院 2012 年
的同性婚姻判决,援引了荷兰、比利时、加拿大、南非、挪威、斯洛文尼亚、美国和
芬兰等国的相关法律,证明法律对于同性恋的态度已经有所变化。⑥ 印度最高

---

① *Minister of Home Affairs v. Fourie* 2006 (1) SA 524 (CC) (S. Afr), section 78.

② *Edwards v. Canada* (AG) [1930] A. C. 124, 1929 UKPC 86.

③ Sentencia Tribunal Constitucional [S. T. C.], No. 198/2012, Nov. 6, 2012 (Spain). Unofficial translation available at http://www. tribunalconstitucional. es/es/jurisprudencia/restrad/Paginas/JCC1982012en. Aspx, last visited Feb. 22, 2023.

④ *National Coalition for Gay and Lesbian Equality and Another v. Minister of Justice and Others*, [1998] ZACC 15, 1999 (1) SA 6 (CC), 1998 (12) BCLR 1517 (CC).

⑤ BVerfG, 1 BvF 1/01, July 17, 2002. P. 2. "There now exist provisions on same-sex partnerships in several European countries. They extend from partnerships in the Scandinavian countries that are treated as equal to marriage in their effects to the pacte civil de solidarité (PACS) in France with its possibility of the registration of same-sex and different-sex partnerships, which has fewer legal effects than marriage and can be dissolved more easily. In the Netherlands, same-sex couples may now be married. "

⑥ S. T. C. No. 198/2012, Nov. 6, 2012. p. 9. "[T]he institution of marriage, as a partnership between two persons irrespective of their sexual orientation, is being laid down, as evidenced by ascertained steps taken in comparative law and European human rights law with respect to the acknowledgment of same-sex couples. This progress indicates that there is a new "image" of marriage, gradually becoming more common though not totally standard as of now, which allows us to interpret the idea of marriage, from the point of view of Western comparative law, as a plural conception. "

法院 2019 年的同性性行为去罪化判决,广泛引用了美国最高法院①、欧洲人权法院②、联合国人权委员会③、欧盟法院④、英国⑤、以色列⑥、加拿大⑦、特立尼达和多巴哥⑧、斐济⑨、厄瓜多尔⑩、伯利兹⑪、尼泊尔⑫甚至菲律宾⑬、中国香港法院⑭的判例,以及国际性的人权公约和相关文件。⑮ 特立尼达和多巴哥的类似判决,不但引用的国际和国外法律依据与西班牙和印度大同小异,甚至还引用了一些外国法学期刊(如《耶鲁法学期刊》)的论文和一位英国历史学教授在特立尼达和多巴哥的演讲作为依据。⑯就连一向较为拒斥外国法引用的美国⑰,也在判词中引用了外国法,甚至其他文明的经典作为说服性的权威(persuasive authorities)。例如,劳伦斯案引用了欧洲人权法院判决。⑱ 奥伯格菲尔案的法院意见甚至引用了东方文明的经典《礼记》中孔子

---

① U. S. , *Lawrence v. Texas*, 539 U. S. 558 (2003); *Bowers v. Hardwick*, 478 U. S. 186 (1986) *Romer v. Evans*, 517 U. S. 620 (1996) *United States v. Windsor* (2013), 570 U. S. 744; *Masterpiece Cakeshop v. Colorado Civil Rights Commission*, 584 U. S. (2018); *Obergefell v. Hodges*, 135 S. Ct. 2584 (2015).

② ECtHR, *Sutherland v. United Kingdom* (2001), No. 25186/94; ECtHR, *Norris v. Ireland* (1988) No. 10581/83; ECtHR, *Modinos v. Cyprus* (1993), No. 15070/89; UNHRC, *X v. Colombia*, Comm. No. 1361/2005 (2007); ECtHR, *Oliari and Others v. Italy*, nos. 18766/11 and 36030/22.

③ *Toonen v. Australia*, Communication No. 488/1992, U. N. Doc CCPR/C/50/D/488/1992 (1994); *Coeriel v. Netherlands*, Comm. No. 453/1991 (Jan. 14,1982)

④ ECJ, *P v. S* (1996), C-13/94.

⑤ *Mosley v. News Grp.* Newspapers Limited, [2008] EWHC 1777.

⑥ *El-Al Israel Airlines Ltd. v. Jonathan Danielwitz* (1994), H. C. J. 721/94.

⑦ Re: Same-Sex Marriage, (2004), 3 S. C. R. 698.

⑧ *Jones v. Attorney General of Trinidad and Tobago* (2018), Claim No. CV 2017-00720.

⑨ *Nadan v. State* (2005), FJHC 500.

⑩ Constitutional Court (1997), No. 111-97-TC.

⑪ *Orozco v. The Attorney General of Belize* (2010), Claim No. 668.

⑫ *Sunil Babu Pant & Others v. Nepal Government*, Writ Petition No. 917 of 2007.

⑬ *Ang Ladlad LGBT Party v. Commission of Elections* (2010), G. R. No. 19058.

⑭ H. K. , *Leung TC William Roy v. Secretary for Justice* (2006), 3 HKLRD 657 (CFI).

⑮ https://globalfreedomofexpression. columbia. edu/cases/navtej-singh-johar-v-union-india/, last visited Feb. 22, 2023.

⑯ *Jones v. Attorney General of Trinidad and Tobago* (2018), Claim No. CV 2017-00720, Appendix.

⑰ 刘晗:《宪法全球化中的逆流:美国司法审查中的外国法问题》,载《清华法学》2014 年第 2 期。

⑱ *Lawrence v. Texas*, 123. S. Ct. , 2472 (2003) at 2483. "To the extent Bowers relied on values we share with a wider civilization, it should be noted that the reasoning and holding in Bowers have been rejected elsewhere. The European Court of Human Rights has followed not Bowers but its own decision in Dudgeon v. United Kingdom... Modinos v. Cyprus, ... [and] Norris v. Ireland. ... Other nations, too, have taken action consistent with an affirmation of the protected right of homosexual adults to engage in intimate, consensual, conduct. ... The right the petitioners seek in this case has been accepted as an integral part of human freedom in many other countries."

对于婚姻的论述,甚至保守派也提及中国汉人和布须曼人的例子。①

博茨瓦纳 2019 年的同性性行为去罪化判决书几乎处处运用外国判例支撑其结论,堪称一部比较法分析的教科书。② 其判决书除了引用印度的 Johar 案之外,还引用了印度最高法院引用过的美国最高法院③、欧洲人权法院、联合国人权理事会、南非、加拿大、伯利兹等国的判例,以及津巴布韦④的判例。博茨瓦纳最高法院认为,性取向是个人与生俱来的倾向,将同性性行为定为刑事犯罪侵犯了自由、尊严和隐私权,构成歧视。继续进行刑事定罪没有任何公共目的,也没有理由侵犯这些权利。法院强调,《宪法》"应该根据当前社会和政治背景的需要来解释"⑤,因此国外和国际的最新发展即是其所谓的背景之一。

我们具体来看一下博茨瓦纳最高法院的推理过程,以及其中运用的比较法分析。第一,在论及该国刑法中将同性性行为入罪的条款侵犯同性恋者隐私权时,法院指出,隐私"必须根据当前时代和背景来解释"⑥。法院引用了布莱克法律词典,其中指出隐私权是"过隐居生活的权利,不受不必要的公开影响的权利,以及在公众参与的事务中不受公众无理干预的权利"。⑦ 法院还提到了《世界人权宣言》(UDHR)第 12 条和《公民权利和政治权利国际公约》第 17 条,以及其他国际人权法文件的相关规定。此外,法院援引印度 2019 年的去罪化判决⑧,重申隐私权"保护人们就其福祉作出某些重要决定的自由,不受任何方向的胁迫、恐吓或干涉,无论是政府方面的还是其他方面的"⑨。法院还提到南非的类似判例⑩,讨论了权利如何保护"在不受社区外

---

① "The centrality of marriage to the human condition makes it unsurprising that the institution has existed for millennia and across civilizations. Since the dawn of history, marriage has transformed strangers into relatives, binding families and societies together. Confucius taught that marriage lies at the foundation of government." C. Chai & W. Chai(eds.), *Li Chi: Book of Rites: An Eneydopedia of Aracient Ceremonial Usages, Religions Creeds, and Social Institutions* Volumes Ⅱ, J. Legge transl., University Books, 1967, p. 266. This wisdom was echoed centuries later and half a world away by Cicero, who wrote, "The first bond of society is marriage; next, children; and then the family." See M. Tullius Cicero, *De Officiis W. Miller transl*, Harvard Vaiversity Press, 57, 1913, p. 53.

② *Motshidiemang v. Attorney General*, MAHGB-000591-16(2019).

③ 值得注意的是,博茨瓦纳最高法院还援引了美国涉及隐私权和堕胎问题的经典判例: *Griswold v. Connecticut*, 381 U.S. 479 (1965); *Planned Parenthood v. Casey*, 505 U.S. 833, 884 (1992).

④ *Banana v. Attorney General*, 1998 (1) ZLR 309 (Zimbabwe).

⑤ *Motshidiemang v. Attorney General*, MAHGB-000591-16(2019), para. 77.

⑥ *Motshidiemang v. Attorney General*, MAHGB-000591-16(2019), para. 112.

⑦ Ibid.

⑧ *Navtej Singh Johar v. Union of India*, AIR 2018 SC 4321.

⑨ *Motshidiemang v. Attorney General*, MAHGB-000591-16(2019), para. 122.

⑩ *National Coalition for Gay and Lesbian Equality v. Minister of Justice*, (CCT11/98) [1998] ZACC 15; 1999 (1) SA 6; 1998 (12) BCLR 1517 (9 October 1998).

部干扰的情况下培养人际关系"的权利①。法院还提到了两个美国案例:其中一个以违反家庭卧室的神圣性和隐私为由废除了禁止已婚成年人使用避孕措施的法律②,另一个则宣布鸡奸罪侵犯了隐私权③。法院认为,博茨瓦纳刑法中的相关条款确实侵犯了同性恋者私下表达性取向的权利,且他有权享有"私人亲密和自主领域",其行为对其他人都没有侵害,因此应当为法律所允许。④

第二是自由权。法院提到美国凯西案⑤关于自由权的肯定,强调"个人亲密关系和选择问题是个人自由和自主权的核心和关键"⑥。法院指出:"国家迫切需要通过容忍少数人的观点和意见来尊重我们的多样性和多元化",且"性取向是人类与生俱来的……它不是一种时尚宣言或姿态"⑦。法院认为自由权超越了人身自由的范畴,也"包括并保护固有的私人选择,不受他人不当影响、不合理干扰"⑧。因此,案件中的原告的自由权因其行为被定为刑事犯罪而"被阉割和剥夺"⑨。

第三是人格尊严。法院将尊严定义为个体人格"值得尊敬和尊重",并将其视为基本权利的核心价值。⑩ 为此,法院援引了加拿大的相关判例⑪以及联合国《普遍人权宣言》的第1、2和3条。法院认为,性行为的功能不仅是为了生育,而且是爱和亲密的表达,涉及个人的尊严。因此,将同性恋性行为定为刑事犯罪侵犯了同性恋者的尊严。

第四是平等权。法院不但援引了《博茨瓦纳宪法》禁止基于"性别"的歧视,并且参考加拿大相关判例⑫和联合国人权事务委员会的相关判例⑬,以此证明"性别"(sex)的概念必须被解释为包含"性取向"(sexual orientation)。换言之,基于性取向的歧视也是一种性别歧视,应该被禁止。然而,政府方面辩护道,该国刑法中将某些方式的性行为列为犯罪,实际上是针对同性恋和异性恋平等适用的,并不专门针对同性恋。为了反驳政府的论点,法院参考

① *Motshidiemang v. Attorney General*, MAHGB-000591-16(2019), para. 124.

② *Griswold v. Connecticut* 381 US. 479, 85S (1965)

③ *Motshidiemang v. Attorney General*, MAHGB-000591-16(2019), para. 125. *Lawrence v. Texas* 539 U. S. 558 (2003).

④ *Motshidiemang v. Attorney General*, MAHGB-000591-16(2019), para. 127.

⑤ *Planned Parenthood of Southeastern Pennsylvania v. Casey*, 505 U. S. 833 (1992).

⑥ *Motshidiemang v. Attorney General*, MAHGB-000591-16(2019), para. 139.

⑦ Ibid., para. 142.

⑧ Ibid., para. 43.

⑨ Ibid., para. 144.

⑩ *Motshidiemang v. Attorney General*, MAHGB-000591-16(2019), para. 145.

⑪ *Law v. Canada* (Ministry of Employment and Immigration) 1999 (1) SCR 497.

⑫ *Vriend v. Alberta* [1998] 1 SCR 493.

⑬ *Toonen v. Australia Communication* No. 488/1992.

了南非①、中国香港特别行政区②和欧洲人权法院③的相关判例得出结论:刑法中的相关规定对同性恋者显然具有更大影响,因为同性恋者只能从事那种方式的性行为。④ 因此,这些看似平等适用的条款,实际上仍然构成了歧视。⑤

最终,博茨瓦纳最高法院判定,该国刑法的"鸡奸罪"条款"损害了申请人的尊严、隐私、自由(自主权)权……上述规定实际上具有歧视性"⑥。

值得注意的是,博茨瓦纳最高法院也承认,受宪法保护的权利也存在一定限制,需要具体判断政府设置的限制是否合理。此处,法院参考了加拿大著名的 Oakes 案⑦所确立的比例原则分析法。法院指出,政府没有为"鸡奸法"所带来的基本权利克减提供任何实质理由,只给出了空洞的断言。⑧ 法院援引本国先例,指出政府行为是否符合公共利益,最终取决于多种考虑因素,包括但不限于"和平、安全、稳定和人民的福祉"。⑨公共舆论虽然跟宪法裁决有关,但绝非决定性的因素,因为与自由、平等和尊严构成的"高高耸立的、巨人般的立宪主义人权三角"相比,公共舆论就变成了"小人国"(Liliputian)⑩。法院指出,南非宪法法院⑪和英国枢密院⑫的相关判例均已确认,公共舆论不能取代法院解释和维护宪法的义务,因此"将成年人之间私下同意的同性定为刑事犯罪不符合公共利益",因为这些规定"超出了刑法的适当范围和功能……"⑬因此,"公共道德正当性的任何概念都无法通过适当性测试"⑭,而且刑法对于同性性行为入罪化的规定,没有服务于任何有用的公共目的,其损害基本权利的手段超出了"实现公共道德或目标的必要性"⑮,因此没有通过比例原则测试。法院还指出,刑法中还有其他条文将未经同意的性行为和在公共场合进行的猥亵行为定为刑事犯罪——例如将实

---

① *City Council of Pretoria v. Walker* 1998 (2) SA 363.

② *Leung v. Secretary for Justice* [2006] 4 HKLRD 211 (CA).

③ *Sutherland v. United Kingdom*,25186/94, Council of Europe:European Court of Human Rights, 27 March 2001.

④ *Motshidiemang v. Attorney General*, MAHGB-000591-16(2019), para. 169.

⑤ Ibid.

⑥ Ibid. , para. 174.

⑦ *R v. Oakes* (1986) 1 SCR 103.

⑧ *Motshidiemang v. Attorney General*, MAHGB-000591-16(2019), para. 179.

⑨ Ibid. , para. 184.

⑩ *Motshidiemang v. Attorney General*, MAHGB-000591-16(2019), para. 185.

⑪ *S v. Makwanyane*, 1995 (3) SA 391 (CC).

⑫ *Reyes v. R* [2002] UKPC 11.

⑬ *Motshidiemang v. Attorney General*, MAHGB-000591-16(2019), para. 189.

⑭ Ibid. , para. 189.

⑮ Ibid. , para 207.

践中的猥亵行为、强奸和侮辱定为刑事犯罪的条文。因此,没有必要将双方同意的私下同性性交定为刑事犯罪。

此外,博茨瓦纳最高法院还要回应为何要推翻之前维护刑法的先例①的问题,而之前的先例认为同性性行为合法化的时机尚未到来。法院表示,现在时机已经成熟。②为了证明这一点,法院援引了津巴布韦最高法院③、伯利兹最高法院④以及欧洲人权法院⑤的相关判决,指出鸡奸条款"是维多利亚时代的遗物,受到犹太教—基督教教义的影响",其前提性的观点(性行为的唯一目的是生育)"不再有效和可持续"。⑥法院进一步参考英国判例⑦,强调一旦法律的理由停止,法律本身也必须停止。

由此可见,博茨瓦纳最高法院的判决,在每一个推理环节几乎都在依赖外国法和国际法。而这个判决也代表了同性恋权利宪法判决中国际化和全球化的典型特点。

三、反思同性恋权利宪法化与国际化

看了以上对于同性恋权利实现进程和宪法化过程的描述,或许有读者会产生一种想法:这似乎是一种浩浩荡荡、不可避免的世界大势。实际上,这种想法在国际比较宪法学界乃至于法院的宪法解释中非常盛行。可以明显看到的是,与一些国家有利于实现同性恋的法律改革和宪法判决实践相伴随的,出现了一种基于和针对同性恋宪法化的比较宪法论述,一种以自由化法律改革为导向的普遍主义和进步主义话语。⑧甚至在法院的判决中,支持同性恋权利的法官也会经常诉诸进步主义的历史叙事,诉诸人类共同的发展趋

---

① *Kanane v. State*, 2003 (2) BLR 67 (CA).

② *Motshidiemang v. Attorney General*, MAHGB-000591-16(2019), para 202.

③ *Banana v. Attorney General*, 1998 (1) ZLR 309 (Zimbabwe).

④ *Orozco v. Attorney General of Belize* AD 2016, Claim No. 668/2010.

⑤ *Norris v. Ireland* (1989) 13 ECHR 186; *Modinos v. Cyprus* (1993) 16 ECHR 485 (1993) 16 ECHR 485.

⑥ *Motshidiemang v. Attorney General*, MAHGB-000591-16(2019), para.208.

⑦ *Miliangos v. George Frank* (Textiles) Ltd [1997] AC 445.

⑧ Angioletta Sperti, *Constitutional Courts, Gay Rights and Sexual Orientation Equality* Bloamsbury *Publishing*, 2017, pp.7, 10 (很多国家走着"共同道路",承认同性恋权利,其顶峰是同性婚姻。很多法院强调自己是加入"共同事业",而且形成了解决性取向平等问题的"共同趋势"); Kenji Yoshino, *Speak Now*: *Marriage Equality On Trial*: *The Story of Hollingsworth v. Perry*, Broadway Books, 2015, p.261; Brief of International Human Rights Advocates as Amici Curiae in Support of Respondents, *Hollingsworth v. Perry*, 133 S. Ct. 2652 (2013) (No. 12-144), 2013 WL 769315, pp.4-7 ("established and accelerated international trend" of legalizing same-sex marriage).

势。例如,曾经在美国数起涉及同性恋权利的案件中持自由派立场、撰写法院意见的肯尼迪大法官曾说:"为什么世界舆论要关心美国政府想要给被压迫的人民带来自由? 这是不是因为有一些潜在的共同利益,潜在的共同想法,潜在的共同愿望,潜在的关于人类尊严的统一概念? 我想这就是我们想告诉全世界的。"① 2005 年西班牙宪法法院在判决同性婚姻案时,则根据西方国家比较法得出结论,婚姻的概念已经多元化了,逐渐开始不再具有统一的意象。②

值得注意的是,这种话语带有一定的"历史终结论"色彩:虽然很多国家尚未将同性婚姻合法化,但这终究是人类历史的发展方向;就其终点目标而言,历史本身已经终结了,没有了其他可能性或替代方案。③此外,考虑到与堕胎权利运动相比较而言,同性恋权利运动实现法律突破的速度要更快,更容易让人认为这是世界的趋势或者历史的必然。然而,更为深入的学术分析则会揭示此种话语的理论缺陷和实践后果。

(一) 浅描:普遍主义话语的界限

围绕同性恋权利的主流比较宪法分析中,普遍主义话语带有强烈的改革主义倾向。换言之,此种比较分析对待外国法和国际法时,有意识或者无意识地采取了工具主义的态度,借助外部经验来证成本国法律改革的合宪性和正当性。在这个意义上,学者变成律师,法官变成改革家。比较分析法成为一种实现既定论点的话语工具,也成为一种实现诉讼策略和改革计划的修辞方式。倡导性比较法分析具有极大的理论和实践局限性。外国和国际的法理和判例被压缩和抽象为普遍主义模式与话语,服务于在特定国家或者地区的倡导和诉讼,以此改变当地针对性取向问题的旧有法律。这是一种站在道德制高点和历史进步论基础上的比较宪法分析模式,将政治争论转化成为进

---

① Jeffrey Toobin, Swing Shift, "How Anthony Kennedy's Passion for Foreign Law Could Change the Supreme Court", *New Yorker* (Sept. 12, 2005), available at http://www. newyorker. com/archive/2005/09/12/050912fa_ fact? currentPage=5, last visited Feb. 22, 2023.

② Sentencia Tribunal Constitucional [S. T. C.], No. 198/2012, Nov. 6, 2012 (Spain). Unofficial translation available at http://www. tribunalconstitucional. es/es/jurisprudencia/restrad/Paginas/JCC1982012en. aspx. p. 9, last visited Feb. 22, 2023. "[F] ollowing comparative law, integration of same-sex marriages into the current idea of marriage has been affected by a consolidated equivalence—over the last few years—of different-sex and same-sex marriages in various Western legal systems. "

③ 参见〔美〕弗朗西斯・福山:《历史的终结与最后的人》,陈高华译,广西师范大学出版社2014 年版。

步与保守的对立。此种分析模式过于依赖法院作为宪法变迁的发生场所;过于依赖概念和教义分析,而非社会学研究和社会实践。比较研究因此变成中国学者非常熟悉的类型:"美国同性婚姻案判决及其对××国的启示"或"南非同性性行为去罪化判决之于××国的借鉴意义"之类的做法。① 出于较为强烈的实践导向和目标导向,此种普遍主义的学术建构和话语建构不可避免地失之浅薄,不同程度上带有缺陷。这无论是对于人们认识国际同性恋权利运动的发展现状,还是对于法官宪法解释方法的严谨性与公正性,都造成了不良影响。甚至在更大的意义上,这会强化一种道德话语上的优劣论和历史趋势上的阶段论。

首先,普遍主义话语容易提供一套"薄"的描述,遮蔽各国内部实践的差异性和复杂性。打个比方来说,法律是生长在一国社会文化土壤中的树。在观察和移植树的时候,也必须观察和移植当地的土壤。②即便一些法院共同诉诸了某个原则或者权利,该原则或权利也必须在其本国特定历史传统中进行理解,否则只能是笼而统之的概括,甚至只是印象流的修辞。③ 即便两个或多个国家有关同性恋权利的宪法诉讼都获得了相同的圆满结局,故事也不

---

① 例如,在同性婚姻合法化的问题上,即便是长期以来较为关注自身宪法理论与实践、较为拒斥外国法和比较法分析的美国宪法学界,也出现了此类比较分析研究,特别是在同性婚姻合法化尚未实现之时,试举几例:Deborah Gutierrez, "Gay Marriage in Canada: Strategies of the Gay Liberation Movement and the Implications it Will Have on the United States", 10 *New England Journal of International & Comparative Law*, pp. 175, 215, 2004; Anjuli Willis McReynolds, "What International Experience Can Tell U. S. Courts about Same-Sex Marriage", 53 *UCLA Law Review* 1073, p. 1105 (2006).

② Pierre Legrand, "What 'Legal Transplants'", in David Nelken & Johannes Feest (eds.), *Adapting Legal Cultures*, Hart Publishing, 2001, p. 57.

③ 例如,在特立尼达和多巴哥最高法院的判决中,首席大法官拉博赛德(Devindra Rampersad)写道:"在这一点上,法院感到有必要作出结论说,当社会以任何方式重视一个人或根据其种族、肤色、性别、年龄或性取向给予一个人身份时,这是不幸的。这不是他们的身份。那不是他们的灵魂。这不是他们对社会的价值或他们对自己的价值的总和。种族隔离制度下的南非和美国在奴隶制期间和之后,甚至一直持续到20世纪中后期的经历表明,由于基于不接受或承认人性的因素的预先假定和预先确定的偏见,人的尊严已被深深践踏。种族隔离、大屠杀——这些都是关于这种偏见的痛苦回忆。" *Jason Jones v. Attorney General of Trinidad and Tobago*, para. 173. ("At this point, the court feels compelled to state in conclusion that it is unfortunate when society in any way values a person or gives a person their identity based on their race, colour, gender, age or sexual orientation. That is not their identity. That is not their soul. That is not the sum total of their value to society or their value to themselves. The experiences of apartheid South Africa and the USA during and after slavery, even into the mid- and late 20th century, have shown the depths that human dignity has been plunged as a result of presupposed and predetermined prejudices based on factors that do not accept or recognise humanity. Racial segregation, apartheid, the Holocaust-these are all painful memories of this type of prejudice.")

尽相同。如果反过来套用托尔斯泰的名言，我们可以说，幸福的家庭也有不同的幸福。例如，虽然美国和法国都实现了同性婚姻的合法化，两者走过的道路差异颇多：美国是通过最高法院的宪法判决予以实现，法国则是通过议会立法；虽然在论证同性婚姻的时候，美国和法国同样使用平等权的论证，但平等权论证所扮演的角色各有不同；美国的关键问题是结婚权利是否能够得以承认，而法国的主要焦点是涉及同性配偶的亲子关系的承认和保护问题。①

即便笼而统之地概括，细心的观察者仍然可以发现宏观层面的欧美差异。实际上，同性恋权利运动在争取各种权利的过程中，欧洲国家基本遵循了相同的逻辑步骤：(1) 去罪化（辅之以同性和异性性行为同意年龄平等化）；(2) 出台反对基于性取向歧视的立法；(3) 给予同性伴侣准婚姻地位（如民事结合关系）；(4) 承认同性婚姻。②美国则不同：在实现同性婚姻之后，并没有实质推进反歧视法（在就业、住房、教育和公共设施）。③ 在实现同性婚姻合法化的路径上，欧洲先采取立法模式承认同性伴侣的某种法律地位（如民事结合），美国则一步到位、在全国范围内通过司法判决直接实现同性婚姻合法化。④在欧洲，反歧视法的发展助推了同性婚姻合法化；而在美国，同性婚姻合法化先于反歧视法发展。⑤

上述情况还是在欧美之间进行比较。如果我们把视野放得更宽，在全球范围内，同性婚姻合法化的国家仍然是少数，甚至很多国家尚未实现同性行

① Ivana Isailovic, "Same Sex but Not the Same: Same-Sex Marriage in the United States and France and the Universalist Narrative", 66 *American Journal of Comparative Law* 267(2018).

② Kees Waaldijk, "Others May Follow: The Introduction of Marriage Quasi-Marriage, and Semi-Marriage for Same-Sex Couples in European Countries", 38 *New England Law Review* 569 (2003); Kees Waaldijk, "Standard Sequences in the Legal Recognition of Homosexuality-Europe's Past, Present, and Future", 4 *Australian Gay & Lesbian Law Journal* 50(1994).

③ 依据"国家行为"(state action)理论，美国法院没有通过宪法反对私人歧视的权力，只能禁止政府歧视。See *United States v. Morrison*, 529 U.S. 598, at 621 (2000); *The Civil Rights Cases*, 109 U.S. at 3, 10-11 (1883); 彭亚楠:《谁才有资格违宪——美国宪法的"政府行为"理论》，载赵晓力主编:《宪法与公民》，上海人民出版社 2004 年版，第 231—280 页。而美国国会也并未通过任何法律明确禁止基于性取向的歧视，大部分州也没有相关立法。See Keith Cunningham-Parmeter, "Marriage Equality, Workplace Inequality: The Next Gay Rights Battle", 67 *Florida Law Review* 1099, pp. 1144-1145(2016).

④ 在奥伯格菲尔案(*Obergefell v. Hodges*)之前，已经有 37 个州允许同性婚姻，此外还有哥伦比亚特区。See Holning Lau, "Comparative Perspectives on Strategic Remedial Delays", 91 *Tulane Law Review* 259, pp. 270-271(2016).

⑤ 在同性婚姻案之后，才有联邦巡回法院将性取向歧视吸纳到性别歧视，作为反就业歧视的法律依据，而且这些法院都明确引用了奥伯格菲尔案——婚姻平等事实上促进了就业平等。Holning Lau, "Sexual Orientation and Gender Identity Discrimination", 2 *Comparative Discrimination Law* 1, pp. 26-27(2008).

为去罪化。即便在发达国家中,新加坡、日本和韩国尚未将同性婚姻合法化,更遑论宪法化。更有甚者,西欧很多国家虽然将同性婚姻合法化,也只是通过立法予以实现,而非在宪法层面予以确认。究竟同性婚姻合法化是否是世界大势是一回事;是否应基于对于世界大势的判断,并选择性地援引比较法资源予以例证,进而通过法官解释宪法,通过宪法判决实现同性婚姻合法化,是另一回事。

其次,各国法律人在使用外国判例或者法律的时候,仅仅将其当作工具,而不会深入地去研究工具本身的设计原理、制作过程和特殊性质。这就好像人们在吃饭的时候,如果碗筷合用的话,就不会关注碗筷的性状一样——如果不合用,则可以更换。在强调宪法理念、概念和教义的跨国迁移性之时,法律人很容易将外国法和外国判例抽离出语境,并且选择性地援引判例和外国法律,只讲外国成功的案例,而不比较那些失败的案例。[1]律师这么做的话,无可厚非。学者和法官这么做,则会失之偏颇,甚至对于法官而言,无法做到公平公正地对待相冲突的诉求和理由。

很多时候,与国际先进趋势接轨的改革心态,会导致法院在解释宪法的时候过于操切,以至于裁判理由看起来明显牵强。例如,在厄瓜多尔2019年关于同性婚姻的判决中,该国宪法法院依据平等的原则,辅之以比较法分析,形成了颇为怪异的推理:虽然《厄瓜多尔宪法》明确规定婚姻是一男一女的集合,但是这个条款必须结合平等保护和反歧视原则来看,因此该条款必须解释为容纳同性婚姻为婚姻的一种形式。[2]

最后,在更大的意义上,普遍主义的话语也容易遮蔽其所蕴含的隐秘的国际等级结构。这一点在欧洲最为明显。正如两位美国学者指出的,普遍主义的叙事背后是先进和后进的二分法。[3]毫无疑问,作为世界LGBT权利运动发源地,欧洲已经自认为,而且被外部世界看作是LGBT权利的先锋,甚至被称为"尊重与宽容的共同体"(the community of respect and tolerance)。保护和宽容同性恋(以及跨性别人士)已经构成欧洲的核心价值观之一。欧盟

---

①　Robert Leckey, "Thick Instrumentalism and Comparative Constitutionalism: The Case of Gay Rights", 40 *Columbia Human Rights Law Review* 425(2008).

②　Sentencia No. 11-18-CN/19, Constitutional Court of Ecuador, http://doc. corteconstitucional. gob. ec: 8080/alfresco/d/d/workspace/SpacesStore/1bfa3cb4-82be-4b2e-8120-418fcaeb3b51/ 0011-18-cn-sen. pdf? guest = true,, last visited Feb. 22, 2023. https://www. loc. gov/item/ global-legal-monitor/2019-07-25/ecuador-constitutional-court-upholds-same-sex-marriage/, last visited Feb. 22, 2023.

③　Phillip Ayoub and David Paternotte, "Europe and LGBT Rights", in Michael J. Bosia, Sandra M. McEvoy, and Momin Rahman(eds.), *The Oxford Handbook of Global LGBT and Sexual Diversity Politics*, Oxford University Press, 2020, 152-167.

的超主权和跨国家体制，可以绕过民族国家的边界去想象和构建新的共同体，更加关注和保护相关权利。①

与此同时，欧洲也塑造了基于 LGBT 权利的普遍主义意识形态，以及随之而来的新的观念等级结构。LGBT 权利已被看作欧洲特性的核心标志，甚至一些加盟国已经把此种权利作为新民族主义的标志，以此与其他国家和其他文明区分开来，以增强欧洲文明优越性。②于是，一种新的"文明和野蛮"的区分被创造出来：在欧洲内部，一些国家被看成不够"欧洲"（如俄罗斯和波兰）；在欧洲外部，很多国家则被认为是完全不"欧洲"（如中东和非洲）。从后殖民主义的角度来看，新的空间等级结构已经被确立起来：西欧与东欧之分，南方和北方之分。区分的标准就是"新欧洲标准"（New European Standards）。③然而，非欧洲国家未必愿意接受此种道德等级结构。很多国家已经将欧洲看作对于本国民族价值的道德威胁。例如，俄国总统普京经常批判乌克兰和亚美尼亚走进欧洲的同时，加入了一个"腐败的世界"。这种观点在第三世界国家有着非常强的号召力，且这些国家把欧洲向世界推广 LGBT 权利看作是"文化帝国主义"。④

即便在欧洲内部，LGBT 政治仍然非常激烈地进行斗争，乐观主义的目的论仍然为时尚早。⑤基督教和天主教会一直是欧洲 LGBT 价值的反对者，更不用说伴随大量移民而进入欧洲的伊斯兰教。近年来，随着 2008 年金融危机和欧债危机以及就业市场的恶化，欧洲兴起了新右翼势力，其诉求之一就是重提男性气概，反对女性主义运动和 LGBT 权利⑥，并开始不断攻击欧洲的价值观及价值观的推行方式：布鲁塞尔的精英已经将 LGBT 权利强加到各国，且运用国际组织的力量推动。有些民粹主义者认为，将大量社会力量投入到了极小一部分人群，造成一种"性别疲劳"（Gender Fatigue）。在右翼势力看来，欧洲是一种精英主义的事业，违背常识和普通民众利益，"彩虹欧

---

① Phillip Ayoub and David Paternotte, "Europe and LGBT Rights", in Michael J. Bosia, Sandra M. McEvoy, and Momin Rahman (eds.), *The Oxford Handbook of Global LGBT and Sexual Diversity Politics*, Oxford University Press, 2020, pp. 152-167. 颇有意思的是，这里面还存在更长的"鄙视链"。2016 年英国脱欧时，一个新成立组织——Caught Out & Proud——极力促进脱欧进程，理由是欧盟内部一些东欧国家已经开始严格限制 LGBT 权利，因此脱欧是英国保护 LGBT 权利的必要举措。

② Ibid.

③ Ibid.

④ Ibid.

⑤ Ibid.

⑥ Gabriele Dietze and Julia Roth (eds.), *Right-Wing Populism and Gender: European Perspectives and Beyond*, Transcript Verlag, 2020.

洲"（Rainbow Europe）将会威胁国家利益。①

（二）权利如何落实

在社会共识尚未达成的情况下，仅仅依靠政治技巧取得立法和司法胜利，是否足以保障同性恋的权利落到实处？普遍主义话语容易带有历史目的论的"傲慢与偏见"，将反对的声音视为进化不完整或者落后于时代。从而容易盲目乐观，以为打赢了宪法诉讼或者通过相关立法（无论是否有宪法法院介入）就完成了任务。实际上，争议和斗争尚未结束。假定国与国之间法律改革的共同性和趋同性的普遍主义观念容易忽视其他学者、社会活动者和立法者的话语和行动上的抵制，无视法律与社会、司法与政治之间的复杂互动关系，从而使得同性恋运动的胜诉果实反过来被蚕食。权利的实际落地，需要行政部门对宪法权利的认同和执行，也取决于社会公众的接受和宽容。

首先，在政治过程之中，总有对于司法判决的反弹，使得同性恋的具体落实容易打折扣。② 即便有了法院宪法判决，具体执行还是要靠行政当局，因而行政系统的态度和执行力度变得非常重要。③ 例如，特朗普就任总统以来，通过一系列举措限制 LGBT 权利。他曾经在推特发文，启动一项禁止跨性别人士参军的禁令，并且取消了对于跨性别人士就医的医疗保障。特朗普当局同时启动了"不可剥夺权利委员会"（Commission on Unalienable Rights），以宗教自由的理由反对 LBGT 权利。更有甚者，在任期的最后一段时间，特朗普还下令，允许接受联邦卫生与公共服务部（Department of Health and Human Services）资助的机构对于 LGBTQ（彩虹族、性少数者）人士进行差别对待，包括子女收养与看护服务和艾滋病预防服务。④拜登上台之后改变了这些，但很多同性恋人士仍然面临住房和就业的问题。⑤

---

① Phillip Ayoub and David Paternotte, "Europe and LGBT Rights", in Michael J. Bosia, Sandra M. McEvoy, and Momin Rahman（eds.）, *The Oxford Handbook of Global LGBT and Sexual Diversity Politics*, Oxford University Press, 2020, 152-167.

② 此处并非质疑同性恋，也不是讨论在规范的意义上同性婚姻是否构成基本权利或者国际人权，而只是反思实现这种权利的方式是否仅限于法律诉讼和司法判决。一种更为具有深度的分析和论证，有助于推进围绕该问题的讨论，无论出于何种立场。

③ Max Isaacs, "LGBT Rights and the Administrative State", 92 *N. Y. U. Law Review* 2012(2017). Marie-Amelie George, "Bureaucratic Agency: Administering the Transformation of LGBT Rights", 36 *Yale Law & Policy Review* 83（2017）. Tom Hooper, "Queering '69: The Recriminalization of Homosexuality in Canada", 100 *Canadian Historical Review* 257(2019).

④ P. J. Angelo and D. Bocci, "The Changing Landscape of Global LGBTQ+ Rights", *Council on Foreign Relations*, 2021, https://www.cfr.org/article/changing-landscape-global-lgbtq-rights, last visited Feb. 22, 2023.

⑤ Ibid.

其次，反对 LGBT 权利的组织也不会善罢甘休。①法院的宪法判决并没有终结围绕性取向问题的辩论，而只是改变了辩论的语言和方向。②例如，在美国同性婚姻案之后，反对者开始使用宗教自由和良心自由来作为抵制的理由。③在俄勒冈州，一家面包房拒绝给同性配偶制作婚礼蛋糕，主张言论自由。俄勒冈劳动与工业局(Oregon Bureau of Labor and Industries)依据该州的反歧视法，否定了面包房的理由。④ 类似案件也打到了美国最高法院。2012 年，一对同性婚姻伴侣来到科罗拉多州的一家蛋糕店定做结婚蛋糕，店主基于宗教信仰予以拒绝。这对伴侣随即向科罗拉多州民权委员会提交诉状，主张蛋糕店的行为违反了该州的反歧视法。在州法院和上诉法院败诉后，蛋糕店店主将案件上诉至美国最高法院。2018 年 6 月，美国最高法院九位大法官以 7∶2 的投票结果作出判决：科罗拉多州民权委员会未能中立平等地对待店主的宗教信仰，因而推翻了该委员会之前的决定。

放眼世界，一些同性婚姻合法化的先锋国家的实践，在激励其他国家平权运动的同时，也激起了这些国家迅速的反向立法行动。欧美国家的同性婚姻案激起了其他国家反对同性婚姻的立法。⑤在东南亚地区，很多国家将西

① 如美国 2015 年同性婚姻案中，保守派大法官托马斯在异议意见中强烈表示，通过解释第十四修正案里面的正当程序条款而创造出来的同性婚姻自由，不但在法理上是站不住的，而且与另一种根本自由——宗教自由——相冲突。1992 年凯西案中，最高法院拒绝推翻罗伊案。宗教右派立即意识到，不大可能指望最高法院自己改变实体正当程序的教义。只能改变策略，诉诸更为其他基本权利：宗教自由。同性婚姻案之后，此种呼声最为强烈，构成了抵制同性婚姻的宪法理由。*Masterpiece Cakeshop v. Colorado Civil Rights Commission*, 584 U.S. _(2018).

② 事实上，对于同性恋的抵制冰冻三尺非一日之寒。早在 2015 年同性婚姻案之前，就已经有过。2005 年，美国著名法律史学家克拉曼在一篇影响力颇大的文章中指出，2003 年马萨诸塞州最高法院宣判的同性婚姻案之后，激起了极大的政治反冲(political backlashes)，包括将议题变得更加突出，激起了人们对于司法能动主义和过度干涉的愤怒，改变了社会变迁的进程等。Michael J. Klarman, "Brown and Lawrence (and Goodridge)", 104 *Michigan Law Review* 431, p. 473(2005). 这种司法机关强制推行的社会改革，将比人民通过立法和选举过程推动的变革，激起更大的抵制。Michael J. Klarman, "Brown and Lawrence (and Goodridge)", 104 *Michigan Law Review* 431, p. 475(2005). See also Gerald N. Rosenberg, *The Hollow Hope: Can Courts Bring About Social Change*, University of Chicago Press, 2008. 专门增补了对于同性恋判决的反冲。在欧洲，正如斯佩尔蒂教授指出的，美国发生的事情同样在欧洲出现了。Angioletta Sperti, *Constitutional Courts, Gay Rights and Sexual Orientation Equality*, Constitutional Courts, Gay Rights and Sexual Orientation Equality, Hart Publishing, 2017, pp. 80-109.

③ Reva B. Siegel, "Community in Conflict: Same-Sex Marriage and Backlash", 64 *UCLA Law Review* 1728(2017). Douglas NeJaime & Reva B. Siegel, "Conscience Wars: Complicity-Based Conscience Claims in Religion and Politics", 124 *Yale Law Journal* 2516, pp. 2542-2565 (2015) (showing how, through constitutional conflict, objections to contraception, abortion, and same-sex marriage have evolved into claims about religious liberties).

④ In re Klein, 34 BOLI 102, 122-123 (2015).

⑤ Mos, M., "The Anticipatory Politics of Homophobia: Explaining Constitutional Bans on Same-Sex Marriage in Post-Communist Europe", 36 *East European Politics* 395(2020).

方同性恋进程视为对于本国价值的威胁,因此先发制人、采取预警性的立法行动限制同性恋的权利。①例如,印度尼西亚的保守主义者特别警惕欧美LGBT权利的"传染性"(contagiousness),并主张在该国刑法对同性恋进行更严厉的处罚,保护国家免受此类国际趋势的影响。②这些支持者特别提到美国2015年的同性婚姻案判决,声称美国的判决引发了艾滋病的激增。③俄国和东欧国家也是。④即便在西欧国家也有这种跨国效应。⑤

结　语

毫无疑问,同性恋权利运动在21世纪通过诉诸宪法取得了突飞猛进的成果,特别是在西欧、北美和拉丁美洲西语和葡语地区,再加上亚洲和非洲的零星地区。然而必须牢记的是,宪法判决乃至于宪法条文层面的胜利,并不代表已经毕其功于一役。毕竟,同性恋权利的完全实现,最终取决于一个社会的全面接受。更不用说,这还不仅仅是单个国家的问题,也取决于整个国际社会对于同性恋权利的认可和接受程度。就目前而言,世界各国和各大文明对于此问题仍然存在严重的分歧。因此,无论是在国内还是国际,接受和承认同性恋者的平等权利和完整尊严的社会变革过程,不能仅靠法律和宪法的捷径,更要靠社会文化的深层变革,甚至公众灵魂深处的革命。这注定仍然是一场漫长的事业。相比较堕胎权而言,同性婚姻似乎走得更快更远,然而落实起来或许并没有那么容易。

对观察和研究这一进程的学者,特别是比较宪法学者而言,适度搁置以法律改革为导向的普遍主义和进步主义叙事,适度反思以法律条文和宪法判决为主要材料的"薄"的比较分析方法,更进一步采取语境化的思考和基于"深描"的比较宪法分析⑥,更有助于我们理解同性恋权利的深层理论问题和

---

① Weiss, M. L, "Prejudice Before Pride: Rise of An Anticipatory Countermovement", In M. L. Weiss & M. J. Bosia (eds.), *Global Homophobia: States, Movements, and the Politics of Oppression*, University of Illinois Press, 2013, pp. 150-173.

② Wijaya, H. Y., "Conservative Islamic Forces, Global LGBT Rights, and Anticipatory Homophobia in Indonesia", In M. Derks & M. van den Berg (eds.), *Public Discourses about Homosexuality and Religion in Europe and Beyond*, Springer, 2020, pp. 325-348.

③ Ibid., 342.

④ Nuñez-Mietz, F. G., "Resisting Human Rights Through Securitization: Russia and Hungary Against LGBT Rights", 18 *Journal of Human Rights* 543(2019).

⑤ Mos, M., "The Anticipatory Politics of Homophobia: Explaining Constitutional Bans on Same-Sex Marriage in Post-Communist Europe", 36 *East European Politics* 395(2020). 2001—2018年,一些欧洲国家在看到邻国同性婚姻合法化之后,开始采取抵制措施。

⑥ Robert Leckey, "Thick Instrumentalism and Comparative Constitutionalism: The Case of Gay Rights", 40 *Columbia Human Rights Law Review* 425(2008).

具体实践问题。毕竟,同性恋权利的历史进程尚未真正实现普遍主义的目标,秉承客观和科学精神的研究者也无法仅仅将一些国家的法律变革和宪法变迁,直接抽象成为不可逆转的世界趋势。正如黑格尔所言,密涅瓦的猫头鹰只有到黄昏才起飞。

第十一章 社会经济权利:理论基础与司法审查

> 个人的社会经济地位是进入公民身份地位的入场券,而不是获得公民身份之后的一系列权利。
>
> ——德里克·希特①

在社会法和公法中,社会经济权利是一国公民所享有的积极权利,已经得到各国法律乃至于国际法的普遍承认。社会经济权利一般包括就业权、医疗保障权、受教育权以及获得基本生活需求的权利(如获得基本食品、水和住房的权利)。在中国宪法中,社会经济权利包括劳动权、休息权、生存权(获得物质帮助的权利)、受教育权等权利,同时也有相应的国家义务。②

在当代法律的基本权利体系之中,社会经济权利处于一个相对来说比较特殊的位置:"看上去很美",落地却很难。虽然其宪法化的历史已经一个世纪之久,然而围绕其是否应当"宪法化"(constitutionalizing)——无论是写入成文宪法还是纳入司法审查程序进行保护——的争议却一直是法学理论和实践中的热门议题。从理论角度而言,相对于现代社会最为经典的消极权利来说③,社会经济权利是一种积极权利。因而,其实现方式不是有赖于国家的消极不干涉,而恰恰依赖于国家的主动给付。进而言之,社会经济权利能否落实成为真正的法律权利,有赖于能否启动司法程序,寻求法律救济。然而,司法机关处理此类问题也必然面临较大困难:既然社会经济权利是一种国家义务,需要国家投入资源才能够保证实现,实现程度远低于消极权利,取

---

① 〔英〕德里克·希特:《何谓公民身份》,郭忠华译,吉林出版集团2007年版,第162页。

② 《中华人民共和国宪法》第14条规定:"国家通过提高劳动者的积极性和技术水平,推广先进的科学技术,完善经济管理体制和企业经营管理制度,实行各种形式的社会主义责任制,改进劳动组织,以不断提高劳动生产率和经济效益,发展社会生产力。国家厉行节约,反对浪费。国家合理安排积累和消费,兼顾国家、集体和个人的利益,在发展生产的基础上,逐步改善人民的物质生活和文化生活。国家建立健全同经济发展水平相适应的社会保障制度。"

③ Karel Vasak, "A Thirty-Year Struggle: The Sustained Efforts to Give Force of Law to the Universal Declaration of Human Rights", 30 *UNESCO Courier* 11, p. 29(1977).

决于具体语境中政府的财政投入①，受制于政府裁量。由此，司法机关很难进行处理，无法判断谁有资格享受某种社会经济权利，更难以判断享受多少社会救助，难以为社会经济权利纠纷提供有效的司法救济。

宪法社会经济权利的可诉性问题，构成了法学学术中围绕社会经济权利的核心问题之一。而对于此问题，很多论者主张，应该通过赋予社会经济权利全面的可诉性来加强社会经济权利的司法保护，最终解决这一问题。特别是在印度、南非等国法院已经开始处理社会经济权利问题的情况下，有学者提议："应该努力完善能够减少宪法性经济和社会经济权利模糊性的权利规范方式，并为实现义务层次的经济和社会经济权利的可诉性而努力。"②更有论者从国内外社会保障的发展趋势和"人类社会经济、政治和文化发展的历史规律"出发，认为"社会、经济权利的可诉性是社会、经济权利发展的必然结果"③，甚至进一步指出："与自由权相比社会经济权利的可诉性更强。"④在此宏观论述之下，也有论者进一步细化社会经济权利请求权，提出基于不同请求权内容而构建的可诉性机制，特别是针对社会经济权利实施请求权和待遇给付请求权的司法救济。⑤另一些论者对于社会经济权利的司法化和可诉性表示了质疑。如有学者认为实现社会经济权利的根本方式是推进"以公民参与和表达自由"为核心的政治权利，而非直接将社会经济权利进行司法处理。⑥由于社会经济权利的积极权利性质和"受益权利"性质，"真正能够发挥社会经济权利受益功能的，还应当是由国家提供的社会安全或社会保障制度。"⑦

本书无意提供更多更好的具体解决方案，而是反过来试图消解这一理论问题。换言之，在司法中心主义的法理学中，通过诉讼落实社会经济权利必

---

① 讨论社会经济权利的理论基础问题，在当代有一个特殊的时代背景。2008 年席卷全球的金融危机之后，福利国家在全球范围内都面临着一场危机。在这个背景下，重新思考社会经济权利的理论基础问题就变得非常必要。在讨论如何落实社会经济权利的同时，我们必须探讨为何需要社会经济权利。可以说，在世界范围内，新自由主义作为主流的经济哲学已经将社会经济权利的理论基础置于危地。在此种全球背景下，似乎只有少数国家的政府有足够的经济资源来进一步落实社会经济权利，其他国家则因为政府资金不足而无法将宪法社会经济权利落实到具体生活之中，无论是采取政府项目的方式，还是采取司法审查的方式。

② 黄金荣：《实现经济和社会经济权利可诉性：一种中国的视角》，载柳华文主编：《经济、社会和文化权利可诉性研究》，中国社会科学出版社 2008 年版，第 102 页。

③ 龚向和：《论社会、经济权利的可诉性——国际法与宪法视角透析》，载《环球法律评论》2008 年第 3 期。

④ 龚向和：《理想与现实：基本权利的可诉性程度研究》，载《法商研究》2009 年第 4 期，第 34 页。

⑤ 肖新喜：《论社会权请求权》，载《江海学刊》2020 年第 1 期。

⑥ 姜峰：《权利宪法化的隐忧——以社会权为中心的思考》，载《清华法学》2010 年第 5 期。

⑦ 胡玉鸿：《论社会权的性质》，载《浙江社会科学》2021 年第 4 期，第 48 页。

将走向难以化解的困局之中。为此,本书通过追溯社会经济权利的社会起源,进而揭示社会经济权利的理论基础,重新凸显社会经济权利的基本性格。社会经济权利从其理论基础而言,与现代司法的基本社会功能存在难以调和的张力。司法救济本身无法解决此种张力,而只能凸显之,甚至激化之,因而社会经济权利的落实需要超越司法化的思维定势。为了展现这一点,我们必须回到围绕社会经济权利的简单而又困难的基本理论问题:为何现代国家有法律义务关心弱者、扶助弱者?为此,本章试图追溯现代社会经济权利问题的由来,以及社会经济权利在不同的宪法体系中具有的不同的理论基础,并最终试图探讨中国宪法社会经济权利的理论基础问题。社会经济权利难以通过诉讼来进行完全实现,恰恰凸显了社会经济权利本身的理论基础:它与现代通行的法学预设和司法的社会功能存在难以调和的张力。社会经济权利与法律系统的不调适,恰恰展现了社会经济权利本身的性格。社会经济权利降格为一种个体经济权利,意味着社会降格为市场。只有回归社会经济权利的初心,法律方才能够反思自身解决问题的能力限度,也才能够另辟蹊径,更好地设计问题的替代性解决方案。

一、社会经济权利法律化的趋势及其内在困境

毫无疑问,现代法律中最为经典的基本权利都是消极权利:公民享有一系列受到宪法保护的自由权利,政府没有正当理由、未经正当程序不能干涉。这些消极权利是 18 世纪的法国和美国两次现代革命以来确立的最基本的公民权利,也被称为"第一代人权"①,包括生命权、私有财产权、人身自由和精神自由等,成为现代成文宪法国家的标杆权利。

(一) 社会经济权利的宪法化

20 世纪以来,随着社会主义的兴起和福利国家的扩展,二战之后世界各国宪法兴起了社会经济权利宪法化的潮流。如果说有一种宪法权利能够用来定义 20 世纪,那么社会经济权利肯定是最有资格的候选之一。1950 年代,英国著名社会学家 T. H. 马歇尔提出:"20 世纪是社会(公民)权的世纪,至少在北半球是这样的。"②社会经济权利也受到了很多国家政治家的重视,如 20

---

① Karel Vasak, "A Thirty-Year Struggle: The Sustained Efforts to Give Force of Law to the Universal Declaration of Human Rights", 30 *UNESCO Courier* 11, p. 29(1977).

② 转引自徐爽:《宪法上社会权的发展:传统、改革与未来》,载《政法论坛》2019 年第 5 期,第 13 页。

世纪 40 年代罗斯福著名的"第二权利法案"中提出一系列经济权利,英国工党上台执政也发布《贝弗里奇报告》(the Beveridge Report,1942)主张建立福利国家。社会经济权利可谓资本主义和社会主义两大阵营的共识。①

当然,这并不是说 20 世纪之前没有社会经济权利的思想和法律现象出现——例如法国大革命曾提出自由、平等、博爱的思想,其中博爱就包含着社会经济权利的最初原型,因此 1793 年《法国宪法》规定国家有义务为穷人提供物质帮助。然而,这是非常零星的现象。只有到了 20 世纪,社会经济权利进入国家宪法的现象才变得非常普遍。1919 年《魏玛宪法》率先规定国民社会经济权利,涵盖受教育权和劳动权,特别是社会保障权——"劳动阶级的最低限度之社会经济权利者"。1936 年《苏联宪法》更是将社会经济权利写入宪法。在国际法中,战后的《世界人权宣言》(1945)也纳入了社会经济权利。

在冷战开始之前,通过法律文本确立社会经济权利已经成为世界范围内的公法共识。②曾几何时,社会经济权利在《世界人权宣言》通过之后,美国和苏联对于国际人权的内容产生了巨大的争论:前者坚持人权的主要内容是政治性的权利,如言论自由和投票权等;后者则强调社会经济权利,如工作权、医疗保险权和受教育权。苏联认为这些权利无法在资本主义宪法之中得到保护,而只有通过社会主义才能实现。正是由于两国在人权的基本内容上存在争议,后来在将《世界人权宣言》转化为具体的条约的过程中,两者以及其所领导的两大阵营无法达成共识,最终只能分开来写,即 1966 年的《公民权利与政治权利国际公约》和《经济、社会与文化权利国际公约》。然而,这些文件对世界产生的实际影响还有待观察。以《经济、社会与文化权利国际公约》为例,很多西方国家当时虽加入了这个公约,但并未很快予以批准。美国甚至到现在都没有批准,该公约也自然对美国没有约束力。

具体到国家层面,社会主义国家基于其马克思主义意识形态,基本都在宪法里写入了社会经济权利。例如,《苏联宪法》(1977)第 44 条规定:"苏联公民有获得住房的权利。这一权利的保证是:发展和保护国家房产和公有房产,帮助合作社和个人住宅建设,在社会监督下公平分配随着实施设备完善的住宅建设计划而提供的住宅面积,以及收取价格不高的房租和公用设施

---

① Samuel Moyn, *The Last Utopia: Human Rights in History*, Harvard University Press, 2010, pp. 63-64.

② Eric Posner, *The Twilight of Human Rights Law*, Oxford University Press, 2014, pp. 17-18.

费。"①再如,中国 1982 年《宪法》第 42 条至 46 条分别规定了公民的劳动权、休息权、退休权、获得物质帮助的权利和受教育权等社会经济权利。

多数资本主义福利国家也在成文宪法中明确了对社会经济权利的保护。比如,《日本宪法》第 25 条规定:"(1) 全体国民都享有健康和文化的最低限度地生活的权利。(2) 国家必须在生活的一切方面为提高和增进社会福利、社会保障以及公共卫生而努力。"

很多新兴国家也在成文宪法里写入了社会经济权利。这方面最为典型也最为激进的例子是南非。南非宪法明确列举了诸种社会经济权利,如第 26 条规定了住房权:"1. 任何人都有权获得足够的住房。2. 国家必须在其可利用资源的范围内采取合理的立法和其他措施逐渐达到这项权利的实现。3. 任何人都不得被从其住宅中驱逐,在没有获得法院在考虑所有有关的情况后发布的命令之前,任何人都不得毁坏他人的住宅,任何法律都不得允许任意将人们从其住宅中驱逐。"第 27 条更是规定了医疗保健、食物、水和社会保障的宪法权利:"1. 任何人都有权获得:(1) 医疗保健服务,包括生殖医疗保健;(2) 充分的食物和水;(3) 社会保障,包括适当的社会帮助,如果他们不能养活他们自身及其抚养人的话。2. 国家必须在其可利用的资源范围内采取合理的立法和其他措施以逐渐达到上述每一项权利的实现。3. 任何人都不得被拒绝紧急的医疗。"

值得注意的是,在社会经济权利宪法化的世界潮流中,美国是个例外。从法律条文上来说,《美国宪法》一直缺少社会经济权利条款,这很大程度上是因为《美国宪法》制定于 18 世纪,当时还没有社会经济权利的思潮和实践出现。

然而,更需要注意的是,20 世纪的美国并不是没有将社会经济权利加入《宪法》的动议。比如,罗斯福总统在新政时期认为,只有政治权利并不足以保证公民平等地追求幸福,因而提出了"第二权利法案"(the Second Bill of Rights),权利内容包括公民的工作权、收入权、住房权、医疗保障权、受教育权,以及老年人、残疾人、失业者等人的权利。②他在 1944 年的国情咨文中说:

---

① See Constitution (Fundamental Law) of the Union of Soviet Socialist Republics, adopted at the Seventh (Special) Session of the Supreme Soviet of the USSR, Ninth Convocation on October 7, 1977.

② Franklin D. Roosevelt, "Message to the Congress of the United States on the State of Union", Jan. 11, 1944, https://www. presidency. ucsb. edu/documents/state-the-union-message-congress, last visited Feb. 22,2023.

我们已经接受了所谓的第二部权利法案,根据它可以为所有人——不论地位、种族和信仰——建立一个新的安全和繁荣的基础。

人们有在国内工厂、商店、农场或矿山获得有益且有报酬的工作的权利;

人们有挣得足以换取充足衣食和娱乐的收入的权利;

每一个农民都有权种植和出售农作物,其收益足以使他和他的家庭过着体面的生活;

……

每一个家庭都拥有体面住宅的权利;

人们有获得充分医疗保障和有机会获得并享有健康身体的权利;

人们有获得充分保护免于老龄、疾病、事故和失业的经济忧虑的权利;

人们有接受良好教育的权利。①

然而,由于种种原因,罗斯福总统的"第二权利法案"并没有以修正案的方式被加入《美国宪法》的文本中去,因而未能宪法化。时至今日,《美国宪法》仍未将社会经济权利作为一种宪法权利加以保护,尽管人们可以将其作为一种道德权利加以确认。②在社会经济权利方面,美国不仅仅是西方世界的异类,也是世界范围内的例外。

美国从 20 世纪 70 年代开始展开了一场对"宪法是否包含社会经济权利"的争论。其中一方认为,美国宪法保障积极权利,包括社会经济权利。例如,赖希(Charles A. Reich)教授在一篇著名的文章中认为,《美国宪法》的第五修正案和第十四修正案当中的"正当程序"权利在福利国家的语境中,包含了一种"新财产权"(New Property),即享受国家赋予的福利的权利。其原因在于,现代国家已高度介入了经济事务,全面管制了私有财产权,因而公民对于政府的福利具有一项基本的权利,剥夺这些权利需要正当程序。③已经给予的福利即构成个人的财产,如需征用须经过相应的正当程序。

美国最高法院在 *Goldberg v. Kelly* 案中部分接受了这个逻辑。在该案中,纽约市居民 Goldberg 是社会福利的受益人之一。依据纽约州的家庭救济

---

① 转引自〔美〕史蒂芬·霍尔姆斯、凯斯·R.桑斯坦:《权利的成本:为什么自由依赖于税》,毕竟悦译,北京大学出版社 2004 年版,第 85—86 页。

② Cass Sunstein, *The Second Bill of Rights*: *FDR's Unfinished Revolution—And Why We Need It More Than Ever*, Basic Books, 2006; Cass Sunstein, "Why Does the American Constitution Lack Social and Economic Guarantees", 56 *Syracuse Law Review* 1, pp. 1-26 (2005).

③ Charles A. Reich, "The New Property", 73 *Yale Law Journal* 5, pp. 733-787(1964).

计划,他和其他许多居民一直领取联邦和州政府的财政救济。但纽约州的政府官员依据社会保障部批准的第 6818 号程序,在没有给领取补助金的居民举行听证会的情况下,就决定终止对他们的补助。原领取补助的居民不服,向纽约南区地方法院提起诉讼,原告认为,市政府在未举行听证会的情况下剥夺了他们享受的公共福利,违背了宪法中的正当法律程序原则,并以此为由要求法院撤销市政府的决定。最终美国最高法院根据《宪法》第十四修正案,未经正当程序不得剥夺公民生命、自由、财产的条款,支持了原告的请求。①

值得注意的是,美国最高法院只将福利权利理解为一种程序性的权利,而不是一种受到宪法保护的基本权利,也未能实质上对于政府课以相关法律义务。例如,在 *DeShaney v. Winnebago County* 案中,美国最高法院判定,政府没有法定义务保护儿童不受虐待,因而在更一般的层面明确否认了政府对于公民的积极性保护义务,其理由在于:正当程序原则只是禁止政府采取某些行为,而未规定政府必须采取某种主动作为。②

在美国,另外一种论证积极权利的路径,诉诸的是《美国宪法》第十四修正案中的"平等保护条款"(Equal Protection Clause)。然而,美国最高法院断然否认穷人和富人的分类构成了一种实质不平等。穷人并不是美国宪法特别保护的一个阶层,基于穷富的教育经费有分别并不像种族一样,构成可疑分类,因而不违反《美国宪法》中的平等保护条款。在 *San Antonio Independent School District v. Rodriguez* 案中,得克萨斯州公立中小学除州政府拨款外,还可从地方财产税中获得一部分经费。1972 年 10 月,圣安东尼奥独立学区对此提出上诉,认为此种教育财政体制剥夺了贫穷地区孩子的利益,因为那些地区的学校从地方财政中所获经费甚少,违反了宪法当中的平等保护条款。1973 年,最高法院判定,以州内部学区间地方财产税的差距为基础的教育经费分配不均,并不违反联邦宪法的平等保护条款。③

其他一些国家的高等法院则明确保护积极权利,拒绝了美国的宪法路径。如在 *Numerus Clausus I Case* 中,德国宪法法院就判定,大学招生限额侵犯了考生的受教育权。④欧洲人权法院也确认了个人享受国家保护的权利:在 *Von Hannover v. Germany* 一案中,摩纳哥的 Caroline 公主起诉德国,因为德国警察未能保护她免于狗仔队的骚扰。⑤同样,在 *Carmichele v. Ministers of*

---

① *Goldberg v. Kelly*, 397 U. S. 254 (1970).

② *DeShaney v. Winnebago County Department of Social Services*, 489 U. S. 189 (1989).

③ *San Antonio Independent School District v. Rodriguez*, 411 U. S. 1 (1973).

④ *Numerus Clausus I Case*, 33 BVerfGE 336 (1971), 812 n.148.

⑤ *Von Hannover v. Germany*, ECHR 24.

Safety and Security and of Justice 一案中,南非宪法法院认为警察有义务保护女性不受性侵害,在某种意义上拓宽了权利法案的意蕴。①

(二) 社会经济权利的司法保护

在司法审查全球化的大背景下,社会经济权利是否应当得到宪法保护的问题,自然地转化为该权利是否应当进入司法审查的问题。与此问题相关的是一系列具体问题:社会经济权利是否具有可执行性和可审查性? 如果司法机关介入,应该将该权利解释成为一种较强的宪法权利,因而政府必须负有义务? 抑或只是将其解释成为一种较弱的权利,因此政府执行的时候仍然有较大的裁量权? 如果政府不作为,能否指控政府违宪?

实际上,很多国家的宪法和宪法实践都明确表示,社会经济权利只是宣示性的,并非立即可以兑现,也非可以通过司法审查进行保护的权利。例如,《爱尔兰宪法》(1937)第十三章的"社会政策指导原则"虽然规定了国家推行社会保障政策的义务,但同时明确规定了社会福利只能通过国会立法来予以细化执行,法院绝不能在司法裁决中适用此条。②爱尔兰最高法院也明确否决了社会经济权利司法适用的可能性。《爱尔兰宪法》中规定了受教育权,并且要求国家作为公共利益的护卫者,要让儿童在道德、智力等方面接受最低限度的教育。③ 在一系列的案件当中,一些智力上有缺陷的儿童及其父母的律师起诉政府,认为政府未能尽到宪法义务,为这些孩子提供必要的教育。然而,爱尔兰最高法院判定,政府并未侵犯孩子的受教育权。④ 其理由是,法院只能宣告议会以及政府未能履行其宪法义务,并不能更进一步地要求政府推行相关政策为孩子提供教育;法院如果发布强制令要求政府执行这些政策,将违背权力分立的原则,且法院并无能力决定具体的社会政策,因为法院对于如何分配社会资源并没有判断能力,具体的决策应该交由议会和政府来进行。总而言之,在爱尔兰最高法院看来,社会经济权利不具有可诉性(justiciability)。

然而,在亚非拉等地区,近年来的宪法实践已经形成一种不小的潮流,即对社会经济权利进行较为实质的司法保护。就其对于社会经济权利的司法

① *Carmichele v. Ministers of Safety and Security and of Justice*, CCT 48/00.

② 第45条:"本条所述社会政策原则,意指议会的一般指导原则。这些原则专供议会制定法律时使用,而依据本宪法任何条款所设立之任何法院,均不得引以为审理案件的依据。"

③ 《爱尔兰宪法》第42条第3款(2):"国家作为公共利益的卫护者,要求根据实际条件,使儿童在道德、智力和社会方面,接受一些最低限度的教育。"

④ *T. D. v. Minister for Education*, 3 IR 259 (Ir. S. C.) (2009). 相关讨论参见 Mark Tushnet, "Social Welfare Rights and the Forms of Judicial Review", 82 *Texas Law Review* 1895(2004).

保护程度而言,这种趋势可以大致区分为两种模式:弱权利模式和强权利模式。①

1. 弱权利模式

弱权利模式在将社会经济权利纳入司法审查和宪法裁决的同时,只承认其为一种程度较弱的权利,因而并不由此产生立法机关和行政机关立即履行、完全履行的宪法义务,从而为立法机关和行政机关在落实宪法义务时留下一定的裁量空间。这方面最经典的案例是南非的格鲁特布姆案②,与南非宪法规定的住房权有关。该案也是世界范围内第一次有国家运用宪法法院来处理社会经济权利纠纷。

该案的案情是,数百名公民及其子女因不堪忍受贫民窟的居住条件,搬到一块已经清空准备建设廉租房的私有土地上搭建棚户居住,因为他们已经被列入廉租房项目的名单之中。不久之后,土地所有人向政府申请强制令,将这些人从其土地上赶走,于是他们又搬迁至附近的公有足球场上居住,条件极为简陋。此后他们起诉至法院,要求政府立即向他们提供临时住所,直至获得永久性住房为止。开普敦法院作出了政府应当满足原告住房诉求的判决。本案被上诉至南非宪法法院。

南非宪法法院首先就社会经济权利的可诉性问题进行判断。宪法法院认为,对于社会经济权利是否可诉的问题不能抽象地进行回答,而是必须在个案的基础上具体地进行思考。宪法法院拒绝由司法机关来确定政府在推进社会福利方面的最低核心义务(minimum core obligations),其理由是法院并没有足够的相关信息作出准确判断。宪法法院只能确定,国家是否在其可资使用的资源范围内尽到了宪法要求的社会经济权利的保护义务。具体而言,判断政府是否履行了社会经济权利的保护义务宪法之关键在于,确定国家是否已经采取了合理的立法措施确定了政策体系,从而逐步促进社会经济权利的实现,为需求急迫的人提供救济。

南非宪法法院承认社会福利权利是可诉的,而且是司法可执行的,但是也认为这是一种比较弱的权利。③ 根据法院的判决,无房住户并没有立即获得救济。只要政府承诺推行了相关住房建设计划,那么就符合宪法的规定,而不必立即为这些人提供住房。南非宪法法院认为,这些社会经济权利将会

---

① 各种模式也是理想类型,比如南非法院在不同案件中体现了不同的模式。

② *Government of the Republic of South Africa and Others v. Grootboom*, 2001 (1) SA 46 (CC).

③ Mark Tushnet, *Weak Courts*, *Strong Rights*: *Judicial Review and Social Welfare Rights*, *in Comparative Constitutional Law*, Princeton University Press, 2007.

得以渐进地实现，而不是一蹴而就。美国著名法学家桑斯坦认为，南非宪法法院对社会经济权利的司法保护，采取了一种新颖而又现实的方法：

> 在仔细考虑到有限的财政预算的基础上，通过要求国家采取合理的政策，南非宪法法院指明了这样一种可能性，即在评估对违宪行为的主张的同时，却没有同时提出超越现有资源所许可的要求。许多人认为，对社会经济权利提供司法保护不可能是个好主意，但南非宪法法院却通过这种方式对那些主张这种从抽象角度看非常似是而非的观点进行了迄今为止最有说服力的反驳。我们现在就有理由相信，甚至是一个穷国的民主宪法也是可以保护那些权利的，并且这样做并没有给司法能力增加过重的负担。①

日本最高法院也采取了弱权利模式。如在"朝日案"中，一名肺结核患者每个月本可领取政府 600 日元的补助，但当其表哥开始每月资助其 1500日元后，政府就不再发钱给该名病人并同时要对其征税。政府的理由是：如果公民的确因为种种原因陷入贫困，政府可以予以经济救助；但是如果该公民得到外部支援，包括亲戚的援助，政府没有义务再提供额外救助。而日本最高法院认为，社会经济权利并非抽象的权利，而是具体的权利；政府需要考虑每一个具体状况，政府对于是否发放福利具有自由裁量权，不需要听证程序，更不需要司法限制。②

2. 强权利模式

从事违宪审查的司法机关有时候会采取较为激进的态度，将社会经济权利确认为较为强势的权利。南非宪法法院在"奈韦拉平案"中即采取这种态度。此案涉及医疗保障的权利。③

为应对艾滋病蔓延的危机，南非政府在一些实验站点免费提供一定量的药物奈韦拉平（navirapine），用于生育过程中的母婴阻断，且要求药物生产厂家免费无限量地提供这种药物。政府之所以定点定量提供药物，主要理由是(1) 要求获得药物的人必须接受专业人员的咨询，以及(2) 避免医务人员的过重负担而耽误其他更紧迫的工作。艾滋病权益组织"治疗行动

---

① Cass Sunstein, "Social and Economic Rights: Lesson from South Africa," Chicago Public Law and Legal Theory Working Paper, No. 12.

② *Asahi v. Japan*, 21 Minshu 5 at p. 1043, 1964 Gyo-Tsu 14 (1967) (Japan).

③ *Minister of Health v. Treatment Action Campaign*, (5) SALR 721 (CC) (2002) (South Africa).

运动"(TAC)依据《南非宪法》中的健康权①起诉政府,要求政府免费无限量、无限制地提供奈韦拉平。初审法院同意了这个请求,发布了一项强制令,要求政府推行全国统一的母婴艾滋病阻断项目,提供无限量的自愿咨询检测服务以及无限量的奈韦拉平和其他药物甚至配方牛奶给新生儿的母亲。

南非宪法法院肯定了初审法院的判决,并认定健康权是一项需要司法进行保护的宪法基本权利。宪法法院进一步判定,奈韦拉平即使在未经咨询的情况下也对于母亲和婴儿具有良好的效果。政府担心广泛使用该药物会产生抗药性,从而影响母亲的艾滋病治疗。宪法法院认为,这种担心虽然具有一定的道理,但为了防止艾滋病病毒的传播,此举仍然值得一试,并且还引用了世界卫生组织的建议,认为政府的担心只是一种假说,未有医学明确的证据。② 宪法法院最终认为,政府目前定点定量提供奈韦拉平的政策未能满足那些无法前往这些试验站的人的健康权,因而政府必须消除限制,为全民免费提供此类药物。③

印度最高法院则采取了更为强势的态度,甚至在宪法文本没有明确规定特定社会经济权利的情况下,运用"宪法的基本结构"教义解读出此项权利,并通过司法审查予以执行。如在"奥尔加·泰利斯诉孟买案"中,一群经济上较为窘迫的公民在国道上居住。由于国道公路是公共财产,本案中的侵占完全是违法行为。《印度宪法》没有写明住房权利,然而印度法院通过结构解释的方法,认为宪法里虽没有写明,但是宪法的精神表明政府需要给公民提供房子。若某人违法搭建简易设施,法院就可以动用社会经济权利,要求政府承认其对于居住设施的财产权。④

强势的司法保护模式在拉丁美洲地区更为普遍,特别是在巴西和哥伦比亚,尤其体现在健康权领域,个人可以通过诉诸宪法诉讼要求政府提供相应的

---

① South African Constitution 27.（1）a：（每个人都有权利获得医疗服务,包括生育医疗服务）（Everyone has the right to have access to health care services, including reproductive health care）。

② *Minister of Health v. Treatment Action Campaign*,（5）SALR 721（CC）（2002）（South Africa）, p. 746.

③ Ibid., p. 747.

④ *Olga Tellis v. Bombay Municipal Corporation*（1986 AIR 180, 1985 SCR Supl.（2）51）。

福利,而宪法法院则常常会通过判决或裁定的方式执行此类权利,要求政府照做。①如哥伦比亚自 1993 年起推行医疗健康保障(health care)之后,很多人开始到政府索要健康福利的相关待遇。哥伦比亚法院要求政府立刻并完全地给予这些人其所要求的福利。

二、社会经济权利的现代性背景:世俗化、 工业化与自由放任经济

然而,即便像南非宪法法院较为积极能动地通过司法判决予以落实,我们也不得不承认社会经济权利都无法像自由权那样,在法律上得到切实的保护。即便可以通过诉讼来争取社会经济权利,法律给予个体公民的保障程度也相对较弱。这就促使我们追问,问题究竟出在哪里? 问题恰恰出在社会经济权利的理论基础本身与主流司法体制原理之间的张力。当代法律系统背后的理论基础秉承个体主义权利化的理念。一旦按照经典的现代西方法律运作方式进行操作,对于社会经济权利的解释和适用立即只关注"权利",而忽视了"社会"。换言之,社会经济权利容易变成一种个体朝向国家索要经济利益的请求权,而并非个体积极融入社会、参与共同体建设的一种保障条件。总体的目标发生偏离之后,路途也随之变得崎岖不平。因此我们需要追问的是,社会经济权利背后的社会理念究竟为何? 为何我们要关注经济市场中的弱者? 对此问题的回答,直接关系到社会经济权利的性质本身,也间接关系到法律保障的具体模式。

作为一种基本权利,社会经济权利是现代社会的产物。毫无疑问,在当代法律体系中,社会经济权利是每一个公民都享有的权利。然而,细究起来,在具体语境中其最为密切相关的群体,是社会经济生活之中的弱者。正如有论者所表述的,社会经济权利是"课予国家义务,来照顾社会经济中的弱者,期能达到所有阶级均有社会经济之基本满足,来为和平之共同生活"。②

虽然济弱扶贫是人类社会一直以来的价值目标,但是前现代社会只有慈善和救济,而没有公民的社会经济权利和政府的法定义务。前现代社会并非

---

① James Fowkes, "Normal Rights, Just New: Understanding the Judicial Enforcement of Socioeconomic Rights", 68 *American Journal of Comparative Law* 4 (2020), p. 751; João Biehl et al., "Between the Court and the Clinic: Lawsuits for Medicines and the Right to Health in Brazil", 14 *Health & Human Rights* 36 (2012); Katharine G. Young & Julieta Lemaitre, "The Comparative Fortunes of the Right to Health: Two Tales of Justiciability in Colombia and South Africa", 26 *Harvard Human Rights Journal* 179, pp. 186-197, pp. 210-211 (2013).

② 陈慈阳:《宪法学》,元照出版公司 2004 年版,第 236 页。

没有对于贫困人口的社会救助,例如亲友之间的相互扶助、富人对于穷人的慈善与施舍、国家对于受灾人口的赈济或者宗教团体对于穷弱人口的接济。然而,此种救助更多地是由宗教组织和传统社区来提供,而非由公共权威和世俗政府来解决;即便政府也有偶尔的赈灾举措,但只是一种临时举措,而非一种人民可以日常主张的资格和权利;它是根据特定情况而进行的特定安排,尚未上升到法律权利的高度,个人也无法对于社会救助具有正当的主张。

与传统社会不同,现代社会一方面以工业资本主义作为主体的经济生产方式,另一方面以世俗化作为政治社会理念的前提。两方面的因素共同促成了著名的"社会问题"(the Social Question)——如何安顿高速经济发展和社会变革中的受到伤害的贫弱群体,一如英国作家狄更斯小说世界中的受害者。

现代化进程在很大程度上伴随着公共政策的世俗化进程。世俗化将社会秩序的基础和社会问题的解决从神义论变为人义论,即社会问题的解决责任不再属于上帝或者彼岸世界,而属于人类自身和此岸世界。一句话,人类自己必须为社会问题承担责任。人文主义、启蒙哲学、自然科学等现代思潮和观念体系,皆建立在宗教批判基础上。它们不仅将政治正当性的基础从君权神授(Divine Rights of Kings)转移到了人民主权(Popular Sovereignty),同时也改变了人与人之间相互关照和社会连接的观念基础,因此使得贫富差距和社会分化问题成为一个突出的社会问题。[1]正如马克思所言,奠定在宗教热忱基础上的传统社会结构和连接纽带——无论是宗教虔诚还是骑士热忱——都被"淹没在利己主义打算的冰水之中"。[2]例如,在传统的基督教共同体之中,在上帝之下人人皆为兄弟姐妹,社会救助的理论基础正在于某种对于兄弟姐妹的关切。而在"上帝死了"(尼采语)之后的世俗化社会中,基于宗教的社会义务荡然无存,更无法构成公共权威采取社会政策的正当性基础。用法律史学家亨利·梅因(Henry Maine)的著名论断来说,现代社会的基础"从身份走向契约",而如何证成契约之外的社会义务(因而即是社会经济权利),就构成了一个理论难题。

更加严重的是,现代社会的世俗化进程同时伴随着资本主义的发展和工业经济的推进。资本主义摧毁了传统社会宗族基础上的社会保障体系,将个人从之前形形色色"温情脉脉"的共同体——村落、家族或者手工业行

---

[1] Günter Frankenberg, "Why Care?: The Trouble with Social Rights", 17 *Cardozo Law Review* 4-5, pp. 1365-1390(1996).

[2] 〔德〕马克思、恩格斯:《共产党宣言》,中共中央马克思恩格斯列宁斯大林著作编译局译,人民出版社1997年版,第30页。

会——中剥离出来,塑造成为个体劳动者。无论是法律史学家梅因提出的"从身份到契约",还是德国著名社会学家滕尼斯提出的从"共同体"到"社会",都是在描述此种重大的历史变迁。①个体从共同体中被抽离出来有两方面的意味:一方面意味着摆脱传统的束缚和压制,因而获得了解放和自由;另一方面则意味着他/她失去了共同体所提供的各种各样的安全保障,无论是来自家庭、亲戚、社区或者村落,因而备感孤独无依、贫弱无助。一句话,共同体不再"管"个人了——而所谓"管",具有双重意味:管制和照料。现代权利与自由观念将两者同时予以否定。鲁迅先生所言"娜拉走后怎样"的问题,某种意义上是个人的社会经济命运问题。②毫无疑问,在市场经济、工业化和城市化的大潮下,改革开放之后的中国随着 GDP 的不断增长,也迎来了许多个体从传统的共同体中被剥离,走入陌生化、个体化的市场之中的境况。

与此同时,工业经济的发展带来了人类社会前所未有的贫富分化。而这一现象受到了社会主义思想和保守主义思想两方面的重视。在恩格斯的经典著作《英国工人阶级状况》(1844)发表的同时,后来担任英国首相的本杰明·迪斯雷利(Benjamin Disraeli,当时是保守派组织"青年英格兰"的成员)在小说《西比尔》(*Sybil, or the Two Nations*, 1845)中说:"两个民族,它们之间没有往来、没有同感,它们好像不同地带的居住者即不同行星上的居民,不了解彼此的习惯、思想和感情,它们在不同的繁育情况下形成,吃不同的食物,按不同的生活方式生活,不受同样的法律支配……富人和穷人。"③

在工业资本主义时期,世俗化所带来的最为直接的社会哲学是社会达尔文主义(Social Darwinism)。在自然科学领域,达尔文主义打破了宗教世界观和宇宙观念,同时也促进了新的、比照自然哲学而建立的社会哲学。在社会科学领域,达尔文主义寻求社会学和生物学之间的同构性,或者说宇宙与城邦之间的同构性④,认为弱者是应该受到社会淘汰从而促进社会进步的,贫困、疾病、衰老、事故都是社会的自然现象,是自然秩序(natural order)的一

---

①　〔德〕斐迪南·滕尼斯:《共同体与社会》,张巍卓译,商务印书馆 2019 年版。

②　早在 1920 年代,鲁迅即指出,对于女性而言,获得社会经济权远远比参政权要重要。鲁迅:《娜拉走后怎样》,载《鲁迅全集》(第一卷),人民文学出版社 2005 年版,第 165—173 页。

③　See Benjamin Disraeli, *Sybil, or the Two Nations*, Oxford University Press, 1981, p. 2. ("Yes", resumed the younger stranger after a moment's interval. "Two nations; between whom there is no intercourse and no sympathy; who are as ignorant of each other's habits, thoughts, and feelings, as if they were dwellers in different zones, or inhabitants of different planets; who are formed by a different breeding, are fed by a different food, are ordered by different manners, and are not governed by the same laws." "You speak of——" said Egremont, hesitatingly. "The Rich and The Poor.")

④　Stephen Toulmin, *Cosmopolis: The Hidden Agenda of Modernity*, The University of Chicago Press, 1992.

部分。因此,世俗国家的唯一任务是防止人们干扰此种自然秩序的行为(如犯罪行为),其干预的唯一目标是恢复自我运作的自然秩序。①在此种意识形态之下,人与人之间除了契约义务之外别无义务;国家的主要职责是保障基本的财产权和契约自由,因而其主要任务是打击犯罪,而不能主动制定政策来干涉市场经济的自由发展,更不能实行财富再分配政策。美国自由资本主义发展高峰时期的畅销书、耶鲁大学社会学教授萨姆纳(William G. Sumner)的代表作《社会上到底谁欠谁?》(*What Social Classes Owe to Each Other*, 1883)即表示,富人并不欠穷人任何债务;富有是个人奋斗的结果。在社会达尔文主义看来,贫困问题因而被去除了宗教和社会意义,而变成了一种类似于刮风下雨的自然现象,只要不造成严重的、危及社会执行的灾害,即无须国家注意和处理。在现代资本主义的经典社会形态之中,自由放任经济是主要的特征:"唯一合理的就是自由放任"(The only fair is laissez-faire)。

更有甚者,在自由放任资本主义的高峰时期,美国最高法院甚至判定,政府不能采取法律和政策调节贫富分化、扶助劳工。例如,在著名的洛克纳案中,美国最高法院判定,纽约州关于面包工人的最高工时立法,违反了美国宪法第十四修正案中的正当程序条款,剥夺了面包店店主的契约自由,判决甚至直接引用了亚当·斯密著作中的论述。② 在异议判词中,霍姆斯大法官直言,该案的判决基础正是社会达尔文主义。③

在自由放任资本主义的语境下,为什么关心和帮助穷人,尤其是国家为什么要如此,成为一个难以回答的问题。因而,在自由放任主义体系之下,宪法不可能承认社会经济权利,因为"为何关心弱者"的问题很容易变成一个反问句:世俗的公共权威为什么要关心弱者? 诚然,在社会经济领域中仍然会有带宗教背景的慈善组织在进行社会救助,甚至会有垄断资本家(如洛克菲勒)从事慈善事业,然而这些都是独立于国家之外的市民社会领域个人自主的行为,并不能够直接用以论证政府或者国家具有此种义务,更无法成为每一个公民(或者每一个有可能成为弱者的公民)的宪法权利。社会经济权利必然意味着国家或者政府负有公共义务,而自由放任主义断然否认国家具有此种公共义务——国家并不是教会,也不该成为教会。由此看来,作为一项现代宪法的基本原则,政教分离因而不仅意味着不得确立官方宗教或者干涉宗教行为的自由行使,更是隐含着否认国家承担救助弱者的道德和法律义

---

① Bernard Harcourt, *The Illusion of Free Markets: Punishment and the Myth of Natural Order*, Harvard University Press, 2011.

② *Lochner v. New York*, 198 U. S. 45 (1905).

③ Ibid., Justice Holmes dissenting.

务,因为这项义务传统上来说是属于宗教机构的。彻底的自由主义理论,必然有着用个体组成的市场取代社会共同体的倾向,用"看不见的手"来消解社会成员的有机结合。在此种视野中,个体对于其他个体的关心除了同情,别无其他理由;政府对于弱势群体的照顾,更是无法找到正当化的理由。因而,社会经济权利无从谈起。

三、"社会问题"的两种法律回应:保守主义与自由主义

福利国家的产生建立在对于自由放任资本主义反思的基础上,后者也是现代社会经济权利实现的制度基础。然而,通向福利国家的道路并非只有一条。为何要在意穷人的生存状况呢? 对于此问题,不同的社会力量和意识形态给出不同的答案;不同的答案又塑造了不同的法律与政策体系。要而言之,保守主义的根本理据是,整个社会是一个围绕传统价值而形成的共同体;自由主义则强调每个个体的经济社会地位平等。

(一) 国家主义、俾斯麦与社会稳定的需求

保守主义是一种向后看的政治社会哲学。它试图站在往昔温情脉脉的共同体的基础上,反对毫无心灵和毫无心肝的现代工业资本主义,及其社会组织形态和政治体系架构。保守主义试图在工业资本主义的时代,通过种种方式保留中世纪封建主义的社会模式,追忆已经逝去的共同体。如果说现代世俗工业资本主义不断地摧毁建立在家庭和家族基础上的各种封建特权和等级结构,保守主义则是要重新建立以家庭为原型的政治社会组织体系,以家庭的内部等级结构来类比国家,同时以家庭内部的相互照料来推动社会福利的实现。因而,中世纪的济贫法受到保守主义的青睐。

为何公权力需要顾及穷人的生存状况呢? 保守主义认为,因为整个国家是一个文化伦理共同体,而非孤零零的个体通过契约联系在一起的市场社会。因而,我们可以丝毫不感到奇怪地看到,恰恰是在具有深厚保守主义传统的德意志帝国时代,俾斯麦政府率先推动了现代社会福利制度的建设,在西方世界首次推行社会福利保险立法,建立了社会保障的基本结构。俾斯麦的政策奠定在现代早期以来德国强烈的国家主义和父权主义传统,即将关照社会的义务推向具有父权主义权威、贵族统治基础和绝对主义色彩的国家,以此批判自由放任主义的最小国家模式。国家管理公共秩序、公共道德和社

会福利的"治安权力"(police power)备受推崇。①在巴伐利亚和普鲁士,国家作为社会经济监护人的职责,得到了君权神授乃至天主教保守主义的双重支持——国王受命于上帝,为臣民的幸福而服务。

绝对主义王权理论及其福利国家模式,自然反对任何激进的社会变革和抽象的社会经济权利,而仅止于政府推行的社会保障体系。俾斯麦正是看到法国皇帝拿破仑·波拿巴运用福利国家政策反对1848年社会主义革命的做法,才立即在德国采取福利国家建设。因而,俾斯麦一方面进行社会保障立法,另一方面镇压德国的工会运动。②福利国家是为了社会稳定,为了安顿社会经济的弱者,使其不致成为马克思所谓历史前进的动力,即具有历史意识的无产阶级。保守主义福利国家在赋予工人阶级和社会弱者一定程度社会福利的同时,断然否定其政治权利,无论是民主政治的参与权利,还是社会主义运动的权利。正如德国著名社会学家乌尔里希·贝克尔所言:"俾斯麦建立社会保险制度的目的是打败国内的竞争对手(社会民主党)以及加强新联邦政府一体化的权力。"③

在贵族制的基础上对社会下层采取扶助的政策,保守主义福利国家只能够承认一种较弱的社会经济权利,并且同时彻底否认一般的政治权利乃至社会经济权利的政治化。在此种保守主义福利国家中,国家被看作一个传统的大家庭,社会经济中的弱者被当作子女一样照顾和管控。俾斯麦建立的三个福利国家支柱——收入保险、养老金、济贫——都是服务于保守主义的政治目标。负责社会福利的公共机构试图将所有人塑造为雇员或者应该成为雇员的人。社会经济权利因而变得非常弱,其地位相当于"国家义务",而不是一项较为强势的宪法权利。我们可以将这种国家作为"地上的精神"的观念追溯到黑格尔的《法哲学原理》,在该书中,我们能够强烈感受到此种保守主义的气息。④

其他国家也是如此。如在英格兰,我们可以看到福利国家和宗教保守主义的类似结合。英格兰国教会——被认为是新教中的天主教——主教威廉·天普在《基督教与社会秩序》中从社会神学的角度构想了一种保护工人阶级、推进社会经济改革的理念。⑤同样,日本在二战之前也已经采取社会救

---

① Günter Frankenberg, "Why Care?: The Trouble with Social Rights", 17 *Cardozo Law Review* 4-5, p. 1372 (1996).

② John P. McKay, Bennett D. Hill & John Buckler, *A History of Western Society*, 3rd ed. Houghton Mifflin Company, 1978, p. 814.

③ 〔德〕乌尔里希·贝克尔:《德国社会保障制度的文化背景——价值理念与法律在社会保障中的影响》,文姚丽译,载《中国人民大学学报》2010年第1期,第31页。

④ 〔德〕黑格尔:《法哲学原理》,范扬、张企泰译,商务印书馆1961年版。

⑤ William Temple, *Christianity and the Social Order*, Penguin Books, 1942.

助政策,然而此种政策并未对国家加诸法定义务,而毋宁说是掌握国家权力的强者对于弱者的恩惠。因此,弱者从政府所获得的福利仅仅是一种事实上的利益,而并非规范上的权利。①弱者并无社会经济权利上的请求权,其对于政府的"救济"也没有司法救济的请求权。例如,日本 1929 年《救济法》虽然规定对贫弱者予以救济,然而受救济者若在申请救济时被政府拒绝,无权申诉,也无权诉讼;该法宗旨在于"保持公共秩序、公共卫生、笼络贫民",因而是一种"全体主义出发、在共存共荣、相互辅助的观念上"对于弱者的恩赐。②简而言之,贫弱者并非《救济法》的主体,而只是客体。③可见,日本战前的社会救济法律仍然秉承着浓厚的保守主义思想。

无论如何,保守主义应对市场经济所产生的社会问题,所采取的种种举措,虽然未能法律权利化,但也仍然展现出来解决社会问题所必需的理论思考维度:社会融合和共同体主义。保守主义的具体政策和法律安排无法解决社会问题,但至少展现了社会问题背后的社会意涵——必须在共同体的层面来思考问题,而非个体主义的视野中探索解决方案。

(二)"新政":福利国家与社会国

如果说保守主义试图向后看,自由主义福利国家则向前看。与保守主义一样,自由主义福利国家同样建立在对自由放任主义批判的基础上,但其批判并非对自由社会的全盘否定,而是在自由价值的基础上对放任主义市场经济所带来的社会问题予以修补。自由主义福利国家因而更接近于法国大革命为代表的现代革命所追寻的价值:不仅要求实现政治权利,而且要求实现社会平等。④法国大革命提出了自由、平等、博爱的思想。博爱就包含着社会经济权利的最初原型,因此 1793 年《法国宪法》规定国家有义务为穷人提供物质帮助。与之相比,美国革命只要求政治独立,不触及社会结构。换言之,美国革命的实际效果只是"改朝换代",而非"劫富济贫"。毋宁说,实际的效果是反过来的——正如美国著名历史学家比尔德在名著《美国宪法的经济观》中明确指出的那样,1787 年美国制宪会议制定新宪法的主要目标,就是保障有产阶层的财产权不受平民政治的侵犯,因此为民主政治的多数主义决策程序设定了宪法限制。⑤

---

① 凌维慈:《比较法视野中的八二宪法社会权条款》,载《华东政法大学学报》2012 年第 6 期,第 99—100 页。
② 同上注,第 100 页。
③ 同上。
④ 〔德〕汉娜·阿伦特:《论革命》,陈周旺译,译林出版社 2011 年版。
⑤ 〔美〕查尔斯·A. 比尔德:《美国宪法的经济观》,何希奇译,商务印书馆 2010 年版。

　　福利国家要求国家在保护公民的问题上扮演强有力的角色,尤其是对于没有能力的公民,国家应该给予社会保障。无论是罗斯福的新政自由主义,还是德国社会民主党和英国工党,都秉承一种基本的理念:穷人不是自由人。①用鲁迅的话说,自由虽然不能用钱买到,但可以为了钱而卖掉。② 社会正义(social justice)的概念,具体来说就是分配正义(distributive justice),即社会经济发展到一定程度的时候,合理地分配这些财产。公民不仅需要政治权利,还需要经济权利。

　　社会经济权利的背后理念是社会平等,其本质是要为市场经济的弱势群体谋取利益。罗尔斯的《正义论》完全展现了新政自由主义的哲学基础,其试图从传统社会契约论的角度来论证社会经济权利的理论基础:应从人的原初地位进行思考,要降下社会领域的无知之幕,放下自己的身份,认识到"我也可能是一个穷人"。③平等包括政治权利平等和经济平等,而更为重要的经济平等却往往更难以实现。美国自由主义政治哲学家史珂拉(Judith Shklar)认为,个人寻求接纳而获得公民身份乃是美国历史的基本动力,被排斥在外的人对公民地位的渴望是美国宪法历程的核心线索。

　　史珂拉将美国公民权的核心归为选举权和收入权。④史珂拉认为必须在经济领域实现基本的平等,才能真正保证政治权利的平等。收入权(right to earn)被看作是美国公民权的基本要素的原因所在。平等选举权和公民地位也有可能因经济劣势和由此引发的依附境况而大打折扣,"任何集团运用自己的财富'在政治事务中行使超越自己影响力部分的权力'"⑤,有可能摧毁平等的政治权利格局,将美国引向新的贵族制和奴隶制。获得平等政治权利的个体必须能够在社会经济领域赢得足以自我生存和自我独立的经济份额,才能保障政治权利的平等。如果说,投票使得人们迈向公民地位的话,只有在收入得到保障的情况下,才能保证真正的平等公民权。同时,收入权的政治效果也可以通过社会救济来实现,即自我独立和自我支配。在经济上实现自主地位,从而实现经济领域的平等和独立工作的意识,是美国公民权的另

---

① 这一点是理解罗斯福提出的"第二权利法案"的基础,参见〔美〕史蒂芬・霍尔姆斯、凯斯・R.桑斯坦:《权利的成本:为什么自由依赖于税》,毕竞悦译,北京大学出版社 2004 年版,第 85—86 页。

② 鲁迅:《娜拉走后怎样》,载《鲁迅全集》(第一卷),人民文学出版社 2005 年版,第 168 页。

③ 〔美〕罗尔斯:《正义论》,何怀宏等译,中国社会科学出版社 2001 年版。有一些美国宪法学家试图将罗尔斯的理论作为说服美国最高法院接受社会经济权利的理由,See e. g. , Frank Michelman, " In Pursuit of Constitutional Welfare Rights: One View of Rawls' Theory of Justice", 121 *University of Pennsylvania Law Review* 5, pp. 962-1019(1973) .

④ 〔美〕茱迪・史珂拉:《美国公民权:寻求接纳》,刘满贵译,上海人民出版社 2006 年版。

⑤ 同上注,第 49 页。

一个要素。总而言之，社会经济权利并非一种个人追求基本生活条件的权利，而是一项创建相对平等、赋予个人基本社会承认和政治参与的政治共同体的权利。①社会经济权利因而是公民权的核心，是成为完整社会成员的权利，使得"工人阶级的状况……达到……'绅士'生活水平"。②

　　然而，此种社会政治理念，一旦转化为法律机制进行落实，则必然因为以个体主义为基础的法理学的影响，而大打折扣。究其根本，自由主义福利国家的社会哲学将弱者看作独立的个体来进行处理，而并非作为一个社会阶级或者有机团体来进行看待。对比而言，无论是工人自治组织、女权组织、同性恋组织，虽然都在争取相应的社会经济权利，但其争取的是基于特定群体身份的权利，而非普遍意义上的个人权利。此种权利建立在社群主义和有机团体理论的基础上，本身具有潜在的撕裂社会的效果。③因而，社会经济权利就其权利主体而言，有别于形形色色建立在平等权基础上的平权运动：种族、性别和性取向的平权。

　　德国同样遵循了相同的自由主义福利国家理念。战后德国基本法高扬"社会福利国家原则"，将社会福利作为一项整体的宪法义务加于国家之上，因而塑造了所谓"社会国"，否定了个人的私法自由相对于国家的优先性。④国家就是社会价值的促进者。就德国宪法而言，国家不仅仅要消极地不干涉个人自由，更是要积极地促进社会集体价值的实现。消极权利与积极义务因而连接在了一起。德国宪法秩序因而将个人理解为一种生活在家庭、社会和国家等各种共同体之中的人格，而非一个孤立的、相互隔绝的、原子化的个体。德国宪法规范不仅仅强调个人尊严，也强调社会尊严。权利和义务、自由与责任，共同构成了德国宪法规范的基础性主题。

　　正是由于自由主义福利国家只是自由市场经济正题上的合题，其对弱者的法律保护因而同时具有促进经济生产的含义。福利国家之所以通过法律措施照顾弱者，本质上是为了能够给市场经济源源不断地提供相对健康和有一定工作能力的劳动力（labor force）。此处，我们可以发现"人权"（Human Rights，简称 HR）和"人力资源"（Human Resources，同样简称 HR）之间的隐秘关联。福利国家将经济发展作为政府最为重要的目标之一，而普通公民则

① Michael Walzer, *Spheres of Justice*, Basic Books, 1983, p. 64.
② 阿尔弗莱德·马歇尔语，转引自徐爽：《宪法上社会权的发展：传统、改革与未来》，载《政法论坛》2019 年第 5 期，第 14 页。
③ Günter Frankenberg, "Why Care?: The Trouble with Social Rights", 17 *Cardozo Law Review* 4-5, p. 1377 (1996).
④ 〔德〕哈贝马斯：《在事实与规范之间：关于法律和民主法治国的商谈理论》，童世骏译，生活·读书·新知三联书店 2003 年版，第 493—494 页。

以劳动和创业而促进经济发展为美德。福利国家的公民因而必然是有工作的人,国家的宪法义务在于保障其具有一份工作,失业意味着堕落为二等公民。[1]福利国家像重视经济增长一样重视每个公民的社会经济权利,因为经济增长赋予政府正当性,而公民的社会经济权利依赖于政府的收入,最终依赖于经济的增长。福利国家因而必然是重视 GDP 增长的国家。社会经济权利——特别是受教育权——是培养经济公民的重要因素,因为福利国家中的好公民即是具有生产力的公民。[2]

自由主义福利国家吸纳了社会主义的一定元素。社会主义运动中有一支不采取暴力革命、而采取议会民主路线的派别,即在资本主义国家体系当中通过选举获得国家统治权,通过法律来实现社会主义,即所谓社会民主党的路线,如英国的工党和德国的社会民主党。[3]无论采取何种路线,法律中的社会经济权利都是资本主义开始吸纳社会主义的部分理念,促成了现代福利国家的兴起态势。福利国家也由此成为社会主义和自由放任资本主义之间的中间路线。福利国家要求国家在保护公民的问题上扮演强有力的角色,尤其是对于没有在经济生活中受惠的公民,国家应该给予保障。社会经济权利的发展实质上是对资本主义的反思。在社会主义发展之前,即便是《人权宣言》,也大多只规定了财产权,而没有规定分配正义。对财产权的批判也因此构成了社会主义的核心思想。

四、社会主义宪法中的社会经济权利理论与保护

上文概述了在法律体系内部应对自由放任市场经济的两种模式。在保守主义模式中,社会福利是传统王权为基础的权威主义国家对弱者的恩惠,以换取弱势臣民群体的忠诚和服从,因而社会经济权利即使存在于国家基本法之中,也只是一种较为弱势的权利,甚至连真正意义上的法律权利都不是,而只是一种国家对于国民的恩惠。[4]而在福利国家模式中,社会经济权利是平等公民权建构的重要组成部分,同时是为市场提供劳动力的重要举措。在两种模式之中,社会经济权利都具有一定的政治意涵,然而只是一种较弱的政治意涵。

社会主义权利理念与以上二者皆有不同。现代社会主义运动的核心理

---

[1]　Paul W. Kahn, *Putting Liberalism in its Place*, Princeton University Press, 2004, p.134.

[2]　Ibid.

[3]　〔德〕维尔纳·桑巴特:《为什么美国没有社会主义》,孙丹译,电子工业出版社 2013 年版。

[4]　作为经典的自由主义法哲学家,康德因而特别反对社会经济权利,认为其与人为自我立法的根本尊严相悖。康德认为,只能有慈善权。参见〔德〕伊曼努尔·康德:《道德形而上学原理》,苗力田译,上海人民出版社 2005 年版。

念即为劳苦大众谋福利，本质上的价值是平等，不仅仅是政治层面的平等，而且是社会层面与经济层面的平等。从历史角度而言，实现社会主义有两种路径。除前文提及的社会民主党路线外，另一种是革命的社会主义，即全盘否定资本主义的法律体系，从而通过暴力革命根本摧毁资本主义国家和法律体系，进而使得原先的被压迫阶级掌握政权实现对经济的社会主义改造，如俄国布尔什维克党所采取的路线。对资产阶级实行专政，必须通过革命建立社会主义的国家，这条路径要求进行总体革命，而不仅是在政治领域进行革命，更不是仅仅在法律领域进行改革。①

要而言之，保守主义和福利国家都让弱者依赖国家；社会主义则力图不让弱者依赖国家，而是让弱者成为国家的主人——通过组织联合起来，通过掌握国家政权，进行社会整体改造。要害在于掌握生产资料，而非分享生产成果。社会经济权利在此意义上成为一种维护劳动者主人翁地位和社会尊严的法律保障，而非仅仅是一种福利或者补偿。社会经济权利（social rights）不是社会主义权利（socialist rights）：前者是在既有法律体系内部的改进，而非全盘重来；后者则要重新建立政治权威，重新构建法律体系。社会主义运动甚至已经超越了民族国家的界限，试图实现全世界范围内的平等与自由。

以中国宪法为例。中国宪法体系中社会经济权利的核心权利乃是劳动权。其他的社会经济权利皆围绕着劳动权而展开。中国宪法中所规定的社会经济权利，具有更强和更深的社会意涵：不仅仅是一项个体享受福利或者寻求补偿的请求权，而更是一种社会组织和社会融合意义上的整体制度结构。由此可见，中国宪法中的社会经济权利不仅仅是为了维护社会稳定而赋予市场经济中的弱者以最低限度的保障，也不仅仅是为市场经济不断输送健康劳动力，而是为了促进整体的社会建设和社会融合。更为重要的是，作为一种社会主义权利，社会经济权利与劳动者的政治伦理身份具有内在关联，促进劳动者主人翁地位的实现以及公民身份的落实，具有某种光荣和神圣的色彩。②在中国宪法理念中，"劳动是公民身份的基础，公民的政治、经济、文化权利，乃至光荣与热爱、或者说价值观念，都以劳动为前提……"③这些理念只有在塑造新的社会共同体的维度上，才能够让社会经济权利具有更为坚

① 〔德〕维尔纳·桑巴特：《为什么美国没有社会主义》，孙丹译，电子工业出版社 2013 年版。
② 正如王旭教授所言，"劳动权在我国宪法上实际上并非仅仅具有自由主义立场下个人基本权利的性质，而是直接指向对共同体领导成员的承认，体现出一种黑格尔笔下的'主奴辩证法'：劳动者通过劳动不仅是获得了自己的物质保障、供养了主人，最终通过劳动获得了自我意识、得到了主体性的承认，甚至成为了新的主人。"王旭：《劳动、政治承认与国家伦理——对我国〈宪法〉劳动权规范的一种阐释》，载《中国法学》2010 年第 3 期，第 80 页。
③ 阎天：《中国劳动宪法的兴起》，载阎天：《如山如河——中国劳动宪法》，北京大学出版社 2022 年版，附录二。

实的理论基础,也才能让社会经济权利得到更好的法律——而未必只是司法——上的切实保障。相较而言,无论是传统自由主义还是福利国家,无论其提出了何种社会理念,都淡化了社会经济权利背后的社会融合理念,而更强调的是(假设的)平等原则基础上的个人权利。社会经济权利因而构成了一种自由竞争的市场经济对于受害者的必要的、最低限度的物质补偿,而非一种帮助弱者融入社会、参与共同体建设和管理的积极自由。而以个人权利为理论基础的法理学和司法理念,则会将社会经济权利有意无意地处理为平等市场主体之间的利益纠纷。

有鉴于此,重思社会经济权利的理论基础,有助于让法学研究者和法律工作者重新认识社会经济权利的基本面目,认识到社会经济权利无法彻底"私法化"的根本性质。这也进一步确证,社会经济权利因而更通过行政和立法措施予以解决,而非单纯的司法方式。其背后的法理在于,司法的本质是矫正正义,是一种对于既有损害的补偿机制。而立法措施和行政手段才具有国家积极推进社会整合的深层意涵。

结　　语

社会经济权利背后的理论基础和通行法学的理论基础存有一定的张力。用司法化的法律途径来处理,可能会出现捉襟见肘的局面。更进一步,无论如何优化司法技术,也只是不断地凸显这一张力,而无法解决之。[①]社会经济权利作为一种司法意义上的弱权利,实际上隐含的是社会系统中的强权利。只有回到这一被司法中心主义遮蔽的社会维度,社会经济权利方才能够得到更为深入的理解,或许也才能更为切实地落实。

从全球视野来看,社会经济权利之所以难以像消极权利那样得到完全的司法保护,也是由于晚近宪法全球化的新自由主义背景。新自由主义强调市场经济作为社会运行的基础,较为抵制政府的主动行为和作为义务,强调市场调节机制。因此,社会经济权利司法化实践较为积极的国家,多是南非、印度和哥伦比亚等第三世界国家,其宪法带有极强的社会改造和转型正义的特征。我们需要在全球化日益复杂的今天,重新思考社会经济权利的理论基础与执行方式。

---

① 当然,这并非说所有的社会经济权利保障问题都无法进入诉讼进行解决,但必须指出的是,司法救济仅限于一些基础性的社会经济权利保护范围,即社会保障,例如残疾人权益的司法救济或者社会保险行政争议的诉讼。参见徐爽:《宪法上社会权的发展:传统、改革与未来》,载《政法论坛》2019 年第 5 期,第 24 页。

结论 比较宪法的重新定位与方法论重构

> 每当我描述一个城市,我就是在说威尼斯。
>
> ——马可波罗①

引　言

　　晚近以来,在法学本土化乃至于社会科学本土化的背景下,塑造中国宪法学的主体意识和推进本土化理论建构的努力已经蔚然成风。在追求宪法学理论体系中国化的过程中,以外国宪法研究为主要内容的比较宪法研究,似乎处于较为尴尬的境地,貌似已经不复往日的荣光。② 然而在中国宪法日益加深发展和全球化日益深化的当代,中国宪法学对于比较宪法的知识需求前所未有地全面而深入,比较宪法的价值只增不减。比较宪法学依然重要。但必须进行必要补充的是,如果依然重要,究竟是何种比较宪法学具有重要性? 既有的比较宪法学范式如何进行更新迭代,才足以担当其重要性? 这是中国的比较宪法学研究必须回答的问题。

　　中国的比较宪法学必须具备更为整全的视野和清醒的方法论自觉。在中国法治和法学发展的新时代背景下,比较宪法学需要进行重新定位,知识体系需要更新,方法论需要重构。比较宪法如果要保持其重要性,就得超越曾经兴盛一时的功能主义的借鉴模式,转而加入文化主义的理解方式。作为法学研究者,我们需要深刻而全面地反观冷战结束以来全球范围内盛行的比较宪法范式对中国宪法学潜移默化的影响,并在新的时代条件和国内外语境下对比较宪法的价值、目标和方法进行深入的探讨,探索其未来发展的方向和值得关注的重点问题。

---

① Quoted from Italo Calvino, *Invisible Cities*, Houghton Mifflin Harcourt, 1972, p. 86.
② 以"比较宪法"为题检索数据库,已经甚少发现专题论文,虽然针对特定制度的比较研究仍屡见不鲜。

一、比较宪法学在中国的重要性:历史与当下

(一)中国宪法发展史中的比较宪法学

作为研究各国宪法、探索一般规律的学问,比较宪法一直是各国宪法学重要的知识来源和研究方法,也是宪法实践的重要参考。在法律发展较为成熟的国家,比较宪法学多是作为本国宪法学的衍生学科和辅助学科而发展起来的。就中国而言,现代宪法及宪法学的发展史却与比较宪法的发展史同步展开,且相互交织。正如韩大元教授所言:"比较宪法对中国宪法学的研究和成长具有不可或缺的地位,有关比较宪法概念的理解一定程度上影响中国宪法学的基本范畴与理论体系建设。"①

毫无疑问,现代中国宪法学从一开始就带有比较的基因,带有极强的面向现实需求的冲动,甚至在特定时期造就了研究方法和态度上强烈的移植和借鉴倾向。晚清以来不断的变法、立宪、制宪浪潮,构成了比较宪法学的社会背景,也塑造了比较宪法的基本取向。此种趋向在具体的研究和服务现实的过程中,常常体现出一种人类学家列维・施特劳斯(Claude Lévi-Strauss)所谓的"拼凑"现象,即从各国宪法制度中选取元素,服务于宪法制定和宪法改革。②

中国现代意义上的比较宪法分析,萌芽于晚清变法改良和立宪过程之中。1840 年鸦片战争以后,在内忧外患之下,国人开始了向西方学习的进程。在洋务运动学习西方器物之学被证明失败之后,更由于日本明治维新中宪法变革的成功和甲午海战中战胜原来的宗主国清帝国,对外国宪法和政治制度的比较借鉴,成为中国近代史的主旋律。

在晚清政府推动立宪进程之前,比较宪法学处于萌芽状态,散见于一些洋务派士大夫对于其他国家政治经济制度和风土人情的观察之中。例如,魏源的《海国图志》(1842)虽是"兵书",在对列国考察的战略视野中,也包含了对外国宪制的深入观察,且依照儒家思想框架予以理解。例如,在魏源对美国宪法的描述中,美国"大统领"(总统)的选举制度是公羊学"讥世卿"思想的体现③;联邦制则与今文经学中融合封建制(各州政府自主权)和郡县制

---

① 韩大元:《比较宪法概念在近代中国的演变》,载《比较法研究》2015 年第 6 期,第 70 页。
② 参见〔美〕马克・图什奈特:《比较宪法的可能性(上)》,王锴、侯瑞娜译,载《法治现代化研究》2017 年第 2 期,第 190 页。
③ 汪晖:《现代中国思想的兴起》,生活・读书・新知三联书店 2008 年版,第 672—673 页。

(联邦权力)的"大一统"构想类似。① 以魏源为代表的晚清士大夫,当时之所以如此关注美国宪法,其实是抱有极其强烈的中国问题意识和对中国自身命运的关注,因此才将中华多元帝国与美国联邦制进行比较,也将如何在列强格局中保持国家独立的意识投射到美国的《独立宣言》上。②

　　19 世纪末期,随着中华文明进一步遭遇外来打击,无论是传统士大夫中的变革主义人士,还是接受过西方法政教育的精英人才,都将建立现代宪法看作救亡图存、富国强兵的必要条件,而学习外国宪法看作中国构建现代宪法的必经途径。在维新变法之中,康有为和梁启超对外国政治体制的考察,明显带有基于本国变革而汲取国外经验的色彩:康有为的《俄彼得变政记》《日本变政考》和梁启超的《各国宪法异同论》都是如此。1901 年,梁启超更是在《立宪法议》中提出:"宪法者何物也? 立万世不易之宪典。……西语原字为 THE CONSTITUTION,译意犹言元气也。盖谓宪法者,一国之元气也。"③

　　1905 年,清廷派五大臣出洋考察外国宪法体制,也带着服务于本国立宪、减轻内忧外患的实际考虑。从五大臣考察经历来看,晚清政府对于外国宪法制度的评判标准完全基于实用主义目的,按照被考察国家的强盛程度进行区分。④经过比较分析之后,五大臣上书认为,西方一些国家推行的君主立宪体制乃是基于国情的最佳选择:因其"大意在于尊崇国体,巩固君权","凡国之内政外交,军备财政,赏罚黜陟,生杀予夺,以及操纵议会,君主皆有权以统治之",并认为"立宪"具有三大实际优势:"一曰皇位永固""一曰外患渐轻""一曰内乱可弭"。⑤

　　民国的共和体制建立之后,以西方国家宪法为主要研究对象的比较宪法学则带有了更强的实用主义意图。即便是曾经的保皇派康有为,在戊戌之后遍游世界各国,也根据现实条件提出,要考察共和国家的宪法,以备制宪参考借鉴:"吾国今为共和,今草宪法,先举各共和国之宪法,辨其得失,决所从违,

①　汪晖:《现代中国思想的兴起》,生活·读书·新知三联书店 2008 年版,第 673 页。
②　同上注,第 671 页。
③　梁启超:《立宪法议》,载《清议报》1901 年第 81 期。
④　参见赵晓力:《清末五大臣出洋考察政治再考察》,未刊稿(五大臣的"考察对象多为君主国或帝国,只有美、法两个共和国,但从其行程报告、停留时间、考察内容完全可以看出,五大臣并没有后来许多立宪派所采取的抑君主政体、扬民主政体的教条态度,而是按考察对象是否强盛决定考察重点。……五大臣一行的考察重点是当时的一流强国日本、德国、英国、法国的政治,对新败于日本、正处于混乱中的俄国,对二流的丹麦、瑞典、挪威、奥匈帝国、比利时、荷兰、意大利等国,看的无非是他们的物产、经济、商贸……")。
⑤　《出使各国考察政治大臣载泽奏请宣布立宪密折》,载故宫博物院明清档案部编:《清末筹备立宪档案史料》(上册),中华书局 1979 年版,第 173—175 页。

以备吾国择焉。"①而其他赞成共和的精英人士更是如此。

就民国时期的学术界而言，由于仿效西方宪法体制的制宪实践，以西方宪法知识和制度为主体内容的比较宪法学研究盛极一时，产生了一大批比较宪法的专门著作。② 与晚清时期相同的是，民国精英人士也抱着解决中国实际问题的态度研究比较宪法。正如孙晓楼 1935 年所言，"我们研究比较法的目的，是希望中国法律上有所改善；我们是为改善中国法律而研究外国法的，决不是为好新立异而研究外国法的"。③但与晚清不同的是，民国时期由于留学更为普遍，产生了一批相对专业的法政学者，其对于西方宪法制度和知识的引进力度和推崇程度更大。正如韩大元教授观察到的："对于民国时期的中国来说，宪法的创制和国家的建构有赖于比较法学和比较宪法学的繁荣。……蔡元培有关 1920 年前后北京大学比较法研究状况的回忆，以及 1934 年罗文干有关比较法研究方法的批评，实际就是对当时中国的比较宪法研究的一种批评和反思，因为其中涉及的人物均为比较宪法学专家，出版过比较宪法著作。"④

新中国建立以来，随着社会主义制度的确立，我国开始有意识地拒斥西方宪法体制和宪法知识对自身宪法建设的影响。对苏联和社会主义国家宪法的研究，转而构成了中国宪法制定和实施的重要知识资源。在 1954 年宪法的制定过程中，制宪者广泛参考和研究了社会主义国家的宪法制度，尤其是苏联宪法，也包括越南、保加利亚、捷克斯洛伐克、朝鲜、匈牙利、罗马尼亚、民主德国、波兰等国宪法；与此同时，也参考（虽然并非借鉴）了西方资本主义国家宪法，特别是法国宪法。⑤

---

① （清）康有为撰，姜义华、张荣华编校：《康有为全集》（第十集），中国人民大学出版社 2007 年版，第 40 页。

② 王世杰《比较宪法》（1927 年）、程树德《比较宪法》（1931 年）、丁元普《比较宪法》（1931 年）、章友江《比较宪法》（1933 年）、周逸云《比较宪法》（1933 年）、费巩《比较宪法》（1933 年）、王世杰、钱端升《比较宪法》（1936 年）、马质《比较宪法论》（1948 年）等。

③ 孙晓楼：《法律教育》，商务印书馆 1935 年版，第 89 页。

④ 韩大元：《比较宪法概念在近代中国的演变》，载《比较法研究》2015 年第 5 期，第 78 页。"北大旧日的法科，本最离奇，因本国尚无成文之公私法，乃讲外国法，分为三组：一曰德、日法，习德文、日文的听讲；二曰英美法，习英文的听讲；三曰法国法，习法文的听讲。我深不以为然，主张授比较法，而那时教员中能授比较法的，止有王亮畴（王宠惠）、罗钧任（罗文干）二君。二君均服务于司法部，止能任讲师，不能任教授。所以通盘改革，甚为不易，直到王雪艇（王世杰）周鲠生诸君来任教授后，始组成正式的法科，而学生亦渐去猎官的陋习，引起求学的兴会。"蔡元培：《我在教育界的经验》（1937 年 12 月），载《蔡元培选集》下卷，浙江教育出版社 1993 年版，第 1355—1356 页。

⑤ 韩大元：《外国宪法对 1954 年宪法制定过程的影响》，载《比较法研究》2014 年第 4 期。

　　改革开放之后,随着法学专业的复建,比较宪法学在中国重新复兴。①值得注意的是,西方资本主义国家的宪法制度再度被纳入比较宪法研究的视野。②而且,这种比较宪法研究也产生了一定的实际意义。在 1982 年宪法的产生过程中,对于外国宪法的研究构成了重要的参考。例如,北京大学法律系在 1981 年编纂了外国宪法的资料,以供有关人士参考,其中不仅包括社会主义国家宪法,也包括西方国家宪法。③宪法起草过程中,西方经验也被加以讨论。例如,在设计宪法监督机制时,吴家麟教授主张西方国家的相关制度也值得参考。④也有学者提出可以参考法国宪法委员会,设立相关机构监督宪法实施。⑤曾参与国家机构一章讨论起草的许崇德教授回忆道:"我们当时考虑,美国那种最高法院作为宪法监督机关的模式不合适,应设立全国人民代表大会宪法委员会来作为宪法的监督机关,我记得当时参考罗马尼亚的宪法搞了宪法委员会。"⑥此外,有关宪法修改程序的条款则参考了美国宪法的相关体制。⑦

　　世纪之交,随着改革开放进一步推进,特别是中国加入世界贸易组织以来和国内法律改革的发展,比较宪法研究一度成为法学中的热门领域。特别是在 21 世纪初期,随着对宪法可诉性的讨论的兴起,比较宪法研究进入了新的阶段。由于当时对宪法实施的制度建设的浓厚兴趣,学界对美国宪法的热情一度十分高涨。⑧ 其后,随着中国宪法学教义学的兴起,德国宪法学则逐渐成为重要的关注点。21 世纪以来的比较宪法研究的主流范式,一方面试图指出中国宪法与其他国家宪法的差异,另一方面提出如何能让中国宪法变得与其相同或者类似的建议。

　　总的来看,从晚清以来,中国比较宪法学有着极强的借鉴外国、改进本国

① 龚祥瑞:《比较宪法与行政法》,法律出版社 2003 年版;沈宗灵:《比较宪法——对八国宪法的比较研究》,北京大学出版社 2002 年版;何华辉:《比较宪法学》,武汉大学出版社 1988 年版。另有:张光博《比较宪法纲要》(辽宁大学出版社 1990 年版),李步云《宪法比较研究》(法律出版社 1998 年版),赵树民《比较宪法学新论》(中国社会科学出版社 2000 年版),韩大元《比较宪法学》(高教出版社 2003 年版)。

② 例如,罗豪才教授和吴撷英教授的《资本主义国家的宪法和政治制度》,概括英国、美国、法国、德国、意大利、日本等国的宪法发展之后,从公民基本权利、政党与政党制度、选举制度、议会制度、政府制度和司法制度等专题入手,对西方主要国家的宪法制度进行了深入介绍。参见罗豪才、吴撷英:《资本主义国家的宪法和政治制度》,北京大学出版社 1983 年版。

③ 北京大学法律系宪法教研室:《宪法资料选编》(四)229-54(1981)。

④ 许崇德:《中华人民共和国宪法史》,福建人民出版社 2003 年版,第 370 页。

⑤ 同上注,第 370 页。

⑥ 申欣旺:《绕不过去的宪法监督》,载《中国新闻周刊》2012 年第 9 期,第 43 页。

⑦ 同上注,第 430 页。

⑧ See Han Liu, "Regime-Centered and Court-Centered Understandings: The Reception of American Constitutional Law in Contemporary China", *The American Journal of Comparative Law* 68, August 29, 2020, no. 1 pp. 95-150.

的倾向。改革开放以来、特别是 21 世纪以来的比较宪法学,则带有更强的实践导向和改革意识。然而,此种范式存在内在的双重问题:在理论层面,其未能深入理解外国宪法本身,无法造就细致分析和客观中立的学术品格;在实践中,恰恰由于其过于注重实用导向,其实际价值也随着中国本身的制度自信的不断增强和宪法制度的日益完善,而逐步开始降低。于是,这就形成了一种印象:比较宪法似乎不再重要了。

(二) 比较宪法学的当代意义

近年来,宪法学研究者(特别是比较宪法研究者)已经日益感受到比较宪法在中国法学中的边缘地位,无论就主流学术期刊而言,还是就学术评价标准而言。然而,据此直接得出比较宪法学已不重要的结论,则为时尚早,也失之操切。

1. 比较宪法的隐性影响力

就事实层面而言,比较宪法学的边缘化只是发生在显性层面上,而非在实质层面上。虽然日益秉承法学研究本土化意识的学术发表体系和学术评价体系已经重视研究中国问题,然而在大量对于中国问题的研究之中,比较分析法仍然是主流的学术研究方式。[1]这会造成一种表面的本土化,即虽然一项研究课题或者学术论著冠以"中国问题"的标题或者声称"中国问题意识",实质上仍然是以中国某个问题为出发点,通过某个或者某几个国家相关制度的压缩式比较,得出看似普遍性的结论和启示,进而提出中国相关问题的改革方案和制度建议。[2] 究其实质,仍然是一种基于简单功能主义的借鉴式研究与对策性论述。对于中国宪法学研究的现状而言,比较宪法依然重要,只不过其重要性愈发趋于隐性地位,愈发进入研究者的潜意识之中。颇为有趣的是,恰恰由于外国宪法学资源对中国宪法研究无所不在的隐性影响,比较宪法学在显性层面呈现出被边缘化的面貌。

在构建一般性的宪法理论层面,基于外国宪法制度建构出来的外来宪法理论仍然支配着中国的宪法学研究,无论是政治宪法学还是规范宪法学,无论是社会科学分析还是宪法教义学,无论是合宪性审查理论还是比例原则分析法。例如,在 2010 年代至今的宪法学方法论争论中,政治宪法学和规范宪

---

[1]　由于现代意义上的"宪法"概念和制度对中国来说是舶来品,比较宪法是中国法治建设的重要参考资源,也是中国宪法学重要的方法来源。直至今日,有关外国宪法的知识和印象,也构成了学者、法律人和公众讨论公共问题的重要依据。我们常常是用别人的镜子在映照自己,甚至有些时候"生活在别处"。

[2]　这种表面上的本土化,在大量法学硕士和博士论文中表现得更为突出。

法学都带有极强的比较和外国宪法背景;前者以英法为主①,后者则以德日为主。② 近年来,宪法教义学在中国方兴未艾、快速发展,也受到了比较宪法资源,特别是德国宪法制度和宪法学资源的支撑。

比较宪法的隐性影响也体现在微观法律制度建构之中。诚然,外国宪法制度已经不再能够直接为中国宪法宏观体制发展提供借鉴,但其对于微观宪法问题(乃至宪法和部门法交织的问题)的研究和相关规则的制定,仍然具有重要的参考意义。例如,近年来,以备案审查为具体机制的合宪性审查已经开始了实质性的进展。③ 可以想见,在未来有权机关针对具体案件进行宪法解释时,即便不直接援引外国宪法资源进行解释,或许也需要在研究的过程中予以了解。与之相关的中国宪法教义学和宪法解释,都需要更为深入和清醒的比较意识。④

再如,互联网法的研究者都会知道,我国研究起草制定《个人信息保护

① 陈端洪:《制宪权与根本法》,中国法制出版社 2010 年版。
② 张翔:《宪法教义学初阶》,载《中外法学》2013 年第 5 期(指出德国宪法学的发展史就是教义学化的历史);张翔:《基本权利的体系思维》,载《清华法学》2012 年第 4 期(作者梳理了德国基本权利宪法教义学的发展史,并借鉴其理论框架和解释方法,建构中国宪法基本权利教义学体系);张翔主编:《德国宪法案例选译》(第 1 辑),法律出版社 2012 年版;《德国宪法案例选释》(第 2 辑),法律出版社 2016 年版。
③ 2021 年 1 月,十三届全国人大常委会第二十五次会议上宣读的 2020 年备案审查工作报告中,首次公布了"不合宪"的案例;例如,一些地方立法规定民族学校用民族语言教学,与宪法中国家推广全国通用普通话的条款不一致,也与国家通用语言文字法、教育法等相关法律规定不一致,已要求制定机关修改;《四年来首次公布"不合宪"案例:合宪性审查"小步快跑"》,载《南方周末》2021 年 2 月 25 日,https://infzm.com/contents/201828,最后访问时间:2023 年 2 月 22 日;《合宪性审查稳步推进 备案审查制度走向刚性》,人民网 2021 年 1 月 22 日,http://npc.people.com.cn/n1/2021/0122/c14576-32008738.html,最后访问时间:2023 年 2 月 22 日;《解码 2020 年备案审查工作情况报告》,法制网 2021 年 1 月 20 日,http://www.legaldaily.com.cn/zt/content/2021-01/20/content_8412197.htm,最后访问时间:2023 年 2 月 22 日。再如,有的地方性法将在本地从事出租车司机行业的准入条件限定为本地户籍人口,与党中央关于"引导劳动力要素合理畅通有序流动""营造公平就业环境,依法纠正身份、性别等就业歧视现象,保证城乡劳动者享有平等就业权利"的要求不一致,也已要求制定机关作出修改。《全国人大常委会备案审查对出租车司机户籍限制等说"不"》,中国新闻网 2021 年 1 月 20 日,http://www.chinanews.com/gn/2021/01-20/9392435.shtml,最后访问时间:2023 年 2 月 22 日。全国人大常委会法工委主任沈春耀表示,年内将探索在合宪性审查中适时解释宪法。《全国人大常委会为"红头文件"纠错》,载《中国青年报》2021 年 1 月 25 日,http://www.xinhuanet.com/politics/2021-01/25/c_1127020827.htm,最后访问时间:2023 年 2 月 22 日。
④ 这一点看似矛盾,实则不然。比较宪法仍然可以提供参考,虽然不是直接借鉴移植。例如,在推进合宪性审查过程中,以何种宪法规范渊源为依据? 我们可以参考西方学界近来流行的"不成文宪法学说",即在有成文宪法典的国家,也存在不成典(uncodified)宪法。但这不意味着我们直接将此作为依据,用于合宪性审查中的宪法解释实践。反倒意味着,揭示此种学说的历史起源、发展脉络和实际后果之后,我们可以有意识地坚持成文宪法作为合宪性审查唯一宪法规范渊源的地位。参见刘晗:《有宪法典的不成文宪法? ——基于美国不成文宪法学说的比较考察》,载《法学评论》2021 年第 4 期。

法》时,欧盟的《通用数据保护条例》(GDPR)是极为重要的参考。然而,GDPR 中规定的诸多数据权利,其实衍生于欧陆宪法(特别是德国宪法)中的人格尊严概念,而该概念又源自历史上欧洲王室和贵族的人格观念与实践。[①]在立法过程乃至其后的司法解释和学术研究中,对个人信息权及其诸多附属权利(例如被遗忘权)的讨论,离不开比较宪法角度的深入分析和源流梳理。[②]

2. 比较宪法与宪法学中国化

就学科建设和发展而言,比较宪法学对提升中国宪法学学术品质本土化而言也很重要。一般意义上的宪法理论的建构,必须基于比较宪法的知识资源。就宪法学知识体系而言,比较、分析、总结各国宪法的具体发展情况,辨析宪法制度在不同国家的不同体现,本身就是探索宪法一般规律和共同逻辑的必要步骤。在全球化日益复杂的今天,各国经济文化政治交往日益短兵相接,相互之间的冲突日益剑拔弩张,对于其他国家宪法的好奇心与知识需求不断增大。比较宪法可以满足人们了解国外宪法的知识需求。特别是就宪法教育教学而言,无论是高校的宪法课程,还是面向社会的宪法教育,对于域外宪法知识的介绍和对比仍然是不可或缺的内容。

即便是中国特色宪法基础理论的建构,也离不开比较宪法的知识资源和方法论参考。在强调本土性和自主性的当代,宪法学研究者也会发现,恰恰只有在与他者进行比较的过程中,自我的特性才能够建构出来。毕竟,"我们只能通过比较来感知。通过将一个希腊雕塑同埃及或者亚细亚的雕塑相比较,而不是熟知一百件希腊雕塑,希腊人的天才能够得到更好的理解。"[③]对于中国宪法实践的学术总结和学理阐释,也需要通过跟其他国家的对比,才能够得以产生标识性的概念和理论,并且才有可能被外界认知和接受。

更为重要的是,对于比较宪法的深入研究也是建构中国宪法学主体意识的认识论基础。其道理在于,对于作为舶来品的宪法概念和宪法理论来说,我们只有不断深入探察影响我们的他者,才能不断加深自我理解。著名人类

---

① 叶开儒:《数据跨境流动规制中的"长臂管辖"——对欧盟 GDPR 的原旨主义考察》,载《法学评论》2020 年第 1 期。

② 王锡锌、彭錞:《个人信息保护法律体系的宪法基础》,载《清华法学》2021 年第 3 期。此外,在中国宪法实践的特定领域,比较宪法知识也具有特殊的价值。例如港澳基本法,特别是香港基本法的相关问题上,对于普通法系的宪法制度的理解不可或缺。

③ "La Peinture de Galanis", in François de Saint-Cheron (ed.), L'Esthétique de Malraux, Paris: SEDES, 1922, p. 93.

学家本尼迪克特·安德森曾在一本著作中,转述了菲律宾国父黎萨(Jose Rizal)的小说《不许犯我》开头的故事:一位混血儿在欧洲生活多年以后回到马尼拉,在车上看外面的植物园时,发现现实场景只有通过与脑海中的欧洲花园景象进行比较,才能被自己体会到。安德森将其称为"比较的幽灵"。①这种"比较的幽灵"在中国宪法学中一直存在,需要适时适度予以深入反思,方能建立真正的本土性和主体性。

3. 比较宪法与涉外法治建设

比较宪法对于涉外法治建设具有特别而重要的意义。我们生活在全球化的时代,而且全球化正在日益复杂化:各国经济交往不断深入,国际经济贸易体系已经建立运行;针对全球共同问题(金融规制、气候变化、打击恐怖主义等)的治理体系不断发展;全球信息网络不断加深各国之间的信息交流和文化碰撞。在中国在不断融入世界和不断影响世界的过程中,比较宪法具有了新的重要意义。

随着中国与外国的经济社会文化接触日益增多,无论是政府部门还是商业机构,对于各国政治体制和宪法制度的知识需求随之增大。②例如,应对"贸易战"时,法律斗争成为重要的"战场"之一。近两年来,华为、抖音(TikTok)和微信在美国遭遇的禁令,都涉及美国宪法问题,也都诉至了美国联邦法院。③ 在对外政策的制定和实施过程中,对于其他国家宪法体制及其变化发展的准确、及时而深入理解是题中应有之义。更为重要的是,在加强对外传播和应对国际舆论的过程中,理解种种话语背后的宪法理念和原理,才能够更加精准地贴近不同国家、不同地区和不同群体,获得更好的传播效果。

总而言之,对各国宪法现象进行比较研究,既具有思想学术价值,也具有社会政治意义。然而必须承认的是,面对新的时代条件和国际背景,中国比较宪法学在改革开放以来形成的研究导向和研究方法需要提升。要保持比较宪法之于法学教育、法学研究和法治实践的相关性和重要性,比较宪法的目标需要重新定位。秉承新的目标,比较宪法学知识体系的内容需要全面更新,其研究方法也需要实质性地进行迭代。

---

① 〔美〕本尼迪克特·安德森:《比较的幽灵:民族主义、东南亚与世界》,甘会斌译,译林出版社 2012 年版,第 3 页。

② Ran Hirschl, *Comparative Matters*, Cambridge University Press, 2014, pp. 148-149.

③ Huawei Technologies USA, *Inc. v. United States*, No. 4:2019cv00159—Document 51 (E. D. Tex. 2020); *TikTok v. Trump*, No. 1:20-cv-02658 (CJN).

二、域外宪法知识体系的更新

就总体发展状况而言,当代中国比较宪法学的认识框架、学术范式和考察视野仍然存在继续提升的空间。一方面,传统比较范式数十年来未能更新,主体内容仍然停留在 20 世纪 80 年代承接民国时期比较宪法的知识体系,即在改革开放之后恢复了对西方宪法制度的介绍;另一方面,21 世纪以来宪法比较研究关注司法审查和基本权利的司法保护较多,对于宪法基本理论和前沿问题关注甚少,并且过于关注特定国家(特别是美国和德国),虽然拓展了中国比较宪法学的视野,但所依据的素材和资源也已长期未能更新,对于世界范围内的最新发展和前沿问题缺少整体的把握和判断。

"洞中方一日,世间已千年"。正如本书展示的,冷战结束以来,宪法在世界范围内的发展已经呈现了新的面貌。此处,以一本英文宪法学界颇为权威的《比较宪法:高阶导论》作为参考,展现比较宪法的前沿,或许不无裨益。① 在该书之中,哈佛大学法学院著名的比较宪法学家马克·图施耐特教授,展示了冷战结束以来比较宪法的最新发展:

——宪法的正当性基础方面。② 在宪法制定的过程中,制宪权不再表现为一国人民实际参与和表示同意的过程,而是出现了国际力量的主导,从而带有"民主赤字"的特征,甚至出现外部强加的宪法制定过程。在宪法修改过程中,司法机关开始突破传统的"政治问题"教义,依据一国宪法中明示条款(如"永久条款")或司法机关解释出来的"默示"原则,对于宪法修改进行实质性的限制。

——政府权力结构方面。③ 从晚近很多国家的实践来看,孟德斯鸠式的权力分立经典模式早已过时,新趋势已经走向了"新分权"(new separation of powers):政府分支超越"三"权,加入"第四分支"(独立管制机构),甚至"第五分支"(例如反腐机构和选举争端解决机构)。而且,传统的立法、行政和司法权力开始出现交织的情形。

——基本权利保护和司法审查领域。④ 伴随社会经济权利、多元文化权利和环境权利等新兴权利的司法保护,同时也为了应对著名的"反多数难题",一些国家形成了新的司法审查模式:对话式审查(dialogic review)、弱司

---

① 刘熊擎天:《比较宪法学教材与研究方式的革新:评〈比较宪法:高阶导论〉》,载《民主与法制时报》2018 年 7 月 19 日第 008 版。

② 参见〔美〕马克·图什内特:《比较宪法:高阶导论》,郑海平译,中国政法大学出版社 2017 年版,第 13—51 页。

③ 同上注,第 124—148 页。

④ 同上注,第 92—123 页。

法审查（weak-form constitutional review）和新联邦司法审查模式（new Commonwealth model of judicial review）。在基本权利遭受侵犯时，各国司法机关通常采用的比例原则分析和平衡方法开始从实体内容走向程序限制。甚至司法审查的起源也不仅在于宪法实施和权利保护，而是即将失势的政党试图维持影响力的策略——"保险模式"（insurance model）。

作为一位美国宪法学家，图施耐特教授对比较宪法前沿问题的洞见，带有极强的美国问题意识。其所关注的焦点和得出的判断，也在回应美国宪法的基本问题：人民主权作为成文宪法正当性基础的地位是否受到动摇？美式强司法审查模式是否是宪法实施的唯一路径？美国宪法中以消极自由为主体的基本权利体系是否过窄，无法回应现实需求？美国宪法解释中是否存在欧洲和世界其他地区（甚至包括邻国加拿大）盛行的比例原则分析法？如果不存在，是否应该引入？般般种种，不一而足。

作为中国宪法学研究者，我们也可从自己的问题意识出发，重新"开眼看世界"，从基础理论的元问题出发，研究和展现国际范围内宪法和宪法学的前沿问题和最新发展。如此，比较宪法学知识体系方才能够得以更新，我们对于外部世界的宪法发展趋势和动态的把握才能够得以加深。我们也可以明确认识到，曾经影响我们思想和行动的那些关于外国宪法的印象，是否仅仅是一种"印象流"。在这个基础上，研究者可以跳出"虚假的必然性"的桎梏，在解放思想的前提下更好地理解中国宪法。客观中立地展现晚近各国的宪法发展趋势，才能促进中国比较宪法学的发展。例如，针对政府权力结构中孟德斯鸠式的权力分立架构迷思的破除，特别是对于外国政府权力结构最新发展的把握，足以启示我们，并非所有西方国家都采用了此种模式，甚至美国也在不断反思和偏离此种模式，从而可以在了解外部发展的情况下，更为客观地分析中国政府权力结构的特点。①

比较宪法学知识体系的更新，不但可以丰富研究内容，也可以促进中国问题意识。这不仅出于了解他者的需要，而且也是理解自身的要求。在受到外部宪法趋势和比较宪法研究影响时，中国宪法学界甚少深入考察这些影响源的整全图景和内在理路，甚少自觉地对其进行反思。② 而在知识体系更新

---

① 张翔：《我国国家权力配置原则的功能主义解释》，载《中外法学》2018 年第 2 期。

② 韩大元教授在将近二十年前对于中国比较宪法研究基本状况的判断，至今来看仍不过时："比较宪法学作为宪法学的一个分支，在学科的定位与具体功能方面还存在一些不尽如人意的地方，如就比较宪法学研究成果的数量看，严格意义上的比较宪法学著作并不多见……在研究方法上，通常采用个别问题或国别为主的研究，宏观的或以问题为中心的研究相对薄弱；比较宪法学研究中近年来虽强调了宪法文化多元化的问题，试图在比较过程中平等对待不同的宪法文化，但在具体的比较与研究过程中还是侧重于以西方宪政的经验作为分析的基础，对非西方国家宪法体制的研究缺乏必要的关注等。"参见韩大元：《当代比较宪法学基本问题探讨》，载《河南省政法管理干部学院学报》2003 年第 4 期，第 6 页。

的基础上,我们可以建立真正的中国问题意识,即清醒地排除那些其实纯粹源自外来因素而产生的问题意识。这有点类似于西方现代哲学从本体论到认识论的转向:我们需要对我们的认知框架予以清醒的反思乃至于批判,甚至追求认知框架形成的谱系与历史。在这个意义上,理解和认识他者乃是理解和完善自我的前提。

可以说,案例和国别的选择塑造了我们的视野。① 当代国际学界的比较宪法研究存在较强的样本偏差问题。其主要关注点是各国的司法审查实践,特别聚焦于欧美几个主要国家,间或关注其他获取英语资料较为便利的国家(如南非和印度);其主要趋向也是从中总结出一般规律,进而推动其他国家司法审查制度发展。② 具体而言,其主要关注"北方国家"③,即便涉及"南方国家",也带着"北方"视角、认知框架和评价模型,对于中国的关注更少。就功能主义路径而言,由于其本着较强地吸取他国经验、形成普遍原理、服务改革的倾向(特别是在宪法领域的后发国家),特别是再加上司法中心的路径,这类比较宪法的研究一般会有意识或无意识地选取西方一些典型国家,特别是美国和德国(在国际比较宪法学中一般还会加上加拿大、南非、澳大利亚等),甚至连英国都经常被排除在外。背后的直觉则非常易于理解:相比其他国家,西方国家的宪法体制比较先进。

然而,我们必须认识到,在很多宪法问题上,如果非要套用"先进"和"落后"的二分法,西方国家并非都是"先进"的。例如,在堕胎权利问题上,反倒是具有极强的基督教文化背景的西方国家,堕胎权实现得较晚。在同性恋权利的实现历史中,西方主导、非西方世界跟随的"西方化"叙事也并不完全适用。④例如,在同性性行为去罪化的历史中,虽然迄今为止尚未去罪化的国家都是非西方国家,但在"鸡奸法"的废除历史中西方却并非处在领先地位。比如在2003年美国劳伦斯案宣判的时候,亚洲很多国家要么早已将同性行为去罪化,要么从未入罪化。⑤ 而在较晚实现去罪化的国家,恰恰是西方殖民者将"鸡奸法"移植进来,后来殖民地独立建国之后的一大任务是要在这

---

① Case Selection.
② 参见刘晗:《宪法的全球化:历史起源、当代潮流与理论反思》,载《中国法学》2015年第2期。
③ 正如赫叟所言,当代比较宪法学仅仅从几个"政治稳定、经济繁荣的自由民主国家的宪法经验"中得出结论,Ran Hirschl, *Comparative Matters*, Cambridge University Press, 2014, p. 205.
④ Holning Lau, "The Language of Westernization in Legal Commentary", 61 *American Journal of Comparative Law* 507, pp. 507-537(2013).
⑤ Holning Lau, "Grounding Conversations on Sexuality and Asian Law", 44 U. C. *Davis Law Review* 773, pp. 776-778(2011).

些问题上"去殖民化"。①这一点在非洲和加勒比海地区更加明显,很多国家最近才完成同性恋行为去罪化进程。更为值得注意的是,在基本权利保护之中,西方发达国家和非西方发展中国家的关注重点也存在差异。例如,西方国家虽然重视基本权利的司法保护,但却很少将其覆盖到社会经济权利,例如受教育权、获得物质帮助的权利等。反倒是印度、南非、哥伦比亚等国在该方面的实践颇为"先进"。②

中国比较宪法学的主流也存在样本选择偏差的问题。毫无疑问,中国的现代化进程始于西方文明对于中国文明的冲击。因而,在不对国别和案例选择方法进行说明的情况下,直接以西方国家作为比较宪法研究的主要对象,已经成为晚清和民国时期乃至于改革开放以来中国比较宪法学研究的一种集体无意识。③ 如今,当中国的文明主体意识和民族自信逐渐恢复的时候,研究者完全可以带有更大的主体性,以更为全球化的视野,超越西方中心主义,研究和比较各国和各文明中的宪法现象。2012 年,中国宪法学研究会组织出版了《世界各国宪法》丛书,翻译了联合国 193 个成员国现行宪法。④ 这是中文世界超越传统的西方主要国家宪法文本的集中努力,将其他国家、特别是亚非拉国家纳入宪法学观察的视野。⑤ 近年来,法学界已经开始出现专门研究非西方国家宪法的著作。⑥我们有理由期待更为精深和系统的研究。

更为重要的是,我们不仅要在中国宪法学内部打破"西方中心主义",还要努力在国际比较宪法学界打破"西方中心主义"和"东方主义"⑦。我们需要关注那些未被主流比较宪法话语视野纳入的"他者",努力做到真正的全球视角,而不能仅将目光圈定在华盛顿、卡尔斯鲁厄、卢森堡、布鲁塞尔、堪培拉和渥太华。我们也须超越随机式的案例和国别选择现象,即依靠学

---

① See Douglas E. Sanders, "377 and the Unnatural Afterlife of British Colonialism in Asia", 4 *Asian Journal of Comparative Law* 1(2009).

② See James Fowkes, "Normal Rights, Just New: Understanding the Judicial Enforcement of Socioeconomic Rights", 68 *American Journal of Comparative Law* 4, pp. 722-759 (2020). 并可参见李广德:《社会权司法化的正当性挑战及其出路》,载《法律科学(西北政法大学学报)》2022 年第 2 期,第 162—174 页。

③ 姚小林:《人权保护中的司法功能——基于最高法院的比较研究》,知识产权出版社 2021 年版(主要比较研究对象是英国、美国和德国);李少文:《西方政党初选机制比较研究》,上海三联书店 2018 年版。

④ 《世界各国宪法》编辑委员会编译:《世界各国宪法》,中国检察出版社 2012 年版。

⑤ 韩大元:《中国宪法学研究三十年(1985—2015)》,载《法制与社会发展》2016 年第 1 期,第 16 页。

⑥ 例如米良:《东盟国家宪政制度研究》,云南大学出版社 2011 年版。

⑦ 〔美〕络德睦:《法律东方主义:中国、美国与现代法》,魏磊杰译,中国政法大学出版社 2016 年版。

者个体掌握资料的便利程度、熟悉程度乃至于情感因素进行比较研究。林来梵教授曾经称之为"留学国别主义"的现象特别值得反思。① 每一个研究者的视野都具有局限性，也都会从自己熟悉的国家或者地区出发。但值得审慎思考的是，此类个案研究可以在深度介绍和挖掘一国制度背景和文化语境方面提升其学术质量，而非直接从个案或较少样本中得出普遍结论和判断。

三、比较宪法学实践价值的可能性

（一）学术与实践的关系重构

法学是实践性较强的学科。作为法学的分支，宪法学研究本身也具有极强的实际价值和实务意义。作为宪法学的分支，比较宪法学的实践意义也需要在新的时代条件下重新思考。时至今日，简单照搬他国宪法模式或者随机获取的外国宪法知识指导实践的做法，已经显得不假思索和不合时宜。中国宪法体制已经摆脱了对外部资源的系统性依赖，虽然宪法学说上还在持续性输入。比较宪法仍然具有参考意义，虽然未必具有借鉴意义。例如，通过比较分析，我们可以通过外国的例子，知道在某些问题上我们不能做什么，而不是我们应该做什么。这就要求，比较宪法研究需要保持与实践的适度距离，研究者要有意识地区分研究者和实践者的身份，从事更为长线的研究，而非针对当下现实问题的"短平快"对策研究。这也是加强比较宪法学术性，提高其学术含量的重要举措。比较宪法可以具有足以影响实践的客观效果，但不应具有纯粹服务实践的主观目标。

当然，这并不意味着，以学术品质为追求目标的比较宪法研究，仅仅具有理论价值。面向新的实践需求，比较宪法学本身经过方法论反思和重新定位之后，也存在产生实践价值的可能性。其实，恰恰是具有学术品质的比较宪法研究，才能在客观层面发挥实际作用。单纯以服务国内改革为目标的比较宪法研究，既无法塑造精深的宪法理论，也无法产生良好的实际效果。无法做到前者，是因为心态着急，难以进行深入比较和客观分析。无法实现后者，是因为对外国宪法抱着"抓药方"的态度，无法详细研究"药理"和"临床"效果。反之，只有沉浸到比较宪法深层结构中的扎实研究，才能够为实践提供

---

① 参见林来梵：《中国宪法学的现状与展望》，载《法学研究》2011年第6期，第22页。

客观的支持效果。一言以蔽之，主观上刻意追求经世致用反倒难以达到良好的实际效果。

（二）宪法话语体系建构：中国与世界

在新的时代条件下，中国宪法学不但承担着为中国宪法实践提供理论图示和法学阐释的功能，更是承担着讲述中国宪法实践背后的道理和学理的使命。中国宪法学需要聚焦中国改革开放和社会主义现代化建设的历程，挖掘中国实践富矿，推出具有中国特色世界意义的原创性理论和话语，努力构建具有中国特色的宪法学体系。

在以上进程中，比较宪法学的作用不可或缺。① 构建中国特色的宪法话语体系，不能仅仅将眼光放在中国。建构能够讲述中国宪法故事和中国独特的宪法模式的理论体系和话语体系，本身就需要在比较宪法的视野中进行对比分析，更需要在与其他国家宪法话语的对话中予以确证，才能够不停留在"自说自话"的层面。真正的主体性必须在与他者的互动中予以建立，而非在自我封闭之中予以坚持。② 这就好像，一个人无法躲在自己家里确立其主体性，而只能在不断的社会交往、沟通对话、竞争斗争中才能如此。新时代的中国宪法学，如果要实现主体性建构，必须在宪法理论层面纳入对于中国体制和中国经验的思考，并从中挖掘普遍性的内涵，进而改变之前"从外向内"态度，转而采取"从内向外"的姿态。③ 打个比方来说，中国很多领域的现代化话语都是一种"翻译"的现代化，而现在的任务是"外译"。这就需要不但精通本国话语，还要精通他国话语。

毕竟，话语的传播和交流是一种互动的实践。我们在打造中国概念和理论的同时，必须以其他国家和其他文明能够听得懂的方式予以传播。这就需

---

① 美国宪法学家劳伦斯·却伯(Laurence Tribe)曾言："学者和评论者同样行使一种权力——不是法院和警察行使的直接强制力，而是一种影响信仰、且因此在某种程度上塑造社会现实的权力。"Laurence H. Tribe, *Constitutional Choices*, Harvard University Press, 1985, p. 7.

② 正如翟国强教授所言："近代以来，域外宪法学说一直是中国宪法学重要的理论渊源。中国宪法学要面对中国问题，但不应排斥其他国家的学术研究成果，而是要在比较、对照、批判、吸收、升华的基础上，使其更加符合当代中国宪法制度和实践的发展需要。宪法学研究既要立足中国实际，也要开门搞研究，对国外宪法学的理论观点和学术成果，应大胆吸收借鉴，但不能简单充当西方理论的'搬运工'，而要有分析、有鉴别，适用的就拿来用，不适用的就不要生搬硬套。"翟国强：《宪法学研究的"中国问题意识"》，载《中国社会科学报》2021年8月31日。

③ 例如，在针对中国抗击疫情的宪法模式的探讨中，意大利学者和中国学者合作的文章即将中国抗疫模式的宪法意涵予以理论化，并在与意大利等国的对比中，凸显了中国的独特，甚至揭示了其蕴含的普遍性。See Ugo Mattei, Guanghua Liu & Emanuele Ariano, "The Chinese Advantage in Emergency Law", 21 *Global Jurist* 1 (2021).

要宪法学工作者侧重于理解外国宪法的发展态势和内在原理。中国的比较宪法研究也肩负着为世界比较宪法学研究作出新的贡献的使命。效果不仅取决于对中国的研究,也取决于如何用他者能够听懂和接受的语言和概念予以讲述。于此,了解他者的宪法概念乃至于催生这些概念的制度语境,就变得极为必要。"知己知彼",方能够实现跨文化对话。

为了实现这一效果,需要一种笔者称为"双重深入、从根比较"的研究方法:一方面深入外国宪法和宪法学,另一方面深入中国宪法制度的底层逻辑,进而在根部进行比较,防止泛泛而论的中西比较和中外比较。诚如有论者所言,"只有深刻体认到每个国家均有其特殊的宪制问题,宪法学人才有望创造出具有民族性的知识贡献,以此为基础的宪法秩序才符合本国人民的气质与秉性,由此才可避免生搬硬套与食洋不化。中国的历史与规模决定了这个民族的生存方式绝不可能被世界忽视,因此,中国的民族性知识势必也会成为对人类共同生活秩序的世界性贡献。"①

(三) 比较宪法学与涉外法治建设

在全球化日益复杂化的今天,国与国之间的竞争已经不再限于经济实力层面,而日益成为规则制度之争,特别是规则的制定、执行和裁决等问题上。"法律战"(lawfare)已经成为一种重要的国际对抗形式。② 尤其对于快速崛起的中国而言,涉外法治建设构成了当代中国法治建设的重要组成部分。近五年来,中美之间的贸易摩擦中,美国动用的诸多法律武器,已经足以让国人深知这一点。更为重要的是,在世界各国基本普遍采用违宪审查体制的情况下,比较宪法的研究本身即包含了对具体法律制度的研究,因为任何具体法律制度都有可能最终变成宪法问题,并进入违宪审查机构进行处理。在应对其他国家的法律问题时,我们要了解其法律体系和运作机制,而宪法是统领性的法律,渗透到了各个部门法之中。

在涉外法治建设中,比较宪法学在其中具有重要的知识支撑作用和思维塑造作用。为了更好地承担这个使命,基于借鉴和模仿的心态而从事的比较宪法研究必须改变,因为其显然无法满足涉外法治建设的要求。这需要暂时悬置比较宪法研究和中国宪法改革之间的直接联结,转而在更微观层面更为

---

① 《中外法学》编辑部:《中国宪法学发展评价(2012—2013):基于期刊论文的分析》,载《中外法学》2015 年第 4 期,第 1099 页。

② David B. Harris & Aaron E. Meyer, "Lawfare: A Supporting Arm in Modern Conflict", *The Counter Terrorist*, 4 April 2011. See David Hughes, "Whot Does Lawfare Mean?", 40 *Fordham International Law Journal* 1 (2016).

细致地研究外国宪法的具体制度和规则,在宏观层面更为全面地探究其深层结构和底层逻辑。这不仅需要当时当下的对策研究,更需要长线地跟踪研究,以便遇事之后能够更好地应对。直接的回应性研究,反倒起不到实际效果。而长线的深度研究,会在平时积累的过程中"备而不用",在特定时刻反哺突发的现实需求。毕竟,"书到用时方恨少"。①

此外,比较宪法学研究可以与国别和区域研究进行适度的融合,使得国别类的比较宪法研究获得更大的实践意义和实务价值。这一点与其说是寻求创新,不如说是回归传统。曾几何时,国别宪法研究是区域研究的一部分。例如,在 1980 年代,美国宪法研究从属于美国研究,包括政治学(比较政治学)、国际政治(中美关系)和历史学(美国史)等领域的研究。② 如果追溯更为久远的先例,魏源的《海国图志》则提出了此类研究的实际目标:"为以夷攻夷而作,为以夷款夷而作,为师夷长技以制夷而作。"③

在作为国别区域研究的比较宪法学中,研究对方,是为了应对它,而不是为了学习它,更不是为了成为它。如果仅仅抱着学习的目的,就无法很好地研究它,更无法很好地应对它。④ 结合国际关系和国际政治等视角,深入到一国政治、历史、文化语境中的国别宪法研究,也能够增强比较宪法学对中国外交政策乃至于参与全球治理的贡献度,特别是应对"法律战"。⑤ 例如,面对美国等西方国家通过法律途径对中国采取的种种制裁和贸易限制,我们仍然需要更加深入地理解欧美宪法的运作体制。就美国而言,对于现实当中国会和总统的关系、参议院与众议院的关系、参议院中专门委员会(如国家安全委员会)的角色等问题,我们的研究远远不能称为深入。在面临相关案件时,中国企业当然可以聘请美国律师予以应对⑥,而且只能如此。然而,中国企业以及相关部门也需要专业的知识来跟美国律师进行诉讼策略沟通乃至

---

① 更不消说,此种学术研究态度也有助于增强比较宪法在涉外法治人才培养过程中的作用与意义。

② 例如,法学家沈宗灵教授的《美国政治制度》不但是比较宪法著作,在比较政治学和美国研究中也产生了重要影响。参见任东来:《听君一席话,胜读十年书》,载《人民法院报》2012 年 2 月 24 日第 6 版。

③ (清)魏源:《海国图志原叙》,载《海国图志》,岳麓书社 1998 年版,第 1 页。

④ 这就类似于,比较宗教学的目的并不是用一种宗教改造另一种宗教。

⑤ 一些研究已经开始呈现这种面貌。例如,翟晗:《欧洲一体化进程中成员国"宪法特质"教义及其历史制度意涵》,载《欧洲研究》2021 年第 3 期。在政治思想史和宪法史方面的实践,参见章永乐:《此疆尔界:"门罗主义"与近代空间政治》,生活·读书·新知三联书店 2021 年版。

⑥ 例如在华为案和抖音案之中,中国企业都聘请了美国宪法领域的专业律师。

于商业战略沟通,甚至评判其法律服务的水平。[①]　就其他国家而言,在"一带一路"事业的推进过程中,对各国宪制进行深入了解和研究,对于制定相关政策、启动相关项目、保护相关利益,也具有不可或缺的作用。

结语:中国比较宪法学的未来

30 年前,莫纪宏教授曾在一篇文章中,归纳了比较宪法学的四种研究路径。[②]　一是服务型发展趋向,即比较宪法学的研究乃是为本国宪法制定与修改提供参考和借鉴;二是交往型发展趋向,即比较宪法学的目标是介绍和理解外国宪法,促进各国之间的交往;三是文明型发展趋向,即通过比较分析法打破国与国之分界,寻找各国宪法共性和一般宪法原理;四为理解型发展趋向,即侧重一国宪法的独特精神和历史背景,突出国别差异性。

改革开放以来的比较宪法学研究,特别是 21 世纪以来的外国宪法研究,更多地是第一种方法和第三种方法的结合。其主要以本国改革方向为出发点,选取特定国家或者某几个国家为参考对象,简单明快地归纳总结出"一般原理"和"国际共识",进而提出制度建议。回头来看,此种盛行一时的比较范式,在增进外国宪法知识的同时,也窄化、压缩和遮蔽了比较宪法学研究的可能性。换言之,中国比较宪法学的发展潜能远未穷尽。

新的时代条件下,中国比较宪法学须补足交往型发展趋向和理解型发展趋向,从而获得全面的知识图谱、认知视野和方法工具。在文明自信日益增强的基础上,强调中国宪法学的本土化,非但不意味着比较宪法学不再具有发展空间,反倒意味着其迎来了新的发展空间。中国主体意识所蕴含的从容心态和开放姿态,将有助于比较宪法学提升其学术品质和实践意义。只有坚

---

① 有些时候,在中国企业应对在美国遭遇的法律诉讼时,不仅需要美国宪法知识,甚至需要了解对方对于中国宪法的理解。例如,在中国河北某公司在美国最高法院的诉讼中,美方专家证人(一位知名中国法专家)提出,中国商务部并非解释中国法律的"毫无疑问的权威"(unquestionable authority),真正的适格主体乃是中国的全国人民代表大会常务委员会。Brief of *Amici Curiae Donald Clarke and Nicholas Calcina Howson in Support of Petitioners*, in *Animal Science Products*, *Inc.*, *et al.*, *v. Hebei Welcome Pharmaceutical Co. Ltd.*, *et al.*, No. 16-1220 in the Supreme Court of the United States, March 5, 2018, available at https://www.supremecourt. gov/DocketPDF/16/16-1220/37583/20180305123440176_16-1220_Animal%20Science%20v%20Hebei_Brief%20of%20Amici%20in%20Supp%20of%20Petitioners. pdf, last visited Feb. 22, 2023. 而要应对此种论述,中国当事人及其律师和专家顾问自然也需要深入地进行中美宪法比较分析,方才能够获得更好的诉讼效果。例如,中国法律解释中,法院尊重商务部,可以比照 Chevron 原则——美国最高法院在 Chevron 案(*Chevron U. S. A. Inc. v. Natural Resources Defense Council*, *Inc.*, 467 U. S. 837(1984))中要求法院尊重行政机构的"可以允许的"(permissible)解释,即便该解释或者并不是法院将适用的解释。
② 莫纪宏、李岩:《比较宪法学研究方向举隅》,载《社科参考报》1991 年 8 月 26 日。

持主体意识，才能从事真正的比较宪法研究。而只有从事更为广泛和深入的比较，也才能够真正树立中国特色、世界意义的宪法学。

更为有意思的是，比较宪法只有摆脱强烈而直接的借鉴移植倾向，方才能够获得学术自主的空间。只有既不将外国宪法视为改革良方，也不肤浅地予以拒绝批判，比较宪法才能真正成为一门学科和研究领域，也才能提高学术认受度。① 我们有理由相信，经过重新定位、视野拓展、知识体系更新和方法论改造的中国比较宪法学，能够发挥其较高的理论价值，展现其较强的现实意义。

---

① 而所谓客观中立，也并非是像外星人看地球各国那样客观中立，或者像科学家那样客观中立地观察和研究自然想象。而只是说，我们至少可以追求一种哲学阐释学意义上的客观中立：像美国人一样理解美国，像德国人一样理解德国，而不是直接用德国美国概念理解中国，或者以中国自身的观念简单地评价对方，更不是依靠学者个人的好恶来作为比较研究的起点，更非终点。

参 考 文 献

中文文献

一、期刊论文

1. 蔡定剑:《中国宪法实施的私法化之路》,载《中国社会科学》2004 年第 2 期。

2. 丁晓东:《论算法的法律规制》,载《中国社会科学》2020 年第 12 期。

3. 杜强强:《修宪权之"基本架构限制"———印度最高法院关于宪法修改限制的理论与实践》,载《法商研究》2006 年第 3 期。

4. 龚向和:《理想与现实:基本权利的可诉性程度研究》,载《法商研究》2009 年第 4 期。

5. 龚向和:《论社会、经济权利的可诉性——国际法与宪法视角透析》,载《环球法律评论》2008 年第 3 期。

6. 韩大元:《比较宪法概念在近代中国的演变》,载《比较法研究》2015 年第 5 期。

7. 韩大元:《当代比较宪法学基本问题探讨》,载《河南省政法管理干部学院学报》2003 年第 4 期。

8. 韩大元:《外国宪法对 1954 年宪法制定过程的影响》,载《比较法研究》2014 年第 4 期。

9. 韩大元:《中国宪法学研究三十年(1985—2015)》,载《法制与社会发展》2016 年第 1 期。

10. 胡凌:《"网络中立"在美国》,载《网络法律评论》2009 年第 1 期。

11. 胡玉鸿:《论社会权的性质》,载《浙江社会科学》2021 年第 4 期。

12. 江晓原:《说说图灵的同性恋罪案》,载《新发现》2014 年第 1 期。

13. 姜峰:《权利宪法化的隐忧——以社会权为中心的思考》,载《清华法学》2010 年第 5 期。

14. 李广德:《社会权司法化的正当性挑战及其出路》,载《法律科学(西北政法大学学报)》2022 年第 2 期。

15. 李猛:《革命政治——洛克的政治哲学与现代自然法的危机》,载吴飞主编:《洛克与自由社会》,上海三联书店 2012 年版。

16. 〔法〕路易·法沃勒:《欧洲的违宪审查》,载〔美〕路易斯·亨金、阿尔伯特·J. 罗森塔尔编:《宪政与权利:美国宪法的域外影响》,郑戈、赵晓力、强世功译,生活·读书·新知三联书店 1996 年版。

17. 林来梵:《中国宪法学的现状与展望》,载《法学研究》2011 年第 6 期。

18. 林娜编译:《哥伦比亚判决扩大军事法院管辖权的宪法修正案违宪》,载《法制资讯》2013 年第 11 期。

19. 凌维慈：《比较法视野中的八二宪法社会权条款》，载《华东政法大学学报》2012年第6期。

20. 刘晗：《参与式互联网与数字野蛮主义》，载《读书》2010年第2期。

21. 刘晗：《宪法的全球化：历史起源、当代潮流与理论反思》，载《中国法学》2015年第2期。

22. 刘晗：《宪法全球化中的逆流：美国司法审查中的外国法问题》，载《清华法学》2014年第2期。

23. 刘晗：《宪法修正案与"法外修宪"：美国宪政变迁研究》，载《清华法治论衡》2013年第18辑

24. 刘晗：《有宪法典的不成文宪法？——基于美国不成文宪法学说的比较考察》，载《法学评论》2021年第4期。

25. 刘熊擎天：《比较宪法学教材与研究方式的革新：评〈比较宪法：高阶导论〉》，载《民主与法制时报》2018年7月19日第008版。

26. 孟涛：《紧急权力法及其理论的演变》，载《法学研究》2012年第1期。

27. 莫纪宏、李岩：《比较宪法学研究方向举隅》，载《社科参考报》1991年8月26日。

28. 强世功：《中国宪法中的不成文宪法——理解中国宪法的新视角》，载《开放时代》2009年第12期。

29. 任东来：《听君一席话，胜读十年书》，载《人民法院报》2012年2月24日第6版。

30. 申欣旺：《绕不过去的宪法监督》，载《中国新闻周刊》2012年第9期。

31. 石佳友：《德国违宪审查机制考验下的欧盟法优先效力原则——以德国宪法法院关于欧洲中央银行公共债券购买计划的最新判决为例》，载《欧洲研究》2020年第5期。

32. 宋春雨：《齐玉苓案宪法适用的法理思考》，载《人民法院报》2001年8月13日，第B01版。

33. 苏力：《作为制度的皇帝》，载《法律和社会科学》2013年第12卷。

34. 屠凯：《西方单一制多民族国家的未来：21世纪的英国和西班牙》，载《清华法学》2015年第4期。

35. 王锴：《德国宪法变迁理论的演进》，载《环球法律评论》2015年第3期。

36. 王锡锌、彭錞：《个人信息保护法律体系的宪法基础》，载《清华法学》2021年第3期。

37. 王旭：《劳动、政治承认与国家伦理——对我国〈宪法〉劳动权规范的一种阐释》，载《中国法学》2010年第3期。

38. 肖新喜：《论社会权请求权》，载《江海学刊》2020年第1期。

39. 徐爽：《宪法上社会权的发展：传统、改革与未来》，载《政法论坛》2019年第5期。

40. 叶开儒：《数据跨境流动规制中的"长臂管辖"——对欧盟GDPR的原旨主义考察》，载《法学评论》2020年第1期。

41. 翟晗：《欧洲一体化进程中成员国"宪法特质"教义及其历史制度意涵》，载《欧洲研究》2021年第3期。

42. 翟晗：《欧洲一体化进程中成员国"宪法特质"教义及其历史制度意涵》，载《欧洲研究》2021年第3期。

43. 张翔：《基本权利的体系思维》，载《清华法学》2012 年第 4 期。

44. 张翔：《我国国家权力配置原则的功能主义解释》，载《中外法学》2018 年第 2 期。

45. 张翔：《宪法教义学初阶》，载《中外法学》2013 年第 5 期。

46. 赵晓力：《司法过程与民主过程》，载《法学研究》2004 年第 4 期。

47. 政武：《巴黎法院对"虎案"裁定的法律思考》，载《互联网周刊》2001 年第 2 期。

48. 左亦鲁：《假新闻：是什么？为什么？怎么办？》，载《中外法学》2021 年第 2 期。

49. 左亦鲁：《算法与言论》，载《环球法律评论》2018 年第 5 期。

50. 〔德〕乌尔里希·贝克尔：《德国社会保障制度的文化背景——价值理念与法律在社会保障中的影响》，文姚丽译，载《中国人民大学学报》2010 年第 1 期。

51. 〔美〕马克·图什奈特：《比较宪法的可能性（上）》，王锴、侯瑞娜译，载《法治现代化研究》2017 年第 2 期。

二、学术专著

1. 北京大学法律系宪法教研室：《宪法资料选编》（四）（1981）。

2. 陈慈阳：《宪法学》，元照出版公司 2004 年版。

3. 陈端洪：《制宪权与根本法》，中国法制出版社 2010 年版。

4. 费巩：《比较宪法》（1933 年），法律出版社 2007 年版。

5. 冯象：《政法笔记》，江苏人民出版社 2004 年版。

6. 龚祥瑞：《比较宪法与行政法》，法律出版社 2003 年版。

7. 韩大元：《比较宪法学》，高等教育出版社 2003 年版。

8. 何帆：《大法官说了算：美国司法观察笔记》，法律出版社 2010 年版。

9. 何华辉：《比较宪法学》，武汉大学出版社 1988 年版。

10. （清）康有为撰，姜义华、张荣华编校：《康有为全集》（第十集），中国人民大学出版社 2007 年版。

11. 李步云：《宪法比较研究》，法律出版社 1998 年版。

12. 李大钊：《李大钊全集》（第 1 卷），人民出版社 2013 年版。

13. 李秋零主编：《康德著作全集（第 6 卷）：纯然理性界限内的宗教·道德形而上学》，中国人民大学出版社 2007 年版。

14. 李少文：《西方政党初选机制比较研究》，上海三联书店 2018 年版。

15. 林达：《总统是靠不住的：近距离看美国之二》，生活·读书·新知三联书店 1998 年版。

16. 林来梵：《宪法学讲义》（第 3 版），清华大学出版社 2018 年版。

17. 刘晗：《合众为一：美国宪法的深层结构》，中国政法大学出版社 2018 年版。

18. 柳华文主编：《经济、社会和文化权利可诉性研究》，中国社会科学出版社 2008 年版。

19. 鲁迅：《娜拉走后怎样》，载《鲁迅全集》（第一卷），人民文学出版社 2005 年版。

20. 罗豪才、吴撷英：《资本主义国家的宪法和政治制度》，北京大学出版社 1983 年版。

21. 米良：《东盟国家宪政制度研究》，云南大学出版社 2011 年版。

22. 钱穆：《国史大纲》，商务印书馆 1996 年版。

22. 任晓：《第五种权力：论智库》，北京大学出版社 2015 年版。

24. 孙晓楼:《法律教育》,商务印书馆 1935 年版。

25. 汪晖:《现代中国思想的兴起》,生活・读书・新知三联书店 2008 年版。

26. 王宠惠:《王宠惠法学文集》,法律出版社 2008 年版。

27. 王锴:《德国宪法变迁理论的演进》,载《环球法律评论》2015 年第 3 期。

28. 王磊:《宪法的司法化》,中国政法大学出版社 2000 年版。

29. 王世杰、钱端升:《比较宪法》,商务印书馆 2009 年版。

30. 许崇德:《中华人民共和国宪法史》,福建人民出版社 2003 年版。

31. 闫照祥:《英国政治制度史》,人民出版社 1999 年版。

32. 阎天:《如山如河——中国劳动宪法》,北京大学出版社 2022 年版。

33. 姚小林:《人权保护中的司法功能——基于最高法院的比较研究》,知识产权出版社 2021 年版。

34. 姚中秋:《儒家立宪论》,香港城市大学出版社 2016 年版。

35. 张光博:《比较宪法纲要》,辽宁大学出版社 1990 年版。

36. 张翔主编:《德国宪法案例选释》(第 1 辑),法律出版社 2012 年版。

37. 张翔主编:《德国宪法案例选释》(第 2 辑),法律出版社 2016 年版。

38. 章永乐:《此疆尔界:"门罗主义"与近代空间政治》,生活・读书・新知三联书店 2021 年版。

39. 赵树民:《比较宪法学新论》,中国社会科学出版社 2000 年版。

40. 赵晓力主编:《宪法与公民》,上海人民出版社 2004 年版。

41. 左亦鲁:《超越"街角发言者":表达权的中心与边缘》,社会科学文献出版社 2020 年版。

42. 〔奥〕汉斯・凯尔森:《法与国家的一般理论》,沈宗灵译,中国大百科全书出版社 1996 年版。

43. 〔德〕斐迪南・滕尼斯:《共同体与社会》,张巍卓译,商务印书馆 2019 年版。

44. 〔德〕尤尔根・哈贝马斯:《在事实与规范之间:关于法律和民主法治国的商谈理论》,童世骏译,生活・读书・新知三联书店 2003 年版。

45. 〔德〕汉娜・阿伦特:《论革命》,陈周旺译,译林出版社 2011 年版。

46. 〔德〕黑格尔:《法哲学原理》,范扬、张企泰译,商务印书馆 1961 年版。

47. 〔德〕卡尔・施米特:《宪法学说》,刘锋译,上海人民出版社 2005 年版。

48. 〔德〕卡尔・施米特:《政治的概念》,刘小枫编,刘宗坤等译,上海人民出版社 2004 年版。

49. 〔德〕卡尔・施米特:《政治的浪漫派》,冯克利、刘锋译,上海人民出版社 2004 年版。

50. 〔德〕伊曼纽尔・康德:《永久和平论》,何兆武译,上海人民出版社 2005 年版。

51. 〔德〕马克思、恩格斯:《共产党宣言》,中共中央马克思恩格斯列宁斯大林著作编译局译,人民出版社 1997 年版。

52. 〔德〕马克斯・韦伯:《学术与政治》,冯克利译,生活・读书・新知三联书店 1998 年版。

53. 载〔德〕施米特:《政治的概念》,刘小枫编,刘宗坤等译,上海人民出版社 2004 年版。

54. 〔德〕维尔纳・桑巴特:《为什么美国没有社会主义》,孙丹译,电子工业出版社

2013 年版。

55.〔德〕伊曼努尔·康德:《道德形而上学原理》,苗力田译,上海人民出版社 2005 年版。

56.〔法〕邦雅曼·贡斯当:《古代人的自由与现代人的自由》,阎克文、刘满贵译,上海人民出版社 2005 年版。

57.〔法〕卢梭:《社会契约论》,何兆武译,商务印书馆 2005 年版。

58.〔法〕孟德斯鸠:《论法的精神》(上册),张雁深译,商务印书馆 1961 年版。

59.〔法〕孟德斯鸠:《论法的精神》(下册),张雁深译,商务印书馆 1995 年版。

60.〔法〕孟德斯鸠:《论法的精神》(上卷),许明龙译,商务印书馆 2012 年版。

61.〔法〕托克维尔:《论美国的民主》,董果良译,商务印书馆 1997 年版。

62.〔法〕西耶斯:《论特权第三等级是什么?》,冯棠译,商务印书馆 1990 年版。

63.〔古希腊〕柏拉图:《法律篇》,张智仁、何勤华译,上海人民出版社 2001 年版。

64.〔古希腊〕亚里士多德:《雅典政制》,日知、力野译,商务印书馆 1959 年版。

65.〔美〕本尼迪克特·安德森:《比较的幽灵:民族主义、东南亚与世界》,甘会斌译,译林出版社 2012 年版。

66.〔美〕布鲁斯·阿克曼:《别了,孟德斯鸠:新分权的理论与实践》,聂鑫译,中国政法大学出版社 2016 年版。

67.〔美〕布鲁斯·阿克曼:《美利坚共和国的衰落》,田雷译,中国政法大学出版社 2013 年版。

68.〔美〕查尔斯·A.比尔德:《美国宪法的经济观》,何希奇译,商务印书馆 2010 年版。

69.〔美〕弗朗西斯·福山:《历史的终结与最后的人》,陈高华译,广西师范大学出版社 2014 年版。

70.〔美〕哈维·曼斯菲尔德:《驯化君主》,冯克利译,译林出版社 2005 年版。

71.〔美〕汉密尔顿、杰伊、麦迪逊:《联邦党人文集》,程逢如、在汉、舒逊译,商务印书馆 1995 年版。

72.〔美〕亨廷顿:《变革社会中的政治秩序》,李盛平、杨玉生等译,华夏出版社 1988 年版。

73.〔美〕杰弗里·图宾:《九人:美国最高法院风云》,何帆译,上海三联书店 2010 年版。

74.〔美〕拉塞尔·柯克:《美国秩序的根基》,张大军译,江苏凤凰文艺出版社 2018 年版。

75.〔美〕理查德·A.波斯纳:《法律、实用主义与民主》,凌斌、李国庆译,中国政法大学出版社 2005 年版。

76.〔美〕理查德·J.皮尔斯:《行政法》(第五版)(第一卷),苏苗罕译,中国人民大学出版社 2016 年版。

77.〔美〕罗尔斯:《正义论》,何怀宏等译,中国社会科学出版社 2001 年版。

78.〔美〕罗纳德·德沃金:《自由的法:对美国宪法的道德解读》,刘丽君译,上海人民出版社 2013 年版。

79.〔美〕罗斯托:《宪法专政:现代民主国家中的危机政府》,孟涛译,华夏出版社 2015 年版。

80. 〔美〕络德睦:《法律东方主义:中国、美国与现代法》,魏磊杰译,中国政法大学出版社 2016 年版。

81. 〔美〕马克·图什内特:《比较宪法:高阶导论》,郑海平译,中国政法大学出版社 2017 年版。

82. 〔美〕玛丽·A. 格伦顿等:《比较法律传统》,米健、贺卫方、高鸿钧译,中国政法大学出版社 1993 年版。

83. 〔美〕史蒂芬·霍尔姆斯、凯斯·R. 桑斯坦:《权利的成本:为什么自由依赖于税》,毕竞悦译,北京大学出版社 2004 年版。

84. 〔美〕亚历山大·汉密尔顿等:《联邦党人文集》,程逢如等译,商务印书馆 1980 年版。

85. 〔美〕亚历山大·米克尔约翰:《表达自由的法律限度》,侯健译,贵州人民出版社 2003 年版。

86. 〔美〕詹姆斯·布莱斯:《历史与法理学研究》,褚莹译,华东师范大学出版社 2019 年版。

87. 〔美〕茱迪·史珂拉:《美国公民权:寻求接纳》,刘满贵译,上海人民出版社 2006 年版。

88. 〔意〕尼科洛·马基雅维利:《论李维》,冯克利译,上海人民出版社 2005 年版。

89. 〔意〕朱塞佩·格罗索:《罗马法史》,黄风译,中国政法大学出版社 1994 年版。

90. 〔英〕S. 李德·布勒德:《英国宪政史谭》,陈世第译,中国政法大学出版社 2003 年版。

91. 〔英〕戴雪:《英宪精义》,雷宾南译,中国法制出版社 2001 年版。

92. 〔英〕德里克·希特:《何谓公民身份》,郭忠华译,吉林出版集团 2007 年版。

93. 〔英〕弗里德利希·冯·哈耶克:《法律、立法与自由》,邓正来等译,中国大百科全书出版社 2000 年版。

94. 〔英〕哈特:《法律的概念》,许家馨、李冠宜译,法律出版社 2006 年版。

95. 〔英〕霍布斯:《利维坦》,黎思复、黎廷弼译,商务印书馆 1996 年版。

96. 〔英〕雷蒙德·威廉斯:《文化与社会》,吴松江、张文定译,北京大学出版社 1991 年版。

97. 〔英〕弥尔顿:《论出版自由》,吴之椿译,商务印书馆 1958 年版。

98. 〔英〕密尔:《论自由》,许宝骙译,商务印书馆 2009 年版。

99. 〔英〕威廉·布莱克斯通:《英国法释义》(第一卷),游云庭等译,上海人民出版社 2006 年版。

100. 〔英〕沃尔特·白哲特:《英国宪制》,李国庆译,北京大学出版社 2005 年版。

101. 〔英〕约翰·洛克:《政府论》(下篇),叶启芳、瞿菊农译,商务印书馆 1964 年版。

外文文献

一、期刊论文

1. Abdullahi, Ahmednasir M. "Article 39 of the Ethiopian Constitution on Secession and Self-Determination: A Panacea to the Nationality Question in Africa?", 31 Verfassung Und Recht in Übersee/Law and Politics in Africa, Asia and Latin America 440 (1998).

2. Ackerman, Bruce & Dave Golove. "Is NAFTA Constitutional?", 108 Harvard Law

Review 799（1995）.

3. Ackerman, Bruce. "The New Separation of Powers", 113 Harvard Law Review 643（2000）.

4. Ackerman, Bruce. "The Living Constitution", 120 Harvard Law Review 1738（2007）.

5. Ackerman, Bruce. "Transformative Appointment", 101 Harvard Law Review 1164（1988）.

6. Amar, Akhil. "Of Sovereignty and Federalism", 96 Yale Law Journal 1425（1987）.

7. Amar, Akhil. "The Consent of the Governed: Constitutional Amendment outside Article V", 94 Columbia Law Review 457（1994）.

8. Amar, Akhil. "Some New World Lessons for the Old World", 58 University of Chicago Law Review 483（1991）.

9. Amar, Akhil. "Philadelphia Revisited: Amending the Constitution Outside Article V", 55 University of Chicago Law Review 1043（1988）.

10. Arato, Andrew & Zoltan, Miklosi. "Constitution Making and Transitional Politics in Hungary", in Laura E. Miller & Louis Aucoin, Framing the State in Times of Transition: Case Studies in Constitution Making, United States Institute of Peace Press, 2010.

11. Arato, Andrew. "Carl Schmitt and the Revival of the Doctrine of the Constituent Power in the United States", 21 Cardozo Law Review 1739（2000）.

12. Arato, Andrew. "Forms of Constitution Making and Theories of Democracy", 17 Cardozo Law Review 191（1995）.

13. Arendt, Hannah. "Thoughts on Politics and Revolution", in Crises of the Republic, Harcourt Brace, 1972.

14. Arguelhes, Diego Werneck & Leandro Molhano Ribeiro. "Courts as the First and Only Legislative Chambers? The Brazilian Supreme Court and the Legalization of Same-Sex Marriage", 2 Verfassung Und Recht in Übersee / Law and Politics in Africa, Asia and Latin America 50（2017）.

15. Armitage, David. "John Locke, Carolina, and the Two Treatises of Government", 32 Political Theory 602（2004）.

16. Bacon, Francis., The Letters and Life of Francis Bacon, in James Spedding（ed.）, Longmans, Vol. III, Green & Co., 1861.

17. Balkin, Jack M. "Digital Speech and Democratic Culture: A Theory of Freedom of Expression for the Information Society", 79 New York University Law Review 1（2004）.

18. Balkin, Jack M. "Free Speech in the Algorithmic Society: Data, Big, Private. Governance, and New School Speech Regulation", 51 U. C. Davis Law Review 1149（2018）.

19. Barak, Aharon. "Unconstitutional Constitutional Amendments", 44 Israel Law Review 321（2011）.

20. Barber, N. W. "Self-Defence for Institutions", 72 Cambridge Law Journal 558（2013）.

21. Benkler, Yochai. "A Free Irresponsible Press: Wikileaks and the Battle Over the

Soul of the Networked Fourth Estate", 46 Harvard Civil Rights-Civil Liberty Law Review 311 (2011).

22. Biehl, João, et al. "Between the Court and the Clinic: Lawsuits for Medicines and the Right to Health in Brazil", 14 Health & Human Rights 36 (2012).

23. Bilder, Mary S. "The Corporate Origins of Judicial Review", 116 Yale Law Journal 535 (2006).

24. Boudreaux, Donald J. & A. C. Pritchard. "Rewriting the Constitution: An Economic Analysis of the Constitutional Amendment Process", 62 Fordham Law Review 111 (1993).

25. Boyron, Sophie. "Constitutional Law", in John Bell, et al. (eds.), Principles of French Law, Oxford University Press, 2008.

26. Brown, Nathan J. "Islam and Constitutionalism in the Arab World: The Puzzling Course of Islamic Inflation", in Aslı Ü. Bâli and Hanna Lerner (eds.), Constitution Writing, Religion and Democracy, Cambridge University Press, 2017.

27. Brzezinski, Mark F. & Leszek Garlicki. "Judicial Review in Post-Communist Poland: The Emergence of a Rechtsstaat", 31 Stanford Journal of International Law 13 (1995).

28. Butt, Simon. "The Indonesian Constitutional Court: Implying Rights from the 'Rule of Law'", in Rosalind Dixon and Adrienne Stone (eds.), The Invisible Constitution in Comparative Perspective, Cambridge University Press, 2018.

29. Bzdera, André. "Comparative Analysis of Federal High Courts: A Political Theory of Judicial Review", 26 Canadian Journal of Political Science 3 (1993).

30. Cahan, Naomi & Anne T. Goldstein. "Roe and Its Global Impact", 6 University of Pennsylvania Journal of Constitutional Law 695 (2004).

31. Calabresi, Steven G. & Lucy D. Bickford. "Federalism and Subsidiarity: Perspectives from U. S. Constitutional Law", Northwestern University Law School Working Papers 215 (2011).

32. Calabresi, Steven G. "The Virtues of Presidential Government: Why Professor Ackerman is Wrong to Prefer the German to the U. S. Constitution", 18 Constitutional Commentary 51(2001).

33. Chemerinsky, Erwin. "In Defense of Judicial Review: A Reply to Professor Kramer", 92 California Law Review 4 (2004).

34. Chen, Albert & Miguel Maduro, "The Judiciary and Constitutional Review", in Mark Tushnet, Thomas Fleiner & Cheryl Saunders (eds.), Routledge Handbook of Constitutional Law, Routledge, 2013.

35. Choudhry, Sujit & Nathan Hume, "Federalism, Devolution and Secession: From Classical to Post-Conflict Federalism", in Tom Ginsburg & Rosalind Dixon (eds.), Comparative Constitutional Law, Edward Elgar, 2011.

36. Choudhry, Sujit. "Globalization in Search of Justification: Toward a Theory of Comparative Constitutional Interpretation", 74 Indiana Law Journal 819 (1999).

37. Claus, Laurence. "Montesquieu's Mistakes and the True Meaning of Separation", 25

Oxford Journal of Legal Studies 419 (2005).

38. Cohen, Joshua. "Minimalism about Human Rights: The Most We Can Hope For?", 12 The Journal of Political Philosophy 190 (2004).

39. Cohen-Eliya, Moshe & Iddo Porat. "The Hidden Foreign Law Debate in Heller: The Proportionality Approach in American Constitutional Law", 46 San Diego Law Review 367 (2009).

40. Coudert, Frederic R. "Judicial Constitutional Amendment", 13 Yale Law Journal 331 (1904).

41. Craig, Paul. "Transnational Constitution-Making: The Contribution of the Venice Commission on Law and Democracy", 2 UC Irvine Journal of International, Transnational & Comparative Law 57(2017).

42. Dicey, A. V. "Constitutional Revision", 11 Law Quarterly Review 387 (1895).

43. Dixon, Rosalind & Eric A. Posner. "The Limits of Constitutional Convergence", 11 Chicago Journal of International Law 2 (2011).

44. Dudziak, Mary L. "Brown as a Cold War Case", 91 Journal of American History 1 (2004).

45. Duverger, Maurice. " A New Political System Model: Semi-Presidential Government", 8 European Journal of Political Research 65 (1980).

46. Dwight, Semler. "Focus: Crisis in Russia-The End of the First Russian Republic", 2 East European Constitutional Review 107 (1993).

47. Elste, Jon. "Constitutional Bootstrapping in Philadelphia and Paris (Comparative Constitutionalism: Theoretical Perspectives on the Role of Constitutions in the Interplay Between Identity and Diversity)", 14 Cardozo Law Review 549 (1993).

48. Elster, Jon. "Forces and Mechanisms in the Constitution-Making Process", 45 Duke Law Journal 364 (1995).

49. Eskridge, William N. & John A. Ferejohn. "Super-Statutes", 50 Duke Law Journal 1215 (2001).

50. Fallon, Richard Jr. "The Core of an Uneasy Case for Judicial Review", 121 Harvard Law Review 7 (2008).

51. Feldman, Stephen M. "Free Speech and Free Press", in Mark A. Graber, and Sanford Levinson, The Oxford Handbook of the U. S. Constitution, Oxford University Press, 2015.

52. Ferejohn, J. & P. Pasquino. "The Law of the Exception: A Typology of Emergency Powers", 2 International Journal of Constitutional Law 2 (2004).

53. Finck, Michèle. "The Role of Human Dignity in Gay Rights Adjudication and Legislation: A Comparative Perspective", 14 International Journal of Constitutional Law 26 (2016).

54. Fontana, David. "Government in Opposition", 119 Yale Law Journal 566 (2009).

55. Fowkes, James. "Normal Rights, Just New: Understanding the Judicial Enforcement of Socioeconomic Rights", 68 American Journal of Comparative Law 4 (2020).

56. Frankenberg, Günter. "Why Care? The Trouble with Social Rights", 17 Cardozo

Law Review 1365 (1996).

57. Franklin, Cary. "Marrying Liberty and Equality: The New Jurisprudence of Gay Rights", 100 Virginia Law Review 817 (2014).

58. Frantz, Laurent B. "The First Amendment in the Balance", 71 Yale Law Journal 1424 (1962).

59. Friedrich, Carl J. "Rebuilding the German Constitution II", 43 The American Political Science Review 705(1949).

60. Frowein, Jochen, Stephen Schulhofer & Martin Shapiro. "Protection of Fundamental Human Rights as a Vehicle of Integration", in Mauro Cappelletti, Monica Seccombe & Joseph Weiler (eds.), Integration Through Law: Europe and the American Federal Experience, Walter de Gruyter & Co.,1986.

61. Gathii, James. "Exporting Culture Wars", 13 UC Davis Journal of International Law and Policy 1 (2011).

62. George, Marie-Amelie. "Bureaucratic Agency: Administering the Transformation of LGBT Rights", 36 Yale Law & Policy Review 83 (2017).

63. Gerken, Heather K. "Dissenting by Deciding", 57 Stanford Law Review 1745 (2005).

64. Ginsburg, Tom & Gombosuren Ganzorig. "When Courts and Politics Collide: Mongolia's Constitutional Crisis", 14 Columbia Journal of Asian Law 309(2000).

65. Ginsburg, Tom & Mila Versteeg. "The Bound Executive: Emergency Powers during the Pandemic", 19 International Journal of Constitutional Law 1498 (2021).

66. Ginsburg, Tom & Mila Versteeg. "From Catalonia to California: Secession in Constitutional Law", 70 University of Alabama Law Review 923 (2019).

67. Giovannoni, Francesco. "Amendment Rules in Constitutions", 115 Public Choice 37, (2003).

68. Gorby, John D. "Introduction to the Translation of the Abortion Decision of the Federal Constitutional Court of the Federal Republic of Germany", 9 The John Marshall Journal of Practice and Procedure 3 (1976).

69. Greenhouse, Linda. "Telling the Court's Story: Justice and Journalism at the Supreme Court", 105 Yale Law Journal 1537 (1996).

70. Grey, Thomas C. "The Uses of an Unwritten Constitution", 64 Chicago-Kent Law Review 211 (1988).

71. Grey, Thomas C. "Do We Have an Unwritten Constitution", 27 Stanford Law Review 703 (1975).

72. Griffith, J. A. G. "The Political Constitution", 42 Modern Law Review 1(1979).

73. Grimm, Dieter. "Does Europe Need a Constitution?", 1 European Law Journal 282 (1995).

74. Grimm, Dieter. "Freedom of Speech in a Globalized World", in Ivan Hare and James Weinstein (eds.), Extreme Speech and Democracy, Oxford University Press, 2009.

75. Guarneri, Carlo & Patrizia Pederzoli. "From Democracy to Juristocracy?", C. A. Thomas trans., in Cheryl A. Thomas (ed.), The Power of Judges: A Comparative Study of

Courts and Democracy, Oxford University Press, 2002.

76. Gutierrez, Deborah. "Gay Marriage in Canada: Strategies of the Gay Liberation Movement and the Implications It Will Have on the United States", 10 New England Journal of International & Comparative Law 175(2004).

77. Harris, David B. & Aaron E. Meyer. "Lawfare: A Supporting Arm in Modern Conflict", The Counter Terrorist, (2011).

78. Healy, Gavin. "Judicial Activism in the New Constitutional Court of Korea", 14 Columbia Journal of Asian Law 213(2000).

79. Hiebert, Janet L. "Parliamentary Bills of Rights: An Alternative Model?", 69 The Modern Law Review 28 (2006).

80. Hirschl, Ran. "Israel's Constitutional Revolution: The Legal Interpretation of Entrenched Civil Liberties in an Emerging Neo-Liberal Economic Order", 46 American Journal of Comparative Law 427(1998).

81. Hirschl, Ran. "New Constitutionalism and the Judicialization of Pure Politics Worldwide", 75 Fordham Law Review 721 (2006).

82. Hirschl, Ran. "The Judicialization of Mega-Politics and the Rise of Political Courts", 11 Annual Review of Political Science 93 (2008).

83. Hirschl, Ran. "The Rise of Comparative Constitutional Law: Thoughts on Substance and Method", 2 Indian Journal of Constitutional Law 1 (2008).

84. Hooper, Tom. "Queering'69: The Recriminalization of Homosexuality in Canada", 100 Canadian Historical Review 257 (2019).

85. Hughes, David. "What Does Lawfare Mean", 40 Fordham International Law Journal 1 (2016).

86. Isaacs, Max. "LGBT Rights and the Administrative State", 92 N. Y. U. Law Review 2012 (2017).

87. Isailovic, Ivana. "Same-Sex but Not the Same: Same-Sex Marriage in the United States and France and the Universalist Narrative", 66 American Journal of Comparative Law 267 (2018).

88. Issacharoff, Samuel. "Comparative Constitutional Law as a Window on Democratic Institutions", in Erin Delaney and Rosalind Dixon (eds.), Comparative Judicial Review, Edward Elgar Publishing, 2018.

89. Jackson, Vicki C. "Constitutional Comparisons, Convergence, Resistance, Engagement", 119 Harvard Law Review 109 (2005).

90. Jackson, Vicki C. "Constitutional Law in an Age of Proportionality", 124 Yale Law Journal 3094 (2013).

91. Jackson, Vicki C. "Cook v. Gralike: Easy Cases and Structural Reasoning", Supreme Court Review 299 (2001).

92. Jacobsohn, Gary Jeffrey. "An Unconstitutional Constitution?: A Comparative Perspective", International Journal of Constitutional Law 460(2006)

93. Kahn, Paul W. "Comparative Constitutionalism in a New Key", 101 Michigan Law Review 8 (2003).

94. Kahn, Paul W. "Court, The, the Community and the Judicial Balance: The Jurisprudence of Justice Powell", 97 Yale Law Journal 1 (1987).

95. Kamm, Richard. "European Court of Human Rights Overturns British Ban on Gays in the Military", 7 Human Rights Brief 18 (2000).

96. Klarman, Michael J. "Brown and Lawrence (and Goodridge)", 104 Michigan Law Review 431 (2005).

97. Klingsberg, Ethan. "Judicial Review and Hungary's Transition from Communism to Democracy: The Constitutional Court, the Continuity of Law, and the Redefinition of Property Rights", 1992 BYU Law Review 41 (1992).

98. Klonick, Kate. "The New Governors: People, The, Rules, and Processes Governing Online Speech", 131 Harvard Law Review 1598 (2018).

99. Klug, Heinz. "Model and Anti-Model: The United States Constitution and the Rise of World Constitutionalism", 2000 Wisconsin Law Review 599 (2000).

100. Kommers, Donald P. "German Constitutionalism: A Prolegomenon", 40 Emory Law Journal 837 (1991).

101. Kommers, Donald P. "The Constitutional Law of Abortion in Germany: Should Americans Pay Attention?", 10 The Journal of Contemporary Health Law and Policy 1 (1994).

102. Kommers, Donald P. "The Value of Comparative Constitutional Law", 20 German Law Journal 4 (2019).

103. Kramer, Larry D. "Putting the Politics Back into the Political Safeguards of Federalism", 100 Columbia Law Review 215 (2000).

104. Kretzmer, David. "The New Basic Laws on Human Rights: A Mini-Revolution in Israeli Constitutional Law", 26 Israel Law Review 238 (1992).

105. Krüdewagen, Ute. "Political Symbols in Two Constitutional Orders: The Flag Desecration Decisions of The United States Supreme Court and The German Federal Constitutional Court", 19 Arizona Journal of International and Comparative Law 2 (Summer 2002).

106. Kumm, Mattias. "Who is Afraid of the Total Constitution? Constitutional Rights as Principles and the Constitutionalization of Private Law", 7 German Law Journal 341 (2006).

107. Landau, David. "Constitution-Making Gone Wrong", 64 Alabama Law Review 923 (2013).

108. Laski, Harold. "The Obsolesence of Federalism", in D. Karmis & W. Norman (eds.), Theories of Federalism: A Reader, Palgrave Macmillan, 2005.

109. Lau, Holning & Hillary Li. "American Equal Protection and Global Convergence", 86 Fordham Law Review 1251 (2017).

110. Lau, Holning. "Comparative Perspectives on Strategic Remedial Delays", 91 Tulane Law Review 259 (2016).

111. Lau, Holning. "Grounding Conversations on Sexuality and Asian Law", 44 U. C. Davis Law Review 773 (2011).

112. Lau, Holning. "Sexual Orientation and Gender Identity Discrimination", 2

Comparative Discrimination Law 1 (2008).

113. Lau, Holning. "The Language of Westernization in Legal Commentary", 61 American Journal of Comparative Law 507 (2013).

114. Law, David S. & Mila Versteeg, "The Evolution and Ideology of Global Constitutionalism", 99 California Law Review 1172 (2011).

115. Law, David S. "Globalization and the Future of Constitutional Rights", 102 Northwestern University Law Review 1277 (2008).

116. Leckey, Robert. "Thick Instrumentalism and Comparative Constitutionalism: The Case of Gay Rights", 40 Columbia Human Rights Law Review 425(2008).

117. Lee, Epstein, et al. "The Role of Constitutional Courts in the Establishment and Maintenance of Democratic Systems of Government", 35 Law & Society Review 117 (2001).

118. Lee, Youngjae. "Law, Politics, and Impeachment: The Impeachment of Roh Moo-hyun From a Comparative Constitutional Perspective", 53 American Journal of Comparative Law 2 (2005).

119. Lemaitre, Julieta. "Catholic Constitutionalism on Sex, Women, and the Beginning of Life", in Rebecca J. Cook, Joanna N. Erdman & Bernard M. Dickens (eds.), Abortion Law in Transnational Perspective, University of Pennsylvania Press, 2014.

120. Levinson, Daryl J. & Richard H. Plides. "Separation of Parties, Not Powers", 119 Harvard Law Review 2312 (2006).

121. Levinson, Sanford. & Jack M. Balkin, "Constitutional Dictatorship: Its Dangers and its Design", 94 Minnesota Law Review1789 (2010).

122. Liu, Han. "Regime-Centered and Court-Centered Understandings: The Reception of American Constitutional Law in Contemporary China", 68 The American Journal of Comparative Law 95 (2020).

123. Livingston, D. "The Very Idea of Secession", 35 Society 38 (1998).

124. Loewenstein, Karl. "Militant Democracy and Fundamental Rights", 31 American Political Science Review 3 (1937).

125. Loughlin, Martin. "The Concept of Constituent Power", 13 European Journal of Political Theory 218(2014).

126. Loughlin, Martin. "Towards a Republican Revival", 26 Oxford Journal of Legal Studies 425 (2006).

127. Lutz, Donald S. "Toward a Theory of Constitutional Amendment", 88 American Political Science Review 355(1994).

128. Mainwaring, Scott. "Presidentialism in Latin America", 25 Latin American Research Review 157 (1990).

129. Marbury, William L. "The Limitation Upon the Amending Power", 33 Harvard Law Review 223(1919-1920).

130. Martinez, Jenny. "Inherent Executive Power: A Comparative Perspective", 115 Yale Law Journal 9 (2006).

131. Mattei, Ugo, Guanghua Liu, & Emanuele Ariano. "The Chinese Advantage in Emergency Law", 21 Global Jurist 1 (2021).

132. Mattei, Ugo. "Legal Systems in Distress: HIV Contaminated Blood Path Dependency and Legal Change", 1 Global Jurist Advances (2001).

133. Mayer, David. "The Jurisprudence of Christopher G. Tiedeman: A Study in the Failure of Laissez-Faire Constitutionalism", 55 Missouri Law Review 94 (1990).

134. Mazmanyan, Armen. "Judicialization of Politics: The Post-Soviet Way", 13 International Journal of Constitutional Law 1 (2015).

135. McReynolds, Anjuli Willis. "What International Experience Can Tell U. S. Courts about Same-Sex Marriage", 53 UCLA Law Review 1073 (2006).

136. Mehta, Pratap Bhanu. "India's Unlikely Democracy: The Rise of Judicial Sovereignty", 18 Journal of Democracy 70(2007).

137. Mendes, Conrado Hubner. "Judicial Review of Constitutional Amendments in the Brazilian Supreme Court", 17 Florida Journal of International Law 449 (2005).

138. Merryman, John Henry. "The French Deviation", 44 American Journal of Comparative Law 116 (1996).

139. Michelman, Frank. "In Pursuit of Constitutional Welfare Rights: One View of Rawls' Theory of Justice", 121 University of Pennsylvania Law Review 5 (1973).

140. Misra, Geetanjali. "Decriminalising Homosexuality in India", 17 Reproductive Health Matters 20 (2009).

141. Montinola, Gabriella, Yingyi Qian & Barry R. Weingast. "Federalism, Chinese Style: The Political Basis for Economic Success in China", 48 World Politics 50 (1995).

142. Moore, Michael S. "Do We Have an Unwritten Constitution", 63 Southern California Law Review 107 (1989).

143. Morison, John. "Citizen Participation: A Critical Look at the Democratic Adequacy of Government Consultations", 37 Oxford Journal of Legal Studies 636 (2017).

144. Mos, M. "The Anticipatory Politics of Homophobia: Explaining Constitutional Bans on Same-Sex Marriage in Post-Communist Europe", 36 East European Politics 395 (2020).

145. Negretto, Gabriel L. "Constitution-Making in Comparative Perspective", 16 International Journal of Constitutional Law 254(2018).

146. NeJaime, Douglas & Reva B. Siegel. "Conscience Wars: Complicity-Based Conscience Claims in Religion and Politics", 124 Yale Law Journal 2516 (2015).

147. Netanel, Neil Weinstock. "Locating Copyright within the First Amendment Skein", 54 Stanford Law Review 1 (2001).

148. Niglia, Leone. "The New Transformation of Europe: Arcana Imperii", 68 American Journal of Comparative Law 151 (2020).

149. Nuñez-Mietz, F. G. "Resisting Human Rights Through Securitization: Russia and Hungary Against LGBT Rights", 18 Journal of Human Rights 543 (2019).

150. Osiatynski, Wiktor. "Paradoxes of Constitutional Borrowing", 1 International Journal of Constitutional Law 244(2004).

151. Owens, Terri E. "The Abortion Question: Germany's Dilemma Delays Unification", 53 Louisiana Law Review 4 (1993).

152. Pail, Christa. "Austrian Constitutional Court Somewhere under the Rainbow:

Marriage Equality and the Role of the Austrian Constitutional Court", 12 ICL Journal 225 (2018).

153. Parmeter, Keith Cunningham. "Marriage Equality, Workplace Inequality: The Next Gay Rights Battle", 67 Florida Law Review 1099 (2016).

154. Polikoff, Nancy D. "Recognizing Partners but Not Parents / Recognizing Parents but Not Partners: Gay and Lesbian Family Law in Europe and the United States", 17 New York Law School Journal of Human Rights 711 (2000).

155. Polzin, Monika. "Constitutional Identity, Unconstitutional Amendments and the Idea of Constituent Power: The Development of the Doctrine of Constitutional Identity in German Constitutional Law", 14 International Journal of Constitutional Law 411 (2016).

156. Popescu, Delia & Matthew Loveland, "Judging Deliberation: An Assessment of the Crowdsourced Icelandic Constitutional Project", 18 Journal of Deliberative Democracy 1 (2022).

157. Posner, Richard A. "A Political Court", 119 Harvard Law Review 1 (2005).

158. Posner, Richard A. "Foreword: A Political Court", 119 Harvard Law Review 32 (2005).

159. Post, Robert. "Speech, Racist, Democracy, and the First Amendment", 32 William and Mary Law Review 267 (Winter 1991).

160. Pozen, David E. & Kim Lane Scheppele, "Executive Underreach, in Pandemics and Otherwise", 4 American Journal of International Law 114 (2020).

161. Prakash, Om. "The Efficacy of 'Don't Ask, Don't Tell'", 55 Joint Force Quarterly 88 (2009).

162. Preuss, Ulrich. "Perspectives on Post-Conflict Constitutionalism: Reflections on Regime Change Through External Constitutionalization", 51 New York Law School Law Review 467 (2006/2007).

163. Pujol, Enrique Guerra. "Gödel's Loophole", 41 Capital University Law Review 637 (2013).

164. Püschel, Flavia. "Same-Sex Marriage in the Brazilian Supreme Court", 38 Novos Estudos 653 (2019).

165. Rebouché, Rachel. "Comparative Pragmatism", 72 Maryland Law Review 1 (2012).

166. Reich, Charles A. "The New Property", 73 Yale Law Journal 5 (1964).

167. Riggs, Fred W. "Globalization, Ethnic Diversity, and Nationalism: The Challenge for Democracies", 581 The Annals of the American Academy of Political and Social Science 35 (2002).

168. Rosenn, Keith S. "Judicial Review in Brazil: Developments under the 1988 Constitution", 7 Southwestern Journal of Law and Trade in the Americas 291 (2000).

169. Rosenn, Keith S. "The Success of Constitutionalism in the United States and Its Failure in Latin America: An Explanation", 22 University of Miami Inter-American Law Review 1 (1990).

170. Rubenfeld, Jed. "The New Unwritten Constitution", 51 Duke Law Journal 289

(2001).

171. Rudalevige, Andrew. "A Review of 'The Discretionary President: The Promise and Peril of Executive Power'", 37 Congress & the Presidency 3 (2010).

172. Saati, Abrak. "Participatory Constitution-building in Nepal: A Comparison of the 2008-2012 and the 2013-2015 Process", 10 Journal of Politics & Law 29(2017).

173. Saati, Arak. "Participatory Constitution-Making as a Transnational Legal Norm: Why Does It 'Stick' in Some Contexts and Not in Others?", 2 U. C. Irvine Journal of International, Transnational & Comparative Law 113 (2017).

174. Sanders, Douglas E. "377 and the Unnatural Afterlife of British Colonialism in Asia", 4 Asian Journal of Comparative Law 1(2009).

175. Savage, Wade. "The Paradox of the Stone", 76 Philosophical Review 74 (1967).

176. Saxena, Rekha & Mahendra P. Singh. "The Role of the Federal Judiciary in Union-State Relations in India", in Jan Erk and Wilfried Swenden (eds.), New Directions in Federalism Studies, Routledge, 2010.

177. Schauer, Frederick. "Judicial Supremacy and the Modest Constitution", 92 California Law Review 4 (2004).

178. Schauer, Frederick. "The Boundaries of the First Amendment: A Preliminary Explanation of Constitutional Salience", 117 Harvard Law Review 1765 (2004).

179. Schauer, Frederick. "The Second-Best First Amendment", 31 William and Mary Law Review 1 (Fall 1989).

180. Scheppele, Kim Lane. "Law in a Time of Emergency: States of Exception and the Temptations of 9/11", 6 Journal of Constitutional Law 1001 (2004).

181. Schepple, Kim Lane. "The New Hungarian Constitutional Court", 8 Eastern European Constitutional Review 81 (1999).

182. Segall, Eric J. "Lost in Space: Laurence Tribe's Invisible Constitution", 103 Northwestern University Law Review Colloquy 434 (2009).

183. Shapiro, Martin. "Globalization of Law", 1 Indiana Journal of Global Legal Studies 45 (1993).

184. Sherry, Suzanna. "The Founders' Unwritten Constitution", 54 The University of Chicago Law Review 1127 (1987).

185. Shils, Edward. "Some of the Modern Roots of Liberal Democracy", 12 International Journal on World Peace 3 (1995).

186. Siegel, Jonathan R. "The Institutional Case for Judicial Review", 97 Iowa Law Review 4 (2012).

187. Siegel, Reva B. "Community in Conflict: Same-Sex Marriage and Backlash", 64 UCLA Law Review 1728 (2017).

188. Siegel, Reva B. "The Right's Reasons: Constitutional Conflict and the Spread of Woman-Protective Anti-Abortion Argument", 57 Duke Law Journal 6 (2015).

189. Skach, Cindy. "The 'Newest' Separation of Powers: Semipresidentialism", 5 International Journal of Constitutional Law 113 (2007).

190. Slaughter, Anne-Marie. "A Global Community of Courts", 44 Harvard

International Law Journal 1 (2003).

191. Smith, Hon Justice Carsten. "Judicial Review of Parliamentary Legislation: Norway as a European Pioneer", 32 Amicus Curiae 11 (2000).

192. Stepan, Alfred. "Federalism and Democracy: Beyond the US Model", 10 Journal of Democracy 19 (1999).

193. Strauss, David A. "Common Law Constitutional Interpretation", 63 University of Chicago Law Review 877 (1996).

194. Strauss, David A. "Not Unwritten, After All", 126 Harvard Law Review 1532 (2013).

195. Strauss, David A. "The Irrelevance of Constitutional Amendments", 114 Harvard Law Review 1457 (2000).

196. Strauss, Peter L. "The Place of Agencies in Government: Separation of Powers and the Fourth Branch", 84 Columbia Law Review 573 (1984).

197. Sunstein, Cass. "Social and Economic Rights: Lesson from South Africa", Chicago Public Law and Legal Theory Working Paper, No. 12 (2001).

198. Sunstein, Cass. "Why Does the American Constitution Lack Social and Economic Guarantees", 56 Syracuse Law Review 1 (2005).

199. Sweet, Alec Stone & Jud Mathews. "Proportionality Balancing and Global Constitutionalism", 47 Columbia Journal of Transnational Law 1 (2008).

200. Tonsakulrungruang, Khemthong. "Thailand: The State of Liberal Democracy", 16 International Journal of Constitutional Law 643(2018).

201. Tripp, Aili Mari. "Women's Movements and Constitution Making after Civil Unrest and Conflict in Africa: The Cases of Kenya and Somalia", 12 Politics & Gender 1 (2016).

202. Tushnet, Mark. "Alternative Forms of Judicial Review", 101 Michigan Law Review 2781 (2003).

203. Tushnet, Mark. "Law and Prudence in the Law of Justiciability: The Transformation and Disappearance of the Political Question Doctrine", 80 North Carolina Law Review 4 (2002).

204. Tushnet, Mark. "Marbury v. Madison around the World", 71 Tennessee Law Review 251 (2004).

205. Tushnet, Mark. "Peasants with Pitchforks, and Toilers with Twitter: Constitutional Revolutions and the Constituent Power", 13 International Journal of Constitutional Law 639 (2015).

206. Tushnet, Mark. "Social Welfare Rights and the Forms of Judicial Review", 82 Texas Law Review 1895 (2004).

207. Tushnet, Mark. "The Inevitable Globalization of Constitutional Law", 49 Virginia Journal of International Law 985 (2009).

208. Tushnet, Mark. "The Possibilities of Comparative Constitutional Law", 108 Yale Law Journal 1225 (1999).

209. Tushnet, Mark. "Weak Form Judicial Review and 'Core' Civil Liberties", 41 Harvard Civil Right-Civil Liberties Law Review 1(2006).

210. Vasak, Karel. "A Thirty-Year Struggle: The Sustained Efforts to Give Force of Law to the Universal Declaration of Human Rights", 30 UNESCO Courier 11 (1977).

211. Verbeke, Alain-Laurent. "Belgium: A Broken Marriage?", in Daniel Halberstam and Mathias Reimann (eds.), Federalism and Legal Unification 121 (2014).

212. Vermeule, Adrian. "Our Schimittian Administrative Law", 122 Harvard Law Review 1095 (2008).

213. Visser, Maartje de. "A Critical Assessment of the Role of the Venice Commission in Processes of Domestic Constitutional Reform", 63 American Journal of Comparative Law 701(2015).

214. Voigt, Stefan & Eli M. Salzberger, "Choosing Not to Choose: When Politicians Choose to Delegate Powers", 55 Kyklos 2 (2002).

215. Voigt, Stefan. "Contracting for Catastrophe: Legitimizing Emergency Constitutions by Drawing on Social Contract Theory", 28 Res Publica 149 (2022).

216. Waaldijk, Kees. "Others May Follow: The Introduction of Marriage Quasi-Marriage, and Semi Marriage for Same-Sex Couples in European Countries", 38 New England Law Review 569 (2003).

217. Waaldijk, Kees. "Standard Sequences in the Legal Recognition of Homosexuality Europe's Past, Present, and Future", 4 Australian Gay & Lesbian Law Journal 50 (1994).

218. Waldron, Jeremy. "Core of the Case Against Judicial Review", 115 Yale Law Journal 1346 (2006).

219. Walter Dellinger, "The Legitimacy of Constitutional Change: Rethinking the Amendment Process", 97 Harvard Law Review 386 (1983).

220. Washington & Lee University GLJ Seminar Fall 2008, "40/68—Germany's 1968 and the Law", 10 German Law Journal 3 (2009).

221. Wechsler, Herbert. "The Political Safeguards of Federalism: The Role of the States in the Composition and Selection of the National Government", 54 Columbia Law Review 543 (1954).

222. Weiler, J. H. H. "The Transformation of Europe", 100 Yale Law Journal 2403 (1991).

223. Wellington, Harry H. "Common Law Rules and Constitutional Double Standards: Some Notes on Adjudication", 83 Yale Law Journal 221 (1973).

224. Wilkinson, Cai, and Anthony J. Langlois. "Not Such an International Human Rights Norm? Local Resistance to Lesbian, Gay, Bisexual, and Transgender Rights", 13 Journal of Human Rights 249 (2014).

225. Williams, George Washington. "What, If Any, Limitations Are There upon the Power to Amend the Constitution of the United States?", 62 American Law Review 529, (1928).

226. Williams, George. "Republic of Fiji v. Prasad", 2 Melbourne Journal of International Law 144 (2001).

227. Wu, Tim. "Is the First Amendment Obsolete?", 117 Michigan Law Review 3 (2018).

228. Yoo, Christopher S. "Network Neutrality and the Economics of Congestion", 94 Georgia Law Journal 1847 (2006).

229. Yoshino, Kenji. "Assimilationist Bias in Equal Protection: The Visibility Presumption and the Case of Don't Ask, Don't Tell", 108 Yale Law Journal 485 (1998).

230. Young, Ernest A. "The Constitution Outside the Constitution", 117 Yale Law Journal 408 (2007).

231. Young, Katharine G. & Julieta Lemaitre. "The Comparative Fortunes of the Right to Health: Two Tales of Justiciability in Colombia and South Africa", 26 Harvard Human Rights Journal 179 (2013).

232. Zweigert, Konrad & Kurt Siehr. "Jhering's Influence on the Development of Comparative Legal Method", 19 American Journal of Comparative Law 2 (1971).

二、学术专著

1. Ackerman, Bruce. We the People: Foundations, Harvard University Press, 1990

2. Ackerman, Bruce. We the People: Transformations, Harvard University Press, 1998.

3. Ackerman, Bruce. We the People: Civil Rights Revolution, Harvard University Press, 2014.

4. Ackerman, Bruce. The Future of Liberal Revolution, Yale University Press, 1992.

5. Ackerman, Bruce. Before the Next Attack: Civil Liberties in an Age of Terrorism, Yale University Press, 2006.

6. Ackerman, Bruce. The Decline and Fall of the American Republic, Harvard University Press, 2011.

7. Ackerman, Bruce. Revolutionary Constitutions: Charismatic Leadership and the Rule of Law, Harvard University Press, 2019.

8. Adams, John. Papers of John Adams, Robert J. Taylor, et al. (eds.), Harvard University Press, 1979.

9. Agamben, Giorgio. The Coming Community, Univeristy of Minnesota Press, 1993.

10. Agamben, Giorgio. State of Exception, The University of Chicago Press, 2005

11. Alesina, Alberto & Enrico Spolaore. The Size of Nations, MIT Press, 2005.

12. Alexy, Robert. A Theory of Constitutional Rights, Julian Rivers trans., Oxford University Press, 2002.

13. Altman, Dennis & Jonathon Symons. Queer Wars: The New Global Polarization over Gay Rights, Polity, 2016.

14. Amar, Akhil R. America's Unwritten Constitution: The Precedents and Principles We Live By, Basic Books, 2012.

15. Amar, Paul. The Security Archipelago: Human-Security States, Sexuality Politics, and the End of Neoliberalism, Duke University Press, 2013.

16. Arat, Andrew. Post-Sovereign Constitution-Making: Learning and Legitimacy, Oxford University Press, 2016.

17. Arato, Andrew. Constitution Making Under Occupation, Columbia University Press, 2009.

18. Arato, Andrew. The Adventures of the Constituent Power: Beyond Revolutions?,

Cambridge University Press, 2017.

19. Aristotle. Politics. Benjamin Jowett trans. , Batoche Books, 1999.

20. Bagehot, Walter. The English Constitution, Little, Brown, and Company, 1873.

21. Baker, Edwin. Human Liberty and Freedom of Speech, Oxford University Press, 1989.

22. Barak, Aharon. Proportionality, Cambridge University Press, 2012.

23. Beard, Charles. A. An Economic Interpretation of the Constitution of the United States, Macmillan Company, 1941.

24. Bellamy, Richard. Political Constitutionalism: A Republican Defence of the Constitutionality of Democracy, Cambridge University Press, 2007.

25. Benjamin, Walter. Reflections: Essays, Aphorisms, Autobiographic Writings, Schocken Books, 1978.

26. Bermann, George, et al. Cases and Materials on European Community Law, West Pub. Co. , 1993.

27. Bickel, Alexander. The Least Dangerous Branch, 2nd ed. , Yale University Press, 1986.

28. Black, Jr, Charles L. The Humane Imagination, Ox Bow Press, 1986.

29. Blackstone. Commentaries on the Laws of England, Vol. 1, The University of Chicago Press, 1979.

30. Bomhoff, Jacco. Balancing Constitutional Rights: The Origins and Meanings of Postwar Legal Discourse, Cambridge University Press, 2013.

31. Bonime-Blanc, Andrea. Spain's Transition to Democracy: The Politics of Constitution-making, Westview Press, 1987.

32. Bork, Robert H. Coercing Virtues: Worldwide Rule of Judges, The AEI Press, 2003.

33. Bosia, Michael J. Sandra M. McEvoy & Momin Rahman (eds.). The Oxford Handbook of Global LGBT and Sexual Diversity Politics, Oxford University Press, 2020.

34. Boyron, Sophie. The Constitution of France: A Contextual Analysis, Hart Publishing, 2013。

35. Brady, Sean, and Mark Seymour (eds.). From Sodomy Laws to Same-Sex Marriage, Bloomsbury Academic, 2019.

36. Brubaker, Rogers. Nationalism Reframed: Nationhood and the National Question in the New Europe, Cambridge University Press, 1996.

37. Bryce, James. Studies in History and Jurisprudence, Oxford University Press, 1902.

38. Burgess, John W. Political Science and Comparative Constitutional Law: Government, vol. 2, Boston & Ginn & Company, 1893.

39. Burke, Edmund. Reflections on the Revolution in France, Kessinger Publishing, 2004, 16.

40. Calvino, Italo. Invisible Cities, Houghton Mifflin Harcourt, 1972.

41. Cappelletti, Mauro. Judicial Review in the Contemporary World, Bobbs-Merrill, 1971.

42. Carolan, Eoin. The New Separation of Powers, Oxford University Press, 2009.

43. Chai, C. & W. Chai, Li Chi (eds.). Book of Rites: An Encyclopedia of Ancient Ceremonial Usages, Religions Creeds, and Social Institutions, Volumes II, J. Legge trans., University Books, 1967.

44. Chang, Wen-Chen, et al. Constitutionalism in Asia: Cases and Materials, Hart Publishing, 2014.

45. Choudhry, Sujit (ed.). The Migration of Constitutional Ideas, Cambridge University Press, 2006.

46. Cicero, M. Tullius. De Officiis, W. Miller trans., Harvard University Press, 1913.

47. Clay, General. D. Decision in Germany Garden City, Doubleday, 1950.

48. Cohen, David S. & Carole Joffe. Obstacle Course: The Everyday Struggle to Get an Abortion in America, University of California Press, 2020.

49. Cohen-Eliya, Moshe & Iddo Porat. Proportionality and Constitutional Culture, Cambridge University Press, 2013.

50. Commella, Victor F. Constitutional Courts and Democratic Values: A European Perspective, Yale University Press, 2009.

51. Cook, Rebecca J., Joanna N. Erdman & Bernard M. Dickens. Abortion Law in Transnational Perspective: Cases and Controversies, University of Pennsylvania Press, 2014.

52. Cooley, Thomas M. The General Principles of Constitutional Law in the United States of America, Little Brown and Company, 1898.

53. Crane, William W. & Bernard Moses. Politics: An Introduction to the Study of Comparative Constitutional Law, G. P. Putnam's Sons, 1884.

54. Currier, Ashley. Politicizing Sex in Contemporary Africa: Homophobia in Malawi, Cambridge University Press, 2019.

55. Derks, M. & M. van den Berg (eds.). Public Discourses about Homosexuality and Religion in Europe and Beyond, Springer, 2020.

56. Dicey, Albert V. Introduction to the Study of the Law of the Constitution, 8th ed., Liberty Fund Inc., 1982.

57. Dietze, Gabriele & Julia Roth (eds.). Right-Wing Populism and Gender: European Perspectives and Beyond, Transcript Verlag, 2020.

58. Disraeli, Benjamin. Sybil or the Two Nations, Oxford University Press, 1981.

59. Dixon, Rosalind & Adrienne Stone. The Invisible Constitution in Comparative Perspective, Cambridge University Press, 2018.

60. Donovan, Frank. Mr. Madison's Constitution: The Story Behind the Constitutional Convention, Dodd, Mead & Company, 1965.

61. Dorsen, Norman, et al. Comparative Constitutionalism: Cases and Materials, Thomson/West, 2003.

62. Dunoff, Jeffrey & Joel Trachtman (eds.). Ruling the World? Constitutionalism, International Law and Global Government, Cambridge University Press, 2009.

63. Ebrahim, Hassen. The Soul of a Nation: Constitution-making in South Africa, Oxford University Press, 1998

64. Elazar, Daniel J. Exploring Federalism, The University of Alabama Press, 1987.

65. Elster, Jon. Roundtable Talks and the Breakdown of Communism, The University of Chicago Press, 1996

66. Elster, Jon. Ulysses and Sirens, Cambridge University Press, 1983.

67. Ely, John H. Democracy and Distrust: A Theory of Judicial Review, Harvard University Press, 1980.

68. Ely, John H. War and Responsibility: Constitutional Lessons of Vietnam and its Aftermath, Princeton University Press, 1993.

69. Eskridge, William & John Ferejohn. A Republic of Statutes: The New American Constitution, Yale University Press, 2010.

70. Eskridge, William. Gay law, Challenging the Apartheid of the Closet, Harvard University Press, 1999.

71. Ester, Jon. Institutional Design in Post-communist Societies, Cambridge University Press, 1998

72. Fatovic, Clement. Outside the Law: Emergency and Executive Power, Hopkins University Press, 2009.

73. Fiss, Owen. The Irony of Free Speech, Harvard University Press, 1998.

74. Frankenberg, Günter. Comparative Constitutional Studies: Between Magic and Deceit, Edward Elgar Publishing, 2018.

75. Frankenberg, Günter. Political Technology and the Erosion of the Rule of Law, Edward Elgar Publishing, 2014.

76. Gardbaum, Stephen. The New Commonwealth Model of Constitutionalism: Theory and Practice, Cambridge University Press, 2013.

77. Gierke, Otto von. Natural Law and the Theory of Society: 1500-1800, Ernst Barker trans. , Cambridge University Press, 1934.

78. Ginsburg, Tom, Zachary Elkins & James Melton, The Endurance of National Constitutions, Cambridge University Press, 2009.

79. Ginsburg, Tom. Judicial Review in New Democracies: Constitutional Courts in Asian Cases, Cambridge University Press, 2003.

80. Glendon, Mary A. Abortion and Divorce in Western Law, Harvard University Press, 1997.

81. Golay, John. The Founding of the Federal Republic of Germany, University of Chicago Press, 1958.

82. Goldwin, Robert A. & Art Kaufman, Constitution Makers on Constitution Making: The Experience of Eight Nations, American Enterprise Institute for Public Policy Research, 1988.

83. Greenawalt, Kent. Speech, Crime, and the Uses of Language, Oxford University Press, 1989.

84. Greenhouse, Linda. The Supreme Court: A Very Short Introduction, Oxford University Press, 2012.

85. Grimm, Dieter. Constitutionalism: Past, Present, and Future, Oxford University

Press, 2016.

86. Gross, Oren & Fionnuala Ní Aoláin, Law in Times of Crisis: Emergency Power in Theory and Practice, Cambridge University Press, 2006.

87. Gwyn, W. B. The Meaning of the Separation of Powers: An Analysis of the Doctrine from Its Origin to the Adoption of the United States Constitution, Tulane University, 1965.

88. Gyorfi, Tamas. Against the New Constitutionalism, Edward Elgar Publishing, 2016.

89. Habermas, Jürgen. Between Facts and Norms, The MIT Press, 1996.

90. Harcourt, Bernard. The Illusion of Free Markets: Punishment and the Myth of Natural Order, Harvard University Press, 2011.

91. Hart, Vivien. Democratic Constitution-Making, United States Institute of Peace, 2003.

92. Hegel, Georg Wilhelm Friedrich. The Philosophy of Right, T. M. Knox trans., Oxford University Press, 1967.

93. Hendrianto, Stefanus. Law and Politics of Constitutional Courts: Indonesia and the Search for Judicial Heroes, Routledge, 2018.

94. Herzog, Dagmar. Sexuality in Europe: A Twentieth-Century History, Cambridge University Press, 2011.

95. Hirschl, Ran. Constitutional Theocracy, Harvard University Press, 2010.

96. Hirschl, Ran. Towards Juristocracy: The Origins and Consequences of the New Constitutionalism, Harvard University Press, 2004.

97. Hofstadter, Richard. The Idea of a Party System: The Rise of Legitimate Opposition in the United States, 1780-1840, University of California Press, 1969.

98. Holmes, Oliver Wendell. Holmes-Laski Letters: The Correspondence of Mr. Justice Holmes and Harold Laski, 1916-1935 I, Mark Wolfe De Howe (ed.), Harvard University Press, 1953.

99. Holmes, Oliver Wendell. Collected Legal Papers, Harcourt, Brace & Howe, 1920.

100. Horowitz, Donald. L. Constitutional Change and Democracy in Indonesia, Cambridge University Press, 2013.

101. Hueglin, Thomas O. & Alan Fenna. Comparative Federalism: A Systematic Inquiry, 2nd ed., University of Toronto Press, 2015.

102. Huntington, Samuel P. The Third Wave: Democratization in the Late Twentieth Century, University of Oklahoma Press, 1991.

103. Huntington, Samuel P. The Soldier and the State: The Theory and Politics of Civil-Military Relations, Harvard University Press, 1957.

104. Iber, Simeon Tsetim. The Principle of Subsidiarity in Catholic Social Thought: Implications for Social Justice and Civil Society in Nigeria... Peter Lang, Duquesne University ProQuest Dissertations Publishing, 2004.

105. Inoue, Kyoko. MacArthurs. Japanese Constitution: A Linguistic and Cultural Study of Its Making, University of Chicago Press, 1991.

106. Jackson, Vicki C & Mark Tushnet (eds.). Proportionality: New Frontiers, New Challenges, Cambridge University Press, 2017.

107. Jackson, Vicki, & Mark Tushnet. Comparative Constitutional Law, 2nd ed. , Foundation Press; Thomson/West, 2006.

108. Jacobsohn, Gary & Miguel Schor. Comparative Constitutional Theory, Edward Elgar Publishing, 2018.

109. Jacobsohn, Gary. Constitutional Identity, Harvard University Press, 2010.

110. Jasanoff, Sheila. The Fifth Branch: Science Advisers as Policymakers, Harvard University Press, 1990.

111. Jennings, Ivor. The Approach to Self-Government, Cambridge University Press, 1956

112. Kahn, Paul W. Political Theology: Four New Chapters on the Concept of Sovereignty, Columbia University Press, 2011.

113. Kahn, Paul W. Putting Liberalism in Its Place, Princeton University Press, 2004.

114. Kahn, Paul W. Origins of Order: Project and System in the American Legal Imagination, Yale University Press, 2019.

115. Klabbers, Jan, Anne Peters & Geir Ulfstein. The Constitutionalization of International Law, Oxford University Press, 2009.

116. Kleinerman, Benjamin A. The Discretionary President: The Promise and Peril of Executive Power, University Press of Kansas, 2009.

117. Koh Harold. The National Security Constitution: Sharing Power after the Iran-Contra Affair, Yale University Press, 1990.

118. Kommers, Donald P. & Russell A. Miller. The Constitutional Jurisprudence of the Federal Republic of Germany, 3rd ed. , Duke University Press, 2012.

119. Kosseff, Jeff. The Twenty-Six Words That Created the Internet, Cornell University Press, 2019.

120. Kramer, Larry D. The People Themselves: Popular Constitutionalism and Judicial Review, Oxford University Press, 2004.

121. Ladavac, Nicoletta Bersier, Christoph Bezemek & Frederick Schauer (eds.). The Normative Force of the Factual: Legal Philosophy Between Is and Ought, Springer, 2019.

122. Landau, David. E. & Hanna Lerner. Comparative Constitution Making, Edward Elgar Publishing, 2019.

123. Lasswell, Harold D. National Security and Individual Freedom, Harvard University Press, 1955.

124. László, Sólyom & Georg Brunner (eds.). Constitutional Judiciary in a New Democracy: The Hungarian Constitutional Court, University of Michigan Press, 2000.

125. Laurel E Miller and Louis Aucoin (eds.). Framing the State in Times of Transition: Case Studies in Constitution Making, United States Institute of Peace, 2010.

126. Leonard, Gerald. The Invention of Party Politics, University of North Carolina Press, 2002.

127. Lerner, Hanna. Making Constitutions in Deeply Divided Societies, Cambridge University Press, 2011.

128. Leuchtenburg, William. The Supreme Court Reborn: The Constitutional Revolution

in the Age of Roosevelt, Oxford University Press, 1995.

129. Levinson, Sanford (ed.). Responding to Imperfection: The Theory and Practice of Constitutional Amendment, Princeton University Press, 1995,

130. Lijphart, Arend. Democracy in Plural Societies: A Comparative Exploration, Yale University Press, 1997.

131. Lijphart, Arend. Patterns of Democracy: Government Forms & Performance in Thirty-six Countries, 2nd ed., Yale University Press, 2012.

132. Loughlin, Martin & Neil Walker. The Paradox of Constitutionalism: Constituent Power and Constitutional Form, Oxford University Press, 2008

133. Lowi, Theodore J. The End of Liberalism: The Second Republic of The United States, 40th Anniversary ed., 2009 (1979).

134. Luhmann, Niklas. The Reality of the Mass Media, Ross Kathleen trans., Stanford University Press, 2000.

135. MacKinnon, Catharine A. Feminism Unmodified: Discourse on Life and Law, Harvard University Press, 1993.

136. MacKinnon, Catharine A. Only Words, Harvard University Press, 1993.

137. MacKinnon, Catharine A. Sexual Harassment of Working Women: A Case of Sex Discrimination, Yale University Press, 1979.

138. Madison, James. Notes of Debates in the Federal Convention of 1787, W. Norton, 1987.

139. Maduro, Miguel Poiares. We the Court: The European Court of Justice and the European Economic Constitution: A Critical Reading of Article 30 of the EC Treaty, Hart Publishing, 1998.

140. Massey, Calvin R. American Constitutional Law: Powers and Liberties, 2nd ed., Aspen Publishers, 2005.

141. McIlwain, Charles Howard. Constitutionalism: Ancient and Modern. Cornell University Press, 1947.

142. McKay, John P., Bennett D. Hill & John Buckler. A History of Western Society, 3rd ed., Houghton Mifflin Company, 1978.

143. Melone, Albert. Creating Plarliamentary Government: The Transition to Democracy in Bulgaria, Ohio State University Press, 1998.

144. Merkl, Peter H. German Unification in the European Context, Penn State University Press, 1993.

145. Merkl, Peter. The Origin of the West German Republic, Oxford University Press, 1963.

146. Merrills, J. G. Development of International Law by the European Court of Human Rights, 2nd ed., Manchester University Press, 1993.

147. Miller, Laurel. E & Louis Aucoin (eds.), Framing the State in Times of Transition: Case Studies in Constitution Making, United States Institute of Peace, 2010.

148. Möllers, Christoph. The Three Branches: A Comparative Model of Separation of Powers, Oxford University Press, 2013.

149. Moyn, Samuel. The Last Utopia: Human Rights in History, Harvard University Press, 2010.

150. Murphy, Walter F. & Joseph Tanenhaus. Comparative Constitutional Law: Cases and Commentaries, St. Martin's Press, 1977.

151. Negri, Antonio. Insurgencies Constituent Power and the Modern State, University of Minnesota Press, 1999.

152. Nelken, David & Johannes Feest (eds.). Adapting Legal Cultures, Hart Publishing, 2001.

153. Nelson, Dana D. Bad for Democracy: How the Presidency Undermines the Power of the People, University of Minnesota Press, 2008.

154. Noble, Safiya Umoja. Algorithms of Oppression: How Search Engines Reinforce Racism, New York University Press, 2018.

155. Paulsen, Michael S. , et al. The Constitution of the United States, 1st ed. , Foundation Press, 2010.

156. Pereginets, Mariya. The Application of the Principle of Subsidiarity in EU Law, VDM Verlag, 2010.

157. Picq, Manuela, & Markus Thiel (eds.). Sexualities in World Politics: How LGBTQ Claims Shape International Relations, Routledge, 2015.

158. Pocock, J. G. A. The Ancient Constitution and the Feudal Law: A Study of English Historical Thought in the Seventeenth Century, Cambridge University Press, 1987.

159. Posner, Eric & Adrian Vermeule. Terror in the Balance: Security, Liberty and the Courts, Oxford University Press, 2007.

160. Posner, Eric. The Twilight of Human Rights Law, Oxford University Press, 2014.

161. Powe, Lucas. Supreme Court and American Elite: 1789-2008, Havard University Press, 2009.

162. Powell, H. Jefferson. A Community Built on Words: The Constitution in History and Politics. University of Chicago Press, 2002.

163. Rawls, John. Political Liberalism, Columbia University Press, 1993.

164. Rawls, John. Justice as Fairness: A Restatement, Harvard University Press, 2001.

165. Rehnquist, William H. All the Laws but One: Civil Liberties in Wartime, Vintage, 2007.

166. Riker, William H. The Development of American Federalism, Kluwer Academic, 1987.

167. Rosenfeld Michael (ed.). Constitutionalism, Identity, Difference and Legitimacy: Theoretical Perspectives, Duke University Press, 1994.

168. Roemheld, Lutz. Integral Federalism: Model for Europe-A Way Towards a Personal Group Society-Historical Development, Philosophy, State, Economy, Society, Peter Lang, 1990.

169. Rogowski, Ralf & Thomas Gawron (eds.). Constitutional Courts in Comparison: The US. Supreme Court and the German Federal Constitutional Court, New York & Berghahn Books, 2002.

170. Rosenberg, Gerald N. The Hollow Hope: Can Courts Bring About Social Change, University of Chicago Press, 2008.

171. Rosenfeld, Michel, and András Sajó (eds.). The Oxford Handbook of Comparative Constitutional Law, Oxford University Press, 2012.

172. Rossiter, Clinton. Constitutional Dictatorship, Transaction Publishers, 1948.

173. Rossiter, Clinton. The American Presidency, Harcourt, Brace & World, Inc, 1960.

174. Rousseau. Jean-Jacques. Constitutional Project for Corsica, Kessinger Publishing, 2004.

175. Roznai, Yaniv. Unconstitutional Constitutional Amendments: The Limits of Amending Power, Oxford University Press, 2017.

176. Saati, Abrak. The Participation Myth: Outcomes of Participatory Constitution Building Processes on Democracy, Umea, 2015.

177. Sartori, Giovanni. Comparative Constitutional Engineering, 2nd ed. , New York University Press, 1997.

178. Schauer, Frederick. Free Speech: A Philosophical Enquiry, Cambridge University Press, 1982.

179. Schmitt, Carl. Dictatorship: From the Origin of the Modern Concept of Sovereignty to Proletarian Class Struggle, Michael Hoelzl & Graham Ward trans. , Boston & Polity, 2014.

180. Schwartz, Herman. The Struggle for Constitutional Justice in Post-Communist Europe, University of Chicago Press, 2000.

181. Shaman, Jeffery. Constitutional Interpretation: Illusion and Reality, Greenwood Publishing, 2001.

182. Shane, Peter. Madison's Nightmare: How Executive Power Threatens American Democracy, The University of Chicago Press, 2009.

183. Shapiro, Martin. Courts: A Comparative Political Analysis, University of Chicago Press, 1981.

184. Shugart, Matthew S. & John M. Carey. Presidents and Assemblies: Constitutional Design and Electoral Dynamics, Cambridge University Press, 1992.

185. Smith, Gorden. B. & Robert Ahdieh. Russia's Constitutional Revolution: Legal Consciousness and the Transition to Democracy, 1985-1996, Penn State University Press, 2010.

186. Sperti, Angioletta. Constitutional Courts, Gay Rights and Sexual Orientation Equality, Bloomsbury Publishing, 2017.

187. Stepan, Alfred. Arguing Comparative Politics, Oxford University Press, 2001.

188. Stone, Adrienne and Frederick Schauer (eds.), The Oxford Handbook of Freedom of Speech, Oxford University Press, 2021.

189. Sunstein, Cass. The Second Bill of Rights: FDR's Unfinished Revolution-And Why We Need It More Than Ever, Basic Books, 2006.

190. Sweet, Alec Stone. Governing with Judges: Constitutional Politics in Europe, Oxford University Press, 2000.

191. Sweet, Alex Stone. The Judicial Construction of Europe, Oxford University Press, 2004.

192. Tanner, J. R. Constitutional Documents of the Reign of James I (1603-1625), Cambridge University Press, 1960.

193. Tate, C. Neal & Torbjörn Vallinder (eds.). The Global Expansion of Judicial Power, New York University Press, 1995.

194. Taube, Caroline. Constitutionalism in Estonia, Latvia and Lithuania: A Study in Comparative Constitutional Law, Iustus Förlag, 2001.

195. Temple, William. Christianity and the Social Order, Penguin Books, 1942.

196. Tiedeman, Christopher. A Treatise on the Limitations of Police Power in the United States Considered from Both a Civil and Criminal Standpoint, The F. H. Thomas Law Book Co. , 1886.

197. Tiedeman, Christopher. The Unwritten Constitution of The United States: A Philosophical Inquiry into the Fundamentals of American Constitutional Law, G. P. Putnam's Sons, 1890.

198. Toulmin, Stephen. Cosmopolis: The Hidden Agenda of Modernity, The University of Chicago Press, 1992.

199. Tribe, Laurence H. Constitutional Choices. Harvard University Press, 1985.

200. Tribe, Laurence H. The Invisible Constitution, Oxford University Press, 2008.

201. Tushnet, Mark. Advanced Introduction to Comparative Constitutional Law, Edward Elgar Publishing, 2014.

202. Tushnet, Mark. Taking the Constitution Away from the Courts, Princeton University Press, 1999.

203. Tushnet, Mark. Weak Courts, Strong Rights: Judicial Review and Social Welfare Rights in Comparative Constitutional Law, Princeton University Press, 2007.

204. Vile, M. J. C. Constitutionalism and the Separation of Powers, Liberty Fund, 1998.

205. Walzer, Michael. Spheres of Justice, Basic Books, 1983.

206. Ward, Ian. A Critical Introduction to European Law, Cambridge University Press, 2009.

207. Webber, Gregoire C. N. The Negotiable Constitution: On the Limitation of Rights, Cambridge University Press, 2009.

208. Weiss, M. L. & M. J. Bosia (eds.). Global Homophobia: States, Movements, and the Politics of Oppression, University of Illinois Press, 2013.

209. Wheare, K. C. Federal Government, 4th ed. , London & Oxford University Press, 1963.

210. Whittington, Keith. Constitutional Construction: Divided Powers and Constitutional Meaning, Harvard University Press, 2001

211. Wilson, Woodrow. Congressional Government: A Study in American Politics, Mifflin and Company, 1885.

212. Yoshino, Kenji. Speak Now: Marriage Equality on Trial: The Story of

Hollingsworth v. Perry, Broadway Books, 2015.

213. Zakaria, Fareed. The Future of Freedom: Illiberal Democracy at Home and Abroad, W. W. Norton & Company, 2003.

214. Ziegler, Mary. Abortion and the Law in America, Cambridge University Press, 2020.

215. Zweigert, Konrad & Hein Kotz. Introduction to Comparative Law, Tony Weir trans. , 3rd ed. , Oxford University Press, 1998.

三、司法案例

1. A v. Secretary of State for the Home Department, [2004] UKHL 56.

2. Adkins v. Children's Hospital, 261 U. S. 525 (1923).

3. American Civil Liberty Union v. Reno, 521 U. S. 844 (1997).

4. Ang Ladlad LGBT Party v. Commission of Elections (2010), G. R. No. 19058.

5. Animal Science Products, Inc. , et al. , v. Hebei Welcome Pharmaceutical Co. Ltd. , 585 U. S. _(2018).

6. Asahi v. Japan, 21 Minshu 5, 1964.

7. Atala-Riffo & Daughters v. Chile, IACtHR (Judgment) 24 February 2012.

8. Atkins v. Virginia, 536 U. S. 304 (2002), p. 316 n. 21.

9. Baehr v. Lewin, 852 P. 2d 44 (Haw. 1993).

10. Baldwin v. Foxx, EEOC Appeal No. 0120133080, 2015 WL 4397641 (15 July 2015).

11. Banana v. Attorney General, 1998 (1) ZLR 309 (Zimbabwe).

12. Bartnicki v. Vopper, U. S. 514 (2001).

13. Beck, Copp & Bazeley v. United Kingdom (2002).

14. Bijoe Emmanuel v. State of Kerala, (1986) 3 SCR. 518 (India).

15. Bobb & Anor v. Manning (Trin. & Tobago), [2006] UKPC 22.

16. Bonham's Case (8 Co. Rep. 107, 1610).

17. Bostock v. Clayton County, 590 U. S. (2020).

18. Bowers v. Hardwick, 478 U. S. 186 (1986).

19. Brown v. Board of Education of Topeka, 347 U. S. 483 (1954).

20. Bush v. Gore, 531 U. S. 98 (2000).

21. Campbell & Cosans v. United Kingdom, 48 Eur. Ct. H. R. (ser. A) (1982).

22. Campbell v. Mirror Group Newspapers Ltd, [2004] UKHL 22.

23. Carmichele v. Ministers of Safety and Security and of Justice, CCT 48/00.

24. Case 2004 Hun-Ma 554, KCCR: 16-2(B) KCCR 1.

25. Chevron U. S. A. Inc. v. Natural Resources Defense Council, Inc. , 467 U. S. 837 (1984)

26. Chisholm v. Georgia, 2 U. S. (2 Dall.) 419 (1793).

27. Christian Lawyers' Association v. National Minister of Health, 2004 (4) All SA 31 (SCA) at 35-36.

28. Christopher Langdon v. Google Inc. , et al. , 2007 WL 530156, Civ. Act. No. 06-319-JJF (D. Del. February 20, 2007).

29. Chrysostomos v. Turkey, App. No. 15299/89, (1991) 12 HRLJ 113.

30. City Council of Pretoria v. Walker,1998 (2) SA 363.

31. City of Aklon v. Aklon Center for Reproductive Health, 462 U. S. 416. (1983).

32. Clubb v. Edwards, [2019] HCA 11(High Court of Australia).

33. Coeriel v. Netherlands, Comm. No.453/1991 (Jan. 14,1982).

34. Coleman v. Miller, 307 U. S. 433 (1939).

35. Corte Constitucional (Constitutional, May 10, 2006), Sentencia C-355/2006.

36. Decision of the Ukrainian Constitutional Court of Dec. 3, 2004.

37. DeShaney v. Winnebago County Department of Social Services, 489 U. S. 189 (1989).

38. Dobbs v. Jackson Women's Health Organization, 597 U. S. _ (2022).

39. Dr. Ahmed Hossain v. Bangladesh, 44 DLR (AD) (1992)109.

40. Dred Scott v. Sandford, 60 U. S. (19 How.) 393 (1857).

41. Dudgeon v. United Kingdom (Application No. 7525/76, 1981).

42. East Africa Center for Law & Justice & 6 Others (Interested Party) & Women's Link Worldwide & 2 Others (Amicus Curiae) [2019], Petition No. 266 of 2015, Decision of June 11, 2019 (High Court of Kenya at Nairobi, Constitutional and Human Rights Division), Decision of June 12.

43. ECJ, P v. S (1996), C-13/94.

44. ECtHR, Modinos v. Cyprus (1993), No. 15070/89.

45. ECtHR, Norris v. Ireland(1988), No. 10581/83.

46. ECtHR, Oliari and Others v. Italy(2015), Nos. 18766/11 and 36030/22.

47. ECtHR, Sutherland v. United Kingdom (2001), No. 25186 / 94.

48. Edwards v. Canada (AG), [1930] AC 124, 1929 UKPC 86.

49. El-Al Israel Airlines Ltd. v. Jonathan Danielwitz (1994), H. C. J. 721/94.

50. Eldred v. Ashcroft, 537 U. S. 186 (2003).

51. Evans v. Georgia Regional Hospital, 850 F. 3d 1248 (11th Cir.), cert. denied, 138 S. Ct. 557 (2017).

52. Ex Parte Milligan, 71 U. S. 2 (4 Wall.) (1866).

53. Flag Desecration Case, 81 BVerfGE 278(1990).

54. Flaminio Costa v. E. N. E. L. , Case 6/64, [1964] ECR 585.

55. Foto-Frost v. Hauptzollamt Lübeck-Ost (1987).

56. G. v. X, [1992] IESC 1; [1992] 1 IR 1 (5th March).

57. Garcia v. San Antonio Metropolitan Transit Authority, 469 U. S. 528 (1985).

58. Golaknath v. State of Punjab, 1967 AIR 1643, 1967 SCR (2) 762(India).

59. Goldberg v. Kelly, 397 U. S. 254 (1970).

60. Goodridge v. Dept. of Public Health, 798 N. E. 2d 941 (Mass, 2003).

61. Görgülü v. Germany, 111 BVerfGE 307 (2004) (F. R. G.).

62. Government of the Republic of South Africa and Others v. Grootboom, 2001 (1) SA 46 (CC).

63. Grant v. South-West Trains Ltd. , All ER 193 (ECJ, 1998).

64. Gratz v. Bollinger, 539 U. S. 244 (2003).

65. Gregory v. Ashcroft, 501 U. S. 452 (1991).

66. Griswold v. Connecticut, 381 U. S. 479 (1965)

67. Grutter v. Bollinger, 539 U. S. 306 (2003).

68. Gyo-Tsu 14 (1967) (Japan).

69. H. K. , Leung TC William Roy v. Secretary for Justice (2006), 3 HKLRD 657 (CFI).

70. Hamden v. Rumsfield, 548 U. S. 557 (2006).

71. HCJ 98 / 69, A. Bergman v. Minister of Finance and State Comptroller, (1969) (I) 23 P. D. 693.

72. Hill v. Church of Scientology of Toronto, [1995] 2 S. C. R. 1130.

73. Hively v. Ivy Tech Community College of Indiana, 853 F. 3d 339 (7th Cir. 2017) (en banc).

74. Holder v. Humanitarian Law Project, U. S. 1 (2010).

75. Hollingsworth v. Perry, 570 U. S. 693 (2013).

76. Holocaust Denial Case, BVerfGE 241 (1994) (F. R. G.).

77. Home Building & Loan Assn. v. Blaisdell, 290 U. S. 398 (1934).

78. Hopkinson v. Police, [2004] 3 NZLR704 (High Court of New Zealand).

79. Huawei Technologies USA, Inc. v. United States, No. 4:2019cv00159-Document 51 (E. D. Tex. 2020)

80. Humphrey's Executor v. United States, 295 U. S. 602 (1935).

81. In re Marriage Cases, 43 Cal. 4th 757 (2008).

82. Indira Nehru Gandhi v. Raj Narain, AIR 1975 SC 2299 (India).

83. Internationale Handelsgesellschaft mbH v. Einfuhr-und Vorratsstelle für Getreide und Futtermittel, Case 11/70, [1970] ECR 1125.

84. Jones v. Attorney General of Trinidad and Tobago, (2018) Claim No. CV 2017-00720.

85. Judgment of 1 November 1866, reported in UfL VI (1866) 165 (Wedel Jarlsberg).

86. Judgment of October 31, 1990 (The Death Penalty Case), Alkotmánybi-ros「g Hatärozatai [Constitutional Law Court], 1990 / 107 MK. 88 (Hung.)

87. Judicial Yuan (JY) Interpretation No. 748 (2017).

88. Juvenile v. State, Judgment No. 64/89, Crim. App. No. 156/88 (Zimbabwe. 1989).

89. Kanane v. The State, 2003 (2) BLR 67 (CA).

90. Karner v. Austria ECtHR, No. 40016/98, 24 July 2003.

91. Kesavananda Bharati v. State of Kerala, 1973 AIR 1973 SC 1461(India).

92. King, Search, Inc. v. Google Tech. , Inc. , No. 02-1457WL21464568 (W. D. Okla. May 27).

93. Klass Case, 30 BverfGE 1(1970).

94. Korematsu v. United States, 323 U. S. 214 (1944).

95. L. A. Schechter Poultry Corp. v. United States, 295 U. S. 495 (1935).

96. Lakshmi Dhikta v. Goverment of Nepal, Nepal Kanoon Patrika (Supreme Court of Nepal) Writ No. WO-0757 of year 2063 B. S. (2006 A. D.) (2009).

97. Law v. Canada (Ministry of Employment and Immigration), [1999] 1 S. C. R, 497 (Canada).

98. Lawrence v. Texas, 539 U. S. 558 (2003).

99. Lesbian and Gay Equality Project and Others v. Minister of Home Affairs and Others, [2005] ZACC 19.

100. Leung v. Secretary for Justice, [2006] 4 HKLRD 211 (CA).

101. Levy v. Victoria, (1997) 189 CLR 579(Austria High Court).

102. Lim Meng Suang v. Attorney-General, [2015] 1 SLR 26 (CA 2014).

103. Lochner v. New York, 198 U. S. 45 (1905).

104. Louisville Joint Stock Land Bank v. Radford, 295 U. S. 555 (1935).

105. Lustig-Prean & Beckett v. United Kingdom, (2000) 29 EHRR 548, 7 BHRC 65, 29 EHRR 548, (1999) ECHR 71.

106. Macdonald v. Advocate General for Scotland, SLT 1158 (UK, 2003).

107. Magazine, Hustler, Inc. v. Falwell, U. S. 46 (1988).

108. Marbury v. Madison, 5 U. S. 137 (1803).

109. Mashihur Rahman v. Bangladesh, 1997 BLD 55;

110. Masterpiece Cakeshop v. Colorado Civil Rights Commission, 584 U. S. (2018).

111. Mephisto Case, BverfGE 173 (1971).

112. Miliangos v. George Frank (Textiles) Ltd, [1997] AC 445.

113. Minersville School Dist. v. Gobitis, 310 U. S. 586 (1940).

114. Minerva Mills Ltd. v. Union of India, AIR 1980 SC 1789(India).

115. Minister of Health v. Treatment Action Campaign, (5) SALR 721 (CC) (2002) (South Africa).

116. Minister of Home Affairs v. Fourie, 2006 (1) SA 524 (CC) (S. Afr).

117. Miranda v. Arizona, 384 U. S. 436 (1966)

118. Modinos v. Cyprus, (1993) 16 ECHR 485.

119. Montana v. Wyoming, 563 U. S. , No. 137, Orig. , slip op. (2011).

120. Morrison, Independent Counsel v. Olson et al. , 487 U. S. 654, 734 (1988).

121. Mosley v. News Grp. Newspapers Limited, [2008] EWHC 1777.

122. Motshidiemang v. Attorney General, MAHGB-000591-16(2019).

123. Mutzenbacher Case, BVerfGE 83 (1990).

124. Myers v. United States, 272 U. S. 52, 293 (1926).

125. Nadan v. State, (2005) FJHC 500.

126. National Coalition for Gay and Lesbian Equality and Another v. Minister of Justice and Others, [1998] ZACC 15, 1999 (1) SA 6 (CC), 1998 (12) BCLR 1517 (CC).

127. Navtej Singh Johar & Ors. v. Union of India, AIR 2018.

128. Navtej Singh Johar v. Union of India, AIR 2018 SC 4321.

129. Naz Foundation v. Government of NCT of Delhi, W. P. (C) No. 7455/2001, 160 (2009) DLT 277.

130. Ncube v. State, 1988 (2) SA 702.

131. New Jersey v. New York, 30 U. S. (5 Pet.) 284 (1931).

132. New State Ice Co. v. Liebmann, 285 U. S. 262 (1932).

133. New York v. United States, 501 U. S. 452 (1991).

134. NFIB v. Sebelius, 132 S. Ct. 2566 (2012).

135. Nixon v. Fitzgerald, 457 U. S. 731 (1982).

136. Norris v. Ireland, (1989) 13 ECHR 186;

137. Numerus Clausus I Case, 33 BVerfGE 336 (1971), 812 n. 148.

138. Obergefell v. Hodges, 576 U. S. 644 (2015)

139. Olga Tellis v. Bombay Municipal Corporation, 1986 AIR 180, 1985 S. C. R. Supl. (2) 51.

140. Operation Dismantle v. The Queen, (1985) 1 S. C. R. 441.

141. Orozco v. Attorney General of Belize AD (2016), Claim No. 668/2010.

142. Panama Refining Co. v. Ryan, 293 U. S. 388 (1935).

143. Percy v. DPP, [2002] Crim LR 835 (UK).

144. Perkin & R v. United Kingdom (2002).

145. Planned Parenthood of Southeastern Pennsylvania v. Casey, 505 U. S. 833 (1992).

146. Plessy v. Ferguson, 163 U. S. 537 (1896).

147. President of the Republic of South Africa v. Hugo, (CCT11/96) [1997] ZACC 4.

148. Preston v. Avery, [2019] HCA 11(High Court of Australia).

149. Prime Minister v. Parliament of Catalonia, STC No. 114/2017. Judgement of Constitutionality (Oct. 17, 2017).

150. Princess Caroline of Monaco II Case, BVerfGE 361(1999).

151. Public Committee Against Torture in Israel v. the State of Israel, HCJ 769 / 02 [Dec. 11, 2005].

152. R. v. Oakes, (1986) 1 S. C. R. 103.

153. R. A. V. v. City of St. Paul, U. S. 377 (1992).

154. R. G. & G. R. Harris Funeral Homes Inc. v. Equal Employment Opportunity Commission, 590 U. S. (2020).

155. R. v. Crown Zellerbach Canada Ltd, (1988) 1 S. C. R. 401.

156. R. v. Keegstra, [1990] 3 S. C. R. 697 (Canada).

157. R. v. Morgentaler, [1988] 1 S. C. R. 30 (Canada).

158. Rasul v. Bush, 542 U. S. 466 (2004).

159. Reference re Secession of Quebec, [1998] 2 S. C. R. 217(Canada).

160. Regina v. Ministry of Defence, ex parte Smith, 4 All ER 427 (ECJ, 1995).

161. Regina v. Secretary of State for Defence, ex parte Perkins, 1 FLR 491 (UK, 1999);

162. Republic of Fiji Islands v. Prasad [2001] 1 LRC 665 (HC), [2002] 2 LRC 743 (CA).

163. Republic v. Jackson Namunya Tali [2017] Criminal Appeal No. 173 of 2016.

164. Reyes v. R [2002] UKPC 11.

165. Rhode Island v. Massachusetts, 37 U. S. (12 Pet.) 657, 721 (1838).

166. Roe et al. v. Wade, District Attorney of Dallas County (Roe v. Wade), 410 U. S. 113 (1973).

167. Romer v. Evans, 517 U. S. 620 (1996).

168. Roper v. Simmons, 543 U. S. 551 (2005).

169. Rustom Cavasjee Cooper v. Union of India, (1970) 3 SCR. 530, 592 (India).

170. S. R. Bommai v. Union of India, 2. SCR. 644 (1994).

171. S. v. Makwanyane, 1995 (3) SA 391 (CC) (S. Afr.).

172. San Antonio Independent School District v. Rodriguez, 411 U. S. 1 (1973).

173. Secretary for Justice v. Yau Yuk Lung Zigo, [2007] 10 HKCFAR 335.

174. Sentencia SU214 / 16, Constitutional Court of Colombia, 2016.

175. Shankari Prasad Deo v. Union of India, AIR 1951 SC 458 (India).

176. Shirley P. Pearce v. Governing Body of Mayfield School, 2001 WL 825287 (UK Ct. App. , 31 July 2001).

177. Siddique Ahmed v. Bangladesh (2011) 63 DLR(HCD)84.

178. Siddique Ahmed v. Government of Bangladesh and Others, (2013)65 DLR(AD) 8 (15 May 2011).

179. Simmenthal v. Commission, Case 92/78, [1978].

180. Smith v. Gardner Merchant Ltd. , IRLR 342 (UK, 1996).

181. Snyder v. Phelps, U. S. 443 (2011).

182. Southwest State Case, 1 BVerfGE 14 (1951).

183. Ssemogerere et al. v. Attorney General, Constitutional Appeal No. 1 of 2002 (2004) (Uganda).

184. St. Amant v. Thomson, U. S. 727 (1968).

185. State of Uttar Pradesh v. Pradip Tandon, AIR. 1975 SC. 563 (India).

186. State v. Makwanyane, 1995 (3) SA 391 (CC) (S. Afr.).

187. Sunil Babu Pant & Others v. Nepal Government, Writ Petition No. 917 of 2007.

188. Supremo Tribunal Federal [Supreme Court] 2008.

189. Suresh Kumar Koushal and Another v. NAZ Foundation and Others, Civil Appeal No. 10972, 2013.

190. Sutherland v. United Kingdom, 25186/94, Council of Europe: European Court of Human Rights, 27 March 2001.

191. T. D. v. Minister for Education, 3 IR 259 (Ir. S. C.) (2009).

192. Texas v. Johnson, U. S. 397 (1989).

193. Texas v. White, 74 U. S. (7 Wall.) 700 (1869).

194. The Prize Cases, 67 U. S. 635 (1863).

195. The Queen v. Iti [2007] NZCA 119 (New Zealand Court of Appeal)).

196. The Southwest Case, W. Ger. , I BVerfGE 14(1951).

197. Theophanou v. Herald & Weekly Times Ltd. , (1994) 182 C. L. R. 104.

198. Thornburgh v. American College of Obstetricians and Gynecologists.

199. TikTok v. Trump, No. 1:20-cv-02658（CJN）

200. Time, Inc. v. Hill, U. S. 374（1967）.

201. Toonen v. Australia, Communication No. 488/1992, U. N. Doc CCPR/C/50/D/488/1992（1994）.

202. Tribunal Constitucional［Constitutional Court］, S. T. C. 53 / 1985.

203. Turkish Constitutional Court, Decision E. 2008 / 16, K. 2008 / 116, 5 June 2008, Resmi Gazete［Official Gazette］, 22 October 2008, No. 27032.

204. Tyrer v. United Kingdom, 26 Eur. Ct. H. R.（ser. A）（1978）.

205. U. S. , Lawrence v. Texas, 539 U. S. 558（2003）.

206. Ullman v. United States, 350 U. S. 422, 428（1956）.

207. UNHRC, X v. Colombia, Comm. No. 1361/2005（2007）.

208. United States v. Alfonso D. Lopez, Jr. , 514 U. S. 549（1995）.

209. United States v. Carolene Products Co. , 304 U. S. 144（1938）.

210. United States v. Curtiss-Wright Export Corporation, 299 U. S. 304（1936）.

211. United States v. Lopez, 514 U. S. 549, 644（1995）.

212. United States v. Mehanna F. 3d 32（1st Cir. 2013）.

213. United States v. Morrison, 529 U. S. 598, at 621（2000）.

214. United States v. Windsor, 570U. S. 744（2013）.

215. US Telecom Association v. Federal Commission, Communications, No. 15-1063（DC Circuit May 2017）.

216. Van Gend en Loos v. Nederlandse Administratie der Belastingen, Case 26/62,［1963］ECR 1.

217. Vriend v. Alberta,［1998］1 S. C. R. 493.

218. West Coast Hotel Co. v. Parrish, 300 U. S. 379（1937）.

219. Youngstown Sheet & Tube Co. v. Sawyer, 343 U. S. 579（1952）.

220. Zafar Ali Shah v. Pervez Musharraf, P. L. D. 2000 S. C. 869.

221. Zarda v. Altitude Express, 883 F. 3d 100（2nd Cir. 2018）（en banc）.

后　记

　　作为我的第三本书,《海国宪志》既是一篇命题作文,也是一种项目成果,更是个人学术探索的一次阶段总结。2013 年,我刚回国入职清华,本书的责任编辑、北大出版社的王晶老师提起,想做一套法学研究前沿的系列书,得知我在做比较宪法,并且在教相关的课,就跟我约稿。当时我就应承了,但没想最终出版已是十年以后。在这十年中,一个重要的节点是2017 年:在书稿写作近八成时,有幸受到国家社科基金后期资助。在那以后,经过无数轮的修改扩充,最终在结项时形成了眼前的这本书。当然,这本书绝非"十年磨一剑",而只是一段探索旅程中必须暂停时的盘点——用丘吉尔的话来说:"这不是结束,甚至不是结束的开始,而可能只是开始的结束。"

　　很明显,《海国宪志》的书名是在致敬魏源。魏源的名著《海国图志》,是在中华文明遭遇千年未有之变局时,打开全球视野、了解世界各国的开拓之作,其中对各国制度的描述也是中国比较宪法研究的先驱。在当今百年未有之大变局之下,我们也须从文明层面重新开眼看世界,致力于文明交流互鉴。比较宪法研究是其中重要的一个部分。于此,魏源等有识之士的总体视野和问题意识,在当代仍具有高度相关性,即便《海国图志》等作品对外国制度的描述,如今看来已经不确,或已过时。魏源对治道的洞见也启发了本书的比较研究:"履不必同,期于适足;治不必同,期于利民。"(《默觚下·治篇五》)

　　在某种意义上,每本书都是集体作品。《海国宪志》的研究写作,得到了很多人的启发、激励、指导和帮助。感谢赵晓力、张翔、章永乐、田雷、张泰苏、阎天、左亦鲁等师友对本书观点和内容的指点与建议,让我的思考更加深入、写作更加准确。感谢国家社科基金后期资助项目的支持,也感谢项目评审和结项阶段提供宝贵意见建议的诸位专家。感谢曹文姣、赵涵、严博伟、周子超、骆怡男、张宸宸、赵子珺、李思妍、李怡豪等清华同学协助搜集资料、订正文字、增补注释。感谢王晶老师在本书选题、写作、编辑和出版的全过程中付出的许多辛劳。感谢清华文科建设处诸位领导和同事的支持、关心和帮助，让整个"项目"更为顺利地进行，也让我在应务不暇中能挤出更多的学术时间。

最后，我要感谢家人对我的无尽关爱。

2023 年 7 月
清华园